高 等 学 校 教 材

SPSS
统计分析高级教程
（第3版）

张文彤　董　伟　编著

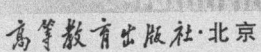

内容简介

本书全面、系统地介绍了各种多变量统计模型、多元统计分析模型、智能统计分析方法的原理和软件实现，是一本使用 SPSS 进行高级统计分析的实用性很强的指导书和参考书。本书共分 4 个部分，分别是一般线性模型、线性混合模型与广义线性模型，回归模型，多元统计分析方法，以及其他统计分析方法。本书基于 IBM SPSS Statistics 24 中文版，并结合作者多年的统计分析实战经验和 SPSS 行业应用经验，侧重对统计新方法、新观点的讲解，在保证统计理论严谨权威的同时注重叙述的浅显易懂，使本书更加易学易用。

本书可作为高等学校本科生和研究生统计学相关课程教材，也可作为市场营销、金融、财务、人力资源管理等行业中需要做数据分析的人士，或从事咨询、研究、分析等工作的人士的参考书。

图书在版编目（CIP）数据

SPSS 统计分析高级教程 / 张文彤，董伟编著. --3 版. --北京：高等教育出版社，2018.1（2024.1重印）
ISBN 978-7-04-049033-6

Ⅰ. ①S… Ⅱ. ①张… ②董… Ⅲ. ①统计分析-统计程序-高等学校-教材 Ⅳ. ①C819

中国版本图书馆 CIP 数据核字（2017）第 302226 号

SPSS Tongji Fenxi Gaoji Jiaocheng

策划编辑	刘 艳	责任编辑	刘 艳	封面设计	于文燕	版式设计	马敬茹
插图绘制	于 博	责任校对	刘 莉	责任印制	田 甜		

出版发行	高等教育出版社	网 址	http://www.hep.edu.cn
社 址	北京市西城区德外大街4号		http://www.hep.com.cn
邮政编码	100120	网上订购	http://www.hepmall.com.cn
印 刷	涿州市京南印刷厂		http://www.hepmall.com
开 本	787 mm× 1092 mm 1/16		http://www.hepmall.cn
印 张	33.75	版 次	2004年9月第1版
字 数	830千字		2018年1月第3版
购书热线	010-58581118	印 次	2024年1月第10次印刷
咨询电话	400-810-0598	定 价	65.00元

本书如有缺页、倒页、脱页等质量问题，请到所购图书销售部门联系调换
版权所有　侵权必究
物　料　号　49033-00

前 言

本书自2004年第1版出版以来,受到了广大读者的欢迎,被国内数百所高校选为本科生或研究生相关课程教材,在此感谢广大读者的支持与厚爱。

本书第2版出版于2013年,SPSS在这几年间已经升级了4个版本,而且最新的版本易用性更强,软件功能更丰富,因此需要对全书内容进行有针对性的修订。在第2版的基础上,结合SPSS版本的更新和读者的反馈,本版以 IBM SPSS Statistics 24 中文版为准,对内容做了如下调整。

1. 内容进一步拓展

本书第2版全面覆盖了SPSS自身提供的各种高级统计分析功能,但SPSS提供的主要是成熟且常用的统计模型,许多独特的新模型并未提供。实际上,SPSS通过Python插件和R插件的方式提供了这些模型。为进一步拓展读者的知识面,除介绍SPSS新版本直接提供的新模型外,本书还对一些比较重要的用插件方式提供的模型进行了介绍,包括分位数回归、弗斯Logistic回归、潜类别分析、支持向量机、随机森林、项响应模型等,并在附录中介绍了相应插件的安装方法,以帮助读者及时跟进统计分析领域的最新进展,并在工作中充分发挥SPSS的作用。

2. 更加浅显易懂

本书涉及的统计模型都比较复杂,为降低学习难度,确保读者能够掌握相应的统计分析方法,本书在第2版的基础上进一步减少了案例数量。通过对同一案例在不同方法框架下的分析结果进行比较,再辅以对统计理论深入浅出的讲解,降低了初学者的入门难度,最大限度地优化了学习效果,有利于读者学以致用。

本书由张文彤和董伟共同编写,可作为高等学校各专业本科生和研究生的统计学相关课程教材,也可作为市场营销、金融、财务、人力资源管理等行业中需要进行数据分析的人士,或从事咨询、研究、分析等工作的人士的参考书。学习本书的读者需要具备统计分析及SPSS操作的基础知识,需要补充这部分知识的读者可以先学习《SPSS统计分析基础教程》(第3版)。对于希望进一步提升统计分析和数据挖掘实战能力的读者,则可以在学习完本书后继续阅读作者的实战案例精粹系列书籍,以进一步提高实战经验。为便于读者交流和使用这套书,读者可以关注微信公众号:统计之星。本书的案例数据文件、拓展资料等可到本书配套的数字课程网站和"医学统计之星"网站上下载。

希望广大读者一如既往地踊跃提出自己的宝贵意见和建议,使得本书再次改版时能够更上一层楼,更好地满足大家的学习和工作需求。

作　者
2017年10月

目 录

第一部分 一般线性模型、线性混合模型与广义线性模型

第1章 方差分析模型 ……………… 3
- 1.1 模型简介 …………………………… 3
  - 1.1.1 模型入门 …………………… 3
  - 1.1.2 常用术语 …………………… 5
  - 1.1.3 适用条件 …………………… 7
- 1.2 案例:胶合板磨损深度的比较 …… 8
  - 1.2.1 操作说明 …………………… 8
  - 1.2.2 结果解释 …………………… 9
  - 1.2.3 模型参数的估计值 ………… 11
  - 1.2.4 两两比较 …………………… 12
  - 1.2.5 其他常用选项 ……………… 14
- 1.3 两因素方差分析模型 ……………… 15
  - 1.3.1 案例:超市规模、货架位置与销售量的关系 …………… 15
  - 1.3.2 边际平均值与轮廓图 ……… 19
  - 1.3.3 拟合劣度检验 ……………… 21
- 1.4 因素各水平间的精细比较 ………… 22
  - 1.4.1 POSTHOC 子句 …………… 22
  - 1.4.2 EMMEANS 子句 …………… 22
  - 1.4.3 LMATRIX 和 KMATRIX 子句 …………………………… 23
  - 1.4.4 CONSTRAST 子句 ………… 25
- 1.5 方差分析模型进阶 ………………… 25
  - 1.5.1 含随机因子的方差分析模型 ……………………… 25
  - 1.5.2 自定义检验使用的误差项 ………………………… 27
  - 1.5.3 4 类方差分解方法 ………… 28
- 思考与练习 ……………………………… 29
- 参考文献 ………………………………… 29

第2章 常用的实验设计分析方法 …… 30
- 2.1 仅研究主效应的实验设计方案 …… 31
  - 2.1.1 完全随机设计 ……………… 31
  - 2.1.2 随机区组设计 ……………… 32
  - 2.1.3 交叉设计 …………………… 32
  - 2.1.4 拉丁方设计 ………………… 34
- 2.2 考虑交互作用的实验设计方案 …… 36
  - 2.2.1 析因设计 …………………… 36
  - 2.2.2 正交设计 …………………… 38
  - 2.2.3 均匀设计 …………………… 40
- 2.3 误差项变动的特殊实验设计方案 ………………………………… 42
  - 2.3.1 嵌套设计 …………………… 42
  - 2.3.2 重复测量设计 ……………… 44
  - 2.3.3 裂区设计 …………………… 45
- 2.4 协方差分析 ………………………… 45
  - 2.4.1 协方差分析的必要性 ……… 45
  - 2.4.2 平行性假定的检验 ………… 47
  - 2.4.3 计算和检验修正平均值 …… 48
- 思考与练习 ……………………………… 50
- 参考文献 ………………………………… 50

第3章 多元方差分析与重复测量方差分析 ……………………… 51
- 3.1 多元方差分析 ……………………… 51
  - 3.1.1 模型简介 …………………… 51
  - 3.1.2 案例:青少年牙齿发育状况跟踪 ………………………… 52
- 3.2 重复测量数据的方差分析 ………… 55
  - 3.2.1 模型简介 …………………… 55
  - 3.2.2 案例:进一步考察年龄对牙齿发育的影响 ………………… 57
- 思考与练习 ……………………………… 61
- 参考文献 ………………………………… 62

第4章 线性混合模型 ………………… 63
- 4.1 模型简介 …………………………… 63

4.1.1　问题的提出 …………… 63
　　4.1.2　模型入门 …………………… 64
4.2　层次聚集性数据案例 ……………… 66
　　4.2.1　拟合基本模型结构 ………… 66
　　4.2.2　在固定效应中加入
　　　　　自变量 ………………………… 69
　　4.2.3　在随机效应中加入
　　　　　自变量 ………………………… 72
　　4.2.4　更多自变量的引入 ………… 73
　　4.2.5　其他常用选项 ……………… 74
4.3　重复测量数据案例 ………………… 75
　　4.3.1　对数据的初步分析 ………… 75
　　4.3.2　拟合基本模型结构 ………… 76
　　4.3.3　考虑测量间的相关性 ……… 79
　　4.3.4　更改对测量间相关性的
　　　　　假定 …………………………… 81
　　4.3.5　模型中可用的相关矩阵
　　　　　种类 …………………………… 83
4.4　线性混合模型进阶 ………………… 83

　　4.4.1　线性混合模型的用途 ……… 83
　　4.4.2　线性混合模型与一般线性
　　　　　模型的联系 …………………… 84
思考与练习 ………………………………… 84
参考文献 …………………………………… 84

第5章　广义线性模型、广义估计方程与广义线性混合模型 …………… 86

5.1　广义线性模型 ……………………… 86
　　5.1.1　模型简介 …………………… 86
　　5.1.2　分析案例 …………………… 87
5.2　广义估计方程 ……………………… 89
　　5.2.1　模型简介 …………………… 89
　　5.2.2　分析案例 …………………… 90
5.3　广义线性混合模型 ………………… 94
　　5.3.1　模型简介 …………………… 94
　　5.3.2　分析案例 …………………… 94
思考与练习 ………………………………… 98
参考文献 …………………………………… 98

第二部分　回　归　模　型

第6章　多重线性回归模型 …………… 101

6.1　模型简介 …………………………… 101
　　6.1.1　基本概念 …………………… 101
　　6.1.2　分析步骤 …………………… 102
6.2　案例：销售收入影响因素分析 …… 103
　　6.2.1　基本分析结果 ……………… 103
　　6.2.2　回归模型的假设检验 ……… 105
　　6.2.3　偏回归系数的假设检验 …… 105
　　6.2.4　标准化偏回归系数 ………… 105
　　6.2.5　衡量回归模型效果的
　　　　　指标 …………………………… 106
6.3　回归预测与区间估计 ……………… 108
　　6.3.1　模型预测值 ………………… 108
　　6.3.2　模型的区间估计 …………… 109
　　6.3.3　如何将模型用于预测 ……… 110
6.4　残差分析 …………………………… 111
　　6.4.1　模型的残差 ………………… 111
　　6.4.2　利用残差考察模型适用
　　　　　条件 …………………………… 112

6.5　逐步回归 …………………………… 115
　　6.5.1　筛选自变量的基本原则 …… 115
　　6.5.2　常用的逐步回归方法 ……… 116
　　6.5.3　案例：固体垃圾排放量与
　　　　　土地种类的关系 ……………… 117
6.6　模型的进一步诊断与修正 ………… 119
　　6.6.1　强影响点的识别与处理 …… 119
　　6.6.2　多重共线性的识别与
　　　　　处理 …………………………… 121
　　6.6.3　回归模型结果解释时
　　　　　应注意的问题 ………………… 123
6.7　自动线性建模 ……………………… 124
　　6.7.1　界面说明 …………………… 124
　　6.7.2　案例：生成更高精度的
　　　　　预测模型 ……………………… 126
思考与练习 ………………………………… 128
参考文献 …………………………………… 128

第7章　线性回归的衍生模型 ………… 129

7.1　非直线趋势的处理：曲线直线化 …… 129
　　7.1.1　模型简介 …………………… 129

7.1.2 案例:通风时间和毒物
    浓度的曲线方程 130
7.1.3 使用曲线估算过程分析 131
7.2 方差不齐的处理:加权最小
    二乘法 133
    7.2.1 模型简介 133
    7.2.2 案例:不等量样品数据的
        回归方程 134
    7.2.3 使用 WLS 过程分析 135
7.3 共线性的处理:岭回归 137
    7.3.1 模型简介 137
    7.3.2 案例:用外形指标推测
        胎儿周龄 138
7.4 分类变量的数值化:最优尺度
    回归 140
    7.4.1 模型简介 140
    7.4.2 案例:生育子女数的
        回归模型 141
    7.4.3 应用最优尺度回归方法的
        注意事项 145
7.5 强影响点的弱化:稳健回归与
    分位数回归 146
    7.5.1 稳健回归 146
    7.5.2 分位数回归 147
7.6 其余回归模型简介 148
    7.6.1 断点回归 148
    7.6.2 Tobit 回归 149
思考与练习 152
参考文献 153

第 8 章 路径分析入门 154

8.1 两阶段最小二乘法 154
    8.1.1 模型简介 154
    8.1.2 案例:人口背景资料对收入
        的影响 154
    8.1.3 使用 2SLS 过程进行分析 .. 156
8.2 路径分析入门 158
    8.2.1 模型简介 158
    8.2.2 案例:住院费用影响因素
        研究 161
8.3 偏最小二乘法入门 163
    8.3.1 模型简介 163

8.3.2 案例:拟合推测胎儿周龄的
    回归方程 164
思考与练习 166
参考文献 166

第 9 章 非线性回归模型 167

9.1 模型简介 167
    9.1.1 问题的提出 167
    9.1.2 模型框架 167
9.2 案例:通风时间和毒物浓度的
    曲线方程 168
    9.2.1 操作说明 168
    9.2.2 结果解释 169
    9.2.3 对模型的进一步分析 170
9.3 自定义损失函数:最小一乘法 .. 171
    9.3.1 预分析 172
    9.3.2 操作说明 172
    9.3.3 结果解释 173
9.4 分段回归模型的拟合 174
    9.4.1 预分析 175
    9.4.2 操作说明 176
    9.4.3 结果解释 176
9.5 非线性回归模型进阶 177
    9.5.1 参数初始值的设定 177
    9.5.2 模型的拟合方法 178
思考与练习 178
参考文献 178

第 10 章 二分类 Logistic 回归模型 179

10.1 模型简介 179
    10.1.1 模型入门 179
    10.1.2 一些基本概念 181
10.2 案例:低出生体重儿影响因素
    研究 182
    10.2.1 操作说明 182
    10.2.2 结果解释 183
10.3 分类自变量的定义与比较方法 .. 185
    10.3.1 使用哑变量的必要性 185
    10.3.2 SPSS 中预设的哑变量
        编码方式 187
    10.3.3 设置哑变量时的注意
        事项 189

10.4 自变量的筛选方法与逐步回归 …… 189
    10.4.1 模型中的假设检验方法 …… 190
    10.4.2 SPSS 中提供的自变量筛选方法 …… 190
    10.4.3 案例：低体重儿数据的逐步回归 …… 191
10.5 弗斯 Logistic 回归 …… 193
    10.5.1 模型简介 …… 193
    10.5.2 案例：骨肉瘤病患预后分析 …… 194
10.6 Logistic 回归模型进阶 …… 197
    10.6.1 模型拟合效果的判断 …… 197
    10.6.2 拟合优度检验 …… 198
    10.6.3 残差分析 …… 200
    10.6.4 多重共线性问题 …… 201
思考与练习 …… 201
参考文献 …… 201

第 11 章 多分类、配对 Logistic 回归与 Probit 回归模型 …… 203

11.1 有序多分类 Logistic 回归模型 …… 203
    11.1.1 模型简介 …… 203
    11.1.2 案例：工作满意度影响因素分析 …… 204
    11.1.3 模型适用条件的考察 …… 207
11.2 无序多分类 Logistic 回归模型 …… 208
    11.2.1 模型简介 …… 208
    11.2.2 案例：不同背景人群的选举倾向 …… 208
11.3 1∶1 配对 Logistic 回归 …… 211
    11.3.1 模型简介 …… 211
    11.3.2 案例：雌激素与患子宫内膜癌的关系 …… 213
11.4 Probit 回归模型 …… 215
    11.4.1 模型简介 …… 215
    11.4.2 案例一：与 Logistic 回归模型比较 …… 216
    11.4.3 案例二：计算 LD50 …… 217
思考与练习 …… 219
参考文献 …… 219

第 12 章 对数线性模型、Poisson 回归模型与潜类别分析 …… 220

12.1 对数线性模型简介 …… 220
    12.1.1 模型入门 …… 220
    12.1.2 软件实现 …… 221
12.2 一般对数线性模型 …… 221
    12.2.1 初步分析 …… 221
    12.2.2 对案例的进一步分析 …… 224
12.3 因果关系明确时的对数线性模型 …… 225
    12.3.1 操作说明 …… 225
    12.3.2 结果解释 …… 225
12.4 对数线性模型的自动筛选 …… 226
    12.4.1 模型的选择策略 …… 226
    12.4.2 分析案例 …… 227
12.5 对数线性模型与其他模型的关系 …… 229
    12.5.1 与方差分析模型的关系 …… 229
    12.5.2 与 Logistic 回归的关系 …… 229
12.6 Poisson 回归模型 …… 230
    12.6.1 模型简介 …… 230
    12.6.2 案例：冠心病死亡与吸烟的关系 …… 231
12.7 潜类别分析简介 …… 232
    12.7.1 模型简介 …… 232
    12.7.2 分析案例 …… 233
思考与练习 …… 235
参考文献 …… 235

第三部分 多元统计分析方法

第 13 章 主成分分析、因子分析与多维偏好分析 …… 239

13.1 主成分分析 …… 239
    13.1.1 模型简介 …… 239
    13.1.2 案例：各地区经济发展情况综合评价 …… 241
13.2 因子分析 …… 244
    13.2.1 模型简介 …… 245

13.2.2 案例:对各地区经济数据的进一步分析 …… 246
13.3 因子分析进阶 …… 253
　13.3.1 公因子提取方法 …… 254
　13.3.2 相关矩阵和协方差 …… 254
　13.3.3 如何确定公因子数量 …… 255
　13.3.4 主成分分析和因子分析的比较 …… 255
13.4 分类数据的主成分分析(多维偏好分析) …… 256
　13.4.1 模型简介 …… 256
　13.4.2 界面说明 …… 257
　13.4.3 案例:汽车偏好研究 …… 260
思考与练习 …… 264
参考文献 …… 264

第14章 对应分析 …… 265

14.1 模型简介 …… 265
　14.1.1 问题的提出 …… 265
　14.1.2 模型入门 …… 265
　14.1.3 软件实现 …… 266
14.2 案例:头发颜色与眼睛颜色的关联 …… 266
　14.2.1 预分析 …… 267
　14.2.2 正式分析 …… 268
　14.2.3 分析结果的正确解释 …… 272
　14.2.4 对案例的进一步分析 …… 272
14.3 基于平均值的对应分析 …… 274
　14.3.1 基本原理 …… 275
　14.3.2 案例:城市市政工程建设状况的对应分析 …… 275
14.4 对应分析进阶 …… 278
　14.4.1 特殊类别的处理 …… 278
　14.4.2 对应分析与因子分析的关系 …… 279
　14.4.3 对应分析的优势与劣势 …… 279
14.5 基于最优尺度变换的多重对应分析 …… 280
　14.5.1 基本原理 …… 280
　14.5.2 案例:轿车用户背景资料的对应分析 …… 280
思考与练习 …… 283
参考文献 …… 284

第15章 典型相关分析 …… 285

15.1 模型简介 …… 285
　15.1.1 基本原理 …… 285
　15.1.2 数学描述 …… 286
15.2 案例:体力指标和运动能力指标的相关分析 …… 286
　15.2.1 操作说明 …… 287
　15.2.2 典型相关系数 …… 287
　15.2.3 典型结构分析 …… 289
　15.2.4 典型冗余分析 …… 290
15.3 典型相关分析进阶 …… 290
　15.3.1 如何应用典型相关分析 …… 290
　15.3.2 如何理解典型相关分析的结果 …… 291
　15.3.3 对应分析与典型相关分析的等价性 …… 291
　15.3.4 典型相关分析和因子分析的关系 …… 291
15.4 基于最优尺度变换的非线性典型相关分析 …… 292
　15.4.1 基本原理 …… 292
　15.4.2 案例:多重对应分析数据的再分析 …… 292
思考与练习 …… 295
参考文献 …… 295

第16章 多维尺度分析 …… 296

16.1 不考虑个体差异的多维尺度分析模型 …… 296
　16.1.1 模型简介 …… 296
　16.1.2 案例:城市间的地面距离 …… 297
　16.1.3 距离的各种提供方式 …… 301
16.2 考虑个体差异的多维尺度分析模型 …… 302
　16.2.1 模型简介 …… 302
　16.2.2 案例:饮料的口味差异评价 …… 303
　16.2.3 模型结果的解释与优化 …… 306
16.3 基于最优尺度变换的多维尺度

　　　　分析模型 ·················· 307
　　16.3.1　模型简介 ·············· 307
　　16.3.2　界面说明 ·············· 307
　　16.3.3　案例:用 PROXSCAL 过程
　　　　　　分析饮料数据 ·········· 310
　　16.3.4　在模型中考虑更多维度 ··· 311
16.4　多维展开模型 ················· 312
　　16.4.1　模型简介 ·············· 312
　　16.4.2　案例:场景和行为间的
　　　　　　匹配关系 ·············· 312
思考与练习 ·························· 315
参考文献 ···························· 316

第17章　聚类分析 ·················· 317

17.1　模型简介 ····················· 317
　　17.1.1　问题的提出 ············· 317
　　17.1.2　聚类分析入门 ··········· 317
　　17.1.3　聚类分析的方法体系 ····· 318
17.2　K-均值聚类法 ················· 319
　　17.2.1　基本原理 ··············· 319
　　17.2.2　案例:移动通信客户细分 ·· 320
17.3　聚类结果的验证与自动优化 ····· 324
　　17.3.1　聚类结果的验证 ········· 324
　　17.3.2　聚类用变量的调整 ······· 325
　　17.3.3　聚类结果的自动优化 ····· 325
17.4　层次聚类法 ··················· 329
　　17.4.1　基本原理 ··············· 329
　　17.4.2　案例:体操裁判打分倾向
　　　　　　聚类 ··················· 329
　　17.4.3　各种层次聚类法 ········· 333
17.5　两步聚类法 ··················· 333
　　17.5.1　基本原理 ··············· 333
　　17.5.2　案例:病例数据的聚类
　　　　　　分析 ··················· 335
17.6　聚类分析进阶 ················· 339
　　17.6.1　利用标准化来调整
　　　　　　聚类模式 ·············· 339
　　17.6.2　如何选择聚类分析
　　　　　　方法 ··················· 340
　　17.6.3　距离/相似性测量的
　　　　　　指标体系 ·············· 340
　　17.6.4　基于密度的聚类分析
　　　　　　方法简介 ·············· 341
思考与练习 ·························· 343
参考文献 ···························· 343

第18章　经典判别分析 ·············· 344

18.1　模型简介 ····················· 344
　　18.1.1　基本原理 ··············· 344
　　18.1.2　适用条件 ··············· 345
　　18.1.3　判别效果的评价 ········· 346
　　18.1.4　分析步骤 ··············· 347
18.2　案例:鸢尾花种类判别 ·········· 347
　　18.2.1　操作说明 ··············· 347
　　18.2.2　结果解释 ··············· 348
　　18.2.3　判别结果的图形化展示 ··· 350
　　18.2.4　判别效果的验证 ········· 352
　　18.2.5　将模型用于新案例分类 ··· 353
　　18.2.6　适用条件的判断 ········· 353
18.3　贝叶斯判别分析 ··············· 354
　　18.3.1　基本原理 ··············· 354
　　18.3.2　软件实现 ··············· 355
18.4　判别分析进阶 ················· 356
　　18.4.1　逐步判别分析 ··········· 356
　　18.4.2　判别分析和因子分析的
　　　　　　相似性和差异 ·········· 356
　　18.4.3　二类判别分析和多重回归
　　　　　　分析的等价性 ·········· 356
思考与练习 ·························· 357
参考文献 ···························· 357

第四部分　其他统计分析方法

第19章　树模型、随机森林与最近邻
　　　　元素法 ·················· 361

19.1　树模型简介 ··················· 361
　　19.1.1　问题的提出 ············· 361
　　19.1.2　模型入门 ··············· 362
　　19.1.3　模型特点 ··············· 365
19.2　案例:移动客户流失预测 ········ 365
　　19.2.1　操作说明 ··············· 365

19.2.2	结果解释 ……………	367
19.3	对案例的进一步分析 ……………	369
19.3.1	各自变量的重要性 ……………	369
19.3.2	考虑应用模型时的成本与收益 ……………	371
19.3.3	考虑进一步细分和剪枝 ……………	373
19.3.4	将模型输出为判别程序 ……………	373
19.4	常见的树模型算法 ……………	375
19.4.1	CHAID算法和穷举CHAID算法 ……………	375
19.4.2	CRT算法 ……………	376
19.4.3	QUEST算法 ……………	376
19.4.4	C5.0算法 ……………	377
19.5	随机森林 ……………	378
19.5.1	模型简介 ……………	379
19.5.2	案例:客户风险等级评估 ……………	381
19.5.3	操作说明 ……………	381
19.5.4	结果解释 ……………	382
19.6	最近邻元素法 ……………	386
19.6.1	模型简介 ……………	386
19.6.2	案例:鸢尾花种类判别 ……………	387
19.6.3	k-最近邻元素模型的本质 ……………	390
思考与练习 ……………		392
参考文献 ……………		392

第20章 神经网络与支持向量机 …………… 393

20.1	模型简介 ……………	393
20.1.1	基本原理 ……………	393
20.1.2	注意事项 ……………	396
20.2	案例:对低出生体重儿案例的重新分析 ……………	397
20.2.1	操作说明 ……………	397
20.2.2	结果解释 ……………	398
20.3	对案例的进一步分析 ……………	401
20.3.1	模型效果的图形观察 ……………	401
20.3.2	尝试将模型复杂化 ……………	403
20.3.3	纳入更多候选自变量 ……………	405
20.4	径向基神经网络 ……………	407
20.4.1	基本原理 ……………	407
20.4.2	分析案例 ……………	408
20.5	支持向量机简介 ……………	410
20.5.1	基本原理 ……………	410
20.5.2	分析案例 ……………	411
思考与练习 ……………		413
参考文献 ……………		413

第21章 信度分析 …………… 414

21.1	信度理论入门 ……………	414
21.1.1	真分数测量理论 ……………	414
21.1.2	信度与效度 ……………	415
21.1.3	内在信度与外在信度 ……………	415
21.1.4	真分数测量理论的缺陷 ……………	415
21.2	案例:问卷信度分析 ……………	416
21.2.1	Alpha信度系数 ……………	416
21.2.2	对各项目的进一步分析 ……………	417
21.2.3	对真分数测量理论适用条件的考察 ……………	419
21.3	其他常用的信度系数 ……………	420
21.3.1	重测信度 ……………	420
21.3.2	折半信度 ……………	421
21.3.3	Guttman折半系数 ……………	421
21.3.4	平行模型的信度系数 ……………	422
21.3.5	严格平行模型的信度系数 ……………	423
21.3.6	评分者信度 ……………	423
21.3.7	信度系数总结 ……………	425
21.4	概化理论简介 ……………	425
21.4.1	概化理论入门 ……………	425
21.4.2	软件实现 ……………	426
21.5	项目反应理论简介 ……………	427
21.5.1	项目反应理论入门 ……………	427
21.5.2	软件实现 ……………	429
思考与练习 ……………		431
参考文献 ……………		431

第22章 联合分析 …………… 432

22.1	模型简介 ……………	432
22.1.1	为什么使用联合分析 ……………	432
22.1.2	常用术语 ……………	433
22.1.3	分析步骤 ……………	434
22.1.4	软件实现 ……………	434

22.2 联合分析的正交设计 ……………… 435
   22.2.1 生成设计表格 ……………… 435
   22.2.2 输出设计卡片 ……………… 437
22.3 联合分析的数据建模 ……………… 438
   22.3.1 CONJOINT 的过程语法
       说明 ……………………… 438
   22.3.2 案例:汽车偏好研究 ……… 440
   22.3.3 对案例的进一步分析 ……… 443
22.4 联合分析进阶 ……………………… 446
   22.4.1 适应性联合分析 …………… 446
   22.4.2 基于选择的联合分析 ……… 446
思考与练习 ……………………………… 447
参考文献 ………………………………… 447

第23章 时间序列模型 ……………… 449

23.1 模型简介 …………………………… 449
   23.1.1 基本概念 …………………… 449
   23.1.2 模型分类 …………………… 450
   23.1.3 分析步骤 …………………… 450
   23.1.4 软件实现 …………………… 450
23.2 时间序列的建立和平稳化 ………… 451
   23.2.1 填补缺失值 ………………… 451
   23.2.2 定义时间变量 ……………… 452
   23.2.3 时间序列的平稳化 ………… 453
23.3 时间序列的图形化观察 …………… 455
   23.3.1 序列图 ……………………… 455
   23.3.2 自相关图 …………………… 456
   23.3.3 互相关图 …………………… 459
23.4 时间序列的建模与预测 …………… 460
   23.4.1 指数平滑模型简介 ………… 461
   23.4.2 ARMA 模型简介 …………… 462
   23.4.3 案例:nrc 数据的建模
       预测 ……………………… 463
23.5 季节性分解 ………………………… 467
   23.5.1 模型简介 …………………… 468
   23.5.2 案例:对完整序列 nrc2
       进行季节性分解 ………… 468
23.6 时间因果模型 ……………………… 470
   23.6.1 模型简介 …………………… 470
   23.6.2 案例:KPI 驱动因素
       发现 ……………………… 471
思考与练习 ……………………………… 476

参考文献 ………………………………… 476

第24章 生存分析 …………………… 477

24.1 生存分析简介 ……………………… 477
   24.1.1 生存分析简史 ……………… 477
   24.1.2 基本概念 …………………… 478
   24.1.3 生存分析的基本内容 ……… 480
   24.1.4 软件实现 …………………… 480
24.2 生存函数的估计和检验 …………… 480
   24.2.1 生存函数的基本估计
       方法 ……………………… 480
   24.2.2 Kaplan-Meier 法 …………… 481
   24.2.3 寿命表法 …………………… 486
   24.2.4 两种方法的比较 …………… 488
24.3 Cox 回归模型 ……………………… 489
   24.3.1 模型简介 …………………… 489
   24.3.2 案例:术中放疗效果
       分析 ……………………… 490
   24.3.3 模型结果的图形观察 ……… 493
24.4 含时依协变量的 Cox 回归模型 …… 494
   24.4.1 时依协变量的种类 ………… 494
   24.4.2 用时依协变量模型验证
       比例风险性 ……………… 495
   24.4.3 用时依协变量模型考察
       内在时依协变量的影响 … 496
24.5 Cox 回归模型进阶 ………………… 497
   24.5.1 生存分析中的分层变量 …… 497
   24.5.2 用 Cox 回归模型拟合
       1:n 配伍 Logistic
       回归模型 ………………… 498
   24.5.3 竞争风险的 Cox 回归
       模型 ……………………… 499
24.6 加速失效时间模型 ………………… 499
   24.6.1 模型简介 …………………… 500
   24.6.2 案例:对术中放疗案例
       拟合参数模型 …………… 501
思考与练习 ……………………………… 505
参考文献 ………………………………… 505

第25章 缺失值分析 ………………… 506

25.1 缺失值理论简介 …………………… 506
   25.1.1 数据的缺失机制 …………… 506

25.1.2　缺失值的处理方法 …………… 507
25.2　对缺失情况的基本分析 ……………… 508
　　25.2.1　生成缺失数据 …………… 508
　　25.2.2　缺失模式分析 …………… 509
　　25.2.3　缺失情况的描述统计 ……… 511
25.3　缺失值填补技术 …………………… 512
　　25.3.1　列表输出 …………………… 512
　　25.3.2　使用回归算法进行填补 …… 513
　　25.3.3　使用EM算法进行填补 …… 515
25.4　多重填补 …………………………… 517
　　25.4.1　模型简介 …………………… 517
　　25.4.2　缺失模式分析 ……………… 517
　　25.4.3　缺失值的多重填补 ………… 519
　　25.4.4　采用填补后数据建模 ……… 520
思考与练习 ……………………………………… 521
参考文献 ………………………………………… 521

附录1　常见多变量/多元统计分析方法分类图 …………………………………………… 522
附录2　Python插件和R插件的安装方法 ……………………………………………………… 523

第一部分
一般线性模型、线性混合模型
与广义线性模型

第1章 方差分析模型

通过对《SPSS 统计分析基础教程》(第 3 版)(以下简称基础教程)的学习,读者已经全面掌握了 IBM SPSS Statistics 的基本操作,以及图表绘制、描述统计技术和单因素统计分析方法。但是,真实的世界复杂多变,各种变量间的联系错综复杂,仅仅依靠描述统计或者简单的统计推断方法往往无法满足分析需求,必须依靠更强大的统计模型来解决问题。本书将进一步介绍各种高级统计模型,而本章将要介绍的方差分析模型就是其中最基础和最常用的一种。

 一见模型二字,很多读者就会觉得继续学习下去的心理压力很大。实际上,模型无非是对复杂现实世界的一种简化描述而已,一个出色的模型必然比现实世界更简明、易懂,而模型也不一定是枯燥的公式表达,比如说当其以一种赏心悦目的姿态出现在 T 台上时,中文就将其翻译为"模特"。怎么样,这样解释之后,大家对模型的感觉是不是变好了一点?

1.1 模型简介

在实际项目中,研究者在分析数据时往往需要同时考察多个因素对因变量的影响,如要研究性别对身高的影响,就应当控制年龄、遗传、营养状况等因素的影响。对此单因素统计分析方法是无能为力的,而以方差分析模型为代表的多因素统计分析方法可以在控制其他因素影响的同时研究两个因素之间的关系,分析的效率更高,适用范围更广。

此外,许多时候各个因素之间还存在交互作用。例如,在研究催化剂对化学反应的催化能力时,如果该催化剂只在某个温度范围内效果最佳,则单独研究该催化剂的催化作用并无实际意义,此时催化剂和温度之间的交互作用也应成为研究的重点,即必须要研究在什么温度下该催化剂的催化能力最佳。对交互作用的分析是方差分析模型的特长之一。

1.1.1 模型入门

1. 单因素方差分析模型的结构

首先从一个简单的统计模型开始,假设现在希望描述某个人群的月收入状况,那么根据统计学知识,如果月收入服从正态分布(请读者注意这个前提假设),则平均值能够表示集中趋势,标准差能够表示离散趋势,任何一位受访者 i 的月收入 Y_i 可以被表达为如下形式:

$$Y_i = \mu + \varepsilon_i$$

其中,Y_i 代表第 i 位受访者的月收入。显然,此时总体平均值 μ 是 Y_i 的最佳估计值,而 ε_i 则表示因各种原因导致的第 i 位受访者实际月收入和平均值之差,或者说反映了抽样中的随机误差。由于已经假定月收入服从正态分布,因此模型可以设定 ε_i 服从平均值为 0、标准差为某个定值的正态分布 $N(0, \sigma^2)$。

下面开始扩展模型框架。假设现在比较三种职业,即医生、律师和软件工程师的月收入,并判断其有无差异,那么最简单的做法就是对每种职业的人群都进行随机抽样,得到三组受访者,收集他们的月收入数据,然后进行检验。在此问题中,每一位受访者月收入的平均估计值 Y_{ij} 可以被表达为如下形式:

$$Y_{ij} = \mu_i + \varepsilon_{ij}$$

其中,Y_{ij} 代表第 i 组中第 j 位受访者的月收入。显然,在此表达式中 μ_i 表示某一组月收入的平均值,i 的取值范围为 1~3,分别代表三种职业之一;而 ε_{ij} 表示第 i 组的第 j 位受访者的月收入相对于本组月收入平均值的随机误差。

下面来看模型中对 ε_{ij} 的设定,在原始的模型框架中,显然各组的 ε_{ij} 可以服从各自的正态分布,但这类研究往往更关心平均值的差异,因此为了简化模型架构,一般会进一步假设各组的 ε_{ij} 服从同一个正态分布,即无论 i 取值是多少,ε_{ij} 均服从一个平均值为 0、标准差为某个定值的正态分布 $N(0, \sigma^2)$。这样一来,如果三种职业的月收入无差异,那么它就应当等于总体平均值(平均水平)再加上一个随机误差项,实际上就变成了同一个变量的正态分布 $N(\mu, \sigma^2)$。为了能够对收入水平进行预测,人们又规定 $E(Y) = \mu_i$,即第 i 组个体的月收入估计值等于该组月收入的平均水平,结合模型结构,这应当不难理解。实际上,如果对应的是样本数据,该估计值就是各组的样本平均值。

为了统计推断的需要,以上模型往往被改写成如下形式:

$$Y_{ij} = \mu + \alpha_i + \varepsilon_{ij}$$

其中,μ 表示不考虑职业时月收入的总平均水平;α_i 表示职业 i 的主效应,即职业 i 月收入平均水平的改变情况。例如,$\alpha_i = 1\,000$,表明职业 i 月收入的平均水平要比总平均水平高 1 000 元。如果职业 1 和职业 3 的平均月收入不相等,则有 $\alpha_1 \neq \alpha_3$。反之,如果三种职业的平均月收入无差异,则因各种职业均不存在主效应而有 $\alpha_1 = \alpha_2 = \alpha_3 = 0$。因此,检验职业种类是否对月收入有影响,就是检验如下假设:

$$H_0: \text{对任意的 } i \text{ 取值,都有 } \alpha_i = 0; H_1: \text{至少有一个 } \alpha_i \neq 0$$

μ、α_i 等显然是一个相对的大小,可以有无限多组取值方式。例如,职业 1 比职业 3 的平均月收入高 1 000 元,则当 α_3 为 500 时,α_1 就应当是 1 500;当 α_3 为 100 时,α_1 就应当是 1 100,总之加上 1 000 即可。为了能够在实际问题中得到 μ、α_i 的具体估计值,模型拟合中又会对它们有一些附加的设定,这被称为模型拟合时的约束条件,相关的详细介绍见后。

在基础教程中,大家已经学习了方差分析的基本思想是变异分解。例如,在单因素方差分析中总变异被分解为如下两部分:

$$\text{总变异} = \text{处理因素导致的变异} + \text{随机变异}$$

对照前面的模型表达式,就会发现实际上 α_i 对应了处理因素导致的变异,而 ε_{ij} 对应了相应的随机变异。在多因素方差分析模型中,这一原理没有任何变化,只是模型中考虑的因素更多而已。

2. 两因素方差分析模型的结构

下面开始对单因素模型进行扩展。同样是上面的问题,有研究者提出:性别也对收入水平有影响,也许正是因为其中一组中男性的比例高于其他组,才导致该组的平均月收入高于后者。为什么不考虑控制性别的影响?如果要同时考虑性别和职业对收入的影响,则模型扩展为

$$Y_{ijk} = \mu + \alpha_i + \beta_j + \varepsilon_{ijk}$$

该模型对应如下变异分解式:

$$总变异 = 职业导致的变异 + 性别导致的变异 + 随机变异$$

其中，α_i、β_j 分别表示职业 i、性别 j 的主效应；ε_{ijk} 仍为服从某个正态分布的随机误差变量。此时，要说明职业种类对收入有无影响，就是检验如下假设：

$$H_0: \alpha_i = 0; H_1: 至少有一个 \alpha_i \neq 0$$

此时，性别的影响由于被包含在了 β_j 中，因而不会干扰对职业差异的检验。

要说明性别因素有无影响，就是检验如下假设：

$$H_0: \beta_i = 0; H_1: 至少有一个 \beta_i \neq 0$$

同理，此时职业的影响由于被包含在了 α_i 中，因而不会影响对性别差异的检验。在本模型中，模型无显著性是指上面两个 H_0 同时成立（均不能被拒绝），而不是只有其中一个成立。相应的检验假设为

$$H_0: 模型中所有的 \alpha_i = \beta_i = 0; H_1: 至少有一个 \alpha_i 或者 \beta_i \neq 0$$

3. 包括交互作用项的两因素方差分析模型的结构

以上模型并非两因素模型的完整形式。继续考虑如下情形：在某些职业中，男性、女性的收入没有差异，而在足球运动员等职业中，不同性别的收入是有差别的，即 A 因素是否有作用需要看 B 因素的具体取值，这种情况在统计中被称为两个因素存在交互作用，此时需要在模型中加入交互作用项，具体如下：

$$Y_{ijk} = \mu + \alpha_i + \beta_j + \alpha_i \beta_j + \varepsilon_{ijk}$$

其中，α_i、β_j 分别表示 A 因素 i 水平和 B 因素 j 水平的主效应；Y_{ijk} 则代表 A 因素 i 水平，B 因素 j 水平构成的处理的第 k 个观测，$\alpha_i \beta_j$ 则为 A 因素在 i 水平，B 因素在 j 水平时两者的交互效应，在有的模型表达式中也可能被写为 $(\alpha\beta)_{ij}$，含义相同。ε_{ijk} 为随机误差。

当然，还有更多的影响因素，如学历等级、工作年限，甚至血型、民族等，只要依次将相应的效应项（及其交互作用项）加入模型表达式即可，这里不再详述。

4. 模型中效应的检验

列出模型表达式后，接下来关心的问题是：如何实现对每个因素影响的检验？简单地说，根据前面的变异分解式，可以将总的样本离均差平方和分解成相应的部分，随后各个离均差平方和除以相应的自由度就可以得到均方，然后将各效应的均方和均方误差进行比较，就得到了 F 统计量。将上述步骤写成如下公式：

$$SS_{总} = SS_{因素1} + SS_{因素2} + \cdots + SS_{误差}$$

$$MS_{因素1} = SS_{因素1}/DF_{因素1}, MS_{误差} = SS_{误差}/DF_{误差}$$

$$F_{因素1} = MS_{因素1}/MS_{误差}$$

其中，SS 表示方差；MS 表示均方；DF 表示自由度。

借助 F 分布，计算在 H_0 成立的情况下得到当前这样大（以及更大）的 F 值的概率，从而做出推断，即可了解该因素对因变量的影响是否的确存在。可能有人对这一部分计算的原理不太理解，这没有关系，只要记住方差分析的原理是变异分解，而相应的模型表达式能够与变异的具体分解完全对应即可，其余的运算只是为了求得 P 值以做出统计结论。

1.1.2 常用术语

在了解方差分析模型的基本结构后，下面介绍方差分析中常用的术语。

1. 因素与水平

因素(factor)也称为因子,是指可能对因变量有影响的分类变量,而分类变量的不同取值等级(类别)就称为水平(level)。显然,一个因素会有不止一个水平,如性别有男、女两个水平,而分析的目的就是考察或比较各个水平对因变量的影响。在方差分析中,因素的取值范围不能是无限的,只能有若干个水平,但需要注意的是,有时水平是人为划分出来的,如身高被分为高、中、低三个水平。

2. 单元

单元(cell)又称为水平组合,是指各因素各个水平的组合。例如,在研究性别(二水平)、血型(四水平)对成年人身高的影响时,最多可以有 $2 \times 4 = 8$ 个单元。需要注意的是,在一些特殊的实验设计中,有的单元可能在样本中并不会出现,如拉丁方设计,详见第 2 章。

3. 元素

元素(element)是指用于测量因变量值的最小单位。例如,在前面提到的月收入的例子中,元素就是每一位受访者。而在配伍设计等重复测量问题中,元素可能是受试者每一次具体的测量。根据具体的实验设计,一个单元格内可以有一个或多个元素,甚至也可以没有元素。

4. 均衡

如果在一个实验设计中任一因素各水平在所有单元格中出现的次数相同,且每个单元格内的元素数相同,则该实验是均衡(balance)的;否则,就是不均衡的。不均衡的实验设计在分析时较为复杂,需要对方差分析模型进行特别设置才能得到正确的结果,详见后面的有关内容。

5. 协变量

协变量(covariates)是指对因变量可能产生影响,而且需要在分析时对其影响加以控制的连续变量,实际上,可以简单地把因素和协变量分别理解为分类自变量和连续自变量。当模型中存在协变量时,一般是通过找出它与因变量的回归关系来控制它的影响,详见第 2 章。

6. 交互作用

如果一个因素的效应大小在另一个因素不同水平下明显不同,则称为两因素间存在交互作用(interaction)。当存在交互作用时,单纯研究某个因素的影响没有意义,必须在另一个因素的不同水平下研究该因素的影响大小。

 如果所有单元格内都至多只有一个元素,则无法分析交互作用,只能不考虑它,最典型的例子就是配伍设计的方差分析。

7. 固定因子与随机因子

两者是因素的不同种类,固定因子(fixed factor)指的是该因素在样本中所有可能水平都出现了。换言之,该因素的所有可能水平仅有此几种,对现有样本进行推断就可以得知该因素所有水平的状况,无须进行未知水平的外推。例如,研究三种促销手段的效果有无差别,所有样本只会是三种促销手段之一,不存在第四种促销手段,则此时该因素就被认为是固定因子。

与固定因子对应的是随机因子(random factor),它指的是该因素所有可能的取值在样本中没有都出现,或不可能都出现。换言之,目前在样本中的这些水平是从总体中随机抽样出来的,如果重复本研究,则可能出现的因素水平会与现在完全不同。这时,研究者显然希望得到一个能够"泛化",即对所有可能出现的水平均适用的结果。例如,研究广告类型和投放的城市对产品销量是否有影响,在实验设计中随机抽取了 20 个城市进行研究。显然,研究者希望分析结果能够外推到抽样所对应的全国城市总体,此时就涉及将分析结果外推到抽样中未包括的城市的问题,在这种情况下,城市就是一个随机因子。

 一般来说,在分析时应分别设定固定因子和随机因子,如果将随机因子按固定因子来分析,则可能得出错误的分析结果。但是,在许多时候,判断一个因素是固定因子还是随机因子并不是一件容易的事情。在这里需要注意的是:区别这两者的并非是该因素本身的特性,而是分析目的,如果将其看成是固定因子,则分析结果就不应当外推到未出现的其他水平中去;如果要将分析结果外推到未出现的其他水平中去,就应当考虑按照随机因子来分析。

1.1.3 适用条件

1. 理论上的适用条件

通过前面对模型结构的介绍可以看到,作为一种统计模型,方差分析也有自己的适用条件。例如,各组的随机误差项被设定为服从一个相同的正态分布;又如,各组的效应是可加的。具体而言,方差分析模型有以下几个适用条件。

(1) 独立性。只有样本中的各元素相互独立,而且来自真正的随机抽样,才能保证变异能够像模型表达式那样具有可加性(可分解性)。

(2) 正态性。由于各组的随机误差项 ε 被设定为服从正态分布,因此模型要求各单元格的残差必须服从正态分布。

(3) 方差齐。同样是 ε 的缘故,由于在模型中无论如何组合,ε 都被假定服从相同的正态分布,因此模型要求各单元格都满足方差齐同(变异程度相同)的要求。

2. 实际操作中对适用条件的把握

显然,以上要求还是比较严格的,那么在实际操作时应该如何掌握呢?首先在以上条件中,对独立性的要求是最严的,但是除了重复测量等特殊情况外,该条件一般都可以满足。下面来看对正态性和方差齐性在不同情况下的考虑。

(1) 单因素方差分析。在单因素方差分析中,由于模型中只有一个因素,因此实验设计较为简单,样本中有充足的信息量用于对正态性和方差齐性进行考察,这已经成为标准的分析步骤。但是许多人误将正态性理解为因变量应当服从正态分布,显然这种想法并不符合实际,实际应当考察模型残差是否服从正态分布,至少应当分组考察因变量的正态性,而不是合并起来进行整体考察。

 关于方差齐性,根据博克斯(Box)的研究结果,在单因素方差分析中,如果各组的例数相同(即均衡)或总体服从正态分布,则模型对方差不齐有一定的耐受性,只要最大/最小方差之比小于 3,分析结果都是稳定的。

(2) 单元格内无重复数据的方差分析。最典型的是配伍设计的方差分析,此时在建模前不需要考虑正态性和方差齐性问题,原因在于对正态性和方差齐性的考察以单元格为基本单位,此时每个单元格中只有一个元素,当然没法分析。除了配伍设计的方差分析外,交叉设计、正交设计等也可以出现无重复数据的情况。需要指出的是,这里只是因条件不足,无法考察适用条件,而不是说可以完全忽视这两个问题。如果根据专业知识认为在不同单元格内正态性/方差齐性可能有问题,则应当避免使用这种无重复数据的设计方案。

> 从模型的角度讲,建模后可以通过残差分析来考察适用条件。例如,绘制残差分布图,如果残差呈随机分布,且平均值不随预测值波动,则可知模型符合适用条件。

(3) 有重复数据的多因素方差分析。由于正态性和方差齐性的考察以单元格为基本单位,此时单元格的数目往往很多,而每个单元格内的样本例数实际上比较少。例如,样本量为500,用于分析4个因素,每个因素有3个水平,则共有 $3^4=81$ 个单元格,平均一个单元格内只有5例左右的样本,此时实际上很难检验出差别。这时也可能因为极个别单元格方差不齐而导致检验不通过。根据经验,实际上在多因素方差分析中,极端值的影响远大于方差齐性等问题的影响,因此在分析中可以直接考察因变量的分布情况,如果数据分布不是明显偏态,不存在极端值,则一般而言方差齐性和正态性不会有太大问题,而且也可以基本保证单元格内无极端值。因此,在多因素方差分析中,方差齐性往往只限于理论探讨,而对模型适用条件的考察则主要依靠建模后的残差分析来进行,这方面的知识请读者参考第6章的内容。

1.2 案例:胶合板磨损深度的比较

例 1.1 现希望比较4个品牌胶合板的耐磨性,分别从这4个品牌的胶合板中抽取了5个样品,在相同的转速下磨损相同的时间,测量其被磨损的深度(单位:mm),如表1.1所示,数据文件见 veneer.sav。

表 1.1 胶合板磨损数据

品牌名称	磨损深度/mm				
	样品1	样品2	样品3	样品4	样品5
A 品牌	2.3	2.32	2.4	2.45	2.58
B 品牌	2.35	2.3	2.42	2.6	2.35
C 品牌	2.2	2.0	1.9	2.1	2.03
D 品牌	2.54	2.61	2.6	2.57	2.54

1.2.1 操作说明

本例中希望比较不同品牌胶合板的磨损深度(wear),换用统计学的思路来考虑,即希望分析品牌(brand)这个分类变量是否对磨损深度这个连续因变量有影响,这显然属于方差分析模型的适用范围。由于只有一个影响因素,因此需要建立单因素方差分析模型,根据前面学到的知识,相应的模型结构如下:

$$Y_{ij}=\mu+\alpha_i+\varepsilon_{ij}$$

其中,μ 表示不考虑具体品牌时胶合板的平均磨损深度,而 α_i 代表品牌 i 的平均磨损深度与总平均水平的差异,此处的分析目的是检验是否有 α_i 不等于0,操作如下。

1. 选择"分析"→"一般线性模型"→"单变量"菜单项。
2. 将 wear 选入"因变量"框。
3. 将 brand 选入"固定因子"框。
4. 在"选项"子对话框中,选中"描述统计"和"齐性检验"复选框。
5. 单击"确定"按钮。

上述操作中用到的对话框如图 1.1(a)和图 1.1(b)所示。

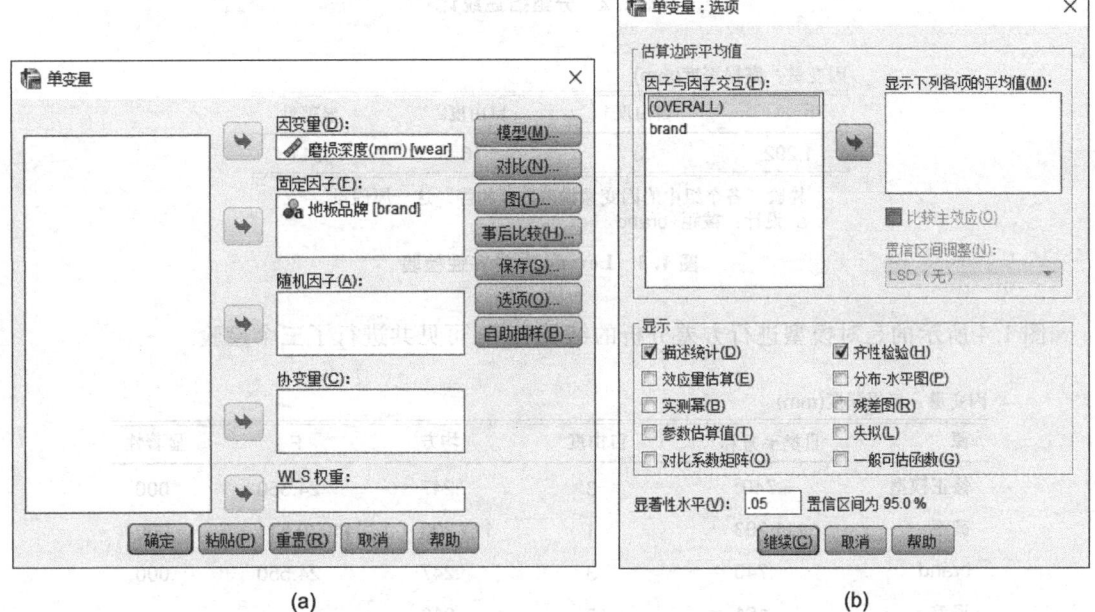

图 1.1 单变量主对话框和"选项"子对话框

此处菜单项名称"单变量"对应的英文为"univariate",其实际含义是"只有一个因变量的方差分析模型",因此翻译成"单因变量"更合适。

1.2.2 结果解释

首先输出的是模型中所有因素各水平的取值情况列表(此处略)。该表显示模型中有一个因素:地板品牌。它有 4 个水平,构成了 4 个单元格,每个单元格内有 5 个元素。

图 1.2 所示的为对四组样本进行的描述统计,它分别给出了样本平均值和标准差(表格中标识的是"标准偏差"),从标准差可见除 D 组较小外,其余三组样本的标准差非常接近,究竟有无方差不齐的问题需要看随后的方差齐性检验结果。另外,还要注意各组样本的平均值大小,在后面阅读模型参数的估计结果时将会用到。

图 1.3 所示的为方差齐性检验结果,用来检验所有单元格内的方差是否齐同,本例中共有 4 个单元格,因此第一自由度为 4-1=3。可见使用的是 Levene 方差齐性检验,F 统计量为 1.292,在当前自由度下对应的显著性(P 值)为 0.311,因此可以认为各单元格所代表的总体的方差齐同。

因变量：磨损深度(mm)

地板品牌	平均值	标准偏差	个案数
A	2.4100	.11269	5
B	2.4040	.11760	5
C	2.0460	.11216	5
D	2.5720	.03271	5
总计	2.3580	.21771	20

图 1.2　分组描述统计

因变量：磨损深度(mm)

F	自由度1	自由度2	显著性
1.292	3	16	.311

检验"各个组中的因变量误差方差相等"这一原假设。
a. 设计：截距+brand

图 1.3　Levene 方差齐性检验

图 1.4 所示的是对模型进行方差分析的结果表格，可见共进行了三个检验。

因变量：磨损深度(mm)

源	Ⅲ类平方和	自由度	均方	F	显著性
修正模型	.740a	3	.247	24.550	.000
截距	111.203	1	111.203	11070.511	.000
brand	.740	3	.247	24.550	.000
误差	.161	16	.010		
总计	112.104	20			
修正后总计	.901	19			

a. R方=.822(调整后R方=.788)

图 1.4　主体间效应检验

（1）第 1 行修正模型(corrected model)进行的是对整个方差分析模型的检验，其原假设为：模型中所有因素均对因变量无影响，所有系数（α、β、γ 等）均等于 0。由图 1.4 可见 F 值为 24.550，$P<0.001$，因此所用的模型有统计学意义，其中有系数不等于 0。由于当前模型中只有品牌这一个因素，因此该结论等价于说品牌间有差异，有 α_i 不等于 0。

（2）第 2 行是对截距进行检验，其原假设为：$\mu=0$，即当不考虑品牌时，胶合板的磨损深度平均值为 0。显然检验结果拒绝了该假设，但由于它在本分析中没有实际意义，忽略即可。

（3）从第 3 行开始就是对模型中各因素效应的检验，由于本模型中只有一个因素，因此只能见到对品牌效应的检验，其原假设为：品牌这一因素对因变量无影响，其所有的系数 α_i 均等于 0。由图 1.4 可见该检验的 F 值、P 值均与第一行对模型的检验完全相同，结论也完全等价。对此大家应当不难理解。

> 如果 SPSS 结果表格中的 P 值显示为".000",这只是表明 $P<0.001$,而由于表格数值格式设定的原因无法显示精确数值,将其理解为 $P=0.000$ 是严重的误解。假设检验的 P 值不可能等于0,至多只会无限接近0。

注意图1.4的最下方还会给出决定系数与调整后的决定系数,这些指标的含义请参见第6章有关回归分析的内容,这里不展开讨论。

1.2.3 模型参数的估计值

经过对上面分析结果的解释,大家会发现分析结果和模型表达式完全对应,那么能否直接对模型中的参数给出估计值?结论显然是肯定的,相应的操作如下。

> 1. 单击"选项"按钮,打开"选项"子对话框。
> 2. 选中"参数估算值"复选框和"对比系数矩阵"复选框。
> 3. 单击"继续"按钮。

分析结果中会新增三个表格,首先给出的是模型中各参数的估计值,如图1.5所示。所谓截距(intercept)即总体平均值 μ,可见其估计值为2.572,即不考虑品牌时的平均磨损深度为2.572 mm。对照前面的样本平均值,会发现这实际上就是D组的平均值。为什么会这样?这里需要结合对 α_i 的估计来理解。在图1.5中从第二行开始就是对各水平参数的估计值,针对4个品牌模型一共有4个参数,但如前所述,由于这些参数之间存在着数量上的关联,必须要加上一定的限制条件才能对它们进行估计。在本例中,模型默认将编号取值最高的一类,即D组作为参照水平,这相当于强迫 $\alpha_4=0$,另外三个参数的估计值和检验结果实际上就相当于该水平和品牌D相比的结果。例如,A组参数的估计值实际上就是两组的平均值之差,即 $2.41-2.572=-0.162$。可见A组、B组、C组参数的估计值均小于0且有统计学意义,即它们的磨损深度均小于品牌D。

因变量:磨损深度(mm)

参数	B	标准误差	t	显著性	95%置信区间	
					下限	上限
截距	2.572	.045	57.383	.000	2.477	2.667
[brand=A]	-.162	.063	-2.556	.021	-.296	-.028
[brand=B]	-.168	.063	-2.650	.017	-.302	-.034
[brand=C]	-.526	.063	-8.298	.000	-.660	-.392
[brand=D]	0[a]					

a. 此参数冗余,因此设置为零。

图1.5 参数估计

给出参数估计值表之后给出的是进行参数估计时使用的设计矩阵,称为 L 矩阵,首先是估计常数项(截距)时使用的 L 矩阵,如图1.6(a)所示。可见矩阵中关于品牌4个水平的参数估计值均为0.250,即总样本的平均水平是按照4个品牌等量混合的情况计算的,但是由于后面又

限制了 $\alpha_4=0$,所以最终会使得常数项的估计值等于 D 组的平均值。

图 1.6(b) 所示的为计算 $\alpha_1 \sim \alpha_3$ 时的 L 矩阵,以 α_1 为例,它对应的是表中 $L2$ 这一列,实际上这里的表达式为 $0\times\mu+1\times\alpha_1+0\times\alpha_2+0\times\alpha_3-1\times\alpha_4=0$,化简后等价于 $\alpha_1=\alpha_4$,此即前面对 α_1 所做的假设检验的原假设。

参数	对比
	L1
截距	1
[brand=A]	.250
[brand=B]	.250
[brand=C]	.250
[brand=D]	.250

此矩阵的缺省显示是相应L矩阵的转置。
基于Ⅲ类平方和。

(a)

参数	对比		
	L2	L3	L4
截距	0	0	0
[brand=A]	1	0	0
[brand=B]	0	1	0
[brand=C]	0	0	1
[brand=D]	-1	-1	-1

此矩阵的缺省显示是相应L矩阵的转置。
基于Ⅲ类平方和。

(b)

图 1.6 截距的设计矩阵表和参数的设计矩阵表

除了"对比系数矩阵"(contrast coefficient matrix)复选框外,"选项"子对话框中还有一个"一般可估函数"(general estimable function)复选框,它输出的结构实质上也是对上述模型进行参数估计时所用的结构,如图 1.7 所示。对照前面的内容,其含义不难理解。

参数	对比			
	L1	L2	L3	L4
截距	1	0	0	0
[brand=A]	0	1	0	0
[brand=B]	0	0	1	0
[brand=C]	0	0	0	1
[brand=D]	1	-1	-1	-1

a.设计:截距+brand

图 1.7 一般估计函数

可能有的读者会想:能否对随机误差项 ε 也进行估计和检验?答案是肯定的,只是由于方差分析模型的重点不在分析 ε 上,因此使用现在这个分析过程无法自动得出估计值,除手工计算外,研究者还可以使用将在后面介绍的混合效应模型直接得到该随机误差项的估计值及其标准误差,有兴趣的读者可参见第 4 章的相关内容。

1.2.4 两两比较

由上面的结果可知,品牌间的磨损深度有差异。但是,上述检验并未指出究竟是哪些品牌更耐磨,哪些品牌易磨损,为此需要进一步在各水平间进行两两比较,操作如下。

1. 单击"事后比较"按钮,打开"事后比较"子对话框。
2. 将 brand 选入两两比较检验框。
3. 选中"假定等方差"框组中的"LSD"复选框和"S-N-K"复选框。
4. 单击"继续"按钮。

上述操作中用到的对话框如图 1.8 所示。

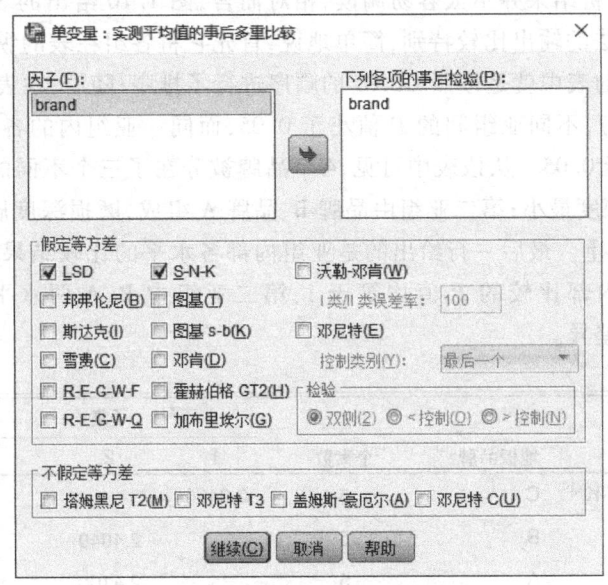

图 1.8 "事后比较"子对话框

分析结果中标题为"事后检验"的部分就是两两比较结果,首先给出的是 LSD 法(最小显著性差异法)的输出结果,如图 1.9 所示。由于 LSD 法实际上要求将每组都和一个参照水平进行比较,而操作中并未设定参照水平,为此 SPSS 假设每一个水平都有可能成为参照水平,让其他水平都与该参照水平进行比较,因此最终形成了 4 个品牌均作一次参照水平的检验结果。但为了便于排版,

因变量:磨损深度(mm)

	(I)地板品牌	(J)地板品牌	平均值差值(I-J)	标准误差	显著性	95%置信区间	
						下限	上限
LSD	A	B	.0060	.06339	.926	-.1284	.1404
		C	.3640*	.06339	.000	.2296	.4984
		D	-.1620*	.06339	.021	-.2964	-.0276
	D	A	.1620*	.06339	.021	.0276	.2964
		B	.1680*	.06339	.017	.0336	.3024
		C	.5260*	.06339	.000	.3916	.6604

基于实测平均值。
误差项是均方(误差)=.010。
*. 平均值差值的显著性水平为.05。

图 1.9 LSD 法的两两比较结果

这里截去了表中的部分输出(表格编辑操作可参见基础教程),只保留了以 A 组和 D 组作为参照水平的检验结果,此外会给出两水平间的平均值差值、差值的标准误差、95%置信区间以及检验的 P 值。可见检验结果为 C 组、D 组均与另三个水平有差异,而 A 组、B 组间无差异。

> 注意图 1.9 所示的表中将 D 组作为参照水平时的分析结果,可以发现其和前面参数估计时的分析结果完全相同。也就是说,这里的分析和前面的分析是完全等价的。

显然,LSD 法的分析结果并不太容易阅读,相对而言,图 1.10 给出的 S-N-K 法两两比较结果则清楚得多。该方法的输出比较特别,简单地说,首先它将各组在表的纵向上按照平均值的大小排序,图 1.10 所示的表中就是按照 CBAD 的顺序进行了排序;随后,在表的横向上各水平被分成若干个亚组(subset),不同亚组间的 P 值小于 0.05,而同一亚组内的各组平均值则两两无差别,比较的 P 值均大于 0.05。从该表中可见,4 个品牌被分在了三个不同的亚组中,第一亚组仅由品牌 C 组成,磨损深度最小;第二亚组由品牌 B、品牌 A 组成,磨损深度居中;第三亚组由品牌 D 组成,磨损情况最严重。最后一行给出的是亚组内部各水平的比较结果,因第一、三亚组都仅有一个水平,因此其内部比较的 P 值均等于 1,第二亚组中 B、A 两水平比较的 P 值则等于 0.926,显然无统计学差异。

	地板品牌	个案数	子集		
			1	2	3
S-N-K[a,b]	C	5	2.0460		
	B	5		2.4040	
	A	5		2.4100	
	D	5			2.5720
	显著性		1.000	.926	1.000

将显示齐性子集中各个组的平均值。
基于实测平均值。
误差项是均方(误差)=.010。
a.使用调和平均值样本大小=5.000。
b.Alpha=.05。

图 1.10 磨损深度(mm)的两两比较(S-N-K 法)

1.2.5 其他常用选项

了解对话框元素的含义将有助于大家今后的学习,因此下面对本案例中未曾用到的一些对话框元素进行解释。

1. 单变量主对话框

单变量主对话框中的绝大部分框组名称都在前面的常用术语中出现过,无须过多说明。比较特殊的是"WLS 权重"框,它用于选入加权最小二乘法的权重系数,以进行加权最小二乘分析,它实际上和线性回归过程主对话框中"WLS 权重"框的功能相同,只不过在方差分析中该方法用得比较少,因此这里不做过多讲解,相关内容可参见本书的回归分析相关章节。

2. "保存"子对话框

"保存"子对话框用于将模型拟合时产生的中间结果或参数保存为新变量供继续分析使用。

"预测值"(predicted values)框组用于存储因变量预测值以及预测值的标准误差。除原始的未标准化预测值外,还有标准化预测值、加权预测值可选,其中加权预测值只有在主对话框中选择了加权最小二乘变量(WLS)时才可用;"残差"(residuals)框组则用于存储预测值和实测值之差,即残差,同样有多种选择;"诊断"(diagnostics)框组用于存储一些模型诊断指标;"系数统计"(save to new file)框组则用于选择一个数据文件以保存参数拟合的协方差矩阵。对残差和诊断指标的详细解释请参见线性回归章节的相应内容,这里不再详述。

3. "选项"子对话框

"选项"子对话框用于定义模型中的一些附加功能,如图 1.1(b)上半部的"估算边际平均值"(estimated marginal means)框组用于定义输出哪些指标的估计平均值,并选择所用的两两比较方法,详细内容见后面的相关章节。下半部的"显示"(display)复选框组用于设定一些常用的输出指标。除本章将会用到的输出指标外,其余输出指标的含义如下。

(1) 效应量估算(estimates of effects size)。该指标用于对模型和各因素计算偏 eta 平方,它表示在控制了其他因素的影响之后,由该因素所导致的变异占因变量总变异的比例,总模型的偏 eta 平方等价于回归分析中的决定系数,而各因素的偏 eta 平方等价于相应偏相关系数的平方。偏相关分析的详细介绍请参见基础教程,这里不再重复。

(2) 检验效能(observed power,对话框中的"实测幂"为软件误译)。该指标用于为模型和所有因素/交互作用项的检验计算检验效能,通过该数值可以得知实验设计的样本量是否充足,以及接近检验水准的因素有无必要继续研究,这是一个常被人忽视的选项。

(3) 分布-水平图(spread vs. level plot)。该指标用于绘出所有单元格的分布——水平图(该图的详细内容请参见基础教程中探索过程的相应内容)。

4. "自助抽样"子对话框

"自助抽样"子对话框用于在相应的参数估计和假设检验中使用 Bootstrap 方法进行估计,该方法由 Efron 于 1979 年提出,是基于大量计算的一种模拟抽样统计推断方法,可以解决经典统计学难以完成的一些统计推断任务。目前使用该方法主要出于两个目的:一是判断原参数估计值是否准确;二是计算更准确的置信区间,判断得出的统计学结论是否正确。对 Bootstrap 方法及相应子对话框的详细介绍请参见基础教程第 7 章,这里不再重复。

1.3 两因素方差分析模型

例 1.1 中只有一个影响因素,在实际问题中,更多的是有多个影响因素的情形。下面就对多因素方差分析模型做进一步的学习。

1.3.1 案例:超市规模、货架位置与销售量的关系

例 1.2 大家都有过在超市购物的经历。对超市中销售的某种商品而言,其销售量是否会受到货架上货物摆放位置的影响,此外是否还会受到超市规模的影响,或者两者之间是否还存在交互作用?Berenson 和 Levine(1992)着手研究了此问题,他们按照超市的大小(三水平)、摆放位置(四水平)各随机选取了两个点,记录了同一周内该商品的销售量,如表 1.2 所示,数据文件见 twoway.sav。

表 1.2 超市购物数据

超市规模	货物摆放位置			
	A	B	C	D
小型	45、50	56、63	65、71	48、53
中型	57、65	69、78	73、80	60、57
大型	70、78	75、82	82、89	71、75

显然,本例中所关心的变量是销售量(sale),对销售量可能有影响的有两个分类变量:超市规模(size)和货物摆放位置(position),因此本例仍然可以使用方差分析模型来分析,只是影响因素为两个,相应的模型表达式为 $Y_{ijk}=\mu+\alpha_i+\beta_j+\gamma_{ij}+\varepsilon_{ijk}$。其中,$\alpha_i$、$\beta_j$ 分别表示超市规模 i 水平和货物摆放位置 j 水平的主效应。而 γ_{ij} 则为两者之间的交互作用。

1. 初步拟合模型

相应的操作如下。

> 1. 选择"分析"→"一般线性模型"→"单变量"菜单项。
> 2. 将 sale 选入"因变量"框。
> 3. 将 size、position 选入"固定因子"框。
> 4. 在"选项"子对话框中选中"齐性检验"复选框。
> 5. 单击"确定"按钮。

分析结果中首先给出方差齐性检验的输出,如图 1.11 所示,可见无法进行计算。这是因为两个因素的各水平交叉,会形成 12 个单元格,这里检验的是 12 个单元格的方差是否齐同。但如果要在考虑交互作用的模型中进行方差齐性检验,则每个单元格内至少要有 3 个元素(数据点),因此这里无法得到分析结果。可见多因素时方差齐性检验往往价值不大,这也与前面提到的多因素方差分析时一般不考虑方差齐性问题的结论相呼应,因此,后面不再涉及此话题。

因变量:周销售量

F	自由度1	自由度2	显著性
.	11	12	.

检验"各个组中的因变量误差方差相等"这一原假设。
a. 设计:截距+size+position+size*position

图 1.11 误差方差等同性的 Levene 检验

图 1.12 给出的是对模型进行方差分析的结果表格,有了例 1.1 的基础,该表格很容易阅读。

(1) 第 1 行修正模型是对整个方差分析模型的检验,其原假设为:模型中所有因素均对因变量无影响,即超市规模、摆放位置、两者之间的交互作用均对销售量无影响,其系数(全部的 α、β、γ)均为 0。该检验的 P 值远小于 0.05,因此所用的模型有统计学意义,以上提到的参数中至少有一个不为 0,但具体是哪些参数不为 0 则需要阅读后面的分析结果。

(2) 第 2 行是对截距进行检验,即检验模型中常数项是否等于 0,显然它在本次分析中没有实际意义。

(3) 第 3、4 行分别是对超市规模、摆放位置的效应的检验,其原假设分别为:所有的系数 α_i 均为 0、所有的系数 β_j 均为 0。可见两者均有统计学意义,即 α_i、β_j 中均至少有一个不为 0。但是,在模型中存在对应的交互作用项时,主体间效应的检验结果价值不大,仅供参考。

(4) 第 5 行是对超市规模和摆放位置的交互作用进行了检验,可见 P 值无统计学意义。

因变量:周销售量

源	Ⅲ类平方和	自由度	均方	F	显著性
修正模型	3019.333a	11	274.485	12.767	.000
截距	108272.667	1	108272.667	5035.938	.000
size	1828.083	2	914.042	42.514	.000
position	1102.333	3	367.444	17.090	.000
size*position	88.917	6	14.819	.689	.663
误差	258.000	12	21.500		
总计	111550.000	24			
修正后总计	3277.333	23			

a. R方=.921(调整后R方=.849)

图 1.12　主体间效应检验

2. 进一步简化模型

由于在本次分析中发现两个因素的交互作用无统计学意义,为了使模型更简洁,需要将其从模型中去除,具体在"模型"(model)子对话框中实现,如图 1.13 所示,操作如下。

1. 单击"模型"按钮,打开"模型"子对话框。
2. 在"指定模型"框组中选中"定制"单选按钮。
3. 在"构建项"框组的"类型"下拉列表中选择"主效应"。
4. 将 size 和 position 选入右侧的"模型"框。
5. 单击"继续"按钮。

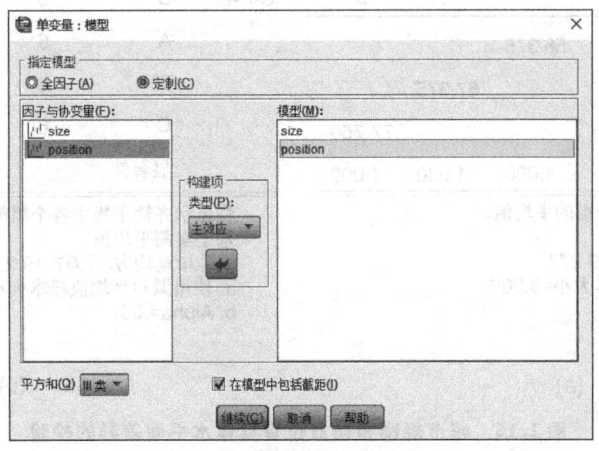

图 1.13　"模型"子对话框

图 1.14 所示的即为去除交互作用项后的方差分析模型结果,可见检验结论与前面相同,这里不再详述。

因变量:周销售量

源	III类平方和	自由度	均方	F	显著性
修正模型	2930.417a	5	586.083	30.409	.000
截距	108272.667	1	108272.667	5617.799	.000
size	1828.083	2	914.042	47.426	.000
position	1102.333	3	367.444	19.065	.000
误差	346.917	18	19.273		
总计	111550.000	24			
修正后总计	3277.333	23			

a. R方=.894(调整后R方=.865)

图 1.14 去除交互作用项的主体间效应检验

下面对超市规模、摆放位置具体水平间的差异使用 S-N-K 法进行两两比较,操作如下。

> 1. 单击"事后比较"按钮,打开"事后比较"子对话框。
> 2. 将 size、position 选入"下列各项的事后检验"框。
> 3. 选中"假定等方差"框组中的"S-N-K"复选框。
> 4. 单击"继续"按钮。

图 1.15 所示的两个表格分别是对超市规模和摆放位置的两两比较,可见超市规模越大,销售量就越大;而 4 种摆放位置也对销售量有影响,位置 C 的销售量最大,其次为位置 B,位置 A 和 D 的销售量则最小。同时,以上差异不受另一个因素水平取值的影响,两者之间无交互作用。

	超市规模	个案数	子集		
			1	2	3
S-N-Ka,b	小型	8	56.375		
	中型	8		67.375	
	大型	8			77.750
	显著性		1.000	1.000	1.000

将显示齐性子集中各个组的平均值。
基于实测平均值。
误差项是均方(误差)=19.273。
a. 使用调和平均值样本大小=8.000。
b. Alpha=.05。

(a)

	摆放位置	个案数	子集		
			1	2	3
S-N-Ka,b	D	6	60.667		
	A	6	60.833		
	B	6		70.500	
	C	6			76.667
	显著性		.948	1.000	1.000

将显示齐性子集中各个组的平均值。
基于实测平均值。
误差项是均方(误差)=19.273。
a. 使用调和平均值样本大小=6.000。
b. Alpha=.05。

(b)

图 1.15 超市规模和摆放位置具体水平间差异的检验

1.3.2 边际平均值与轮廓图

前面主要是用表格对结果进行了呈现,实际上,在 SPSS 中也可以使用图形对各种水平组合下平均值的变化情况进行描述,下面就来探讨此问题。首先需要了解边际平均值这一概念,它指的是基于现有模型,当控制了其他因素的作用时根据样本情况计算出的用于比较的各水平的平均值的估计值。如果模型中有协变量,则会按照协变量取值为平均值的情况加以修正,并进行平均值估计。对单因素模型和包含全部交互作用项的全模型而言,边际平均值就等于样本各单元格的平均值;但是,对于上例这种去掉了某些交互作用项的模型而言,边际平均值就完全是基于模型计算出来的,是根据当前的模型设定对相应效应的估计,并不能与样本的原始平均值相对应。

在了解了边际平均值后,下面来看 SPSS 提供的图形工具,在"单变量"主对话框中有一个"图"(plot)按钮,单击该按钮后弹出的子对话框用于设定轮廓图。所谓轮廓图,就是一种特殊的线图,图中的一个点表示某个因素水平下的边际平均值;如果有两个因素,则第二个因素的不同水平可以用来区分不同的线;如果有三个因素,则第三个因素的不同水平可以被绘制为不同的图。轮廓图可以反映各种水平组合下平均值的变化规律,在寻找可能存在的交互作用时非常有用。如果两个因素间无交互作用,则第一个因素各水平间平均值的差异不会随着第二个因素水平取值的变化而变化,表现为绘制的各条线基本平行;反之,如果各条线明显不平行,之间有明显的交叉,则表明这两个因素的相应水平间可能存在着交互作用。

在设定好一张轮廓图的绘制方式后,一定要单击子对话框下方的"添加"按钮确认,否则相应的操作无效。以超市规模和摆放位置为例,如果希望分别绘制这两个变量的轮廓图,则操作如下。

1. 单击"图"按钮,打开"图"子对话框。
2. 将 size 选入"水平轴"框,单击"添加"按钮。
3. 将 position 选入"水平轴"框,单击"添加"按钮。
4. 单击"继续"按钮。

相应的轮廓图如图 1.16 所示,实际上,在这种情况下各散点的位置和原始样本平均值并无差异。

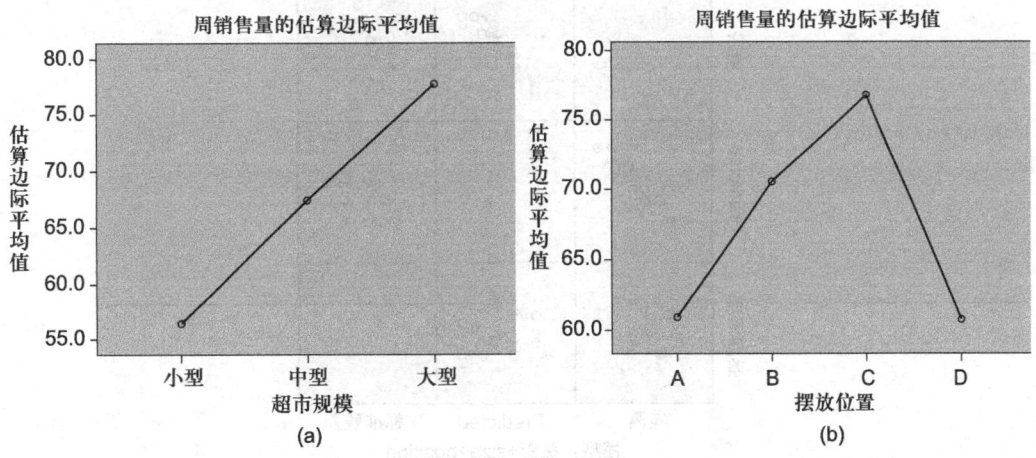

图 1.16 超市规模和摆放位置的轮廓图

下面来看复杂一些的情形,如果希望绘制上述两个变量的联合轮廓图,则将另一个变量选入"单独的线条"(separate lines)框中即可。对于不同的模型,边际平均值的估计值不同,因而联合轮廓图也不同。图 1.17 所示的为模型中加入和不加入交互作用时的轮廓图,从左侧可见当模型中有交互作用项时,各边际平均值与样本单元格的平均值相同,且代表摆放位置的 4 条线大致平行,并未出现明显的交叉,这提示两变量间的交互作用可能不明显,与前面检验的结论一致;而右侧反映的是不加入交互作用的模型轮廓图,由于模型中无交互作用项,相当于强行规定无论摆放位置如何,超市规模各水平的平均值差异完全相同,在轮廓图中 4 条平均值线是完全平行的(注意其中有两条线是重合的)。

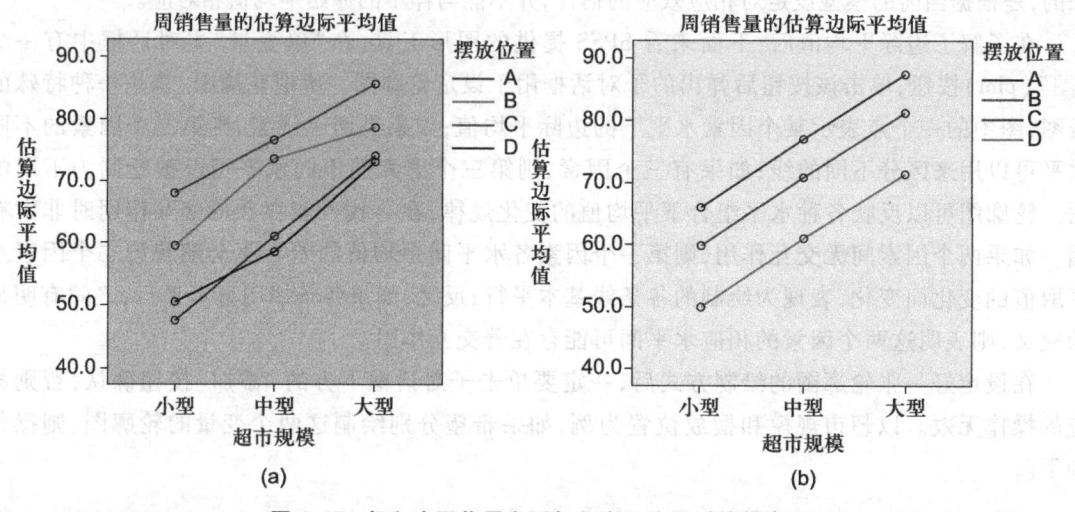

图 1.17 加入交互作用和不加入交互作用时的轮廓图

除轮廓图外,还可以使用残差图对模型的拟合效果进行观察。在主对话框中单击"选项"按钮,打开"选项"子对话框,选中"残差图"复选框,则结果中会出现如图 1.18 所示的残差图。这

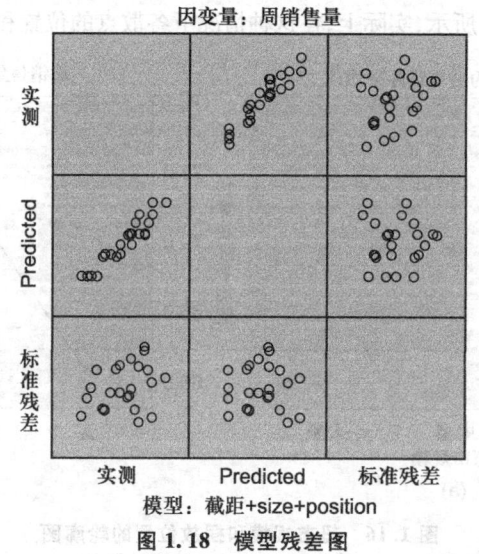

图 1.18 模型残差图

幅图实际上是一个散点图矩阵,由因变量实测值、预测值和标准化残差构成,如果模型拟合效果很好,则预测值和实测值应当明显相关,呈现出较好的直线趋势,而标准化残差则应当随机地在 0 上下分布,其平均值和离散程度均不随预测值的上升而出现变动。由图 1.18 中的"Predicted"× "标准残差"单元格可见,残差分布比较好,未发现明显违反模型假设的情况,因此模型的拟合效果是令人满意的。

如果希望对残差图做进一步的观察,则可以双击该图形,进入编辑状态,以添加相应的参考线,相应操作可参考基础教程中有关图形的章节,这里不再详述。

1.3.3 拟合劣度检验

在本例的分析中,由于交互作用项没有统计学意义,因此直接将其剔除出模型重新进行数据的拟合。当交互作用项较少时,这样做并不困难。但是,如果需要分析的因素很多,则交互作用项会非常繁杂,对它们一一进行筛选不仅十分麻烦,还有可能出错,毕竟方差分析模型没有提供变量筛选的方法,而且这样多个检验并行,又涉及 I 类错误是否被正确控制的问题。事实上,交互作用项是否应当纳入模型的分析可以被理解为与纳入全部主效应和交互效应的模型(全模型)相比,当前模型对样本信息的解释程度是否充分,两者间的差异是否有统计学意义?如果当前模型和全模型的解释程度无统计学差异,则表明模型已经包含了数据的主要信息,不需要再另行纳入更多的交互作用项了;反之,则意味着还有交互作用项需要纳入,以改善模型对数据的解释。结合上面有无交互作用项时的轮廓图,大家对此可能会有更直观的了解。

"选项"子对话框中提供了一个"失拟"(lack of fit)复选框,就是用于进行当前模型和全模型效果比较的拟合劣度检验(也称为失拟检验)。如果无效假设被拒绝,则说明现有模型尚不能充分刻画因变量和自变量间的关系,可能还有交互作用项未被发现,或尚有其他因素需要被引入模型。对上面无交互作用项的模型,拟合劣度检验结果如图 1.19 所示。注意该表格中的纯误差(pure error)一栏实际上就是全模型的误差项输出,而主效应模型误差项的平方和为 346.917,与全模型的误差项的平方和 258 相减,恰好就等于"失拟"一栏平方和的输出 88.917。事实上自由度的计算也是如此。也就是说,该检验比较的就是两个模型的方差解释程度,随后进行的假设检验就是标准的 F 检验,这里不再详述。最终的 P 值为 0.663,正好等于全模型中对交互作用项的检验 P 值。当只有一个交互作用项时,这两个检验是等价的。但在交互作用项多于一个时,拟合劣度检验的优势就很明显了。

因变量:周销售量

源	平方和	自由度	均方	F	显著性
失拟	88.917	6	14.819	.689	.663
纯误差	258.000	12	21.500		

图 1.19 拟合劣度检验

有趣的是,根据不同的模型起源,这种考察当前模型对数据解释得是否充分的检验有时被称为拟合劣度(lack of fit),有时却又被称为拟合优度(goodness of fit)。例如,在 Logistic 回归模型中就是如此。这两种不同称呼的方法看似对立,但实质上是完全等价的,就像存活率和死亡率一样。对拟合优度的进一步讲解可参见有关 Logistic 回归模型的章节,这里不再展开讨论。

1.4 因素各水平间的精细比较

通过前面几个例子的学习可以看出,要解决实际问题,往往还要进行因素各水平间的两两比较。本章介绍的对话框操作所对应的 UNIANOVA 过程提供了比较全面的两两比较功能,下面做一简单介绍。

1.4.1 POSTHOC 子句

该子句进行的是各组平均值基于方差分析模型的事后两两比较,即根据具体模型中方差的分解方式计算出需要比较的各水平所对应的标准误差,然后根据样本中各水平的实际平均值进行相应的两两比较。事实上,使用"事后比较"子对话框进行的分析就对应了在程序中使用 POSTHOC 子句。但需要注意的是,由于该方法是基于样本平均值直接进行检验,如果模型中存在协变量,则该功能不可用。

> Post hoc 一词来源于拉丁语,意思是"在此之后",这是因为按照方差分析模型的流程,只有在总的方差分析结果判定某因素的确有作用,其各水平的系数不全等于 0 时,才需要进一步进行该因素各水平之间的两两比较,因此相应的检验一律被称为"post hoc"检验。

1.4.2 EMMEANS 子句

对于不均衡的设计,或者含有协变量的模型,原始样本平均值不能正确代表各种组合下因变量的平均水平,此时使用 POSTHOC 子句进行原始样本平均值的比较就会失去实际意义,因此考虑用 EMMEANS 子句进行边际平均值的比较,即通过模型计算出用于比较的各水平(组合)的边际平均值及其标准误差,然后利用该估计值进行相应的比较,SPSS 提供的比较方法有 LSD、Bonferroni 和 Sidak 三种。对于模型中有协变量的情形,边际平均值在估计时会默认按照协变量取值为平均值的情况加以计算。实际上,除使用程序方式实现外,这种比较也可以直接在"选项"子对话框上半部的"估算边际平均值"(estimated marginal means)框组中实现。以例 1.2 为例,如果希望利用边际平均值比较摆放位置的作用,则操作如下。

> 1. 单击"选项"按钮,打开"选项"子对话框。
> 2. 将 position 选入"显示下列各项的平均值"框。
> 3. 选中下方的"比较主效应"复选框。
> 4. 单击"继续"按钮。

在分析结果中,首先给出的是各水平的边际平均值和标准误差的估计值,如图 1.20 所示。

图 1.21 是使用 LSD 法对摆放位置的作用进行比较,这里仍然只保留了 A、D 作为参照水平的分析结果。有兴趣的读者可以将这里的结果和事后检验中的 LSD 法对照一下,会发现它们完全相同。

1.4 因素各水平间的精细比较

因变量：周销售量

摆放位置	平均值	标准误差	95%置信区间	
			下限	上限
A	60.833	1.792	57.068	64.599
B	70.500	1.792	66.735	74.265
C	76.667	1.792	72.901	80.432
D	60.667	1.792	56.901	64.432

图 1.20　估计值

因变量：周销售量

(I)摆放位置	(J)摆放位置	平均值差值（I-J）	标准误差	显著性[a]	差值的95%置信区间[a]	
					下限	上限
A	B	-9.667*	2.535	.001	-14.992	-4.342
	C	-15.833*	2.535	.000	-21.158	-10.508
	D	.167	2.535	.948	-5.158	5.492
D	A	-.167	2.535	.948	-5.492	5.158
	B	-9.833*	2.535	.001	-15.158	-4.508
	C	-16.000*	2.535	.000	-21.325	-10.675

基于估算边际平均值
*. 平均值差值的显著性水平为 .05。
a. 多重比较调节：最低显著差异法(相当于不进行调整)。

图 1.21　成对比较

图 1.22 所示的为基于当前模型对超市规模这一因素进行的总体检验,原假设为超市规模对销售量无影响。显然,结论与前相同。

因变量：周销售量

	平方和	自由度	均方	F	显著性
对比	1102.333	3	367.444	19.065	.000
误差	346.917	18	19.273		

F检验 摆放位置 的效应。此检验基于估算边际平均值之间的线性无关成对比较。

图 1.22　单变量检验

1.4.3　LMATRIX 和 KMATRIX 子句

1. 子句的基本结构

这是模型中最自由的比较设定方式,该方法基于模型所估计出的边际平均值,由用户使用设计矩阵自定义希望进行的比较。其检验的基本假设为 $Lb=K$,其中矩阵 L 使用 LMATRIX 子句设定,矩阵 K 使用 KMATRIX 子句设定,若省略该句,则默认为 0,向量 b 是希望进行比较的因素各水平。

为帮助大家理解该方法的实际含义,这里以例 1.2 的数据为例做进一步说明。该模型中有超市规模、摆放位置两个因素,分别有 3 个水平和 4 个水平,如果现在希望比较位置 A 和位置 D 的边际平均值是否相等,则相应的子句如下:

```
/LMATRIX '位置 A 和 D 比较' position 1 0 0 -1
```

子句中共出现了比较名称、因素名称、L 矩阵三部分内容,分述如下。

(1) 比较名称。单引号中写入该比较的名称,可以任意命名。

(2) 因素名称。比较名称后写上希望比较的因素名称,由于此处只涉及对摆放位置(position)不同水平的比较,因此只有一个因素名称出现。

(3) 矩阵 L。由于在比较中只涉及摆放位置,因此矩阵 L 只需要分别针对摆放位置的 4 个水平设定相应系数即可,本例分别为 1、0、0、-1,依字母顺序对应位置 A~D,则相应的检验假设 $Lb = K$ 实际上为 A×1+B×0+C×0+D×(-1) = 0,化简后即为 A=D,这正是所需的比较。

分析操作时可以使用主对话框中的"粘贴"按钮生成主要的程序框架,然后将上面的子句加入,最终的程序如下:

```
UNIANOVA
    sales  BY size position
    /METHOD = SSTYPE(3)          /INTERCEPT = INCLUDE
    /CRITERIA = ALPHA(.05)       /DESIGN = size position
    /LMATRIX '位置 A 和 D 比较' position 1 0 0 -1 .
```

2. 结果解释

首先输出的是如图 1.23 所示的按 t 检验方式进行的自定义对比结果,可见样本的平均值差值为 0.167(参见前面的分析结果),最终该自定义检验的 P 值为 0.948。显然,这一结果和前面使用 LSD 法的结果完全相同。也就是说,自定义检验的算法在本质上和 LSD 法是相同的。

对比		因变量
		周销售量
L1	对比估算	.167
	假设值	0
	差值(估算-假设)	.167
	标准误差	2.535
	显著性	.948
	差值的95%置信区间 下限	-5.158
	上限	5.492

a. 基于用户指定的对比系数(L)矩阵:位置A和D比较

图 1.23 对比结果(K 矩阵)

图 1.24 给出的是按照自定义方式进行的相关水平效应检验结果,可见结论相同。

因变量:周销售量

源	平方和	自由度	均方	F	显著性
对比	.083	1	.083	.004	.948
误差	346.917	18	19.273		

图 1.24 检验结果

3. 更复杂的自定义检验举例

下面进一步超越最小显著性差异法的能力范畴,来看看自定义检验还可以达到怎样的目的。假设在前面的分析中,发现位置 A、D 的销售量没有太大差异,现在希望将这两个位置的数据合并,将其与位置 B 进行比较,则相应的子句如下:

/LMATRIX '位置 A+D 和 B 比较' position 1 −2 0 1

注意上面系数的设定方式,相应的检验假设实际为 A×1+B×(−2)+C×0+D×1=0,化简后即为 (A+D)/2=B,即位置 A、D 的平均销售量和位置 B 相同,这正是希望进行的比较。

自定义检验还可以用于存在交互作用的情形,假设超市规模和摆放位置间存在交互作用,现在希望分析当超市规模为中型水平时位置 A 和 B 有无差异,则相应的子句如下:

/LMATRIX'A vs B@ 中型 'position 1 −1 0 0　size * position 0 0 0 0　1 −1 0 0　0 0 0 0

由于此处希望将超市规模控制在"中型"这一水平对位置 A、B 进行比较,因此子句中也需要对交互作用项进行矩阵 *L* 的指定。显然 A×B 项应当有 3×4 = 12 个参数,对应 12 种组合。以上设置后小型、大型水平所对应的参数均为 0,保证了相应的检验假设等价于在超市规模中型水平下比较位置 A 和 B 的作用大小。需要注意的是,子句前半部中对位置因素主效应的设定不能省略,另外在 DESIGN 子句中必须加入对模型交互作用项的指定,而不是只包含主效应,否则程序会出错。

因篇幅所限,上述自定义检验这里不再给出分析结果,有兴趣的读者可自行尝试。

1.4.4　CONSTRAST 子句

该方法实际上是前述 LMATRIX 和 KMATRIX 子句使用的简化方式,由系统提供了按照几种预设的矩阵 *L* 比较方式,这些预设的比较方式可以在 CONTRAST 子对话框中直接实现,实际上等价于回归模型中的哑变量估计。因篇幅所限,这里不再详述,读者可参见后面关于 Logistic 回归模型的相关内容。

1.5　方差分析模型进阶

1.5.1　含随机因子的方差分析模型

在 1.1 节中曾经提到:如果错误地将随机因子设定为固定因子加以分析,则可能得到错误的结果,这里用一个具体的例子来对此进行深入探讨。

例 1.3 现希望研究 4 种广告的宣传效果有无差异,广告的具体类型(adstype)为店内展示、发放传单、推销员展示、广播广告。在本地区共有几百个销售网点(area)可供选择,出于经费上的考虑,在其中随机选择 18 个网点进行研究,各网点均在规定长度的时间段内使用某种广告类型,并记录该时间段内的具体销售额(sale)。为了减小误差,每种广告类型在每个网点均重复测量两次,数据文件见 ranavona.sav。

本例显然是一个两因素方差分析模型的分析问题,但是纳入研究的网点共有 18 个水平,是在几百个候选网点中随机抽出来的。本次研究得到的结论应当在所有网点中均适用,但如果重复进行此研究,则很可能重新抽出的网点和本次研究完全不同,因此网点应当被设定为随机因子,相应的操作如下。

1. 选择"分析"→"一般线性模型"→"单变量"菜单项。
2. 将 sale 选入"因变量"框。
3. 将 adstype 选入"固定因子"框,将 area 选入"随机因子"框。
4. 单击"确定"按钮。

图 1.25 所示的即为含有随机因子的方差分析模型检验结果,可见当模型中有随机因子时不再进行总模型的检验,而是分别对每个因素进行单独检验,而且所用的误差项也分别单独设置。可见广告类型和网点的交互作用项在检验时所用的误差项为 MS(误差),而广告类型、网点这两个主效应在检验时所用的误差项则为 MS(adstype*area),即将交互作用项作为检验时所用的误差项。显然,含随机因子模型的影响因素检验方式和普通模型并不相同,如果设定有误,则不能得到正确的检验结果。事实上,在绝大多数情况下,只要正确设定了固定因子和随机因子,SPSS就会自动进行正确的方差分解,并进行相应的 F 检验。如果针对一些特殊的问题,研究者希望自定义检验中所使用的误差项,则可以使用 TEST 子句,详细的内容见 1.5.2 小节。

因变量:销售额

源		III 类平方和	自由度	均方	F	显著性
截距	假设	642936.694	1	642936.694	1179.661	.000
	误差	9265.306	17	545.018[a]		
adstype	假设	5866.083	3	1955.361	20.094	.000
	误差	4962.917	51	97.312[b]		
area	假设	9265.306	17	545.018	5.601	.000
	误差	4962.917	51	97.312[b]		
adstype*area	假设	4962.917	51	97.312	1.153	.286
	误差	6075.000	72	84.375[c]		

a. MS(area)
b. MS(adstype*area)
c. MS(误差)

图 1.25 主体间效应检验

图 1.26 给出的是各因素的期望均方,并无太大的实际意义,这里不再详细解释。后续的两两比较、平均值估计等也和只含有固定因子的模型完全相同,这里也不再详述。

	方差成分			
源	变量(area)	变量(adstype*area)	变量(误差)	二次项
截距	8.000	2.000	1.000	截距,adstype
adstype	.000	2.000	1.000	adstype
area	8.000	2.000	1.000	
adstype*area	.000	2.000	1.000	
误差	.000	.000	1.000	

a. 对于每个源,期望均方=单元格中的系数总和*方差成分+"二次项"单元格中涉及效应的二次项。
b. 期望均方基于Ⅲ类平方和。

图 1.26 期望均方

 对随机因子的正确设定主要会影响含有交互作用项的方差分析模型,如果模型中不含交互作用项,则假设检验中的方差分解方式与设定为固定因子时完全相同。因此,这一问题在模型中存在交互作用时应当加以注意。对于只含有主效应且设计均衡的方差分析模型,因素的设定方式实际上对结果没有实质性影响。

1.5.2 自定义检验使用的误差项

前面在进行主效应/交互作用项检验时都让系统自行设定计算 F 统计量时所使用的误差项,最常见的情形就是使用模型的随机误差项。而在随机效应方差分析模型的实例中,如果正确设置随机效应项,则系统也能对误差项进行正确设定。但是,在更复杂的方差分析模型,如嵌套设计、重复测量设计或是裂区设计的方差分析中,对不同的效应进行检验时所使用的误差项可能是变动的,此时必须要按照相应的模型正确设定效应的检验方式,即正确设定计算 F 统计量时所使用的误差项,否则就可能得出错误的结论。

SPSS 为自定义检验提供了一个 TEST 子句,它允许用户使用自定义的误差项进行指定效应的检验,其语法格式如下:

/TEST 要检验的效应名称 VS 指定的误差项

在该子句中,要检验的效应名称紧跟在 TEST 后,它必须是在 DESIGN 子句中出现过的效应名称;而 VS 后面则是指定的误差项,它可以是若干个交互作用项的线性组合,但也必须都在 DESIGN 子句中出现过,下面的 TEST 子句都是合法的:

/TEST = A VS A * B
/TEST = A VS B + A * B

第一个 TEST 子句使用 A 和 B 的交互作用项作为误差项对 A 的主效应进行检验,第二个子句则将 B 的主效应和 A、B 交互作用项的合并效应作为误差项对 A 的主效应进行检验。同一个

UNIANOVA 过程中可以使用多个 TEST 子句,系统会依次给出检验结果。

这里仍以超市的数据为例,假设现在希望以摆放位置(position)和超市规模(size)的交互作用项作为误差项对 size 的主效应进行检验,则相应的程序如下(注意交互作用项在 DESIGN 子句中必须出现):

```
UNIANOVA
    sales   BY size position
    /METHOD = SSTYPE(3)        /INTERCEPT = INCLUDE
    /CRITERIA = ALPHA(.05)     /DESIGN = size position size * position
    /TEST size VS size * position   .
```

分析结果中 TEST 子句相应的输出如图 1.27 所示,图中表下方的注解说明检验所使用的误差项实际上是 size 和 position 的交互作用项,对照前面方差分析表格中的数值,可以看到的确如此。

因变量：周销售量

源	平方和	自由度	均方	F	显著性
对比	1828.083	2	914.042	61.679	.000
误差[a]	88.917	6	14.819		

a. size*position

图 1.27 检验结果

自定义检验误差项在分析复杂实验设计数据时比较有用,详见第 2 章的介绍。

1.5.3 4 类方差分解方法

在"模型"子对话框中,可以看到有 4 类方差分解方法,具体而言,这 4 类方差分析方法指的是当有多个因素时,模型的总方差是如何分解为各部分方差的,具体如下。

(1) I 类。研究者对因素的影响大小有主次之分,需分析的因素要严格按照影响的大小排列,这类分解方法按因素被引入模型的顺序依次对每种因素效应进行分析,因此它的计算结果与因素的前后顺序密切相关。应当将最重要的因素放在前面,然后按照二阶交互、三阶交互等的顺序依次指定。该方法适用于平衡的模型和嵌套模型。

(2) II 类。这种方法对除要分析的因素效应外的其他所有效应均进行调整。它的计算会抑制对其他参数的估计,所以不适用于有交互作用的方差分析以及嵌套模型。这类分解方法的适用范围较小,为完全均衡的设计。只涉及主效应的设计以及纯粹的回归分析。

(3) III 类。这种方法是系统默认的分解方法,对除要分析的因素效应外的其他所有效应进行调整,但其计算方法也部分适用于不均衡的设计。这类分解方法适用于 I 类、II 类所列范围以及无缺失单元格的不均衡模型。对于含缺失单元格的不均衡设计,则应当使用 IV 类分解方法。

(4) IV 类。这种方法专门针对含有缺失单元格的数据而设计,它对任何因素效应计算平方和,如果因素效应存在嵌套,则只对因素效应的较高水平做对比。这类分解方法可用于 I 类、II 类所列范围,但更主要的是可用于含缺失单元格的不均衡设计。

综上所述,除很特殊的情况下必须要使用Ⅳ类分解方法外,一般使用Ⅲ类分解方法即可。

思考与练习

1. 本章在"模型入门"部分使用月收入作为因变量对模型架构进行了描述,但月收入往往是不服从正态分布的,请思考:

(1) 在建模中如何对该数据是否符合模型的适用条件进行判断?

(2) 如果发现数据不符合模型的适用条件,可以考虑进行怎样的处理?

2. 使用轮廓图、残差图等工具对例 1.1 的数据进行观察,以理解模型的拟合情况。

3. 如果错误地将随机效应设定为固定效应进行分析,则模型分析结果的含义是什么?请思考自己所熟悉的领域中有没有这种误用的例子,这样误用的影响是什么?

参考文献

[1] IBM Corp. IBM SPSS Advanced Statistics 24[CP/OL]. Armonk,NY:IBM Corp,2016.

[2] Neter J,et al. Applied Linear Statistical Models[M]. 4th ed. [S.l.]:McGraw-Hill,1996.

[3] 张文彤,钟云飞. IBM SPSS 数据分析与挖掘实战案例精粹[M]. 北京:清华大学出版社,2013.

[4] 张文彤. SPSS 统计分析基础教程[M]. 3 版. 北京:高等教育出版社,2017.

[5] 吴明隆. 问卷统计分析实务:SPSS 操作与应用[M]. 重庆:重庆大学出版社,2010.

[6] 胡良平. 现代统计学与 SAS 应用[M]. 北京:军事医学科学出版社,1996.

第2章 常用的实验设计分析方法

有人曾做过这样的实验,在花园种了一些向日葵种子,由于花园剩余的空地有限,所以就见缝插针,把这些种子埋在了墙角、花丛间、路边等处。转眼几个月过去了,这些向日葵次第开花,但生长状况却差异很大,有的高大挺拔,花冠饱满,有的却又细又矮,无法满足观赏需求。

为了来年种得更好一些,种植者总结了种植地点的光照、土壤、植物竞争等情况,具体如表2.1所示。从表2.1可以看出,如果这是一个筛选向日葵种植条件的实验设计,那么该设计存在着严重的缺陷,因为在各种条件组合中,可以发现半遮挡的光照状况总是伴随着强植物竞争状况出现,也就是说当该光照状况下向日葵长势不佳时,无法判断究竟是因为光照不好,还是因为植物竞争激烈导致了这一结果。同理,腐殖土也总是伴随着无遮挡光照出现,从而这两个水平的作用就无法被区分出来。

表 2.1 各向日葵种植地点的光照、土壤状况及种植株数

光照状况	植物竞争状况	土壤状况	种植数量(棵)
无遮挡	强	腐殖土	5
无遮挡	弱	腐殖土	4
无遮挡	强	普通土	6
半遮挡	强	普通土	5

那么,为什么会出现这样不均衡的水平组合?这是因为花园的种植条件并非可以自由选择。例如,冬青树下的种植区域只能是半遮挡光照+强植物竞争,两者必然伴随出现。换言之,真的要进行种植实验的话,这个花园并不是一个理想的场所;如果只能在这里进行研究的话,则实验设计必须向实际情况妥协。既然如此,那这样的研究结果有用吗?如果希望仔细分析各因素各水平的作用大小,显然问题很大,但是如果只是从现有种植地点筛选出最佳位置,那么分析结果就有价值。也就是说,实验设计应当服从分析需求,只要能够回答研究假设的问题,那么一个略显粗糙的实验设计的性价比可能比过分精巧的设计方案还要高。

从上面种花的例子可以看出,一个好的实验设计是整个科学研究成功与否的关键一环,一个优秀的实验设计可以使研究者在使用较少人力、物力和时间的条件下取得满意的结果,从而圆满地回答研究假设提出的问题。但如果实验设计不正确,就会增加实验次数,延长实验周期,造成人力、物力和时间的浪费,使预期的结果难以达到,甚至导致整个研究的失败。

根据研究目的、处理因素的多少、处理因素间有无交互作用等情况,统计学家发展了很多种实验设计方法,这些实验设计几乎都可以采用方差分析模型来分析,但具体操作上又各有特点,本章将介绍常用的完全随机设计(completely randomized design)、随机区组设计(randomized block design)、交叉设计(cross-over design)、析因设计(factorial design)、拉丁方设计(latin square design)、正交设计(orthogonal design)、嵌套设计(nested design)、重复测量设计(repeated measures design)、裂区设计(split-plot design)以及均匀设计(uniform design)十种实验设计的原理及分析方法,并在阐明各种实验设计原理的基础上进一步学习用于校正实验数据影响因素的协方差分析方法。

 需要指出的是,各种实验设计方案的本质都是根据具体的研究背景,在满足研究目的的前提下,尽量平衡或控制非研究因素的影响,并提高对研究样品的利用率,用尽量少的成本达到同样的效果。因此,越精巧的实验设计,其效率一般会越高,但是高效率也意味着数据中不存在多少冗余信息,抗干扰性也会越差,当出现缺失值时信息损失就非常严重,甚至会导致整个数据无法按照原计划进行分析,这一点请各位读者在应用复杂设计方案时一定要加以注意。

2.1 仅研究主效应的实验设计方案

本节将要介绍的实验设计方案均只考虑主效应的作用大小,不涉及各因素间的交互作用。因此,这些实验设计在提高分析主效应效率的同时,所得到的实验数据往往不能提供对交互作用项的分析信息。仅当有理由认为研究所涉及的因素间的确无交互作用时,才能使用此类实验设计方案。

2.1.1 完全随机设计

完全随机设计只涉及一个处理因素,该处理因素有两个或多个水平,所以也称为单因素设计,它是将样本中全部受试对象随机分配到各个处理组中,分别接受不同的处理,然后对其效应进行对比观察,或分别从不同总体中随机抽样进行对比观察。各个处理组中样本含量可以不相等,但相等时效率较高。其优点是简便易行,适用范围广,个别数据缺失时不影响统计分析;其缺点是其研究效率在所有实验设计中几乎是最低的,小样本时均衡性较差,抽样误差较大。一般来说,当受试对象间的差异较大时,Ⅱ类错误显著增大。

该实验设计结果的分析可分为以下两种情况:① 当处理因素只有两个水平即两个处理组时,可以选用两样本平均值比较的 t 检验、u 检验、方差分析或秩和检验;② 当处理因素有多个水平,即多个处理组时可以考虑方差分析或秩和检验。在进行多个处理组平均值比较时,如果分析结果显示有统计学意义,只能说明处理组平均值不全相等,如要知道具体哪些处理组平均值相等,哪些处理组平均值不等,则需要进行各处理组平均值间的两两比较,因此它又称为样本平均值间的多重比较。

多重比较的方法有多种,这些方法各有其优缺点,比较的次数较少时,各种方法的差异不大;比较的次数较多时可以根据以下几点来确定具体的两两比较方法:① 是证实性研究还是探索性研究,证实性研究指的是研究者对实验结果有一个大致设想,在实验设计阶段时就根据研究目的或专业知识决定了某些平均值间的两两比较,所以往往只需要比较少数几组,如多个处理组与对照组的比较、处理后不同时间与处理前的比较,以及某几个特定的处理组的比较等。探索性研究指在研究设计阶段未预先考虑或未预料到,经数据结果提示才提出的比较,它往往涉及平均值的两两比较。② 是希望重点控制 I 类错误还是 II 类错误。

一般来说,如果存在明确的对照组,要进行的是证实性研究,即计划好的某两个或几个组间(都与对照组)的比较,适合使用 Bonferroni 法或 LSD 法,它侧重减少 II 类错误;如果要进行的是多个平均值间的两两比较(探索性研究)且各组人数相等,适合使用 Tukey 法或 SNK-q 检验,相比之下,后者更方便一些,但是如果比较的组数特别多,则 SNK-q 检验的假阳性较高;如果要进行的是多个平均值间的两两比较(探索性研究),但各组人数相等且组数较多,比较较为复杂,则宜用 Scheffe 法。各种比较方法的详细内容请参见基础教程的相关章节,这里不再赘述。

2.1.2 随机区组设计

随机区组设计也称为配伍设计,其英文名称来自随机化实验设计和方差分析理论的创始人 R. A. Fisher,他在伦敦附近的 Rothamsted 农业实验站创立的实验设计理论和方差分析方法在全世界得到了广泛运用。Fisher 做的是农田实验,土地都是被划分成一块一块的 Block 来分配的,该实验设计由此得名。

随机区组设计主要用于人体或实验单位之间有明显差异的情况,它通常将受试对象按性质(如动物的性别、体重,患者的病情、性别、年龄等非研究因素)相同或相近者组成 b 个区组,每个区组中的 k 个受试对象被随机分配到 k 个处理组中;或对同一个受试对象在同一处理因素的不同水平间进行比较。当处理因素的水平数 $k=2$ 时,即为配对设计(paired design)。

随机区组设计的优点是每个区组内的 k 个受试对象有较好的同质性,组间均衡性较好,与完全随机设计相比,提高了实验效率;其缺点是要求区组内受试对象数与处理组数相等,实验结果中若有数据缺失,统计分析就比较麻烦。对随机区组设计数据的统计分析,可以用随机区组方差分析或秩和检验。但该实验设计由于每一个单元格内只有一个观察值,即单元格内无重复数据,所以交互作用和方差齐性无法考察。若配伍因素与研究因素间的交互作用不能忽略,则并不合适采用简单的区组设计,而应当采用每一个单元格内有两个或两个以上观察值的广义随机区组设计(generalized randomized block designs),或采用其他能考虑交互作用的设计方法。

对于随机区组设计的数据可以采用无重复数据的两因素方差分析进行考察,第 1 章已有类似的两因素方差分析案例,此处不再详述。

🖌 对于已有数据库的库内案例匹配,SPSS 在"数据"菜单中提供了"倾向得分匹配"和"个案控制匹配"两个 Python 插件,这两个 Python 插件可以根据用户指定的变量,按照变量值相同或者相近的原则计算相似得分,并将它们归入各个匹配组。

2.1.3 交叉设计

1. 设计原理

交叉设计是在自身配对设计基础上发展的设计方法,是一种特殊的自身对照设计。它可以在同一患者身上观察两种或多种处理的效应,消除患者之间的变异,减少误差,提高检验效能。具体操作是按照事先设计好的实验次序,在各个时期对受试对象先后实施各种处理,比较各处理组间的差异,以两阶段(I、II)、两种处理(A、B)为例,在将条件相近的受试对象配对(以尽量保证组间非研究因素的齐同)后,用随机分配的方法决定其中之一在阶段Ⅰ接受A处理,在阶段Ⅱ接受B处理,即实验顺序为AB;而另一受试对象则在阶段Ⅰ接受B处理,阶段Ⅱ接受A处理,实验顺序为BA。由于两种处理在全部实验过程中"交叉"进行,这样就抵消了实验顺序的影响,上述交叉设计被称为两处理两重交叉设计。若交叉设计中实阶段为三个阶段,即一组处理顺序为ABA,另一组处理顺序为BAB,则被称为两处理三重交叉设计,以此类推,但一般以两处理两重交叉设计最常见。

交叉设计需要注意的是:① 由于每个受试对象都接受两种药物,为了减少阶段Ⅰ所服药物对阶段Ⅱ的影响,应当在两个实验阶段之间设立"清洗期"(washout time),其间不服用任何药物,"清洗期"的长度根据药物的半衰期来确定,这样前者的效应就不会对后者的效应产生影响。② 该设计不适于研究病程较短的急性病治疗效果,它主要用于研究病情稳定、病程较长的疾病。③ 在实施过程中应尽可能采用盲法,以提高受试对象的依从性,避免偏倚。

显然,交叉设计的实质就是病例的自身对照设计,因此节约样本含量,效率较高。同时该设计通过"交叉"的方式将时间因素的影响分解了出来,除了能够分析处理之间的差别外,还能分析时间的影响,避免了它对研究结果的干扰。同时,从医德的观点出发,也均等地考虑了每一个患者的利益。但该设计的缺点是每个处理的时间不能太长,并且若受试对象在某一阶段退出实验,则会造成该阶段及以后阶段的数据缺失,增加统计分析的困难。

交叉设计的数据可以采用方差分析法来进行统计,模型中可以同时分析处理(药物)效应、阶段效应和个体差异,其中处理效应是希望研究的因素。

> ⚠ 交叉设计还有一个重要的潜在影响因素是顺序效应,但它不一定能在模型中被直接分析,对此问题感兴趣的读者可参见本章末所附的参考文献,这里不再详述。

2. 分析实例

例2.1 为研究12名高血压患者使用A、B两种方案疗效的差别,随机地让其中6名患者先以方案A治疗,后以方案B治疗;另外6名患者先以方案B治疗,后以方案A治疗。记录治疗后血压的下降值(kPa),如表2.2所示,请分析A、B两方案疗效有无差别。

表2.2 A、B两方案治疗高血压患者后血压的下降情况

阶段	病人编号											
	1	2	3	4	5	6	7	8	9	10	11	12
Ⅰ	B	B	B	B	A	A	A	B	B	B	B	A
	3.07	1.33	4.40	1.87	3.20	3.73	4.13	1.07	1.07	2.27	3.47	2.40
Ⅱ	A	A	A	A	B	B	B	A	A	A	A	B
	2.80	1.47	3.73	3.60	2.67	1.60	2.67	1.73	1.47	1.87	3.47	1.73

该数据已输入为数据文件crossover.sav,变量bp为血压值,treat、stage、patient分别为治疗方案、治疗阶段和患者编号。分析时应注意不要引入交互作用,操作如下:

1. 选择"分析"→"一般线性模型"→"单变量"菜单项。
2. 将 bp 选入"因变量"框。
3. 将 treat、stage 选入"固定因子"框,将 patient 选入"随机因子"框。
4. 在"模型"子对话框中定制模型,将 treat、stage、patient 的主效应选入右侧的"模型"框。
5. 单击"确定"按钮。

Patient 之所以被选入"随机因子"框,是由于受试对象应当被看作是从一个总体中随机抽样得来的,结果中的方差分析表如图 2.1 所示,可见变量 treat 的 $F = 4.599$,$P = 0.058$,因此尚不能认为两种治疗方案的疗效有差别。实际上,由于本例中的 patient 为自身配对,单元格中没有重复数据,因此在上面分析中也可以将 patient 按固定因子来分析,相应的分析结果完全相同。

因变量:血压下降值

源		III类平方和	自由度	均方	F	显著性
截距	假设	154.128	1	154.128	94.673	.000
	误差	17.908	11	1.628[a]		
stage	假设	.427	1	.427	1.150	.309
	误差	3.711	10	.371[b]		
treat	假设	1.707	1	1.707	4.599	.058
	误差	3.711	10	.371[b]		
patient	假设	17.908	11	1.628	4.387	.014
	误差	3.711	10	.371[b]		

a. MS(patient)
b. MS(误差)

图 2.1 主体间效应检验

 这里可能会有读者提出,既然 stage 没有统计学意义,能否将该变量剔除出模型重新分析?我们认为这样不合适:交叉设计常用于新药临床试验,此时并非探索性分析,而是证实性分析。证实性分析在实验设计时就充分考虑了所有因素,从而决定了所用的统计方法,绝不能根据统计结果来更改方法,这种做法是统计分析,尤其是证实性分析的大忌。未能检出统计学差异也许只是因为检验效能不够高(本例中 stage 的检验效能仅有 0.163),治疗阶段实际上反映的是时间的影响,该实验设计中考虑了治疗阶段因素,实际上就已经默认该因素有影响,不宜将其忽略,这样做等于是更改了实验设计。打个比方,如果配伍设计方差分析中配伍因素无统计学意义,研究者能认为同一个体的不同次测量数据间无联系,配伍因素不存在,从而按成组设计来分析吗?当然不能。

2.1.4 拉丁方设计

1. 设计原理

拉丁方设计适用于研究 3 个及 3 个以上因素,各因素间无交互作用且每个因素的水平数相同的情况,但很少用于 8 个水平以上。一般用于 3 个因素,其中有一个最重要的因素称为处理因素,用字母表示,另外两个因素是需要加以控制的因素,分别用行和列表示。即它要将实验因素的 r 个水平随机排列成 r 行 r 列的方阵(最早是用 r 个拉丁字母来排这种方阵,故称其为拉丁方),该方阵的每行/列中,每个水平均只出现一次,故称其为 r 阶拉丁方,或 $r×r$ 拉丁方。

拉丁方设计的特点是:① 可以安排一个实验因素、两个或多个区组因素;② 各因素的水平数相同,一般以实验因素的水平数为基准;③ 各因素之间不存在交互作用(或交互作用可以忽略不计);④ 该设计可以看成比随机区组设计增加了一个以上的控制因素,但并不因此增加实验例数,所以比随机区组设计误差更小,效率更高。因此,拉丁方设计不仅可以达到减少受试对象个数的目的,还可以减少或消除两个或多个重要的非处理因素对实验结果的影响。

拉丁方设计虽然可以从较少的实验数据获得较多的信息,比随机区组设计更优越,但如果各因素间有交互作用存在,则用拉丁方设计并不合适;此外,拉丁方设计要求各因素的水平数必须相等,且在数据采集时不能出现缺失值,否则将无法按原计划进行数据分析,这些在实际工作中有时不易做到,因此拉丁方设计的应用有一定的局限性。

2. 分析实例

例 2.2 为研究不同背景音乐对电台播音员工作效果的影响,连续 5 个星期的周一至周五对播音员分别播放 A、B、C、D、E 共 5 种不同的背景音乐(摘自 Neter 等,Applied Linear Statistical Models,第 4 版,第 1210 页),结果如表 2.3 所示。

表 2.3 不同背景音乐(music)、周次(week)、工作日(day)对电台播音员工作效果的影响(score)

周次	星期				
	一	二	三	四	五
1	18(D)	17(C)	14(A)	21(B)	17(E)
2	13(C)	34(B)	21(E)	16(A)	15(D)
3	7(A)	29(D)	32(B)	27(E)	13(C)
4	17(E)	13(A)	24(C)	31(D)	25(B)
5	21(B)	26(E)	26(D)	31(C)	7(A)

数据文件见 latin.sav,操作如下。需要注意的是,由于拉丁方不分析交互作用,所以在模型设置时应当选择主效应。

1. 选择"分析"→"一般线性模型"→"单变量"菜单项。
2. 将 score 选入"因变量"框。
3. 将 music、week、day 选入"固定因子"框。
4. 在"模型"子对话框中定制模型,将 music、week、day 的主效应选入右侧的"模型"框。
5. 单击"确定"按钮。

结果中的方差分析表格如图 2.2 所示,可见不同的工作日和不同的背景音乐对电台播音员的工作效果均有影响,而周次则无统计学意义。再进一步对有统计学意义的变量用 S-N-K 法做两两比较,可以得知第一种背景音乐对电台播音员工作效果的影响低于其他 4 种背景音乐,而星期一和星期五背景音乐对电台播音员工作效果的影响低于星期二、星期三、星期四,相应的分析操作请读者自行完成,这里不再赘述。

因变量: score

源	III类平方和	自由度	均方	F	显著性
修正模型	1223.600a	12	101.967	6.495	.001
截距	10609.000	1	10609.000	675.732	.000
week	82.000	4	20.500	1.306	.323
day	477.200	4	119.300	7.599	.003
music	664.400	4	166.100	10.580	.001
误差	188.400	12	15.700		
总计	12021.000	25			
修正后总计	1412.000	24			

a. R方=.867(调整后R方=.733)

图 2.2　主体间效应检验

> 严格地讲,这里的 week 应当被设定为随机因子,但相应的分析结果和上面完全等价。本例仍然将其设定为固定因子,以方便读者对拉丁方设计框架的理解。

2.2　考虑交互作用的实验设计方案

2.2.1　析因设计

1. 设计原理

析因设计是将两个或两个以上因素的各个水平进行排列组合、交叉分组的实验设计,是对因素作用进行全面分析的设计方法,它可以研究两个或两个以上因素多个水平的效应,也可以研究各因素之间是否有交互作用,并找到最佳组合。在进行析因设计时,研究者首先为每个因素选定一定数目的水平,然后在全部可能的水平组合下进行实验。例如,两个因素同时进行实验,每个因素取两个水平,实验的总组合数为 $2^2=4$;如果水平为 3,则有 $3^2=9$ 种组合数;如果有 3 个因素,每个因素取 4 个水平,则有 $4^3=64$ 种组合数进行实验。在析因设计中,每个因素各水平的选择取决于研究目的,如果仅想了解因素的主次及两因素有无交互作用,则可以将水平设为有、无;如果欲探讨两因素的最佳组合,则将两个实际剂量作为两个水平。

如果在一次实验中,一个因素各水平间的效应随其他因素的水平不同而变化,则因素间就存在交互作用。析因设计可以分析多种交互作用,两个因素间的交互作用称为一级交互作用,三个因素间的交互作用称为二级交互作用,以此类推。例如,观察三个因素的效应,其一级交互作用为 A×B、A×C 与 B×C,二级交互作用为 A×B×C。当析因设计因素与水平过多时,交互作用的分析内容繁多,计算复杂,而且会带来专业解释的困难,因此多用简单析因设计,一般要求处理因素最好在4个以内,而且各因素包含的水平数不宜划分得过细。实际上,在析因设计中,两水平析因设计是最常用的一种。

析因设计具有以下特点:① 实验中涉及 m 个因素($m \geq 2$);② 所有 m 个因素的水平都能够互相搭配,构成 s 个实验条件(s 为 m 个因素的水平数之积);③ 在每个实验条件下至少要做2次独立重复实验,即总实验次数 $N \geq 2s$;④ 实验时,每次都涉及全部因素,即因素是同时施加的;⑤ 进行统计分析时,认为全部因素对观察指标的影响同等重要,即因素之间在专业上地位平等(应以专业知识为依据),具体体现在分析每一项(包括主效应和交互效应)时所用的误差相同,它被称为模型的误差项。

析因设计的优点主要是:① 同时观察多个因素的效应,提高了实验效率;② 能够分析各因素间的交互作用;③ 允许一个因素在其他各因素的不同水平上来估计其效应,所得结论在实验条件的范围内有效。

析因设计主要采用方差分析,当有交互作用时,主效应不能反映该因素的真实作用,因此要计算一个因素在另一因素的某一特定水平上的效应。

2. 分析实例

例2.3 为研究杂志广告大小以及广告方案对于收到邮购请求数目(千个)的影响,考察了三种广告方案和两种不同大小的广告,结果如表2.4所示,请进行统计分析。

表2.4 广告大小和广告方案对邮购请求数目(千个)的影响

广告大小	A	B	C
广告小	8,12	22,14	10,18
广告大	12,8	26,30	18,14

此为2×3析因设计,一个因素为两水平,一个因素为三水平,可以分别分析广告方案和广告大小的影响,还可以分析两者的交互作用。在做统计分析之前,首要的任务就是建立分析用的数据集,以 project 表示方案,分别以 0、1、2 表示 A、B、C,以 size 表示大小,以 0 表示小,以 1 表示大,以 number 表示邮购请求数目,数据文件见 xiyin.sav,操作如下。

> 1. 选择"分析"→"一般线性模型"→"单变量"菜单项。
> 2. 将 number 选入"因变量"框。
> 3. 将 project、size 选入"固定因子"框。
> 4. 单击"确定"按钮。

主要的分析结果如图2.3所示,可见广告大小以及广告大小和广告方案的交互作用均无统计学意义,而广告方案有统计学意义。在无交互作用的情况下,一般要去除交互作用项,然后再重新分析各因素的主效应,本例中结果仍然是广告方案有统计学意义,而广告大小无统计学意义。

如果广告大小和广告方案的交互作用有统计学意义,则分析广告大小和广告方案各自的主效应有无统计学意义已经没有实际价值了,应当继续按照各种不同的组合来分析,即

因变量：number

源	Ⅲ类平方和	自由度	均方	F	显著性
修正模型	448.000a	5	89.600	5.600	.029
截距	3072.000	1	3072.000	192.000	.000
project	344.000	2	172.000	10.750	.010
size	48.000	1	48.000	3.000	.134
project*size	56.000	2	28.000	1.750	.252
误差	96.000	6	16.000		
总计	3616.000	12			
修正后总计	544.000	11			

a. R方=.824(调整后R方=.676)

图 2.3 主体间效应检验

- 小广告时广告方案间有无差别，即 size 为 0 时，A、B、C 三种方案之间有无差别。
- 大广告时广告方案间有无差别，即 size 为 1 时，A、B、C 三种方案之间有无差别。
- 方案 A 时广告大小间有无差别，即 project 为 0 时，大、小广告之间有无差别。
- 方案 B 时广告大小间有无差别，即 project 为 1 时，大、小广告之间有无差别。
- 方案 C 时广告大小间有无差别，即 project 为 2 时，大、小广告之间有无差别。

这样才能真正准确地回答杂志广告大小以及广告方案对于收到邮购请求数目（千个）的影响，这种精细比较可以用第 1 章学到的 LMATRIX 子句编程实现，此处不再重复。本例中因交互作用无统计学意义，所以不必如此拆开分析。

2.2.2 正交设计

1. 设计原理

当析因设计所需的实验次数太多时，一个自然的想法就是从析因设计的水平组合中选择一部分有代表性的水平组合进行实验，此即分式析因设计（fractional factorial designs），正交设计是其中最常见的一种，它根据正交性从完整设计中挑选出部分有代表性的点进行实验，这些点具备"均匀分散，齐整可比"的特点，因此该设计是一种高率、快速、经济的实验设计方法。日本著名的统计学家田口玄一将正交实验选择的水平组合列成表格，称为正交表，表示为 $L_n(K^m)$，其中 L 表示正交表，n 表示做 n 次实验，K 表示水平数，m 表示可安排的因素数。正交设计特别适用于因素数量比较多，而每一个因素的水平比较少的情况。实际上，前面所讲的拉丁方设计可以被看作是正交设计的一个特例。

正交表的最大特点是具有正交性，这指的是每个因素的每个水平与另一个因素每个水平各组合一次。设计正交表时可以查阅统计学书籍来找到正交表的排列方法，同时 SPSS 为了方便用户，在 Conjoint 模块中也提供了正交设计功能。在安装了该模块后，"数据"菜单中就会出现"正交设计"子菜单，用户只需要按研究目的选好实验因素数、水平数以及样本量，系统就会自动生成相应设计格式的数据文件。由于 SPSS 中的正交设计功能主要为联合分析提供支持，因此本章将不再对其进行介绍，希望进一步学习相关知识的读者可参见第 22 章"联合分析"的相应内容。

正交设计虽然可以用比较少的实验次数,分析全部主效应和少数交互作用的效应,但它也有以下不足:① 实验因素的安排受正交表限制;② 实验结果的解释仅限在各因素的水平范围内,不可外延;③ 不能出现缺失值,否则可能导致对相应主效应或交互效应的检验无法进行。

2. 分析实例

例 2.4 在乙酰苯胺氯磺化工艺的研究中,将影响氯磺化率的 4 个因素,即反应温度(℃)、反应时间(min)、硫酸浓度(%)以及操作方法进行正交实验,因素水平及设计结果分别如表 2.5、表 2.6(选用 $L_8(2)^7$ 正交表)所示,要求在分析时考察反应温度与反应时间的交互作用。

表 2.5 实验设计的因素及其水平

因素	水平	
	1	2
A 反应温度/℃	50	70
B 反应时间/min	1	2
C 硫酸浓度/%	17	27
D 操作法	不搅拌	搅拌

表 2.6 正交设计及其结果

A	B	C	D	磺化率(%)
1	1	1	2	65
1	1	2	1	74
1	2	1	1	71
1	2	2	2	73
2	1	1	1	70
2	1	2	2	73
2	2	1	2	62
2	2	2	1	67

数据录入格式同拉丁方设计和析因设计,数据文件见 zhenjiao.sav,操作如下。

1. 选择"分析"→"一般线性模型"→"单变量"菜单项。
2. 将 lv 选入"因变量"框。
3. 将 a、b、c、d 选入"固定因子"框。
4. 在"模型"子对话框中定制模型,将 a、b、c、d、a*b 选入右侧的"模型"框。
5. 单击"确定"按钮。

分析结果如图 2.4 所示,可见反应温度与反应时间之间存在交互作用,硫酸浓度是影响乙酰苯胺氯磺化的主要因素,而操作方法的影响较弱。本例还可以进一步使用 LMATRIX 子句进行精细比较,此处略。

因变量: lv

源	III类平方和	自由度	均方	F	显著性
修正模型	125.625a	5	25.125	11.824	.080
截距	38503.125	1	38503.125	18119.118	.000
a	15.125	1	15.125	7.118	.116
b	10.125	1	10.125	4.765	.161
c	45.125	1	45.125	21.235	.044
d	10.125	1	10.125	4.765	.161
a*b	45.125	1	45.125	21.235	.044
误差	4.250	2	2.125		
总计	38633.000	8			
修正后总计	129.875	7			

a. R方=.967(调整后R方=.885)

图 2.4 主体间效应检验

2.2.3 均匀设计

1. 设计原理

均匀设计由统计学家方开泰和数学家王元于 1978 年提出,是假设实验点在实验范围内均匀散布的一种多因素多水平的实验设计,它是在正交设计的基础上进一步发展而成的,即在正交表的基础上放弃正交表的整齐可比性,进一步提高实验点的"均匀分散性",并根据实验点在空间的散布程度(偏差 D,愈小则说明实验点的分布愈均匀)为使用者提供一套均匀设计表(目前有专门的均匀设计软件用于筛选均匀设计表),表示为 $U_n(q^s)$,其中 U 表示均匀设计表,n 表示做 n 次实验,q 表示每个因素有 q 个水平,s 表示该表有 s 列。由于均匀设计表列间的相关性,每个表最多只能安排 $s/2+1$ 个因素。它的思想是如果决定做 n 次实验,则这 n 个实验点在所考察的范围内应该尽可能地均匀分散。

均匀设计表有以下特点:① 每个因素的每个水平仅做一次实验;② 任两个因素的实验点都在平面的交叉格子点上,每行及每列上仅有一个实验点;③ 均匀设计表中任两列组成的实验方案一般并不等价,因此每个均匀设计表都需要附一个使用表;④ 当因素的水平数增加时,实验次数按水平数的增加量增加,如某因素的水平数从 9 个增加到 10 个,则实验次数从 9 次增加到 10 次,所以在因素水平数多的情况下均匀设计更为有用。

均匀设计的最大优点是可以在因素的水平数很大时,做到实验次数最节省。实际上,没有一种实验方案比均匀设计更节省实验次数。它可以方便地安排 2~18 个因素的实验,而且在回归分析时可以考察因素之间的交互作用。但它的缺点是对实验结果的统计分析,通常要使用二次响应面回归,比较复杂。此外,均匀设计由于最节省实验次数,因此它不能容忍任何数据缺失,任何一个样本数据的缺失都意味着整个实验失败。

一般来说,均匀设计多用于实验条件的初步考察阶段(被考察的因素较多,且考察的因素水平范围较广),这样可以用很少的样本量确定大致合适的实验条件。

2. 分析实例

例 2.5 为确定微波辅助萃取何首乌的最佳工艺条件,考察了微波功率、微波辐射时间、浸泡时间、乙醇浓度、乙醇用量等因素,以二苯乙烯苷为因变量 Y,因素水平及均匀设计安排和结果如表 2.7、表 2.8 所示,数据文件见 junyun.sav,其中选用均匀设计表 $U_{10}(10^8)$。

表 2.7 影响微波辅助萃取何首乌工艺的因素及其水平数

因素	水平				
	1	2	3	4	5
$X1$(微波功率/W)	170	340	510	680	850
$X2$(微波辐射时间/min)	10	20	30	40	50
$X3$(浸泡时间/h)	1	2	3	4	5
$X4$(乙醇浓度/%)	55	65	75	85	95
$X5$(乙醇用量/倍)	4	6	8	10	12

表 2.8 均匀设计安排及其结果

实验号	X_1	X_2	X_3	X_4	X_5	Y(二苯乙烯苷含量/%)
1	1	2	2	3	5	3.64
2	1	3	4	5	4	4.61
3	2	5	1	2	3	3.37
4	2	1	3	5	2	7.92
5	3	2	5	2	1	5.61
6	3	4	1	4	5	3.79
7	4	5	3	1	4	4.34
8	4	1	4	4	3	5.92
9	5	3	2	1	2	3.13
10	5	4	4	3	1	5.36

本例可以在 SPSS 中用"分析"→"回归"→"非线性"菜单项进行二次响应面回归,结果为 $Y = 0.52713 - 1.17296X_1 + 1.37699X_1^2 + 0.65885X_1X_4 - 0.72096X_2X_3 - 0.28247X_5^2$,复相关系数 $R = 0.9976$。可见,微波功率和乙醇浓度之间存在交互作用(系数为 0.65885),微波辐射时间和浸泡时间之间也有交互作用(系数为 0.72096),微波功率和乙醇用量是微波辅助萃取何首乌的主要影响因素,而且两者在模型中均存在二次方项,所以在确定微波辅助萃取何首乌的最佳工艺条

件时要综合考虑各个因素,尤其是微波功率、乙醇用量和乙醇浓度。关于非线性回归过程的具体操作请读者参见本书相应章节自行练习,这里不再详述。

2.3 误差项变动的特殊实验设计方案

本节将介绍几种特殊的实验设计方案:嵌套设计、重复测量设计和裂区设计,这些实验设计方案在分析时仍然使用方差分析模型,但特殊之处在于变异的计算与其他设计不同,进行检验时所使用的误差项也是变动的,从而利用了实验设计中提供的影响因素的主次信息。

2.3.1 嵌套设计

1. 设计原理

当考虑的因素之间存在层次结构,即嵌套结构的每一个层次都是其上一个层次的有效细化,或各个实验因素的影响根据专业知识有主次之分,次要因素的各个水平嵌套在主要因素的水平中时,所做的设计通常为嵌套设计。以两因素嵌套设计为例,如果要了解学校(因素 A)与教师(因素 B)在学生学习效果中的作用,在两所学校中分别安排两位教师,则因素 A 有 1、2 两个水平(两所学校),因素 B 有 1、2、3、4 四个水平(四位教师),因素 A 的水平 1(其中一所学校)和因素 B 的水平 1、2(安排进该学校的两位教师)分别组合,组成两组;因素 A 的水平 2(另一所学校)与因素 B 的水平 3、4(四位教师中的另外两位教师)分别组合,也组成两组,则实验组共有 4 组。这 4 组与前面所讲的设计(如析因设计或正交设计)组成的 4 组相比,最大的不同就是因素 B 的水平在因素 A 的水平 1、2 中是不同的(教师不同),因素 B 的取值水平嵌套在因素 A 下(教师嵌套在学校中)。

嵌套设计的分析一般采用方差分析,但需要注意分析中的误差是变动的,因为因素 B 的误差包含了因素 A 的误差,所以分析时需要将因素 A 的误差分解出来。因此,嵌套设计的一个缺陷是在统计分析时不能分析有主次之分的因素之间的交互作用。实际上,在实验设计中,嵌套设计常用于只有部分因素可供研究者控制的实验。

2. 分析实例

例 2.6 研究不同催化剂在不同温度下对某化合物转化率的影响,得到的结果如表 2.9 所示。[①]

表 2.9 不同催化剂(a)在不同温度(b,℃)下对某化合物转化率(trans,%)的影响

实验批次	A1(甲)			A2(乙)			A3(丙)		
	B11	B12	B13	B21	B22	B23	B31	B32	B33
1	82	91	85	65	62	56	71	75	85
2	84	88	83	61	59	60	67	78	89

---

① 胡良平.现代统计学与 SAS 应用[M].北京:军事医学科学出版社,2000:121.

2.3 误差项变动的特殊实验设计方案

数据文件见 qiantao.sav,在此例中因素 B(温度)嵌套在因素 A(催化剂)中,所以为嵌套设计。它的分析也应根据嵌套设计的原则来处理,采用嵌套的方差分析模型。但是,该模型在单变量对话框中无法直接实现,需要在编程窗口中进一步修改程序。

> 广义线性模型的对话框可以直接实现该模型的分析操作,详见第 5 章。

1. 选择"分析"→"一般线性模型"→"单变量"菜单项。
2. 将 trans 选入"因变量"框。
3. 将 a、b、cishu(实验批次)选入"固定因子"框。
4. 在"模型"子对话框中定制模型,将 a、b、cishu 的主效应选入右侧的"模型"框。
5. 单击"粘贴"按钮。

以上操作生成的程序如左下所示,请将其改为右下方的程序,即将 DESIGN 子句更改为所需的嵌套模型,并且增加 TEST 子句以对变量 a 进行自定义检验。

```
UNIANOVA
    trans  BY a b cishu
  /METHOD = SSTYPE(3)
  /INTERCEPT = INCLUDE
  /CRITERIA = ALPHA(.05)
  /DESIGN = a b cishu.
```

```
UNIANOVA
    trans  BY a b cishu
  /METHOD = SSTYPE(3)
  /INTERCEPT = INCLUDE
  /CRITERIA = ALPHA(.05)
  /DESIGN = a b(a) cishu
  /TEST = a vs b(a).
```

运行右侧的程序,结果中的方差分析表如图 2.5 所示,注意此处的方差分解方法和普通模型不同,变量 b 的平方和、均方、自由度、F 统计量和显著性等均和未指定嵌套时相差很大。另外,对变量 a 的检验不能看该表格中的结果,而应当阅读图 2.6 所示的自定义检验结果。本例中 F 值为 14.63,P 值为 0.005,因此在本例中催化剂和温度均有统计学意义,而实验批次无统计学意义。

因变量:转化率

源	III类平方和	自由度	均方	F	显著性
修正模型	2357.500[a]	9	261.944	42.766	.000
截距	99904.500	1	99904.500	16310.939	.000
a	1956.000	2	978.000	159.673	.000
b(a)	401.000	6	66.833	10.912	.002
cishu	.500	1	.500	.082	.782
误差	49.000	8	6.125		
总计	102311.000	18			
修正后总计	2406.500	17			

a. R方=.980(调整后R方=.957)

图 2.5 主体间效应检验

因变量：转化率

源	平方和	自由度	均方	F	显著性
对比	1956.000	2	978.000	14.633	.005
误差[a]	401.000	6	66.833		

a. b(a)

图 2.6　变量 a 的自定义检验结果

2.3.2　重复测量设计

重复测量设计被广泛应用于行为和生命科学中，它在不同条件下对同一个受试对象重复测量多次，因此得到的信息更多。研究对象可以是人、家庭、实验动物，也可以是商店、城市、工厂等，这里的"不同条件"通常是指时间因素，因此重复测量设计的常见例子是：欲比较两种不同药物的疗效，将患者随机分成两组，分别给予不同的药物，然后在不同的时间进行动态观察。设计中也可以将多个"不同条件"进行组合。例如，在每个时间点的重复测量都是连续测量五次，如果考虑这五次测量的先后顺序也可能对结果产生影响（如对心理指标的测量），则构成了两个重复测量因素的组合设计。

一般而言，若在实验设计中考虑以下问题则应采用重复测量设计。

（1）研究主要目的之一是考察某指标在不同时间的变化情况。例如，考察某种减肥药的疗效，需要随访受试对象在一段时间内体重的变化。

（2）研究个体间变异很大，若应用普通的方差分析模型，则方差分析表中的误差项值会很大，即计算 F 值时的分母很大，导致检验效能不足。此时应用重复测量设计则可以将受试对象内变异从普通方差分析表的误差项中分离出来，从而减小误差项。例如，以家庭为观察单位，考察家庭中每一个成员对某类食品的喜爱程度；以人为观察单位，观察牙齿中龋齿的个数；以某集团公司为观察单位，考察其旗下上市子公司股票价格的表现等。

（3）研究中很难征募到足够多的研究对象，此时可以考虑对所征募到的研究对象在不同条件下的反应进行重复测量，以充分利用有限的样本资源。例如，在研究某种新疗法对某种罕见疾病的疗效时，可以考虑应用重复测量设计对所征募到的患者进行研究。

> 严格地讲，上述各类情形还可以进一步细分，如同一时间点，或者不考虑时间因素的重复测量。例如，同一样品分别用多台仪器进行检测，这种数据一般并未包括在重复测量设计中，而是将其看作层次性数据加以分析，相应的模型可以参见第 4 章的介绍。而考虑时间顺序的重复测量数据，又可以分为各受试对象被测时间点相同（如均为用药后 2、4、6、8 周进行测量）和不同两种情形，大多数情况下所讨论的重复测量设计均指的是前一种情形。

重复测量设计的主要优点就是提高了测量数据的精确度，因为它可以通过对同一个体数据的分析估计测量误差的大小。它的另一个优点是有效地利用了个体信息，这在难以获得实验中的观察对象的情况下尤其重要。此外，如果研究目的是观察处理因素的作用随时间变化的趋势，则重复测量设计非常合适。但是，它的缺点是存在顺序效应（处理因素排列的先后可能会有不同的效应）和携带效应（前面的处理效应可能会影响后面的处理效应），解决的办法是处理顺序的随机化以及前后处理之间有充分的"清洗"时间。

显然，同一个体的重复测量结果之间存在一定程度的相关性，对于同一个体所获得的 k 个测量值，其信息没有对 k 个个体分别测量一次提供的信息多，并且 k 个测量值间的内在相关性越强，提取的信息量就越少，因此它们不满足方差分析模型的前提条件，即各次测量间相互独立，不能直接使用普通的方差分析模型来分析。为此统计学家针对这种非独立数据的分析问题发展了一系列方法，这也是当今统计方法学的研究热点之一。关于重复测量设计的分析方法请参见第 3~5 章，这里不再详述。

2.3.3 裂区设计

裂区设计最初来源于农业实验。例如，在两因素裂区设计的农业研究中，经常按某一因素（因素 A）的水平数将土地分成若干个大块（whole plots），然后在经过因素 A 不同水平处理的每一大块中根据第二因素（因素 B）的水平数将大块分成若干小块（split plots），这些小块再随机地用因素 B 的不同水平处理，它的特点是实验因素并非一次安排完毕，而是分两次甚至多次安排完毕。它首先安排的是作用最重要，或者必须最先安排，或者材料消耗较大、工序较难改变的因素，经过一段时间，再将其他需要考虑的，或者影响较小的，或者精确度要求较高的因素加入先期安排好的因素的不同水平中。总之，实验因素在施加时有先后顺序。因此，其方差分解需要按大块和小块分别分解，即因素 A 的均方误差与因素 B 的均方误差是不相同的。也就是说，若因素在施加时有先后次序之分，则在第一阶段加入的因素必然会产生一定量的实验误差，只有用这个误差去度量一级因素的作用大小才是合理的。同理，也应当用第二阶段中的误差去度量二级因素的作用大小，以此类推。

裂区设计常用于一个因素的实验单位客观上比另外一个或几个因素的实验单位大的情况。它可以看成一种不完全的区组设计（大块为区组），经常用于农业、实验室、工业以及社会科学实验中。在裂区设计中，可以分析因素 A 与因素 B 的交互作用，用于交互作用检验的误差项与因素 B 的误差项相同。

实际上，上述两因素裂区设计与一个两因素重复测量设计是一致的，因为同一大块内的小块趋于一致，即其中的大块相当于重复测量中的个体，小块则相当于被个体处理的事件，因此在进行裂区设计的方差分析时，可以用重复测量的方差分析。实际上，如果两因素重复测量设计中的研究对象能接受所有的处理因素，则直接使用两个重复测量设计比裂区设计更可取，相应的数据分析起来也会更灵活一些。

对裂区设计数据的分析可以参照相关章节中对重复测量方差分析的介绍，这里不再详述。

2.4 协方差分析

2.4.1 协方差分析的必要性

实验设计的核心目的之一是尽力排除非处理因素的影响，从而准确地获得处理因素的实验效应。然而在实际工作中，某些因素在实验阶段难以控制。例如，欲了解接受不同处理的小白鼠经一段时间的饲养体重增加量有无差别，已知体重的增加与小白鼠的进食量有关，接受不同处理的小白鼠的进食量有可能不同，但又很难直接去控制每只小白鼠的进食量。这时可以在统计阶段利用协方差分析(analysis of covariance),通过统计模型的校正使得各组对"进食量"这个变量的影响相等,即将进食量作为协变量,然后分析不同处理对小白鼠体重增加量的影响。简言之,协方差分析是针对在实验设计阶段难以控制,或者无法严格控制的定量因素,在统计分析阶段对其进行统计和控制。其基本思想是在进行两组或多组平均值 $\bar{Y}_1, \bar{Y}_2, \cdots, \bar{Y}_k$ 之间的比较前,用直线回归找出组 Y 与协变量 X 之间的数量关系,求得假定 X 相等时的修正平均值,然后再利用方差分析比较修正平均值间的差别,该方法是定量变量分析中控制混杂因素的重要手段之一。

例 2.7 某学校在教学改革中为了考核某课程新教学方法的效果,特选择两个班级,分别采用新方法和标准方法,一学期后用相同的试卷进行测试,记录这两个班学生的期末考试成绩,数据文件见 coanova.sav。现希望通过该数据对新方法和标准方法的效果进行比较。

在学习了方差分析模型后,读者对该问题的分析已经有了基本的概念,考察教学方法对考试成绩有无影响,可以使用单因素方差分析模型来解决,结果如图 2.7 所示,可见两种教学方法有差异。图 2.8 中的描述表格则显示出新方法的期末成绩平均分要比标准方法高 8 分左右。但是这一结果显然比较粗糙,因为每个班级的基础水平各不相同,图 2.8 还提供了这两个班实验开始前该课程摸底考试的成绩平均值,可见采用标准教学方法的班级摸底考试的成绩较差,很难说最终的期末成绩是因为班级水平不同,还是因为教学效果不同导致了差异。这样,摸底考试成绩所代表的学生基础水平就成为研究中的混杂因素,忽视其作用而直接对教学效果进行分析,就可能得出错误的结论,因此应当进行协方差分析。

因变量:期末考试成绩

源	III类平方和	自由度	均方	F	显著性
修正模型	1662.284[a]	1	1662.284	21.108	.000
截距	423549.410	1	423549.410	5378.341	.000
class	1662.284	1	1662.284	21.108	.000
误差	7323.837	93	78.751		
总计	434637.500	95			
修正后总计	8986.121	94			

a. R方=.185(调整后R方=.176)

图 2.7 主体间效应检验

平均值

教学方法	摸底考试成绩	期末考试成绩
标准方法	50.2609	62.6196
新方法	65.1020	70.9898
总计	57.9158	66.9368

图 2.8 分组描述统计

2.4.2 平行性假定的检验

协方差分析一般有以下假定：① 各组协变量和因变量的关系是线性的；② 各组残差服从正态分布；③ 各组的回归斜率相等，即各组回归线平行。其中③最重要，它是首先要检验的假设，如果拒绝平行性假设，则需要对数据进行一定处理，然后再进行作协方差分析，或者选用其他方法分析。

> 需要注意的是，协方差分析要求比较组间协变量 X 的观察值范围相差不大，否则修正平均值的差值可能会落在回归直线的延长线上，由于不知道回归线外推后是否仍然满足平行性和线性关系的条件，因此此时协方差分析的结论可能不正确。

对于例 2.7，首先应当了解两个班级的摸底考试成绩与期末考试成绩的回归线是否平行，即摸底考试成绩的影响在分别采用新方法和标准方法的两个班级中是否相同，这可以用摸底考试成绩与教学方法是否存在交互作用来表示。对于该问题，首先可以做出分组散点图，观察两组直线趋势是否近似，然后看交互作用有无统计学意义，当交互作用无统计学意义时进行协方差分析，得出统计结论。

例 2.7 中以摸底考试成绩（before）为 X 轴，期末考试成绩（after）为 Y 轴，教学方法（class）作为分组标记，做出的散点图如图 2.9 所示，从中可知两组中摸底考试成绩和期末考试成绩均有明显的线性趋势，且两组线性趋势的斜率相近，因此从图形上未发现违反前提条件的迹象，可以进一步做假设检验，检验各组回归斜率是否相等，操作如下。

1. 选择"分析"→"一般线性模型"→"单变量"菜单项。
2. 将 after 选入"因变量"框。
3. 将 class 选入"固定因子"框，将 before 选入"协变量"框。
4. 在"模型"子对话框中定制模型，将 class、before、class * before 选入右侧的"模型"框。
5. 单击"确定"按钮。

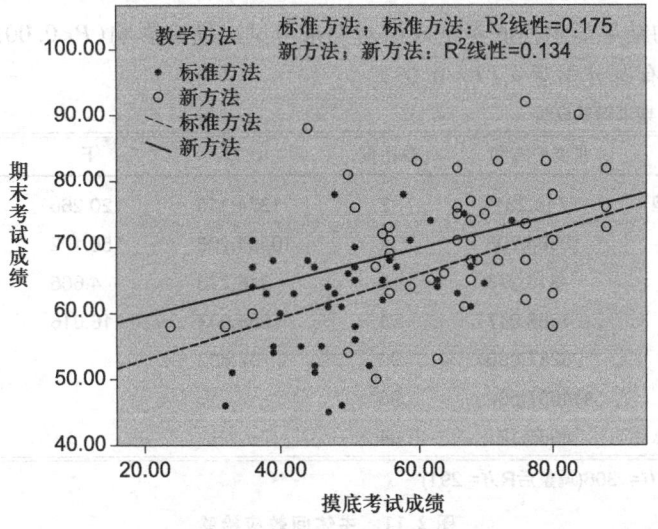

图 2.9　教学方法和成绩的散点图

注意在上面的操作中需要强行加入交互作用项 class * before,其目的是检验 class 处于不同水平时,after 随 before 变化的斜率是否相等,因为各组回归斜率相等是协方差分析的重要条件之一。分析结果如图 2.10 所示,可见交互作用无统计学意义,因此可以认为两组的回归斜率相同,数据符合协方差分析的适用条件。

因变量:期末考试成绩

源	III类平方和	自由度	均方	F	显著性
修正模型	2764.872a	3	921.624	13.481	.000
截距	10155.687	1	10155.687	148.550	.000
class	67.542	1	67.542	.988	.323
before	1069.407	1	1069.407	15.643	.000
class*before	16.641	1	16.641	.243	.623
误差	6221.249	91	68.365		
总计	434637.500	95			
修正后总计	8986.121	94			

a. R方=.308(调整后R方=.285)

图 2.10 主体间效应检验

2.4.3 计算和检验修正平均值

在确认符合协方差分析的适用条件后,下面开始进行协方差分析,比较两组的修正平均值有无差异。由于前面已得出两组回归斜率相同的结论,故需要将交互作用项剔除出模型,新增的操作如下:

1. 在"模型"子对话框中,将 class * before 剔除出右侧的"模型"框。
2. 在"选项"子对话框中,将 class 选入"显示下列各项的平均值"框,并且选中下方的"比较主效应"复选框。
3. 单击"确定"按钮。

图 2.11 所示的结果显示摸底考试成绩对期末考试成绩有影响($P<0.001$),教学方法对期末考试成绩的影响也有统计学意义($P=0.033$)。

因变量:期末考试成绩

源	III类平方和	自由度	均方	F	显著性
修正模型	2748.231a	2	1374.115	20.266	.000
截距	10584.208	1	10584.208	156.102	.000
class	316.273	1	316.273	4.665	.033
before	1085.947	1	1085.947	16.016	.000
误差	6237.890	92	67.803		
总计	434637.500	95			
修正后总计	8986.121	94			

a. R方=.306(调整后R方=.291)

图 2.11 主体间效应检验

图 2.12 给出的是两组的修正平均值及相应的置信区间。显然,两组期末考试成绩的差异(69.004-64.735=4.269)小于原来的差异(70.989 8-62.619 6=8.370 2)。下方的提示表明该修正平均值是按摸底考试成绩为 57.915 8 分的情形计算的。

因变量:期末考试成绩

教学方法	平均值	标准误差	95%置信区间	
			下限	上限
标准方法	64.735[a]	1.324	62.105	67.365
新方法	69.004[a]	1.277	66.469	71.540

a. 按下列值对模型中出现的协变量进行求值:摸底考试成绩=57.9158。

图 2.12 修正平均值的估计

图 2.13 给出的是把摸底考试成绩转化为相等后,不同组期末考试成绩 Y 的修正平均值差值、标准误差以及各组修正平均值是否相等的假设检验的结果。可见在扣除了 X 对 Y 的影响之后,两组期末考试成绩的差别有统计学意义。此处采用的方法是 LSD 法,即所有组都与对照组相比,当然也可以根据分析目的在对话框中选用其他两两比较方法。

因变量:期末考试成绩

(I)教学方法	(J)教学方法	平均值差值(I-J)	标准误差	显著性[a]	差值的95%置信区间[a]	
					下限	上限
标准方法	新方法	-4.269*	1.977	.033	-8.195	-.343
新方法	标准方法	4.269*	1.977	.033	.343	8.195

基于估算边际平均值
*. 平均值差值的显著性水平为.05。
a. 多重比较调节:最低显著差异法(相当于不进行调整)。

图 2.13 成对比较结果

图 2.14 给出的是对修正平均值按方差分析法进行的检验,结论和上面完全相同(两种方法等价)。

因变量:期末考试成绩

	平方和	自由度	均方	F	显著性
对比	316.273	1	316.273	4.665	.033
误差	6237.890	92	67.803		

F检验教学方法的效应。此检验基于估算边际平均值之间的线性无关成对比较。

图 2.14 修正平均值的方差分析

由此可见,协方差分析在扣除协变量的影响时,主要是求出协变量处于平均值时因变量的平均值,即修正平均值,然后对两组的修正平均值差别做假设检验,得出统计结论。

思考与练习

1. 自行在 SPSS 上实现本章中可以用方差分析模型进行分析的各实例。
2. 在学习完回归分析模型之后,利用回归分析模型完成对例 2.7 协方差分析实例的数据分析,基于结果比较并思考方差分析模型和回归模型的等价性。

参考文献

[1] IBM Corp. IBM SPSS Advanced Statistics 24[CP/OL]. Armonk,NY:IBM Corp,2016.
[2] Neter J,et al. Applied Linear Statistical Models[M]. 4th Ed.[S. I.]:McGraw-Hill,1996.
[3] 张文彤. SPSS 统计分析基础教程[M]. 3 版. 北京:高等教育出版社,2017.
[4] 胡良平. 现代统计学与 SAS 应用[M]. 北京:军事医学科学出版社,1996.
[5] 苏炳华,何清波,姚晨. 新药临床试验统计分析新进展[M]. 上海:上海科学技术文献出版社,2000.
[6] 张文彤,李晓松,倪宗瓒. 交叉设计中顺序效应的影响及其分析方法[J]. 数理医药学杂志,1999,12(4):305-306.

第3章 多元方差分析与重复测量方差分析

3.1 多元方差分析

3.1.1 模型简介

1. 问题的提出

很多时候,研究者所关心的指标很难用一个变量来加以表述。例如,评价学生学习成绩的好坏,就会涉及语文、数学等多门学科的成绩;评价儿童的生长发育,就会涉及身高、体重、胸围等一系列结局指标。在这些研究中,一个观察单位的观测指标(因变量)通常有多个,而且各指标间又往往相互联系、相互影响。对于这类数据,当然可以将各个因变量割裂开分别进行统计分析,但这种做法有以下几个缺点。

(1) 检验效率低。可能的一种情况是两组(或多组)观察对象的多个观察指标的联合分布之间有差别,而单独对每个观察指标进行统计学检验却没有统计学意义,当然反过来也有可能。

(2) 犯Ⅰ类错误的概率增大。假设有 p 个观察指标,对每个观察指标进行 t 检验(或方差分析),犯Ⅰ类错误的概率 α 设定为 0.05,根据乘法原理,p 个观察指标的 p 次检验结果均正确的概率为 $(1-0.05)^p$。当观察指标数为 5 时,5 次检验结果均正确的概率为 0.773 8,此时犯Ⅰ类错误的概率为 $1-0.773\ 8=0.226\ 2$。当观察指标数为 10 时,犯Ⅰ类错误的概率则增大至 0.401 3。这一情形类似于多组比较使用两两 t 检验所遇到的问题。

(3) 当一元方差分析(单因素方差分析)结果不一致时,难以给出综合结论。例如,如果对学生成绩的评价进行拆分分析的结果是素质教育会使得数学成绩上升,语文成绩下降,那么总的结论又当如何给出呢?

(4) 本质上单因变量的分析结果不能简单地叠加起来向多因变量推广,就如同在地面(二维)上认为大地是平的,但实际上在太空(三维)中一看才发现是球面一样,仅仅进行单因变量的分析而没有考虑变量间的相关信息,可能会得出错误的结论。

那么,对这类多因变量的数据应该如何进行分析呢? 主要有以下两种分析方法:一种方法是使用因子分析先对因变量中蕴含的信息进行浓缩,然后再对提取出的公因子进行后续的分析,详见第13章因子分析;另一种方法就是采用多元方差分析(multivariate analysis of variance,MANOVA)。这里的多元是真正意义上的多元,多元方差分析即因变量为多个的数据的统计分析。

多元方差分析的基本思想与一元方差分析相同,都是对因变量的变异进行分解:一部分为组间变异(组别因素的效应),一部分为组内变异(随机误差)。然后对这两部分变异进行比较,看组间变异是否大于组内变异,从而得出研究结论。所不同的是,一元方差分析是对组间均方与组内均方进行比较,而多元方差分析则是对组间方差-协方差矩阵与组内方差-协方差矩阵进行比较。

2. 适用条件

(1) 各因变量服从多元正态分布。多元方差分析对多元正态分布的要求并不高,实际应用中这一条件弱化为各因变量分别服从正态分布即可。

> 当然,若各因变量服从多元正态分布,则每个因变量的分布(即该多元正态分布的边际分布,marginal distribution)必然也服从正态分布,而反过来却未必成立。但可以肯定的是,只要有一个因变量不服从正态分布,这几个因变量的联合分布就肯定不服从多元正态分布。

(2) 各观察对象之间相互独立。

(3) 各组观察对象因变量的方差-协方差矩阵相等。

(4) 各因变量间的确存在一定的关联,这可以从专业或研究目的的角度予以判断。

需要指出的是,多元方差分析对于方差齐性的要求较高,分析结果对方差齐性较为敏感。它对样本量也有一定要求,不仅总样本量要比较大,各单元格内样本量也要比较大,否则检验效能偏低,容易得到阴性结果,犯Ⅱ类错误的概率增大。

3. 模型价值

虽然多因变量的研究问题在实际工作中很常见,但这里介绍的多元方差分析模型的实际使用价值却并不大,原因如下。

(1) 多元方差分析在建模时将所有因变量置于同等重要的地位,而在实际研究中,因变量的重要性往往不相同,存在主次之分。例如,语文、数学的成绩显然要比自然、音乐的成绩更为家长所看重。因此,多元方差分析往往在方法框架上就存在偏差。

(2) 由于各个测量指标反映的是同一个方向的测量目的,因此这些变量之间往往存在信息重叠,此时使用因子分析来进行信息浓缩更合适,也可以简化后续分析。反之,如果各测量指标之间没有信息重叠,则拆分分析即可,也没有必要考虑拟合多因变量的模型了,同样没有多元方差分析模型的用武之地。

(3) 结果解释过于复杂。多元方差分析更像是一个控制 α 水准之后的整体检验,要回答研究问题仍然需要基于后续的各自变量对各因变量的比较结果,以及自变量各水平的两两比较结果,因此其存在的价值并不大。

但是,多元方差分析模型会成为一些更加常用的方法的理论基础,如在随后将要介绍的重复测量的方差分析模型中,就会应用到多元方差分析的检验方法。

3.1.2 案例:青少年牙齿发育状况跟踪

例 3.1 为研究青少年牙齿发育的情况与年龄、性别的关系,现随机选取了 27 名儿童,分别在他们 8、10、12、14 岁时测量齿科指标(垂体至翼上颌裂长度(mm),分别用 distance.8、distance.10、distance.12、distance.14 表示),那么不同性别(gender)的儿童该指标是否有差异?数据文件见 growth study2. sav。

该数据实际上是一个重复测量案例,为便于读者理解并比较不同模型的分析结果,这一案例将在后面几章中反复出现。这里先用它来展示多元方差分析的操作和结果,由于 4 个时间点上的测量均能够反映性别差异,因此 4 个变量均须作为因变量纳入模型,操作如下。

1. 选择"分析"→"一般线性模型"→"多变量"菜单项。
2. 将 distance.8、distance.10、distance.12、distance.14 选入"因变量"框。

3. 将 gender 选入"固定因子"框。
4. 单击"确定"按钮。

上述操作中用到的对话框如图 3.1 所示。

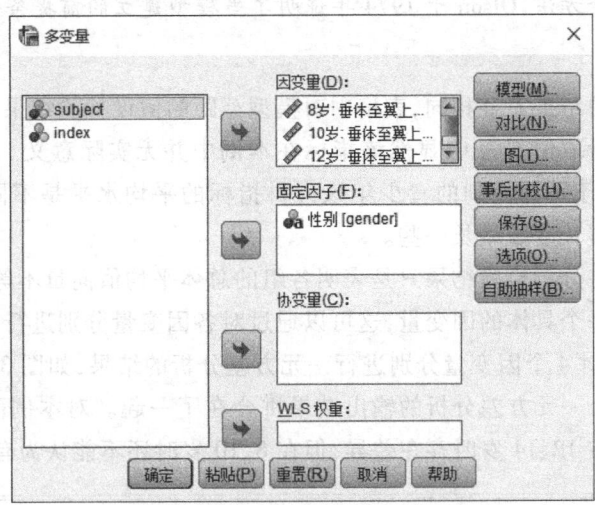

图 3.1 多元方差分析主对话框

本例分析结果中的输出标题"一般线性模型"表明了本次多元方差分析是用 GLM 过程完成的，仍然属于一般线性模型的范畴。首先会给出的因子及水平列表，此处略。

图 3.2 为对模型中的效应项给出的多元方差分析结果，可见每个假设都分别用 4 种方法进行了检验，具体解释如下。

效应		值	F	假设自由度	误差自由度	显著性
截距	比莱轨迹	.994	910.399[a]	4.000	22.000	.000
	威尔克Lambda	.006	910.399[a]	4.000	22.000	.000
	霍特林轨迹	165.527	910.399[a]	4.000	22.000	.000
	罗伊最大根	165.527	910.399[a]	4.000	22.000	.000
gender	比莱轨迹	.398	3.632[a]	4.000	22.000	.020
	威尔克Lambda	.602	3.632[a]	4.000	22.000	.020
	霍特林轨迹	.660	3.632[a]	4.000	22.000	.020
	罗伊最大根	.660	3.632[a]	4.000	22.000	.020

a. 精确统计
b. 设计：截距+gender

图 3.2 多元方差分析检验

（1）比莱(Pillai 轨迹)：永为正数，值越大，表明该效应项对模型的贡献越大。

（2）威尔克 Lambda(Wilk's λ)：反映的是组内变异在总变异中的比例，取值范围为 0~1，值越小，说明该效应项对模型的贡献越大。

（3）霍特林(Hotelling)轨迹：为检验矩阵特征值之和，其值总比比莱轨迹的值大。与比莱轨迹相似,值越大说明该效应项对模型的贡献越大。

(4)罗伊(Roy)最大根:为检验矩阵特征值中的最大值,因此它总是小于等于霍特林轨迹。值越大,说明该效应项对模型的贡献越大。

> 对于以上4种检验方法,Olson于1974年证明了当模型建立的前提条件不满足时,比莱轨迹最稳健。

本例中4种方法的结果完全相同,表格中对模型截距的假设检验结果为$P<0.001$,说明当自变量取值为0时因变量取值不为0,显然该指标在本例中并无实际意义。而随后对性别的检验$P=0.02<0.05$,说明对于不同性别的青少年该齿科指标的平均水平是不同的,从样本数据可知男孩的垂体至翼上颌裂长度要略长一些。

上面总的多元方差分析检验结果只是表明各组的总体平均值向量不等,对于实际问题,显然还需要进一步细分到每个具体的因变量,这可以通过对各因变量分别进行一元方差分析来寻找,SPSS随后输出的就是对4个因变量分别进行一元方差分析的结果,如图3.3所示。可以看出该结果实际上就是将4个一元方差分析的输出结果拼合在了一起。对本例而言,分析结论为男孩和女孩的该齿科指标在12、14岁时存在差异,但在8、10岁时还不能认为有差异。

源	因变量	Ⅲ类平方和	自由度	均方	F	显著性
修正模型	8岁:垂体至翼上颌裂长度(mm)	18.688[a]	1	18.688	3.451	.075
	10岁:垂体至翼上颌裂长度(mm)	16.381[b]	1	16.381	3.914	.059
	12岁:垂体至翼上颌裂长度(mm)	45.014[c]	1	45.014	6.973	.014
	14岁:垂体至翼上颌裂长度(mm)	74.375[d]	1	74.375	14.918	.001
截距	8岁:垂体至翼上颌裂长度(mm)	12652.465	1	12652.465	2336.363	.000
	10岁:垂体至翼上颌裂长度(mm)	13817.047	1	13817.047	3301.744	.000
	12岁:垂体至翼上颌裂长度(mm)	15529.607	1	15529.607	2405.551	.000
	14岁:垂体至翼上颌裂长度(mm)	17328.819	1	17328.819	3475.677	.000
gender	8岁:垂体至翼上颌裂长度(mm)	18.688	1	18.688	3.451	.075
	10岁:垂体至翼上颌裂长度(mm)	16.381	1	16.381	3.914	.059
	12岁:垂体至翼上颌裂长度(mm)	45.014	1	45.014	6.973	.014
	14岁:垂体至翼上颌裂长度(mm)	74.375	1	74.375	14.918	.001
误差	8岁:垂体至翼上颌裂长度(mm)	135.386	25	5.415		
	10岁:垂体至翼上颌裂长度(mm)	104.619	25	4.185		
	12岁:垂体至翼上颌裂长度(mm)	161.393	25	6.456		
	14岁(垂体至翼上颌裂长度(mm)	124.643	25	4.986		
总计	8岁:垂体至翼上颌裂长度(mm)	13443.000	27			
	10岁:垂体至翼上颌裂长度(mm)	14611.750	27			
	12岁:垂体至翼上颌裂长度(mm)	16609.750	27			
	14岁:垂体至翼上颌裂长度(mm)	18581.250	27			
修正后总计	8岁:垂体至翼上颌裂长度(mm)	154.074	26			
	10岁:垂体至翼上颌裂长度(mm)	121.000	26			
	12岁:垂体至翼上颌裂长度(mm)	206.407	26			
	14岁:垂体至翼上颌裂长度(mm)	199.019	26			

a. R方=.121(调整后R方=.086)
b. R方=.135(调整后R方=.101)
c. R方=.218(调整后R方=.187)
d. R方=.374(调整后R方=.349)

图3.3 主体间效应检验

多元方差分析对数据的正态性影响比较稳健,而对各组方差-协方差矩阵是否齐性较为敏感。"选项"子对话框中的"齐性检验"复选框提供了用于考察各组间协方差矩阵是否齐性的 Box 检验,以及用于考察各个因变量在各组间的方差是否齐性的 Levene 检验。本例的输出结果如图 3.4 所示,图 3.4(a)显示 Box 检验结果为 21.181,显著性水平为 0.07。图 3.4(b)输出了 Levene 方差齐性检验结果,实际上这是按照自变量的取值水平组合,考察每个因变量在不同水平组合间的方差是否齐性的方差齐性检验结果,显然也并未发现异常。

博克斯M	21.181
F	1.724
自由度1	10
自由度2	2154.045
显著性	.070

检验"各个组的因变量实测协方差矩阵相等"这一原假设。
a. 设计:截距+gender

(a)

	F	自由度1	自由度2	显著性
8岁:垂体至翼上颌裂长度(mm)	.135	1	25	.717
10岁:垂体至翼上颌裂长度(mm)	.134	1	25	.718
12岁:垂体至翼上颌裂长度(mm)	.281	1	25	.601
14岁:垂体至翼上颌裂长度(mm)	.180	1	25	.675

检验"各个组中的因变量误差方差相等"这一原假设。
a. 设计:截距+gender

(b)

图 3.4 协方差矩阵齐性的 Box 检验和 Levene 方差齐性检验

3.2 重复测量数据的方差分析

3.2.1 模型简介

1. 基本原理

由第 2 章的介绍可知,重复测量数据由于同一个体的各次重复测量间存在相关性,因此不能直接使用普通的一元方差分析模型来分析,而重复测量的方差分析模型就是专门对这类数据进行分析的方法之一。

> 如果重复测量数据之间实际上不存在相关性,则重复测量模型和一元分析模型的结果应当一致,这种情况被称为数据符合 Huynh-Feldt 条件,最常用的判断数据是否满足该条件的检验就是球形检验,其结果在重复测量方差分析模型的输出中非常重要。

重复测量的方差分析模型仍然应用方差分析的基本思想,将因变量的变异分解成以下 4 个部分:研究对象内的变异,即测量时间点(或测量条件下)的效应;研究对象间的变异,即处理因素(treatment)的效应;上述两者的交互作用;随机误差变异。考察上述第 2 种变异和第 3 种变异是重复测量与其他方差分析分析方法的主要区别所在,后者不对这两种变异进行分析。

在重复测量的方差分析模型中,对于同一个体相同变量的不同次测量结果被视为一组,用于区分重复测量次数的变量被称为主体内因素(within-subject factor),而相对应的、对于个体在重复测量时保持恒定的因素则被称为主体间因素(between-subject factor,又称为组间因素),如希望加以研究的分组因素。首先来看一下重复测量的方差分析模型是如何对主体间因素进行分析的。由于在对研究对象的重复测量中,每一次测量都反映了组间因素的作用,如果对各个时间的测量值分别进行分析,则可能得到互相矛盾的结果,而且各次测量的信息互相重叠,因此分别进行分析并不合适。为此,可以考虑将各次测量的信息完全综合起来,以得到一个更加客观和准确的检验结果。具体的做法就是通过计算同一研究对象各时间点测量结果($y_{i1}, y_{i2}, \cdots$)的平均值及其标准差,来描述因变量在不同时间点整体上的平均水平及变异程度,从而将多个观察结果综合成为一个因变量,随后就可以按照标准的方差分析思路,将变异分解成组间因素变异与误差两项,对组间因素效应有无统计学意义进行判断。

重复测量的方差分析模型的另一个重要目的就是考察随着测量次数的增加(时间的增加),测量指标是如何发生变化的,以及分组因素的作用是否会随时间发生变化,即是否和时间存在交互作用。为了说明重复测量方差分析模型对时间因素进行分析的基本原理,这里先从最简单的重复测量——配对 t 检验入手,配对 t 检验的数据形式如表 3.1 所示。

表 3.1 配对 t 检验的数据形式

ID	time1	time2	diff
1	y_{11}	y_{12}	$d_1 = y_{21} - y_{11}$
2	y_{21}	y_{22}	$d_2 = y_{22} - y_{21}$
3	y_{31}	y_{32}	$d_3 = y_{32} - y_{31}$
⋮	⋮	⋮	⋮
N	y_{n1}	y_{n2}	$d_n = y_{n2} - y_{n1}$

显然,为了考察总体两个时间点(或两种条件下)的因变量有无差别,配对 t 检验的做法是求出每对 y_{i2} 与 y_{i1} 的差值,并检验其平均值是否为 0。如果差值偏离"0"很多,且这种偏离不能由随机误差所解释,则等价于认为总体中这两个时间点的因变量不同。

再考虑一下常见的重复测量数据格式,如表 3.2 所示。显然此时仅计算一个差值无法满足统计分析的需求,要想回答总体各时间点因变量的观察值是否相同,必须计算多个差值才行。准确地说,对于重复测量次数(即水平数)为 k 的数据,需要计算 $k-1$ 个差值,通常是计算相邻两个时间点的差值。与 t 检验时计算差值的离散程度指标(标准误差)类似,当 $k>2$ 时,需要计算各差值之间的方差-协方差矩阵以判断差值向量偏离"0 向量"是否有统计学意义,这就完成了对不同时间点(主体内因素)因变量差别有无统计学意义的检验。事实上,这里的做法就是在计算出 $k-1$ 个差值后,将其作为因变量进行多元方差分析,然后根据对各差值的检验结果给出时间点差异的分析结论。

表 3.2 常见的重复测量数据格式

ID	time1	time2	time3	⋮
1	y_{11}	y_{12}	y_{13}	⋮
2	y_{21}	y_{22}	y_{23}	⋮

续表

ID	time1	time2	time3	⋮
3	y_{31}	y_{32}	y_{33}	⋮
⋮	⋮	⋮	⋮	⋮
n	y_{n1}	y_{n2}	y_{n3}	⋮

2. 适用条件

尽管在实际工作中很难满足,但理论上重复测量的方差分析模型要求数据满足以下条件。
(1) 因变量之间存在相关关系。
(2) 因变量的平均值向量服从多元正态分布。
(3) 对于自变量的各取值水平组合而言,因变量的方差-协方差矩阵相等。

此外,重复测量的方差分析模型不能容忍重复测量变量有任何缺失值出现,因为只要有一次测量出现缺失,就会导致差值和总平均值的计算出现缺失,分析中只能将该个体的所有数据全部剔除出模型。而实际研究中重复测量数据往往时间跨度比较长,很难保证测量,特别是最后几次测量完全不出现缺失。因此,该模型对重复测量资料的利用率实际上是非常低的,这大大限制了它的应用价值,而能充分利用有缺失值的重复测量资料也是广义估计方程(GEEs)等新的模型与之相比的核心优势之一。

3.2.2 案例:进一步考察年龄对牙齿发育的影响

在上面的分析中,已经得知性别之间存在差异,但是这种差异随着年龄的不同而有所不同。那么,该齿科指标是否会随着年龄的增加而有所变化呢?

1. 操作说明

显然,这里每一个受试对象都在不同的年龄被重复观察了 4 次,因此可以考虑使用重复测量的方差分析模型,操作如下。

1. 选择"分析"→"一般线性模型"→"重复测量"菜单项。
2. "主体内因子名"框,将默认的名称"因子1"改为 distance,在"级别数"框中键入 4,单击"添加"按钮,然后单击最下方的"定义"按钮,打开"重复测量"对话框。
3. 将 4 个 distance 变量一起选入"主体内变量"框。
4. 将 gender 选入"主体间因子"框。
5. 在"图"子对话框中,将 distance 选入"水平轴"框,单击"添加"钮。
6. 单击"确定"按钮。

上述操作中用到的预定义对话框和主对话框如图 3.5 所示。

首先弹出的是重复测量方差分析模型的预定义对话框,这也是该模型在操作上唯一有别于前面学习过的方差分析模型的地方。该对话框用于定义重复测量的观察指标,并指定该观察指标共测量几次。在重复测量的方差分析模型中,重复测量的次数为主体内因素的水平数。

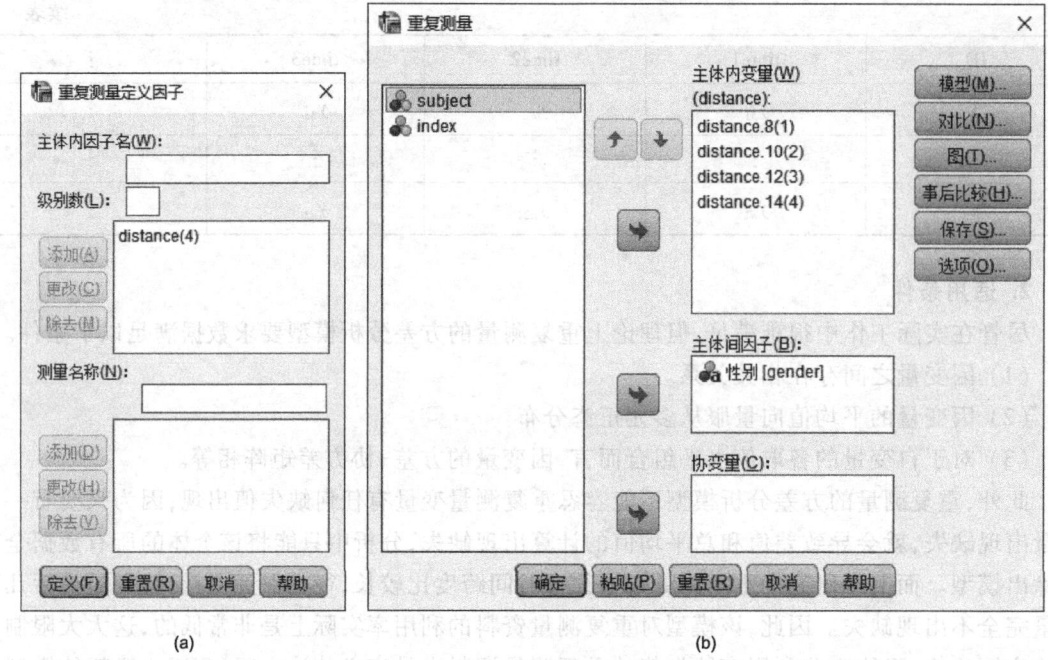

图 3.5 重复测量方差分析模型的预定义对话框和主对话框

对同一因变量进行重复测量的观察指标可以不止一种。例如,若食品连锁商店计划同时推出两种新商品,则需要分别记录这两种商品连续 4 周的销售记录。再如,对非典患者不仅要每天观察记录其呼吸次数,还要观察体温、脉搏等。此时,就可以通过"测量名称"(measure name)框对不同指标的重复测量进行定义,而不同的测量名称将和主体内因素的各水平在主对话框中进行组合以供研究者指定各自对应的变量。更复杂的情况是重复测量间存在嵌套。例如,对每个患者连续观察 7 天,每天又分早、中、晚三次,这些都可以在预定义对话框中进行准确的设定。本例则不涉及以上这些情况,操作非常简单。

在预定义完成之后,就会进入重复测量方差分析模型的主对话框进行模型的具体设定,显然相应的操作不难理解。

2. 结果解释

输出标题"一般线性模型"说明这里拟合的模型仍然属于一般线性模型的范畴,SPSS 会先输出在模型中作为因变量的 4 次重复测量的变量名,以及欲考察的自变量名称、各自变量的取值水平及相应的观察例数,此处略。

图 3.6 给出的是对主体内因素、主体内因素与自变量交互作用的多元方差分析检验结果。最上方对齿科指标 distance 的检验就是依次计算出相邻时间点的三个差值,然后将这些差值作为因变量进行多元方差分析(检验其总体向量是否为 0),以判断该齿科指标是否在不同测量时间点上有差异。显然,检验结果说明该齿科指标的大小的确随着年龄发生变化;下方对交互作用项的检验则仍然以这三个差值为因变量,然后引入相应的自变量进行多元方差分析,结果无统计学意义,说明尚不能认为性别间该齿科指标差异会随年龄不同而发生变化。那么,性别间齿科指标是否存在差异呢?这个问题需要后续的检验来回答。

效应		值	F	假设自由度	误差自由度	显著性
ditsance	比莱轨迹	.805	31.691[a]	3.000	23.000	.000
	威尔克Lambda	.195	31.691[a]	3.000	23.000	.000
	霍特林轨迹	4.134	31.691[a]	3.000	23.000	.000
	罗伊最大根	4.134	31.691[a]	3.000	23.000	.000
distance*gender	比莱轨迹	.260	2.695[a]	3.000	23.000	.070
	威克尔Lambda	.740	2.695[a]	3.000	23.000	.070
	霍特林轨迹	.352	2.695[a]	3.000	23.000	.070
	罗伊最大根	.352	2.695[a]	3.000	23.000	.070

a. 精确统计
b. 设计：截距+gender
主体内设计：distance

图 3.6　多变量检验

图 3.7 输出了球形假设(sphericity assumption)的检验结果。本例莫奇来检验 P 值为 0.2，因此可以认为差值数据服从球形假设。换言之，各次重复测量的结果在统计上尚无法确认其有关联(或者关联度太弱，未被检测出来)，可以对每次重复测量的数据单独进行分析，直接看后续的一元方差分析(即主体内效应检验，tests of within-subjects effects)结果即可。这是因为在数据满足球形假设的前提下，一元分析与多元分析相比检验效能高，尤其是在样本量较小时；但如果数据不服从球形假设，则必须要以上面的多元方差分析结果为准。

测量：MEASURE_1

主体内效应	莫奇来W	近似卡方	自由度	显著性	Epsilon[a]		
					格林豪斯-盖斯勒	辛-费德特	下限
distance	.735	7.293	5	.200	.867	1.000	.333

检验"正交化转换后因变量的误差协方差矩阵与恒等矩阵成比例"这一原假设。
a. 可用于调整平均显著性检验的自由度。修正检验将显示在"主体内效应检验"表中。
b.设计：截距+genger
主体内设计：distance

图 3.7　Mauchly 球形检验

事实上，对于绝大多数重复测量数据而言，重复测量数据之间存在关联性通过专业背景知识即可加以确认，不需要过于关注此处球形检验的结果。因此，多数情况下可以直接以上面多元方差分析的检验结果为准。

图 3.8 所示的即为一元方差分析的结果，它采用一元方差分析对主体内因素、主体间因素及它们之间的交互作用有无统计学意义进行检验，还进一步输出了校正的检验结果。可以看出不论是哪种检验方法，其 F 值都一样，校正体现在对其自由度进行了校正，格林豪斯-盖斯勒(Greenhouse-Geisser)、辛-费德特(Huynh-Feldt)、下限(lower-bound)三种检验方法的自由度分别等于球形假设时的自由度乘以三种 Epsilon 校正系数，一般推荐采用格林豪斯-盖斯勒检验的校正结果。注意如果这里一元方差分析的结果与多元方差分析不一致，则应以多元方差分析的检验结果为准。

测量:MEASURE_1

源		Ⅲ类平方和	自由度	均方	F	显著性
distance	假设球形度	209.437	3	69.812	35.347	.000
	格林豪斯-盖斯勒	209.437	2.602	80.503	35.347	.000
	辛-费德特	209.437	3.000	69.812	35.347	.000
	下限	209.437	1.000	209.437	35.347	.000
distance*gender	假设球形度	13.993	3	4.664	2.362	.078
	格林豪斯-盖斯勒	13.993	2.602	5.378	2.362	.088
	辛-费德特	13.993	3.000	4.664	2.362	.078
	下限	13.993	1.000	13.993	2.362	.137
误差(distance)	假设球形度	148.128	75	1.975		
	格林豪斯-盖斯勒	148.128	65.040	2.277		
	辛-费德特	148.128	75.000	1.975		
	下限	148.128	25.000	5.925		

图 3.8 主体内效应检验

 辛-费德特检验在格林豪斯-盖斯勒检验的基础上进行了修正,在三种检验方法中最敏感。在实际运算中它的 Epsilon 校正系数甚至可能大于1,此时 SPSS 会用1代替计算结果,从而等价于不做校正。但它对于小样本却太过保守。下限检验则取 Epsilon 校正系数置信区间的最小值进行校正,属于极端保守的结果。

若重复测量值会随时间发生变化,又是怎样的变化趋势呢?图 3.9 输出的是对重复测量值随测量次数变化趋势的检验结果。对于有 k 次测量的数据,SPSS 会依次对线性(linear)、二次、三次直至 $k-1$ 次曲线系数进行检验,从检验结果可见该齿科指标随年龄的变化存在线性趋势($P<0.05$),但并未支持二次曲线的假设,因此仅从检验结果看,可以认为4次测量的间距变化比较符合线性趋势。

测量:MEASURE_1

源	distance	Ⅲ类平方和	自由度	均方	F	显著性
distance	线性	208.266	1	208.266	87.999	.000
	二次	.959	1	.959	.920	.347
	三次	.212	1	.212	.084	.774
distance*gender	线性	12.114	1	12.114	5.119	.033
	二次	1.200	1	1.200	1.152	.293
	三次	.679	1	.679	.270	.608
误差(distance)	线性	59.167	25	2.367		
	二次	26.041	25	1.042		
	三次	62.919	25	2.517		

图 3.9 主体内对比检验

图 3.10 给出的是将每一次的重复测量结果累加,并除以重复测量次数的平方根作为因变量的一元方差分析的检验结果。本例的结论为不同性别的该齿科指标的确存在差异。

测量:MEASURE_1
转换后变量:平均

源	III类平方和	自由度	均方	F	显著性
截距	59118.502	1	59118.502	3910.836	.000
gender	140.465	1	140.465	9.292	.005
误差	377.915	25	15.117		

图 3.10 主体间效应检验

本例被同时用于介绍多元方差分析和重复测量方差分析,细心的读者会发现两处的多元方差分析结果并不相同,这是因为本节中的多元方差分析模型的因变量为三个差值,用于回答该齿科指标是否随时间发生变化的问题。而性别间该齿科指标是否有差异的问题在本例中是用重复测量值累加平均后的一元方差分析回答的,即图 3.10 所示的结果。可以发现其 P 值虽然不同于 3.1 节中的多元方差分析检验结果,但非常接近。

图 3.11 所示的为根据 4 次重复测量的边际平均值(本例中正好等于样本平均值)绘制出的线图,可见整体上儿童垂体至翼上颌裂长度随年龄的变化是非常接近直线的,只是 8~10 岁阶段的增长速度要略低于随后的年龄段。显然,图形可以为研究者提供更加准确、丰富的数据,是数据分析的重要工具。

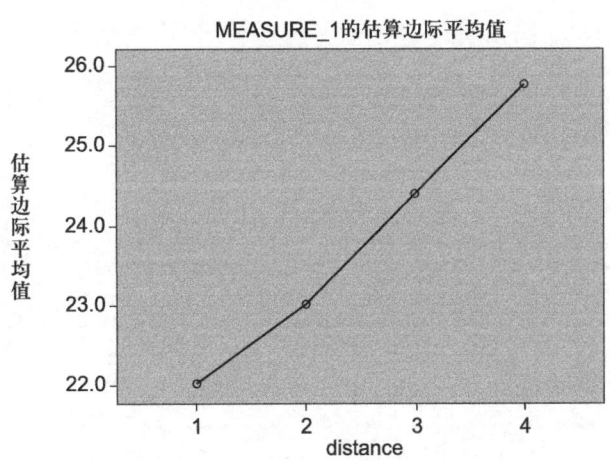

图 3.11 间距 4 次重复测量的边际平均值图

思考与练习

1. 为了研究饮食、活动锻炼种类与人脉搏的关系,某医生将 18 个人随机分配到饮食结构不同的两组,且每组成员又被随机分配至三种体育锻炼活动组。数据文件见 lx3.xls,请用多元方差分析对该数据进行分析。

2. 请对例3.1计算出每个个体4次重复测量的平均值,以该平均值为因变量进行性别间的比较;然后计算出4次重复测量的三个相邻差值,以这三个差值为因变量,以性别为自变量拟合多元方差分析模型,并将上述检验结果与3.2节中重复测量方差分析的结果相比较,思考其对应关系。

参考文献

[1] IBM Corp. IBM SPSS Advanced Statistics 24[CP/OL]. Armonk,NY:IBM Corp,2016.
[2] 苏炳华,何清波,姚晨. 新药临床试验统计分析新进展[M]. 上海:上海科学技术文献出版社,2000.
[3] 陈峰. 医用多元统计分析方法[M]. 北京:中国统计出版社,2000.
[4] 金丕焕. 医学统计方法[M]. 2版. 上海:复旦大学出版社,2003.

第4章 线性混合模型

通过前面的学习,大家已经基本掌握了方差分析模型的原理和分析方法,并知道该模型有独立性、正态性、方差齐性等适用条件。在这些适用条件中,对数据的独立性要求最严。虽然该条件一般会得到满足,但是实际问题中可能会出现非独立数据,此时又该如何分析?本章将要介绍的线性混合模型是对方差分析模型的进一步扩展,是用于非独立数据统计分析的重要手段。

> 由于线性混合模型比较复杂,建议读者先阅读本书第二部分中关于线性回归的章节,在对一般线性模型的基本结构更熟悉之后,再回过头来学习本章会更容易。

4.1 模型简介

4.1.1 问题的提出

实际工作中遇到的许多数据都具有层次结构。例如,在市场研究的抽样调查中,受访者来自不同的城市,这就形成了一个层次结构,高层为城市,低层为受访者。显然,同一城市内的受访者各方面的特征更相似。又如,在几个随机选择的医院进行临床试验,由于患者对就诊医院存在明显的选择性,相同医院的患者往往比从一般总体中随机抽取的个体更趋于相似。换言之,所谓层次是指基本的观察单位聚集在更高层次的不同单位中,如同一城市受访者的特征间具有相关性,同一医院的患者数据具有相关性等。传统的统计分析模型并没有对这些问题进行考虑,都是假设不同个体间的数据完全独立,因此在数据组内聚集性较强时就可能得出错误结论。

另外,在传统的统计分析模型中,对集中趋势(平均值)的分析方法已经发展到了比较完善的地步,但对于离散趋势的分析则还处于起步阶段。即虽然可以准确地推断哪些因素对因变量的平均值有影响,但却难以考察是哪些因素对因变量的变异程度有影响。例如,性别也许并不会影响学生的平均成绩,但相比之下女生成绩的离散程度是否会高于男生呢?随着统计分析的日益普及,这类问题越来越受到人们的重视,已成为统计学理论的一个重要发展方向。

混合效应模型是20世纪80年代初针对数据的非独立性问题而发展起来的一类模型,由于该模型的理论起源较多,根据所从事的领域、模型用途和传承关系,它又被称为多水平模型(multilevel models)、广义估计方程(GEEs)等。这种模型充分考虑了数据聚集性的问题,可以在数据存在聚集性时对影响因素进行正确的估计和假设检验。不仅如此,它还可以对变异的影响因素进行分析,即是哪些影响因素导致了数据聚集性的出现,又是哪些影响因素导致了个体间变异的增大。由于该模型成功解决了长期困扰统计学界的数据聚集性问题,30多年来得到了飞速的发展,成为 SPSS 等权威统计软件的标准统计分析方法之一。

✎ 由于混合效应模型非常专业,根据本书的定位,本章将仅对基本的线性混合模型进行介绍。希望深入学习此类模型的读者可以参考 Goldstein 所著的《多水平统计模型》(第 2 版),该书现已译成中文出版。

4.1.2 模型入门

混合效应模型要比大多数统计分析模型都复杂,为了使读者易于入门,这里将使用该领域内非常经典的 JSP 数据作为引子,展示该模型的基本结构。JSP.sav 是"初级学校项目"(Junior School Project,JSP)的一部分,它包含了伦敦 65 所初级学校中共 4 059 名学生的数据,文件中包括如下变量。

- school:学生所在学校,用代码表示,取值为 1~65。
- student:每个学生在学校内的 ID 号。
- nomexam:学生在 16 岁时的考试成绩(简称 16 岁成绩),已进行标准正态变换。
- standlrt:学生在 11 岁时的考试成绩(简称 11 岁成绩),已进行标准正态变换。
- gender:学生的性别。
- schgend:学校的类型,1 为男女混合,2 为男校,3 为女校。
- avslrt:各个学校学生 11 岁成绩的平均值,已进行了标准正态变换。

虽然后面的分析中将用到几乎所有变量,但是在模型介绍中用到的只有学校、11 岁成绩和 16 岁成绩这三个变量。注意数据中所有的连续变量都已进行标准正态变换,这是因为混合效应模型比较复杂,任何"轻微"的干扰都可能使结果变得面目全非,因此在拟合前对变量进行标准正态变换几乎是必需的工作。当然,如果只是进行简单的模型拟合,特别是如果只考虑对固定效应的参数进行估计,则不进行标准正态变换影响也不大。

现在假设分析的目的是以 11 岁成绩为自变量建立针对 16 岁成绩的回归模型,则按照方差分析模型的思路,11 岁成绩为协变量,学校为因素。如果暂时将学校看作固定因子,则建立的相应模型如下(注意下标的表达方式与前面不同):

$$y_{ij}=\mu+\text{standlrt}+\text{school}_j+\varepsilon_{ij}$$

为了能够和混合效应模型的标准表达式相一致,将上式改写为回归模型的形式,如下:

$$y_{ij}=\alpha+\beta_{\text{lrt}}\text{standlrt}_{ij}+\sum\beta_j\text{school}_j+e_{ij}$$

其中,β_{lrt} 代表 11 岁成绩的影响(回归系数);β_j 则表示第 j 所学校的效应;e_{ij} 为第 j 个学校第 i 个学生的随机误差,它被假定为服从平均值为 0 的正态分布。注意在混合效应模型中,为了使对多层次结构的表达更便捷,下标的使用顺序与传统的统计分析模型恰恰相反。以前说 y_{ij} 代表了第 i 所学校第 j 个学生的数值,现在则代表第 j 所学校第 i 个学生的数值,即 i 代表了最小的观察单位(学生),j 代表高一层的观察单位(学校),如果有更高层次(如城市),则会以 k 来代表,以此类推。为统一起见,在本章中都这样定义模型。

上面这个模型看起来没有什么问题,但如果换一个角度来思考,就会发现它忽略了许多深层次的信息。首先来看单独考虑一所学校的情况,以第一所学校为例,如果仅对该学校的数据拟合回归模型,则模型如下:

$$y_i=\alpha+\beta_{\text{lrt}}\text{standlrt}_i+e_i$$

其中,下标 i 代表第 i 个学生。在单独考虑这一所学校时,该模型非常完善,但当同时考虑多所学校时问题就出现了。显然,各个学校的教学水平不同,也就是说同一所学校学生的成绩之间实际上并不独立,好学校的学生成绩会普遍好一些,差学校的学生成绩会普遍差一些。

现在再加入其他几所学校,以前三所学校为例,其散点图及相应的回归线如图4.1(a)所示。显然,三条回归线的截距不同,这种差异实际上反映了学校间平均教学水平的差异,即11岁成绩相同的学生,其16岁成绩的平均值在不同学校可能不同。如果考虑该变异,则刚才的模型应扩展为如下形式:

$$y_{ij} = (\alpha_0 + \mu_{0j}) + \beta_{lrt} \text{standlrt}_{ij} + e_{ij}$$

其中,y_{ij}代表了第j所学校第i个学生16岁成绩的大小;α_0表示各学校总的平均教学水平;μ_{0j}表示不同学校间的变异。如果研究者的兴趣就在样本中的这几所学校,则可以将学校看成是一个固定因子进行分析,该模型实际上就是前面列出的最常用的模型公式:

$$y_{ij} = \alpha + \beta_{lrt} \text{standlrt}_{ij} + \sum \beta_j \text{school}_j + e_{ij}$$

但是,如果研究者不只关注这几所学校,而是关注更广泛的学校总体,那么就需要估计在学校总体中截距的变异有多大,此时实际上是将原来的α真正当作一个随机变量来看待,令其为$\alpha = \alpha_0 + \mu_{0j}$,这样,通过检验$\mu_{0j}$是否为0(具体方法为检验其方差是否大于0),就可以得知截距的变异在学校总体中是的确存在,还是仅仅由抽样导致的假象而已。如果照此设置,这里拟合的就是前面提到过的含随机因子的随机效应模型,此时模型需要同时估计随机项μ_{0j}的大小。而模型中同时含有随机因子、固定因子时即为混合效应模型。

迄今为止,本章对混合效应模型的介绍仍未超出前面学过的范畴,下面开始对该模型进行扩展。首先来观察更多的学校数据,图4.1(b)所示的是前10所学校各自的回归线,从中可以看到除截距外,各回归线的斜率也不尽相同。也就是说,成绩在学校间的聚集性除了表现为成绩平均水平不同外,还表现为不同学校中成绩的离散度不同。回归线斜率高的学校学生16岁成绩离散度较高,回归线的斜率低的学校则学生16岁成绩比较集中。因此,模型将被继续扩展如下:

$$y_{ij} = (\alpha_0 + \mu_{0j}) + (\beta_1 + \mu_{1j}) \text{standlrt}_{ij} + e_{ij}$$

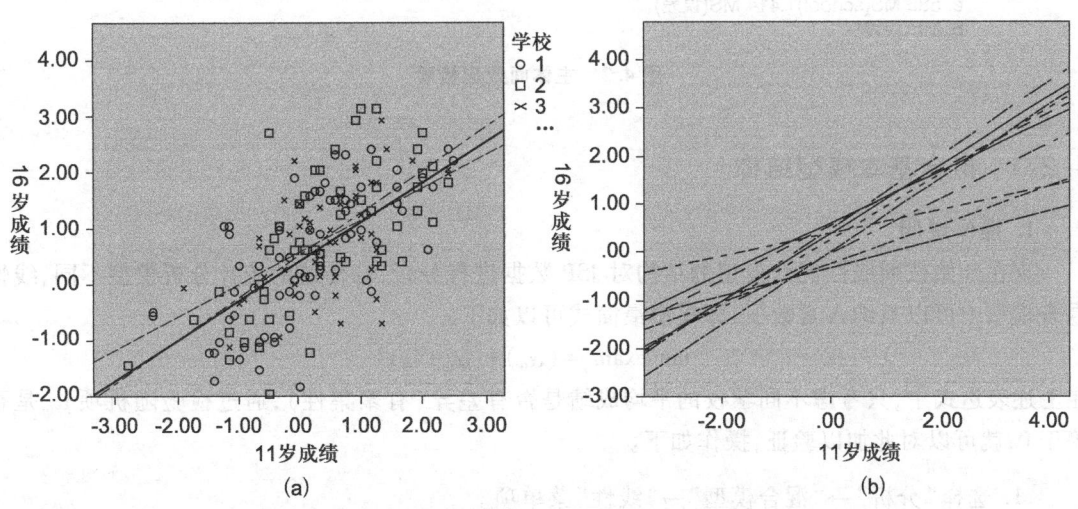

图4.1 前三所和前10所学校的散点图和回归线

同理,通过检验随机项 μ_{1j} 是否等于 0,就可以得知各个学校的成绩离散度是否不同。显然,所谓固定效应和随机效应的区别就在于其参数是被设定为固定的,还是被设定为一个随机变量。更一般地,模型中的随机项常常被写在一起,如下所示:

$$y_{ij} = (\alpha_0 + \beta_1 \text{standlrt}_{ij}) + (\mu_{0j} + \mu_{1j}\text{standlrt}_{ij} + e_{ij})$$

上式中的两部分分别被称为固定部分和随机部分,可见与普通的线型模型相比,线性混合模型主要是对原随机误差进行了更加精细的分解。但正因如此,该模型就可以正确估计并分析数据在高水平单位内聚集的问题,同时还可以为研究者提供更加丰富的信息。

4.2 层次聚集性数据案例

下面将使用 SPSS 中的 MIXED 过程对 JSP 数据进行分析,并借此实例深入了解线性混合模型的细节。在正式分析前,首先按照随机效应方差分析模型的结构(不考虑交互作用)得到检验结果,如图 4.2 所示,可见两个变量都有统计学意义,如果在分析中要求进一步输出参数估计值,则对 standlrt 的参数估计值为 0.559 5,该结果将会和后面的结果相互对照以加深理解。

因变量:16岁成绩

源		Ⅲ类平方和	自由度	均方	F	显著性
截距	假设	.069	1	.069	.019	.891
	误差	266.843	73.059	3.652[a]		
standlrt	假设	1127.120	1	1127.120	1992.550	.000
	误差	2258.709	3993	.566[b]		
school	假设	373.204	64	5.831	10.309	.000
	误差	2258.709	3993	.566[b]		

a. 586 MS(school)+.414 MS(误差)
b. MS(误差)

图 4.2 主体间效应检验

4.2.1 拟合基本模型结构

1. 操作说明

现在开始按照线性混合模型的结构对 JSP 数据进行分析,与传统的统计分析模型不同,线性混合模型中可以只纳入常数项,即模型最简式可以如下:

$$\text{nomexam}_{ij} = (\alpha_0) + (\mu_{0j} + e_{ij})$$

在上述表达式中,只考虑不同学校的平均成绩是否有差异(有聚集性),通过检验随机项 μ_{0j} 是否等于 0,就可以对此加以验证,操作如下。

> 1. 选择"分析"→"混合模型"→"线性"菜单项。
> 2. 将 school 选入"主体"框,单击"继续"按钮。

3. 将 nomexam 选入"因变量"框。

4. 在"随机"子对话框中,选中"包括截距"复选框,在下方的"主体分组"框组中,将 school 选入"组合"框。

5. 在"统计"子对话框中,选中"参数估算值"复选框和"协方差参数检验"复选框。

6. 单击"确定"按钮。

首先弹出的预定义对话框如图 4.3(a)所示,用于对模型的聚集层次进行设定。具体方式是在"主体"(subject)框中指定相应的变量,该变量取值相同时这些个体为同一群组,其数据可能不独立,本例中为 school。随后弹出的主对话框如图 4.3(b)所示,它与一般线性模型的主对话框非常相似,这里不再详述。注意在本例中对"随机"(random)子对话框进行了专门的设定,其中"包括截距"(include intercept)复选框是要求模型中包含针对常数项的随机项 μ_{0j},而随后的操作则是将变量 school 定义为随机变异的来源,即设定 μ_{0j} 在每个学校各不相同。

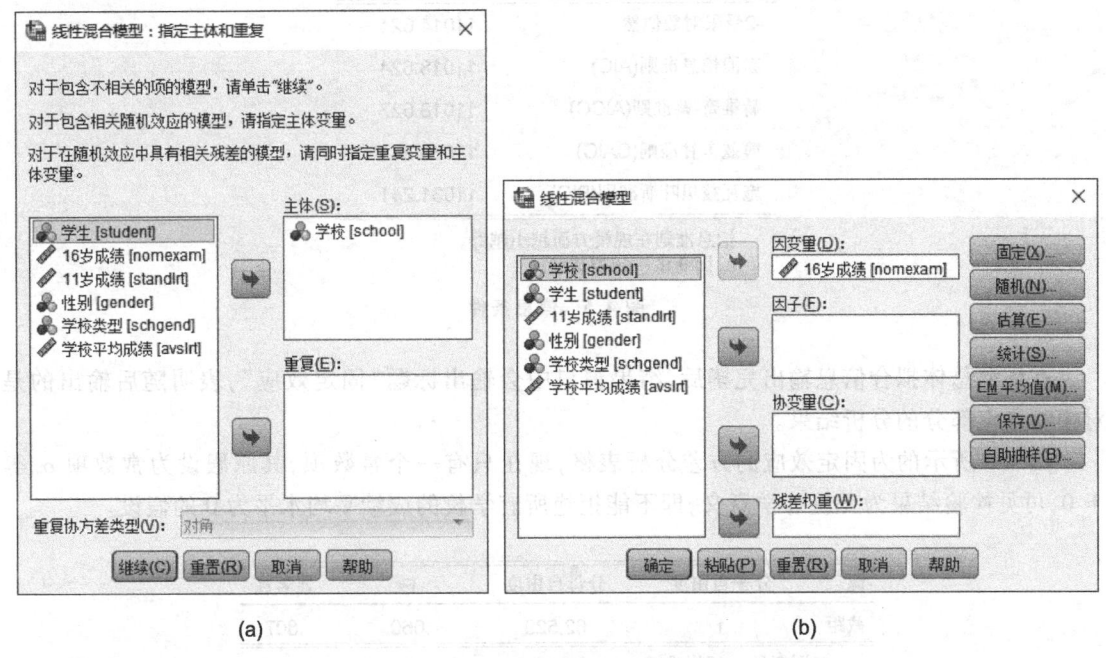

图 4.3 线性混合模型的预定义对话框和主对话框

在主对话框的右侧有 6 个按钮,其中最上面的两个按钮"固定"和"随机"分别用于对模型的固定部分和随机部分加以指定,由于当前模型固定部分只含有一个常数项,SPSS 默认其已被纳入,故这里的操作只涉及随机部分。

2. 结果解释

首先输出的标题"混合模型分析"指出分析中拟合的是线性混合模型,图 4.4 给出的是模型设置情况简报,可见模型中固定效应只有一个常数项,随机效应也只有常数项,学生成绩以各自的学校为聚集水平。注意这里默认的协方差结构为方差成分,简单说就是各个学校的方差各不相同且各不相关。

		级别数	协方差结构	参数数目	主体变量
固定效应	截距	1		1	
随机效应	截距[a]	1	方差成分	1	school
残差				1	
总计		2		3	

a. 从V11.5开始，RANDOM子命令的语法规则已更改。命令语法所产生的结果可能与先前版本中产生的结果不同。如果您使用的是V11语法，请参阅当前语法参考指南以获取更多信息。
b. 因变量：16岁成绩。

图 4.4 模型设置情况

图 4.5 所示的是模型拟合信息，包括-2 倍的对数似然值和其他一些信息准则。它们可以用于判断模型中引入的因素是否有统计学意义，其作用要远大于后面 Wald 检验的近似结果。

-2受限对数似然	11014.624
赤池信息准则(AIC)	11018.624
赫维奇-蔡准则(AICC)	11018.627
博兹多甘准则(CAIC)	11033.241
施瓦兹贝叶斯准则(BIC)	11031.241

信息准则在规模方面越小越好。
a. 因变量：16岁成绩。

图 4.5 信息条件

在模型总体拟合信息输出完毕后，结果窗口中会输出标题"固定效应"，表明随后输出的是对模型固定部分的分析结果。

图 4.6 所示的为固定效应的方差分析表格，现在只有一个常数项，其原假设为常数项 α_0 等于 0，可见检验结果为无统计学意义，即不能拒绝所有学校的成绩平均水平为 0 的假设。

源	分子自由度	分母自由度	F	显著性
截距	1	62.529	.060	.807

a. 因变量：16岁成绩。

图 4.6 Ⅲ类固定效应检验

图 4.7 所示的为对常数项的估计值，可见大小为-0.013 256，检验结果则和前面的 F 检验完全相同。

						95%置信区间	
参数	估算	标准误差	自由度	t	显著性	下限	上限
截距	-.013256	0.54054	62.529	-.245	.807	-.121291	.094779

a. 因变量：16岁成绩。

图 4.7 固定效应估计

随后的输出标题为"协方差参数",表明后续给出的是对模型随机部分的分析结果。

图 4.8 所示的为模型随机效应的估计值、检验结果和置信区间。可见代表学校差异的常数项估计值(也就是 μ_{0j} 的方差)为 0.171 598,且具有统计学意义(此处的原假设为 μ_{0j} 的方差为 0)。这说明 16 岁成绩的变异在学校教学水平上的确存在聚集性。也就是说,不同学校间的教学水平的确有差异。上面的残差则是对 e_{ij} 的检验结果,可见其方差估计值为 0.847 751,且有统计学意义,也就是学生间的确存在着个体差异。当然,这个结果是显而易见的。

参数			估算	标准误差	瓦尔德Z	显著性	95%置信区间	
							下限	上限
残差			.847751	.018971	44.687	.000	.811373	.885761
截距[主体=school]	方差		.171598	.033630	5.103	.000	.116867	.251960

a. 因变量:16岁成绩。

图 4.8 协方差参数估计

根据上面的分析结果,实际上可以计算出同一学校内任意两个学生成绩的相关系数,公式为 $r = \sigma_{\mu 0}^2 / (\sigma_{e0}^2 + \sigma_{\mu 0}^2)$,本例中为 $r = 0.171\ 598/(0.847\ 751+0.171\ 598) = 0.168\ 341$。

请注意随机部分的检验默认使用的是 Wald 检验,该方法给出的只是近似的结果,当 P 值接近 0.05 时,需要使用前面的对数似然值进行似然比检验以做出更精确的判断。关于该问题的详细情况请参见第 10 章中 Logistic 回归模型的相应内容。

4.2.2 在固定效应中加入自变量

前面拟合的模型非常简单,更多的是为了演示软件的基本操作和结果,下面开始在模型中加入其他自变量。考虑学生的入学成绩可能对 16 岁成绩有影响,这里将变量 standlrt 纳入,拟合的模型为

$$\text{nomexam}_{ij} = (\alpha_0 + \beta_1 \text{standlrt}) + (\mu_{0j} + e_{ij})$$

对话框界面的操作主要在主对话框和"固定"子对话框(如图 4.9 所示)处有一些变化,具体如下。

1. 将 standlrt 选入"协变量"框。
2. 在"固定"子对话框中,将 standlrt 加入"模型"框。

在对混合效应模型的分析中,需要手工对固定效应加以设定,系统不会为模型自动设定这些部分,这主要是出于模型复杂性的考虑,以避免出错。

在分析结果中,首先模型设置情况的表格会有所变化,如图 4.10 所示。可见模型的固定效应除了常数项外,还多了一个 standlrt,其余部分则无任何变化。

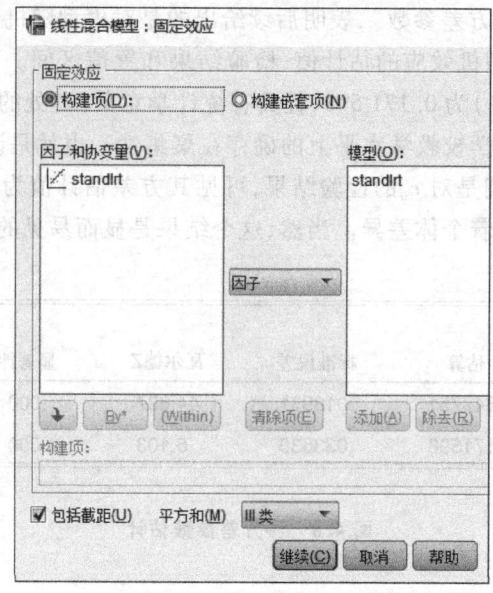

图 4.9 "固定效应"子对话框

		级别数	协方差结构	参数数目	主体变量
固定效应	截距	1		1	
	standlrt	1		1	
随机效应	截距[a]	1	方差成分	1	school
残差				1	
总计		3		4	

a. 从V11.5开始,RANDOM子命令的语法规则已更改。命令语法所产生的结果可能与先前版本中产生的结果不同。如果您使用的是V11语法,请参阅当前语法参考指南以获取更多信息。
b. 因变量:16岁成绩。

图 4.10 模型设置情况

图 4.11 所示的模型拟合信息显示,在加入了新的自变量后,各项信息准则均有所降低。例如,-2 倍的对数似然值由刚才的 11 014.624 下降为 9 368.735,显然模型拟合效果有了较大改善,这说明该变量的纳入是合理的,使得模型能够解释更多数据中的变异。

-2受限对数似然	9368.735
赤池信息准则(AIC)	9372.735
赫维奇-蔡准则(AICC)	9372.738
博兹多甘准则(CAIC)	9387.351
施瓦兹贝叶斯准则(BIC)	9385.351

信息准则在规模方面越小越好。
a. 因变量:16岁成绩。

图 4.11 信息条件

按照似然比检验,相应的-2倍对数似然值下降量为 11 014.624 - 9 368.735 = 1 645.889,模型中新增了一个变量 standlrt,因此自由度为 1,按照卡方分布,此时对应的 P 值显然小于 0.05,该结果意味着 standlrt 的纳入的确有助于改善模型对数据的解释。

图 4.12 和图 4.13 所示的是模型中固定效应的检验结果,可见 11 岁成绩的确对 16 岁成绩有影响,从系数值来看,11 岁成绩越高,16 岁成绩也越高。另外,请注意 standlrt 的参数估计值为 0.563 305,实际上,现在所拟合的模型完全等价于预分析中的随机因子模型,只是因算法不同而导致参数估计值和检验结果略有出入(注意参数、标准误差估计值和方差分析中的 F 值都非常接近)。

源	分子自由度	分母自由度	F	显著性
截距	1	60.732	.003	.954
standlrt	1	4050.074	2041.265	.000

a. 因变量:16岁成绩。

图 4.12 Ⅲ类固定效应检验

参数	估算	标准误差	自由度	t	显著性	95%置信区间	
						下限	上限
截距	.002319	.040354	60.732	.057	.954	-.078381	.083020
standlirt	.563305	.012468	4050.074	45.180	.000	.538861	.587749

a. 因变量:16岁成绩。

图 4.13 固定效应估计

图 4.14 所示的是对模型随机效应的估计值和检验结果。可见模型残差由刚才的 0.847 751 下降为 0.565 861,表示学校差异的常数项估计值(也就是 μ_{0j} 的方差)从刚才的 0.171 598 下降为 0.093 838,但仍然具有统计学意义。这说明在引入 standlrt 后,有相当一部分成绩变异被该自变量的作用解释掉了,从残差和学校教学水平的方差大小来看,在考虑了 standlrt 的作用后,学生的 16 岁成绩在学校教学水平上的聚集性已经明显减弱,但仍然存在。

参数		估算	标准误差	瓦尔德Z	显著性	95%置信区间	
						下限	上限
残差		.565861	.012667	44.672	.000	.541571	.591241
截距[主体=school]	方差	.093838	.018986	4.943	.000	.063119	.139508

a. 因变量:16岁成绩

图 4.14 协方差参数估计

4.2.3 在随机效应中加入自变量

下面将学生的 11 岁成绩也加入随机效应项,所拟合的模型为

$$\text{nomexam}_{ij} = (\alpha_0 + \beta_1 \text{standlrt}) + (\mu_{0j} + \mu_{1j}\text{standlrt} + e_{ij})$$

即同时分析该变量对学校内成绩的离散程度有无影响。在"随机"子对话框上的操作有所变化,具体如下。

> 在"随机"子对话框中,将 standlrt 加入"模型"框。

分析结果中可见 -2 倍的对数似然值由 9 368.735 继续下降至 9 335.667(此处略去表格输出),这说明将 standlrt 纳入随机效应是合理的,的确使模型能够解释更多数据中的变异。

图 4.15 和图 4.16 所示的为对模型中固定效应的检验和变量参数估计。在随机效应中加入自变量后,一般固定效应的参数标准误差估计值和检验结果会有一些变化,但参数估计值往往都比较稳定,本例中检验结果与前面相同。

源	分子自由度	分母自由度	F	显著性
截距	1	60.466	.041	.841
standlrt	1	56.936	768.207	.000

a. 因变量:16岁成绩。

图 4.15　Ⅲ类固定效应检验

参数	估算	标准误差	自由度	t	显著性	95%置信区间	
						下限	上限
截距	-.008094	.040084	60.466	-.202	.841	-.088262	.072073
standlrt	.557021	.020097	56.936	27.717	.000	.516777	.597266

a. 因变量:16岁成绩。

图 4.16　固定效应估计

图 4.17 所示的为对模型中随机效应的估计和检验,可见 standlrt 对学校内成绩的变异的确有影响,即对于不同的 11 岁成绩水平,16 岁成绩的离散程度并不相同。显然,这种分析结论是普通线性模型所无法得到的。

参数		估算	标准误差	瓦尔德Z	显著性	95%置信区间	
						下限	上限
残差		.553626	.012492	44.319	.000	.529676	.578659
截距[主体=school]	方差	.091949	.018766	4.900	.000	.061635	.137174
standlrt[主体=school]	方差	.014743	.004640	3.177	.001	.007956	.027319

a. 因变量:16岁成绩。

图 4.17　协方差参数估计

连续变量在随机部分有意义可能不太好理解,这里举一个简单的例子:如果性别在随机部分有统计学意义,则表明男学生和女学生16岁成绩的离散度不同。现在再回过头来看看上面的结果,这时就会清楚一些。

表格中也给出了对 μ_{0j} 和 e_{ij} 的检验结果,可见由于变量 standlrt 引入了随机效应,随机误差和学校聚集性所能解释的变异有所减少。在理论上,研究者可以通过不断引入有关的解释变量使学校聚集性越来越弱,最后消失。也就是说,可以最终找到究竟是学校间哪些特征的不同导致了成绩聚集性的出现,这也是普通线性模型所无法完成的任务。

4.2.4 更多自变量的引入

下面将在模型中引入更多的自变量,来考察它们是否对16岁成绩有影响,这些自变量为性别、学校类型和学校平均成绩,相应的模型如下:

$$\text{nomexam}_{ij} = (\alpha_0 + \beta_1 \text{standlrt} + \beta_2 \text{gender} + \sum \beta_{3k} \text{schgend} + \sum \beta_4 \text{avslrt}) + (u_{0j} + u_{1j} \text{standlrt} + e_{ij})$$

注意这里的学校类型为三分类变量,所以将两个哑变量系数引入模型。操作时注意在主对话框中将 gender 和 schgend 选入"因子"框,将 avslrt 选入"协变量"框,并且将各主因素都选入"固定"子对话框的"模型"框中即可。

 对哑变量的详细介绍请参见第10章 Logistic 回归模型的有关内容。

结果输出中,可以看到-2倍的对数似然值由9 335.667继续下降至9 305.974(此处略去表格输出),模型有进一步改善。

由图4.18和图4.19的分析结果可见,性别和学校平均成绩的确有影响,其中性别也采用的是哑变量形式,具体是将女生作为参照水平,[gender=1]一行为男生与之相比的结果,可见男学生的成绩较低,但尚无统计学意义。注意图4.18中 schgend 的 P 值大于0.05,此时最好使用似然比检验来得到更精确的 P 值,最终结论为 schgend 的确无统计学意义,此处不再详述。

图4.20所示的为随机效应的检验结果,由于没有引入新的变量,各参数方差的估计值变动不大。

源	分子自由度	分母自由度	F	显著性
截距	1	56.856	.464	.499
gender	1	4032.716	24.597	.000
schgend	2	61.942	2.573	.084
standlrt	1	57.164	726.996	.000
avslrt	1	61.156	11.578	.001

a. 因变量:16岁成绩。

图4.18 Ⅲ类固定效应检验

参数	估算	标准误差	自由度	t	显著性	95%置信区间	
						下限	上限
截距	.145373	.063753	54.369	2.280	.027	.017575	.273171
[gender=0]	-.167903	.033855	4032.716	-4.959	.000	-.234278	-.101529
[gender=1]	0a	0	.	.	.	.	.
[schgend=1]	-.144522	.081750	60.413	-1.768	.082	-.308023	.018980
[schgend=2]	.042889	.116224	68.042	.369	.713	-.189030	.274808
[schgend=3]	0a	0	.	.	.	.	.
standlrt	.548445	.020341	57.164	26.963	.000	.507716	.589175
avslrt	.363210	.106746	61.156	3.403	.001	.149770	.576650

a. 此参数冗余,因此设置为零。
b. 因变量:16岁成绩。

图 4.19 固定效应估计

参数		估算	标准误差	瓦尔德Z	显著性	95%置信区间	
						下限	上限
残差		.550198	.012417	44.310	.000	.526392	.575081
截距[主体=school]	方差	.069105	.015104	4.575	.000	.045026	.106061
standlrt[主体=school]	方差	.015226	.004742	3.211	.001	.008270	.028032

a. 因变量:16岁成绩。

图 4.20 协方差参数估计

下面还可以对 JSP 数据做进一步分析,如研究性别与学校类型间有无交互作用,学校平均成绩对离散程度有无影响等,因篇幅所限,这里不再详述,请读者自行操作。

4.2.5 其他常用选项

MIXED 过程中提供的选项比较繁杂,下面对上面分析中没有详细讨论过的一些子对话框和选项做一介绍。

1. "统计"(statistics)子对话框

该对话框用于选择所需的统计量,其中的"摘要统计"框组可以给出常用的描述统计量和个案处理摘要,而"模型统计"框组则可以输出一系列描述模型细节的统计指标,包括固定部分的参数估计值(parameter estimates)、随机部分的协方差参数检验(tests for covariance parameters)、固定效应参数估计值的相关性(correlations of parameter estimates)、固定效应参数估计值的协方差(covariances of parameter estimates)、随机效应的协方差(covariances of random effects)、残差的协方差(covariances of residuals)、模型的对比系数矩阵(contrast coefficient matrix)。

2. "估算"子对话框

该对话框用于选择迭代方法,设定收敛标准等,其中比较重要的是"方法"(method)单选框组,用于选择模型拟合时所采用的迭代方法,有受限最大似然法(REML)和最大似然法(ML)两种,前者才是真正考虑了混合效应的迭代方法,而后者可能会导致有偏估计,因此尽量使用默认的 REML,除非 REML 未能收敛,再考虑使用 ML。其他框组均使用默认设置。

3. "保存"子对话框

该对话框用于将模型拟合得到的预测值、残差等保存为新变量,供继续分析使用。其中,"固定预测值"(fixed predicted values)框组用于保存固定效应的分析结果,而"预测值和残差"(predicted values and residuals)框组则用于保存整个模型的分析结果。

4. "EM 平均值"子对话框

该对话框用于计算各种组合下的边际平均值,并进行指定的两两比较,该功能和 GLM 过程中的同类功能实际上是一回事。

4.3 重复测量数据案例

前面讨论的例子为数据间存在层次性结构,从而相同亚组内的个体特征存在趋同性。除这种情况外,数据的非独立现象还广泛存在于重复测量数据中。对于同一时间点,或者不考虑时间因素的重复测量,在数据分析时实际上与层次性数据完全相同,即将每次测量作为低水平,而将个体作为高水平进行分析。而考虑时间顺序的重复测量数据,又称为纵向数据(longitudinal data),在分析时除要考虑数据非独立性的影响之外,研究者往往还希望知道各次重复测量间的相关关系是怎样的,因此其分析框架会比普通的层次性数据更复杂。

这里继续使用第 3 章中的青少年牙齿发育数据进行分析,但是在第 3 章中,该数据是以重复测量数据的宽型格式排列的,本章中则需使用其长形格式,数据文件见 growth study.sav。

> 重复测量数据长形格式、宽型格式的定义、特点及相互转换方法请读者参见基础教程的相应章节。

4.3.1 对数据的初步分析

首先按照方差分析模型的传统思路对这一问题进行考察。因变量为垂体中心和翼上颌裂间的距离,是连续变量,且该指标对每一个体在不同的年龄重复测量了 4 次,因此相应的影响因素有 3 个:年龄、性别和个体。

为了更清楚地探索它们对因变量的影响,现绘制线图如图 4.21 所示,可见个体差异是明显存在的。对所有个体而言,平均值随着年龄增大有线性增加的趋势;并且该指标存在性别差异,男孩高于女孩。为简化问题,这里可以将年龄作为连续变量(协变量)纳入模型,同时只考虑主效应,相应的模型表达式如下:

$$Y_{ijk} = \mu + \text{gender}_i + \text{id}_j + \text{age} + \varepsilon_{ijk}$$

下面考虑方差的具体分解方式。本研究中只采集了 27 个受试对象的数据,但显然研究者希望结果能适用于所有儿童,因此个体应当被作为随机因子来分析。但是,由于对同一个体而言性别恒定不变,因此个体的作用嵌套在性别作用的里面,即首先进行的是性别的方差分解,然后才是个体和年龄作用的方差分解。图 4.22 所示的就是按此思路得到的分析结果,具体的操作过程

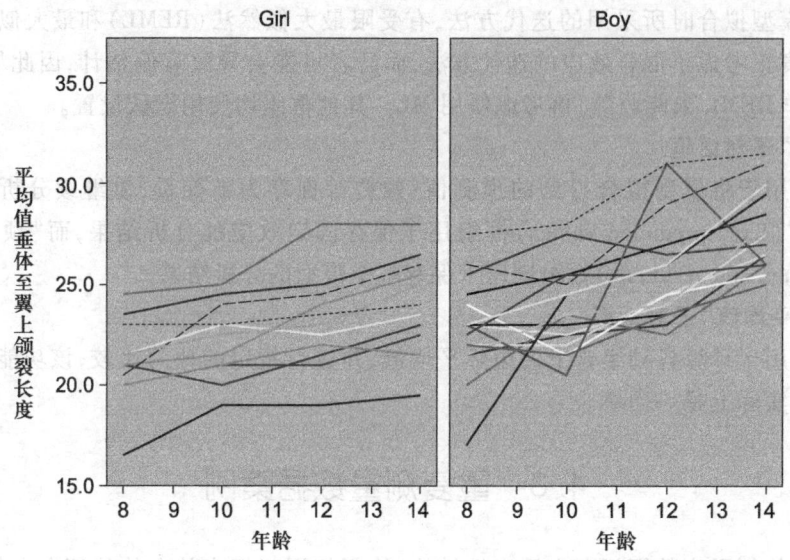

图 4.21　27 个受试对象垂体至翼上颌裂长度(mm)随年龄增长的趋势

因变量：垂体至翼上颌裂长度(mm)

源		Ⅰ类平方和	自由度	均方	F	显著性
(截距)	假设	62328.058	1	62328.058	4123.156	.000
	误差	377.915	25	15.117[a]		
gender	假设	140.465	1	140.465	9.292	.005
	误差	377.915	25	15.117[a]		
subject	假设	377.915	25	15.117	7.376	.000
	误差	163.956	80	2.049[b]		
age	假设	235.356	1	235.356	114.838	.000
	误差	163.956	80	2.049[b]		

a. MS(subject)
b. MS(误差)

图 4.22　主体间效应检验

不再写出，这可以用来考察大家对前两章的掌握情况，如果能正确得出以上分析结果，则说明对协变量、随机因子、嵌套效应的分析方法均已熟练掌握了(提示：此处采用的是Ⅰ类方差分解)。

4.3.2　拟合基本模型结构

1. 预分析

现在开始按照混合效应模型的方式进行数据建模，如果不考虑重复测量的因素，将每一个案例视为独立的，则忽略个体因素，相应的模型为

$$Y_{ijk} = \mu + \text{gender}_i + \text{age} + \varepsilon_{ijk}$$

使用前面学过的方差分析过程就可以得到模型中各参数的估计值,但该模型实际上也完全可以使用 MIXED 过程的对话框完成,操作如下。

1. 选择"分析"→"混合模型"→"线性"菜单项。
2. 单击"继续"按钮。
3. 将 distance 选入"因变量"框。
4. 将 gender 选入"因子"框,将 age 选入"协变量"框。
5. 在"固定"子对话框中,将 gender、age 选入"模型"框。
6. 在"统计"子对话框中,选中"参数估算值"复选框、"协方差参数检验"复选框、"残差的协方差"复选框。
7. 单击"确定"按钮。

在以上操作中,对"固定"子对话框的操作就是分别设定 gender 和 age 在模型中的参数,由于在预定义对话框中未设定组内聚集、重复测量的指示变量,系统就默认各案例均独立。

图 4.23 所示的是在当前设置下的模型拟合信息,主要用于与后面的模型进行比较。

-2受限对数似然	484.524
赤池信息准则(AIC)	486.524
赫维奇-蔡准则(AICC)	486.563
博兹多甘准则(CAIC)	490.178
施瓦兹贝叶斯准则(BIC)	489.178

信息准则在规模方面越小越好。
a. 因变量:垂体至翼上颌裂长度(mm)。

图 4.23 信息条件

图 4.24 和图 4.25 给出的是对固定效应的检验结果,有兴趣的读者可以使用 GLM 过程对本模型进行分析,会发现两种方法的结果完全相同,即两者等价。

源	分子自由度	分母自由度	F	显著性
截距	1	105.000	227.040	.000
gender	1	105	27.218	.000
age	1	105	45.606	.000

a. 因变量:垂体至翼上颌裂长度(mm)。

图 4.24 III 类固定效应检验

						95%置信区间	
参数	估算	标准误差	自由度	t	显著性	下限	上限
截距	17.706713	1.112209	105	15.920	.000	15.501407	19.912019
[gender=F]	-2.321023	.444886	105	-5.217	.000	-3.203150	-1.438896
[gender=M]	0[a]	0	.	.	.	.	.
age	.660185	.097759	105	6.753	.000	.466347	.854023

a. 此参数冗余,因此设置为零。
b. 因变量:垂体至翼上颌裂长度(mm)。

图 4.25 固定效应估计

图 4.26 给出的是对 ε 的估计值,可见对它检验的 P 值远小于 0.05,也就是说,各次测量之间的变异的确存在,但是很显然,这个检验结果并无实际价值。

参数	估算	标准误差	瓦尔德Z	显著性	95%置信区间	
					下限	上限
残差	5.160679	.712241	7.246	.000	3.937584	6.763691

a. 因变量:垂体至翼上颌裂长度(mm)。

图 4.26 协方差参数估计

图 4.27 给出了残差的协方差阵,由于这里未定义重复测量指示变量,故无实际意义。

	残差
残差	5.160679

a. 因变量:垂体至翼上颌裂长度(mm)。

图 4.27 残差协方差(R)矩阵

2. 拟合基本模型

下面介绍如何设定重复测量指示变量,本例操作如下。

1. 选择"分析"→"混合模型"→"线性"菜单项。
2. 将 subject 选入"主体"框。
3. 将 age 选入"重复"框。
4. 在"重复协方差类型"下拉列表中,选择"标度恒等"(scaled identity)。
5. 单击"继续"按钮。

主对话框部分的操作与前面相同,这里不再重复。

图 4.28 所示的模型设置给出的实际上就是具体的重复测量定义,可见这是对 subject 所代表的个体进行的重复测量,而具体的重复测量指示变量为 age,各次测量间的协方差结构被设定为恒等式(identity),意为 4 次测量的方差完全相同,且各次测量完全独立。

		级别数	协方差结构	参数数目	主体变量	主体数
固定效应	截距	1		1		
	gender	2		1		
	age	1		1		
重复效应	age	4	恒等式	1	subject	27
总计		8		4		

a. 因变量:垂体至翼上颌裂长度(mm)。

图 4.28 模型设置情况

随后对固定效应的分析结果与前面完全相同,这里不再重复列出,但随机效应协方差矩阵的表格有变化,具体如图 4.29 所示,其中给出了 4 次测量间的协方差矩阵,反映的是各次测量间的方差和相关程度,可见按照模型的设定,4 次测量完全等方差,而且彼此相互独立,不存在相关性。

	[age=8]	[age=10]	[age=12]	[age=14]
[age=8]	5.160679	0	0	0
[age=10]	0	5.160679	0	0
[age=12]	0	0	5.160679	0
[age=14]	0	0	0	5.160679

恒等式
a. 因变量:垂体至翼上颌裂长度(mm)。

图 4.29　残差协方差(R)矩阵

4.3.3　考虑测量间的相关性

显然,上述分析是在模型中强行设定不考虑个体在不同时间点的内部相关性,将它们当作独立样本处理。在这个数据中因变量究竟有无相关?相关程度如何?相关是否会影响参数估计?下面通过放松相应的限制重新拟合模型来回答这些问题。由图 4.21 所示的线图可知,同一个体不同年龄的测量结果存在着明显的相关性,而不同个体间的差异非常明显,因此考虑将常数项 μ 变为随机变量,即模型变为

$$Y_{ijk} = (\mu_0 + \mu_{0j}) + \text{gender}_i + \text{age} + \varepsilon_{ijk}$$

其中,μ_0 代表所有个体的平均水平,而 μ_{0j} 代表不同个体间平均水平的变异。下面按此进行模型拟合,将预定义对话框中"重复协方差类型"下拉列表的设定由"标度恒等"更改为"非结构化"(unstructured),即对各次测量的方差和测量间的相关性不加任何限制。

在结果输出的模型拟合信息表中,-2 倍的对数似然值由原来的 484.524 下降为 428.695,显示出模型的拟合效果有改善。也就是说,样本数据信息更支持目前不加任何限定的模型。

图 4.30 中对性别、年龄作用的检验结论虽然未变,但可以注意到具体的 F 值有较大变化。

源	分子自由度	分母自由度	F	显著性
截距	1	24.108	404.711	.000
gender	1	25.000	7.719	.010
age	1	26.000	92.284	.000

a. 因变量:垂体至翼上颌裂长度(mm)。

图 4.30　Ⅲ类固定效应检验

与前面的普通方差分析模型相比,图 4.31 给出的模型中各参数的估计值变化不大,但标准误差的估计值则发生了很大变化。事实上,组内相关/重复测量数据最主要的影响就在于对标准

误差的估计,即忽视这种数据相关性时,所得到的标准误差估计值往往会不准确,导致检验的结果也失真。

参数	估算	标准误差	自由度	t	显著性	95%置信区间	
						下限	上限
截距	17.417595	.865718	28.785	20.119	.000	15.646429	19.188761
[gender=F]	-2.045173	.736141	25.000	-2.778	.010	-3.561284	-.529062
[gender=M]	0[a]	0					
age	.674651	.070229	26.000	9.606	.000	.530293	.819008

a. 此参数冗余,因此设置为零。
b. 因变量:垂体至翼上颌裂长度(mm)。

图 4.31 固定效应估计

图 4.32 给出的是对任意两次测量间协方差的检验,其原假设均为该协方差等于 0。可见所有的 P 值均小于 0.05,即任意两次测量间都是有相关性的。

参数		估算	标准误差	瓦尔德Z	显著性	95%置信区间	
						下限	上限
重复测量	UN(1,1)	5.374654	1.509936	3.560	.000	3.098968	9.321461
	UN(2,1)	2.786986	1.112041	2.506	.012	.607425	4.966548
	UN(2,2)	4.215107	1.202139	3.506	.000	2.410171	7.371729
	UN(3,1)	3.807091	1.371291	2.776	.005	1.119410	6.494771
	UN(3,2)	2.909682	1.176431	2.473	.013	.603920	5.215444
	UN(3,3)	6.335558	1.765500	3.589	.000	3.669311	10.939192
	UN(4,1)	2.628401	1.208958	2.174	.030	.258887	4.997915
	UN(4,2)	3.168400	1.153569	2.747	.006	.907447	5.429353
	UN(4,3)	4.301478	1.486600	2.894	.004	1.387796	7.215160
	UN(4,4)	5.376425	1.609704	3.340	.001	2989809	9.668157

a. 因变量:垂体至翼上颌裂长度(mm)。

图 4.32 协方差参数估计

图 4.33 给出的是按照测量的顺序给出的残差协方差矩阵,从主对角线可见每次测量的方差估计值均不相同,根据协方差的数值可以计算出任意两次的相关系数,即 $\rho_{ij} = \sigma_{ij}/(\sqrt{\sigma_{ii}}\sqrt{\sigma_{jj}})$。例如,8 岁和 10 岁的相关系数为 2.786 986/sqrt(5.374 654×4.215 107) = 0.585 5。以此类推,可以算得任意两次的相关系数,如表 4.1 所示。

	[age=8]	[age=10]	[age=12]	[age=14]
[age=8]	5.374654	2.786986	3.807091	2.628401
[age=10]	2.786986	4.215107	2.909682	3.168400
[age=12]	3.807091	2.909682	6.335558	4.301478
[age=14]	2.628401	3.168400	4.301478	5.376425

非结构化
a. 因变量：垂体至翼上颌裂长度(mm)。

图 4.33 残差协方差(R)矩阵

表 4.1 计算出的相关矩阵

参数	[age=8]	[age=10]	[age=12]	[age=14]
[age=8]	1			
[age=10]	0.585 5	1		
[age=12]	0.652 4	0.563 1	1	
[age=14]	0.489 0	0.665 6	0.737 0	1

4.3.4 更改对测量间相关性的假定

从上一个模型中对各次测量间相关矩阵的估计结果来看，4 个时间点间的相关系数在 0.49～0.74 之间，但相关系数的大小无明显的时间趋势。如果近似地认为 4 个时间点的相关为等相关，则可以在操作中将重复协方差类型的设定更改为"复合对称"(compound symmetry)，即规定各次测量间等方差、等相关性即可。结果可见 -2 倍对数似然值将会由原先的 428.695 上升至 437.513。显然，限定条件的加入会使模型效果变差，但这种变化有无统计学意义需要看似然比检验的结果，这方面的相关内容请参见第 10 章 Logistic 回归的有关内容。

由图 4.34 可见对各变量的检验结果发生了变化，读者可以将该结果与图 4.22 中的检验结果进行对照，会发现对性别、年龄作用的检验结果完全相同。其实两个模型本来就是等价的，请读者自行思考原因。

源	分子自由度	分母自由度	F	显著性
截距	1	104.998	453.146	.000
gender	1	25.000	9.292	.005
age	1	80.000	114.838	.000

a. 因变量：垂体至翼上颌裂长度(mm)。

图 4.34 III 类固定效应检验

图 4.35 所示的仍为参数和标准误差的估计值，无结构相关和恒定相关两个模型相比，参数估计值和标准误差极为接近。这说明即使对相关矩阵的形式指定不恰当，其参数估计和方差估

计仍然非常稳健,这也是该模型的一个非常重要的优良性质。

参数	估算	标准误差	自由度	t	显著性	95%置信区间	
						下限	上限
截距	17.706713	.833922	99.352	21.233	.000	16.052102	19.361323
[gender=F]	-2.321023	.761417	25.000	-3.048	.005	-3.889190	-.752855
[gender=M]	0[a]	0	.	.	.	.	.
age	.660185	.061606	80.000	10.716	.000	.537586	.782785

a. 此参数冗余,因此设置为零。
b. 因变量:垂体至翼上颌裂长度(mm)。

图 4.35 固定效应估计

图 4.36 和图 4.37 同样是对随机效应中不同次测量间的协方差矩阵估计值,可见只要任意两次的协方差被固定为相同数值,就可以计算出任意两次测量之间的相关系数为 0.614 5。

参数		估算	标准误差	瓦尔德Z	显著性	95%置信区间	
						下限	上限
重复测量	CS对角偏移	2.049456	.324047	6.325	.000	1.503321	2.793993
	CS协方差	3.266784	1.071970	3.047	.002	1.165761	5.367806

a. 因变量:垂体至翼上颌裂长度(mm)。

图 4.36 协方差参数估计

	[age=8]	[age=10]	[age=12]	[age=14]
[age=8]	5.316240	3.266784	3.266784	3.266784
[age=10]	3.266784	5.316240	3.266784	3.266784
[age=12]	3.266784	3.266784	5.316240	3.266784
[age=14]	3.266784	3.266784	3.266784	5.316240

复合对称
a. 因变量:垂体至翼上颌裂长度(mm)。

图 4.37 残差协方差(R)矩阵

> 本例只有 4 次重复测量,重复测量次数少且设计均衡,一般可以使用非确定相关或等相关结构。但前者需要估计 6 个相关系数,而后者只需要估计 1 个相关系数。因此,考虑模型对固定效应估计和检验的稳健性,当样本量较少且模型的分析重点不在相关矩阵上时,可以考虑使用等相关结构以简化分析。如果时间间隔不等,可以采用稳态相关、自相关等相关形式,或者把相关拟合成时间的函数。但如果案例值的聚集性没有严格的先后顺序,则常采用等相关。

对于本例,还可以进一步考虑性别和年龄的交互作用,或深入分析测量间相关性的变化规律,因篇幅所限,这里不再详述,有兴趣的读者可以自行尝试。

4.3.5 模型中可用的相关矩阵种类

在上面的分析中只用了比较简单的几种相关矩阵结构,事实上,SPSS 中提供的相关矩阵结构设定是非常丰富的,下面对比较重要的几种相关矩阵结构进行介绍。

(1) 独立。即不相关,在 SPSS 中又细分为"标度恒等"(scaled identity)和"对角"(diagonal)两种,前者假定各次测量的方差相同,而后者则无此限制。

(2) 等相关。相应的选项为"复合对称"(compound symmetry),即假定任意两个时间点案例值间的相关系数是相等的,又称为可交换的(exchangeable),其内部相关系数与时间无关,为常数 ρ。一般用于对时间间隔不太长的纵向观察数据,或同时间点的重复测量数据的分析。在 SPSS 中,等相关根据方差是否变动又被细分为三种。

(3) 平稳相关。相应的选项为"特普利茨"(Toeplitz),即间隔时间相同的两次测量间的相关系数相同。同样,根据方差是否恒定,平稳相关在 SPSS 里也被分成了几种不同的类型。

(4) 自相关。其组内相关结构为 $\rho_k = \rho^{|j-k|}$。即相邻的两次案例值间相关系数为 ρ,间隔一次的两个案例值之间相关系数为 ρ^2,相隔次数越长,相关关系越小。这种相关称为一阶自相关(first order auto-correlation),一般用于不同时间点的纵向观察数据的分析。

(5) 非确定相关。相应的选项为"非结构化"(unstructured),即不做任何限定,任意两个时间点案例值间的相关系数都可能不相等。一般不用于最终模型,常用来判定是否有内部相关以及相关结构。

在以上相关类型中,最常用的是等相关与自相关,具体的组内相关矩阵结构的选择可以使用似然比检验等方法,但对于具体数据,建议按专业知识来确定其结构。SPSS 将上述每种相关方式都按照方差是否恒定分成了许多选项,使用时可以根据数据的具体情况加以设定,详情请参见 SPSS 软件帮助中的相应部分。

4.4 线性混合模型进阶

4.4.1 线性混合模型的用途

再好的发明创造,如果不具有实用性,那么就只是智力游戏而已。通过本章的学习,读者可能已经体会到混合效应模型功能非常强大,但操作上也很复杂,一不小心就会出错。那么它有实用价值吗? 当然是有的,具体来说有以下几点。

(1) 对固定效应参数进行更准确的估计。由于在模型的设置上就考虑了数据的聚集性问题,并采用了相应的迭代方法加以拟合,混合效应模型可以对回归系数进行有效估计,并且可以提供正确的标准误差,从而检验结果也更加准确。一般来说,它估计的标准误差会更大一些,从而比传统模型更"保守"。传统模型的标准误差是通过简单地忽略聚集的存在而获得的,往往并不准确。这一问题在聚集性较强的时候更加明显。

(2) 对变异的影响因素加以研究。传统模型对离散趋势的估计、推断及影响因素的研究几乎无能为力,而这正是混合效应模型的特长。通过对模型的精细设置,研究者可以探讨数据的变异是否在高层次中存在聚集性,而这种变异间的差异又是由哪些变量导致的,从而可以为控制某些数据的离散度提供线索。

(3) 重复测量数据的分析及规律探讨。传统模型也可以对重复测量数据进行分析,但是一般而言,这些模型需要数据不存在缺失值,即要求每一个个体都有相同次数的重复测量值。但在实践上,测量次数常常是不规则的,有的个体有很多测量值,而有的个体可能只有一个测量值。传统模型完全无法利用此类数据,而混合效应模型通过将这种数据看作一般的两水平结构(单次测量为低水平,个体为高水平),从而轻车熟路地应用标准的多水平模型技术处理任何测量模式的数据,并在提供无偏估计的同时,探讨各次重复测量间的相关结构。另外,如果重复测量数据是生长数据类型的数据,则在多水平分析框架中,每一个个体具有它们自身的生长曲线,从而可以在更精细的程度上探讨生长发育的一般规律及个体变动情况。

4.4.2 线性混合模型与一般线性模型的联系

线性混合模型是一个非常有用的工具,可以对许多以前只能进行粗略分析的复杂问题进行更加深入和全面的分析,并得到更准确的结果。在本章的实例分析中,可以看到只要正确设置,就能够用线性混合模型得到与普通方差分析模型完全相同的分析结果。事实上,许多简单的方法都可以被看成是线性混合模型的特例。为了使读者能够对他们之间的关系有更完整的了解,这里将该模型和其他模型的关系列举如下。

(1) 单因素方差分析模型。该模型等价于只有一个固定因子时线性混合模型的结果,显然,由于只有一个因素,不存在重复测量或者数据层次性之类的问题。

(2) 方差分析模型。该模型等价于无重复测量,而且所有随机效应被限定为"标度恒等"时的混合效应模型。

(3) 线性回归模型。显然,由于线性回归模型等价于方差分析模型(被统一在一般线性模型的框架中),因此线性回归过程等价于只含有协变量、无因素时线性混合模型的分析结果。

(4) 方差成分模型。该模型等价于无重复测量,而且所有随机效应被限定为"标度恒等"时的混合效应模型。

思考与练习

现测量了 4 个家庭共 18 个个体的高度以及性别,数据文件见 mixed.sav。
(1) 将家庭作为随机因子,拟合普通的方差分析模型(不考虑交互作用)。
(2) 按照线性混合模型的方法对数据进行拟合,回答身高在家庭间是否有聚集性的问题。
(3) 上述两个模型的参数估计值相差大吗?为什么?
(4) 为什么从专业知识讲,身高应当是有聚集性的,而本例却未能得到此结论?

参考文献

[1] IBM Corp. IBM SPSS Advanced Statistics 24[CP/OL]. Armonk,NY:IBM Corp,2016.
[2] Goldstein H. 多水平统计模型[M]. 李晓松,等,译. 2版. 成都:四川科学技术出版社,1999.
[3] 陈峰. 非独立数据的统计分析方法[M]//方积乾,陆盈. 现代医学统计学,北京:人民卫生出

版社,2002.
[4] 张文彤,钟云飞. IBM SPSS 数据分析与挖掘实战案例精粹[M]. 北京:清华大学出版社,2013.
[5] 陈峰,张文彤. 现代医学统计方法与 Stata 应用[M]. 2版. 北京:中国统计出版社,2003.

第5章 广义线性模型、广义估计方程与广义线性混合模型

5.1 广义线性模型

5.1.1 模型简介

前面几章集中介绍了线性框架下的模型结构,本章将对此进行扩展,来看一下更具普遍性的模型架构是怎样的。广义线性模型(generalized linear model)可以被认为是一般线性模型的延伸,而许多广泛应用的统计模型都可以被纳入广义线性模型的范畴,事实上,本书第一部分和第二部分中介绍的绝大多数模型都可以被归入广义线性模型的范畴。但由于该模型非常复杂,本章将只对其做简单介绍。

> ⚠ 有些书中将 general linear model 翻译成广义线性模型,这是一个严重的误译。广义线性模型指的是范围更广、功能更强大的另一大类模型,一般线性模型只是它的一个子集而已,两者不可比拟。

1. 一般线性模型的基本结构

首先来回顾一下第1章中介绍过的线性模型表达式:

$$Y_{ij} = \mu + \alpha_i + \varepsilon_{ij}$$

此类模型属于线性模型的范畴,用于研究某一指标(因变量)与一组指标(自变量)之间的线性关系,"线性"是一个最基本的条件,是指模型中因变量与自因素的关系为线性,即系数的一次项形式。而 ε_{ij} 则为第 i 个个体的残差,当因变量为连续变量时,一般被假定为服从平均值为0的正态分布。但这一线性模型并不适用于下面这些情况。

(1)模型的基本结构为线性,当自变量和因变量之间的关系并非线性时它显然不合适。

(2)模型中假定残差服从正态分布,这一点可能并不合理。例如,在因变量为分类变量时该假设就会被完全违反;又如,对非正态分布的连续因变量来说,假定残差服从正态分布可能并不合适。

(3)模型中实际上允许变量取任意值,如果因变量的取值被限制在一定值范围内,那么这一信息将无法被模型利用,就可能得出不正确的结论。

(4)模型中假设残差的变异是恒定的,而且各残差互相独立无相关,但此类假设在重复测量数据或者时间序列数据中往往会被违反。

2. 广义线性模型的基本结构

在现代统计分析方法中,针对上述各种情况发展了一系列方法进行修正,如第4章介绍过的混合效应模型就可以解决数据非独立的问题,而广义线性模型则进一步扩展了一般线性模型,从

而大大拓宽了其适用范围,一般来说它包括以下几个组成部分。

(1) 因变量。因变量的不同取值间相互独立,服从指数分布族,也就是说不局限于正态分布一种情形。其方差可以不稳定,但必须能够表达为依赖于平均值的函数。

(2) 线性部分。这一部分和传统线性模型没有什么区别。

$$\eta_i = x_i'\beta$$

(3) 连接函数。这一部分用于描述因变量的期望值是怎样与线性预测值 η_i 相关联的。

$$g(\mu_i) = \eta_i = x_i'\beta$$

由此可见,广义线性模型主要是从以下两个方面扩展了线性模型。

(1) 通过放松对因变量的分布限制,将因变量的分布范围从正态分布扩展到符合二项分布、Poisson 分布、负二项分布等指数分布族。

(2) 通过连接函数,将因变量的取值变换到自变量线性预测的取值范围($-\infty$, $+\infty$)中,把指数分布族的变量统一到一个模型的框架中,因此具有极大的灵活性。

这样通过选定不同的因变量概率分布、方差函数、连接函数和线性预测函数,就可以得到各种不同的广义线性模型。例如,传统的线性模型、Logistic 回归模型族、Poisson 回归、Probit 回归等都可以被看作是广义线性模型的特例。而作为一般线性模型的推广,广义线性模型在分析中可以借鉴一般线性模型的分析思路,从而大大简化了很多问题。表 5.1 所示的是常见的广义线性模型的概率分布和连接函数。

表 5.1 常见的广义线性模型的概率分布和连接函数

因变量类型	分布	连接函数	模型
连续变量	正态分布	恒等连接	直线回归
分类变量	二项分布	Logit 函数	Logistic 回归
分类变量	二项分布	$\phi^{-1}(\pi)$	Probit 回归
分类变量	Poisson 分布	对数	Poisson 回归
分类变量	Gamma 分布		Gamma
分类变量	逆正态分布	μ^{-2}	逆正态
分类变量	负二项分布		负二项回归

5.1.2 分析案例

1. 操作说明

由于广义线性模型的操作和结果解释都比较复杂,为降低阅读难度,这里使用 2.3.1 小节中出现过的例 2.6 作为分析实例,来看一下它在广义线性模型框架上如何加以拟合。由于模型中具有嵌套因素,第 2 章中只能使用程序方式加以拟合,而广义线性模型的对话框可以直接拟合该模型,相应的操作如下。

1. 选择"分析"→"广义线性模型"→"广义线性模型"菜单项。
2. 在"响应"选项卡中,将 trans 选入"因变量"框。

3. 在"预测变量"选项卡中，将 a、b、cishu 选入"因子"框。

4. 在"模型"选项卡中，将 a 选入右侧的"模型"框。将 b 选入下方的"构建嵌套项"框，单击"Within"按钮，然后将 a 选入"构建嵌套项"框，单击"添加到模型"按钮，将生成的 b(a) 添加入"模型"框。将 cishu 选入右侧的"模型"框。

5. 在"估算"选项卡中，在"标度参数方法"下拉列表中选择"固定值"。

6. 单击"确定"按钮。

广义线性模型的主对话框和"模型"选项卡如图 5.1 所示。

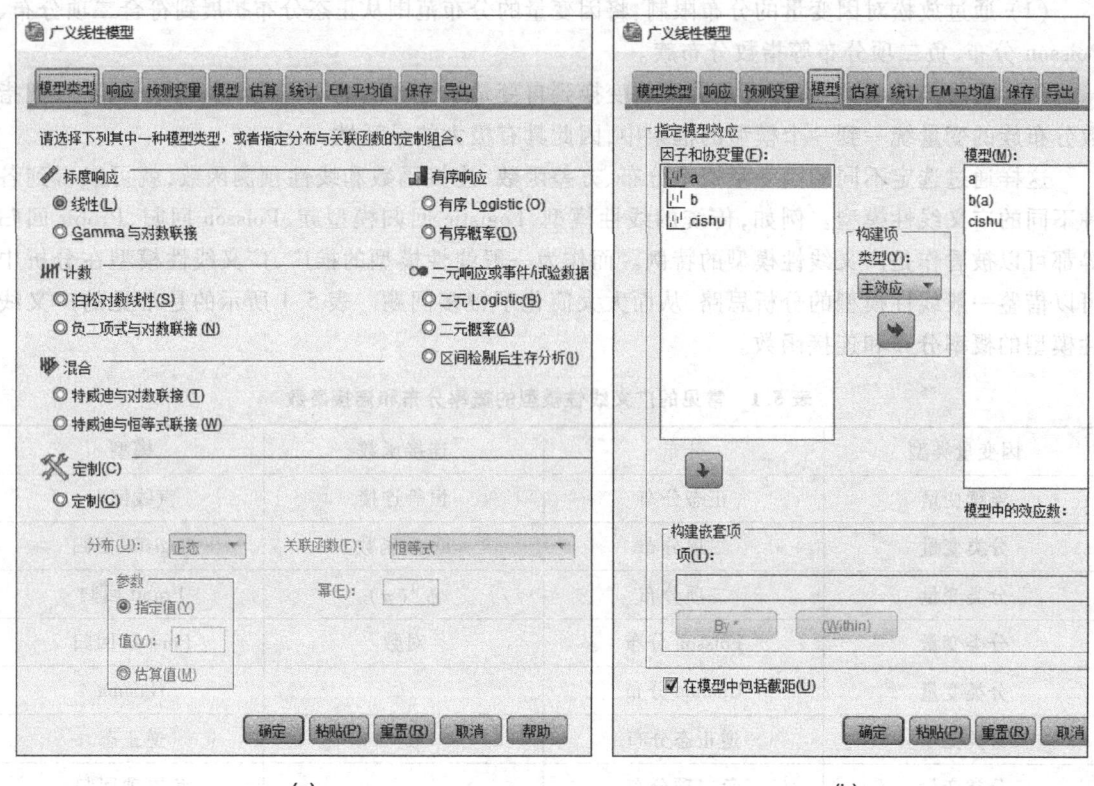

图 5.1　广义线性模型的主对话框和"模型"选项卡

> 这里将默认的模型拟合方法由"最大似然估计"修改为"固定值"，这样做的原因主要是为了使得分析结果能够和第 2 章"单变量"过程的结果相一致。实际上在绝大多数情形下，采用"最大似然估计"来拟合广义线性模型都会更稳妥。

2. 结果解释

由于分析结果中涉及离差、Wald 卡方、AIC 准则、BIC 准则、Omnibus 检验等在本书第二部分中才会详细介绍的统计指标，因此这里不对分析结果进行详细解释，仅列出现阶段读者可以理解的部分，更详细的输出请在学习完第二部分之后回过头来重新学习。

输出结果中首先会给出拟合优度检验表格，用于反映模型总体上对数据解释得是否充分，此处略。随后输出的是如图 5.2 所示的 Omnibus 检验,即与不包括任何一个自变量的模型相比,当前的模型是否对数据解释得更为充分,两模型之间是否存在统计学差异。结果可见 P 值远小于 0.05,因此当前模型比无效模型更有价值。请注意似然比卡方的数值为 2 357.500,该数值和 2.3.1 小节方差分析表中修正模型的"Ⅲ类平方和"数值正好一致。

似然比卡方	自由度	显著性
2357.500	9	.000

因变量:转化率
模型:(截距),a,b(a),cishu
a. 将拟合模型与截距模型相比较。

图 5.2 Omnibus 检验

图 5.3 所示的为模型中各因素的检验结果,从 Wald 卡方的数值可以看出,各因素该指标的大小正好等于 2.3.1 小节方差分析表中的"Ⅲ类平方和",而且自由度也一一对应。

源	Ⅲ类		
	瓦尔德卡方	自由度	显著性
(截距)	99904.500	1	.000
a	1956.000	2	.000
b(a)	401.000	6	.000
cishu	.500	1	.480

因变量:转化率
模型:(截距),a,b(a),cishu

图 5.3 模型效应检验

5.2 广义估计方程

5.2.1 模型简介

广义估计方程(generalized estimating equations,GEEs)是研究纵向数据的一种重要方法,自 1986 年由 Liang 和 Zeger 提出后,已经得到了广泛的应用。所谓纵向数据,是指按时间顺序对个体进行重复测量得到的数据,实际上是重复测量数据的一种。

纵向数据的最大特点在于:同一对象的多次测量结果之间可能相关,一般线性模型和广义线性模型均要求 Y 变量独立,而纵向数据的多次测量之间存在相关关系,不适合使用这些模型进行分析。虽然第 4 章介绍过的线性混合模型可以较好地处理纵向数据,但该方法的使用要求正确指定相应的方差-协方差矩阵,而且要比较熟悉该算法机理和模型架构,应用起来也比较烦琐。而广义估计方程相比之下就具有简洁明快的优势。

广义估计方程是 Liang 和 Zeger 在广义线性模型的基础上,进一步发展了 Wedderburn 和 McCullagh 提出的拟似然函数(quasi-likelihood)而得到的。简单地说,由于考虑相同观察对象的重复测量结果之间存在相关性,广义估计方程就为每个观察对象单独指定一个作业相关矩阵(working correlation matrix),从而解决了时间相依性的问题。此外,在广义估计方程中,只要连接函数设定正确,则不论其时间相依性指定正确与否,都可以得出回归系数 β 和方差的一致性估计。

> Liang 和 Zeger 的合作堪称完美,Liang 负责推导算法,Zeger 负责编写相应算法的实现程序,发表论文则轮流作为第一作者,真正实现了双赢。

广义估计方程指定 Y 变量的边际期望的某个已知函数是协变量 X 的线性函数,并假定 Y 变量的方差是其平均值的已知函数,Y 变量的协方差是其平均值和无用参数 α 的函数,并为集聚内数据的相关性指定一个作业相关矩阵。方程结构如下。

(1) 指定 Y_{ij} 的边际期望是协变量 X_{ij} 的已知线性函数,即 $E(Y_{ij})=\mu_{ij}$, $g(\mu_{ij})=X'_{ij}\beta$,其中 $g()$ 被称为连接函数(link function)。

(2) 指定 Y_{ij} 边际方差是边际期望的已知函数, $\text{var}(Y_{ij})=V(\mu_{ij})\varphi$, $V()$ 为已知函数; φ 为分散参数(over-dispersion parameter),又称为尺度参数(scale parameter),表示 Y_{ij} 的方差不能为 $V(\mu_{ij})$ 所解释的部分。

(3) 指定 Y_{ij} 协方差是边际平均值和 α 的函数。$\text{cov}(Y_{is},Y_{it})=c(\mu_{is},\mu_{it};\alpha)$, $c()$ 为已知函数,α 又称为相关参数。

(4) 构造如下广义估计方程:

$$S(\beta;\alpha,\varphi)=\sum_i\left(\frac{\partial\mu_i}{\partial\beta}\right)V_i^{-1}(\mu_i;\alpha)(Y_i-\mu_i)=0$$

求解 $\text{var}(Y_{ij})=V(\mu_{ij})\varphi$ 方程即可得到回归系数 β 的一致性估计。其中, $V_i(\mu_i;\alpha)$ 是 Y_i 的作业协方差矩阵,并有 $V_i(\mu_i;\alpha)=A_i^{1/2}R_i(\alpha)A_i^{1/2}$。式中,$A_i$ 是以 $V(\mu_{it})$ 为第 t 个元素的 $n\times n$ 对角矩阵,如果案例值相互独立,则 $\text{cov}(Y_i)=A_i\varphi$; $R_i(\alpha)$ 是 Y_i 的作业相关矩阵,假定相关参数 α 对所有观察对象都一样,即 $R_i(\alpha)$ 可以被未知参数 α 完全指定。实际上,用广义估计方程进行估计时,不需要 α 完全正确指定,也不需要每个观察对象都有相同的相关结构,仅要求 α 和 φ 被一致性估计。$R_i(\alpha)$ 可以有以下几种选择:

- $[R_i]_{st}=0, s\neq t$,每次重复测量间不相关(uncorrelated)。
- $[R_i]_{st}=\alpha, s\neq t$,可交换的相关(exchangeable correlation)。
- $[R_i]_{st}=\alpha|s-t|$,稳态相关(stationary correlation)
- $[R_i]_{st}=\alpha^{|s-t|}$,1阶自回归过程,(first-order autoregressive process,AR1)。
- $[R_i]_{st}$ 不加以指定,用于所有观察对象测量次数相同和 $R_i(\alpha)=R(\alpha)$ 的情况。

实际应用中,β 和方差的一致性估计对于不同的 $R_i(\alpha)$ 是稳健的。正确指定 $R_i(\alpha)$ 可以增加 β 一致性估计的有效性,但即使未正确指定,β 的置信区间和模型的其他统计估计量仍然渐进正确。

5.2.2 分析案例

1. 操作说明

这里考虑重新拟合 4.3 节中的数据文件 growth study.sav,在 4.3 节中采用线性混合模型对其进行了分析,这里换用广义估计方程来完成相同的工作,操作如下。

> 1. 选择"分析"→"广义线性模型"→"广义估算方程"菜单项。
> 2. 在"重复"选项卡中,将 subject 选入"主体变量"框,将 age 选入"主体内变量"框。在"协方差矩阵"单选框组中选择"基于模型的估计量"。
> 3. 在"响应"选项卡中,将 distance 选入"因变量"框。
> 4. 在"预测变量"选项卡中,将 gender 选入"因子"框,将 age 选入"协变量"框。
> 5. 在"模型"选项卡中,将 gender、age 选入右侧的"模型"框。
> 6. 在"估算"选项卡中,在标度参数方法下拉列表中选择"皮尔逊卡方"。
> 7. 单击"确定"按钮。

广义估计方程主对话框如图 5.4 所示。

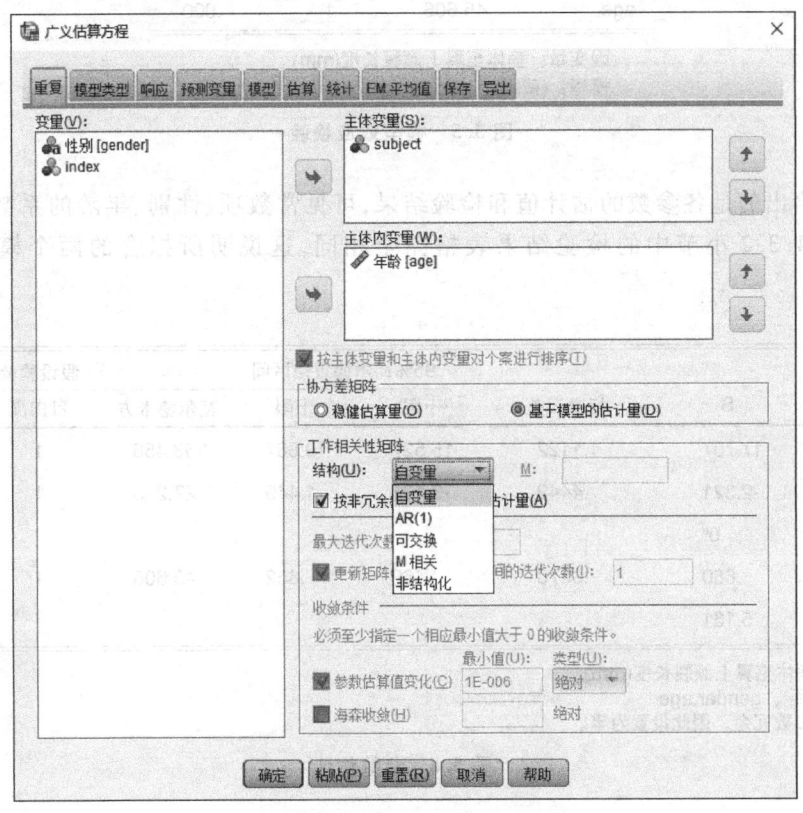

图 5.4 广义估计方程主对话框

这里拟合的实际上是假定各次重复测量间完全独立的模型,等价于 4.3.2 小节中拟合的第一个模型,注意在上面的操作中将协方差矩阵估计方法修改为"基于模型的估计量",以及将标度参数方法改为皮尔逊卡方主要是为了使参数估计结果能够与前面完全一致,在实际分析工作中并不需要。

 各次测量间的相关情况由"重复"选项卡"工作相关性矩阵"框组中的"结构"下拉列表控

制,注意默认的选项"自变量"属于误译,其英文 independent 在这里的含义应当是"独立无相关"。

2. 结果解释

分析结果的基本输出顺序和 5.1 节的广义线性模型相同,这里不再重复列出,仅给出用于对比的几个表格,图 5.5 给出了模型中各因素的检验结果,注意 Wald 卡方的数值正好和 4.3.2 小节广义线性模型检验结果表格中各因素检验的 F 值相一致,P 值实际上也完全相同。

源	III 类		
	瓦尔德卡方	自由度	显著性
(截距)	227.040	1	.000
gender	27.218	1	.000
age	45.606	1	.000

因变量:垂体至翼上颌裂长度(mm)
模型:(截距), gender, age

图 5.5 模型效应检验

图 5.6 给出的是各参数的估计值和检验结果,可见常数项、性别、年龄的系数和标准误差估计值都和 4.3.2 小节中的检验结果表格完全相同,这说明所拟合的两个模型是完全等价的。

参数	B	标准误差	95%瓦尔德置信区间		假设检验		
			下限	上限	瓦尔德卡方	自由度	显著性
(截距)	17.707	1.1122	15.527	19.887	253.456	1	.000
[gender=F]	-2.321	.4449	-3.193	-1.449	27.218	1	.000
[gender=M]	0[a]	.	.	.	.	.	.
age	.660	.0978	.469	.852	45.606	1	.000
(标度)	5.161						

因变量:垂体至翼上颌裂长度(mm)
模型:(截距), gender, age
a. 由于此参数冗余,因此设置为零。

图 5.6 参数估计

3. 进一步设定各次重复测量间的相关性

下面进一步考虑各次重复测量间的相关性,在"重复"选项卡的"工作相关性矩阵"框组中,在"结构"下拉列表中选择"非结构化",并且在"统计"选项卡"打印"框组中选中"工作相关性矩阵",也就是拟合与 4.3.3 小节检验结果表格等价的模型。

在图 5.7 的输出中,可以看到各因素检验的 Wald 卡方的数值已经不再和 4.3.3 小节中分析结果表格的输出相一致,这是因为当考虑相关性时,线性混合模型和广义估计方程各自采用了不同的估计方法,因此参数估计值不会完全一致,但如果使用正确,两者的检验结果一般都是非常接近的。

源	III 类		
	瓦尔德卡方	自由度	显著性
(截距)	429.999	1	.000
gender	9.499	1	.002
age	93.226	1	.000

因变量：垂体至翼上颌裂长度(mm)
模型：(截距), gender, age

图 5.7 模型效应检验

在图 5.8 中，模型中各参数的系数估计值均发生了变化，这是在考虑数据相关情况后得到的更稳健的估计值，这些数值也均接近 4.3.3 小节中的拟合结果，但不会完全相同。

参数	B	标准误差	95%瓦尔德置信区间		假设检验		
			下限	上限	瓦尔德卡方	自由度	显著性
(截距)	17.826	.8568	16.147	19.505	432.858	1	.000
[gender=F]	-2.293	.7439	-3.751	-.835	9.499	1	.002
[gender=M]	0ᵃ						
age	.656	.0680	.523	.789	93.226	1	.000
(标度)	5.161						

因变量：垂体至翼上颌裂长度(mm)
模型：(截距), gender, age
a. 由于此参数冗余，因此设置为零。

图 5.8 参数估计

图 5.9 给出了各次测量间的相关系数估计值，与 4.3.3 小节手工计算出的结果相比，可以发现同样属于数值比较近似，但不会完全相同的情形。

测量	测量			
	[age=8]	[age=10]	[age=12]	[age=14]
[age=8]	1.000	.567	.776	.512
[age=10]	.567	1.000	.585	.627
[age=12]	.776	.585	1.000	.851
[age=14]	.512	.627	.851	1.000

因变量：垂体至翼上颌裂长度(mm)
模型：(截距), gender, age

图 5.9 工作相关矩阵

✍ 当看到上面不同估计方法拟合相同的模型会得到"近似但不严格相等"的检验结果时,初学者往往会不知所措,不知道应当选择哪种方法来进行数据分析。这里涉及最大似然法、受限最大似然法、广义最小二乘法、QL等几种算法的比较,本书不做深入讨论。简单地说,当数据无相关时几种算法都可用;当重点在于对固定部分参数进行估计和检验时广义估计方程比较合适;如果对随机部分的参数估计和检验也同样重要,则应当采用线性混合模型来分析,对于简单的情况受限最大似然法即可满足需求,对于复杂的情形可能需要用广义最小二乘法算法得到更准确的结果,但该算法目前只能在MLwiN软件中实现。

有兴趣的读者可以继续自行更改模型拟合的要求,如相关矩阵设定和协方差参数估计方法等,会发现参数估计值和检验结果在绝大多数情形下都是比较稳健的,这也是广义估计方程的主要优势之一,即参数估计值无论相关矩阵指定正确与否都是比较稳健的。

✍ 广义估计方程的一个重要应用领域是对多选题各选项的应答情况进行影响因素的建模和推断,对此感兴趣的读者可以参考本章末的参考文献自行尝试。

5.3 广义线性混合模型

5.3.1 模型简介

在本章前面的介绍中,已经提到为解决一般线性模型适用条件被违反的问题,统计学家发展出了各种各样的修正方法。例如,广义估计方程和混合效应模型用于解决数据非独立性问题,广义线性模型用于解决非正态分布问题等,但模型无止境,总会有人想:如果数据又非正态又不独立那该怎么办,有没有什么超级复杂的模型可以同时解决上述两个问题呢?答案是肯定的,那就是将上述两个模型融合在一起的广义线性混合模型(generalized linear mixed model,GLMM)。

由于有了第3章、第4章和5.1节、5.2节的基础,这里对广义线性混合模型的介绍可以大大简化,只需要将其浓缩为以下几个关键点即可。

(1)广义线性混合模型仍然是基于线性模型进行的扩展。

(2)因变量通过指定的连接函数与因子/协变量线性相关,基本结构与广义线性模型类似。

(3)因变量可以服从非正态分布,这一点也与广义线性模型类似。

(4)模型中可以对残差项进行相关性的定义,也就是说模型中的各案例可以相关,这一点突破了广义线性模型的限制,而与线性混合模型类似。

通过上述拓展,广义线性混合模型涵盖了从简单线性回归模型到复杂的非正态纵向数据多变量模型的各种模型,是目前线性模型范围内比较完备的模型框架。

5.3.2 分析案例

1. 操作说明

为了满足使用需求,SPSS对广义线性混合模型的对话框和输出结果进行了全新的开发,其对话框采用拖放操作方式,输出结果使用的是模型格式。为了便于读者学习,这里考虑对第4章

5.3 广义线性混合模型

中线性混合模型的经典案例 JSP.sav 进行分析,并且直接拟合 4.2.4 小节中加入各种自变量的最终模型,相应的操作如下。

1. 选择"分析"→"混合模型"→"广义线性"菜单项。
2. 在"数据结构"选项卡中,将学校、学生依次拖入工作区中的"主体"框,从而在工作区中形成学校包含学生的层次结构。
3. 在"字段与效应"选项卡中,在"选择项目"列表框中选择"目标",在右侧的"目标"下拉列表中选择变量 16 岁成绩。
4. 在"选择项目"列表框中选择"固定效应",在右侧的"效应构建器"框中将截距、11 岁成绩、性别、学校类型、学校平均成绩选入。
5. 在"选择项目"列表框中选择"随机效应",选中右侧"随机效应块"框已包括的学校栏,单击下方的"编辑块"按钮,在弹出的效应构建器中将截距、11 岁成绩选入,单击"确定"按钮。
6. 单击"运行"按钮。

上述操作中用到的对话框如图 5.10 和图 5.11 所示。

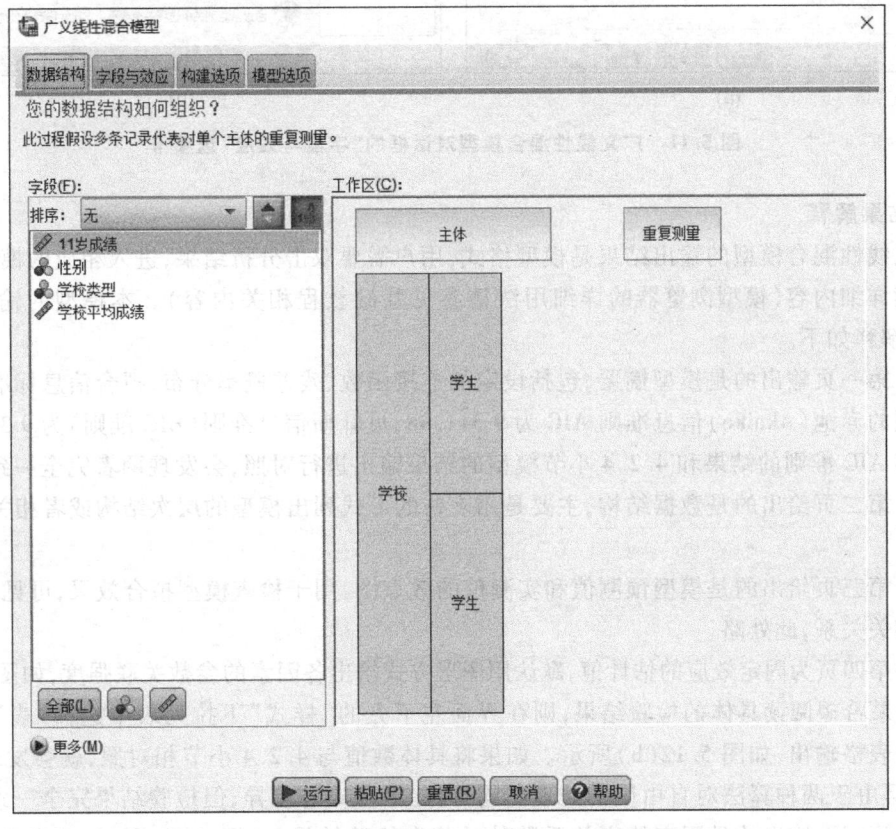

图 5.10 广义线性混合模型对话框的"数据结构"选项卡

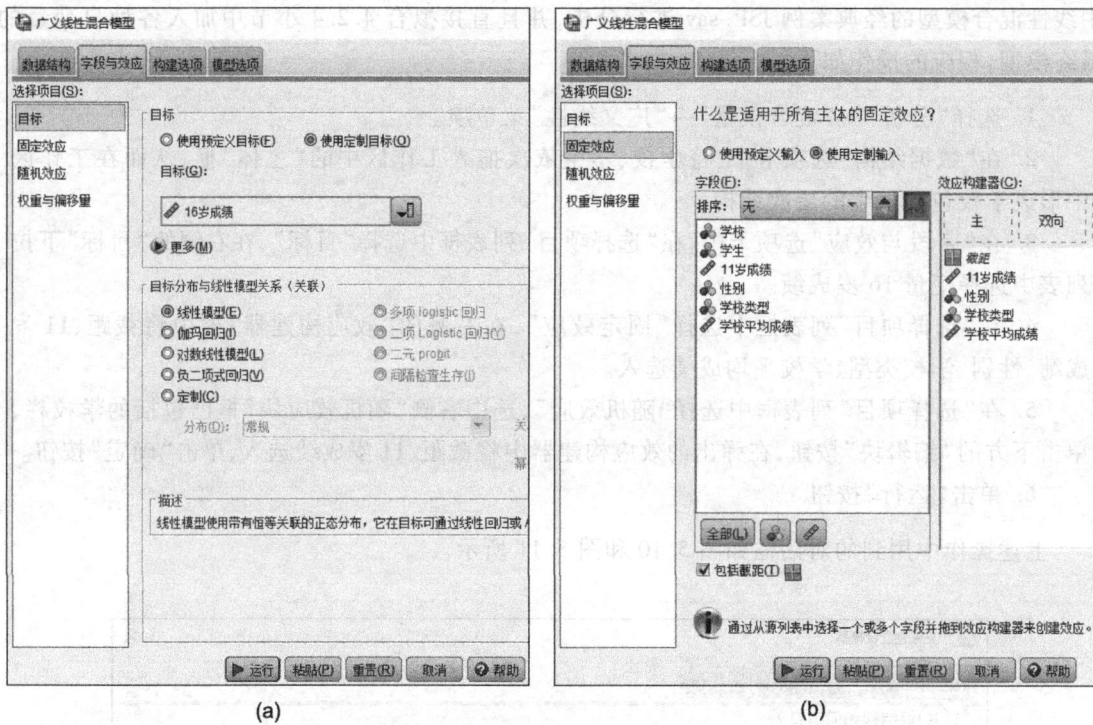

图 5.11 广义线性混合模型对话框的"字段与效应"选项卡

2. 结果解释

广义线性混合模型的输出结果是模型格式,用户需要双击分析结果,进入相应的模型浏览器才能阅读详细内容(模型浏览器的详细用法请参见基础教程相关内容)。本模型的输出共由 9 页构成,解释如下。

(1) 第一页输出的是模型摘要,包括设定的连接函数、残差概率分布、拟合信息标准等,可见相应模型的赤池(Akaike)信息准则 AIC 为 9 311.98,贝叶斯信息准则(BIC 准则)为 9 330.89,读者可以将 AIC 准则的结果和 4.2.4 小节模型的结果输出进行对照,会发现两者完全一致。

(2) 第二页给出的是数据结构,主要是用表格的形式列出模型的层次结构或者相关结构,此处略。

(3) 第三页给出的是模型预测值和实测值的散点图,用于检查模型拟合效果,可见两者确实有正向相关关系,此处略。

(4) 第四页为固定效应的估计值,默认用图形方式给出各因素的参数关联强度,如图 5.12(a)所示。如果希望阅读具体的检验结果,则在界面左下方的"样式"下拉列表中选择"表",就会看到相应的表格输出,如图 5.12(b)所示。如果将具体数值与 4.2.4 小节相对照,就会发现 F 值完全一致,但由于两种算法对自由度的处理不同,因此 P 值略有差异,但检验结果完全一致。

(5) 第五页输出的是固定效应的系数估计值和检验结果,如图 5.13 所示,读者对照 4.2.4 小节中的相应表格即可明了其含义。

(6) 第六页给出协方差矩阵,此处略。可见截距的方差估计值为 0.069,standlrt 的方差估计值为 0.015,两者协方差为 0,数值和 4.2.4 小节"协方差参数估计"表格完全一致。

5.3 广义线性混合模型

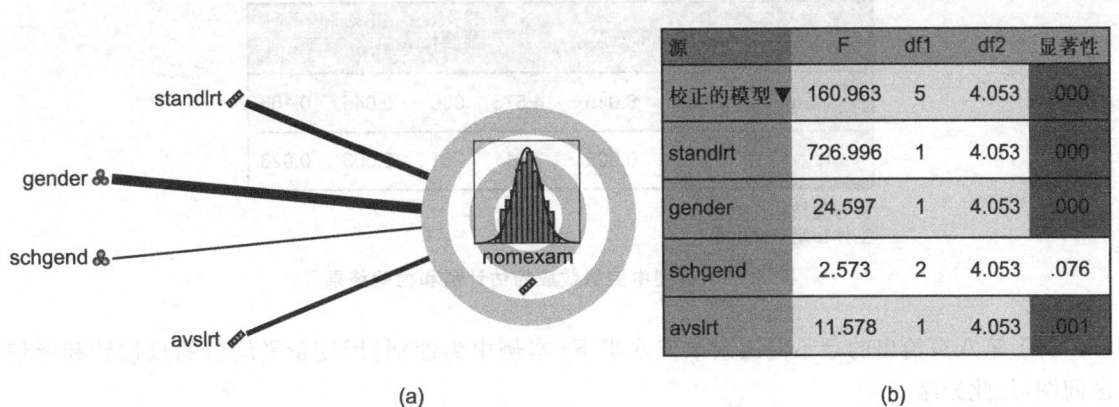

图 5.12 固定效应的模型检验结果

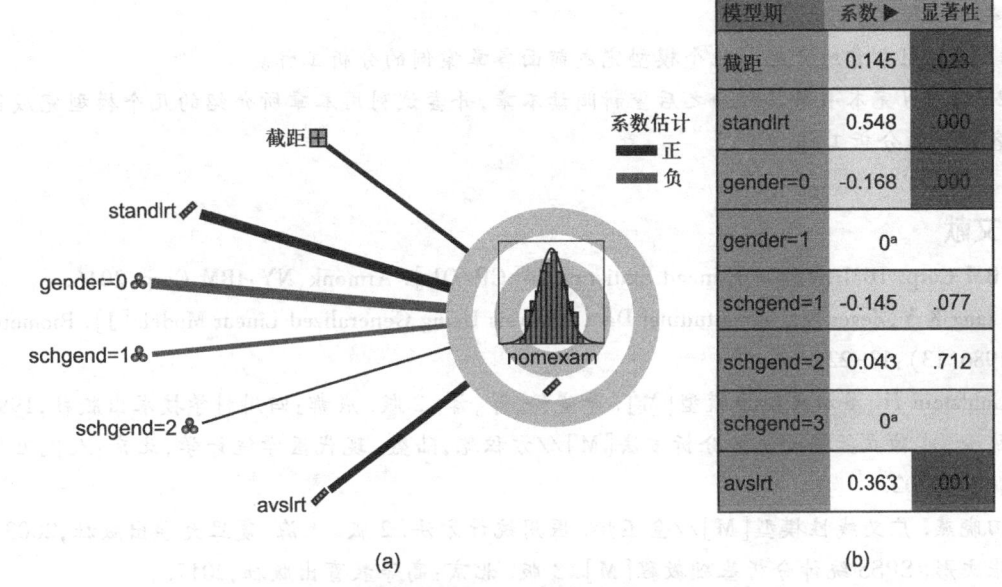

图 5.13 固定效应的系数估计值和检验结果

（7）第七页给出的是协方差参数估计值，首先默认给出的是残差估计值和检验结果，如图 5.14 所示。在界面左下方的"效应"下拉列表中选择"块 1"，则会输出模型中随机效应的估计值和检验结果，如图 5.15 所示。这些结果和 4.2.4 小节中"协方差参数估计"表格的输出完全一致。

残差效应	估算	标准误差	Z	显著性	95%置信区间	
					下限	上限
方差	0.550	0.012	44.310	.000	0.526	0.575

协方差结构：已标度的恒等
主体指定：(无)

图 5.14 模型残差估计值和检验结果

随机效应	估算	标准误差	Z	显著性	95%置信区间	
					下限	上限
Var(截距)	0.069	0.015	4.575	.000	0.045	0.106
Var(standlrt)	0.015	0.005	3.211	.001	0.008	0.028

协方差结构：方差分量
主体指定：school

图 5.15　模型中随机效应的估计值和检验结果

（8）第八页给出的是不同因素取值水平下（本例中为性别）因变量平均值的点估计和置信区间图形，此处略。

（9）第九页给出的是所拟合模型的设定摘要，以备查，此处略。

思考与练习

1. 试利用本章所介绍的几个模型完成前面各章案例的分析工作。

2. 在学习完本书第二部分之后重新阅读本章，并尝试利用本章所介绍的几个模型完成第二部分各案例的分析工作。

参考文献

[1] IBM Corp. IBM SPSS Advanced Statistics 24[CP/OL]. Armonk, NY: IBM Corp, 2016.

[2] Liang K Y, Zeger S L. Longitudinal Data Analysis Using Generalized Linear Models[J]. Biometrika. 1986(13): 13-22.

[3] Goldstein H. 多水平统计模型[M]. 李晓松,等,译. 2版. 成都:四川科学技术出版社,1999.

[4] 陈峰. 非独立数据的统计分析方法[M]//方积乾,陆盈. 现代医学统计学. 北京:人民卫生出版社,2002.

[5] 田晓燕. 广义线性模型[M]//金丕焕. 医用统计方法. 2版. 上海:复旦大学出版社,2003.

[6] 张文彤. SPSS统计分析基础教程[M]. 3版. 北京:高等教育出版社,2017.

[7] 张文彤,田晓燕. 基于广义估计方程的多重应答资料统计分析方法[J]. 中国卫生统计, 2004,21(3):139-141.

第二部分
回归模型

第二部分

何谓使徒

第6章 多重线性回归模型

6.1 模型简介

6.1.1 基本概念

生活中的许多现象不是相互独立的,而是相互作用、相互影响的。一种结果的出现往往是多个因素、多个环节共同作用的结果。如果抛开其他因素,仅考察其中一个因素的影响,那么所得出的结论就可能趋于片面,甚至是错误的。中国有句俗语叫"龙生龙,凤生凤,老鼠的儿子会打洞",这反映了遗传因素对人口素质的影响,但是将其上升到遗传决定论就会大错特错,陈胜、吴广起义时提出的"王侯将相宁有种乎"就对这一观点进行了批判。

1. 模型框架

本章所要讨论的问题是如何同时考虑多个因素对同一结果的影响。此时,因变量(dependent variable)只有一个,也称为反应变量或响应变量(response variable),常用 y 表示。自变量(independent variable),也称为解释变量(explanatory variable)有多个,P 个自变量用向量形式表示为 $(x_1, x_2, \cdots, x_p)$。设有 n 个观察对象,第 i 个 $(i=1,2,\cdots,n)$ 观察对象的一组观察值为 $(y_i, x_{i1}, x_{i2}, \cdots, x_{ip})$。当因变量与自变量组之间存在多重线性关系时,用多重线性回归模型可以很好地刻画它们之间的关系:

$$y_i = \hat{y}_i + e_i = b_0 + b_1 x_{i1} + \cdots + b_p x_{ip} + e_i$$

由上式可以看出,每个因变量的实测值 y_i 由两部分组成,第一部分为其估计值,用 $\hat{y}_i$ 表示,读作 y_i hat,即给定各自变量取值时因变量 y_i 的估计值,它表示因变量的变异中能由自变量决定的部分。e_i 为残差,是因变量实测值 y_i 与其估计值 $\hat{y}_i$ 之差,表示不由自变量决定的部分。可别小看这个残差,对它的分析是建模过程中的重头戏。上式中 b_0 为常数项,它表示当所有自变量取值均为 0 时因变量的估计值,b_i 为偏回归系数,表示当其他自变量取值固定时,自变量 x_i 每改变一个单位时 $\hat{y}$ 的变化量(因为要求其他自变量的取值固定,所以被称为"偏")。

上式中共有 $n+1$ 个参数,如何确定它们的取值呢?如果从数轴的最左端 $-\infty$ 开始,直至数轴的最右端 $+\infty$ 结束,任意地决定这 $n+1$ 个参数,显然将得到无穷多个回归模型。分别应用这无穷多个回归模型求每组观察值的因变量预测值与实测值之差的平方和 $(y_i - \hat{y}_i)^2$,并将它们累加,那么每个回归模型都会得到一个累加值 $\sum_{i=1}^{n}(y_i - \hat{y}_i)^2$,而该数值最小的那个回归模型就是统计上的最佳模型,这就是所谓的最小二乘法(least square)。换言之,就是使得以下指标最小:

$$Q = \sum_{i=1}^{n}(y_i - \hat{y}_i)^2 = \sum_{i=1}^{n}[y_i - (b_0 + b_1 x_{1i} + b_2 x_{2i} + \cdots + b_p x_{pi})]^2$$

2. 适用条件

应用多重线性回归进行统计分析时要求数据满足以下条件。

(1) 自变量与因变量之间存在线性关系,这可以通过绘制散点图予以考察,如果因变量 y_i 与某个自变量 x_i 之间呈现出曲线趋势,则可以尝试通过变量变换予以修正,常用的变量变换方法有对数变换、倒数变换、平方根变换、平方根反正弦变换等。

(2) 各观测间相互独立,即任两个观测残差的协方差为0。

(3) 残差 e_i 服从正态分布 $N(0,\sigma^2)$。其方差 $\sigma^2 = \mathrm{var}(e_i)$ 反映了回归模型的精度,σ 越小,用所得到的回归模型预测 y 的精确度愈高。

(4) e_i 的离散程度不随所有变量取值水平的改变而改变,即方差齐性。

此外,为了保证参数估计值的稳定,还要注意模型对样本量的要求。有学者认为样本量应当在希望纳入模型的自变量数的 20 倍以上。例如,模型中希望纳入 5 个自变量,则样本量应当在 100 以上,少于此数则可能会出现检验效能不足的问题。当然,如果检验结果为变量有统计学意义,则该结果并非不可信,但是在解释时要加倍小心,牢记系数估计值可能并不稳定。

> 多重线性回归模型对自变量没有具体的分布限定,只要求所有的自变量值都能被准确测量,并且各自变量之间独立无关联。

在 SPSS 中可以使用"分析"→"回归"→"线性"菜单项进行多重线性回归。

6.1.2 分析步骤

回归分析的应用非常广泛。作为一个严肃的统计学模型,它有着严格的适用条件,在拟合时需要不断对这些适用条件进行判断。但是,许多使用者往往忽视了这一点,只是把模型做出来。这不仅浪费了信息,还有可能得出错误的结论。下面给出回归分析的操作步骤。

(1) 绘制散点图,观察变量间的关联趋势。如果是多个变量,则还应当绘制散点图矩阵、重叠散点图和三维散点图(具体做法请参见基础教程的绘图章节)。绘制散点图是线性回归分析之前的必要步骤,不能随意省略。

(2) 考察数据的分布,进行必要的预处理。即分析变量的正态性、方差齐性等问题,并确定是否可以直接进行线性回归分析。如果进行了变量变换,则应当重新绘制散点图,以确保线性趋势在变换后仍然存在。

(3) 进行直线回归分析。该步骤包括变量的初筛、变量选择方法的确定等,详见后面的介绍。

(4) 残差分析。这是模型拟合完毕后模型诊断的第一步,主要分析两个方面的问题:残差间是否独立,可以采用 Durbin-Watson 残差序列相关性检验进行分析;残差分布是否为正态分布,可以采用残差列表及相关指标来分析,但最重要和直观的方法为图示法,详见后面的介绍。

(5) 强影响点的诊断及多重共线性问题的判断。这两个步骤往往和残差分析混在一起,难以分出先后,详见后面的介绍。

只有以上五步全部通过,研究者才能认为得到了一个统计学上无误的模型,下一步该做的事情就是结合专业实际,将分析结果运用到现实中,来看看分析结果有无实用价值,以及应用中是否存在其他问题。

6.2 案例：销售收入影响因素分析

为了能更好地理解多重线性回归，这里首先用一个只有 2 个自变量的例子进行分析。

例 6.1 某个专门面向年轻人制作肖像的公司计划在国内再开设几家分店，收集了目前已开设的分店的销售收入（y，万元）及分店所在城市的年轻人人数（$x1$，万人）、人均可支配收入（$x2$，元），数据文件见 reg.sav。试进行统计分析。

6.2.1 基本分析结果

与简单线性回归类似，这里也应当先绘制散点图，以直观了解各变量间是否存在线性趋势。本例有 2 个自变量及 1 个因变量，绘制的散点图矩阵如图 6.1 所示，可以看出销售收入与年轻人人数、人均可支配收入之间都存在较强的线性趋势。

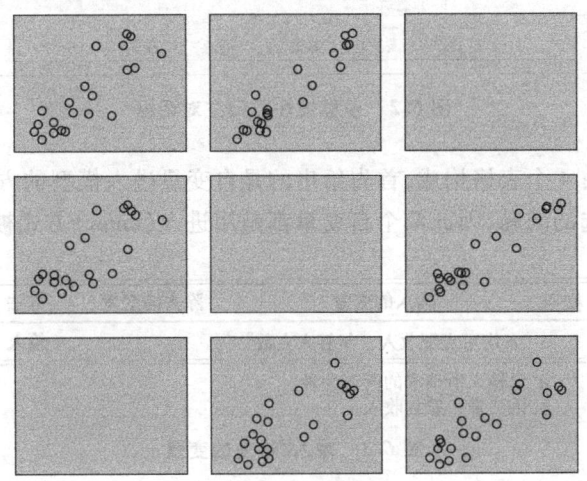

图 6.1 散点图矩阵

> 这里需要强调从散点图入手的重要性，因为根据经验，不少研究者在做简单线性回归时可能会先绘制散点图以了解因变量与自变量间是否存在简单线性关系，但在做多重线性回归时常常不考察变量间是否存在线性关系，拿过来就建模，这样往往不能得到正确的结论。

下面对本例拟合多重线性回归模型，操作如下。

> 1. 选择"分析"→"回归"→"线性"菜单项。
> 2. 将 y 选入"因变量"框，将 x1, x2 选入"自变量"框。
> 3. 单击"确定"按钮。

多重线性回归主对话框如图 6.2 所示，其中只能选入一个因变量，自变量则可选入一个或多个。如果没有特殊需求，可以只选择目前这些。

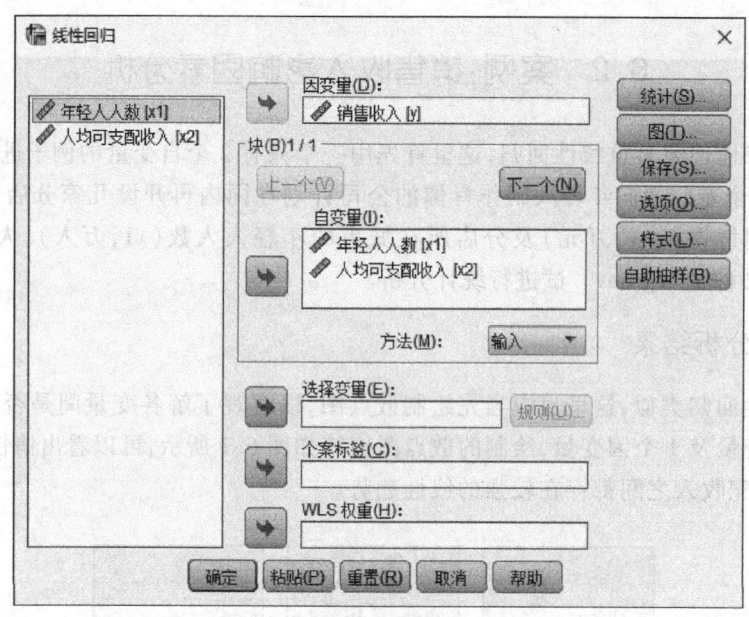

图 6.2 多重线性回归主对话框

本例的分析结果由 4 个表格构成,首先给出的是自变量进入模型的方式,如图 6.3 所示。由于此处未涉及变量筛选的问题,因此两个自变量都是用进入(enter)方式被强制纳入回归模型。

模型	输入的变量	除去的变量	方法
1	人均可支配收入,年轻人人数[a]	.	输入

a. 已输入所请求的所有变量。
b. 因变量:销售收入

图 6.3 输入/移去的变量

这里先跳过第 2 个和第 3 个表格输出,直接来阅读第 4 个表格(系数表),看得到了什么样的回归模型。该表格如图 6.4 所示,会给出回归模型的常数项、年轻人人数、人均可支配收入的偏回归系数(未标准化系数),分别为 -6.886、1.455、0.009。其中,常数项表示当自变量取值均为 0 时因变量的取值,在本例中显然没有实际意义。根据以上分析结果,可以写出回归模型:$\hat{y} = -6.886 + 1.455 \times x_1 + 0.009 \times x_2$。

模型		未标准化系数		标准化系数	t	显著性
		B	标准误差	Beta		
1	(常量)	-6.886	6.002		-1.147	.266
	年轻人人数	1.455	.212	.748	6.868	.000
	人均可支配收入	.009	.004	.251	2.305	.033

a. 因变量:销售收入

图 6.4 系数表

6.2.2 回归模型的假设检验

上面得到的回归模型来自样本数据,是否有统计学意义呢?显然需要对该回归模型进行检验,此处仍采用方差分析的基本思想进行判断,相应的假设为

$$H_0:\beta_1=\beta_2=\cdots=\beta_p=0, H_1:各\beta不全等于0$$

如果将因变量 Y 的总变异用总平方和(total sum of square)表示,则在回归模型中它可以被分为以下两部分:回归平方和(regression sum of square, SSR),表示因变量的变异中能被回归模型中所包含的 P 个自变量$(X_1, X_2, \cdots, X_p)$解释的部分;误差平方和(error sum of square, SSE),统计软件结果中常输出为残差平方和(residual sum of squares),表示因变量的变异中不能被回归模型中所包含的变量解释的部分,从而:

$$SS_{total}=SSR+SSE, MSR=SSR/p, MSE=SSE/(n-p-1), F=MSR/MSE$$

其中,SS 表示平方和;MSR 表示回归均方;MSE 表示均方误差。

将自变量导致的变异与随机变异进行比较,若前者大于后者,则说明因变量 y 与 p 个自变量之间存在线性回归关系;反之,则说明因变量 y 与 p 个自变量之间不存在线性回归关系。在无效假设成立的情况下,F 值服从自由度为 $(p, n-p-1)$ 的 F 分布。

结果输出中的第三个表格就是对模型整体所做的方差分析,如图 6.5 所示。本例中 $F=99.103, P<0.001$,说明至少一个自变量的偏回归系数不为 0,所建立的回归模型有统计学意义。

模型		平方和	自由度	均方	F	显著性
1	回归	240.153	2	120.076	99.103	.000[a]
	残差	21.809	18	1.212		
	总计	261.962	20			

a. 预测变量:(常量),人均可支配收入,年轻人人数
b. 因变量:销售收入

图 6.5 模型方差分析表

6.2.3 偏回归系数的假设检验

在得出整个回归模型有统计学意义后,还需要检验某个自变量 x_i 与因变量之间是否存在线性关系,就是对其偏回归系数 b_i 是否为 0 进行统计学检验。可以用 t 检验来回答这个问题:

$$t=(b_i-0)/S_{bi}=b_i/S_{bi}$$

上式中,b_i 是第 i 个自变量 x_i 的偏回归系数,S_{bi} 是其标准误差。系数表中除给出各自变量的偏回归系数估计值外,还输出了标准误差,以及对各参数是否为 0 的 t 检验结果。本例中两个自变量的检验结果如图 6.4 所示,分别为 $P<0.001$、$P=0.033$。按 $\alpha=0.05$ 水准,认为 β_1、β_2 均不为 0。

6.2.4 标准化偏回归系数

当模型中有多个自变量时,对它们进行重要性的比较是很自然的事情,但是原始偏回归系数由于量纲不同,无法直接进行(绝对值的)比较,需要先对其进行标准化以去除量纲和自变量离

散程度差异的影响。相应的结果见图 6.4,本例中年轻人人数的标准化偏回归系数为 0.748,人均可支配收入的标准化偏回归系数为 0.251。因此可以认为,年轻人人数对销售收入的影响比人均可支配收入对销售收入的影响大。

> 需要注意的是,对于偏回归系数更大的自变量,其标准化偏回归系数不一定也更大。

标准化偏回归系数虽然可以用于比较自变量的重要性,但不够直观,在实际工作中,往往希望知道每个自变量的相对重要性,也就是其重要性在总模型中所占的百分比。这可以通过"分析"→"回归"子菜单中的 R 插件"回归相对重要性"来完成,它会调用 R 插件的 relaimpo 包对各自变量的相对重要性进行更准确的计算。本例中如果调用该插件,则相应的结果如图 6.6 所示,可见变量 x1 的相对重要性为 0.606。换言之,模型对因变量的解释度中,大约 60% 的信息都是年轻人人数提供的。

	lmg
x1	.606
x2	.394

按比例缩放测量至100%
LMG测量也称为Shapley值

图 6.6　自变量的相对重要性测量

> "回归相对重要性"插件默认的相对重要性算法是 Shapley 值法,即模型中变量为模型带来的平均增量 R^2(详细内容见后)。该插件也可以对含有分类自变量的回归模型进行相对重要性的计算。

6.2.5　衡量回归模型效果的指标

当用于建立回归模型的自变量有 p 个时,仅考虑各因素的主效应,可以建立 2^p 个模型(包括仅含常数项的模型)。衡量这些模型效果的指标主要有以下几种。

1. 复相关系数 R

复相关系数(multiple correlation coefficient)又称为多元相关系数,表示模型中所有自变量 $(x_1, x_2, \cdots, x_p)$ 与因变量 y 之间线性回归关系的密切程度大小。实际上它是 y_i 与其估计值 $\hat{y}_i$ 的简单线性相关系数,即 Pearson 相关系数,但其取值范围为 $(0,1)$,没有负值。R 值越大,说明线性回归关系越密切。不过用复相关系数评价多重线性回归模型优劣时存在不足,即使向模型中增加的变量没有统计学意义,R 值仍会增大。

> R 值大至多少才可以认为模型足够好?对于不同学科的研究者来说其判断标准并不一样。例如,社会科学研究者可能认为 $R>0.4$ 已经足够好了(想想对股价的预测可以带来多少收益吧),而实验室研究者有时认为 $R=0.9$ 仍偏小。这可能是因为社会科学研究中存在较多对因变量有影响但却无法进行测量的变量,当然也就无法对其进行统计分析。

结果输出的第二个表格为模型汇总表,如图 6.7 所示,可见本例 $R=0.957$。

模型	R	R方	调整后R方	标准估算的误差
1	.957a	.917	.907	1.10074

a. 预测变量：(常量)，人均可支配收入，年轻人人数

图 6.7 模型汇总

2. 决定系数 R^2

模型的决定系数(determinate coefficient)等于复相关系数的平方。与简单线性回归中的决定系数类似，它表示因变量 y 的总变异中可由回归模型中自变量解释的部分所占的比例。显然，R^2 越大越好，但是也存在与复相关系数一样的不足。决定系数的计算公式如下：

$$R^2 = SSR/SS_{total} = 1 - SSE/SS_{total}$$

由上式可以看出，$0 \leq R^2 \leq 1$。对于本例，决定系数为 0.917。

3. 调整后的决定系数 R^2_{adj}

由于用 R^2 评价拟合模型的好坏具有一定的局限性。即使向模型中增加的变量没有统计学意义，R^2 值仍会增大。因此需要对其进行调整，从而形成了调整后的决定系数(adjusted R square)：

$$R^2_{adj} = 1 - \frac{MSE}{MS_{total}} = 1 - \frac{n-1}{n-p-1}(1-R^2)$$

上式中，n 为样本量，p 为模型中自变量的个数。可以证明，R^2_{adj} 总小于 R^2。与 R^2 不同的是，当模型中增加的变量没有统计学意义时，调整后的决定系数会减小，因此校正 R^2 是衡量所建模型好坏的重要指标之一，调整后的决定系数越大，模型的效果越好。但当 p/n 很小，如小于 0.05 时，调整作用趋于消失。本例的 $R^2_{adj} = 0.907$。

> 实际应用中，R^2、R^2_{adj} 值的大小还与研究中实测的自变量取值范围有关，一种可能的情况是，某个实测的自变量取值范围很小，导致所建模型的 R^2 很大，但这并不代表模型在外推应用时的效果很好。此外，有时虽然调整后的决定系数(或决定系数)很大，但误差均方也很大，这会导致估计值的置信区间很宽，从而失去实际应用价值。

4. 剩余标准差 $s_{y,12\cdots p}$

剩余标准差等于均方误差的算术平方根，其大小反映了建立的模型预测因变量的精度。剩余标准差越小，说明模型的预测效果越好。本例中均方误差为 1.212，$s_{y,12} = \sqrt{1.212} = 1.1009$，而未引入自变量时 y 的标准差为 3.61913，说明向模型中引入自变量后，因变量的变异明显减小。与调整后的决定系数类似，当模型中增加无统计学意义的自变量时，剩余标准差反而会增大。此外，剩余标准差还在 $\hat{y}$ 的置信区间估计、自变量选择等方面有着重要作用。

以上 4 种模型效果衡量指标在线性回归分析结果中可以直接输出，除此之外还有一些常用的衡量多重线性回归模型效果的指标，下面一并进行介绍。

5. 赤池信息准则

赤池信息准则也称为 AIC 准则(Akaike's information criterion)，由日本学者赤池于 1973 年提出，它除被应用于一般线性模型、广义线性模型的变量筛选外，还被应用于时间序列分析中自

回归阶数的确定。AIC 准则由两部分组成,一部分反映模型的拟合精度,另一部分反映模型中参数的个数,即模型的繁简程度。其计算公式为

用最小二乘法拟合模型时,AIC $= n\ln(\text{SSE}/n) + 2p$

用最大似然法拟合模型时,AIC $= -2\ln(L) + 2p$

上式中 n 为样本量,但与前面的定义不同,这里的 p 为模型中参数的个数(包括常数项),L 为模型的最大似然函数。一味地增加模型中自变量的个数虽然能使前半部分减小,但后一部分却会不断增大,当模型中纳入无统计学意义的自变量时,就会导致前半部分减小的幅度小于后一部分增大的幅度。AIC 值小,说明模型既精度高又简洁。

需要注意的是,应用不同方法拟合的回归模型的 AIC 值是不一样的。对于本例,回归模型是应用最小二乘法计算出来的。因此,AIC $= 21 \times \ln(21.8093/21) + 2 \times 3 = 6.7941$。若改用最大似然估计法,$\ln(L) = -30.195$,则有

$$\text{AIC} = -2 \times (-30.195) + 2 \times 3 = 66.39$$

因此,在应用 AIC 准则对同一数据拟合的多个模型进行比较时,不能对不同拟合方法得到的模型进行比较,AIC 准则只能用于比较用同一种拟合方法得到的回归模型。

> AIC 准则是基于大样本的情况提出的,因此在小样本的情况下,又有研究者将其改进为 AICc 准则,当 n 增加时,AICc 会逐步收敛成 AIC,所以 AICc 可以应用在任何样本大小的情况。SPSS 的自动线性建模过程就可以利用 AICc 进行变量筛选。

6. C_p 统计量

由 C. L. Mallows 于 1964 年提出,计算公式为

$$C_p = p + \frac{(\text{MSE}_p - \text{MSE}_m)(n-p)}{\text{MSE}_m} = \frac{\text{SSE}_p}{\text{MSE}_m} + 2p - n$$

上式中 MSE_p 指模型中含有 p 个参数(包括常数项)时的均方误差,MSE_m 为所有自变量均引入模型时的均方误差。用 C_p 统计量选择模型的标准是选择 C_p 最接近 p 的那个模型。在本例中,所有自变量均引入模型,$C_p = p$。

7. 其他标准

衡量模型效果的标准还有很多,如贝叶斯信息准则(Bayes' information criterion,BIC)、施瓦茨信息准则(Schwarz's information criterion)等,有兴趣的读者可以查阅章末参考文献,这里不再详述。

6.3 回归预测与区间估计

线性回归的重要应用之一就是对因变量进行预测,最常用的是对因变量数值进行点估计,该数值可以用来对未知因变量的案例进行预测,或者对因变量的缺失值进行填补。此外,预测值也可以用于对某已知结果是否合理进行考察,若不合理,则可以进一步进行修正。

6.3.1 模型预测值

线性回归主对话框的"保存"子对话框提供了将预测值、残差等许多分析结果保存为新变量

的功能,这里先介绍有关预测值(predicted values)的几个复选框,它们提供了以下几种预测值。

(1) 非标准化(unstandardized)预测值。该预测值是根据回归模型计算的因变量原始预测值。

(2) 标准化(standardized)预测值。该预测值是将所有因变量的预测值按其算术平均值及标准差进行标准化的结果,其平均值为0,标准差为1。

(3) 调整后(adjusted)预测值。该预测值是从当前数据库中剔除当前记录,根据剔除后的数据拟合的回归模型计算的当前记录因变量的预测值。

(4) 平均值预测标准误差(standard error of mean predictions)。该预测值主要用于计算对应自变量组合($x_1, x_2, \cdots, x_p$)下因变量预测值的置信区间(confidence limits of expected value of dependent variable)。对该预测值不感兴趣的读者可以不去管它。

6.3.2 模型的区间估计

"保存"子对话框中也提供了存储预测值置信区间和个体参考值区间的功能,如图6.8(a)所示。在应用回归分析结果时,经常会涉及区间估计的问题,分别介绍如下。

(1) 总体回归平面的置信区间,也称为回归线的置信带(confidence band)。如果将各种自变量组合下因变量预测值的置信区间连接起来,就可以对回归平面的总体进行置信区间的估计。对于例6.1,因变量和两个自变量构成了一个三维空间,而该区间估计范围就表现为该三维空间

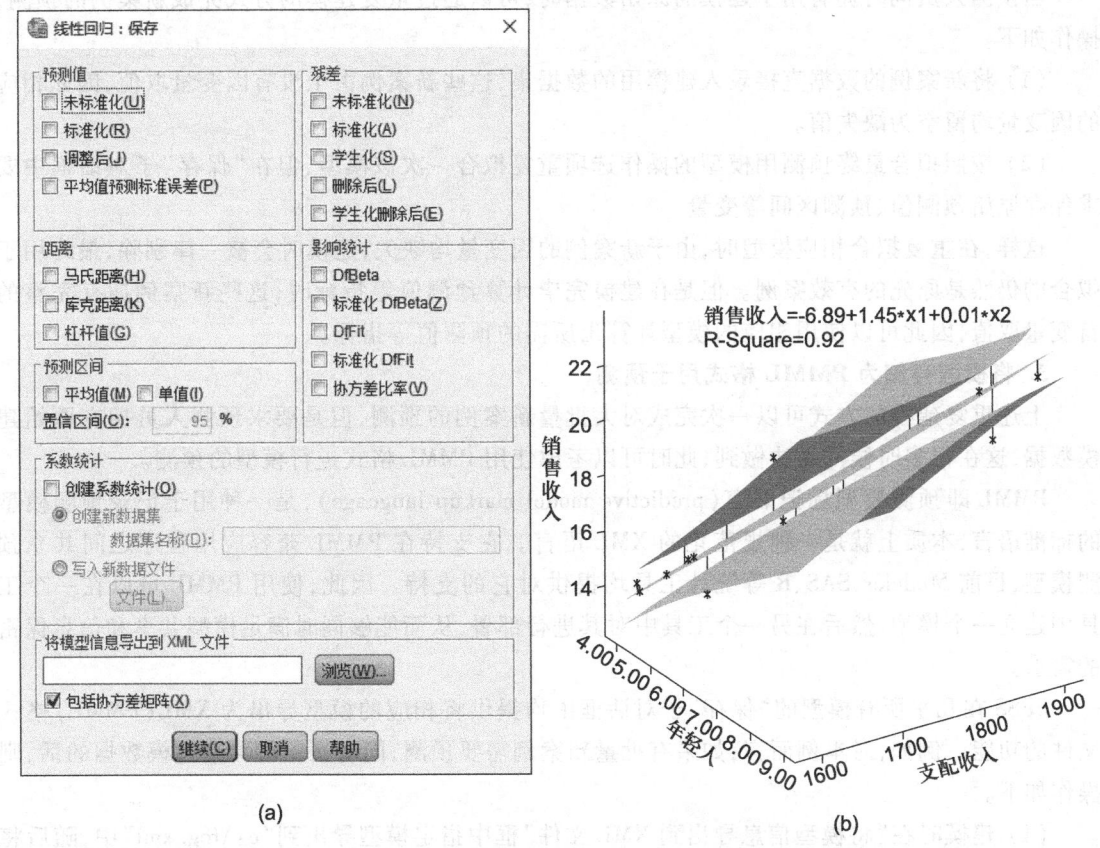

图 6.8 "保存"子对话框及在三维空间绘制的置信区间曲面

中两个弧形曲面所包含的空间。以 95% 的置信区间为例,其含义就是在满足线性回归的假设条件下,该区域包含真实总体回归线的置信度为 95%。图 6.8(b) 给出的是置信区间曲面,两个弧形曲面表示回归平面置信区间的范围,中间的平面表示当前观测到的样本的回归平面。

(2) 个体 Y 值的参考值区间估计。这指的是当 X 为某定值时个体 Y 值的参考值范围,是个体的波动范围,该区间是比总体回归线置信区间带更相互远离的两个弧形曲面。以 95% 的置信区间为例,它表示的是期望有 95% 的案例数据点落入的范围。实际上,在利用回归模型进行预测时,应当使用该区间来估计其范围。

6.3.3 如何将模型用于预测

在建模完毕,得到所需要的模型之后,根据用户不同层次的模型预测需求,SPSS 有三种将模型用于预测的方式。

1. 手工计算预测值

当需要进行预测的新案例只有一个,且未被录入数据集时,可以利用得到的模型表达式直接计算预测值。显然,这种方式非常原始,效率很低。但是如果预测人员只能拿到模型表达式,则必须要这样操作。

2. 存储预测值

当预测人员同时拥有用于建模的原始数据时,可以通过重复建模的方式完成新案例的预测,操作如下。

(1) 将新案例的数据直接录入建模用的数据集,这些新案例由于没有因变量取值,因此相应的因变量均留空为缺失值。

(2) 按照拟合最终预测用模型的操作选项重复拟合一次该模型,但在"保存"子对话框中要求保存原始预测值、预测区间等变量。

这样,在重复拟合相应模型时,由于新案例的因变量均缺失,建模时会被一律剔除,最终用于拟合的仍然是原先的有效案例。但是在建模完毕计算预测值等指标时,这些新案例拥有完整的自变量取值,因此可以使用相应的模型计算出所需的预测值等指标。

3. 将模型存储为 PMML 格式用于预测

上述重复建模的方式可以一次完成对大批量新案例的预测,但是要求预测人员拥有原始建模数据,这在很多时候都无法做到,此时可以考虑使用 PMML 格式进行模型的预测。

PMML 即预测模型标记语言(predictive model markup language),是一种用于记录预测模型的标准语言,本质上就是一种规范化的 XML 语言。它支持在 PMML 兼容应用程序之间共享预测模型,目前 Modeler、SAS、R 等统计工具均提供对它的支持。因此,使用 PMML 可以在一个工具中建立一个模型,然后在另一个工具中对其进行部署,从而能够同时满足模型共享和信息保密的需求。

SPSS 在几乎所有模型的"保存"子对话框中均提供将相应的模型导出为 XML(PMML) 格式文件的功能。例如,对本例而言,如果有批量新案例需要预测,同时又不能共享建模数据的话,则操作如下。

(1) 建模时在"将模型信息导出到 XML 文件"框中指定模型导出到"c:\reg.xml"中,随后将该 XML 文件分发给预测人员。

(2) 预测人员将新案例的数据录入数据集,自变量的名称和类型设定均需与建模用数据集完全相同。

(3) 打开需要预测的数据集,这里以 reg_pred.sav 为例,里面实际上记录的是 reg.sav 前两个案例的自变量。然后选择"实用程序"→"评分向导"菜单项,打开"评分向导"对话框,单击"浏览"钮,将 reg.xml 记录的模型信息读入,如图 6.9(a)所示。

(4) 单击"评分向导"对话框的"下一步"按钮,后续操作界面如图 6.9(b)所示,后续各个界面分别用于自变量名称匹配、缺失值处理、结果字段选择等,最终会在数据集中默认生成 PredictedValue 和 StandardError 两个新变量,分别记录每个案例的预测值和标准误差。

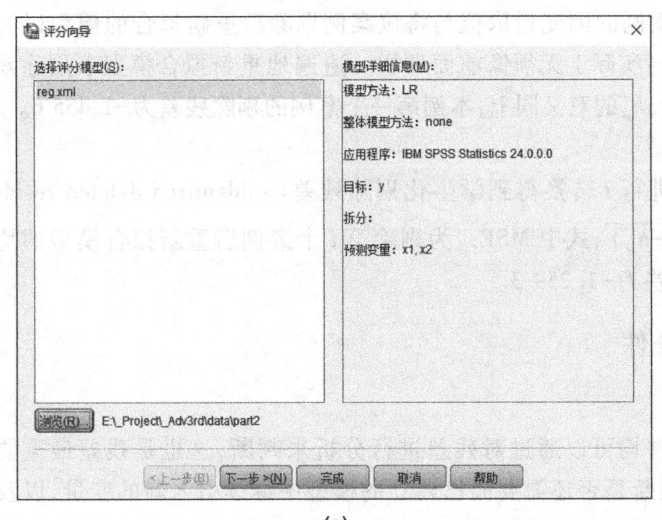
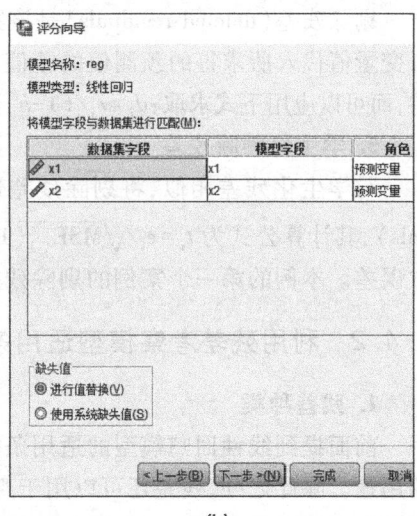

图 6.9 评分向导的操作界面

SPSS 对 PMML 提供了完整的支持,不仅可以生成 PMML 模型,还可以将外部的 PMML 模型直接导入,甚至和已有的模型进行合并。对此感兴趣的读者请自行利用相应的向导进行操作,这里不再详述。

6.4 残差分析

6.4.1 模型的残差

"保存"子对话框中可以输出 5 种残差。

1. 未标准化残差

未标准化残差(unstandardized residuals)即原始残差(e_i),因变量原始值与模型估计的预测值之差,即 $y_i - \hat{y}_i$。例如,例 6.1 第一个案例的残差为 -1.2784。

2. 标准化残差

标准化残差(standardized residuals)也称为 Pearson 残差或半学生化残差(semi-studentized residuals),是通过对非标准化残差进行平均值为0、标准差为1的标准化变换得到的。由于可以将$\sqrt{\mathrm{MSE}}$视作标准差的近似估计,因此可以利用$e_i/\sqrt{\mathrm{MSE}}$来计算标准化残差。本例第一个案例的标准化残差为-1.161 4。

3. 学生化残差

学生化残差(studentized residuals)服从自由度为$n-p-1$的t分布,其计算公式为$r_i=(e_i-0)/\sqrt{s_{e_i}}=e_i/\sqrt{\mathrm{MSE}(1-h_{ii})}$。式中$h_{ii}$为矩阵$H$中第$i$行、第$i$列的元素,矩阵$H=X(X^{\mathrm{T}}X)^{-1}X^{\mathrm{T}}$,也被称为帽子矩阵(hat matrix)。本例的第一个案例的学生化残差为-1.239 3。

4. 剔除残差

剔除残差(deleted residuals)是该案例的因变量取值与将该案例剔除后重新拟合的模型以其自变量值代入所求得的预测值的差值。实际上无须像前面那样一遍遍地重新拟合模型求剔除残差,而可以应用下式求取:$d_i=e_i/(1-h_{ii})$,h_{ii}的意义同上,本例第一个案例的剔除残差为-1.455 6。

5. 学生化剔除残差

与学生化残差相似,将剔除残差进行t转换得到学生化剔除残差(studentized deleted residuals),其计算公式为$t_i=e_i/\sqrt{\mathrm{MSE}_{(i)}(1-h_{ii})}$,式中$\mathrm{MSE}_{(i)}$为剔除第$i$个案例后重新拟合模型的均方误差。本例的第一个案例的剔除残差为-1.259 3。

6.4.2 利用残差考察模型适用条件

1. 残差种类

前面提到线性回归模型的适用条件均可以通过对残差进行分析来判断,这也是残差最重要的用途。除此之外,残差还可以用于判断是否还需要向已建立的模型中继续引入新的变量,以及用于识别异常值(outlier,残差过大的可能为异常值,详细内容见后)等。前面介绍的5种残差用于残差分析时的效果基本相同,这里仅以常用的标准化残差为例予以说明。线性回归模型的典型残差图主要有如图6.10所示的这4种。很明显,第一幅残差图最理想,说明残差不随自变量取值水平的改变而改变;第二幅残差图说明因变量y与自变量x_i的关系不是线性关系,在拟合模型时可能要考虑其他函数形式,如引进x_i的二次项等;第三幅残差图说明残差的变异程度随x_i变化而变化,方差不齐同,需要对x_i进行变量变换;第四幅残差图反映了残差可能与时间(或其他某种序列,或其他未引入模型的变量)有关,模型中还有别的变量需要引入。

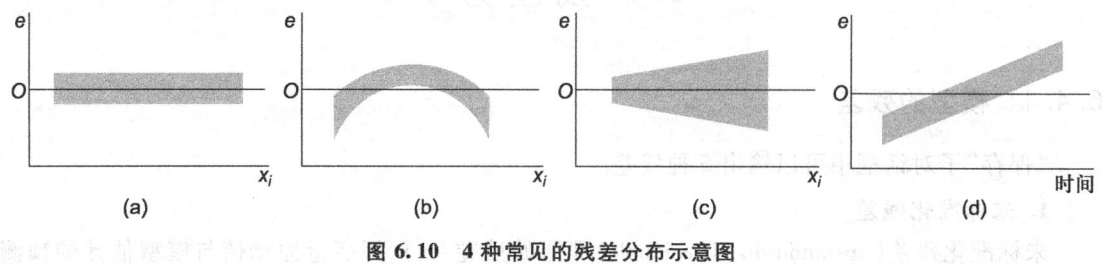

图6.10 4种常见的残差分布示意图

2. 如何进行残差分析

下面就如何应用残差分析判断线性回归模型的适用条件是否具备予以简单介绍。

(1) 判断自变量与因变量之间是否存在线性关系。除前面介绍的绘制散点图矩阵外,还可以通过绘制残差与该自变量的散点图进行判断,而且其效率高于散点图矩阵。对例 6.1 绘制非标准化残差与 x_1、x_2 的散点图,如图 6.11 所示,可以看出各点基本平均分布在 0 这条水平线的两边,没有明显的偏正或偏负的趋势,说明当前模型结构所假设的销售收入与城市年轻人人数、人均可支配收入之间呈线性关系是正确的。

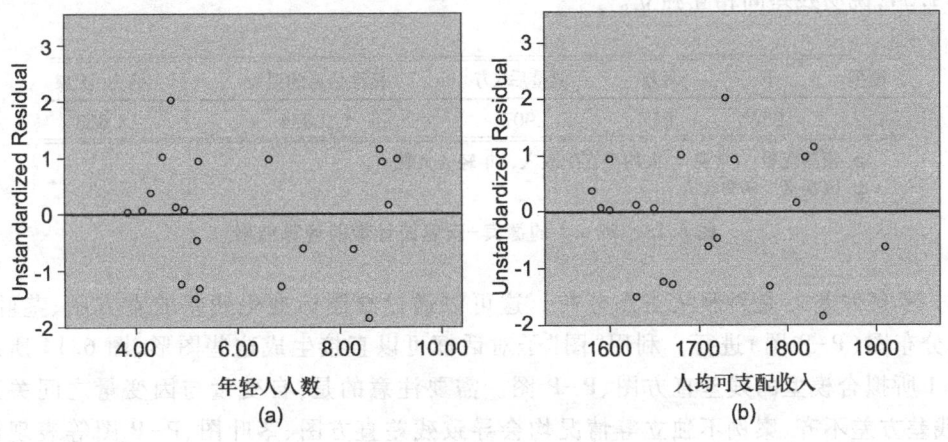

图 6.11 非标准化残差与 x_1、x_2 的散点图

(2) 判断各案例间是否相互独立,即任意两个案例残差的协方差为 0。这一点主要考察当各案例间在时间或地理上有一定次序时,残差值的大小是否会随着次序的变化而变化。如果残差随次序呈现出明显的上升或下降趋势,或者呈现出一定的周期性,则有必要考虑是否向模型中引入时间这个因素,甚至直接改用时间序列模型等来分析。

对于残差间是否相互独立,除利用统计图进行直观判断外,还可以利用德宾-沃森(Durbin-Watson)检验进行判断。德宾-沃森统计量可以通过在图 6.12 所示的"统计"子对话框中选中"德宾-沃森"复选框输出,用于检验残差中是否存在自相关。自相关表示各观测间是相关的。

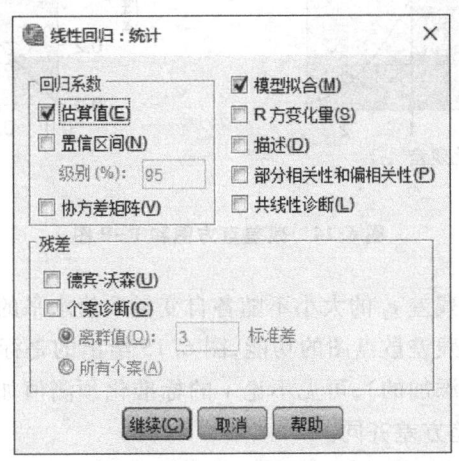

图 6.12 多重线性回归过程的"统计"子对话框

该统计量的取值在 0~4 之间,2 代表完全无自相关,越接近 0 或者 4,就表示正向或负向自相关越强。该统计量共有两个界值,以接近 0 的一侧为例,若超出界值上界,则说明残差间相互独立;若低于界值下界,则说明残差间存在正向自相关;若在界值之间,则建议增加样本量。具体界值可以查相应的统计用表,要求不高时也可以粗略对其进行判断。一般地,该统计量在 1~3 之间取值时,自相关的问题都不大。例 6.1 的德宾-沃森统计量的计算结果如图 6.13 所示,查表可知界值为 1.54,说明残差间相互独立。

模型	R	R方	调整后R方	标准估算的误差	德宾-沃森
1	.957[a]	.917	.907	1.10074	1.653

a. 预测变量: (常量), 人均可支配收入, 年轻人人数
b. 因变量: 销售收入

图 6.13　例 6.1 的德宾-沃森统计量的计算结果

(3) 考察残差 e_i 是否服从正态分布。这可以通过绘制标准化残差的直方图、茎叶图、正态概率分布图(P-P 图)进行。利用"图"子对话框可以直接生成这些图形,图 6.14 所示的就是例 6.1 所拟合模型的残差直方图、P-P 图。需要注意的是,自变量与因变量之间关系并非线性、残差方差不齐、案例不独立等情况均会导致残差直方图、茎叶图、P-P 图等表现出非正态。因此,建议在确认残差符合线性回归的其他几个条件后,再来研究残差是否服从正态分布。

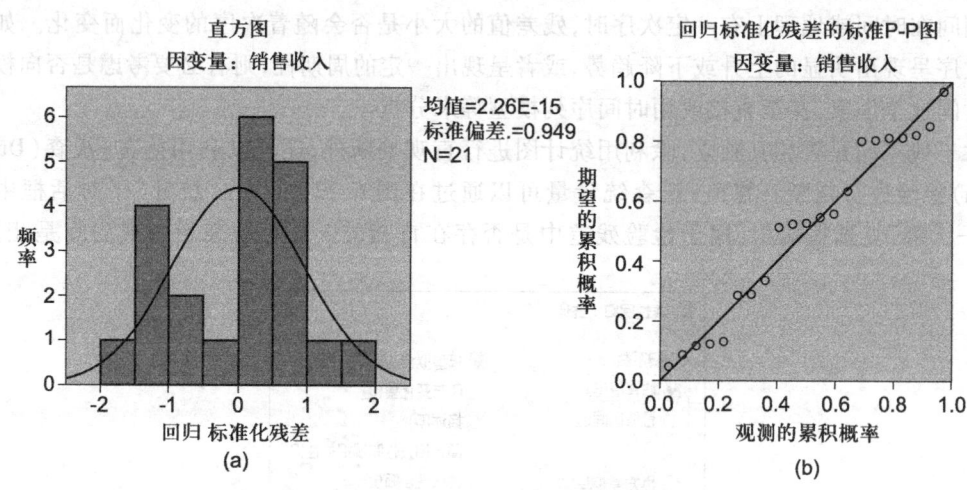

图 6.14　残差直方图和 P-P 图

(4) 考察方差齐性。即残差 e_i 的大小不随各自变量取值水平的改变而改变,"图"子对话框中提供了绘制因变量与各种残差散点图的功能,图 6.15 给出的是标准化残差的散点图(图中的参照线是在图形编辑状态下添加的),可见不论 y 的标准化预测值如何变化,标准化残差的波动范围基本保持稳定,说明残差方差齐同。

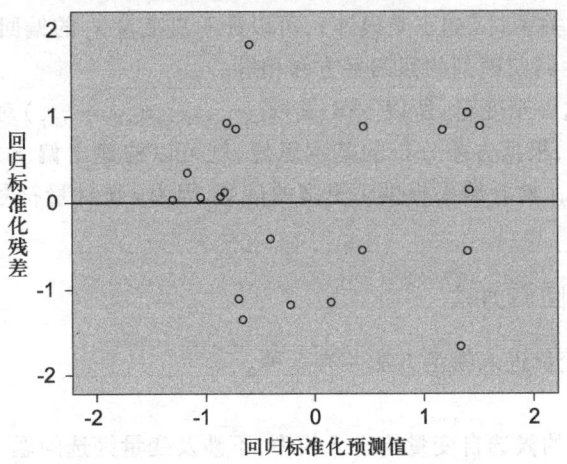

图 6.15 标准化预测值和标准化残差的散点图

6.5 逐步回归

研究者在收集资料时,总是试图尽可能多地收集相关资料,这除了会使调查成本大幅上升之外,还会使研究者在建立回归模型时无所适从,究竟哪些自变量应该引入模型,而哪些自变量不应该引入模型?进行自变量筛选可以在一定程度上解决这个问题。之所以说"一定程度上",是因为一个好的回归模型离不开专业知识的支持,如果从专业的角度不能得到合理的解释,那么得到的结论可能与事实不符。

 逐步回归方法对于当前数据应用的效果较好,但对于相同研究的另一个数据应用则不能保证得到同样的自变量子集。尤其对于样本量较小的数据应用,结果更不稳定。有研究者认为,若获得的模型主要用于预测则可以适当多一些自变量,不推荐直接应用逐步回归得到的简化模型进行预测。

6.5.1 筛选自变量的基本原则

应用统计方法筛选自变量的准则一般有残差平方和准则以及统计量显著性检验准则两种。前者是将自变量个数与残差平方和的值结合起来考虑选取哪些自变量构造模型。例如,以前面介绍的剩余标准差、AIC 准则、C_p 统计量为标准筛选自变量,通常用于最优子集回归,SPSS 的"回归"→"自动线性建模"菜单项提供的就是此类功能。后者则是通过对偏回归系数进行显著性检验,选择有统计学意义的自变量构成模型,这一准则比较常用,也是回归过程提供的方法。

在进行逐步回归之前,先介绍偏回归平方和的概念。顾名思义,与偏回归系数类似,偏回归平方和就是在回归模型中存在 $p-1$ 个自变量的情况下,再引入第 p 个自变量时模型回归平方和的改变量。这里考虑了一个限制条件,即在模型中已包含 $p-1$ 个自变量的情况下,所以偏回归平方和也称为条件平方和。自变量 x_i 的偏回归平方和为

$$\text{SSR}(x_i | x_1, \cdots, x_{i-1}, x_{i+1}, \cdots, x_p) = \text{SSR}(x_1, \cdots, x_p) - \text{SSR}(x_1, \cdots, x_{i-1}, x_{i+1}, \cdots, x_p)$$

偏回归平方和的大小不仅取决于该变量本身,还取决于模型中引入的其他变量。当 p 个自

变量间不存在线性相关关系时(如正交设计),可以证明自变量 x_i 的偏回归平方和与对因变量拟合仅包含 x_i 的简单线性回归模型的回归平方和相等。

由于只增加了 x_i 这一个变量,所以 SSR($x_i | x_1, \cdots, x_{i-1}, x_{i+1}, \cdots, x_p$) 对应的自由度等于 1。二者相除得到偏回归均方,根据方差分析的基本思想,就可以构建出偏 F 统计量,从而进行检验。可以证明,$F_i = t_i^2$。但是,t 检验结果提供了更多的信息,因为 t 统计量符号可正可负,而偏 F 统计量只可能为正数。

6.5.2 常用的逐步回归方法

SPSS 中提供的自变量进入模型方法共有 5 种。

1. 进入法(enter)

所有选入自变量框的候选自变量均进入模型,不涉及变量筛选问题,为默认选项。

2. 向前法(forward)和向后法(backward)

向前法的基本思路是依次纳入最重要的候选自变量,该方法首先会分别对 p 个候选自变量 $(x_1, x_2, \cdots, x_p)$ 拟合它与因变量的简单线性回归模型,共有 p 个。考察其中有统计学意义的 k 个简单线性回归模型($k \leqslant p$),将 P 值最小的模型所对应的自变量 x_i 首先引入模型。如果所有模型均无统计学意义,则运算过程终止,没有模型被拟合。第二步是在已经引入模型的 x_i 的基础上,再分别拟合引入模型外的 $p-1$ 个自变量的线性回归模型。即自变量组合为 $x_i + x_1, \cdots, x_i + x_{i-1}, x_i + x_{i+1}, \cdots, x_i + x_p$ 的 $p-1$ 个线性回归模型。将 $x_1, \cdots, x_{i-1}, x_{i+1}, \cdots, x_p$ 等 $p-1$ 个自变量中 P 值最小且有统计学意义的那个自变量 x_j 引入模型。如此反复进行,直至模型外的自变量均无统计学意义。

向后法的基本思路则是依次剔除最不重要的候选变量,该方法会首先对因变量拟合包含全部 p 个候选自变量的线性回归模型,然后按照与向前法相反的逻辑依次剔除 P 值最大且无统计学意义的变量。如此反复进行,直至模型中剩余的所有自变量均有统计学意义。

3. 逐步回归法(stepwise)

逐步回归法是将上面两种方法结合起来筛选自变量的方法。它的前两步与前进法相同。第三步是考察第一步引入模型的自变量 x_i 是否仍有统计学意义,若没有统计学意义,则将其剔除出模型。随后拟合包含第二步引入模型的自变量 x_j 与除 x_i 外的 $p-2$ 个自变量的模型,将其中 P 值最小且有统计学意义的自变量引入模型。此时若没有自变量有统计学意义,则运算过程终止,SPSS 给出仅包含自变量 x_j 的模型参数估计结果。如果第一步引入模型的自变量 x_i 有统计学意义,则进行第四步,在模型引入自变量 x_i, x_j 的基础上继续拟合包含其他 $p-2$ 个自变量的回归模型,考察剩余的 $p-2$ 个自变量是否有统计学意义。引入 P 值最小且有统计学意义的自变量。如果剩余的 $p-2$ 个自变量均无统计学意义,则运算过程终止。如此反复进行,直至模型外的自变量均无统计学意义,而模型内的自变量均有统计学意义。由此可见,与向前法、向后法相比,逐步回归是比较"负责任"的,每向模型引入一个新变量,均要考察原来在模型中的自变量是否还有统计学意义,是否可以被剔除。

4. 删除法(remove)

规定为 remove 的自变量将被强制剔除出模型,但 SPSS 会给出将其引入模型时的参数估计及检验结果。该方法实际上需要将变量分块(block)的方式与其他方法联合使用,详细内容见后。

可以通过线性回归主对话框"自变量"框上方的"上一张""下一张"组合按钮将自变量分为不同的"块",并且在不同块中指定不同的自变量引入方法,以满足复杂的变量筛选需求。

补充说明以下几点。

(1) 上面筛选操作中的界值均以"选项"子对话框中设定的 P 值或 F 值筛选标准为准。

(2) 当线性回归模型中包含的自变量组合不同时,对于同一个自变量偏回归系数的统计学检验结果是不同的。所以在逐步回归过程中,有的自变量在前面几步运算过程中被引入模型,但在后面的运算过程中却可能被剔除出模型,甚至理论上存在出现循环的可能性。

(3) 向前法、向后法、逐步回归法的侧重点不同。当自变量间不存在简单线性相关关系时,三种方法的计算结果一致。当自变量间存在一定的简单线性相关关系时,前进法侧重于向模型中引入单独作用较强的变量,向后法侧重于向模型中引入联合作用较强的变量。逐步回归法则介于两者之间。

6.5.3 案例:固体垃圾排放量与土地种类的关系

例 6.2 本例来自 Golueke 和 McGauhey 1970 年对美国 40 个城市的固体垃圾排放量(吨)的调查资料,所关心的问题是不同种类土地使用面积(单位:英亩)与固体垃圾排放量之间的关系。可能的影响因素有工业企业用地(indust)、金属制造业用地(metals)、运输、批发企业用地(trucks)、零售业用地(retail)、宾馆、餐饮业用地(restrnts)。试进行逐步回归分析。数据文件为waste.sav。

在这里本例仅被用来演示逐步回归法的输出结果,因此略去散点图观察和残差分析等内容,具体的建模操作非常简单,在线性回归主对话框中,将 waste 选入因变量框,将 indust、metals、trucks、retail、restrnts 选入自变量框,然后在"方法"下拉列表中选择"步进"即可。

图 6.16 说明分析过程中一共建立过 4 个回归模型,这些模型中依次被引入的变量首先是宾馆、餐饮业用地,其次是运输、批发企业用地,等等。并且在引入新变量后,原来模型中引入的变量均保持有统计学意义,因而没有自变量被剔除出模型。引入、剔除变量的标准为 SPSS 系统默认的 P 值,分别为 0.05 和 0.10。

模型	输入的变量	除去的变量	方法
1	宾馆、餐饮业用地	.	步进(条件:要输入的F的概率<=.050,要除去的F的概率>=.100)。
2	运输、批发企业用地	.	步进(条件:要输入的F的概率<=.050,要除去的F的概率>=.100)。
3	工业企业用地	.	步进(条件:要输入的F的概率<=.050,要除去的F的概率>=.100)。
4	零售业用地	.	步进(条件:要输入的F的概率<=.050,要除去的F的概率>=.100)。

a. 因变量:固体垃圾排放量

图 6.16 输入/移去的变量

图 6.17 分别输出所拟合的 4 个模型的复相关系数、决定系数、调整后的决定系数、剩余标准差的估计值,注意其中调整后的决定系数也是持续上升的。

图 6.18 所示的 ANOVA 表分别检验拟合的 4 个模型中是否所有偏回归系数全为 0。为节约篇幅,这里删除了所有模型的残差、总计这两行输出。可见 4 个模型均有统计学意义。

模型	R	R方	调整后R方	标准估算的误差
1	.823a	.677	.669	.20808
2	.896b	.803	.792	.16478
3	.908c	.825	.811	.15732
4	.921d	.849	.831	.14847

a. 预测变量：(常量),宾馆、餐饮业用地
b. 预测变量：(常量),宾馆、餐饮业用地,运输、批发企业用地
c. 预测变量：(常量),宾馆、餐饮业用地,运输、批发企业用地,工业企业用地
d. 预测变量：(常量),宾馆、餐饮业用地,运输、批发企业用地,工业企业用地,零售业用地

图 6.17　模型汇总

模型		平方和	自由度	均方	F	显著性
1	回归	3.450	1	3.450	79.685	.000a
2	回归	4.091	2	2.045	75.329	.000b
3	回归	4.204	3	1.401	56.621	.000c
4	回归	4.324	4	1.081	49.037	.000d

a. 预测变量：(常量),宾馆、餐饮业用地
b. 预测变量：(常量),宾馆、餐饮业用地,运输、批发企业用地
c. 预测变量：(常量),宾馆、餐饮业用地,运输、批发企业用地,工业企业用地
d. 预测变量：(常量),宾馆、餐饮业用地,运输、批发企业用地,工业企业用地,零售业用地
e. 因变量：固体垃圾排放量

图 6.18　ANOVA 表

图 6.19 输出了各模型中自变量的偏回归系数估计值,具体解释请参见前面的有关章节。请注意随着新变量的引入,原有变量的偏回归系数估计值均在发生变化。

模型		未标准化系数		标准化系数	t	显著性
		B	标准误差	Beta		
1	(常量)	.147	0.42		3.495	.001
	宾馆、餐饮业用地	.010	.001	.823	8.927	.000
2	(常量)	.128	.034		3.805	.001
	宾馆、餐饮业用地	.008	.001	.675	8.542	.000
	运输、批发企业用地	.000	.000	.384	4.857	.000
3	(常量)	.134	.032		4.177	.000
	宾馆、餐饮业用地	.008	.001	.689	9.096	.000
	运输、批发企业用地	.000	.000	.449	5.519	.000
	工业企业用地	-3.736E-5	.000	-.165	-2.142	.039
4	(常量)	.123	.031		4.014	.000
	宾馆、餐饮业用地	.013	.002	1.078	5.936	.000
	运输、批发企业用地	.000	.000	.534	6.282	.000
	工业企业用地	-5.223E-5	.000	-.231	-2.959	.006
	零售业用地	-.001	.000	-.441	-2.328	.026

a.因变量：固体垃圾排放量

图 6.19　系数表

图 6.20 是逐步回归法新增的输出,给出了每个模型中被排除在外的自变量的偏回归系数估计值、偏相关系数、多重共线容忍度(tolerance,详见 6.6 节)。注意这里的偏相关系数指的是在现有模型基础上进一步引入该自变量时的偏相关系数。

模型		输入Btea	t	显著性	偏相关	共线性统计 容差
1	工业企业用地	-.007[a]	-.072	.943	-.012	.946
	金属制造业用地	.333[a]	4.262	.000	.574	.960
	运输、批发企业用地	.384[a]	4.857	.000	.624	.853
	零售业用地	.069[a]	.291	.772	.048	.154
2	工业企业用地	-.165[b]	-2.142	.039	-.336	.815
	金属制造业用地	.034[b]	.195	.846	.033	.179
	零售业用地	-.238[b]	-1.224	.229	-.200	.139
3	金属制造业用地	.059[c]	.355	.724	.060	.178
	零售业用地	-.441[c]	-2.328	.026	-.366	.121
4	金属制造业用地	.045[d]	.283	.779	.048	.178

a. 模型中的预测变量:(常量),宾馆、餐饮业用地
b. 模型中的预测变量:(常量),宾馆、餐饮业用地,运输、批发企业用地
c. 模型中的预测变量:(常量),宾馆、餐饮业用地,运输、批发企业用地,工业企业用地
d. 模型中的预测变量:(常量),宾馆、餐饮业用地,运输、批发企业用地,工业企业用地,零售业用地
e. 因变量:固体垃圾排放量

图 6.20　已排除的变量

6.6　模型的进一步诊断与修正

6.6.1　强影响点的识别与处理

顾名思义,强影响点是指对多重线性回归模型的参数估计有较强影响的数据点。由于多重线性回归采用最小二乘法进行参数估计,因此对所有案例均一视同仁。当数据中存在远离多维空间数据主体的案例时,它们将导致拟合的多重线性回归模型偏向该数据点。对于强影响点进行识别是进行多重线性回归时另一个应当注意的重要问题。

> 一般称严重偏离既定模型的数据点为异常点(即 Y 空间的异常点),远离数据主体的数据点为高杠杆点(即 X 空间的异常点),对统计推断影响特别大的数据点为强影响点。其中异常点和高杠杆点都有可能形成强影响点。

1. 通过残差判断强影响点

前面提到各种类型的残差中以标准化残差最为常用。一般地,标准化残差大于 3 时就要高度怀疑该案例为强影响点。回归过程的"统计"子对话框中提供了"个案诊断"(casewise diagnostics)复选框,用于在结果中输出可能为强影响点的案例编号及相关统计量。对于例 6.2,没有案

例的残差绝对值超过 3 倍标准差,如果要求输出绝对值为 2 倍标准差以上的残差值,则结果如图 6.21 所示,可见第 8 个案例的标准化残差为 -2.105。

个案号	标准残差	固体垃圾排放量	预测值	残差
8	-2.105	.65	.9637	-.31253

a. 因变量:固体垃圾排放量

图 6.21 个案诊断

2. 强影响点统计量

除残差之外,"保存"子对话框中的"影响统计"(influence statistics)框组还提供了一系列用于识别强影响点的统计量。

(1) DfBeta。设从数据库中剔除第 i 个案例后,其预测值为 $\hat{y}_{i(i)}$,自变量偏回归系数向量为 $\boldsymbol{b}_{(i)}$,多重线性回归模型的均方误差为 $MSE_{(i)}$,此时自变量矩阵为 $\boldsymbol{X}_{(i)}$,剔除残差为 d_i。有 $DfBeta(\boldsymbol{b}_{(i)j}) = b_j - b_{(i)j}$。式中 b_j 为包含第 i 个案例时多重线性回归模型中第 j 项的参数估计,$b_{(i)j}$ 为不包含第 i 个案例时多重线性回归模型中第 j 项的参数估计。

(2) 标准化 DfBeta。该统计量为 $DfBeta(\boldsymbol{b}_j)$ 的标准化值,即 $DfBeta(\boldsymbol{b}_j)/\sqrt{MSE_{(j)} h_{jj}}$,式中 h_{jj} 为矩阵 $\boldsymbol{H} = \boldsymbol{X}(\boldsymbol{X}^T\boldsymbol{X})^{-1}\boldsymbol{X}^T$ 中与模型中第 j 项相对应的第 j 行、j 列元素。

(3) DfFit。$DfFit_{(i)} = \hat{y}_i - \hat{y}_{i(i)}$,式中 $\hat{y}_i$ 为包含第 i 个案例时多重线性回归模型对该案例因变量的预测值,$\hat{y}_{i(i)}$ 为将该案例自变量值代入不包含该案例时多重线性回归模型计算的因变量估计值。

(4) 标准化 DfFit。该统计量为 $DfFit_{(i)}/\sqrt{MSE_{(i)} h_{ii}}$,式中 h_{ii} 为矩阵 $\boldsymbol{H}$ 中与模型中第 i 项对应的第 i 行、第 i 列元素。

显然,对于上面 4 个统计量,其值越大,说明该案例越可能为强影响点。对于标准化 DfFit 而言,当其值大于 2 时,就可以怀疑该案例为强影响点。Belsley、Kuh 和 Welsch 提出根据样本量校正准则,该准则可以修改为 $2\sqrt{p/n}$,p 为模型中参数的个数,n 为样本量。

(5) 协方差比率(covariance ratio)。该统计量为不包含该案例与包含该案例时因变量观测值的方差-协方差矩阵定义的行列式的值(determinant)的比值。Belsley、Kuh 和 Welsch 提出 $|CV-1| \geq 3p/n$ 的案例可能为强影响点,具体计算公式如下:

$$\text{cov ratio} = \det(MSE_{(i)}(\boldsymbol{X}_{(i)}^T\boldsymbol{X}_{(i)})^{-1})/\det(MSE(\boldsymbol{X}^T\boldsymbol{X})^{-1})$$

式中 $\boldsymbol{X}_{(i)}$ 为不包括当前案例的数据库中所有其他案例的自变量矩阵。

3. 强影响点的处理方法

当检测到数据库中存在强影响点时,可以通过以下途径予以解决。

(1) 首先考虑该案例是否为数据记录、录入时产生的错误。如果是,则予以改正。对于查不到原始案例不能予以修正的记录,应将其删除。

(2) 考虑该案例是否与数据库中的其他案例分属不同亚群,如果该案例与其他案例明显不同,则它实际上代表了另一个不同的总体,也可以考虑将其删除。

(3) 如果以上两条均不满足,则不宜武断地将该案例删除,而应再次审核散点图矩阵,考察所拟合的模型对当前数据库是否合适,若不合适则考虑拟合其他形式的模型予以修正。

(4) 在模型形式不需要修正时,考虑换用能够弱化强影响点作用的各种稳健回归(robust regression)方法,如加权最小二乘法。可以先做一次普通最小二乘法的多重线性回归,并将模型残差保存为新变量,然后将残差作为加权变量,进行加权最小二乘法回归分析。此外,最小一乘法、稳健回归、分位数回归、非参数回归(nonparametric regression)等建模时能够弱化强影响点作用的方法也可以使用。

(5) 实际情况允许时可以增加样本量,样本量的增加可以适当弱化强影响点的作用。

6.6.2 多重共线性的识别与处理

1. 存在多重共线性时的模型表现

多重共线性指自变量间存在线性相关关系,即一个自变量可以用其他一个或几个自变量的线性表达式进行表示。若存在多重共线性,计算自变量的偏回归系数 $\beta = (X'X)^{-1}X'Y$ 时,矩阵 $(X'X)$ 不可逆,导致 β 存在无穷多个解或无解。实际分析中模型主要有以下几种表现。

(1) 整个模型的检验结果为 $P \leq \alpha$,但各自变量的偏回归系数的检验结果却为 $P > \alpha$。

(2) 专业上认为应该有统计学意义的自变量检验结果却无统计学意义。

(3) 自变量的偏回归系数的取值大小甚至符号明显与实际情况相违背,难以解释。

(4) 增加或删除一个自变量或一个案例,自变量偏回归系数发生较大变化。

以上情况最终使所得到的线性回归模型,特别是其中的偏回归系数难以有合乎专业知识的解释。例如,在例 6.2 的分析结果中,零售业用地和工业企业用地的偏回归系数为负,这显然不太符合用地越大垃圾越多的常识,也与这两个变量单独和因变量计算的偏回归系数符号相反,因此有可能是共线性所导致的。

⚠ 需要注意的是,多重共线性的存在不一定必然影响模型的使用价值,且理论上共线性不应当降低模型的预测效果,其影响主要是使模型的偏回归系数发生改变,从而无法得到专业上合理的解释。

2. 多重共线性的识别

一般而言,共线性的识别可以直接依据偏回归系数是否符合专业知识来加以判断,如果出现如例 6.2 中零售业用地偏回归系数的异常情况,则高度怀疑存在共线性。此外,在回归过程的"统计"子对话框中可以要求计算自变量间的相关系数矩阵以判断它们之间是否存在多重共线性,该对话框中的"共线性诊断"(collinearity diagnostics)复选框则可以对模型的共线性情况进行深入分析,主要提供以下统计量。

(1) 容忍度(tolerance)。某自变量的容忍度等于 1 减去以该自变量为因变量,以模型中其他自变量为自变量所得到的线性回归模型的决定系数。显然,容忍度越小,多重共线性越严重。有研究者提出当容忍度小于 0.1 时,存在严重的多重共线性。从图 6.22 所示的结果看,可以认为整体而言共线性对于本例并不是一个严重的问题。

(2) 方差膨胀因子(variance inflation factor, VIF),即容忍度的倒数。一般认为方差膨胀因子不应大于 5,对应容忍度的标准,也可以放宽至不大于 10。

(3) 特征值(eigenvalue)。对模型中常数项及所有自变量提取主成分,如果自变量间存在较

模型		未标准化系数		标准化系数	t	显著性	共线性统计	
		B	标准误差	Beta			容差	VIF
4	(常量)	.123	.031		4.014	.000		
	宾馆、餐饮业用地	.013	.002	1.078	5.936	.000	.131	7.620
	运输、批发企业用地	.000	.000	.534	6.282	.000	.600	1.667
	工业企业用地	-5.223E-5	.000	-.231	-2.959	.006	.708	1.412
	零售业用地	-.001	.000	-.441	-2.328	.026	.121	8.297

a. 因变量：固体垃圾排放量

图 6.22 系数表

强的线性相关关系,则前面的几个主成分数值较大,而后面的几个主成分数值较小,甚至接近 0,详见第 13 章有关主成分分析的内容。

(4) 条件指数(condition index)。它等于最大的主成分与当前主成分的比值的算术平方根,所以第一个主成分对应的条件指数总为 1。同样,如果几个条件指数较大(如大于 30),则提示存在多重共线性。

(5) 变异构成(variance proportion)。回归模型中各项(包括常数项)的变异能被各主成分解释的比例,或者说各主成分对模型中各项的贡献。如果某个主成分对两个或多个自变量的贡献均比较大(如大于 0.5),则说明这几个自变量间存在一定程度的共线性。

由图 6.23 可以看出,对于本例,此时引入的自变量为宾馆、餐饮业用地,运输、批发企业用地,工业企业用地,零售业用地。其中第 5 个主成分对宾馆、餐饮业用地和零售业用地的贡献均为 96%,提示这些变量间可能存在一定程度的共线性。实际上,如果考察自变量间两两的相关系数,就会发现宾馆、餐饮业用地和零售业用地的相关系数高达 0.92,而工业企业用地也和另外两个变量有一定的相关性,因此基本可以确认前述偏回归系数异常应当是共线性所致。

模型	维	特征值	条件指标	方差比例				
				(常量)	宾馆、餐饮业用地	运输、批发企业用地	工业企业用地	零售业用地
4	1	3.110	1.000	.03	.01	.03	.02	.01
	2	.869	1.892	.02	.01	.07	.45	.01
	3	.562	2.353	.65	.00	.20	.06	.01
	4	.418	2.728	.22	.03	.54	.31	.01
	5	.042	8.643	.07	.96	.16	.16	.96

a. 因变量：固体垃圾排放量

图 6.23 共线性诊断

3. 发现多重共线性时的处理方法

如果共线性的存在使模型失去实际价值,一般而言最佳的处理办法是基于专业知识,直接确认优先选择哪些变量进入模型,而将相对次要的共线性变量剔除出模型。当专业知识无法给出明确的取舍信息时,可以通过以下统计方法予以处理。

(1) 逐步回归法。使用逐步回归法可以在一定程度上筛选存在多重共线性的自变量组合中对因变量变异解释较大的变量,而将解释较小的变量排除在模型之外。但是当共线性比较严重时,变量自动筛选的方法并不能完全解决问题,例 6.2 就是如此。

(2) 岭回归法。这种方法为有偏估计,但能够有效地解决共线性问题,详见第 7 章。

(3) 主成分回归法。从存在多重共线性的自变量组合提取主成分,然后将较大的(如大于1)几个主成分与其他自变量一起进行多重线性回归,得出主成分回归系数,再根据主成分表达式反推出原始自变量的参数估计值。这种方法的代价是在提取主成分时会丢失一部分信息,收益则是大大降低了共线性对参数估计值的扭曲,而且自变量间的多重共线性越强,提取主成分时丢失的信息就越少。详见第 13 章有关主成分分析的内容。

6.6.3 回归模型结果解释时应注意的问题

在进行回归模型结果解释时研究者需要注意以下几个问题。

1. 研究类型

研究类型对于回归模型的结果解释及具体应用有相当重要的意义。一般地,研究工作可以分两大类:实验研究(experiment study),研究者对感兴趣的变量加以控制,通过随机化将其他可能对因变量产生影响的变量在不同亚群间平衡掉。此时模型引入哪些自变量要根据研究设计来决定,即使无统计学意义也不宜随意剔除;观察性研究(observational study),此时研究者不能对感兴趣的变量进行控制,而仅仅是观察,如对性别、年龄等进行观察和记录,然后加以分析。在对这种研究类型的数据进行分析时,变量是否引入/剔除出模型在很大程度上依赖于检验结果和专业知识的结合。

2. 背景条件

当今社会发展迅速,在应用多重线性回归模型进行预测时,要注意不同时间拟合模型的背景因素是否仍保持不变。例如,20 世纪 80 年代人们看电视时间与其文化程度、年龄之间的关系,与现在这些变量间的关系肯定不一样了,因为现在电视普及率远高于以前。

3. 模型中自变量的数据来源

有时对因变量进行预测时,模型中的某些(个)自变量是通过另外的途径估计或通过其他模型预测得到的。例如,在进行每年出生人数预报时,采用的变量之一是每年的结婚人数,根据他们在婚后不同年份生育时间的分布,对第二年的出生人数进行预测。这样出生人数的预测精度将在很大程度上依赖于对来年结婚人数预测的准确性。

4. 进行预测时需要保证自变量的取值范围仍在观测的取值范围之内,不能随意外延

例如,对青少年建立身高和年龄的回归模型,如果将年龄取值外延到成年人,该模型显然不适用。但当自变量数量较多时,这一点常常难以确认。一般地,可以将待预测的新案例各自变量取值分别减去它们的平均值,如果符号与这几个自变量的偏回归系数符号完全相同或完全相反,则问题不大。如果有的相同,有的相反,则应谨慎从事,很可能会出现超出取值范围的情况。

总之,建立一个"完美"的线性回归模型是一个需要反复进行的过程,不能指望一蹴而就。

6.7 自动线性建模

6.7.1 界面说明

从本章前面的讲解可知,回归分析绝不是简单地拟合出回归模型,随后还要进行残差分析、共线性诊断等一系列复杂的模型诊断操作。对于初学者而言这显然是难以掌握的。而且如果再考虑分类变量的哑变量化、曲线直线化、缺失值的处理等问题,显然就已经远远超出初学者的能力范畴。在目前各种业务系统累积的数据量激增,越来越多的业务人员需要基于大量数据进行预测分析的背景之下,这一问题变得越来越突出。

作为将软件易用性摆在重要位置的统计软件,SPSS 在这方面做了很多努力,在大数据量的前提下,除了推出基础教程中介绍过的变量最优离散化过程、自动准备建模数据过程等智能数据转换工具来减轻使用者的负担外,在应用范畴最广的回归模型领域还推出了自动线性建模过程,从而将各种最新的智能分析和自动分析技术,以最简明易懂的形式直接提供给用户。

由于读者已经对线性回归模型有了全面的了解,这里直接借助对其操作界面的解释来介绍线性自动建模的各种功能。

1. "字段"选项卡

"字段"选项卡如图 6.24(a)所示,用于选择模型中的自变量和因变量,其中因变量必须为连续变量,而自变量则没有任何限制,分析时 SPSS 会对其自动做相应处理。

2. "模型选项"选项卡

"模型选项"选项卡如图 6.24(b)所示,可以直接将案例预测值保存到数据集,也可以将模型导出为 XML 格式文件,随后再使用评分向导对其他数据集进行预测。

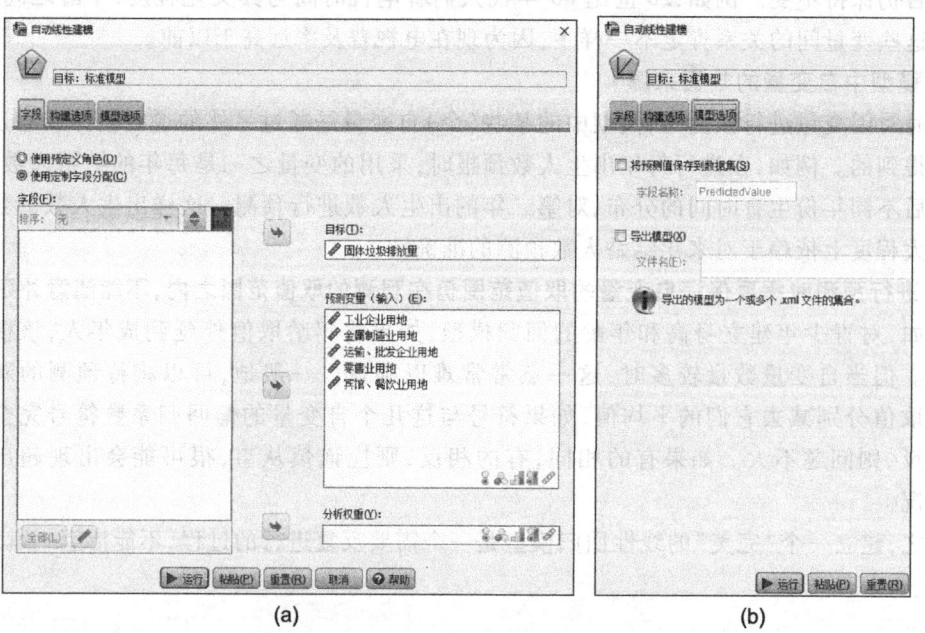

图 6.24 自动线性建模过程的"字段"选项卡和"模型选项"选项卡

3. "构建选项"选项卡的"目标"项

"构建选项"选项卡的"目标"项如图 6.25(a)所示,分析目标可以是创建一个标准模型;或者利用 Boosting 来增强模型准确性,该方法会产生连续多个基于该数据集的"成分模型",每个成分模型都会对前一个模型预测效果较差的那些案例进行优化,以得到更精确的结果,而所有模型将会采用某种算法进行综合,以形成最终的预测用模型;如果更倾向于增强模型的稳定性,则可以使用 Bagging(即 Bootstrap)方法来构建基于 Bootstrap 抽样方法的稳健模型;最后,在有 IBM SPSS Statistics 服务器版时,还可以选择将数据集拆分成单独的数据块来构建整体模型,但是后三种方法的耗时均明显多于创建标准模型。

 Bagging 这一名称来自于当代伟大的统计学家 Leo Breiman(1928—2005),指的是将 Bootstrap 方法用于模型整合,Breiman 一生的主要成就是在统计学和机器学习领域之间搭建了桥梁,在本书第 19 章还将学习他的重要贡献:分类树与回归树。对 Bootstrap 方法的原理和应用价值的详细介绍请参见基础教程。

4. "构建选项"选项卡的"模型选择"项

"构建选项"选项卡的"模型选择"项如图 6.25(b)所示,可以将模型选择方法设定为不做变量,包括所有预测变量筛选;也可以设定为向前步进,下方的"向前步进选择"框组则可以设定具体的输入/除去标准、定制最终模型中的最大效应数、定制最大步骤数等。在输入/除去标准方面,除 F 统计量和调整后的 R 方外,还可以使用信息条件(AICc 准则)和过度拟合防止条件(ASE)。前者会针对模型中给定的训练集合进行似然估计,并对过度复杂的模型加以惩罚;后者则基于原始数据集中随机抽取的约 30%的子样本,计算其剩余标准差(即 ASE)以防止模型过度拟合。比较特殊的是最佳子集选择,此时系统将检查"所有可能的"模型,或至少检查可能模型的较大子集(大于"前向步进"方法),并从中筛选出满足相应标准的最佳子集。

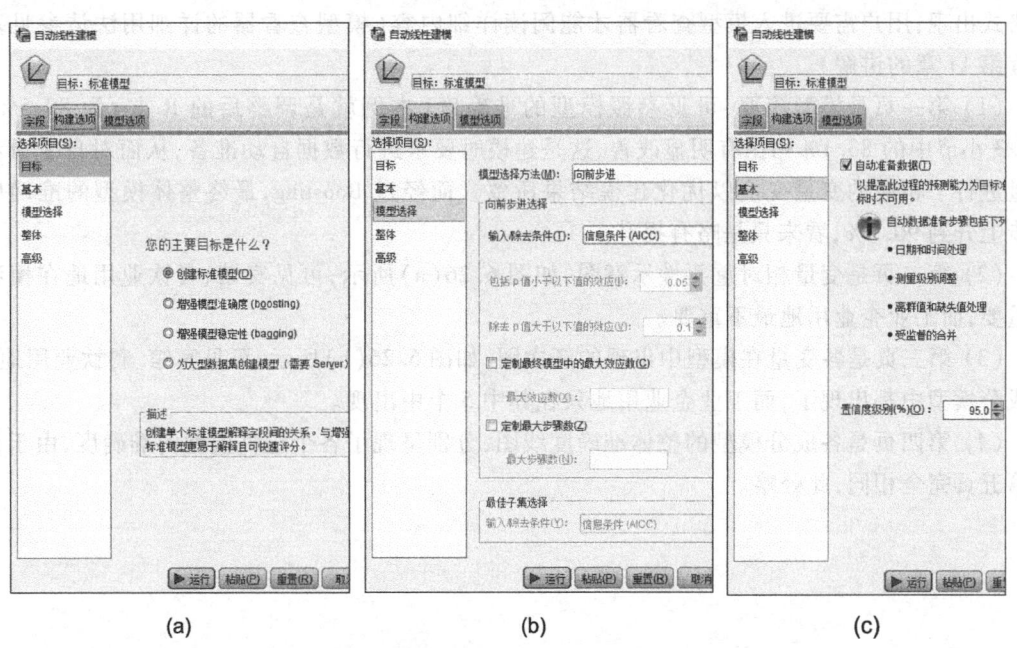

图 6.25 自动线性建模过程的"构建选项"选项卡

> 与向前步进选择相比,最佳子集选择涉及的计算量显然更大,如果该方法再配合 Boosting 或 Bagging 来进行,则需要注意系统的计算资源是否够用。

5. "构建选项"选项卡的其他项

"构建选项"选项卡的其他项如图 6.25(c)所示。可以进行数据自动准备,包括测量级别调整、受监督的合并、离群值和缺失值处理等;"整体"项中可以对进行 Boosting 和 Bagging 时的细节进行调整;"高级"选项卡则可以设定模型使用的随机种子,以便在使用相同随机种子时能够重现分析结果。

6.7.2 案例:生成更高精度的预测模型

这里仍然借助例 6.2 来看一下自动线性建模过程的操作和输出结果。如果只是利用自动线性建模过程生成更为精确的模型,而且只是按照默认的选项,按照向前步进法拟合标准模型,则输出基本和前面相同,只是换成了模型格式而已。这里做更进一步的考虑,使用最优子集筛选方式来查找最优模型,并利用 Boosting 来提升模型的准确性,操作如下。

1. 选择"分析"→"回归"→"自动线性建模"菜单项。
2. 将固体垃圾排放量选入"目标"框,将其他变量保留在"预测变量"框。
3. 在"构建选项"选项卡中,将目标切换为"增强模型准确度",将模型选择方法切换为"最佳子集"。
4. 单击"运行"按钮。

按照系统的默认设置,会生成 10 个成分模型用于 Boosting,因此输出结果中首先会显示模型拟合了 1 个参照模型(即作为基础的模型)和 10 个成分模型。但如果出现无效的成分模型,则会有相应的警告信息出现,本例中最终只使用了 8 个有效的成分模型。随后主要输出内容以模型格式出现,用户需要进入模型查看器才能阅读详细内容(模型查看器的详细用法请参见基础教程第 11 章的讲解)。

(1) 第一页是模型摘要,可见参照模型的准确度(本例就是调整后的 R 方)为 89.5%,与 6.5.3 小节中的 83.1%相比有明显改善,这是建模时要求进行数据自动准备,从而对自变量和因变量进行了相应的变量变换以优化建模结果所致。而经过 Boosting,最终整体模型的准确度进一步上升到 90.2%,看来只是略有提升。

(2) 第二页是变量相对重要性示意图,如图 6.26(a)所示,可见宾馆、餐饮业用地在模型中最重要,而工业企业用地最不重要。

(3) 第三页是各变量在模型中出现的频次图,如图 6.26(b)所示,可见宾馆、餐饮业用地在 8 个成分模型中都出现了,而工业企业用地只在其中 5 个中出现。

(4) 第四页是各成分模型的整体准确度线图,分别呈现了各个组件模型的准确度,由于信息与第五页完全相同,此处略。

6.7 自动线性建模

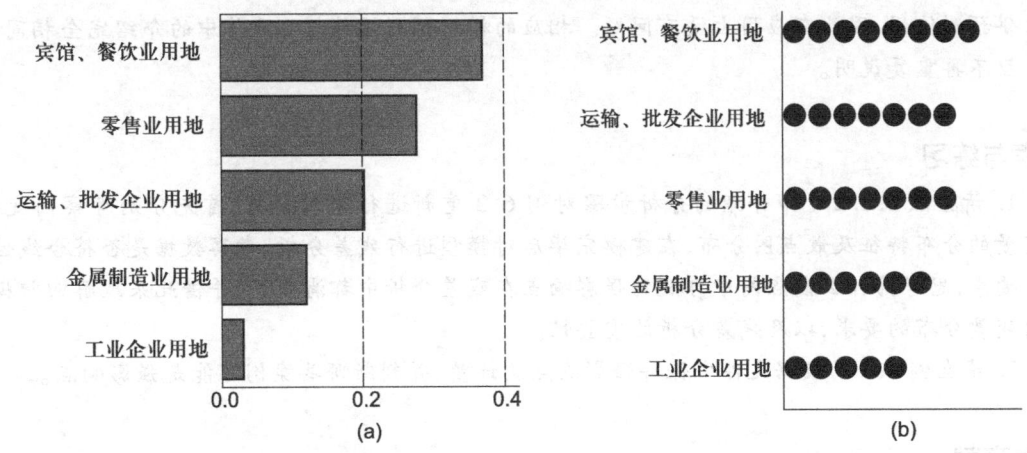

图 6.26 变量相对重要性示意图和各变量在模型中出现的频次图

(5) 第五页给出了成分模型的详细信息，提供了各个成分模型的情况汇总，如图 6.27(a) 所示。可见成分模型 2、3、4 的整体准确度有明显下跌，显然是在考虑更精确地预测前一个模型预测效果不好的案例时模型整体效果出现了偏差。

(6) 第六页给出有关数据自动准备的信息，如图 6.27(b) 所示，可见所有自变量都进行了最优尺度变换，并去除了离群值，这也是为什么当前模型的决定系数要明显优于 6.5.3 小节的原因。

模型	准确性	方法	预测变量	模型大小（系数）	记录
1	89.5%		5	6	40
2	34.3%		3	4	40
3	68.1%		5	6	40
4	79.2%		3	4	40
5	86.7%		5	6	40
6	84.6%		4	5	40
7	80.5%		4	5	40
8	82.9%		4	5	40

(a)

字段	角色	采取的操作
(indust_transformed)	预测变量	去除离群值
(metals_transformed)	预测变量	去除离群值
(restrnts_transformed)	预测变量	去除离群值
(retail_transformed)	预测变量	去除离群值
(trucks_transformed)	预测变量	去除离群值

如果原始字段名为X，则已转换字段显示为 (X_transformed)。原始字段将从分析中排除，而已转换字段则会包括在分析中。

(b)

图 6.27 各成分模型的情况汇总和数据自动准备信息

(7) 第七页是所拟合模型的设定摘要，用于备查，此处略。

可能会有读者感到奇怪，为什么分析结果中看不到模型方程呢？这是因为 Boosting 方法给出的是一系列模型的集合，因此无法列出单一方程，但该模型集合可以被导出为 XML 文件供预测使用,因此在应用上没有问题。相应的模型预测操作与6.3节中的介绍完全相同,这里不再重复说明。

思考与练习

1. 请按照6.1.2小节介绍的分析步骤对例6.2重新进行深入分析,首先分别考察因变量/自变量的分布特征及散点图分布,在建模完毕后对模型进行残差分析,考察数据是否符合线性回归的要求,思考为什么散点图中可疑的强影响点在残差分析中都消失了,并借此来理解回归模型对自变量分布的要求,以及残差分析的重要性。

2. 请在例6.2的数据文件中保存强影响点统计量,并判断哪些案例可能是强影响点。

参考文献

[1] IBM Corp. IBM SPSS Regression 24[CP/OL]. Armonk,NY:IBM Corp,2016.
[2] Neter J,et al. Applied Linear Statistical Models[M]. 4th ed.[S.I.]:McGraw-Hill,1996.
[3] Johnson R A. 实用多元统计分析[M]. 陆璇,等,译. 4版. 北京:清华大学出版社,2001.
[4] 陈峰. 医用多元统计分析方法[M]. 北京:中国统计出版社,2000.
[5] 张文彤. SPSS统计分析基础教程[M]. 3版. 北京:高等教育出版社,2017.

第7章 线性回归的衍生模型

多重线性回归模型在应用时需要满足适用条件,如线性趋势、残差正态性等。但是,在实际分析项目中数据往往不会很好地服从以上假定,此时就需要对数据进行变换使之符合模型需求,或者对模型加以改进使之能够处理相应的数据,总之这是一个模型和数据相互适应的双向过程。本章将介绍一些 SPSS 直接提供的基于线性回归的衍生模型,它们均可以用于处理违反线性回归某些适用条件的数据。

7.1 非直线趋势的处理:曲线直线化

7.1.1 模型简介

在多重线性回归中,各自变量和因变量之间均应呈线性关联趋势。这是线性回归的几个适用条件中最为重要的一个,研究者可以在事前用散点图进行观察,也可以在模型拟合完毕后对残差进行分析。当该条件被违反时,就必须要采取相应的处理措施。其中最简单和最常用的方法就是曲线直线化,其基本原理是对变量进行变换,将曲线方程化为直线回归方程进行分析。例如,通过查阅文献或者观察散点图,研究者发现两个变量的关联可能如下:

$$y = a + b/x$$

其中,a 和 b 均为待估参数,则分析时可以设变量 $z = 1/x$,从而将该方程转化为

$$y = a + bz$$

通过对该方程进行标准的线性回归分析,就可以得到相应参数的估计值。

除了手工进行变量变换再拟合外,为了方便用户使用,SPSS 将一些常用的曲线方程集成到了曲线估算(curve fit)过程中,用户如果需要拟合相应的曲线,只需将原始变量选入,并指定曲线种类,SPSS 就会在后台自动进行变量变换,并将得到的模型方程变换回用原始变量表示的方式。该过程提供 11 种常用的曲线模型,如表 7.1 所示。

表 7.1 曲线估算过程可以拟合的曲线模型

曲线名称	模型表达式
线性(linear)	拟合直线方程,实际上与线性过程的直线回归相同
二次方(quadratic)	拟合二次方程 $Y = b_0 + b_1 X + b_2 X^2$
复合(compound)	拟合复合曲线模型 $Y = b_0 b_1^X$
增长(growth)	拟合等比级数曲线模型 $Y = e^{(b_0 + b_1 X)}$
对数(logarithmic)	拟合对数方程 $Y = b_0 + b_1 \ln X$
立方(cubic)	拟合三次方程 $Y = b_0 + b_1 X + b_2 X^2 + b_3 X^3$

续表

曲线名称	模型表达式
S	拟合 S 形曲线 $Y = e^{(b_0+b_1/X)}$
指数分布(exponential)	拟合指数方程 $Y = b_0 e^{b_1 X}$
逆模型(inverse)	数据按 $Y = b_0 + b_1/X$ 进行变换
幂(power)	拟合乘幂曲线模型 $Y = b_0 X^{b_1}$
Logistic	拟合 Logistic 曲线模型 $Y = 1/(1/u+b_0 b_1^X)$,该线型要求输入上界

7.1.2 案例：通风时间和毒物浓度的曲线方程

例 7.1 根据文献资料,随着通风时间的增加,密闭空间内污染物的浓度呈指数方程下降。现考察某通风设备的换气效果,在室内放置了某种挥发性物质(模拟毒物),待其充分分散到室内空气中后开始通风,每一分钟测量一次室内空气中的毒物浓度,请建立通风时间与空气中毒物浓度的指数方程,数据文件见 curve.sav。

首先还是应当按照标准分析步骤,绘制出通风时间和空气中毒物浓度的散点图,从散点图可见,通风时间和空气中毒物浓度存在着比较明显的关联,但不是直线关联,而是曲线关联。根据文献,已知两者呈指数关系,即已有明确的方程 $y = ae^{b \times time}$,按此方程进行拟合即可。但是,该如何操作？最简单的思路就是对方程两侧均取自然对数：

$$\ln y = \ln a + b \times time$$

这样,如果将 $\ln y$ 看成是新的因变量,将 $\ln a$ 看成是新的常数项,则只需要拟合相应的直线方程,即可得到相应的参数估计值。这里就采用此思路进行操作,首先对因变量 y 取自然对数,随后直接拟合线性回归方程,模型的主要输出如图 7.1 所示。图 7.1 显示变换后变量的直线回归方程的决定系数为 0.961,显然,模型拟合效果相当好。

模型	R	R方	调整后R方	标准估算的误差
1	.980[a]	.961	.958	.29876

a. 预测变量：(常量),通风时间(分)

图 7.1 模型汇总

图 7.2 是对变换后变量所拟合的模型进行的方差分析,结果表明,该模型有统计学意义。

模型		平方和	自由度	均方	F	显著性
1	回归	28.588	1	28.588	320.287	.000[a]
	残差	1.160	13	.089		
	总计	29.749	14			

a. 预测变量：(常量),通风时间(分)
b. 因变量：lny

图 7.2 ANOVA 表

7.1 非直线趋势的处理:曲线直线化

图 7.3 给出了模型中各参数的估计值和检验结果,可见常数项和回归系数均不等于 0,由此可以写出相应的回归方程:

$$\ln \hat{y} = 1.271 - 0.32 \times \text{time}$$

将该方程进行反变换,即可得到原始变量的预测方程:

$$\hat{y} = 3.564 \times \text{time}^{-0.32},\text{其中 } 3.564 = e^{1.271}。$$

模型		未标准化系数		标准化系数	t	显著性
		B	标准误差	Beta		
1	(常量)	1.271	.162		7.831	.000
	通风时间(分)	-.320	.018	-.980	-17.897	.000

a.因变量:lny

图 7.3 系数表

7.1.3 使用曲线估算过程分析

1. 操作说明

曲线关联是经常会遇到的问题,为了方便用户使用,避免总是进行类似的变量变换工作,SPSS 将一些常用的曲线方程集成到了一个统一的过程中,即曲线估算过程。用户如果需要拟合相应的曲线,只需将原始变量选入,并指定曲线种类,SPSS 就会在后台自动进行变量变换,并将得到的模型方程变换回用原始变量表示的方式。下面就使用该过程对例 7.1 进行分析,操作如下。

> 1. 选择"分析"→"回归"→"曲线估算"菜单项。
> 2. 将 y 选入"因变量"框,将 time 选入"变量"框。
> 3. 在"模型"框组中,选中"指数"复选框,去除对"线性"复选框的选择。
> 4. 选中下方的"显示 ANOVA 表"复选框。
> 5. 单击"确定"按钮。

曲线估算过程主对话框如图 7.4 所示,其中可以选入多个因变量,系统会依次拟合多个单因变量模型;自变量则只能选入一个,也可以选择时间作为自变量,如果这样做,则所用的数据应为时间序列数据格式。本例要求输出 ANOVA(方差分析)表,目的是与前面的结果做对照。

2. 结果解释

结果输出中首先是"模型汇总"表格,给出相应模型的复相关系数、决定系数、调整后的决定系数等,内容实际上等价于前面的"模型汇总"表格。随后输出的是对模型整体的方差分析结果,对照可知,内容与上面的 ANOVA 表格完全相同,此处均略。

图 7.5 给出了模型中各系数的估计值和检验结果,虽然输出顺序和内容与前面略有不同,如此处的常数项为 3.565。但由于 $e^{1.271} = 3.564$,可知实际区别在于此处输出的是原始方程的系数,末位误差是手工计算时的四舍五入所至,方程实际上与前面完全相同。通过对两种方法的分析结果进行对照可知,曲线估算实际上就是进行了曲线直线化分析,两者没有任何区别。

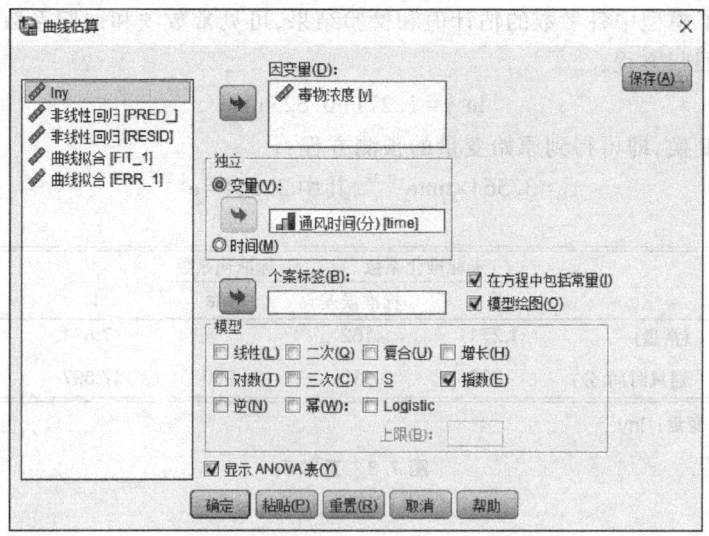

图 7.4 曲线估算过程主对话框

	未标准化系数		标准化系数		
	B	标准误差	Beta	t	显著性
通风时间(分)	-.320	.018	-.980	-17.897	.000
(常量)	3.565	.579		6.160	.000

因变量ln(毒物浓度)。

图 7.5 系数表

图 7.6 所示的是实测值和模型预测值相对照的线图,可见模型的拟合效果还是比较好的。但是在浓度较高的部分似乎预测值有些偏高,对该问题的深入讨论详见第 8 章。

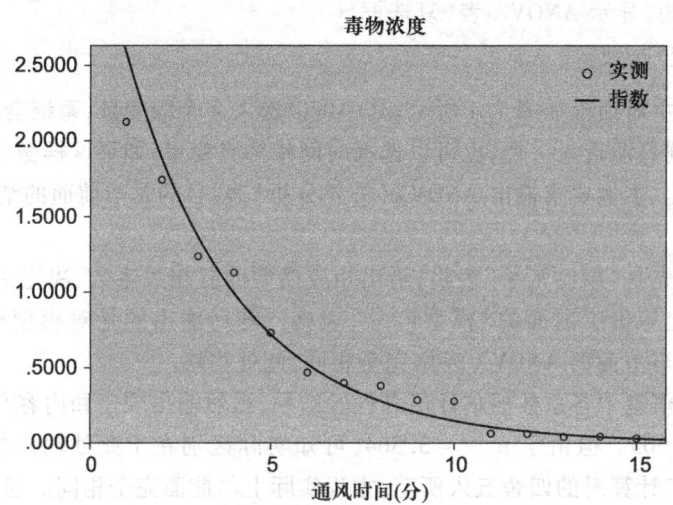

图 7.6 实测值和模型预测值相对照的线图

曲线估算过程中还提供了"保存"子对话框,可以存储预测值、残差、置信区间等,读者参照线性回归对话框中的相应内容即可理解,这里不再详述。

> 除曲线直线化外,在 SPSS 中还可以直接拟合非线性回归方程,或者进行非参数的 LOESS 曲线拟合,后者除在散点图中直接拟合 LOESS 曲线外,还可以使用 LOESS 插件,该插件可以调用 R 计算出相应的 LOESS 曲线因变量预测值。

7.2 方差不齐的处理:加权最小二乘法

7.2.1 模型简介

标准的线性回归模型假设在所研究的整个总体中方差是恒定的,即因变量的变异不随自身预测值或者其他自变量值的变化而变动。但在有的研究问题中,这一假设可能被违反,这可能是因变量的变异随自身数值而增大,也可能是随其他变量值的改变而改变。例如,在金融分析中研究通货膨胀和失业率对股票价格的影响,由于高价股票价位较高,股价有足够的波动空间,而且炒作的人较多,因此其股价的波动一般都会大于低价股票。又如,以地区为观察单位调查某种疾病的发生率,由于发生率的标准差本身就与样本量有关,显然该地区的人数越多,所得到的发生率就会越稳定,即变异程度越低。在这些情况下,如果采用普通的最小二乘法(OLS)来分析,就会使结果主要受变异较大的数据的影响,从而可能发生偏差。而如果能够根据变异的大小对相应数据给予不同的权重,在拟合时对变异较小(即测量更精确)的测量值赋予较大的权重,则能够提高模型的精度,达到更好的预测效果。

> 对于方差不齐的确认,除进行残差观察外,还可以考虑使用 SPSSINC BREUSCH PAGAN 插件,该插件调用 R 插件中的 car 包进行线性模型的拟合并执行异方差检验,从而可以对问题进行确认。

除方差波动外,另外一种情况是根据分析目的人为照顾某些样本数据,这最常见于实验室研究中绘制标准曲线的问题。由于标准曲线所涉及的浓度范围一般比较宽,而样品测试的绝对误差往往又随浓度增大而增大,如果用普通的最小二乘法加以拟合,则必然会导致标准曲线在高浓度区域内精度较高,而在低浓度区域内准确性明显下降。此外,标准曲线更重视相对误差而不是绝对误差,而不同浓度区域内的相对误差和绝对误差往往远远不成比例。例如,浓度为 100 ng/ml 时,5 ng/ml 的误差仅使其相对误差达到 5%;而当浓度为 1 ng/ml 时,相对误差则达到了 500%。显然,为了保证曲线精度,必须在拟合时给予低浓度数据较高的权重。

为了解决上述为不同测量值给予不同权重的问题,SPSS 提供了加权最小二乘法(WLS)过程,它可以根据用户提供的权重变量的大小为不同的数据赋予不同的权重,从而有效地平衡了不同变异数据的影响。

> ⚠ 需要指出的是,加权最小二乘法是一种有偏估计,如果变异程度实际上无波动,或选择了错误的变量预测变异程度,则其拟合结果不如普通最小二乘法准确。

7.2.2 案例:不等量样品数据的回归方程

例 7.2 实验中收集了 15 对数据,每对数据都是将 n 份样品混合后测得的平均结果,但对于各对数据,n 的大小不等,试求出 X 对 Y 的直线回归方程,数据文件见 wls.sav。[①]

如果不考虑样品混合量的差异,则本例是一个非常简单的直线回归问题,可以直接拟合回归方程,主要结果如图 7.7 和图 7.8 所示。但是,由于每对数据都是在将数份样品混合后测得的,显然混合样品数越多,测得的结果就越稳定,即变异越小。如果直接拟合回归方程,则是将所有测量值一视同仁,将 1 份样品的测量结果和 15 份样品混合后的测量结果等价对待,这显然不合理。为此可以考虑在分析中将样品份数 n 作为权重变量,n 越大的测量值在计算中被赋予的权重就越高,对方程的影响也越大,即按照加权最小二乘法来拟合回归方程。

模型	R	R方	调整后R方	标准估算的误差
1	.987[a]	.975	.973	.11330

a. 预测变量:(常量),x

图 7.7 模型汇总

模型		未标准化系数		标准化系数	t	显著性
		B	标准误差	Beta		
1	(常量)	7.454	.173		43.143	.000
	x	-.015	.001	-.987	-22.468	.000

a. 因变量:y

图 7.8 系数表

线性回归过程中可以直接指定权重变量以实现加权最小二乘法,具体方法是将权重变量选入主对话框下方的"WLS 权重"框,本例相应的分析结果如图 7.9 和图 7.10 所示。可见常数项和回归系数的估计值均有改变,而决定系数则由原先的 0.975 降低为 0.965。由于决定系数等是按照普通最小二乘法进行计算的,因此加权后的方程决定系数必然会小于普通最小二乘法,即此时不能简单地使用决定系数等来判断模型的优劣。

模型	R	R方	调整后R方	标准估算的误差
1	.982[a]	.965	.962	.29365

a. 预测变量:(常量),x

图 7.9 模型汇总

[①] 郭祖超. 医用数理统计方法[M]. 3 版. 北京:人民卫生出版社,1988:249.

7.2 方差不齐的处理:加权最小二乘法

模型		未标准化系数		标准化系数	t	显著性
		B	标准误差	Beta		
1	(常量)	7.190	.188		38.316	.000
	x	-.014	.001	-.982	-18.816	.000

a. 因变量:y
b. 加权最小平方回归-按n加权

图 7.10 系数表

图 7.11 所示的是另行绘制的普通最小二乘法和加权最小二乘法的回归直线,可见加权最小二乘法的直线(虚线)更靠近中部那些混合样品份数 n 较大的测量值,而两端混合样品份数 n 较小的测量值则离普通回归直线更远一些,显然这些测量值在计算时对方程的影响程度是不同的。

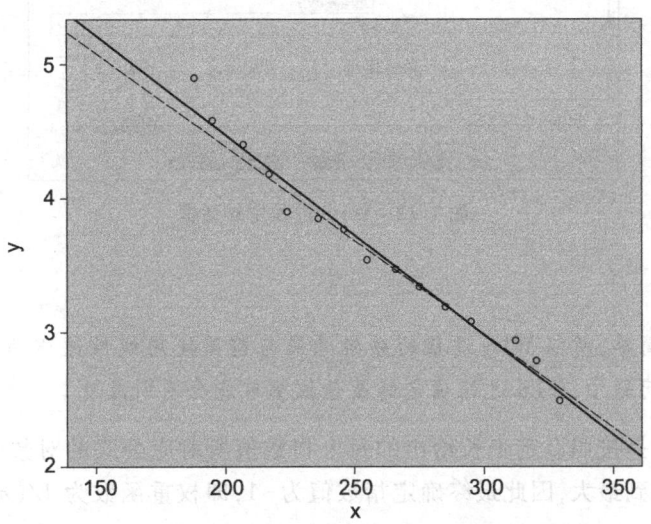

图 7.11 普通最小二乘法和加权最小二乘法的回归直线

事实上,如果使用加权个案过程将 n 指定为频数变量,然后进行普通的直线回归分析,得到的结果和上述加权最小二乘法完全相同,这可以帮助读者深入理解权重的概念。

7.2.3 使用 WLS 过程分析

1. 操作说明

在上面的例子中权重大小明确,但有时权重的大小并不十分明确,需要在数据拟合时逐步确定。SPSS 为此提供了 WLS 过程来完成更加复杂的加权最小二乘法分析。下面就采用该过程来对例 7.2 进行分析,并将结果和标准做法进行比较,操作如下。

1. 选择"分析"→"回归"→"权重估算"菜单项。
2. 将 y 选入"因变量"框,将 x 选入"自变量"框,将 n 选入"权重变量"框。
3. 单击"确定"按钮。

可见基本操作和前面没有区别。上述操作中用到的对话框如图 7.12 所示,主对话框中唯一特殊的是"权重变量"框,它用于选入一个权重变量,系统将按照 $1/(权重变量)^{power}$ 来对每个案例进行加权,具体的指数取值范围在下方的"幂的范围"框中指定。默认范围是 $-2\sim2$,步长为 0.5,即将拟合指数分别为 -2、-1.5、-1、-0.5、0、0.5、1、1.5、2 的 9 个方程,最后从中选取效果最佳(对数似然值最大)的一个。指数范围和步长均可以更改,但可拟合的方程总数应限制在 150 个以内。

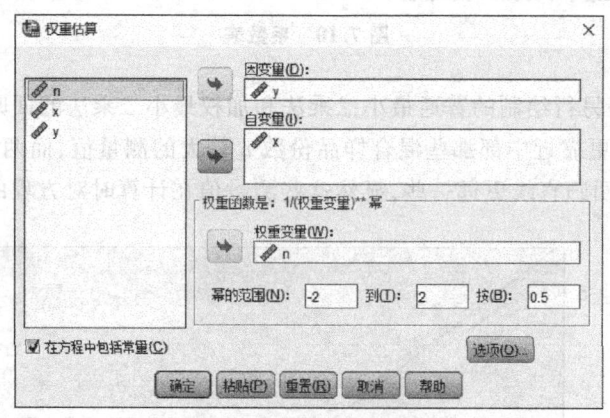

图 7.12 WLS 过程主对话框

2. 结果解释

本例因为比较简单,所以 WLS 过程的分析结果与前面使用线性过程的结果完全相同,但是在更为复杂的问题中,WLS 过程确定的最佳权重可能会有所改变。

图 7.13 所示的是按照设定步长给出的每个指数值所对应公式的对数似然值,可见指数为 -1 时对数似然值达到最大,因此最终确定指数值为 -1,即权重函数为 $1/(n)^{-1}=n$,这与数据的实际情况完全重合。

幂	
-2.000	11.565
-1.500	13.182
-1.000	13.883[a]
-.500	13.496
.000	12.382
.500	11.099
1.000	9.687
1.500	7.787
2.000	5.277

a. 选择了相应的幂进行进一步分析,这是因为,它使对数似然函数最大化。
b. 因变量:y,源变量:n

图 7.13 对数似然值

在模型总的拟合结果中,首先显示的是权重变量、权重指数值、因变量名和缺失值列表,随后是复相关系数、决定系数、调整后的决定系数和复相关系数的标准误差,如图 7.14 所示。注意这些指标的数值与前面的分析结果完全相同,说明所拟合的两个模型等价。

随后还会输出模型整体检验的方差分析表,以及各个系数的估计值和检验结果,由于与前面的结果表格完全相同,这里不再重复列出。

复R	.982
R方	.965
调整后R方	.962
估算标准误差	.294
对数似然函数值	13.883

图 7.14 模型摘要

7.3 共线性的处理:岭回归

7.3.1 模型简介

第 6 章对多重共线性问题做了初步介绍,已经明确当自变量间存在明显共线性时不能直接使用最小二乘法进行回归分析,必须采用相应的手段来处理。岭回归(ridge regression)就是一种专门用于共线性数据分析的有偏估计回归方法,它实际上是一种改良的最小二乘法,通过放弃最小二乘法的无偏性,以损失部分信息、降低精度为代价来寻求效果稍差但回归系数更符合实际的方程。故岭回归所得方程的决定系数要小于利用最小二乘法得到的方程,但这样一来,它对病态数据的耐受性也远远强于最小二乘法。

岭回归的原理比较复杂,这里需要引入一些数理统计公式:当自变量间存在共线性时,自变量的相关矩阵之行列式就近似为 0,或称为奇异的(singular)。此时,X^TX 也是奇异的。但如果给 X^TX 加上正常数单位矩阵 KI,则 X^TX+KI 的奇异性就会比 X^TX 有所改善。因而,可以用 $\hat{B}(k)=(X^TX+kI)^{-1}X^TY$ 作为回归系数的估计值,此值比最小二乘法估计稳定,称 $\hat{B}(k)$ 为回归系数的岭估计。显然,当 $k=0$ 时,$\hat{B}(k)$ 就退化为最小二乘法估计;而当 $k\to\infty$ 时,$\hat{B}(k)$ 就趋于 0。因此,k 不宜太大。但是,由于 k 的选择是任意的,岭回归分析时一个重要的问题就是 k 值多大合适。由于岭回归是有偏估计,k 值不宜太大;而且一般来说希望能尽量保留信息,即尽量让 k 值小些。因此,可以观察在不同 k 值下方程的变动情况,然后取使方程基本稳定的最小 k 值。

SPSS 中没有为岭回归分析提供对话框界面,但为之编制了一套宏程序,名为 Ridge Regression.sps,就放在 SPSS 安装目录的 Sample 文件夹中,其调用方式如下:

```
INCLUDE 'SPSS 所在目录\Samples\Simplified Chinese\Ridge regression.sps'.
RIDGEREG   ENTER=自变量列表
  /DEP=因变量名
  /START=k 值起始值,默认为 0        /STOP=k 值终止值,默认为 1
  /INC=k 值搜索步长,默认为 0.05      /k=允许搜索的 k 值个数,默认为 999.
```

在程序中首先使用 INCLUDE 语句读入该宏程序,然后用 Ridgereg 名称调用,注意程序中凡有默认值时都可以不进行设定。最后的"."表示整个语句结束,不能遗漏。

> 其实在 SPSS 中，还提供了一个名为 RRegRidge 的插件，通过它可以用对话框方式调用 R 插件中的岭回归功能完成分析任务。该插件可以在扩展中心中自行安装。但是，由于该插件对应的 R 中的 Ridge 包有问题，已被 R 移除出 CRAN 列表（此类问题在 R 中经常会发生），导致该功能实际上无法使用。

7.3.2 案例：用外形指标推测胎儿周龄

例 7.3 现测得 22 例胎儿的身长、头围、体重和胎儿周龄，数据文件见 ridgereg.sav，希望建立由这三个外形指标推测胎儿周龄的回归方程。[①]

1. 普通线性回归的结果

从分析问题的实质看，这是一个比较典型的回归分析。同时根据医学常识，显然身长、头围、体重三者均反映胎儿的生长发育状况，它们和受精周龄间存在着明确的正相关关系。但是，由于三个变量间存在着较强的共线性（因为它们反映的都是生长发育状况这一个"因子"），直接进行回归分析会得到违背医学常识的分析结果，如图 7.15 所示。显然，除了身长的回归系数尚合理外，头围和体重的回归系数明显无法解释。

模型		未标准化系数		标准化系数	t	显著性
		B	标准误差	Beta		
1	（常量）	11.012	1.718		6.408	.000
	身长(cm)	1.693	.370	2.393	4.580	.000
	头围(cm)	-2.159	.536	-2.156	-4.031	.001
	体重(g)	.007	.001	.751	6.531	.000

a. 因变量：胎儿受精周龄

图 7.15 系数表

出现该问题的原因需要从回归方程中回归系数的含义来理解。例如，头围的回归系数代表的是控制了其他自变量的影响后头围改变对胎儿周龄在数量上的影响程度。现在由于第一个变量身长代表的也是生长发育状况，对其进行控制实际上就意味着方程已经把生长发育的影响几乎全部扣除了，因而随后计算的头围回归系数反映的实际上是除了生长发育外，"头围"信息中其他因素的影响程度。显然，该回归系数已经不是研究者希望得到的东西了，也就是说，自变量的共线性已经严重影响了结果的可解释性。

2. 岭回归操作说明

为了解决上述共线性问题，可以考虑进行岭回归分析，相应的程序如下：

```
INCLUDE'C:\SPSS24\Samples\Simplified Chinese\Ridge Regression.sps'.
RIDGEREG ENTER = long touwei weight
  /DEP = y
  /INC = 0.01.
```

---

① 陈峰. 医用多元统计分析方法[M]. 北京：中国统计出版社，2000：46.

注意在 INCLUDE 语句中,请将宏程序路径设定为自己机器上 SPSS 的安装目录。

3. 岭回归结果解释

运行上述程序,结果窗口中就会给出相应的分析结果。图 7.16 所示的是不同 K 值下决定系数和各变量系数的变化情况,注意由于岭回归在计算时首先会对全部变量进行标准化,故输出中只会给出各(标准化)回归系数,而不存在常数项。为方便起见,这里只列出了前 10 行结果。可见当 $k = 0.04 \sim 0.06$ 时,回归系数开始趋于稳定。例如,选择 $K = 0.05$,则三个变量的系数分别为 0.317 746、0.111 3 和 0.537 699,可以写出如下方程:

$$\hat{zy} = 0.311\ 746 \times zlong + 0.111\ 3 \times ztouwei + 0.537\ 699 \times zweight$$

相应的决定系数为 0.949 32,虽然没有原方程的 0.975 42 高,但方程中三个变量的系数均为正,符合专业知识。也就是说,岭回归通过丢弃少量的信息换来了方程系数的合理估计。

R-SQUARE AND BETA COEFFICIENTS FOR ESTIMATED VALUES OF K

K	RSQ	LONG	TOUWEI	WEIGHT
.00000	.97542	2.393471	-2.15574	.751090
.01000	.95864	.607980	-.283630	.657896
.02000	.95430	.426266	-.064358	.616119
.03000	.95209	.363391	.026211	.584518
.04000	.95055	.333852	.077547	.558977
.05000	.94932	.317746	.111300	.537699
.06000	.94827	.308130	.135457	.519612
.07000	.94734	.302014	.153711	.503999
.08000	.94649	.297930	.168027	.490351
.09000	.94569	.295087	.179562	.478294
.10000	.94494	.293032	.189047	.467544

图 7.16 岭回归在不同 K 值时决定系数和各变量系数的变化

为了使用方便,读者也可以对上述方程中的变量进行反变换,以得到可以直接使用原始变量的方程。但 SPSS 并未直接提供该功能,读者需要根据各变量的平均值和标准差手工进行计算。

图 7.17(a)所示的是由不同 K 值下各变量的回归系数连成的曲线,该曲线被形象地称为岭迹(ridge trace),这就是岭回归名称的由来。可见当 K 值在 0.05 附近时,三条岭迹都开始变得平稳,这与前面的结论相一致。图 7.17(b)所示的是不同 K 值下决定系数的下降情况,为便于观察,这里在 $K = 0.05$ 处添加了一条参考线,可见决定系数开始时随着 K 值的增加明显下降,但在 K 值超过 0.05 后,决定系数一直处于缓慢下降中,没有出现明显的波动。该图反映的信息也支持前面的结论。

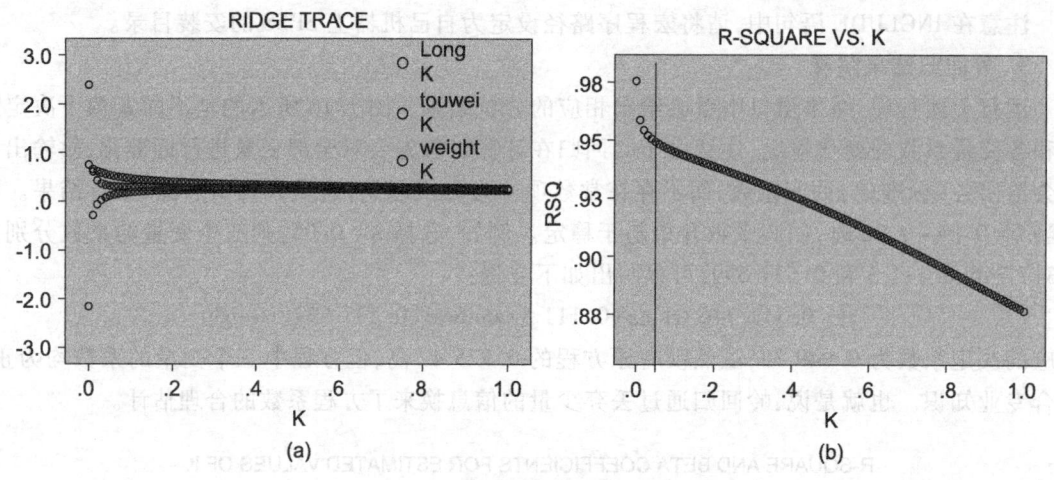

图 7.17 岭迹图和决定系数与 K 值的线图

7.4 分类变量的数值化：最优尺度回归

7.4.1 模型简介

线性回归模型中要求因变量为数值型，实际上，由于同一个自变量的回归系数是恒定值，如 x 从 1 上升到 2 和从 100 上升到 101 被假设为对 y 数值的影响均为 b，就限定了自变量的测量方式是等距的。但是，现实问题中大量的数据为分类数据。例如，收入级别在问卷中被设定为高、中、低、极低四档，如果将其编码为 4、3、2、1，并直接作为自变量纳入分析，则是假设这四档间的差距完全相等，或者说它们对因变量数值的影响程度是均匀上升/下降的，这显然是一个过于理想和简单的假设，有可能导致错误的分析结论。

此外，对于无序多分类变量，如民族，则各类别间根本不存在数量高低之分，不可能为其给出单一的回归系数估计值来表示民族每上升一个单位时因变量数值的变化趋势。对于上述分类变量，统计上标准的做法是采用哑变量（关于哑变量的详细介绍请参见第 10 章有关 Logistic 回归模型的内容）进行拟合，然后根据分析结果对模型进行化简。但是，哑变量分析的操作比较麻烦，当研究问题中绝大多数变量都是分类变量时，这种分析思路比较烦琐。

那么，能否通过某种方法对分类变量进行变换，给予每个类别一个适当的量化评分，该量化评分的高低就反映了各个类别间的差距呢？例如，"优"为 2 分，"良"为 1 分，"中"为 0.5 分，这就说明等级从良变为优时，对因变量数值的影响大约是从中变为良的 2 倍。同理，对无序多分类变量也可以用量化评分的方式表示各个类别间的差距，若量化评分近似，则表示影响程度相近，否则量化评分相差越大，影响程度的差异也越大。为实现这一设想，统计学家为此进行了长期的研究，并最终得出结论：最优尺度变换。

最优尺度变换专门用于解决在统计建模时如何对分类变量进行量化的问题，其基本思路是基于希望拟合的模型框架，分析各类别对因变量数值影响的强弱变化情况，在保证变换后各变量间的关联为线性的前提下，采用一定的非线性变换方法进行反复迭代，从而为原始分类变量的每一个类别找到最佳的量化评分,随后在相应模型中使用量化评分代替原始变量类别进行后续分析。这样就可以将各种传统分析方法的适用范围扩展到全部的测量尺度,如对无序多分类变量、有序多分类变量和连续变量同时进行回归分析、因子分析等。

最优尺度变换技术被用于线性回归,即为本节要学习的最优尺度回归方法,可以在 SPSS 中使用分类回归(categorical regression)过程实现。

7.4.2 案例:生育子女数的回归模型

例 7.4 现收集了一批妇女的曾生子女数、年龄、居住地(1:城市,2:农村)、受教育程度(1~5 分别代表文盲半文盲、小学、初中、高中、大学及以上),请建立后 3 个变量对曾生子女数的回归模型,数据文件见 child.sav。

1. 哑变量模型的分析结果

在本例中共有 3 个自变量,其中年龄(age)为连续变量,居住地(area)为二分类变量,它们均可以直接纳入回归模型;受教育程度(edu)为有序多分类变量,如果直接纳入,实际上就是假定各类别间等距,这可能不符合实际,为此考虑使用 4 个哑变量(对此概念不熟悉的读者请参考第 10 章中对哑变量的介绍)分别代表另 4 个等级和文盲半文盲间的差异,相应的分析结果如图 7.18 和图 7.19 所示。由结果可见年龄越大的妇女曾生子女数(childnum)越多(这是显然的),农村妇女比城市妇女的曾生子女多。受教育程度的哑变量分析结果显示:小学文化会比文盲半文盲平均少生 1.127 个子女,差异较为明显;随着文化水平的上升,虽然曾生子女数越来越少,但下降趋势并不明显,特别是高中和大学两个级别,可以发现基本上处于同一水平。从 4 个哑变量的系数估计值可知,有无文化的影响非常大,而从小学到高中,曾生子女数缓慢下降,之间的差别相对较小,高中和大学则基本上无差异,这充分说明了各类别对因变量数值影响程度的差异并非等距。

模型	R	R方	调整后R方	标准估算的误差
1	.978ª	.956	.927	.308

a. 预测变量:(常量),是否大学,是否高中,居住地,是否小学,年龄,是否初中

图 7.18 模型汇总

模型		未标准化系数		标准化系数	t	显著性
		B	标准误差	Beta		
1	(常量)	.438	.727		.602	.562
	年龄	.068	.013	.569	5.183	.001
	居住地	.486	.162	.220	2.989	.015
	是否小学	-1.127	.295	-.399	-3.820	.004
	是否初中	-1.309	.352	-.514	-3.723	.005
	是否高中	-1.576	.382	-.558	-4.127	.003
	是否大学	-1.569	.370	-.616	-4.240	.002

a. 因变量:曾生子女数

图 7.19 系数表

以上分析可以刻画出各自变量和因变量的关系，但是需要事先生成哑变量，随后对模型的化简也比较麻烦。此外，如果希望比较影响的强弱，则存在一定困难，从标准化系数可知年龄的影响要大于居住地，但是受教育程度和它们的影响孰强孰弱？受教育程度是以 4 个哑变量的形式进入模型的，无法直接比较。

2. 最优尺度回归操作说明

下面采用最优尺度回归方法对本例进行分析，以和上面的结果进行比较，操作如下。

1. 选择"分析"→"回归"→"最优标度"菜单项。
2. 将 childnum 选入"因变量"框，在"定义标度"子对话框中将测量尺度修改为"数字"。
3. 将 age、area、edu 选入"自变量"框，在"定义标度"子对话框中分别将其测量尺度修改为"数字""名义"和"有序"。
4. 单击"确定"按钮。

上述操作中用到的对话框如图 7.20 所示。在最优尺度回归方法中，由于变量可能为各种测量尺度，因此用户必须指定每个变量的测量尺度是什么。除具体指定无序、有序和连续这三类外，SPSS 还对无序和有序这两种类型提供了样条光滑方法以做进一步处理，但该方法的原理和适用条件均较为复杂，建议读者慎用。

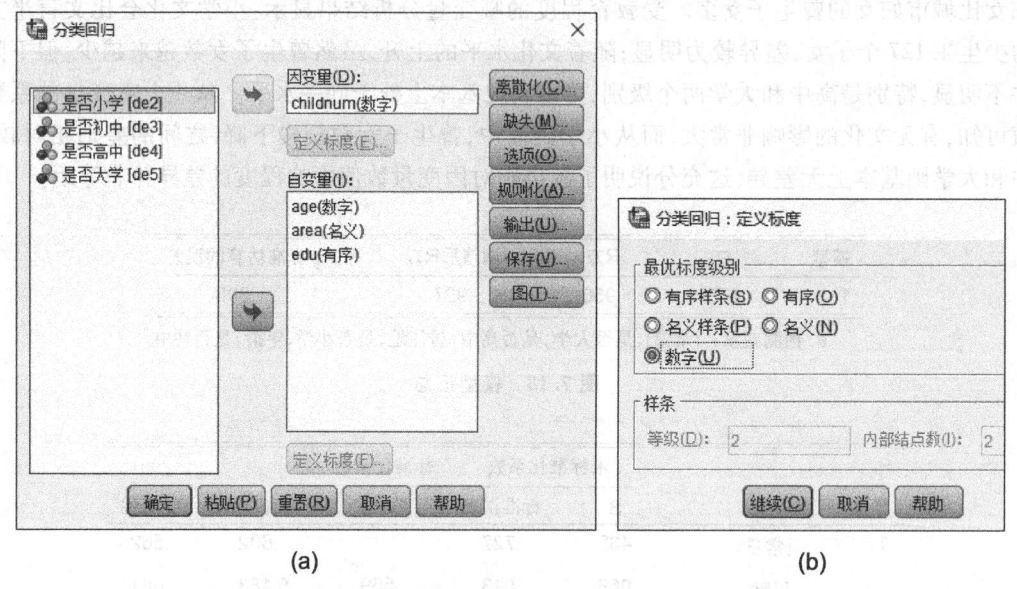

图 7.20　最优尺度回归主对话框和"定义标度"子对话框

除主对话框中正确设定测量尺度之外，最优尺度回归还提供了一系列子对话框用于对模型进行详细设定。由于其功能和界面均比较复杂，对其内容的详细解释请参见第 13 章有关多维偏好分析的相关内容，这里只解释一下"规则化"子对话框的功能，它考虑共线性、离群值等数据异常可能对模型造成的影响，提供了岭回归、套索(lasso)、弹性网络(elastic net)等有偏估计算法来确保得到更稳健的系数估计值，从而改善模型的预测误差。需要注意的是，"岭回归"指的是岭回归算法在最优尺度回归方法中的联合应用，而不是单纯地进行岭回归分析。

岭回归算法是引入惩罚系数 k 以求得更稳健的系数估计值；套索算法中惩罚系数的指定与岭回归算法类似，但涉及的计算量更大；弹性网络算法是岭回归算法和套索算法的组合，是在指定的值网格中搜索以发现"最佳"结果，其计算量并不明显多于套索算法。

3. 最优尺度回归结果解释

在阅读分析结果前，需要再回顾一下最优尺度回归的本质：基于模型效果最优化的原则，首先对原始变量进行变换，将各变量转换为适当的量化评分，然后使用量化评分代替原始变量进行回归分析，因此结果输出基本上都是变换后量化评分的分析结果。

图 7.21 所示的模型汇总给出了变换后模型的决定系数，与直接采用哑变量拟合模型的决定系数相比，会发现两者相同（但注意调整后的决定系数的数值是不同的），这就给我们了一个提示：最优尺度回归能够给予分类变量正确的量化评分，从而得到正确的分析结果。

	复R	R方	调整后R方	表观预测误差
标准化数据	.978	.956	.934	.044

因变量：曾生子女数
预测变量：年龄 居住地 受教育程度

图 7.21 模型汇总

与普通回归分析相同，图 7.22 进行的是总模型有无意义的检验，可见结论为变换后评分拟合的模型具有统计学意义。但是注意由于纳入模型的自变量均已进行过最优尺度变换，这里的检验 P 值和前面并不相同。

	平方和	自由度	均方	F	显著性
回归	15.299	5	3.060	43.672	.000
残差	.701	10	.070		
总计	16.000	15			

因变量：曾生子女数
预测变量：年龄 居住地 受教育程度

图 7.22 ANOVA 表

图 7.23 所示的为模型中各系数的估计值和检验结果，由于在变换中也进行了量化评分的标准化，因此这里只给出标准化系数及其检验结果，具体为 F 检验。可见结论为三个变量的量化

	标准化系数		自由度	F	显著性
	Beta	标准误差的自助抽样(1000)估算			
年龄	.570	.136	1	17.550	.002
居住地	.220	.086	1	6.581	.028
受教育程度	-.446	.135	3	10.970	.002

因变量：曾生子女数

图 7.23 系数表

评分与曾生子女数的量化评分间的关联均有统计学意义。另外,由于此处的标准误差是通过 Bootstrap 方法得到,因此读者自行计算的标准误差会和图 7.23 中稍有差异,但检验结论一致。

图 7.24 给出的是对模型进一步的分析结果。

	相关性			重要性	容差	
	零阶	偏	部分		转换后	转换前
年龄	.896	.890	.408	.535	.513	.523
居住地	.284	.724	.219	.065	.995	.959
受教育程度	-.857	-.837	-.320	.400	.513	.507

因变量:曾生子女数

图 7.24 相关性和容差

(1)相关性。相关性给出各自变量对因变量的相关性分析,共给出三种结果,其中偏相关是控制了其他变量对因变量和自变量的影响后的估计,部分相关则是只控制了其他变量对因变量的影响后的估计。

(2)影响重要性。影响重要性是根据标准化系数和相关系数计算出的自变量在模型中的重要程度百分比,所有变量的重要性加起来等于 100%,数值越大表明该变量对因变量的预测越重要。可见年龄和受教育程度对曾生子女数的影响最大,而居住地的影响最小。

(3)容差/容忍度。容差/容忍度表示该变量对因变量的影响中不能够被其他自变量解释的比例,反映自变量共线性的情况,容差越大越好,如果有变量的容差太小,则最优尺度回归的分析结果可能不正确。

4. 原始变量类别和变换后量化评分的对应关系

以上就是全部的分析结果,从中发现最优尺度回归的效果尚可,结果也易于理解。但是,这些结果反映的都是变换后量化评分的拟合效果,这些量化评分和变换前的数值究竟是如何对应的呢?可以使用"保存"子对话框将变换后量化评分存为新变量、用"输出"子对话框列表输出,以及使用"图"子对话框绘制变换前后的数值对应图。这里使用第三种方法。结果输出的最后就是 4 张量化评分对应图。首先观察曾生子女数,如图 7.25(a)所示,由于被设定为等距的数值变量,SPSS 实际上只是对它进行了标准化变换,在变换中并未改变各数值间的差异比例。年龄、居住地的情况也与之相同,此处略。

下面来考察受教育程度变换前后的数值对应图,如图 7.25(b)所示,可见高中、大学两个等级被给予了相同的量化评分,显然随后这两个等级在分析中被合并了;小学~高中三个等级的量化评分逐渐上升,但差别不大;文盲半文盲与小学相比,量化评分差距非常大。由于随后的回归分析是用变换后分值进行的,相当于量化评分间为等距变化。对照前面哑变量模型的分析结果,会发现变量变换后量化评分和哑变量系数估计值的变化规律非常一致,就好像是将各类别对因变量数值影响程度的差异用量化评分固定下来了一样。对比两个模型的分析结果,读者应当更容易理解在保证变换后各变量间的关联为线性的前提下,为原始分类变量的每一个类别找到最佳的量化评分这句话的含义。

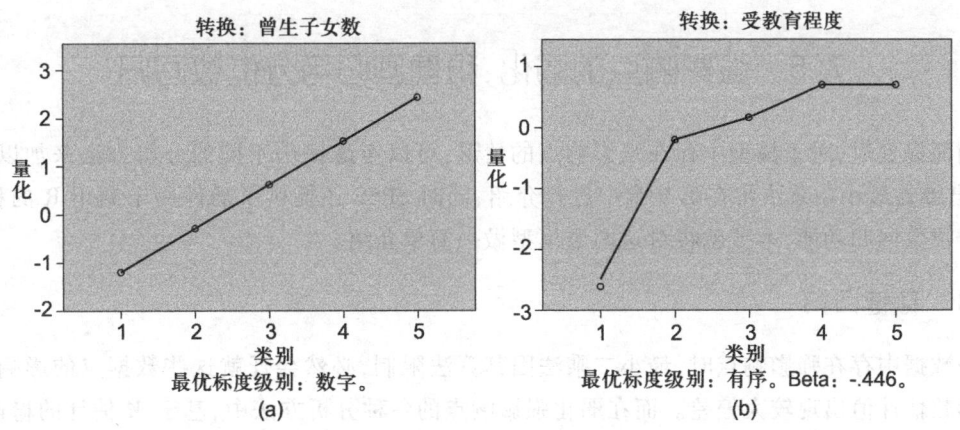

图 7.25　原始变量类别与变换后量化评分的对应图

7.4.3　应用最优尺度回归方法的注意事项

最优尺度回归是一种非常有用的方法,其应用范围不仅限于回归,还可以用于所有多元模型框架。但是该方法也有明显缺陷,在应用时应当注意以下几点。

1. 样本量应当较大

这可以看作是该方法唯一的适用条件。由于最优尺度回归是对分类变量各类别求出最佳量化评分,显然只有各类别的样本量足够多,才能保证相应量化评分的准确和稳定。本章为了使结果易于理解,所采用的实例样本量较小,但这样会使相应的分析结果较为敏感,受数据变化的影响较大。一般而言,此处的样本量要求可以参考分层卡方检验中的设定,即各类别交叉时单元格内均为 5 例以上,但实际分析中往往更大一些才好。

2. 变换结果与模型有关

注意在前面介绍最优尺度回归时,相应的文字为"基于希望拟合的模型框架,分析各类别对因变量数值影响的强弱变化情况",显然,最终的量化评分会受到希望拟合的模型的影响,变换仅仅保证相应的量化评分在当前模型框架中为最优,如果模型发生改变,如引入了新的自变量,或者其他变量的测量尺度发生了更改,则量化评分的结果也会发生改变,有时差异还比较大。

3. 对有序分类变量的处理

在对有序分类变量进行变换时,最优尺度回归会给予各类别依次上升或下降的量化评分,即假定各类别的作用是单调上升或下降的。如果实际情况并非如此,则可能导致错误的分析结果。为保证结果的正确性,可以在分析中先将有序分类变量指定为无序,观察其变换后量化评分是否为单调升降趋势,然后再决定后续的分析思路。

4. 最佳的预分析手段

由于最优尺度回归主要给出的是变换后量化评分的分析结果,许多有用的信息被隐含在变换过程中。同时其原理难以理解,结果在直接应用上也有一定困难。因此,研究者可以将最优尺度回归作为一种预分析手段,通过它快速发现各类别间的差异和联系,然后回到常规的建模方法,用合并相似类别、建立哑变量模型等方式得到更易于理解和使用的分析结果。

7.5 强影响点的弱化：稳健回归与分位数回归

前面提到过，对于模型中存在强影响点的情形，可以考虑使用不同的分析方法来加以处理，SPSS 自带的最小一乘法将在第 9 章中进行介绍，同时 SPSS 还提供了插件用于调用 R 的稳健回归和分位数回归功能，本节就将对这两个模型做一简单介绍。

7.5.1 稳健回归

当数据中存在强影响点时，最小二乘法因其算法限制，必然会迁就这些数据点的影响，导致模型参数估计值出现较大偏差。而在弱化强影响点的各种分析方法中，基于 M 估计的稳健回归（robust regression）是效果较好的一种。模拟研究表明，当误差分布为正态分布时，它比普通最小二乘法的效果要稍差一些，但当存在强影响点，误差分布为非正态分布时，它的拟合效果要比普通最小二乘法好得多。

稳健回归的基本思想是采用迭代加权最小二乘法来进行估计，而各样本点相应的权重大小则在估计中根据回归模型残差的大小加以确定。为减少"异常点"作用，可以为不同的数据点赋予不同的权重，即为残差小的数据点赋予较大的权重，而为残差较大的数据点赋予较小的权重，据此建立加权的最小二乘法估计，并反复迭代以改进权重系数，直至权重系数的改变小于一定的容忍误差。实际上，研究者们提出了很多种权重的构造方法，但得到的稳健回归估计值大同小异。

稳健回归在 SPSS 中可以利用相应的 R 插件来完成，具体操作是选择"分析"→"回归"→"稳健回归"菜单项。实际调用的是 R 插件中的 mass 包。

这里使用第 9 章例 9.1 的数据来看一下稳健回归的输出，该实例因为存在可疑的强影响点，在第 9 章中使用最小一乘法进行了模型拟合，如果使用稳健回归，则将对话框设定为如图 7.26 所示，即可得到如图 7.27 所示的分析结果。该表格给出了稳健回归过程中系数的估计值和标准误差、t 值等输出，据此可以给出回归方程：

$$\hat{y} = -68.358 + 24.832 \times x1 + 2.424 \times x2$$

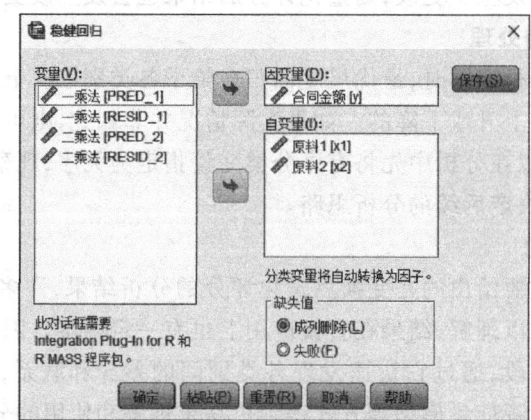

图 7.26 稳健回归主对话框

7.5 强影响点的弱化：稳健回归与分位数回归

	Value	Std.Error	t value
(Intercept)	-68.358	79.855	-.856
x1	24.832	2.991	8.302
x2	2.424	.716	3.384

rlm(formula=y~x1+x2,data=dta,na.action=na.exclude,method= "MM",model=FALSE)
Residual standard error:65.05005
Degrees of freedom:12

图 7.27　稳健回归方程的系数表

7.5.2　分位数回归

分位数回归(quantile regression)的思想最早起源于1760年，然而由于其运算量太大，长期没有得到真正应用，而这一问题直至21世纪才由于计算机软硬件的快速发展才有所缓解。

大多数回归模型都是针对因变量的平均值及其取值规律进行分析的，而分位数回归则另辟蹊径，考虑的是给定自变量 X 取值时相应的因变量 Y 的各种条件分位数的分布规律。这样一来，它不仅可以度量自变量对因变量平均水平(此处用 P50 而不是平均值来考察)的影响，还可以度量其在因变量整体分布范围内的影响。例如，对因变量的 P10 或 P90，即其分布上尾和下尾的影响。因此，分位数回归与普通最小二乘法回归只能描述自变量 X 对因变量 Y 局部变化的影响相比，能够更精确地描述自变量 X 对于因变量 Y 的变化范围以及条件分布形状的影响。当自变量对不同部分的因变量的分布产生不同的影响，如出现左偏或右偏的情况时，它能更加全面地刻画分布的特征，而且其分位数回归系数估计比最小二乘法回归系数估计更稳健。近 10 多年来，分位数回归得到了迅猛的发展及应用。

分位数回归在 SPSS 中可以利用相应的 R 插件来完成，具体操作是选择"分析"→"回归"→"分位数回归"菜单项。实际调用的是 R 插件中的 quantreg 包。

这里仍然使用例 9.1 的数据来看一下分位数回归的输出，如果将对话框设定为图 7.28 所

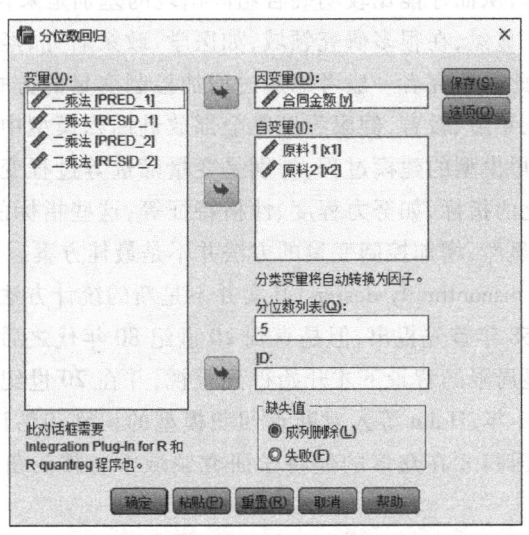

图 7.28　分位数回归主对话框

示,即可得到如图 7.29 所示的分析结果。该表格给出的是模型中系数的点估计值和区间上下限。注意这里由于是分位数回归,因此不会给出标准误差,而是直接给出区间界值。根据表格中的结果,可以给出回归方程:

$$\hat{y} = 29.869 + 17.060 \times x1 + 3.528 \times x2$$

	coefficients	lower bd	upper bd
(Intercept)	29.869	-128.824	137.333
x1	17.060	-1.266	33.481
x2	3.528	1.774	4.631

Log Likelihood:-88.7341 df:3.Valid cases:15,SE method:rank, quantreg version:5.26

图 7.29 分位数回归的系数表

 虽然都是针对强影响点的处理办法,但可以发现稳健回归和分位数回归所得到的回归模型差异较大,实际上如果利用第 9 章中介绍的最小一乘法则又会得到一个完全不同的回归模型。仅从统计学的角度,研究者很难判断这三个方程哪个最优(因为统计上解释度最优的必然是最小二乘法所得到的那个模型),正确的判断方法应当是从专业知识出发,选择其中最符合专业知识的一个模型加以应用。

7.6 其余回归模型简介

7.6.1 断点回归

第 2 章中已经详细讨论过各种各样的实验设计方案,而在实验设计中,样本的随机性是被高度重视的。因为只有满足了随机性的要求,各实验组的非处理因素,如性别、年龄、教育、健康程度等才能服从相同的分布,从而才能比较明确各组间出现的差别是来自实验处理的差异,而受非某些非处理因素的干扰。显然,在很多研究领域,如医学、政策研究、经济学研究中,如此完美的随机分组是很难做到的,此时研究者一般考虑通过增加控制变量的方式来对非处理因素的影响进行控制。例如,把性别、年龄、教育、健康程度等全部放进回归模型中,然后通过建模来控制其影响,但是这样做显然使得模型的建模过程,特别是变量筛选等过程变得非常复杂,并且在实验中还会出现一些很难量化的指标,如努力程度、性格特征等,这些指标的测量误差累加起来可能会严重影响模型的效果,显然,增加控制变量的方法并不是最佳方案。

断点回归(regression discontinuity design)其实并不是新的统计方法,最早由美国西北大学的心理学家 Campbell 于 1958 年首先提出,但是直到 20 世纪 80 年代之后,在经济学领域中传统的多变量建模路径面临明显局限的背景下才开始得到重视,并在 20 世纪 90 年代末被应用于处理经济学研究问题。在 2001 年,Hahn 等人对断点回归模型的识别和估计的理论问题进行了严格和细致的分析,此后断点回归才在众多的经济学研究领域中崭露头角,并迅速扩展到其他研究领域。

从断点回归的名称可知,它不是一种简单的统计模型,而是结合了实验设计的一种方法。例如,高考向来有"一考定终身"的说法,意思是说能否上大学对学生未来的发展影响很大,但如果要客观分析上大学对学生未来,如对其收入有什么影响的话,进行简单对比并不妥当,因为能否考上大学的两个群体,显然在基本素质等各方面都存在着明显的差异,这两个实验组并非完全随机形成。而如果用控制变量的方法来消除"上大学"之外的影响,显然会有很多变量无法观测和控制。

那么,断点回归如何解决上述问题呢?考虑那些高考时分数在最低录取线上下 5 分的学生,对比这批学生未来若干年后的收入差异。显然,高考时分数上下 5 分实在是很常见的事情。让这批学生重考一次,很可能很多人的人生就此扭转。因此对这批学生而言,是否最终被大学录取,就像一个天然的分割线,将两组人随机分开了。而由于实验中只选择分数线在最低录取线上下 5 分这样一个较窄的区间进行研究,因此诸如智商、努力程度、家庭环境等非处理因素在两组人之间的差异也会很小(不放心的话当然也可以直接将其纳入模型控制),此时两组人的收入对比就可以很好地反映出上大学的真实影响。

断点回归在 SPSS 中可以利用相应的 R 插件来完成,具体操作是选择"分析"→"回归"→"断点回归"菜单项。断点回归主对话框如图 7.30 所示。实际调用的是 R 插件中的 rdd 包。但由于在 R 中进行 rdd 包的配置非常麻烦,会遇到很多关联包的版本号兼容问题,因此这里不再详述,对该模型感兴趣的读者请参考相应的专业文献。

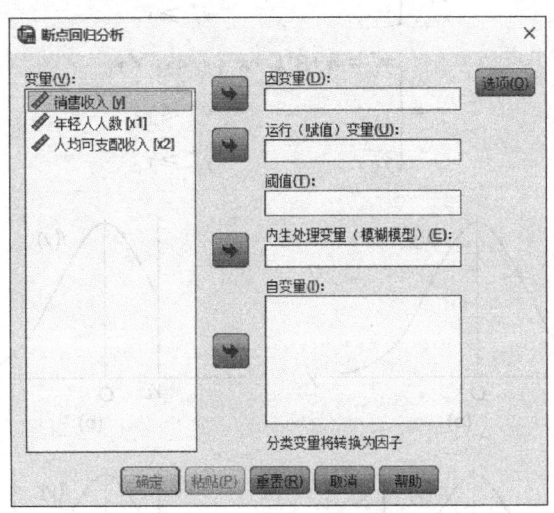

图 7.30 断点回归主对话框

7.6.2 Tobit 回归

回归模型中因变量的理论取值区间为整个实数区间,但实际上绝大部分真实数据的因变量如用水量、月工资、食品消费量等,都是有取值范围的,往往都是最小值为 0,最大值为某个不算特别大的正数。例如,在考察当前劳动力市场的就业形势时,收集的数据包括就业者的学历、毕业时间、专业与其收入。这时收入会受最低工资的限制,所采集到的数据不可能低于相应的界值。虽然这种差异一般不会对模型的拟合与应用造成影响,但是当因变量取值明显受限,甚至为离散数值时,显然就不适合简单套用原先的普通最小二乘法来得到回归模型了。

> 在统计文献中,这种取值受限制的数据被称为删失(censoring)数据,具体又可分为左删失数据、右删失数据、区间删失数据。但是与生存分析方法中所涉及的删失数据不同,这里研究的问题中不包括"事件"(event)是否发生。

Tobit 回归的概念最早是由诺贝尔经济学奖获得者 James Tobin 于 1958 年提出的,当时研究的就是因变量有上限、下限或者存在极值时的建模问题,后来此类模型在经济学领域得到了广泛应用,人们为了纪念其贡献,就将其统称为 Tobit 模型。

Tobit 模型实际上由两类方程组成,一类是表示约束条件的选择方程;另一类是满足约束条件的某连续因变量方程。它主要研究在某些选择行为下,连续因变量如何变化的问题。Tobit 模型假设随机变量 y^* 服从正态分布 $N(\mu,\sigma^2)$,受限于某种条件,实际观测到的数据只是给定限值的一部分,如图 7.31 所示。其中图 7.31(a)所对应的实际上就是普通的回归模型,而在如图 7.31(b)~(d)所示的三种情形下,对应的 Tobit 模型分别为

$$y_i = \begin{cases} y_i^* = \alpha + \beta' x_i + \varepsilon_i, & y_i^* > y_L \\ y_L, & y_i^* \leq y_L \end{cases}$$

$$y_i = \begin{cases} y_i^* = \alpha + \beta' x_i + \varepsilon_i, & y_i^* < y_U \\ y_U, & y_i^* \geq y_U \end{cases}$$

$$y_i = \begin{cases} y_i^* = \alpha + \beta' x_i + \varepsilon_i, & y_L < y_i^* < y_U \\ y_L, & y_i^* \leq y_L \\ y_U, & y_i^* \geq y_U \end{cases}$$

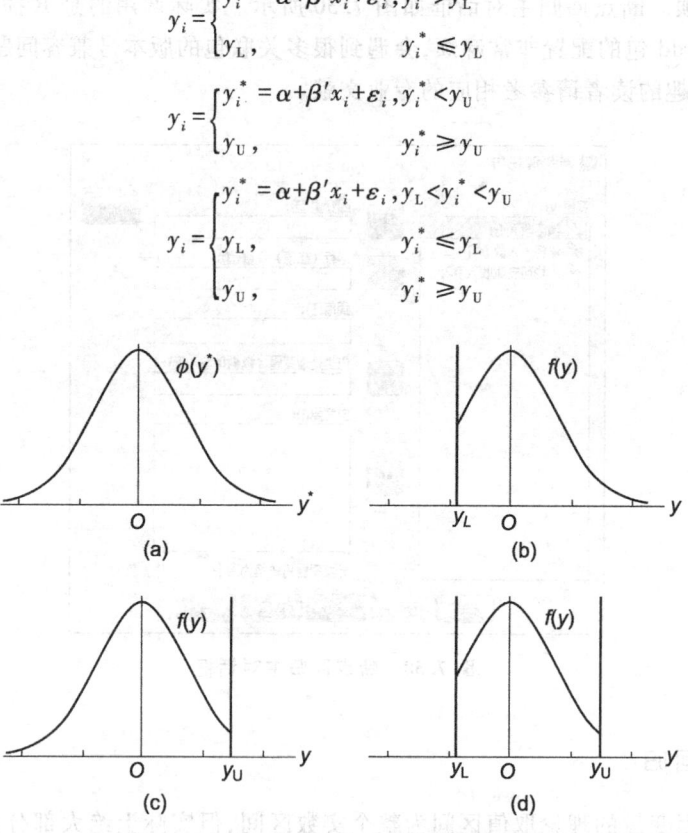

图 7.31 随机变量 y 取值的各种情形示意

图 7.32 可以更直观地说明在出现删失数据的情况下,使用 Tobit 回归的必要性。图 7.32 中的实线为不存在删失数据时 y^* 与 x 拟合的回归直线;虚线则为 y^* 存在取值下限,对其数据进行截取之后,对数据重新拟合的 y 与 x 的回归直线。显然两者并不相同。

7.6 其余回归模型简介

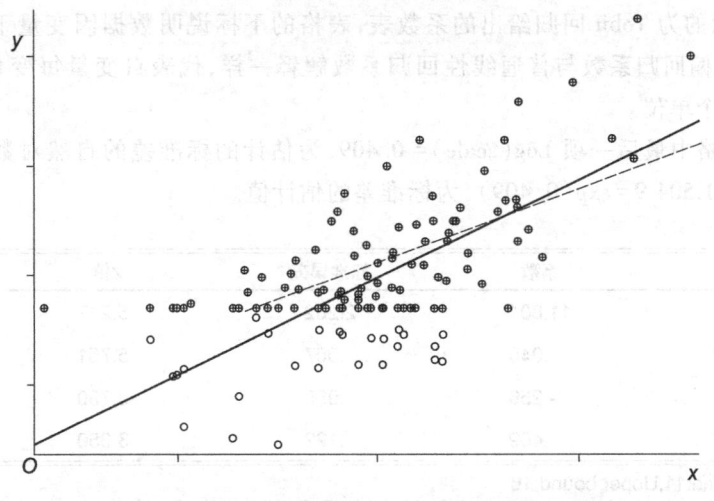

图 7.32 存在删失数据时的 Tobit 回归偏差示意图

Tobit 回归模型无法用标准的最小二乘法求解,一般是采用最大似然法迭代求解。该方法在 SPSS 中可以利用相应的 R 插件来完成,具体操作是选择"分析"→"回归"→"Tobit 回归"菜单项。实际调用的是 R 插件中的 aer 包。

例 7.5 欲研究二手车卖价与汽车的马力、燃油经济性之间的关系,结果变量为 n_sale,其有效取值范围为 11~16,数据文件见 car_tobit.sav。

本例只是一个简单的回归问题,但由于因变量存在取值范围的限定,因此考虑使用 Tobit 回归,将对话框按照图 7.33 进行设定,即可得到相应的分析结果。该对话框并不复杂,比较特殊的就是可以为因变量设定取值上限/下限,若因变量取值没有限定,则对话框中相应选项留空即可。

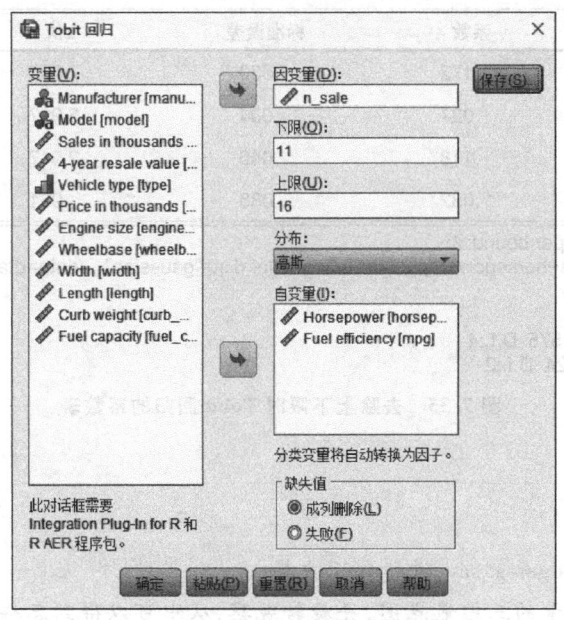

图 7.33 Tobit 回归主对话框

图 7.34 所示的为 Tobit 回归给出的系数表,表格的下标说明数据因变量下限为 11,上限为 16。Tobit 回归的偏回归系数与普通线性回归系数解释一样,代表自变量每变化一个单位,因变量平均地改变 β_i 个单位。

注意系数表格中最后一项 Log(scale) = 0.409,为估计的标准差的自然对数值,即 $\ln(\sigma)$,表格下方的 Scale = 1.504 9 = exp(0.409),为标准差的估计值。

	系数	标准误差	z值	显著性
(Intercept)	11.801	2.262	5.217	.000
horsepow	.040	.007	5.751	.000
mpg	-.256	.068	-3.790	.000
Log(scale)	.409	.122	3.350	.001

Lower bound:11,Upper bound:16
tobit(formula=n_sale~horsepow+mpg,left=11,right=16,dist="gaussian", data=dta,na.action=na.exclude)
Scale: 1.5049
Residual d.f.: 63
Log likelihood: -85.883 D.f.:4
Wald statistic: 66.176 D.f.:2

图 7.34 Tobit 回归的系数表

如果将因变量的上下限去除,即允许模型中的因变量取任何有理数,则 Tobit 回归相应的拟合结果如图 7.35 所示,其本质就是一个普通的线性回归,读者可以自行应用普通线性回归模型拟合一下本数据,会发现回归系数完全相同,只是标准误差和检验 P 值由于 Tobit 回归中使用的是最大似然法而略有差异,但数值非常接近。

	系数			
	系数	标准误差	z值	显著性
(Intercept)	11.172	1.530	7.300	.000
horsepow	.027	.004	5.997	.000
mpg	-.118	.040	-2.947	.003
Log(scale)	.082	.086	.951	.341

Lower bound:无,Upper bound:无
tobit(formula=n_sale~horsepow+mpg,left=-Inf,right=Inf,dist="gaussian", data=dta,na.action=na.exclude)
Scale: 1.0857
Residual d.f.: 63
Log likelihood: -100.575 D.f.:4
Wald statis tic: 96.524 D.f.:2

图 7.35 去除上下限时 Tobit 回归的系数表

思考与练习

1. 打开数据文件 ridgereg.sav,进行如下分析。

(1) 绘制 3 个自变量的三维散点图,并旋转观察,从中可以得到怎样的信息?

(2) 分别在建模时使用向前法、向后法和逐步回归法,仔细阅读每一步中各系数估计值的变

化,并比较最终的分析结果,思考变量筛选方法是否能解决自变量的共线性问题。

(3) 在学习了主成分分析之后,试对该数据完成主成分回归分析。

2. 打开数据文件 child.sav,进行如下分析:

(1) 将变量 age 的测量尺度由数值型改为有序分类变量,重新进行最优尺度回归,考察模型的拟合结果和系数估计值,并考察各变量的量化评分图,思考为什么更改 age 设定会带来其他变量估计值的变化。

(2) 随意更改数据文件中的若干数值,重新进行最优尺度回归,考察结果的变化情况,特别是量化评分的变化,思考为什么该方法要求有较大的样本量。

参考文献

[1] IBM Corp. IBM SPSS Regression 24[CP/OL]. Armonk,NY:IBM Corp,2016.
[2] IBM Corp. IBM SPSS Categories 24[CP/OL]. Armonk,NY:IBM Corp,2016.
[3] SPSS. Advanced Statistical Analysis Using SPSS(v10.0 Revised)[CP/OL]. Chicago,Illinois: SPSS,2000.
[4] SPSS. Market Segmentation Using SPSS(v10.0 Revised)[CP/OL]. Chicago,Illinois:SPSS,2000.
[5] Neter J,et al. Applied Linear Statistical Models[M]. 4th ed. [S.I.]:McGraw-Hill,1996.
[6] 张文彤,钟云飞. IBM SPSS 数据分析与挖掘实战案例精粹[M]. 北京:清华大学出版社,2013.
[7] 陈峰. 医用多元统计分析方法[M]. 北京:中国统计出版社,2000.
[8] Greene W H. Econometric Analysis[M]. 7th Ed. New York:Pearson Education Limited,2011.

第8章 路径分析入门

第7章中已经讨论了当数据不符合线性回归模型适用条件时可能采取的各种处理方法。但是,实际情况往往更加复杂。例如,在因变量和自变量互相影响的情况下,该如何处理?又如当存在共线性问题时,虽然可以使用岭回归等方法得到比较稳健的分析结果,但毕竟会损失信息,而且如果用专业知识能够大致描述自变量间是如何互相影响的,简单地消除共线性就显得过于粗糙,为什么不能将这种关联加以应用,使模型对问题的刻画更清晰呢?本章将要介绍的路径分析就是在多重线性回归模型的基础上发展起来的能够更细致、更深入刻画变量间复杂联系的一种统计模型。

8.1 两阶段最小二乘法

由于路径分析比较复杂,为此本章将先介绍比较简单的两阶段最小二乘法,以帮助读者熟悉基本概念。

8.1.1 模型简介

普通最小二乘法虽然不能和因果关系画等号,但拟合时有一个默认条件:因变量的大小受自变量影响,自变量则应当独立取值,特别是不应受因变量的影响。但是,在许多研究中,的确会出现自变量和因变量互相影响的情况,这种情况在与经济支出有关的研究中尤为多见。例如,在经济学研究中,分析商品价格、顾客收入对日用品需求的影响时,日用品的价格与对它的需求之间存在明显的双向作用。也就是说价格可以影响需求,价格低会促使需求上升;而需求反过来又影响价格,即需求上升后价格可能会上涨。又如,在卫生服务研究中,分析治疗效果与治疗花费之间的关系,一般治疗花费越多,疗效自然越好。但是反过来,如果患者预期自己能得到更彻底的疗效,则往往愿意支出更多的治疗费用。除此以外,在进行工资水平对工作表现的影响、学习动机对学习表现的影响等研究时,这种因变量和自变量相互影响的问题也是非常明显的。

显然,当因变量和自变量间存在双向作用时,数据会直接违反回归模型的基本假设,此时直接使用最小二乘法进行估计就不再合适。对此可能的解决办法是:首先确定与因变量有双向关系的自变量;然后根据预分析结果,找出可以预测该自变量取值的线性回归方程,对自变量进行单独估计;最后用该自变量的预测值代替原变量值进行分析。由于预测值是根据那些与因变量无双向关系的变量计算而来的,可以认为它与因变量的关系也是单向的,从而避免了模型中出现双向作用的问题。

8.1.2 案例:人口背景资料对收入的影响

例8.1 本例来自 Young Men(1979),是美国国家纵向社会调查数据的一部分,包含了38名男性的一些基本信息。分析目的是研究受教育年限(educ)、种族(是否黑人,black)、年龄

(age)对收入水平有无影响。数据文件见 2sls.sav,其中收入已经按分布特征进行了对数转换(变量 LW)。

本例看起来并不复杂,如果采用普通的回归分析,则结果如图 8.1 所示,看上去数值似乎非常合理。但是,一个明显的问题是受教育年限和收入存在双向影响:高收入者为了提高自身的竞争力,会尽量找机会提高自己的学历;而高学历的人由于更有价值,得到的报酬也会更多。这种双向作用使得普通最小二乘法的要求被违反,上述结果可能不正确。

模型		未标准化系数		标准化系数	t	显著性
		B	标准误差	Beta		
1	(常量)	4.483	.327		13.726	.000
	是否黑人	-.207	.135	-.103	-1.530	.128
	受教育年限	.023	.013	.115	1.715	.088
	年龄	.050	.011	.310	4.605	.000

a. 因变量:收入(对数值)

图 8.1 系数表

为了解决这个问题,需要利用两阶段最小二乘法来针对受教育年限得到一个与收入无关的估计值,然后用该估计值来进行分析。根据常识,父母的受教育年限越长,则子女的受教育年限也会越长。而相对而言可以认为父母受教育年限与子女收入水平无关。因此可以利用这两个变量先求出受教育年限的预测值,然后用预测值代替原变量值来进行原来的方程估计。具体而言,在分析的第一阶段将采用如下线性回归方程计算 educ 的估计值:

educ 预测值 = 常量+父亲受教育年限(fed)+母亲受教育年限(med)+black+age

方程中引入的 black 和 age 实际上对 educ 没有影响,这可以通过普通回归分析确认。此处,仍将其引入方程是为了符合两阶段最小二乘法对话框界面操作的要求,即"工具变量"框中的变量数至少应当与"解释变量"框中的变量数相等,这样就可以对两次分析的结果进行对照。

在第二阶段中拟合的是如下回归方程:

LW = 常量+educ 预测值+black+age

由于使用的是 educ 预测值,它是通过与 LW 的影响无关的变量计算出来的,因此该方程在拟合时就不会违反普通最小二乘法的要求,能够得到正确的结果。

下面开始进行分析。首先拟合第一个回归方程,并使用"保存"子对话框将预测值保存为新变量,分析结果如图 8.2 所示,结果显示父母受教育年限的确会对子女受教育年限产生影响,同时,educ 的预测值会被存储在数据文件中。下面使用该预测值代替 educ 的实测值进行第二个回归方程的拟合,结果如图 8.3 和图 8.4 所示。

图 8.5 所示的为对各个系数的估计值和检验结果,由于是用受教育年限的预测值进行分析,就避免了自变量和因变量存在双向影响的问题,可见结果已经与直接用线性回归分析有了非常大的区别。最终影响收入的因素只有年龄。

模型		未标准化系数		标准化系数	t	显著性
		B	标准误差	Beta		
1	(常量)	7.241	1.573		4.603	.000
	是否黑人	-.695	.651	-.070	-1.069	.287
	年龄	.072	.052	.089	1.366	.173
	父亲受教育年限	.233	.073	.247	3.208	.002
	母亲受教育年限	.215	.075	.220	2.854	.005

a. 因变量：受教育年限

图 8.2 系数表

模型	R	R方	调整后R方	标准估算的误差
1	.357a	.128	.114	.466

a. 预测变量：(常量),Unstandardized Predicted Value,年龄,是否黑人
b. 因变量：收入（对数值）

图 8.3 模型汇总

模型		平方和	自由度	均方	F	显著性
1	回归	6.212	3	2.071	9.548	.000a
	残差	42.508	196	.217		
	总计	48.720	199			

a. 预测变量：(常量),Unstandardized Predicted Value,年龄,是否黑人
b. 因变量：收入（对数值）

图 8.4 ANOVA 表

模型		未标准化系数		标准化系数	t	显著性
		B	标准误差	Beta		
1	(常量)	4.695	.492		9.534	.000
	是否黑人	-.223	.139	-.111	-1.605	.110
	年龄	.051	.011	.318	4.599	.000
	Unstandardized Predicted Value	.006	.033	.012	.176	.860

a. 因变量：收入（对数值）

图 8.5 系数表

8.1.3 使用 2SLS 过程进行分析

显然，前面的分析是通过两次线性回归解决了双向影响的问题，第一阶段的回归方程用于对存在双向影响的自变量进行估计，第二阶段则真正用于分析相应的问题。由于每一次回归都是使用最小二乘法进行拟合，因此这种方法就被形象地称为两阶段最小二乘法（two-stage least squares)。在第一阶段中用于预测自变量的那些变量一般被称为工具变量,因此在有的文献中该方法又被称为工具变量回归(instrumental variable regression)。

1. 操作说明

为了方便用户操作,SPSS 为该方法提供了一个专门的对话框界面,如果使用该界面对本例进行分析,则相应的操作如下。

> 1. 选择"分析"→"回归"→"两阶最小平方"菜单项。
> 2. 将 lw 选入"因变量"框,将 black、educ、age 选入"解释变量"框,将 black、age、fed、med 选入"工具变量"框。
> 3. 单击"确定"按钮。

上述操作中用到的对话框如图 8.6 所示,其基本结构和线性回归过程主对话框非常相似。最上方为"因变量"框,其下的"解释变量"框用于设定希望最终拟合的方程中的自变量,可以选入多个,框中的变量将全部用来进行分析。比较特殊的是最下方的"工具变量"框,它用于设定在第一阶段中用于计算自变量预测值的工具变量,如果有变量在"解释变量"框中出现,但不在"工具变量"框中出现,它即为需要估计的内生变量,本例中为 educ。此外,按照该对话框的设计要求,工具变量的数量必须不少于解释变量。如果选入"工具变量"框的变量与"解释变量"框中完全相同,拟合的就是普通的线性回归模型。

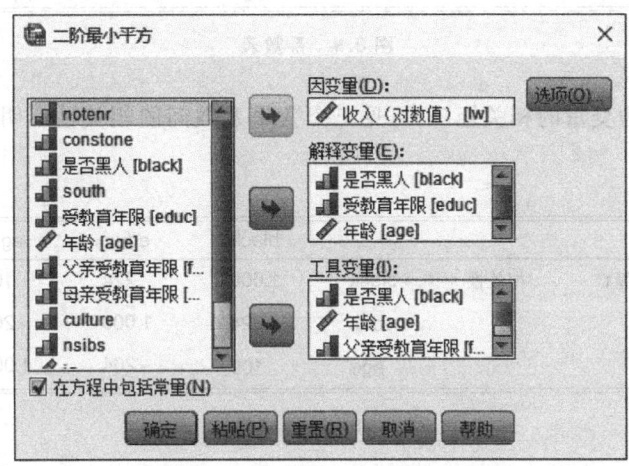

图 8.6 两阶最小平方主对话框

2. 结果解释

在结果输出的开始部分,会给出各变量在模型中的角色列表,即该变量是解释变量还是工具变量,此处略。

从图 8.7 的结果可以看出,这里给出的其实就是第二阶段的回归方程的模型汇总结果。

图 8.8 给出的是方程的拟合结果,可见总模型的 $F = 9.609, P<0.001$,整个回归方程有统计学意义。与前面的分析结果相对照,可以发现这里给出的其实就是第二阶段的回

方程1	复R	.358
	R方	.128
	调整后R方	.115
	估算标准误差	.464

图 8.7 模型汇总

归方程的检验结果(但由于算法的原因,数值上会略有差异)。

		平方和	自由度	均方	F	显著性
方程1	回归	6.212	3	2.071	9.609	.000
	残差	42.239	196	.216		
	总计	48.451	199			

图 8.8 ANOVA 表

图 8.9 所示的为对各个系数的估计值和检验结果,注意此处的 educ 指的是采用预测值进行拟合的结果,可见与直接使用直线回归进行分析的结果有非常大的区别,但基本等价于第二阶段的回归方程的检验结果(注意有细微差别),最终影响收入的因素只有年龄。

		未标准化系数		Beta	t	显著性
		B	标准误差			
方程1	(常量)	4.695	.491		9.564	.000
	black	-.223	.138	-.111	-1.610	.109
	educ	.006	.033	.029	.177	.860
	age	.051	.011	.318	4.614	.000

图 8.9 系数表

图 8.10 所示的为变量的相关矩阵,可见三个变量系数间的相关性不明显,因此可以不考虑共线性的问题。

			black	educ	age
方程1	相关性	black	1.000	.224	.109
		educ	.224	1.000	-.204
		age	.109	-.204	1.000

图 8.10 系数相关性

8.2 路径分析入门

两阶段最小二乘法虽然可以解决因变量和自变量存在双向影响的问题,但其功能仍然十分有限,在遇到更为复杂的情况时就无能为力了。此时如果研究者能够从专业背景上为变量间的关联方式绘制出一个基本框架的话,就可以采用路径分析(path analysis)对数据中蕴含的信息进行更为精确的刻画。

8.2.1 模型简介

多重线性回归只是基于一个方程建立模型,反映的是自变量与因变量之间的直接作用,但不能反映各因素间的间接关系。但是,变量间的关系往往错综复杂,要想在单一回归模型上选择合适的变量集无疑是非常困难且不合适的。例如,图 8.11 所示的这个经过简化的疾病住院费用影响因素的例子。从常识可知,住院天数是影响住院费用最主要的因素。此外,年

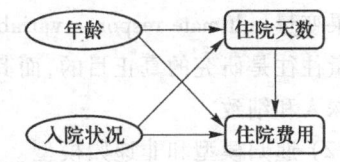

图 8.11 疾病住院费用影响因素示意图

龄和入院状况对住院费用也有影响,但它们同时又对住院天数有影响,从而通过住院天数对住院费用有间接作用。显然,采用一个简单的多元回归方程无法正确反映这种错综复杂的关系。

1920 年,遗传学家 Wright 提出用路径分析解决上述问题,其基本思想是从假设变量间的直线关系出发,通过估计变量间的相关系数和它们的函数来评价这些变量的作用及相互间的关系。此后,经济、社会及心理领域的递推模型、结构方程模型和确定性因子分析模型等都是基于这一思想建立起来的。

1. 模型框架

实际上,路径分析就是多重线性回归模型的扩展,它的主要特征是根据专业知识,假设模型中各变量的具体关联方式,这种联系一般会被绘制为一张路径分析图。随后按照相应的因变量数分别拟合各自的多重线性回归方程。也就是说,路径分析模型是由一组线性方程构成的,它所描述的变量间的相互关系不仅包括直接的关联,还包括间接的和全部的关联。模型中有的变量不受其他变量的影响,只是影响其他变量;而有的变量则会既受其他变量的影响,又同时影响其他变量。例如,本例中需要拟合的是以下两个方程。

住院费用 = 常数 + 住院天数 + 年龄 + 入院时情况

住院天数 = 常数 + 年龄 + 入院时情况

显然,住院天数在第一个方程中是自变量,但在第二个方程中又是因变量。一个特定的变量可能在一个方程中是因变量而在另一个方程中是自变量。通过这两个方程,可以知道年龄对住院费用的作用是由两部分构成的,第一部分是对住院费用的直接影响,而第二部分则是先影响住院天数,然后通过住院天数的作用间接影响住院费用。而如果只拟合第一个回归方程,则会因为拟合的回归系数值只反映了第一部分的影响,而不符合专业常识,难以解释,实际上,这就是前面反复提到的共线性问题的表现之一。显然,路径分析模型可以对存在共线性的数据给出完美的解决方法。

2. 基本概念

在路径分析中经常会遇到一些专业术语,下面分别进行解释。

(1) 外生变量与内生变量。外生变量(exogenous variable)指的是在模型中未指明有哪些因素会对其产生影响的变量,可以简单地类比为模型中的自变量,虽然这些变量必然会受某些因素的影响,但这不是当前模型所考虑的问题。换言之,在当前模型中,外生变量只起到影响别的因素的作用,而不会受其他因素的影响。

与外生变量相对应,内生变量(endogenous variable)则指的是在模型中会受其他变量影响的变量。换言之,内生变量的变异有一部分由模型中的其他外生变量或内生变量决定,具体的影响来源和作用大小就是模型所要考虑的问题。

此外,研究者还可以将模型内完全不影响其他变量,而只受其他变量影响的内生变量称为最

终结果变量(ultimate response variable)。例如,在上面的例子中,住院费用就是最终结果变量,这一变量往往是研究的真正目的,而其余内生变量的出现很有可能仅仅是为了使对它的研究能够更加深入和细致。

(2) 递归模型和非递归模型。一般而言,在路径分析中,任意两个变量间可能存在以下4种基本关联方式:

- $A \rightarrow B$,A 可能对 B 有影响,但 B 不会影响 A。
- $A \leftarrow B$,B 可能对 A 有影响,但 A 不会影响 B。
- $A \leftrightarrow B$,A 与 B 之间存在着双向的影响关系,即直接反馈作用。
- A 和 B 之间的具体影响方式不明,但是存在相关。实际上,这一方式还包含一种特例,就是变量 A 与自身存在自反馈(自相关)。

显然,如果模型中只存在前两种关联方式,则整个路径分析模型全部为单向链条关系,不会出现循环嵌套的路径,从而可以被写成由若干个标准的多重线性回归方程构成的方程组。这种模型就被称为递归模型(recursive model);反之,如果模型中存在后两种关系(包括自反馈),则被称为非递归模型。上面关于住院费用的例子就是典型的递归模型,所有的变量间关联均为单向,不存在循环、自反馈、双向关联这些复杂情况。非递归模型的求解方法比递归模型复杂得多,详细内容见后。

(3) 标准化与非标准化路径系数。在前面介绍路径分析模型时,所给出的方程都含有常数项,也就是使用原始变量的普通回归方程。此时如果进行路径分析,则求解出的全部是非标准化的路径系数。但是,路径分析中往往会使用标准化变量进行建模,此时所有方程均无常数项,而求解出的系数也均为标准化路径系数。在统计文献中,对于究竟采用何种系数最优尚无定论。标准化路径系数建立的路径分析模型没有常数项,更加简洁,而且由于没有量纲,不同的路径系数可以直接比较大小。但是该系数不仅反映了变量间关联的强度,还表示了各变量的方差、协方差,甚至在有的模型中可能还包括模型外其他变量的方差。因此标准化路径系数与具体样本有关,不能用于不同情况或总体间的比较。

与之相对应,非标准化路径分析系数有明确的量纲,不同量纲的系数间不能相互比较,同时它会使模型的计算量增大。但是非标准化路径分析系数在不同情况下能够保持相对稳定,而且更易于理解和应用。因此,在实际分析工作中,研究者往往会分别报告这两种结果,以使得对问题的研究更为彻底。

3. 分析步骤

作为一个复杂模型,路径分析的建模工作不会一蹴而就,而是一个循序渐进的过程。

(1) 模型设定。首先,研究者必须根据前期研究的结果或者专业知识来设定初始的理论模型,该模型包括各种可能的路径,并常以路径图的形式被绘制出来,以帮助研究者较好地厘清各种关系。

(2) 模型识别与模型估计。在该步骤尝试对模型中的参数进行估计,如果模型设定有误,则可能会导致整个模型无法被估计(无解或无唯一解),此时应当对模型加以修正,直至得到初步的估计值。

(3) 模型评价。评价各路径的关联是否具有统计学意义,并且是否能够很好地与专业知识吻合。如果无统计学意义,则可以考虑将该路径删除;如果拟合结果不符合专业知识,则需要考虑是否整个模型框架存在较大问题。

(4) 模型修正。根据模型评价的结果对模型进行简化和改进,最终得到一个既符合专业知识,又与数据的特征相吻合,并且非常简洁的路径分析模型。显然,最终的模型需要经过多次尝试和修正才能够得到。

4. 模型检验方法

如果路径分析模型中各系数都有统计学意义,那么问题会简单得多,这也许就是最终的结果了。但是当模型中存在无统计学意义的系数时,该如何评价简化后模型的效果呢?虽然可以分别对系数进行检验,但显然对两个模型进行整体比较更为妥当。在路径分析中,一个内生变量实际上就对应了一个回归方程,每个回归方程都会有一个决定系数,它表示相应内生变量的方差中能够被该方程所解释的比例,而 $1-R^2$ 就表示剩余的部分。那么,对应于所有内生变量的残差,对于有 P 个内生变量的模型,能够计算出这样一个指数:

$$R_c^2 = 1-(1-R_1^2)(1-R_2^2)\cdots(1-R_p^2)$$

该指数表示模型能够解释的广义方差占总广义方差的比例。将原模型的指数与简化模型的指数相比,可以得到一个测量值 Q:

$$Q = \frac{1-R^2_{原模型}}{1-R^2_{简化模型}}$$

根据该测量值,可以计算出一个统计量 W:

$$W = -(n-d)\ln Q$$

其中,n 为样本量,d 为简化模型中所删除的路径数目。当样本量较大时,W 服从自由度为 d 的卡方分布,这样就可以使用卡方检验来进行两个模型间的比较了。

上文曾经提到路径分析模型可以被分为递归模型和非递归模型两大类,由于前者可以被分解为多重线性回归方程组,因此分析要简单得多,可以采用多重线性回归方法来拟合。具体做法为按路径分析图中存在的因变量数分别拟合各自的多重线性回归方程。而非递归模型则不然,往往需要采用更专业的算法和软件才能进行拟合。例如,SPSS 系列软件中专门用于求解路径分析模型和更复杂的结构方程模型的软件 IBM SPSS AMOS 就可以完成这一任务。本书由于所使用的工具为 IBM SPSS Statistics,因此随后讨论的实例将仅限于递归模型,对于更复杂的非递归模型可以参考 IBM SPSS AMOS 的用户手册。

> 实际上,路径分析技术最初是从对相关系数进行分解发展而来的,所以对于递归模型而言,如果要估计各路径的系数,也可以通过对各路径进行偏相关分析来实现,对此感兴趣的读者可以参见本章末所附的参考文献2,其中有详细讨论,这里不再详述。

8.2.2 案例:住院费用影响因素研究

例 8.2 现收集了某种疾病患者的住院数据,包括以下变量:性别、年龄、婚姻状况(二分类)、入院情况(三级评分,分值越高代表情况越好)、住院天数和住院总费用。因年龄、住院天数和住院总费用均为偏态分布,故首先进行了对数变换,现希望对住院总费用的影响因素进行分析,数据文件见 path.sav。

根据常识,住院天数越长,费用就会越高,但同时住院天数也会受其他自变量的影响,因此综

合考虑之下,本例应当拟合如下的路径分析模型:

$$\widehat{\lg 天数} = \alpha_2 + \beta_{21} \times 性别 + \beta_{22} \times \lg 年龄 + \beta_{23} \times 婚否 + \beta_{24} \times 评分$$

$$\widehat{\lg 费用} = \alpha_1 + \beta_{11} \times 性别 + \beta_{12} \times \lg 年龄 + \beta_{13} \times 婚否 + \beta_{14} \times 评分 + \beta_{15} \times \lg 天数$$

下面考虑对该模型进行拟合,由于整个模型显然是一个递归模型,因此可以用分别拟合回归方程的方法来实现对模型中各参数的估计,首先对住院天数的回归方程进行估计,结果显示模型的决定系数为 0.055,回归系数估计值如图 8.12 所示,可见年龄、婚姻状况和入院情况均对住院天数有影响,但性别无统计学意义。年龄越大、未婚、入院情况较好者的住院天数较多。

模型		未标准化系数		标准化系数		
		B	标准误差	Beta	t	显著性
1	(常量)	.451	.043		10.459	.000
	性别	-.004	.009	-.010	-.418	.676
	婚姻状况	-.029	.014	-.077	-2.082	.037
	入院情况	.038	.009	.098	4.155	.000
	lg(年龄)	.242	.034	.263	7.138	.000

a. 因变量:lg(住院天数)

图 8.12 系数表

下面对第二个回归方程进行估计,结果显示模型的决定系数为 0.213,从图 8.13 可见,除婚姻状况外,其余变量均对住院费用有影响,男性、年龄较大、入院情况较差者的住院费用较高,住院天数越多,住院费用也更高。

模型		未标准化系数		标准化系数		
		B	标准误差	Beta	t	显著性
1	(常量)	3.008	.050		60.306	.000
	性别	-.030	.010	-.066	-3.065	.002
	婚姻状况	.014	.016	.031	.910	.363
	入院情况	-.087	.010	-.184	-8.475	.000
	lg(年龄)	.162	.039	.143	4.203	.000
	lg(住院天数)	.453	.027	.369	16.679	.000

a. 因变量:lg(住院总费用)

图 8.13 系数表

读者可能会发现一个很有趣的现象,就是如果只拟合第二个方程,则所得到的结果其实就是一个简单的多重线性回归方程结果,而且可知自变量间存在共线性。显然,对于住院费用而言,使用路径分析模型建模时对其变异的解释度(决定系数)与直接进行回归分析时并无差异。也就是说,路径分析并不会使模型对最终结果变量的预测更加准确。但是,通过对自变量间复杂联系的刻画,路径分析模型可以很精细地估计出每一个自变量究竟是通过何种方式作用于最终因变量的,从而使得研究者对问题的理解更加深入和全面。

在上面的结果中,可以看到性别、婚姻状况分别在一个方程中无统计学意义,为此可以将上述模型加以简化,去除这些无统计学意义的变量后重新加以拟合,结果显示第一个回归方程的决定系数仍然是 0.055,第二个回归方程的决定系数也仍然是 0.213,但现在所有的自变量均有统计学意义(当然其回归系数会有一定改变)。显然,简化的路径分析模型对数据的解释程度与前一个模型相比并无改变,但更加简洁。本例最终拟合的路径分析模型可以使用标准化路径系数绘制出路径分析图,如图 8.14 所示。

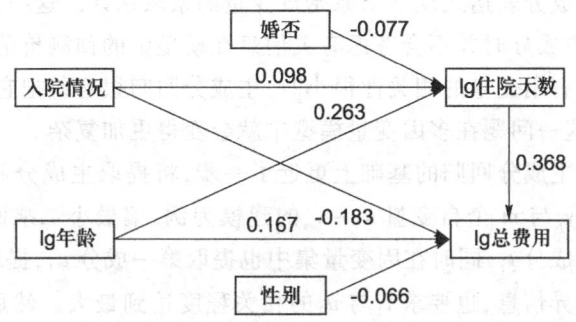

图 8.14 最终的模型路径分析图(标准化路径系数)

✎ 除使用上述分别拟合回归方程的方式完成模型拟合外,SPSS 中还提供了 EQNSYSTEM 插件,具体操作为选择"分析"→"回归"→"方程组"菜单项,调用 R 插件中的 systemfit 包来完成线性方程组的拟合,这些方程以内生变量作为回归变量,并且可以完成普通最小二乘法、二阶最小二乘法、三阶最小二乘法等方法的拟合。但遗憾的是,在 R 插件中会遇到所关联的 car 包的版本兼容问题,因此这里不再详述,对该模型感兴趣的读者请参考相应的专业著作。

8.3 偏最小二乘法入门

8.3.1 模型简介

在实际问题中,经常会遇到类似于路径分析所需要解决的这种变量间复杂关联网络的分析问题。例如,研究如何用一组变量去预测另一组变量。当可以清晰地描绘变量间的关系图时,路径分析或者更复杂的结构方程模型就有了用武之地,但更多的时候无法获取这样精确的信息,只能按照线性模型框架搭建模型,并且利用主成分分析等方法解决自变量共线性等问题。这显然事倍功半,因为变量间的关联往往是复杂且双向的,传统的最小二乘法在这些方面设定了太多的限制,相比之下,近年来发展起来的偏最小二乘法则具有很大的优势。

偏最小二乘法(partial least squares method,PLS)是一种新型的多元统计分析方法,是一种多因变量对多自变量的回归建模方法,可以较好地解决许多以往用普通多元线性回归无法解决的问题,特别是当两组变量的个数很多且都存在多重相关性,而观测数据的数量(样本量)又较少时,用偏最小二乘回归建立的模型具有传统回归分析等方法所没有的优点。该方法于1983年由伍德(S. Wold)和阿巴诺(C. Albano)等人首次提出,并随后在理论、方法和应用方面都得到了迅速的发展。在同一个算法框架下,偏最小二乘法除了可以提供一个更为合理的回归模型外,还可以同时完成一些类似于主成分分析和典型相关分析的研究,提供更丰富、深入的信息,是多元统计分析方法的一个飞跃。

这里首先回顾一下采用主成分回归来解决共线性问题的基本思路:从存在多重共线性的自变量组合提取主成分,然后用提取出的主成分与其他自变量一起进行多重线性回归。得出主成分回归系数后再根据主成分表达式反推出原始自变量的系数估计。这种做法的确可以改善预测模型质量,但是在提取主成分时并不会考虑有关信息在模型中的预测价值,因此信息提取的方向可能出现偏差。当一些有用变量的相关性很小时,主成分回归很容易把它们漏掉,使得最终的预测模型可靠性下降,而这一问题在多因变量模型中就会变得更加复杂。

偏最小二乘法是在主成分回归的基础上更近了一步,将提取主成分和回归问题同时进行了考虑。以 p 个变量 $y_1 \sim y_p$ 与 m 个自变量 $x_1 \sim x_m$ 的建模为例,偏最小二乘回归的基本做法是首先在自变量集中提出第一成分 t_1,同时在因变量集中也提取第一成分 u_1,提取时不仅要求二者尽可能携带原变量集中的变异信息,也要求 t_1 与 u_1 的相关程度达到最大。然后建立因变量集与 t_1 的回归方程,如果回归方程已达到满意的精度,则算法中止;否则继续进行第二对成分的提取,直到达到满意的精度为止。若最终对自变量集提取 r 个成分 $t_1 \sim t_r$,偏最小二乘回归将通过建立 $y_1 \sim y_p$ 与 $t_1 \sim t_r$ 的回归方程,然后再转换回用 $x_1 \sim x_m$ 来表示的回归方程,此即最终得到的偏最小二乘回归方程。

> 实际上,偏最小二乘法的基本原理可以说得更简明一点:最小二乘法是要求各散点在平行于纵轴的方向上到回归直线的距离最小(即 y 的残差平方和最小化),而偏最小二乘法则是要求各散点到回归直线的垂直距离最小。显然偏最小二乘法在算法上更关注自变量一些,因此因变量和自变量的区分不是那么明显,变量间的关联比较复杂,当变量间为双向关联时,其算法的优势就会更加明显。

8.3.2 案例:拟合推测胎儿周龄的回归方程

SPSS 对 PLS 偏最小二乘法是通过 Python 插件来实现的,在使用上与其他方法没有区别,仍然是以对话框方式调用。

> SPSS 的 PLS 插件要求用户在 Python 中正确配置 numpy 和 scipy 包,这对 Python 的初学者而言比较困难,如果在这方面遇到问题,可以考虑直接安装 Python 的集成科学计算环境 Anaconda,其中已经内置了所需的 numpy 和 scipy 包,然后在利用"编辑"→"选项"菜单项打开的"选项"对话框"文件位置"选项卡中将 python 主目录指定为 Anaconda 所在的路径即可。

由于偏最小二乘法涉及第三部分中的主成分分析等内容,因此这里只进行操作和结果的演示。以例 7.3 为例,由第 7 章的分析可知三个自变量之间存在较强的共线性,如果使用最小二乘法来进行拟合,则相应的操作如下。

1. 选择"分析"→"回归"→"部分最小平方"菜单项。
2. 将 y 选入"因变量"框,将三个自变量选入"自变量"框。
3. 单击"确定"按钮。

注意在如图 8.15 所示的主对话框中,因变量是可以选入多个的,但本例中只有一个因变量。此外默认提取因子的最大数目仍然为 5,需要根据初步分析结果再来决定如何进行调整。

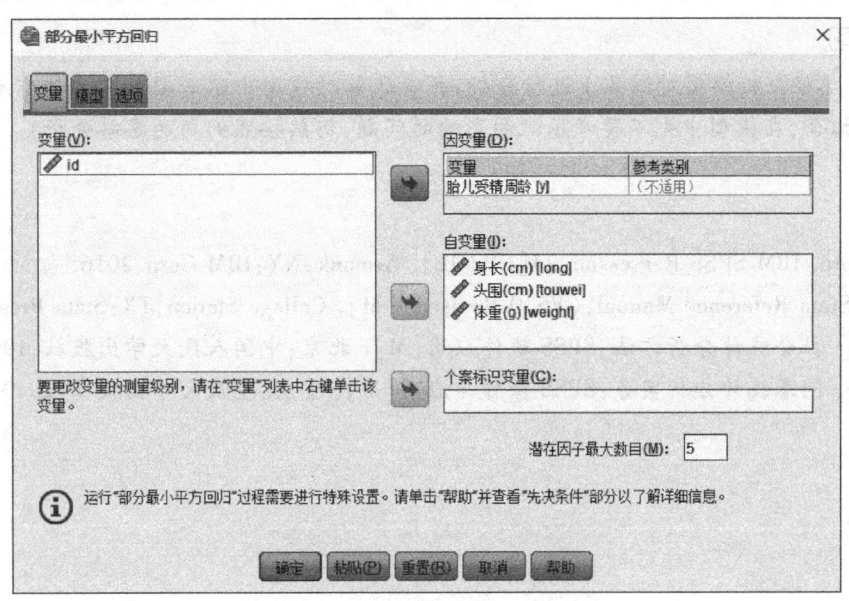

图 8.15　最小二乘法过程主对话框

由于模型中只有一个因变量,因此不需要考虑如何对因变量进行主成分提取,首先给出的表格实际上就是对三个自变量进行主成分提取的结果,如图 8.16(a)所示。可见第一主成分携带了 97.5% 的原始自变量方差,其余两个主成分合计携带 2.5% 的原始自变量方差;此外,第一主成分可以解释的因变量方差也高达 93.6%,而其余两个主成分加入之后只会累计增加 4% 左右的方差解释比例。因此,上述结果表明完全可以使用第一主成分代替三个原始变量进行回归分析。

随后给出的表格如图 8.16(b)所示,是按照现在的主成分提取数量进行回归之后还原出的原始自变量的回归方程,由于默认最多提取 5 个主成分,因此所有的原始信息都被保留在分析过程中,可以发现这里拟合出的回归系数完全等价于 7.3.2 小节中普通线性回归模型的结果。

潜在因子	统计					自变量	因变量 y
	X方差	累积X方差	Y方差	累积Y方差 (R方)	调整后 R方		
						(常量)	11.012
1	.975	.975	.936	.936	.933	long	1.693
2	.024	.999	.016	.952	.946	touwei	-2.159
3	.001	1.000	.024	.975	.971	weight	.007
(a)						(b)	

图 8.16　提取主成分的解释方差比例表和回归系数表

随后系统还会输出各自变量在主成分提取中的重要性、权重、载荷值等表格，因涉及较多的主成分分析知识，这里不再给出。

根据上述结果，后续分析中就可以将"潜在因子最大数目"框由默认的 5 改为 1，即只保留一个主成分用于建模，以得到合理的回归系数估计值。相应的操作请读者自行完成，这里不再详述。

思考与练习

请使用路径分析模型对例 8.1 进行分析，并尝试着对模型中不必要的路径进行化简（注：因使用 SPSS 拟合，在模型中先不要考虑双向影响的问题，仍然按照例题的思路分析）。

参考文献

[1] IBM Corp. IBM SPSS Regression 24[CP/OL]. Armonk, NY: IBM Corp, 2016.
[2] Stata., Stata Reference Manual, (V5.0 Revised)[M]. College Station, TX: Stata Press, 1997.
[3] 郭志刚. 社会统计分析方法：SPSS 软件应用[M]. 北京：中国人民大学出版社，1999.
[4] 吴明隆. 问卷统计分析实务：SPSS 操作与应用[M]. 重庆：重庆大学出版社，2010.

第9章 非线性回归模型

9.1 模型简介

9.1.1 问题的提出

第7章曾涉及自变量和因变量间呈曲线关系的情形,当时采用的是曲线直线化的策略,即在曲线关系比较简单时,可以利用变量变换将曲线关系转换为直线关系来拟合线性回归模型。但是,曲线直线化的方法有着自身的缺陷,下面这些问题它就无法解决。

(1) 变量变换可以解决一部分曲线拟合问题,但是直线回归采用的是最小二乘法,它保证的是变换后的残差平方和最小,如果变换回原始变量值,则并不一定是最优方程。

(2) 当曲线关系极为复杂,甚至不存在显式表达式时,往往不能通过变量变换转换为直线方程,此时线性回归将爱莫能助。

(3) 曲线直线化后仍然采用最小二乘法进行拟合,对于更复杂的拟合方法,如最小一乘法、复杂的加权方法等无法实现。

显然,在这些情况下,需要寻求更强有力的统计方法。非线性回归就是针对以上更复杂的问题而提出的一个通用的模型框架,它采用迭代方法对用户设置的各种复杂曲线模型进行拟合,同时将残差的定义从最小二乘法向外大大扩展,为用户提供了极为强大的分析能力。

9.1.2 模型框架

非线性回归模型一般可以表示为如下形式:

$$y_i = \hat{y} + e_i = f(x, \theta) + e_i$$

其中,$f(x,\theta)$ 为期望函数,该模型的结构与线性回归模型非常相似,所不同的是期望函数 $f(x,\theta)$ 可以为任意形式,在有的情况下甚至可以没有显式表达式。

许多比较简单的非线性模型可以通过变量变换转化为线性模型,它们又被称为可变换为线性的模型。在非线性回归中,可变换为线性的模型有许多优点,如易于求得某些参数的初始值等。如果采用将它们变换为线性模型再进行估计的策略,则就是前面学习过的曲线回归。然而,必须指出,数据的变换会导致随机误差项分布的变换,认清这一点非常重要,因为这将影响最小二乘法所求得的解的含义以及模型的适用条件。如果假定变换前模型的误差项服从正态分布,则对于变换后的数据来说,其相应的误差项很可能就不再服从这一假定,反之亦然,不仅是正态性,包括方差齐性、独立性可能都会出现这种问题。因此,变换后的线性模型采用最小二乘法求得的最佳参数估计值并不一定是原模型的最佳参数估计值。显然,在比较复杂的非线性模型中,这一影响可能非常严重。因此,在精度要求较高,或者模型比较复杂的非线性回归问题中,采用曲线直线化来估计非线性方程并不是一个好的策略。

那么，非线性模型是如何估计模型参数的呢？事实上其参数估计的基本思想类似于线性模型，也是先给出一个表示估计误差的函数（损失函数），然后使得该函数取值最小化，并求得此时的参数估计值。以常用的最小二乘法为例，它是设法找到使各数据点到模型回归线纵向距离的平方和达到最小的估计值（损失函数为残差平方和），但此处的模型回归线就是相应的曲线，而不是线性回归中的直线，或者曲线拟合中变换后的直线。

由于期望函数并非直线，模型无法直接计算出最小二乘法估计的参数值，因此非线性回归模型一般采用高斯-牛顿法进行参数估计。这一方法是对期望函数做泰勒级数展开，以达到线性近似的目的，并反复迭代求解。其基本思路是：首先为所有未知参数指定一个初始值，然后将原方程按泰勒级数展开，并只取一阶各项作为线性函数的逼近，其余项均归入误差；然后采用最小二乘法对模型中的参数进行估计；用参数估计值替代初始值，将方程再次展开，进行线性化，从而又可以求出一批参数估计值；如此反复，直至参数估计值收敛为止。显然，这一方法计算复杂，必须借助计算机完成，而且在模型比较复杂时，初始值的设定对模型是否能顺利求解是有影响的。

> 非线性回归模型在 SPSS 中可以采用 NLR 和 CNLR 两个过程来拟合，前者用于一般的非线性模型，后者用于带约束条件的非线性模型的拟合，适用范围更广，算法也不相同。但在对话框级别中，它们都统一由"分析"→"回归"→"非线性"菜单项调用，因此读者不用过于在意这二者的差异。

9.2 案例：通风时间和毒物浓度的曲线方程

这里仍然采用第 7 章中曲线拟合的例 7.1，在第 7 章中是通过曲线直线化的方法得到回归方程的。但是，此时是按照变换后的数据关系得到的最小二乘法结果，它是否仍然是变换前的最优结果，或者说是变换前误差最小的曲线模型？这里采用非线性回归的方法对该实例进行分析。

9.2.1 操作说明

由于在第 7 章中已经对本数据进行了详细的探讨，这里不再进行预分析，直接进行非线性回归分析，操作如下。

1. 选择"分析"→"回归"→"非线性"菜单项。
2. 将 y 选入"因变量"框。
3. 在"模型表达式"框中，输入"a*exp(b*time)"。
4. 在"参数"子对话框中，将 a、b 的初始值均设定为 1。
5. 单击"确定"按钮。

非线性回归过程主对话框如图 9.1 所示，与线性回归一样，非线性回归也需要指定因变量，此处为变量 y。但是，由于非线性回归模型可能的表达式种类繁多，为了方便使用，对话框中干脆直接提供了"模型表达式"框，由用户直接按需键入相应的表达式。对话框下部的软键盘和函数列表也是为了方便书写模型表达式而设立的。

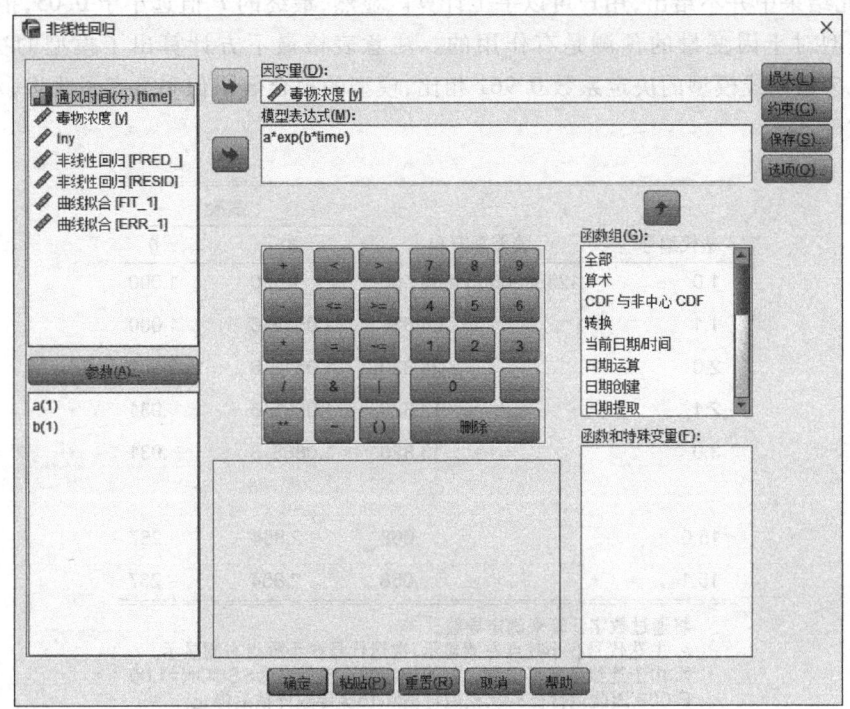

图 9.1 非线性回归过程主对话框

由于非线性回归模型是采用迭代的方法求解,因此必须为所有模型参数设定一个初始值,具体在"参数"子对话框中操作。本例中为方便起见,将参数 a 和 b 的初始值一律设定为 1。这在本例这种简单模型的拟合中是可行的,但是对于复杂的模型,初始值的设定则需要认真考虑,详细内容见 9.5 节。

9.2.2 结果解释

结果中首先会给出迭代过程记录,如图 9.2 所示,由于输出太长,这里删除了中间部分。观察残差平方和的变化,可见随着迭代进行,残差平方和变得越来越小,也就是说模型无法解释的变异部分越来越少。但这一过程不是无限进行下去的,当进行了 15 步迭代,共拟合了 32 个模型后,残差平方和以及各参数的估计值均稳定下来,模型达到收敛标准。

图 9.3(a)所示的为参数估计值表,给出的是模型中未知参数的点估计值和区间估计值,注意其中的标准误差为近似标准误差,所以相应的置信区间仅供参考,当置信区间的界值离 0 较近时,下结论应慎重。也正是由于此原因,上面的输出并不给出基于 μ 检验的检验结果。由以上结果可以得出模型方程为 $\hat{y} = 2.8536 \times \text{time}^{-0.2675}$。图 9.3(b)所示的为各参数的相关矩阵,主要用于考察比较复杂的模型,此时参数间的相关系数可以用来辅助进行模型的改进,在本例中无太多价值。

图 9.4 所示的为对模型按照方差分析的原理进行方差分解的结果,相应的原假设为:所拟合的模型对因变量的预测无贡献。由于这里进行的是非线性回归,方差分析的 F 值和 P 值只有参

考意义,因此结果中并不给出,用户可以手工计算。显然,最终的 P 值远小于 0.05,拒绝原假设,可以认为模型对于因变量的预测是有作用的。注意表格最下方计算出了模型的决定系数为 0.989,与第 7 章曲线模型的决定系数 0.961 相比,模型的拟合效果似乎又有了改进,对于这个问题将随后讨论。

迭代编号[a]	残差平方和	参数	
		a	b
1.0	12359096005889.550	1.000	1.000
1.1	24.830	1.051E-6	1.000
2.0	24.830	1.051E-6	1.000
2.1	13.320	1.088E-6	.931
3.0	13.320	1.088E-6	.931
...			
15.0	.068	2.854	-.267
15.1	.068	2.854	-.267

将通过数字计算来确定导数。
a. 主迭代号在小数点左侧显示,次迭代号在小数点右侧显示。
b. 由于连续残差平方和之间的相对减小量最多为 SSCON=1.00E-008,因此运行在 32 次模型评估和 15 次导数评估后停止。

图 9.2　迭代过程记录

参数	估算	标准误差	95%置信区间	
			下限	上限
a	2.854	.101	2.636	3.071
b	-.267	.012	-.293	-.242

(a)

	a	b
a	1.000	-.797
b	-.797	1.000

(b)

图 9.3　参数估计值和相关性

源	平方和	自由度	均方
回归	11.508	2	5.754
残差	.068	13	.005
修正前总计	11.576	15	
修正后总计	6.167	14	

因变量:毒物浓度
a:R方=1-(残差平方和)/(修正平方和)=.989。

图 9.4　ANOVA 表

9.2.3　对模型的进一步分析

上面用非线性回归的方法得到了方程的估计值。显然,该表达式和曲线拟合所得到的结果并不相同,参数 a、b 相差不少。究竟哪一个方程更好呢？虽然从决定系数上看似乎是非线性回归的方程更优,但需要指出的是,曲线拟合中计算出的决定系数实际上是曲线直线化后直线方程的决定系数,不代表变换前的变异解释程度,即两个模型的决定系数是不可比的。

为了能够直观地对两个模型进行比较,这里分别对本数据拟合这两个模型,利用"保存"子对话框求得各自的模型预测值与预测残差,并绘制图形,如图 9.5 所示。图 9.5(a)所示的是原始数据、曲线模型(虚线)、非线性回归模型(实线)三者的比较,从中可见当通风时间大于 4 分钟时,两个模型的预测效果基本接近。但是当通风时间小于 4 分钟时,曲线拟合模型的预测效果比较差,特别是通风时间为 1 分钟和 2 分钟的数据,预测误差较大。

图 9.5(b)所示的是两个模型残差的比较,可见曲线模型在 y 取值的范围之内,大部分情况下都是曲线模型的残差更高,在高数值区间更是出现了较大的残差。显然,综合比较之下,非线性回归模型的预测效果更好。

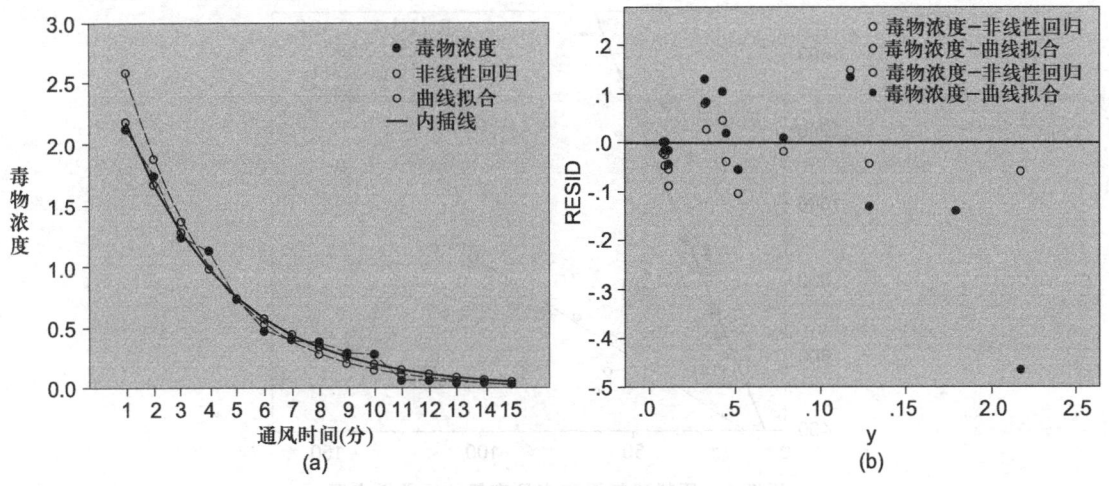

图 9.5 曲线模型与非线性回归模型预测效果的比较

9.3 自定义损失函数:最小一乘法

迄今为止,在拟合回归模型时基本都是按照最小二乘法的原则进行,即将预测值和实测值之差(残差)的平方和达到最小作为模型最优的评判标准,这种评判标准也被称为模型的误差函数,或者损失函数。最小二乘法由于在统计理论上可以得到非常好的推导,应用十分广泛。但是,该方法也有自身的弱点,主要是它对强影响点比较敏感。由于采用的是残差平方和,绝对值越大的残差,在平方之后其影响也会被放大,从而导致回归线明显向这些强影响点偏离。这时研究者就应当考虑换用其他拟合标准。

例 9.1 某公司生产产品的成本主要受两种原料的影响,为及时调整生产,协调库存,现收集了一批产品产量与相应生产中两种原料消耗量的数据,数据文件见 nlin2.sav。请就此建立原料消耗量与产品产量(因变量)间的回归方程。

9.3.1 预分析

本例中共有两个自变量、一个因变量,如果直接进行线性回归分析,则可知两种原料均和产品产量有关,相应的回归方程为

$$y = 124.778\ 2 + 12.266 \times x1 + 3.78 \times x2$$

为了更充分地理解数据,现绘制两种原料消耗量和产品产量间的重叠散点图,如图9.6所示,可见两种原料消耗量(用合同金额表示)和产品产量间均呈比较明显的线性关系。但其中原料1的第6个案例和原料2的第14个案例散点均偏离主要趋势较远,即相同产量下原料消耗过多,在统计模型中可能表现为强影响点。图9.6中分别绘制出了两个单变量回归方程的参照线。显然,这两个回归方程均受到了相应强影响点的作用而偏离主要趋势。在上述双变量回归方程中,情形也必然相同。为此,需要考虑使用能够削弱强影响点作用的拟合方法。

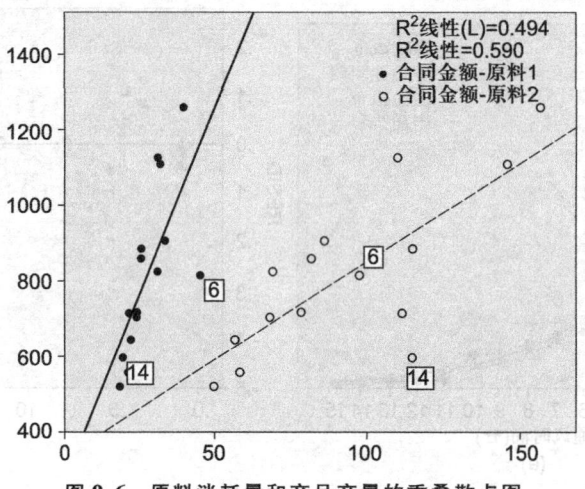

图9.6 原料消耗量和产品产量的重叠散点图

在各种替代方法中,最小一乘法是比较简单和易于理解的一种。它将预测值与实测值之差(残差)的绝对值之和作为损失函数。由于不再对预测值与实测值之差进行平方,相应强影响点的作用就会远小于最小二乘法。

9.3.2 操作说明

SPSS 的非线性回归过程中为用户提供了自定义损失函数的功能,具体在非线性回归过程主对话框"损失"子对话框中实现,本例操作如下。

1. 选择"分析"→"回归"→"非线性"菜单项。
2. 将 y 选入"因变量"框。
3. 在"模型表达式"框中,输入"a+b1 * x1+b2 * x2"。
4. 在"参数"子对话框中,将 a、b1、b2 的初始值均设定为 1。
5. 在"损失"子对话框中,在"用户定义的损失函数"框中输入"ABS(RESID_)"。
6. 单击"确定"按钮。

上述操作中使用到的"损失"子对话框如图 9.7 所示,可见除模型中已有的变量和参数外,SPSS 还提供了两个系统变量 RESID_和 PRED_,分别代表残差和预测值,可以直接在损失函数定义中使用。此处即使用了 RESID_。操作时系统会弹出警告对话框,要求更改拟合方法,确认即可。关于拟合方法的详细内容参见 9.5.2 小节。

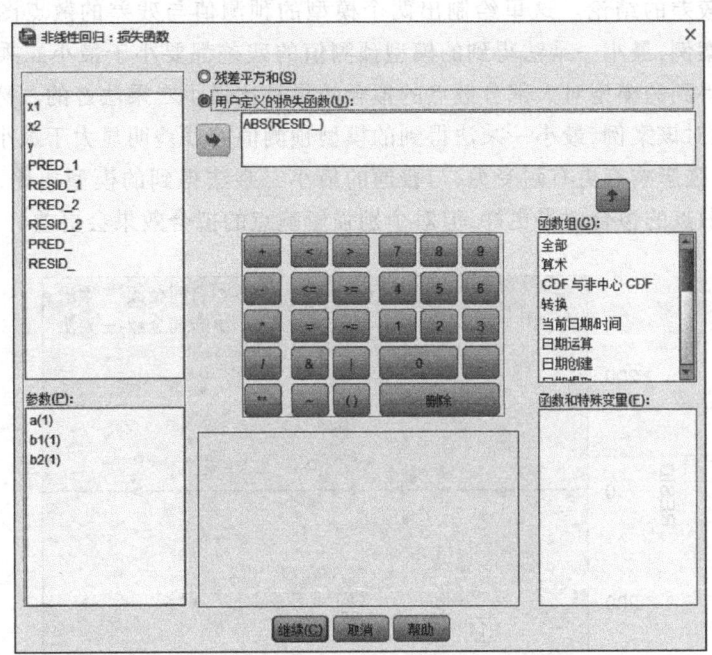

图 9.7 "损失"子对话框

9.3.3 结果解释

由于最小一乘法在统计理论上无法进行像最小二乘法那样严密的推导,所以分析结果非常简单,仅给出了如图 9.8 所示的迭代过程,最终迭代终止时的参数值即为参数估计值,从中可见相应的损失函数为 1 029.896,即残差的绝对值之和为 1 029.896。而相应的回归方程则为

		统计		
			参数	
迭代编号[a]	损失函数的值	a	b1	b2
0.1	10410.530	1.000	1.000	1.000
1.1	2851.164	1.056	2.552	6.239
...				
12.1	1029.896	9.441	19.563	3.024
13.1	1029.896	9.441	19.563	3.024

将通过数字计算来确定导数。
a. 主迭代号在小数点左侧显示,次迭代号在小数点右侧显示。
b. 由于在当前点无法进行改善,因此运行在14次迭代后停止。

图 9.8 迭代过程记录

$$\hat{y} = 9.441 + 19.563 \times x1 + 3.024 \times x2$$

与前面最小二乘法得到的模型相比,三个模型参数估计值都有较大变化,特别是常数项,从 124.778 一下降低到了 9.441,那么究竟哪个模型更为合理? 由于决定系数、剩余标准差等一系列判断指标均是基于最小二乘法推导而来。如果使用它们进行判断,则必然会得出最小一乘法得到的模型效果较差的结论。这里绘制出两个模型的预测值与残差的散点图,如图 9.9 所示。可见对于大部分案例,最小一乘法得到的模型预测值的残差都要小于最小二乘法残差,显然,这说明最小一乘法得到的模型对大部分散点的拟合效果是比最小二乘法好的。然而请注意第 6 个案例的散点,显然对该案例,最小一乘法得到的模型预测值的残差明显大于最小二乘法。也就是说,最小一乘法对强影响点更有耐受力,与普通的最小二乘法得到的模型相比,最小一乘法得到的模型对大多数散点的拟合效果更好,但对个别强影响点的拟合效果会更差。

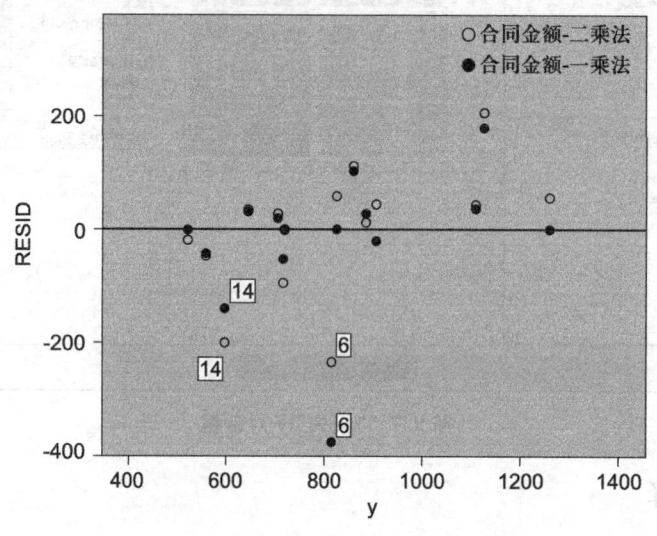

图 9.9 一乘法与二乘法模型残差的比较

通过对各参数、变量、系统变量和函数的组合,用户还可以定义出各种类型的损失函数,请读者自行尝试,这里不再详述。

9.4 分段回归模型的拟合

在许多情况下,变量间的非线性关系不容易用一个统一的函数关系来定义,当不需要对变化规律进行全局性分析时,可以只截取其中关系较为重要的部分进行分析,并借此简化问题。例如,儿童的身高和年龄的关系为一个比较复杂的曲线,但 3~10 岁时基本呈线性关系,因此可以只分析这一部分数据,以保证结果的简洁和稳定。但当进行全局性分析时,就必须包含整个取值区间的数值。如果整个序列可以用分段函数的方式表达,则可以对回归模型进行分段拟合。但如果对每一部分均单独估计,参数较多(如残差项就有多个)且将样本人为分开,当样本量较小时就会导致分析结果的准确性较差。而使用非线性回归过程就可以对分段函数进行整体拟合,以充分利用信息,提高模型的预测精度。

例 9.2 近几年全球气候异常,入夏以来全国各地用电量纷纷吃紧,如果能准确预测各种温度状况下的用电负荷,则会大大提高电网运行和能源调配的效率。某地监测了 5～8 月共一百余天的日平均气温,以及当地当天的居民用电总量,现希望建立居民用电量与日平均气温间的预报方程。数据文件见 power.sav。

9.4.1 预分析

首先绘制日平均气温(avetemp)和居民生活用电量(power)间的散点图,如图 9.10 所示,可见日平均气温对生活用电量的影响呈明显的阶段函数:在 24 ℃ 以下时,生活用电量不会随着气温的改变而改变;而在此温度以上时,生活用电量随着平均气温的上升呈现出明显的线性上升趋势。即

(1) $power = a1, avetemp < 24$

(2) $power = a2 + b \times avetemp, x \geqslant 24$

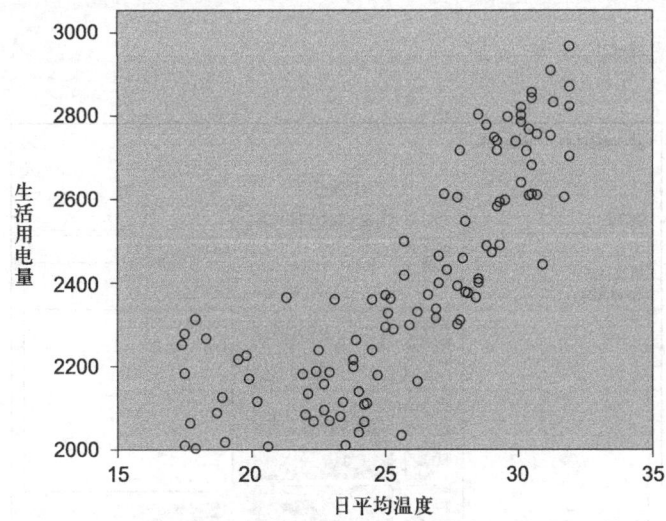

图 9.10 日平均气温和居民生活用电量间的散点图

非线性回归模型可以直接对该分段回归模型进行拟合,但唯一的难点是模型表达式只能写在一个公式中,这需要利用逻辑表达式来实现,具体如下:

$$power = (avetemp < 24) \times a1 + (avetemp >= 24) \times (a2 + b \times avetemp)$$

逻辑表达式根据 avetemp 的取值是否符合要求得出逻辑结果为 0 或 1,从而实现了分段回归模型的要求。对这一模型框架还可以继续改进。例如,可以设定 a1 和 a2 间存在换算关系,使得模型在分段点处直接相连。即方程如下:

$$power = (avetemp < 24) \times a + (avetemp >= 24) \times (a + b \times (avetemp - 24))$$

这样就将未知参数从三个减少为两个。不仅如此,模型中的分段点 24 ℃ 是由散点图观察而来,究竟最佳分段点是多少? 可以将其也设为待估参数,即方程为

$$power = (avetemp < cpoint) \times a + (avetemp >= cpoint) \times (a + b \times (avetemp - cpoint))$$

9.4.2 操作说明

上述模型优化后就可以考虑对其进行拟合了。但是,由于该模型设置较为复杂,为了保证得到合理的结果,此处需要对代表分段点的变量 cpoint 的取值范围进行限制,已知其合理范围应当在 24 ℃ 附近,因此可以将其设定为 23~26 ℃。相应的操作应当在"约束"子对话框中完成,如图 9.11 所示,操作如下。

1. 选择"分析"→"回归"→"非线性"菜单项。
2. 将 power 选入"因变量"框。
3. 在"模型表达式"框中,输入"(avetemp<cpoint)*a+(avetemp>=cpoint)*(a+b*(avetemp-cpoint))"。
4. 在"参数"子对话框中,将 a、b 的初始值均设定为 1,将 cpoint 的初始值设定为 24。
5. 在"约束"子对话框中,在"定义参数约束"框组中将 cpoint 的范围限定为">=23"和"<=26"。
6. 单击"确定"按钮。

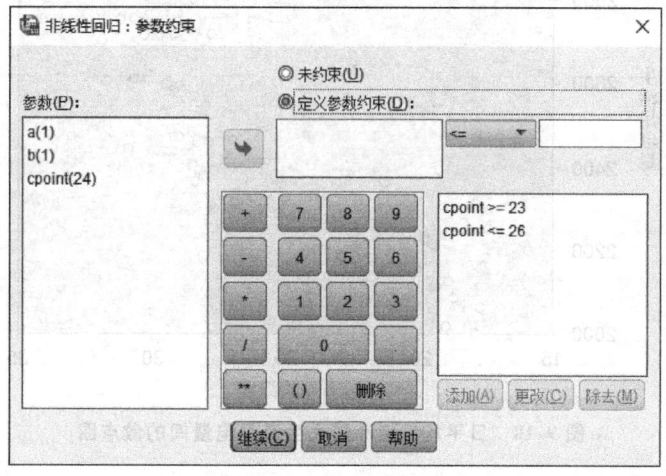

图 9.11 "约束"子对话框

9.4.3 结果解释

图 9.12 给出的是模型中的参数估计值,可见前面通过观察直接估计的分段点 24 ℃ 还是基本正确的,因此相应的参数估计值也变化不大。由此可写出最终的分段回归模型:

(1) power = 2 156.55, avetemp < 24

(2) power = 2 156.55 + 86.15 × (avetemp − 24), avetemp ≥ 24

由图 9.13 的输出可知模型的决定系数为 0.806,应当说是比较高的。

对本模型还可以绘制出自变量与残差的散点图,如图 9.14(a)所示,可见在 24 ℃ 前后残差的分布规律并无明显变化,离散程度基本相同,因此对模型进行联合拟合是合理的。图 9.14(b) 所示的则为模型预测值和实测值的散点图,可见预测模型基本反映了生活用电量的平均水平。

9.5 非线性回归模型进阶

			95%置信区间	
参数	估算	标准误差	下限	上限
a	2156.546	19.533	2117.810	2195.281
b	86.147	6.207	73.838	98.456
cpoint	24.000	.417	23.172	24.828

图 9.12 参数估计值

源	平方和	自由度	均方
回归	6.240E8	3	2.080E8
残差	1427879.707	104	13729.613
修正前总计	6.254E8	107	
修正后总计	7376050.189	106	

因变量：生活用电量
a. R方=1-(残差平方和)/(修正平方和)=.806。

图 9.13 ANOVA 表

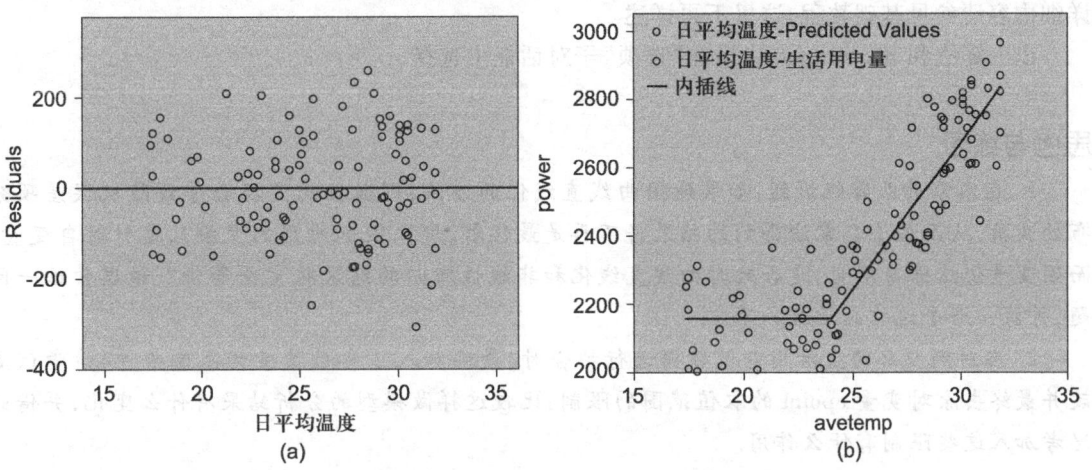

图 9.14 分段回归模型拟合效果的观察

9.5 非线性回归模型进阶

为便于读者理解，本章涉及的例子均比较简单，并未涉及复杂的模型表达式。复杂模型的基本分析思路是相同的，但为方便应用，这里指出分析时需要注意的几个重要问题。

9.5.1 参数初始值的设定

前面模型所有参数的初始值均被设定为1，这是因为所拟合的模型比较简单，数据也不多，无论初始值如何，都可以通过迭代最终获得正确的取值。但在拟合复杂模型时，这种做法有可能带来严重的问题,或者迭代不收敛,或者只得到模型的局部最优解,而不是全局最优解。

那么,如何设置初始值更为合理?有以下几点可供参考。

(1) 多选几个初始值进行拟合,观察最终分析结果是否相同。如果相同,自然皆大欢喜;如果有不同,则重点比较这几个解中哪一个最优。

(2) 当模型表达式可解时,先从图形上取几个点,解出各参数的近似值,然后将其作为初始值代入。这些近似值往往就和实际值非常接近,从而避免了局部最优解的问题。

(3) 如果模型过于复杂,则最好在迭代时先简化模型,拟合不太复杂的雏形,然后逐步添加内容,最终拟合目标模型。

9.5.2 模型的拟合方法

SPSS 中为非线性回归模型提供了两种算法,分别为序列二次编程(sequential quadratic programming)和 Levenberg-Marquardt 算法,后者为默认算法,但只能用于简单的模型。当使用特殊的损失函数,或者对参数取值范围进行设定时,该算法将不可用,此时系统会提示将算法更改为序列二次编程,对此用户只需确认即可。

对于较为复杂的模型,默认输出的参数近似标准误差可能误差较大,此时建议使用 Bootstrap 方法来估计参数的精确标准误差。该方法可以对相应参数计算出更准确的置信区间。该方法的详细内容请参见基础教程,这里不再详述。

以上算法和 Bootstrap 方法均在"选项"子对话框中选择。

思考与练习

1. 在本章开头曾经提到,如果使用曲线直线化的方法,则数据的变换会导致随机误差项分布的变换,从而最小二乘法得到的结果将不再是最优解,那么假如所用的变换只是针对自变量,而因变量仍然保持不变,是否此时曲线直线化和非线性回归的结果将完全等价?请思索这一问题,并找一个手边的例子试一下。

2. 在对例 9.2 的生活用电量数据进行拟合时,最终加入了参数搜索的限制条件,请尝试更改并最终去除对变量 cpoint 的取值范围的限制,比较这样做模型的分析结果有什么变化,并借此思考加入这些限制有什么作用。

参考文献

[1] IBM Corp. IBM SPSS Regression 24[CP/OL]. Armonk,NY:IBM Corp,2016.

[2] Douglas M B,Donald G W. 非线性回归分析及其应用[M]. 韦博成,等,译. 北京:中国统计出版社,1997.

[3] 张文彤,钟云飞. IBM SPSS 数据分析与挖掘实战案例精粹[M]. 北京:清华大学出版社,2013.

[4] 方积乾. 医学统计学与电脑试验[M]. 2版. 上海:上海科学技术出版社,2001.

[5] 陈峰,张文彤. 现代医学统计方法与 Stata 应用[M]. 2版. 北京:中国统计出版社,2003.

[6] 张文彤. SPSS 统计分析基础教程[M]. 3版. 北京:高等教育出版社,2017.

第 10 章 二分类 Logistic 回归模型

10.1 模型简介

10.1.1 模型入门

前面介绍的模型的因变量均为连续变量,但因变量为二分类变量的情形也非常多见。例如,考察公司管理层是否有女性,某一天是否下雨,某病患者结局是否痊愈,调查对象是否为某商品的潜在消费者等。对于分类数据的分析,相信读者并不陌生,当要考察的影响因素较少且也为分类变量时,研究者常用列联表(contingency table)的形式对这种数据进行整理,并使用卡方检验来进行分析,当存在分类的混杂因素时,还可以应用 Mantel-Haenszel 卡方进行统计学检验。这种方法可以很好地控制混杂因素的影响,但是也存在明显的局限。首先,它虽然可以控制若干个因素的作用,但无法描述其作用的大小及方向,更不能考察各因素间是否存在交互作用;其次,该方法对样本量的要求较大,当控制的分层因素较多时,单元格被划分得很细,列联表的格子中频数可能很小甚至为 0,这将导致检验结果的不可靠;最后,卡方检验无法对连续自变量的影响进行分析,而这将大大限制其应用范围,无疑是其致命缺陷。

1. 传统模型框架遇到的困难

那么,能否建立类似于线性回归的模型对这种数据加以分析? 以最简单的二分类因变量为例。为了讨论方便,这里定义出现阳性结果时因变量取值为 1,反之则其取值为 0,记出现阳性结果的发生概率为 $P(y=1)$,如果参照线性回归模型的结构,则模型如下:

$$\hat{P} = \alpha + \beta_1 x_1 + \cdots + \beta_m x_m$$

显然,该模型可以描述当各自变量变化时,因变量指定类别的发生概率会怎样变化,以满足分析的基本需要。实际上,统计学家最早也在朝这一方向努力,并考虑了最小二乘法拟合时遇到的各种问题,对计算方法进行了改进,最终提出了加权最小二乘法(参见第 7 章)来对该模型进行拟合,至今这种分析思路还偶有应用。

既然可以使用加权最小二乘法对模型进行估计,为什么现在人们又放弃了这种做法呢? 原因在于这一思路不能很好地解决以下两个问题。

(1) 取值区间:上述模型右侧的取值范围,或者说应用上述模型进行预报的范围为整个实数集 $(-\infty, +\infty)$,而模型左边的取值范围为 $0 \leq P \leq 1$,二者并不相符。模型本身不能保证在自变量的各种组合下,因变量的估计值仍限制在 0~1 内,因此模型预测时可能会得到这种荒唐的结论:男性、30 岁、病情较轻的患者被治愈的概率是 300%。研究者当然可以将此结果等价于 100% 可以治愈,但是从数理统计的角度讲,这种模型显然是极不严谨的。

(2) 曲线关联:根据大量的观察,因变量某一类别的发生概率 P 与自变量通常不是直线关系,而是 S 形曲线关系。以收入水平和购车概率的关系为例,当收入非常低时,收入的增加对购车概率的影响很小;但是在收入达到某一阈值后,购车概率会随着收入的增加而迅速增加;但当收入达到一定水平,绝大部分在该收入水平的人都会购车时,收入增加对购车概率的影响又会逐渐减弱。显然,线性关联是线性回归中至关重要的一个前提假设,而在上述模型中这一假设是明显无法满足的。

2. Logit 变换与 Logitsic 回归

以上问题促使统计学家不得不寻求新的解决思路,如同第 7 章中所介绍的,在曲线回归中,往往采用变量变换,使得曲线直线化,然后再进行直线回归方程的拟合。那么能否考虑对所预测的因变量加以变换,使得以上矛盾得以解决?基于这一思想,统计学家致力于寻找合适的变换函数。终于,在 1970 年,Cox 引入了以前用于人口学领域的 Logit 变换(Logit transformation),成功地解决了上述问题。

那么,什么是 Logit 变换呢?人们常把出现某种结果的概率与不出现该种结果的概率之比称为比值(odds,又译为优势、比数),即 odds = $P/(1-P)$,取其对数 $\ln(odds)$,这就是 Logit 变换。这里来看一下该变换是如何解决上述两个问题的。首先,是因变量取值区间的变化,概率 P 是以 0.5 为对称点分布在 0~1 的范围内的,而相应的 Logit P 的大小为

◇ $P = 0$ Logit $P = \ln(0/1) = -\infty$
◇ $P = 0.5$ Logit $P = \ln(0.5/0.5) = 0$
◇ $P = 1$ Logit $P = \ln(1/0) = +\infty$

显然,通过变换,Logit P 的取值范围被扩展为以 0 为对称点的整个实数区间 $(-\infty, +\infty)$,这使得任何自变量取值对 P 值的预测均有实际意义。其次,大量实践证明,$Logit(P)$ 往往和自变量呈线性关系,换言之,概率和自变量间关系的 S 形曲线往往就符合 Logit 函数关系,从而可以通过该变换将曲线直线化。因此,只需要以 Logit P 为因变量,建立包含 p 个自变量的 Logistic 回归模型:

$$\text{Logit } P = \beta_0 + \beta_1 x_1 + \cdots + \beta_p x_p$$

以上即为 Logistic 回归模型。由上式可逆推得:

$$P = \frac{\exp(\beta_0 + \beta_1 x_1 + \cdots + \beta_p x_p)}{1 + \exp(\beta_0 + \beta_1 x_1 + \cdots + \beta_p x_p)} \qquad 1 - P = \frac{1}{1 + \exp(\beta_0 + \beta_1 x_1 + \cdots + \beta_p x_p)}$$

上面三个模型相互等价。通过大量的分析实践,人们发现 Logistic 回归模型可以很好地满足对分类数据的建模需求,因此目前它已经成为分类因变量的标准建模方法。

> 需要指出的是,统计学家提出的变换函数有很多,如累积正态概率变换(Probit 模型)、重对数变换(Log-Log 模型)等,只是 Logistic 模型相比之下是最成功、使用最广泛的发生概率预测模型。当然,针对一些特殊的情况,研究者可能还是会用到其他变换方法,相应的知识请参见 11 章,这里不再展开讨论。

3. 适用条件

通过上面的讨论,可以很容易理解二分类 Logistic 回归模型对数据的要求是:
(1)因变量为二分类变量或某事件的发生率。
(2)自变量与 Logit P 之间为线性关系。
(3)残差合计为 0 且服从二项分布。需要注意的是,流行病学中的发病率(或社区卫生服务研究中的两周患病率)等存在对一个研究对象重复计数现象的指标并不适用于 Logistic 回归模

型,因为此时相应的因变量不服从二项分布,从而相应的模型残差也不会服从二项分布。

(4) 各案例间相互独立。

由于 Logistic 模型的残差项应当服从二项分布,而不是服从正态分布,因此该模型不应使用最小二乘法进行参数估计,而一般使用最大似然法来解决模型的估计和检验问题。

与多重线性回归一样,Logistic 回归模型对样本量也有着严格的要求,一般可以用下面这种经验方法来估计:首先选择因变量中较少的那一类,然后将该类数值除以 10,这就是模型中可以容纳的自变量数。例如,有 100 个案例,其中结局为患病的案例有 70 个,30 个案例是结局为未患病的,则模型中可容纳的自变量数应为 30/10=3。如果希望分析 4 个自变量,则要增加样本量。需要注意的是,以上用经验方法估计的只是样本量的基本水平,可能仍然不够,相对而言样本量越大越好。

10.1.2 一些基本概念

由于 Logistic 回归模型中使用了 Logit 变换,使得模型中的参数含义略显复杂,这里对一些基本概念加以解释。

1. 优势比

如前所述,人们常把出现某种结果的概率与不出现该种结果的概率之比称为比值(odds),即 odds=$P/(1-P)$。两个比值之比称为比值比(odds ratio,又译为优势比,简称 OR)。当两个 OR 进行比较时,会发现其大小的比较结果与对应的概率 P 的比较结果一致。例如,当 $P_1>P_2$ 时,则会有 $odds_1=P_1/(1-P_1)>P_2/(1-P_2)=odds_2$。因此,OR 是否大于 1 可以用于两种情形下发生概率大小的比较。

2. Logistic 回归系数的意义

从数学上讲,Logistic 回归系数和多元回归中系数的解释并无不同,代表自变量 x 改变一个单位时 Logit P 的平均改变量,但由于比值的自然对数即为 Logit 变换,因此 Logistic 回归中的系数和 OR 有着直接的变换关系,使得 Logistic 回归系数有了更加贴近实际的解释,从而也使得该模型得到了广泛的应用。下面借助一个实例加以说明。

例 10.1 Hosmer 和 Lemeshow 于 1989 年研究了低出生体重儿的影响因素,结果变量为是否娩出低出生体重儿(变量名为 low;1,低出生体重,即婴儿出生体重小于 2 500 克;0,非低出生体重),希望筛选出低出生体重儿的影响因素,考虑的影响因素有产妇妊娠前体重、产妇年龄、产妇在妊娠期间是否吸烟、种族等,数据文件见 logistic_step.sav。

本例中如果考察产妇是否吸烟和是否为低出生体重儿的关系,则四格表如表 10.1 所示,该数据如果拟合 Logistic 回归模型,则结果如下(操作步骤详见 10.2 节):

$$\text{Logit}(P|\text{outcome}=\text{低出生体重儿})=\beta_0+\beta_1\times\text{smoke}=-1.087+0.704\times\text{smoke}$$

表 10.1 产妇是否吸烟和是否为低出生体重儿的四格表

产妇在妊娠期间是否吸烟	低出生体重儿		合计	低出生率
	正常(0)	低出生体重(1)		
不吸烟(0)	86	29	115	25.2%

续表

产妇在妊娠期间是否吸烟	低出生体重儿		合计	低出生率
	正常(0)	低出生体重(1)		
吸烟(1)	44	30	74	40.5%
合计	130	59	189	31.2%

(1) 常数项。常数项表示自变量取值全为0(称为基线状态)时比数($Y=1$ 与 $Y=0$ 的概率之比)的自然对数值,本例中为 $\beta_0 = \ln[(29/115)/(86/115)] = \ln(29/86) = -1.087$,即不吸烟组的低出生体重儿率和正常儿率之比的自然对数值。而 $\exp(\beta_0)$ 则表示不吸烟组的概率比值。在不同的研究设计中,常数项的具体含义可能不同,如基线状态下个体患病率、基线个体发病率、基线状态中病例所占比例等,但对于这些数值的大小研究者一般都不关心。

(2) 各自变量的回归系数。$\beta_i(i=1,\cdots,p)$ 表示自变量 x_i 每改变一个单位,比值比的自然对数值的改变量,而 $\exp(\beta_i)$ 即比值比的值,表示自变量 x_i 每改变一个单位,出现与不出现阳性结果的概率比值相对于改变前相应比值的倍数。本例中自变量产妇在妊娠期间是否吸烟的回归系数为两组孕妇的低出生体重儿率与正常儿率之比的对数值之差,即 $\ln[(30/44)/(29/86)] = 0.704$,相应的 $OR = \exp(0.704) = 2.02$,表示吸烟状况增加一个单位,即从不吸烟改为吸烟时,吸烟组的概率比值相对于不吸烟组的概率比值的倍数。

需要注意的是,OR 反映的不是阳性结果出现概率的变化倍数,即优势比并不等同于相对危险度(RR),如本例的相对危险度是 $(30/74)/(29/115) = 1.6076$,显然和 OR 并不相同。但是,当研究结果出现阳性的概率较小时(一般认为小于 0.1,反之当概率大于 0.9 时亦可),OR 值大小和阳性结果出现概率之比非常接近,此时可以近似地说一组研究对象的阳性结果出现概率是另一组研究对象的 OR 值倍,即用 OR 值的大小来近似地表示相对危险度的大小。

10.2 案例:低出生体重儿影响因素研究

10.2.1 操作说明

本数据包含的自变量种类齐全,有连续变量、二分类变量、无序多分类变量等,这里先建立只包括产妇在妊娠期间是否吸烟(smoke,0=未吸,1=吸烟)一个变量的模型,操作如下。

1. 选择"分析"→"回归"→"二元 Logistic"菜单项。
2. 将 low 选入"因变量"框,将 smoke 选入"协变量"框。
3. 单击"确定"按钮。

上述操作中用到的对话框如图 10.1 所示,注意对话框中部有一个以前未出现过的 a*b 按钮,用于纳入自变量间的交互作用,先将相应的变量选中,然后单击此按钮,相应的交互作用项就会被纳入模型。本例因较为简单,未用到此功能。另外,本例中是否吸烟虽为分类变量,但仅有两个取值水平,所以可以直接引入模型,结果仍然可以被正确解释。

10.2 案例:低出生体重儿影响因素研究

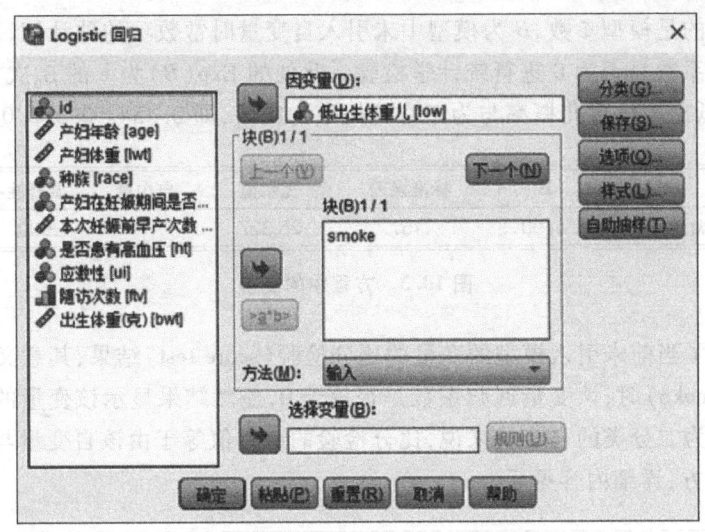

图 10.1 Logistic 回归主对话框

10.2.2 结果解释

分析结果中第一张表格给出分析中使用的案例数汇总,此处略。当前数据库中案例共计 189 条,均无缺失值,因此没有案例在分析中被剔除。

第二张表格给出第一张表格中因变量的取值水平编码,此处略。SPSS 拟合模型时默认取值水平高的为阳性结果,因此对于本例来讲,拟合的模型是 Logit($P|y$=低出生体重儿)。

> 若不慎在录入数据时将低出生体重儿、正常儿两个水平弄反了,可以① 通过数据处理重编码因变量赋值水平;② 将下面所有的回归系数正负号颠倒;③ 通过编程定义拟合的模型,以因变量取值水平低的为阳性结果。

随后给出的是模型拟合结果。首先给出的是模型不含任何自变量,而只有常数项(即无效模型,也称为基线模型)时的输出结果,故子标题为"块 0:起始块"。

图 10.2 输出的是模型中仅含有常数项(见图 10.3 所示的输出结果)时计算的预测分类结果,SPSS 根据预测的 P 值是否大于 0.5 将研究对象判断为是否出现阳性结果。由于模型中仅含有常数项,因此所有案例的预测概率均为样本率估计值 59/189 = 0.312,即均预测为正常儿,从而总样本的预测正确率为 68.8%。

实测			预测		
			低出生体重儿		
			正常	低出生体重	正确百分比
步骤0	低出生体重儿	正常	130	0	100.0
		低出生体重	59	0	.0
	总体百分比				68.8

a. 常量包括在模型中。
b. 分界值为.500

图 10.2 分类表

图 10.3 给出的是模型参数，B 为模型中未引入自变量时常数项的估计值，瓦尔德为 Wald 卡方，是对总体回归系数是否为 0 进行统计学检验。此处的 $Exp(B)$ 为 e 的 β_0 次方，其实际意义为总体研究对象为低出生体重儿概率与为正常儿概率的比值，即 $0.454 = 0.312/0.688$。

		B	标准误差	瓦尔德	自由度	显著性	Exp(B)
步骤0	常量	-.790	.157	25.327	1	.000	.454

图 10.3　方程中的变量

图 10.4 输出了当前未引入模型的变量的比分检验（score test）结果，其意义为向当前模型中引入某变量（如 smoke）时，该变量回归系数是否等于 0，显然结果显示该变量的回归系数不等于 0。对于取值水平为二分类的自变量来说，比分检验的卡方值等于由该自变量与因变量构成的四格表的 Pearson 卡方，详细内容见后。

			得分	自由度	显著性
步骤0	变量	产妇在妊娠期间是否吸烟	4.924	1	.026
	总体统计		4.924	1	.026

图 10.4　不在方程中的变量

基于无效模型，下面将开始在分析中引入自变量，由于本例尚未涉及变量筛选的问题，因此标题为"块 1:方法=输入"。

由于此处尚未涉及变量筛选的问题，模型会直接引入候选变量，然后将新模型与上一个步骤/上一个块/上一次拟合的模型进行比较，如图 10.5 所示。显然比较结论为两者有统计学差异。此处的卡方值为似然比卡方，等于上一个模型（本例为常数项模型）的 -2 倍对数似然值与当前模型的 -2 倍对数似然值的差值，详细内容见后。

		卡方	自由度	显著性
步骤1	步骤	4.867	1	.027
	块	4.867	1	.027
	模型	4.867	1	.027

图 10.5　模型系数的 Omnibus 检验

图 10.6 输出了当前模型的 -2 倍对数似然值和两个伪决定系数（"伪"用以与线性回归模型中的决定系数相区别），即 Cox & Snell R^2 和 Nagelkerke R^2。后两者从不同角度反映了当前模型中自变量解释的因变量的变异占因变量总变异的比例。

步骤	-2对数似然	考克斯-斯奈尔R方	内戈尔科R方
1	229.805[a]	.025	.036

a. 由于参数估算值的变化不足.001，因此估算在第4次迭代时终止。

图 10.6　模型汇总

图 10.7 所示的是应用引入自变量的回归模型进行预测的分类表格，$P>0.5$ 判断为出现阳性结果。可见虽然模型出现变化，但所有案例的预测概率仍然低于 0.5，因此仍然 100% 被预测为正常儿。总正确率仍然为 $130/189=68.8\%$。

	实测		预测		
			低出生体重儿		正确百分比
			正常	低出生体重	
步骤1	低出生体重儿	正常	130	0	100.0
		低出生体重	59	0	.0
	总体百分比				68.8

a. 分界值为.500

图 10.7　分类表

图 10.8 输出了模型中各自变量的偏回归系数及其标准误差、Wald 卡方、自由度、P 值，及 OR 值（即表格最右侧的 Exp(B)）。由此可以得出结论，在妊娠期抽烟（smoke＝1）的产妇将会比不抽烟的产妇更容易分娩低出生体重儿。相应的 Logistic 回归方程如下：

$$\text{Logit}(P) = -1.087 + 0.704 \times \text{smoke}$$

		B	标准误差	瓦尔德	自由度	显著性	Exp(B)
步骤1[a]	产妇在妊娠期间是否吸烟	.704	.320	4.852	1	.028	2.022
	常量	-1.087	.215	25.627	1	.000	.337

a. 在步骤1输入的变量：smoke。

图 10.8　方程中的变量

10.3　分类自变量的定义与比较方法

10.3.1　使用哑变量的必要性

在回归模型中，回归系数 b 表示其他自变量不变，自变量 x 每改变一个单位时所预测的 y 的平均改变量，当 x 为连续变量时这样解释没有问题，二分类变量由于只存在两个类别间的比较，如上面对吸烟与否的处理方式，因此也可以对系数进行很好的解释，但是当 x 为多分类变量时只拟合一个回归系数就不太合适了。例如，例 10.1 数据中的种族（race，1＝白人，2＝黑人，3＝其他民族），不同种族的变量分别赋值为 1、2、3，但这并不意味着白人、黑人、其他民族间存在大小次序的关系，即并非代表产妇分娩低出生体重儿概率的 logit P 会按此顺序线性增加或减少。如果强行按编码数值来分析实际上就是强行规定为等距，这显然会引入更大的误差。此时，就可以考虑将原始的多分类变量转化为数个哑变量（dummy variable），每个哑变量只代表某两个级别或若干个级别间的差异，这样得到的回归结果才能有明确而合理的实际意义。

SPSS 提供了"分类"子对话框（如图 10.9 所示）用于指定多分类自变量，对于取值有 n 个水

平的自变量 X_i,默认会产生 $n-1$ 个哑变量 $X_i(1),\cdots,X_i(n-1)$,此时以第 n 水平为参照水平,SPSS 会在分类变量编码矩阵中输出具体的赋值情况,矩阵中元素均为"0"的那一行表示以该自变量对应的取值水平作为参照水平。例如,种族 race 有三个水平,则 SPSS 会产生两个哑变量。在图 10.10 中可以看出,相应的两个哑变量含义如下:

- race(1) = 1,白人;0,非白人。
- race(2) = 1,黑人;0,非黑人。

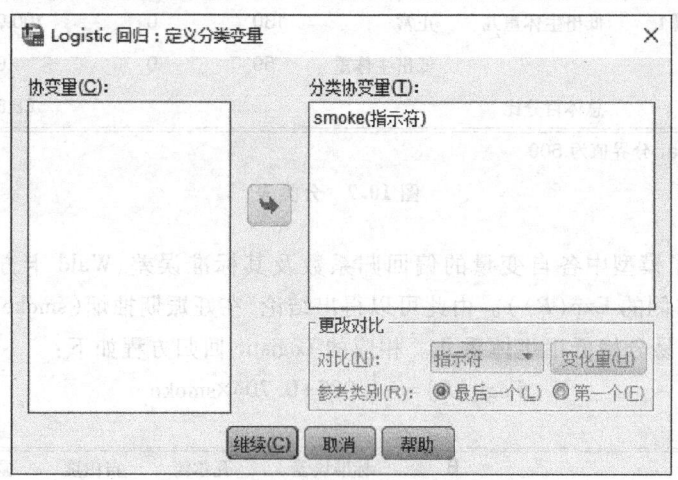

图 10.9 "分类"子对话框

		频率	参数编码	
			(1)	(2)
种族	白人	96	1.000	.000
	黑人	26	.000	1.000
	其他种族	67	.000	.000

图 10.10 分类变量编码

由于两个哑变量同时使用,只有"其他种族"在两个哑变量中取值都为 0,因此实际上两个哑变量都是以"其他种族"作为参照水平。分别对上述哑变量的系数进行估计,就可以得知白人、黑人和参照水平(其他种族)的差异,而这两个哑变量的系数估计值之差就反映了白人和黑人间的差异。在本例中如果只分析种族的作用,则结果如图 10.11 所示。可知与其他种族相比,白人低出生体重的风险较低,而黑人低出生体重的风险较高,但两者均无统计学意义。如果将白人和黑人相比,则相应的系数为 $-0.636-0.209=-0.845$,其 OR 值为 $\text{Exp}(-0.845)=0.43$,白人低出生体重的风险要比黑人小得多。显然,这两个类别之间有无统计学差异还需要进行检验,这在结果中并未直接给出,研究者可以通过更改参照水平重新建模来得到相应的结果。

10.3 分类自变量的定义与比较方法

		B	标准误差	瓦尔德	自由度	显著性	Exp(B)
步骤1[a]	种族			4.922	2	.085	
	种族(1)	-.636	.348	3.345	1	.067	.529
	种族(2)	.209	.471	.197	1	.657	1.232
	常量	-.519	.253	4.218	1	.040	.595

a. 在步骤1输入的变量：race。

图 10.11　方程中的变量

 上面的输出中两个哑变量均无统计学意义，如果同一分类变量的不同哑变量出现有些有意义，有些无意义的情形，又该如何处理？首先，结果中会对分类变量先进行一个总体检验（参见结果输出中"模型系数的综合检验"表格）。例如，在本例中种族的检验 P 值为 0.082，表明从整体上讲，还不能认为种族对因变量有影响，此时所有的哑变量都不用再纳入分析（还记得两两比较放大 I 类错误的问题吗？）；如果总的检验有差异，而有些哑变量无统计学意义，则由于哑变量应当同进同出，原则上仍然在模型中纳入所有的哑变量，以保证哑变量所代表含义的正确性。否则，剔除部分哑变量将会导致参照水平变化，从而使哑变量的具体含义也发生改变。

10.3.2　SPSS 中预设的哑变量编码方式

除以上默认的哑变量编码方式外，SPSS 的"分类"子对话框中还提供了几种哑变量编码方式。

1. 指示对比（indicator）

该编码方式用于指定某一分类变量的参照水平。这时计算出来的参数值 β_i 是以该变量的最后一个或第一个水平作为参照水平（取决于"更改对比"框组"参考类别"下拉列表中选择的是"最后一个"（last）还是第一个（first））。在本例中，"参考类别"均选择为"最后一个"，变量 race（种族）以"其他种族"作为参照水平。

2. 简单对比（simple）

该编码方式用于计算该分类变量的各水平与参照水平相比的参数值 β_i。对于本例来说，简单对比与指示对比是一样的，前提是"参考类别"中所选择的同是"最后一个"（或"第一个"）。

3. 差别对比（difference）

该编码方式用于将分类变量某个水平与其前面所有水平的平均值进行比较。此法与赫尔默特（Helmert）法相反，因此也称为反赫尔默特法。例如，2 水平与 1 水平相比；3 水平与 1、2 水平的平均值相比，以此类推。如果在某水平系数变小且无统计学意义，则说明该分类变量对风险率产生的影响在该水平处达到停滞状态。此选择项一般用于怀疑某些水平间存在这种效应停滞状态的有序分类变量，对于无序分类变量则无实际意义。

4. 赫尔默特对比（Helmert）

该编码方式用于将分类变量某水平与其后面各水平的平均值进行比较。如果在某水平系数增大且有统计学意义，则说明该分类变量自该水平起开始对风险率产生影响。同样也适用于有序的分类变量。

5. 重复对比(repeated)

该编码方式用于将分类变量的各水平与其前面相邻的水平进行比较(第一水平除外),此时以"前一水平"为参照水平。

6. 多项式对比(polynomial)

该编码方式仅用于数值型的分类变量。该方式假设各水平间等距离,它们和 Logit P 可能是线性的关系,也可能是平方、立方甚至更高次方的关系,模型中就依次用 $k-1$ 个哑变量代表从线性(一次方)至 $k-1$ 次方的各个次方项,并分别给出对这些哑变量的检验结果。

7. 离差对比(deviation)

该编码方式用于将除所规定的参照水平外,其余每个水平均与总体水平进行比较。此时每个水平的回归系数都是相对于总体水平而言的改变量。对于规定的参照水平而言,它的回归系数可以通过其他 $n-1$ 个回归系数计算出来,等于 0 减去其他几个水平回归系数的代数和,即此时 n 个水平的回归系数的代数和为"0"。

8. special(matrix)

这个选项并不出现在菜单中,必须通过编程才可以达到。研究者可以定义自己的比较矩阵。

事实上,如果已经学习了方差分析模型,就会发现以上列出的编码方式和方差分析"对比"子对话框中的内容完全相同。实际上两者本来就是一回事,只不过在不同的模型中称呼不同而已。从这一点也可以看出,对于分类自变量的处理方式,所有的多因素模型是完全一致的。

为了更好地理解上述各选项,下面以变量 race 为例,根据以上各种编码方式的定义,给出它们各自计算出来的回归系数换算一览表,如表 10.2 和表 10.3 所示,其中相应的参照水平在表格中以"—"表示。表中 β_1、β_2、β_3 是指用指示对比(last 作为参照水平)计算出来的回归系数,SPSS 输出的结果中并没有"β_3",这是因为系统将这一水平作为参照水平,故值为"—"。后面的 β_1'、β_2'、β_3' 则是相应不同方式输出的回归系数,下标与 SPSS 所输出的各回归系数的下标保持一致。读者若有兴趣,可以将指示对比(last 作为参照水平)计算出来的回归系数代入各公式,计算其他方式的回归系数,并与 SPSS 输出的结果进行比较。

表 10.2 换 算 表

种族	Indicator(last)	Indicator(first)	Simple(last)	Simple(first)	Difference
白人	β_1	—(0)	$\beta_1'=\beta_1$	—(0)	—(0)
黑人	β_2	$\beta_1'=\beta_2-\beta_1$	$\beta_2'=\beta_2$	$\beta_1'=\beta_2-\beta_1$	$\beta_1'=\beta_2-\beta_1/1$
其他种族	—($\beta_3=0$)	$\beta_2'=0-\beta_1$	—(0)	$\beta_2'=0-\beta_1$	$\beta_2'=0-(\beta_2+\beta_1)/2$

表 10.3 换算表(续)

种族	Helmert	Repeated	Deviation(last)	Deviation(first)
白人	$\beta_1'=\beta_1-(\beta_2+0)/2$	$\beta_1'=\beta_1-\beta_2$	$\beta_1'=\beta_1-(\beta_1+\beta_2+0)/3$	$-[\beta_1'=\beta_1-(\beta_1+\beta_2+0)/3]$
黑人	$\beta_2'=\beta_2-0/1$	$\beta_2'=\beta_2-0$	$\beta_2'=\beta_2-(\beta_1+\beta_2+0)/3$	$\beta_1'=\beta_1-(\beta_1+\beta_2+0)/3$
其他种族	—(0)	—(0)	$-[\beta_3'=0-(\beta_1+\beta_2+0)/3]$	$\beta_2'=\beta_3-(\beta_1+\beta_2+0)/3$

10.3.3 设置哑变量时的注意事项

1. 参照水平最好要有实际意义,否则会失去比较的目标

如果将一些难以分类的个体放到一起,然后将它们称为"其他"并作为参照水平,此时往往不知道已知的某个类别具体在与谁进行比较,进而导致哑变量的回归系数难以解释。因为不同研究样本中的"其他"往往是不同的,这样研究结果之间难以相互进行比较。因此不推荐选用"其他"作为参照水平。

2. 参照水平组应有一定的频数作保证

如果参照水平频数过少,将导致其他与之相对比的水平参数估计的标准误差增大,进而置信区间扩大,精确度降低。有研究者认为,参照水平组的频数应不少于30或50例。

3. 手工生成哑变量组

"分类"子对话框只能按照前面介绍的系统设定的几种编码方式生成哑变量组,有时无法满足深入分析的需求。此外,因变量为连续变量的回归模型实际上也有如何将分类自变量按照哑变量方式纳入模型的问题,但是线性回归过程没有提供相应的"分类"子对话框。在这些情况下,可以考虑使用 COMPUTE 过程生成系列新变量,并根据需求分别进行赋值,然后将其手工纳入模型进行分析。但进行此类操作时需要注意哑变量仍然要同进同出,且不应当出现缺失值,这是由于SPSS在进行统计分析时,会将变量取值存在缺失值的案例删除,从而导致分析用样本出现损失。

> 除使用 COMPUTE 过程生成哑变量组外,SPSS 的较新版本还在"转换"菜单中提供了"创建虚变量"菜单项,该功能为 Python 插件,可以根据用户需求将原始变量自动转换为主效应、二阶交互、三阶交互哑变量组,大大方便了用户操作。

> 当因变量为连续变量时,如果需要在模型中纳入分类自变量,除手工生成哑变量外,还可以换用方差分析模型对数据进行拟合,其结果等价于回归模型。

4. 对有序自变量的分析

一是从专业出发,如果认为在不同等级对因变量的影响程度一致,如文化程度每增加一个等级,成为某种时尚消费品潜在消费者的比值 $P/(1-P)$ 的自然对数值的增加幅度也相同,这时可以直接将该自变量作为连续变量进行处理,这样得到的模型更简洁,结果解释起来也更方便。若用专业知识不能给出以上假设,则需要先将该有序自变量分别以哑变量和连续变量的方式引入模型,观察各哑变量的回归系数间是否存在等级关系,并对两个模型进行似然比检验(详见 10.4 节),如果似然比检验无统计学意义,且各哑变量的回归系数间存在等级关系,则可以将该自变量作为连续变量引入模型;否则还是采用哑变量的方式引入模型。

10.4 自变量的筛选方法与逐步回归

与线性回归类似,在建立 Logistic 回归模型时应该尽量引入对因变量有影响的变量,将没有影响或影响较小的变量排除在模型之外,本节将就此进行讨论。

10.4.1 模型中的假设检验方法

在前面分析例 10.1 的输出中一共可以看到三种假设检验的结果,它们在 Logistic 回归模型的分析中都非常重要,但作用各不相同,下面就依次介绍。

1. Wald 检验

该检验是通过比较 β 来进行的,它基于 β 服从正态分布的假设,首先求出 β 的标准误差,然后基于正态分布原理求出 P 值。其计算公式为

$$\chi^2 = \left(\frac{\beta_i - 0}{\mathrm{SE}_{\beta_i}}\right)^2 = \left(\frac{\beta_i}{\mathrm{SE}_{\beta_i}}\right)^2$$

可以发现,该统计量实际上和 μ 检验统计量很像,仅仅是多了一个平方而已。在结果输出中,关于 β 的所有检验进行的都是 Wald 检验。

2. 似然比检验(likelihood ratio test)

Logistic 回归模型的估计一般采用最大似然法,即使得模型的似然函数 L 达到最大值。$-2\ln L$ 被称为 Deviance,记为 D。显然模型预测效果越好,则 L 越大,D 越小。似然比检验就是通过比较包含、未包含某个(或几个)参数 β 的两个模型的 D 来进行,即

$$G = D_p - D_k \approx \chi^2_{k-p}$$

上式中 D_p 为未包含某个(或几个)参数的模型的 D,D_k 为包含了某个(或几个)参数的模型的 D,当样本量较大时,该统计量服从卡方分布。在前面的输出中,块 1 的"模型系数的 Omnibus 检验"表格(见图 10.5)中输出的卡方统计量就是似然比检验的结果,即分别是当前步骤、块和模型与上一个步骤、块和模型的 D 的比较结果。但对于未做变量筛选的简单模型,三个检验可能是一回事。

3. 比分检验(score test)

该检验以未包含某一个(或几个)参数的模型为基础,保留模型中参数的估计值,并假设新增加的参数为 0,计算似然函数的一阶偏导数(又称为有效比分)及信息矩阵,两者相乘即为比分检验统计量 S。当样本量较大时,S 也服从卡方分布。该检验常用于筛选自变量,在前面的输出中,块 0 的"不在方程中的变量"表格(见图 10.4)输出的就是比分检验的结果。实质上,比分检验和卡方分析中的 χ^2_{MH} 等价。

4. 以上检验方法的用途

上述三种假设检验中,似然比检验是基于整个模型的拟合情况进行的,结果最为可靠;比分检验结果一般与似然比检验一致。最差的就是 Wald 检验,它没有考虑各因素的综合作用,当因素间存在共线性时结果不可靠。故在筛选自变量时,用 Wald 检验应慎重。因为参数的置信区间也是基于该检验算得的,故以 95% 置信区间来筛选自变量也应当慎重。

在了解了三种检验的特点后,就可以通过一些技巧,正确使用它们进行复杂模型的拟合。例如,希望检验多分类自变量某三个水平的效应是否相同,就可以先拟合全哑变量模型,然后为这三个水平赋予相同哑变量值再进行拟合,比较两个模型的 D,进行自由度为 2 的似然比检验,就可以得知它们的效应是否相同。

10.4.2 SPSS 中提供的自变量筛选方法

SPSS 提供了 6 种筛选自变量的方法,向前法(forward)有三种,这三种向前法选入自变量时

均采用比分检验,但剔除自变量的标准不同,分别为条件参数估计似然比检验(向前:条件)、偏最大似然估计的似然比检验(向前:LR)、Wald 卡方检验(向前:Wald)。向后法(backward)也有三种,分别采用上述三种方法之一进行变量的剔除,此处不再详述。

> 基于条件参数估计和偏最大似然估计的筛选方法都比较可靠,尤以后者为佳。此外,向前法能够保证此时获得的模型最大似然函数值最大,但并不能保证此时的模型的预测精度最高。同时,最终模型的选择仍需要获得专业知识的支持。

10.4.3 案例:低体重儿数据的逐步回归

下面就使用例 10.1 来演示在 SPSS 中如何实现向前法的 Logistic 回归分析,这里为使结果更容易解释,在操作中将种族的参照水平更改为白人。

1. 选择"分析"→"回归"→"二元 Logistic"菜单项。
2. 将 low 选入"因变量"框。
3. 将 lwt、age、smoke、ptl、ht、ui、ftv、race 选入"协变量"框。
4. 在"方法"下拉列表中选择"向前:LR"。
5. 在"分类"子对话框中,将 race 选入"分类协变量"框;选中 race,在"参考类别"单选按钮组中选择"第一个",单击"变化量"按钮加以确认。
6. 单击"确定"按钮。

对话框中的"变化量"按钮为软件误译,原文为"change",意为确认更改。本例的主要分析结果如下。

图 10.12 输出的是在块 0 中(即无效模型时)对所有候选变量的比分检验结果,其中 race 产生两个哑变量,因此其总自由度为 2。由图 10.12 可以发现,本次妊娠前早产次数(ptl)的比分检验统计量最大,$P = 0.007$,且小于 SPSS 默认选入变量的标准 $P = 0.05$,因此下一步将它先选入模型。

			得分	自由度	显著性
步骤 0	变量	产妇年龄	2.407	1	.121
		产妇体重	4.616	1	.032
		种族	5.005	2	.082
		种族(1)	1.727	1	.189
		种族(2)	1.797	1	.180
		产妇在妊娠期间是否吸烟	4.924	1	.026
		本次妊娠前早产次数	7.267	1	.007
		是否患有高血压	4.388	1	.036
		应激性	4.205	1	.040
		随访次数	.934	1	.334
	总体统计		29.140	9	.001

图 10.12 不在方程中的变量

随后的标题"块 1:方法＝向前步进(似然比)"说明将会给出向前法的结果。首先给出在每一步引入变量后，整个模型中是否所有参数均为 0 的似然比检验表格，此处略。

图 10.13 输出了每一步时的 $-2\ln L$，可用于进行似然比检验，还输出了两种伪决定系数。可见在拟合过的三个模型中，$-2\ln L$ 是在逐步减小的，且伪决定系数也在逐步增大。

步骤	-2对数似然	考克斯-斯奈尔R方	内戈尔科R方
1	227.893[a]	.035	.050
2	223.583[b]	.057	.080
3	217.220[b]	.088	.124

a. 由于参数估算值的变化不足.001，因此估算在第3次迭代时终止。
b. 由于参数估算值的变化不足.001，因此估算在第4次迭代时终止。

图 10.13　模型汇总

图 10.14 输出了每一步逐步回归得到的模型中参数估计及其标准误差、Wald 卡方等。另外还输出了 OR 值的 95% 置信区间。可见最终筛选出的危险因素是本次妊娠前早产次数(ptl)、是否患有高血压(ht)，而产妇体重(lwt)则是一个保护因素。

		B	标准误差	瓦尔德	自由度	显著性	Exp(B)
步骤1[a]	本次妊娠前早产次数	.802	.317	6.391	1	.011	2.230
	常量	-.964	.175	30.370	1	.000	.381
步骤2[b]	本次妊娠前早产次数	.823	.318	6.683	1	.010	2.277
	是否患有高血压	1.272	.616	4.270	1	.039	3.569
	常量	-1.062	.184	33.224	1	.000	.346
步骤3[c]	产妇体重	-.015	.007	5.584	1	.018	.985
	本次妊娠前早产次数	.728	.327	4.961	1	.026	2.071
	是否患有高血压	1.789	.694	6.639	1	.010	5.986
	常量	.893	.829	1.158	1	.282	2.441

a. 在步骤1输入的变量：ptl。
b. 在步骤2输入的变量：ht。
c. 在步骤3输入的变量：lwt。

图 10.14　方程中的变量

图 10.15 输出了已在模型中的自变量是否需要被剔除出模型的似然比检验结果，结论是"一个都不能少"。

SPSS 最后还会输出对尚不在模型中的自变量是否能被引入的比分检验结果，限于篇幅，这里只列出最后一个模型的结果，如图 10.16 所示。可见种族、产妇在妊娠期间是否吸烟等单自变量分析时有意义或者 P 值接近界值的变量均不能被纳入模型，但 P 值也均接近界值。多自变量模型由于综合考虑了各自变量的影响，其结果更为客观，因此出现此类矛盾时，统计上一律以多变量模型的结果为准。

变量		模型对数似然	-2对数似然的变化	自由度	变化量的显著性
步骤1	本次妊娠前早产次数	-117.336	6.779	1	.009
步骤2	本次妊娠前早产次数	-115.325	7.067	1	.008
	是否患有高血压	-113.946	4.309	1	.038
步骤3	产妇体重	-111.792	6.363	1	.012
	本次妊娠前早产次数	-111.231	5.242	1	.022
	是否患有高血压	-112.145	7.070	1	.008

图 10.15 如果移去项则建模

			得分	自由度	显著性
步骤3	变量	产妇年龄	1.725	1	.189
		种族	5.216	2	.074
		种族(1)	3.477	1	.062
		种族(2)	.605	1	.437
		产妇在妊娠期间是否吸烟	2.821	1	.093
		应激性	2.236	1	.135
		随访次数	.236	1	.627
	总体统计		13.360	6	.038

图 10.16 不在方程中的变量

 事实上,在统计之上,另一个更重要的准则是专业意义,如果在专业知识上认为种族、吸烟确实有作用,也可以将其强行纳入模型。也就是说,判断一个变量是否应被纳入模型的标准由弱至强依次应当是单自变量分析、多自变量分析、专业判断。

10.5 弗斯 Logistic 回归

10.5.1 模型简介

统计学研究的是各种随机现象的发生规律,但实际工作中可能会遇到一些观察事件发生比例较低的情况,如银行交易欺诈、伪钞检验、罕见疾病研究,抑或是地震、海啸、洪水、台风等自然灾害。在这种情况下,数据常会出现完全分离(complete separation)、拟完全分离(quasi-complete separation)两种现象。

完全分离,指某一个自变量本身或者某几个自变量的线性组合,对因变量的预测结果与实际情况完全一致。如表 10.4 中的数据存在如下关系:

$$y = \begin{cases} 0, & x<60 \\ 1, & x>60 \end{cases}$$

表 10.4 完全分离的数据示意

X	3	8	13	27	48	59	60	65	84	95
Y	0	0	0	0	0	0	1	1	1	1

拟完全分离指在大多数情况下,某一个自变量本身或者某几个自变量的线性组合对因变量的预测结果与实际情况完全一致。例如,表 10.5 中的数据存在如下关系:

$$y = \begin{cases} 0, x \leq 60 \\ 1, x \geq 60 \end{cases}$$

表 10.5 拟完全分离的数据示意

X	3	8	13	27	48	60	60	65	84	95
Y	0	0	0	0	0	0	1	1	1	1

对于上述两种情况,在进行 Logistic 回归分析时,模型拟合时所采用的最大似然估计法将不存在或不可靠,从而无法得到可信赖的偏回归系数估计值。

按照一般的分析思路,研究者可以考虑增加数据量、将频数较小的因变量类别合并到性质近似或者相邻的类别中、尝试删除模型中导致完全分离/拟完全分离的自变量或交互作用项。但上述做法均会带来一些副作用。例如,会增加研究成本;即使结果变量只有二分类的,也无法对因变量的类别进行合并;剔除相应自变量后就无法对其效应进行研究。为此,统计学家又提出了专门用于此类特殊情形的回归模型,如弗斯(Firth) Logistic 回归,以及精确(exact) Logistic 回归(对计算资源要求较高,适用于样本量较小时,目前已不太常用)。

Firth David 于 1993 年提出惩罚最大似然估计(penalized maximum likelihood estimation, PMLE),在似然函数中添加惩罚项 $|I(\beta)|^{0.5}$,$|I(\beta)|$ 为 Fisher 信息矩阵。通过添加该惩罚项,就使相应的最大似然函数可以得到稳健的估计值。此时似然函数为 $L(\beta)^* = L(\beta) |I(\beta)|^{0.5}$,相应的对数似然函数为 $\log L(\beta)^* = \log L(\beta) + 0.5 \log |I(\beta)|$。

SPSS 本身并未提供弗斯 logistic 回归方法,但提供了相应的 R 插件,可以调用 R 中的 logistf 包实现弗斯 Logistic 回归。

10.5.2 案例:骨肉瘤病患预后分析

例 10.2 某研究者分析了影响骨肉瘤病患预后(0 = 存活,1 = 死亡)的因素,包括性别(gender,0 = 男,1 = 女)、肿瘤大小>10 cm($x1$,0 = 否,1 = 是)、病理性骨折($x2$,0 = 无,1 = 有),如表 10.6 所示,请对其进行分析,相应的数据文件见 osteosarcoma.sav。

表 10.6 骨肉瘤预后数据

gender	$x1$	$x2$	死亡/总人数
0	1	1	5/5
0	1	0	3/3
1	1	1	4/4
1	1	0	2/2

gender	x1	x2	死亡/总人数
0	0	1	6/6
0	0	0	3/4
1	0	1	7/10
1	0	0	5/14

注意由于该数据是使用频数方式录入的,因此在分析之前需要先进行个案加权,将变量 count 指定为权重变量。

该数据粗看上去并无特殊,就是一个标准的 Logistic 建模问题,但实际上,在该数据集中,对于结果变量 y,存在拟完全分离的变量 $x1$。即肿瘤大于 10 cm 的患者随访结果均为死亡,肿瘤小于 10 cm 的患者随访结果为部分死亡。此时如果直接应用普通的 Logistic 回归模型加以分析,则结果如图 10.17 所示。

		B	标准误差	瓦尔德	自由度	显著性	Exp(B)
步骤1[a]	性别	-20.667	5758.751	.000	1	.997	.000
	肿瘤大小>10cm	38.248	9897.335	.000	1	.997	4.083E16
	病理性骨折	20.955	5758.751	.000	1	.997	1.260E9
	常量	1.099	1.155	.905	1	.341	3.000

a. 在步骤1输入的变量:性别,肿瘤大小>10cm,病理性骨折。

图 10.17 方程中的变量

可见当数据中存在完全分离/拟完全分离的情况时,模型无法对各自变量的偏回归系数及其标准误差进行正确估计。对此可考虑的处理措施是人为去除 $x1$ 变量,然后重新应用普通 Logistic 回归分析拟合模型,结果如图 10.18 所示。

		B	标准误差	瓦尔德	自由度	显著性	Exp(B)
步骤1[a]	性别	-3.415	1.290	7.004	1	.008	.033
	病理性骨折	3.245	.985	10.856	1	.001	25.659
	常量	1.871	1.072	3.047	1	.081	6.492

a. 在步骤1输入的变量:性别,病理性骨折。

图 10.18 方程中的变量

这样就可以得到对其余自变量影响大小的合理估计,然而存在拟完全分离情况的自变量 $x1$ 显然是一个重要的影响因素,将其剔除出分析显然会使得模型的价值大大降低,当必须要考虑将其纳入模型时,弗斯 Logistic 回归就是一个很好的选择。本例的操作如下。

1. 选择"分析"→"回归"→"弗斯 Logistic"菜单项。
2. 将 y 选入"因变量"框。

3. 将 gender、x1、x2 选入"自变量"框。
4. 单击"确定"按钮。

> ⚠ 在进行弗斯 Logistic 回归时,需要注意的是,结果变量 y 的"测量"尺度需要设置为"标度",而不是实际上的"名义"。

弗斯 Logistic 回归的输出结果比较简单,首先是模型的基本情况汇总,如图 10.19 所示。其中注明了是调用了 R 插件的 logistf 包进行分析。随后给出的是各变量的系数估计值和检验结果,如图 10.20 所示。从中可以看出,女性预后比男性好;肿瘤越大,预后越差;有病理性骨折的患者预后差。显然,对于此类存在完全分离/拟完全分离的数据,采用弗斯 Logistic 回归就可以得到稳健的分析结果。

	值
因变量	y
置信区间类型	概要惩罚对数似然
置信区间水平(%)	95
估算方法	弗斯惩罚极大似然
输出数据集	--不适用--
似然比检验	29.106
自由度	3
显著性	2.12747047612094e-06
完整个案数	48
具有缺失数据的个案	0
Weight Variable	count
迭代次数	12
收敛状态	已收敛
最近一次对数似然变更	3.58646445874911e-12
最大的最近一次Beta变更	4.9611266828321e-06

由R logistf程序包计算的结果

图 10.19　弗斯 Logistic 回归摘要

	系数	标准误差	CI下限	CI上限	卡方	Sig.
(Intercept)	.809	1.053	-1.019	3.151	.734	.392
gender1	-3.721	1.690	-8.824	-1.021	8.554	.003
x11	4.472	2.198	1.226	10.305	8.852	.003
x21	4.171	1.513	1.822	9.115	16.623	.000

因变量: y

图 10.20　回归系数

10.6 Logistic 回归模型进阶

由于 Logistic 回归模型可以被写成类似于线性回归模型的线性方程形式,许多线性回归模型的知识都可以被系统地移植过来使用。鉴于此,许多类似的知识点将不再重复,这里仅强调与线性回归模型不相同的内容。

10.6.1 模型拟合效果的判断

当所研究的问题比较复杂时,对于同一个数据,可以得到多个可能的模型,那么模型的分析效果究竟怎么样呢?哪一个模型又是最优的模型?还有必要对其进行改进吗?这一系列的问题要求研究者找到一系列指标对所拟合模型的优劣程度,以及是否需要进一步改进进行判断,这里对常用的一些判断指标加以介绍。

1. 对数似然值与伪决定系数

Logistic 回归模型是通过最大似然法求解的,最大似然值实际上也是一个概率,取值在 0~1 之间。它的取值为 1,代表模型达到完美,此时其对数值为 0。它的取值小于 1,则其对数值为负。它的取值越小,其-2 倍的对数似然值就越大,因此可以用-2 倍的对数似然值来表示模型的拟合效果。它的取值越接近 0,说明模型的拟合效果越好。对于同一个数据,当数据库的自变量中不存在缺失值时,该数值可以直接用于对所建立的不同模型的拟合效果进行比较。但当自变量中存在缺失值时,由于 SPSS 在进行计算时会把含有缺失值的案例予以剔除,这就会导致不同模型所用的案例数不同,因此不能直接应用-2 倍的对数似然值对不同模型的拟合效果进行比较。

为了方便使用,从对数似然值出发还可以计算出伪决定系数:

$$\text{Cox\&Snell } R^2 = 1 - (L(0)/L(\hat{\beta}))^{2/n}, \text{Negelkerke } R^2 = \text{Cox\&Snell } R^2/(1 - L(0)^{2/n})$$

其中,$L(0)$ 为模型中只含有常数项时的似然值,$L(\hat{\beta})$ 为当前模型的似然值。该指标的解释类似于线性回归模型中的决定系数,更加方便。但对于 Logistic 回归而言,通常得到的模型伪决定系数的大小都不会像线性回归模型的决定系数那么大,这主要是因为分类自变量中所能容纳的数据信息是有限的。

2. 模型预测正确率

显然,对因变量结局预测的准确程度也可以反映模型的效果,SPSS 在 Logistic 回归过程中会输出包含预测分类结果与原始数据分类结果的列联表,默认是按照概率是否大于 0.5 进行分割,该界值可以在"选项"子对话框中的"分类分界值"框中加以调整。

除在结果中直接输出外,二元 Logistic 过程还通过"保存"子对话框提供了保存研究对象预测分类结果、预测概率的功能,研究者可以进一步将预测分类结果和预测概率保存为新变量,从而进一步计算 Kappa 系数等一致性指标。

3. ROC 曲线

通过预测正确率对模型拟合效果进行判断有一定的不足,显然预测概率为 0.9 和预测概率为 0.6 的含义是不同的,但预测正确率的计算仅根据模型所提供的预测信息将这两种情况均划分为同一类,会损失大量的信息。能否直接利用预测概率进行评判?ROC 曲线就可以达到这一目的。在对 Logistic 回归模型拟合效果进行判断时,可以直接使用模型预测概率绘制 ROC 曲线,该曲线可以帮助研究者确定合理的预测概率分类点,即将预测概率大于(或小于)多少的研究对象判断为阳性结果(或阴性结果)。

关于 ROC 曲线的详细内容请参见基础教程第 10 章中相应部分的讲解,这里仅介绍具体操作过程:首先利用"保存"子对话框将预测概率存为新变量,然后利用其绘制出 ROC 曲线,除考察图形特征并进行 ROC 曲线下面积是否为 0.5 的检验外,更关键的输出是选中主对话框下方的"ROC 曲线的坐标点"复选框,要求输出各种预测概率界值下的灵敏度、1−特异度,以便选择最优判断界值,这在诊断实验的结果分析中非常重要。而如果希望直接通过对比两个模型相应的 ROC 曲线下面积来选择模型,则需要安装相应的 Python 插件"STATS_ROC_COMPARE_INDEPENDENT",以在 SPSS 中实现相应的检验方法。

10.6.2 拟合优度检验

前面虽然已经学习了一系列模型效果判断方法,但还是不够。例如,以上模型效果判断指标究竟要多大才合适? 根据现有的数据和模型,能否进一步改善模型,如进一步加入自变量间的交互作用项,使预测精度更高一些? 这个问题很难仅依靠上述指标来回答。此时就需要使用拟合优度检验了。

1. 什么是拟合优度

为了回答什么是拟合优度,先要引入两个简单的概念:自变量组合与饱和模型。

(1) 自变量组合。即模型中自变量的各种取值组合的总数,就是指如果按自变量取值的排列组合进行样本拆分,最多可以拆成多少个亚组,其计算方法为 $m=$ 各自变量分类数乘积。例如,有性别、疗法种类两个自变量,则该数据中的自变量组合共有 4 种:男性×标准疗法、男性×新疗法、女性×标准疗法、女性×新疗法。

显然,在对数据进行分析时至多只能细分到各种自变量组合,在每一种组合下计算出因变量相应的发生概率,不可能有更细的拆分了。

(2) 饱和模型。若模型中的参数 $(\beta_0,\beta_1,\cdots,\beta_p)$ 个数 $p+1=$ 自变量组合数,则称该模型为饱和模型(full model)。实际上,这样的模型必然是纳入了自变量的所有主效应、各阶交互效应的模型。例如,单自变量模型本身就是饱和模型;双自变量模型的饱和模型是纳入了交互作用项的模型,以此类推。相对应地,参数更少的模型则被称为非饱和模型,又称为简约模型(reduced model)。

可以证明对于预测而言,饱和模型的样本符合率最高,这是因为在饱和模型中,每一种自变量组合方式都可以在模型中找到相应的参数表达式与之对应,不可能更加细化了。以上述有性别、疗法种类两个自变量的模型为例,4 个自变量组合在饱和模型中对应的表达式如下(设男性、标准疗法对应的取值为 0)。

- 男性×标准疗法:Logit $P=\beta_0+\beta_1\times0+\beta_2\times0+\beta_3\times0\times0=\beta_0$
- 男性×新疗法:Logit $P=\beta_0+\beta_1\times0+\beta_2\times1+\beta_3\times0\times1=\beta_0+\beta_2$
- 女性×标准疗法:Logit $P=\beta_0+\beta_1\times1+\beta_2\times0+\beta_3\times1\times0=\beta_0+\beta_1$
- 女性×新疗法:Logit $P=\beta_0+\beta_1\times1+\beta_2\times1+\beta_3\times1\times1=\beta_0+\beta_1+\beta_2+\beta_3$

从上述表述可知,事实上,饱和模型的预测值就是各组合下的样本平均值/样本率,因此饱和模型是对当前数据能够拟合的最完美的模型,不可能再做进一步的改进。但是,饱和模型的解释和应用过于复杂,而且模型中往往存在着大量的无统计学意义的参数,对饱和模型进行无用参数的简化,得到最合适的非饱和模型更加符合分析要求。换言之,如果所有的影响因素都被挖掘出来了,那么在控制了这些影响因素后,模型的预测效果就等价于饱和模型。因此,通过检验当前模型与饱和模型的预测效果之差是否有统计意义,就可以明确当前模型是否需要做进一步改善,这就是模型的拟合优度检验(goodness-of-fit test)。

由以上讨论可知,严格意义上讲,模型效果的判断指标和拟合优度检验是有递进关系的两个概念。拟合优度好仅仅说明当前数据中的信息已经被充分提取,但并不能说明模型用于预测效果一定很好。例如,使用某数据的饱和模型进行预测,拟合优度自然是完美无缺,但预测时结果则是:在某种自变量组合下,治愈的概率为0.6。显然,如果按照0.5为界值预测为可以治愈,平均就有40%的错误率,模型的预测效果显然是很差的。如果出现这种情况,则意味着数据采集中漏掉了真正有影响的自变量,因此无法得到预测精度更高的模型。

以上关于拟合优度的概念实际上对于所有的预测模型都适用,对于方差分析/回归模型也是如此,也均有相应的检验方法可以使用,只不过叫法不同,如同在第1章中遇到的失拟检验一样,其实质也是拟合优度检验。

2. 常用的拟合优度检验方法

以下介绍4种常用的拟合优度检验方法。由于SPSS在二元Logistic过程中没有输出前两种方法的结果,故仅做简要介绍。对后两种方法,将辅以实例说明。

(1) Pearson拟合优度检验和Deviance拟合优度检验。由于饱和模型的预测结果实质上就是各自变量组合下的样本率,因此当前模型和饱和模型的比较就可以用将当前模型理论值和样本实测值进行比较的方法来实现。Pearson拟合优度检验的统计量Q_P实际上就是普通的卡方检验统计量,而Deviance拟合优度检验则略有不同,两者的计算公式为

$$Q_P = \sum_{h=1}^{s} \sum_{j=1}^{2} \frac{(A_{hj} - T_{hj})^2}{T_{hj}}, Q_L = \sum_{h=1}^{s} \sum_{j=1}^{2} 2A_{hj}\log\left(\frac{A_{hj}}{T_{hj}}\right)$$

其中,$j=1$或2表示因变量的不同取值,h表示自变量组合从1到s,A表示实测值,T表示理论值。Q_P和Q_L均服从卡方分布,自由度为自变量组合数与模型中参数个数之差。若$P>0.05$,则说明模型拟合良好;反之,则说明模型拟合效果较差。

以上两种方法对样本量有一定要求,大致为:每一自变量组合的样本例数不少于10;80%的预测频数T_{hj}不小于5;所有预测频数T_{hj}大于2,尤其不能为0。根据以上要求,当自变量很多,或自变量中包含连续变量时,每个自变量组合包含的样本例数往往很少,只有一两例,达不到上述要求,也就不能用以上两种方法进行拟合优度检验。此时可以用以下两种拟合优度检验方法。

(2) 似然比检验。此处所说的似然比检验指的是考察简约模型与饱和模型之间差别的似然比检验。对于例10.1,包含经过逐步回归筛选的三个自变量lwt、ht、ptl的Logistic回归模型为

$$\text{Logit } P = \beta_0 + \beta_1 \times \text{lwt} + \beta_2 \times \text{ht} + \beta_3 \times \text{ptl} + \beta_4 \times (\text{lwt} \times \text{ht}) + \beta_5 \times (\text{lwt} \times \text{ptl})$$
$$+ \beta_6 \times (\text{ht} \times \text{ptl}) + \beta_7 \times (\text{lwt} \times \text{ht} \times \text{ptl})$$

拟合上述模型,从输出结果中可以看到此时模型的-2倍的对数似然值为216.142,而只引入三个自变量主效应项的模型的-2倍的对数似然值为217.220,二者之差为1.078,服从自由度为4(两个模型的参数个数之差)的卡方分布。显然,$P>0.05$,说明只拟合包含三个自变量主效应项

的 Logistic 回归模型已经足够。事实上，至此可以发现，此处实际上就是对饱和模型和当前模型进行了似然比检验，以考察是否还有额外的参数需要引入。

（3）霍斯默-莱梅肖（Hosmer-Lemeshow）检验。该方法根据模型预测概率的大小将所有观察单位十等分，然后根据每一组中因变量各种取值的实测值与理论值计算 Pearson 卡方，自由度则为组数减 2（组数通常为 10，但有时根据自变量组合及样本量情况，组数可能小于 10）。该方法通常用于自变量很多或自变量中包含连续变量的情况，但也适用于各自变量组合样本量足够大的情况。

使用"选项"子对话框（如图 10.21 所示）中的"霍斯默-莱梅肖拟合优度"复选框即可计算出该统计量。对于上面逐步回归的例子，相应的检验结果如图 10.22 所示。随后还会输出十分组的实测值和理论值数据表，此处略。

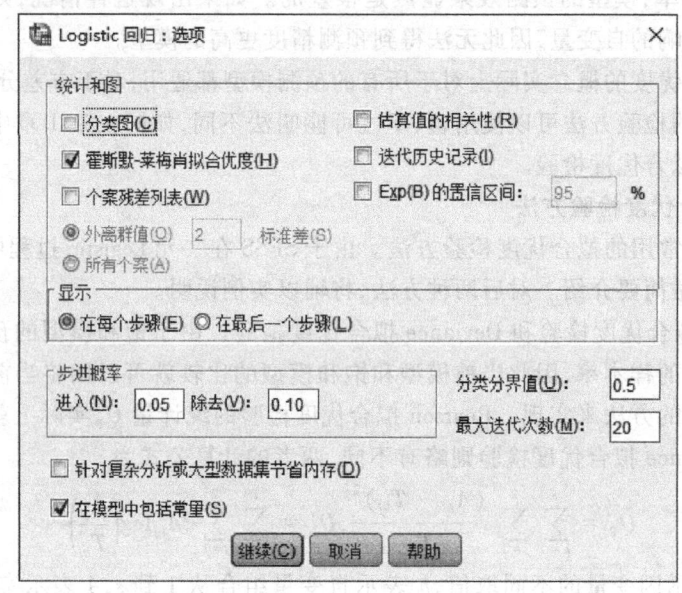

图 10.21 "选项"子对话框

步骤	卡方	自由度	显著性
1	.000	0	.
2	4.553	1	.033
3	9.979	8	.266

图 10.22 霍斯默-莱梅肖检验

10.6.3 残差分析

SPSS 中的 Logistic 回归过程可以使用"保存"子对话框生成以下几种残差。

（1）未标准化残差。这种残差即实际发生概率与根据模型预测的概率之差值，$e_i = y_i - \hat{\pi}_i$。

(2) Logit 残差。这种残差在对话框中译为"分对数"残差,其计算公式为 $lre = \dfrac{e_i}{\hat{\pi}_i(1-\hat{\pi}_i)}$。

(3) 学生化残差。这种残差实际上就是在把该案例删除后模型 D 的改变量。

(4) 标准化残差。SPSS 存储的变量名为 zre,实际上它就是 Pearson 残差,等于未标准化残差除以其标准误差 $\sqrt{\hat{\pi}_i(1-\hat{\pi}_i)}$,其平均值等于 0,标准差为 1。

(5) 偏差。这种残差即 Deviance,$dev_i = sgn(y_i - \hat{\pi}_i)\sqrt{2[y_i\ln(\hat{\pi}_i)+(1-y_i)\ln(1-\hat{\pi}_i)]}$。其中,$sgn(y_i - \hat{\pi}_i)$ 意为取其括号内的符号,如果实际发生概率大于预测概率,则偏差为正,其他情况为正。

对于自变量取值相同且结果变量取值也相同的案例,其各种残差也相同。以上各种残差中运用较多的是标准化残差和偏差,如果残差值绝对值大于 2,则提示该案例在多维空间中可能是异常点。在得到残差后,进行残差分析的基本思路与线性回归模型基本相同,这里不再重复介绍。

10.6.4 多重共线性问题

通常在进行线性回归模型时,常考虑是否存在自变量间的多重共线性,而在进行因变量为分类数据的统计分析时,尤其是进行 Logistic 回归分析时研究者常常会忽略这一点。实际上,在分类数据的统计分析中,多重共线性的情况仍然或多或少地存在,其对偏回归系数的影响也与线性模型表现一致。例如,增加或删除一个案例,模型中偏回归系数值发生较大变化,专业上认为有影响的因素无统计学意义,反倒是一堆垃圾变量的 P 值很小等。如果在进行 Logistic 回归模型分析时,尤其是在向模型中引入交互作用项时出现了回归结果反常的现象,则自变量间的多重共线性是需要排除的一种因素。目前 SPSS 的二元 Logistic 过程中尚没有关于多重共线性诊断的结果输出,替代方法之一是运用相同的因变量与自变量拟合线性回归模型,并进行相应的共线性诊断。如果的确出现了多重共线性,解决的方法可参考线性回归模型中的相关内容。

思考与练习

1. 请运用本章所介绍的评价模型拟合效果的判断指标对例 10.1 数据文件所拟合的 Logistic 回归模型拟合优劣进行评价。

2. 试根据 10.6.1 小节和 10.6.2 小节对例 10.1 拟合 Logistic 饱和模型,并对其中出现的回归系数反常现象进行多重共线性分析。(提示:应用 COMPUTE 命令计算各自变量的交互作用项)。

参考文献

[1] IBM Corp. IBM SPSS Regression 24[CP/OL]. Armonk,NY:IBM Corp,2016.

[2] Fox J. Linear Statistical Models and Related Methods[M]. New York:Wiley,1984.

[3] Neter J,et al. Applied Linear Statistical Models[M].4th ed. [S. l.]:McGraw-Hill,1996.

[4] Agresti A. Categorical Data Analysis[M]. New York:John Wiley & Sons,1990.

[5] 张文彤,钟云飞. IBM SPSS 数据分析与挖掘实战案例精粹[M]. 北京:清华大学出版

社,2013.
- [6] 陈峰. 医用多元统计分析方法[M]. 北京:中国统计出版社,2000.
- [7] 陈峰,张文彤. 现代医学统计方法与 Stata 应用[M]. 2版. 北京:中国统计出版社,2003.
- [8] 张文彤. SPSS 统计分析基础教程[M]. 3版. 北京:高等教育出版社,2017.
- [9] Firth D. Bias Reduction of Maximum Likelihood Estimates[J]. Biometrika,1993,80(1):27-38.

第 11 章 多分类、配对 Logistic 回归与 Probit 回归模型

11.1 有序多分类 Logistic 回归模型

当因变量水平数大于 2 时，不能简单地将其中两个水平单独拟合二分类的 Logistic 回归模型，而必须考虑拟合因变量为多分类的 Logistic 回归模型。根据因变量水平是否有序又可以分为因变量为有序多分类和无序多分类的 Logistic 回归模型。两种模型原理不同，下面分别进行介绍。

11.1.1 模型简介

研究中常遇到因变量为有序多分类的数据。例如，城市综合竞争力等级可以被划分为低、中、高；人们对某个频道的观看频率可以被粗略划分为天天看、经常看、偶尔看和从来不看；某病的治疗效果分为痊愈、有效、好转、无效，等等。对于这种类型的数据，可以拟合因变量水平数 -1 个 Logit 回归模型，称为累积 Logit 模型（cumulative logits model）。以 4 水平的因变量为例，假设因变量的取值为 1、2、3、4，相应取值水平的概率为 π_1、π_2、π_3、π_4，对 p 个自变量拟合三个模型如下：

$$\text{Logit}\frac{\pi_1}{1-\pi_1} = \text{Logit}\frac{\pi_1}{\pi_2+\pi_3+\pi_4} = -\alpha_1+\beta_1 x_1+\cdots+\beta_p x_p$$

$$\text{Logit}\frac{\pi_1+\pi_2}{1-(\pi_1+\pi_2)} = \text{Logit}\frac{\pi_1+\pi_2}{\pi_3+\pi_4} = -\alpha_2+\beta_1 x_1+\cdots+\beta_p x_p$$

$$\text{Logit}\frac{\pi_1+\pi_2+\pi_3}{1-(\pi_1+\pi_2+\pi_3)} = \text{Logit}\frac{\pi_1+\pi_2+\pi_3}{\pi_4} = -\alpha_3+\beta_1 x_1+\cdots+\beta_p x_p$$

与传统的因变量为二分类的 Logistic 回归模型相比，进行 Logit 变换的分别为 π_1、$\pi_1+\pi_2$、$\pi_1+\pi_2+\pi_3$，即因变量有序取值水平的累积概率（cumulative probability）。对某分类变量描述其频数分布时，SPSS 会专门输出这一列。

由上述模型表达式可以看出，这种模型实际上是依次将因变量按不同的取值水平分割成两个等级，对这两个等级建立因变量为二分类的 Logistic 回归模型。但不管模型中因变量的分割点在什么位置，模型中各自变量的系数 β_i 都保持不变，所改变的只是常数项 α。此时求出的 OR 值是自变量每改变一个单位，因变量提高一个及一个以上等级的比值比。但无论如何分割，上述三个模型中各自变量的偏回归系数始终保持不变，这是拟合累积 Logit 模型的前提条件之一。在随后的章节中会介绍如何考察该条件。

需要注意的是，与二分类 Logistic 回归模型不同的是，这里拟合的模型中常数项之前的符号应当是减号而不是加号，原因在于此处的常数项表示低级别和高级别相比的情况，与以前的常数项含义相反，且必然有 $\alpha_1<\alpha_2<\alpha_3$。但由于研究者主要关心的是各 β_i 的大小，因此这种差异的影响不大。

根据上面三个回归方程可以分别求出 π_1、$\pi_1+\pi_2$、$\pi_1+\pi_2+\pi_3$，并换算出 π_4。

$$\pi_1=\frac{\exp(-\alpha_1+\beta_1 x_1+\cdots+\beta_p x_p)}{1+\exp(-\alpha_1+\beta_1 x_1+\cdots+\beta_p x_p)},\ \pi_2=\frac{\exp(-\alpha_2+\beta_1 x_1+\cdots+\beta_p x_p)}{1+\exp(-\alpha_2+\beta_1 x_1+\cdots+\beta_p x_p)}-\pi_1$$

$$\pi_3=\frac{\exp(-\alpha_3+\beta_1 x_1+\cdots+\beta_p x_p)}{1+\exp(-\alpha_3+\beta_1 x_1+\cdots+\beta_p x_p)}-\pi_1-\pi_2,\ \pi_4=1-\pi_1-\pi_2-\pi_3$$

11.1.2 案例：工作满意度影响因素分析

例 11.1 对某地人群调查其对所从事的工作是否满意，可能的影响因素有年龄、性别、年收入水平、文化程度。变量的赋值情况见表 11.1，数据文件见 satisfy.sav，试进行统计分析。

表 11.1 变量赋值情况

变量名	含义	赋值
satis	满意度	①不满意②态度中立③满意
age	年龄(岁)	
gender	性别	f:女性;m:男性
inccat	年收入水平(万)	①2.5万以下②2.5万~③5.0万~④7.5万及以上
edu	文化程度	①初中及以下②高中③大专④大学⑤研究生

1. 操作说明

下面使用有序分类的 Logistic 回归模型进行分析，操作如下。

> 1. 选择"分析"→"回归"→"有序"菜单项。
> 2. 将 satis 选入"因变量"框。
> 3. 将 inccat、edu、gender 选入"因子"框，将 age 选入"协变量"框。
> 4. 单击"确定"按钮。

上述操作中用到的对话框如图 11.1 所示。

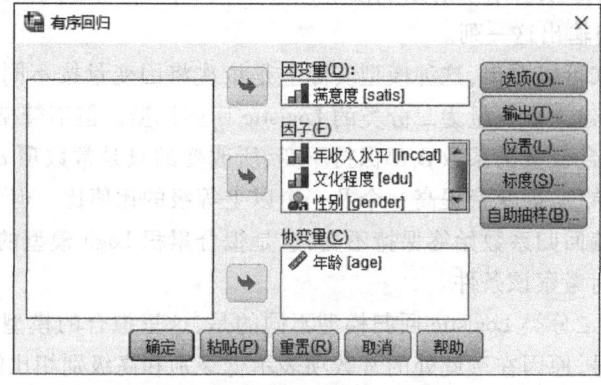

图 11.1 有序回归主对话框

2. 结果解释

输出结果中,首先会给出一个警告,内容为"存在 1 686(36.7%)个频率为零的单元格(即因变量级别*预测变量值的实测组合)",这是因为存在过多 0 频数单元格会影响模型的正常拟合。但是在本例中变量 age 为连续变量,所以这个比例会比较大,此种情况属于正常现象。

随后的表格会输出因变量与离散型自变量不同取值水平的边际频数分布(marginal percentage),此处略。

图 11.2 所示的为对模型中是否所有自变量偏回归系数全为 0 进行似然比检验,结果 $P<0.001$,说明至少有一个自变量的偏回归系数不为 0。换句话说,拟合包含年龄、性别、年收入水平、文化程度 4 个自变量的模型的拟合优度好于仅包含常数项的无效模型。

模型	-2对数似然	卡方	自由度	显著性
仅截距	7297.880			
最终	6202.150	1095.730	9	.000

关联函数:分对数。

图 11.2 模型拟合信息

图 11.3(a)所示的是 Pearson 和 Deviance 两种拟合优度检验结果。但这两个统计量都有致命的缺点,是对自变量取值水平组合的实际观察频数为 0 的比例十分敏感,如果上述比例过高,这两个统计量不一定仍然服从卡方分布,因而基于卡方分布计算的 P 值也不可信。当自变量中存在连续变量时,如本例中的年龄,常会导致上述比例过高。与上述两个统计量相比,似然比卡方要稳健得多。图 11.3(b)所示的伪 R 方表格输出了三种伪决定系数,对于分类数据的统计分析,可以不必太在意它们,一般情况下伪决定系数都不会太高。

	卡方	自由度	显著性
皮尔逊	3105.220	3049	.235
偏差	3501.627	3049	.000

关联函数:分对数。
(a)

考克斯-斯奈尔	.157
内戈尔科	.179
麦克法登	.080

关联函数:分对数。
(b)

图 11.3 拟合优度表格和伪 R 方表格

图 11.4 所示的是最重要的结果:参数估计。由于本例因变量水平数为 3,会建立两个回归方程,故有两个常数项。而因变量为有序多分类的 Logistic 回归模型的前提假设之一是各自变量对因变量的影响在两个回归方程中相同,因此各自变量的偏回归系数只有一个。根据以上结果,可知本例最后建立了如下模型:

$$\text{Logit}(P_{\text{satis}=\text{不满意}}) = \text{Logit}\frac{(P|\text{satis}=\text{不满意})}{1-(P|\text{satis}=\text{不满意})}$$
$$= -1.288 + (-0.031) \times \text{age} + 1.618 \times (\text{inccat}=1) + 1.071 \times (\text{inccat}=2)$$
$$+ 0.607 \times (\text{inccat}=3) + (-0.772) \times (\text{edu}=1) + (-0.510) \times (\text{edu}=2)$$
$$+ (-0.312) \times (\text{edu}=3) + (-0.096) \times (\text{edu}=4) + 0.045 \times (\text{gender}=f)$$

第 11 章 多分类、配对 Logistic 回归与 Probit 回归模型

$$\text{Logit}(P_{\text{satis}=\text{不满}/\text{中立}}) = \text{Logit}\frac{(P|\text{satis}=\text{不满意})+(P|\text{satis}=\text{态度中立})}{(P|\text{satis}=\text{满意})}$$

$$= -0.263+(-0.031)\times\text{age}+1.618\times(\text{inccat}=1)+1.071\times(\text{inccat}=2)$$
$$+0.607\times(\text{inccat}=3)+(-0.072)\times(\text{edu}=1)+(-0.510)\times(\text{edu}=2)$$
$$+(-0.312)\times(\text{edu}=3)+(0.096)\times(\text{edu}=4)+0.045\times(\text{gender}=\text{f})$$

		估算	标准误差	瓦尔德	自由度	显著性	95%置信区间 下限	95%置信区间 上限
阈值	[satis=1]	-1.288	.150	73.282	1	.000	-1.583	-.993
	[satis=2]	-.263	.150	3.098	1	.078	-.557	.030
位置	age	-.031	.002	199.377	1	.000	-.035	-.026
	[inccat=1]	1.618	.081	402.390	1	.000	1.460	1.776
	[inccat=2]	1.071	.067	257.308	1	.000	.940	1.202
	[inccat=3]	.607	.076	63.401	1	.000	.457	.756
	[inccat=4]	0[a]	.	.	0	.	.	.
	[edu=1]	-.772	.116	44.233	1	.000	-1.000	-.545
	[edu=2]	-.510	.111	20.914	1	.000	-.728	-.291
	[edu=3]	-.312	.115	7.395	1	.007	-.537	-.087
	[edu=4]	-.096	.115	.696	1	.404	-.320	.129
	[edu=5]	0[a]	.	.	0	.	.	.
	[gender=f]	.045	.049	.855	1	.355	-.050	.140
	[gender=m]	0[a]	.	.	0	.	.	.

关联函数：分对数。
a. 此参数冗余，因此设置为零。

图 11.4 参数估计

注意模型中的常数项估计值直接就是负值，无须再手工添加符号。偏回归系数的具体解释与第 10 章中二分类 Logistic 回归结果基本一致，据此本例可以得到以下初步分析结论。

（1）随着年龄的增加，受访者的工作满意度会降低。

（2）随着收入水平的上升，受访者的工作满意度会下降（注意参照水平的设定），且系数的变化呈现线性倾向，可以考虑根据此进行模型的简化。

（3）教育程度的上升会带来受访者工作满意度的上升，但变化并非是简单的线性，其中大学和研究生水平的工作满意度可能无差异，可以考虑对这两个类别进行合并。

基于上述信息对模型进行改进的工作留给读者自行完成，这里不再详述。

> 在实际应用中，分类自变量（如婚姻状况）各哑变量的偏回归系数可能出现在其中某一（几）个方程中有统计学意义，而在其他方程中没有统计学意义的情况，此时出于模型完整性的考虑，一般建议保留该自变量。

11.1.3 模型适用条件的考察

1. 平行线检验

前面在介绍模型时提到过不管因变量的分割点在什么位置,模型中各自变量的系数 β 都保持不变,亦即自变量的偏回归系数与分割点无关,这是应用有序多分类 Logistic 回归模型的一个前提。也就是说,各个回归方程在多维空间中相互平行,这被称为平行性假定。在多数情况下,这个适用条件都是成立的,但 SPSS 也为该条件提供了相应的检验方法,具体用"输出"子对话框左下角的"平行线检验"(test of parallel lines)复选框实现。

本例如果进行平行线检验,则相应的分析结果如图 11.5 所示。这里检验的是各自变量对因变量的影响在各个回归方程中是否相同,其实质是拟合不限定系数相等的模型(general model),将该模型的似然值和当前限定系数相等的模型(null hypothesis)加以比较,进行似然比检验,如果 $P>0.05$,说明各回归方程互相平行,可以使用有序 Logistic 过程进行分析;否则应当考虑进行处理。显然本例满足平行性假设,模型无须进一步处理。

模型	-2对数似然	卡方	自由度	显著性
原假设	6202.150			
常规	6189.793	12.357	9	.194

原假设指出,位置参数(斜率系数)在各个响应类别中相同。
a. 关联函数:分对数。

图 11.5 平行线检验

2. 平行性假设不能被满足时的处理

如果平行性假设不能被满足,又应当如何处理? 首先,有序分类 Logistic 回归模型对此适用条件有一定的耐受性,当条件被轻微违反时(如 P 值很接近 0.05),参数的估计仍然是比较稳定的。对此问题,国内的学者还进行过深入的研究,李康、郭祖超(1993)等曾就此做过讨论。但是如果平行性检验的 P 值非常小,则不能满足平行线假设。简单地说,可能导致该情形出现的原因主要有两个:连接函数选择得不准确,或者系数的确随着分割点的变化而发生变化。这里先来讨论前者,在许多情况下,选择正确的连接函数就可以找到满足平行性假设的模型。在"模型拟合信息"表格的下方指出了当前拟合模型的连接函数(表格中译为"关联函数")为分对数(Logit 函数)。SPSS 共提供 5 种连接函数,分别用于不同数据

(1) Logit:$f(x)=\ln(x/(1-x))$。该连接函数用于因变量各取值水平发生概率相近的数据,可以通过 SPSS 产生的因变量频数表予以判断。该连接函数为默认选项。

(2) 补充 log-log:$f(x)=\log(-\log(1-x))$。该连接函数用于因变量取值水平高的水平发生概率高的数据。

(3) 负 log-log:$f(x)=-\log(-\log(x))$。与上一连接函数相反,该连接函数用于因变量取值水平低的水平发生概率高的数据。

(4) Probit:$f(x)=\Phi^{-1}(x)$。该连接函数用于潜变量(latent variable)服从正态分布的数据。

(5) Cauchit:$f(x)=\tan(p(x-0.5))$。该连接函数用于潜变量存在很多极端值的数据。

如果对模型拟合没有特殊要求,尤其是在因变量水平数较少的情况下,建议使用默认的 Logit 函数。在"选项"子对话框下方的"联接"列表中可以对模型的连接函数加以修改,有兴趣的读者可以自行操作。如果各种连接函数都无法满足平行性假设,则需要考虑是否偏回归系数的确会随着分割点的变化而发生改变,此时最好使用无序多分类的 Logistic 回归模型进行拟合,然后再根据系数估计值考虑如何进行处理,详见 11.2 节。

11.2 无序多分类 Logistic 回归模型

11.2.1 模型简介

无序多分类 Logistic 回归模型用于分析因变量为无序多分类的情况,除此之外,如果因变量为有序分类,但平行性检验被拒绝,或从专业上认为自变量在各回归方程的效应不同,则也应该用无序多分类 Logistic 回归模型分析。

无序多分类 Logistic 回归模型首先会定义因变量的某一个水平为参照水平(SPSS 默认取值水平大的为参照水平),其他水平均与其相比,从而建立水平数 -1 个广义 Logit 模型(general logits model)。同样以 4 水平因变量为例,其取值水平分别为 1、2、3、4,对 P 个自变量拟合三个广义 Logit 模型:

$$\text{Logit}(\pi_1/\pi_4) = \alpha_1 + \beta_{11}x_1 + \cdots + \beta_{1p}x_p$$

$$\text{Logit}(\pi_2/\pi_4) = \alpha_2 + \beta_{21}x_1 + \cdots + \beta_{2p}x_p$$

$$\text{Logit}(\pi_3/\pi_4) = \alpha_3 + \beta_{31}x_1 + \cdots + \beta_{3p}x_p$$

显然,同时应当有 $P_1+P_2+P_3+P_4=1$,并且可以看出,4 水平为参照水平,如果希望比较 2 和 3 水平,则直接将 Logit P_2 和 Logit P_3 相减即可得到相应函数。

> 在经济学、市场研究等领域中,无序多分类 Logistic 回归模型还有一个非常重要的应用,就是对离散选择模型(discrete choice model)进行拟合,该方法也被称为基于选择的结合分析模型(choice-based conjoint analysis),是一种非常实用的市场研究技术,它从决策者效用最大化的角度出发来研究决策者的选择问题,广泛应用于交通、营销、能源、住房、通信等领域,美国加州大学伯克利分校 MacFadden 教授就因"对分析离散选择的原理和方法所做出的发展和贡献"获得了 2000 年诺贝尔经济学奖。对离散选择模型感兴趣的读者可参见第 22 章的介绍。

11.2.2 案例:不同背景人群的选举倾向

例 11.2 1992 年的美国总统选举出现了比较罕见的情况,两党候选人之外还出现了独立候选人佩罗。数据文件见 voter.sav,是当时的民意测验数据,变量有:pres92,欲选的总统候选人;age,年龄;agecat,年龄分类;educ,受教育年限;degree,最高学历;sex,性别。现考虑对其拟合因变量为无序多分类的 Logistic 回归模型,分析不同背景人群的倾向。

1. 操作说明

显然,在本例中年龄和年龄分类实际上存在信息重叠,因此考虑先将信息量较高的年龄纳入

11.2 无序多分类 Logistic 回归模型

分析。受教育年限和最高学历虽然也有这种关系,但比较特殊的是受教育年限并非均匀分布,而是往往会集中在取得学历/学位的那一年附近,而且根据常识,学历的不同往往对个人的倾向有比较大的影响,因此为稳妥起见,这里将两个变量同时纳入分析,操作如下:

1. 选择"分析"→"回归"→"多元 Logistic"菜单项。
2. 将 pres92 选入"因变量"框。
3. 将 degree、sex 选入"因子"框,将 age、educ 选入"协变量"框。
4. 单击"确定"按钮。

上述操作中用到的对话框如图 11.6 所示,注意 SPSS 默认因变量取值水平最大者(本例为克林顿)作为参照水平,若要加以改变,只需单击"参考类别"按钮进行设置即可。

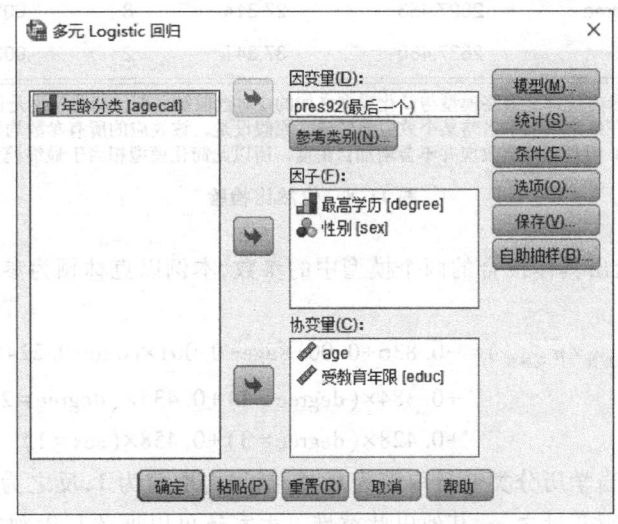

图 11.6 多分类 Logistic 回归主对话框

2. 结果解释

结果中首先会输出因变量与离散型自变量不同取值水平的边际频数分布,此处略。

图 11.7(a)所示的是对模型中是否所有自变量偏回归系数全为 0 进行似然比检验,模型中未引入自变量时 $-2\ln L$ 为 2 718.636,引入自变量后减小至 2 600.138,二者之差等于 118.497,自由度(即参数个数之差)为 14,$P<0.001$。结果表明至少有一个自变量的偏回归系数不为 0。图 11.7(b)所示的伪 R 方表格则输出三种伪决定系数,其含义与以前的模型相同,不再重复解释。

模型	模型拟合条件	似然比检验					
	-2对数似然	卡方	自由度	显著性		考克斯-斯奈尔	.062
仅截距	2718.636					内戈尔科	.072
最终	2600.138	118.497	14	.000		麦克法登	.032

(a)   (b)

图 11.7 模型拟合信息表格和伪 R 方表格

研究者可能对模型中引入的自变量是否有统计学意义更感兴趣。图 11.8 对此给出了似然比检验结果：对连续自变量而言，自由度等于拟合的方程个数；对分类自变量而言，自由度等于（取值水平数-1）×拟合的方程个数。检验的结果是除 educ 外其他三个自变量均有统计学意义。

效应	模型拟合条件	似然比检验		
	简化模型的-2对数似然	卡方	自由度	显著性
截距	2600.138[a]	.000	0	.
age	2641.003	40.865	2	.000
educ	2600.141	.003	2	.999
degree	2627.453	27.314	8	.001
sex	2637.480	37.341	2	.000

卡方统计是最终模型与简化模型之间的-2对数似然之差。简化模型是通过在最终模型中省略某个效应而形成。原假设是，该效应的所有参数均为0。
a. 因为省略此效应并不会增加自由度，所以此简化模型相当于最终模型。

图 11.8　似然比检验

图 11.9 进一步给出具体拟合的两个模型中的参数，本例以克林顿为参照水平。拟合的模型分别为

$$\text{Logit}(\pi_{老布什}/\pi_{克林顿}) = -0.836 + 0.001 \times \text{age} - 0.001 \times \text{educ} - 0.224 \times (\text{degree}=0)$$
$$+ 0.384 \times (\text{degree}=1) + 0.435 \times (\text{degree}=2)$$
$$+ 0.428 \times (\text{degree}=3) + 0.458 \times (\text{sex}=1)$$

上式中（degree=0）指当学历分类变量取值为 0 时，括号内取值为 1，反之为 0。实际上就是对变量 degree 产生的 4 个哑变量之一，其他以此类推。大家还可以据此写出独立候选人与克林顿比较的回归模型。

由所建立的模型可以看出：在老布什和克林顿之间进行选择时，别的自变量均没有统计学意义，只有选民的性别有统计学意义，以女性为参照水平，男性的偏回归系数为 0.458，OR 值为 1.58。这说明男性选民更倾向于选择老布什而不是克林顿。然而，如果再看第二个方程，在佩罗和克林顿之间进行选择时，性别仍然有统计学意义，男性相对于女性的 OR 值为 2.165，即男性选民更倾向于选择佩罗而不是克林顿。

年龄、受教育年限等其他变量的检验结果解释请读者自行尝试，由以上结果可知，模型还可以进一步简化。例如，考虑剔除受教育年限等无统计学意义的变量，也可以应用"模型"子对话框的"定制/步进式"单选按钮对模型中的自变量进行筛选，相应的操作请读者自行练习，这里不再详述。

> 目前在 SPSS 中拟合无序多分类 Logistic 回归模型时，自变量必须同时进入或者被剔除出每一个方程。例如，上例中年龄只在一个方程中有统计学意义，但在另外一个方程中仍然需要保留，这一点在对模型结果进行解释时要加以注意。

候选人[a]		B	标准误差	瓦尔德	自由度	显著性	Exp(B)	Exp(B)的95%置信区间	
								下限	上限
Bush	截距	-.836	.778	1.156	1	.282			
	age	.001	.003	.096	1	.757	1.001	.994	1.008
	educ	-.001	.039	.001	1	.978	.999	.925	1.079
	[degree=0]	-.224	.426	.277	1	.599	.799	.347	1.841
	[degree=1]	.384	.283	1.845	1	.174	1.468	.843	2.556
	[degree=2]	.435	.298	2.133	1	.144	1.545	.862	2.771
	[degree=3]	.428	.213	4.057	1	.044	1.534	1.012	2.328
	[degree=4]	0[b]	.	.	0	.	.	.	.
	[sex=1]	.458	.105	19.040	1	.000	1.580	1.287	1.941
	[sex=2]	0[b]	.	.	0	.	.	.	.
Perot	截距	-.759	1.105	.472	1	.492			
	age	-.030	.005	33.000	1	.000	.971	.961	.981
	educ	-.003	.055	.003	1	.959	.997	.894	1.112
	[degree=0]	-.259	.641	.164	1	.685	.771	.220	2.708
	[degree=1]	.770	.411	3.512	1	.061	2.160	.965	4.835
	[degree=2]	.853	.411	4.301	1	.038	2.347	1.048	5.256
	[degree=3]	.618	.316	3.819	1	.051	1.856	.998	3.450
	[degree=4]	0[b]	.	.	0	.	.	.	.
	[sex=1]	.772	.142	29.469	1	.000	2.165	1.638	2.861
	[sex=2]	0[b]	.	.	0	.	.	.	.

a. 参考类别为：Clinton。
b. 此参数冗余，因此设置为零。

图 11.9　参数估计

11.3　1∶1 配对 Logistic 回归

11.3.1　模型简介

在第 2 章中学习了成组设计和配伍设计等方法，后者由于能通过配对/配伍的方法控制影响实验效应的主要非处理因素，在统计效能上比普通的成组实验高。在结果变量为分类数据的研究中也常常会采用配伍设计，如流行病学的病例-对照实验中采取 1∶1 或者 1∶r 配对的方法来选择对照，使得病例和对照在一个或多个混杂因素方面尽可能相同。这种实验设计的数据如果采用 Logistic 回归模型来分析，就应当使用配对 Logistic 回归模型。

1. 模型的基本架构

配对 Logistic 回归模型又称为条件 Logistic 回归模型,适用于用配对方法收集的数据。在流行病学相关参考书中提到配对 Logistic 回归分析时,总是提到当某病患者难以寻找时,可以采用配对设计。实际上在患者不难寻找时也可以采用配对设计,因为这样可以提高实验设计的效率。每一配对组若包括一个病例与一个对照,则称为 1∶1 配对;若每个配对组包含一个病例与 r 个对照,则称为 1∶r 配对;复杂的实验设计中还会出现 $m∶n$ 配对的情况。

> 配对案例的查找原先需要手工进行,为了方便用户操作,SPSS 目前提供了"倾向得分匹配"和"个案控制匹配"这两个 Python 插件,均放置在"数据"菜单下,根据用户所设定的匹配要求,可以自动检索到符合条件的案例并归入同一个配对组。

那么,配对设计数据相应的分析模型是怎样的呢?以最简单的 1∶1 配对研究为例,所收集到的原始数据形式如表 11.2 所示。

表 11.2 配对设计数据的原始数据形式

配对组号	病例组	对照组
1	$x_{101},\cdots,x_{10m}$	$x_{111},\cdots,x_{11m}$
2	$x_{201},\cdots,x_{20m}$	$x_{211},\cdots,x_{21m}$
…	…………	…………
n	$x_{n01},\cdots,x_{n0m}$	$x_{n11},\cdots,x_{n1m}$

如果分层来考虑,则第 i 配对组的 Logistic 回归模型为

$$\text{Logit } P = \alpha_i + \beta_1 x_1 + \cdots + \beta_m x_m \qquad i = 1,\cdots,n$$

由模型表达式可以发现,参数 $\beta_1,\cdots,\beta_m$ 为各配对组所共有,这意味着同一协变量的作用不随配对组号的变化而变化,它们分别描述协变量 $x_1,\cdots,x_m$ 对目标变量的作用,其意义与非条件 Logistic 回归中相同;而参数 α_i 是随配对组的变化而变化的,它描述各配对组的特性,即反映了各配对组中混杂因素的作用强度。显然,研究者实际上并不需要关心其大小,因此在拟合时用条件似然函数代替一般的似然函数,从而在拟合中消去了反映层因素的参数,提高了统计分析的效能。

包括 SPSS 和 SAS 在内的多数统计软件都没有为配对 Logistic 回归模型提供直接拟合方法,但是通过模型的原理,将数据格式稍加变换后就可以采用其他常用的方法来拟合,下面就重点讲解最常用的两种。

2. 用变量差值拟合配对 Logistic 回归模型

当数据为 1∶1 配对时,可以求出同一对中病例与对照的所有协变量的差值,然后利用该差值直接拟合不含常数项的成组 Logistic 回归模型,所得参数值即为所需的协变量参数值。这是因为在 1∶1 配对的 Logistic 回归模型中,似然函数可以被写为如下形式:

$$L = \prod_{i=1}^{N} \frac{\exp(u_i'\beta)}{\exp(u_i'\beta) + \exp(v_i'\beta)}$$

如果对上式中的分子和分母同除以 $\exp(u_i'\beta)$,则函数变为

$$L=\prod_{i=1}^{N}\frac{\exp(((u_i-v_i)'\beta)}{1+\exp(((u_i-v_i)'\beta)}$$

这恰恰等于以 $d_i=u_i-v_{i1}$ 为协变量,不含常数项的两分类成组 Logistic 回归模型的似然函数,因此可以对数据加以变换后直接采用二分类 Logistic 回归模型进行拟合。但在 SPSS 中这种方法难以通过调用二元 Logistic 过程予以实现,这是因为因变量的差值为一个常数(如患病赋值为 1,未患病赋值为 0,此时因变量=1-0=1)。SPSS 在调用 Logistic 回归过程时会检查因变量取值水平是否为两个,如果因变量只有一个取值水平,会拒绝继续运算。但多元 Logistic 过程可以实现该方法,当发现因变量为一常数时,系统会自动切换为拟合条件 Logistic 模型,从而通过拟合不包含常数项的模型实现 1∶1 配对的 Logistic 回归,详细内容见后。

需要注意的是,该方法只适用于 1∶1 配对的情况,并且由于要求出差值,必须将同一对的病例和对照录在一个案例中,这和通常的数据录入格式不一致(需要进行数据的长型格式和宽型格式的转换)。

3. 用分层 Cox 回归模型拟合配对 Logistic 回归模型

采用分层 Cox 回归模型的拟合语句来拟合配对 Logistic 回归模型纯粹是一种分析技巧:由于在分层 Cox 回归模型中,各层的基线风险函数 $h_{0i}(t)$ 之间完全无关;而作为半参数方法,Cox 回归模型在拟合时并不估计基线风险函数 $h_{0i}(t)$,只估计各协变量的系数值 β。这与配对 Logistic 回归模型中不关心 α_i 的大小,只求出系数值 β 的思路恰巧一致。

用分层 Cox 回归模型来拟合配对 Logistic 回归模型的适用范围非常广,在 1∶1 配对、1∶r 配对和 n∶m 配对时都可以使用,分析得到的参数估计值和检验结果也完全相同。但由于学习该方法需要懂得 Cox 回归模型,尤其是分层 Cox 回归模型的基本概念,因此这里只做一说明,具体的拟合原理和分析实例将放在第 24 章生存分析中讲解,请读者参见相应内容。

11.3.2 案例:雌激素与患子宫内膜癌的关系

例 11.3 Mack 等人(20 世纪 70 年代)欲考察服用雌激素与患子宫内膜癌的关系,对退休居住在社区的妇女进行调查。对照匹配的条件如下:与子宫内膜癌患者的年龄相差不超过一岁,婚姻状况相同,居住在同一社区。除是否服从雌激素外,研究的自变量还包括肥胖、胆囊病史、服用其他非雌激素药物。本例选择其中 63 对数据,数据文件见 1_1_logistic.sav,其中变量 id 为对子号,变量 case1 为病例,赋值均为 1;变量 case2 为对照,赋值均为 0,其余变量的命名规则以此类推。

1. 操作说明

由于本研究为 1∶1 配对,因此可以使用变量差值方式加以拟合。首先运用 COMPUTE 过程产生配对 Logistic 回归模型的分析变量,也可以通过以下程序予以实现:

```
COMPUTE case = case1-case2 .
COMPUTE age  = age1-age2 .
COMPUTE est  = est1-est2 .
COMPUTE gall = gall1-gall2 .
COMPUTE nonest = nonest1-nonest2 .
EXECUTE .
```

如果自变量中存在多分类变量,则先转换为哑变量组,然后分别计算各哑变量的差值即可。

随后调用多元 Logistic 过程如下。

> 1. 选择"分析"→"回归"→"多元 Logistic"菜单项。
> 2. 将 case 选入"因变量"框。
> 3. 将 age、est、gall、nonest 选入"协变量"框。
> 4. 在"模型"子对话框中,去除对"在模型中包括截距"复选框的选择。
> 5. 单击"确定"按钮。

上述过程首先产生用于分析的每一对案例的自变量之差,随后使用差值进行模型的拟合。由于每一行代表一个独立的对子,因此不需要专门指定配对编号变量。需要注意的是,要分析的变量由于都是原始变量的差值,因此应当被选入"协变量"框,而不能将它们选入"因子"框。本例构造似然函数如下:

$$L = \prod_{i=1}^{63} \frac{\exp((age1-age2)'b_1+(est1-est2)'b_2+(gall1-gall2)'b_3+\cdots)}{1+\exp((age1-age2)'b_1+(est1-est2)'b_2+(gall1-gall2)'b_3+\cdots)}$$

$$= \prod_{i=1}^{63} \frac{\exp(age \times b_1+est \times b_2+gall \times b_3+nonest \times b_4)}{1+\exp(age \times b_1+est \times b_2+gall \times b_3+nonest \times b_4)}$$

通过对上述似然函数求偏导数,令其等于 0 即可对偏回归系数进行求解。

2. 结果解释

在输出结果中,首先会给出警告,说明由于因变量为常数,将拟合条件 Logistic 回归模型,随后系统会列出数据库中的案例情况,共 63 个案例。由自变量不同取值水平组成的亚群共 27 个,此处略。

图 11.10(a)所示的是对模型中所有偏回归系数是否均为 0 进行似然比检验,结果说明它们不全为 0。图 11.10(b)照例输出了三个伪决定系数,本例的伪决定系数比较大。

模型	模型拟合条件	似然比检验					
	-2对数似然	卡方	自由度	显著性	考克斯-斯奈尔		.419
空	87.337				内戈尔科		.558
最终	53.178	34.159	4	.000	麦克法登		.391
(a)					(b)		

图 11.10 模型拟合信息表格和伪 R 方表格

图 11.11 输出从当模型中分别剔除每一个自变量后拟合的新的条件 Logistic 回归模型的-2倍似然对数值,用于考察是否可以从当前模型中剔除该自变量。可以看出年龄、服用其他非雌激素药物的 P 值均大于 0.05,提示可以进一步采用逐步回归法对当前模型中自变量进行筛选。

由图 11.12 可见,服用雌激素者患子宫内膜癌的概率是未服用雌激素者的 14.851 倍。有胆囊病史的患者患子宫内膜癌的概率是没有胆囊病史的患者的 6.27 倍,但 $P=0.042$,下这一结论时要小心谨慎,可以适当扩大样本量,再对这一因素进行研究。这里的 P 值与上面的 P 值并不相同,是因为此处使用的是 Wald 检验统计量。

效应	模型拟合条件	似然比检验		
	简化模型的-2对数似然	卡方	自由度	显著性
age	53.658	.480	1	.488
est	72.013	18.836	1	.000
gall	58.770	5.592	1	.018
nonest	53.279	.102	1	.750

卡方统计是最终模型与简化模型之间的-2对数似然之差。简化模型是通过在最终模型中省略某个效应而形成的。原假设是，该效应的所有参数均为0。

图 11.11 似然比检验

case		B	标准误差	瓦尔德	自由度	显著性	Exp(B)	Exp(B)的95%置信区间	
								下限	上限
1.00	age	.277	.403	.473	1	.491	1.320	.599	2.908
	est	2.698	.824	10.712	1	.001	14.851	2.952	74.723
	gall	1.836	.904	4.122	1	.042	6.270	1.066	36.893
	nonest	.256	.807	.100	1	.752	1.291	.265	6.279

图 11.12 参数估计

11.4 Probit 回归模型

11.4.1 模型简介

Probit 的意思为"概率单位"(probability unit)，最早在 20 世纪 30 年代由 Chester Bliss 提出并应用。Probit 回归模型可用于对因变量为分类变量的数据进行统计分析。与 Logistic 回归模型类似，也存在因变量为二分类、有序多分类、无序多分类三种情况，但目前最常用的是二分类的情况。

> Probit 过程仅能处理因变量为二分类的数据，对于有序、无序多分类的情形，可以在相应的 Logitsic 回归过程中将连接函数改为 Probit，即可得到相应的模型。

在实际应用中，对于同一数据用 Probit 回归与 Logistic 回归分析的结果非常接近。但 Logistic 回归的应用比 Probit 回归更广泛。这是因为对于 Logistic 回归中的偏回归系数 β_i 可以计算其 $\exp(\beta_i)$，即 OR 值，从而使其得到很好的解释与应用。而 Probit 回归模型中偏回归系数 β_i 的含义为其他自变量取值保持不变时自变量每改变一个单位，出现阳性结果的概率密度函数值的改变量。显然，这种解释远不如 Logistic 回归模型中系数的解释直观和有用。此外，目前有很多针对 Logistic 回归模型的诊断及补救措施，而针对 Probit 回归的则相对缺乏。当然，很难说是因为模型诊断措施较多而导致了 Logistic 回归的更多应用，还是说因为 Logistic 回归更多的应用促进了模型诊断措施的发展。

Probit 回归建立的模型为

$$\Phi^{-1}(p) = \alpha + \beta'X, \text{ 或 } p = \Phi(\alpha + \beta'X)$$

其中，$\beta'X$ 称为概率密度函数值,服从标准正态分布。Φ 为累积标准正态分布函数,Φ^{-1} 为其反函数,即概率密度函数。也就是说,Probit 回归是在正态分布的理论基础上进行的,而 Logistic 回归是建立在二项分布的基础上的。因此,建议如果自变量中连续变量较多,可以考虑使用 Probit 回归;如果自变量中分类变量较多,则可以考虑使用 Logisitc 回归。当然,在这两种模型的选择上,更重要的依据是所在领域的使用习惯。

11.4.2 案例一:与 Logistic 回归模型比较

1. 操作说明

首先以例 10.1 为例来比较 Logistic 回归与 Probit 回归的分析结果。注意在拟合时,因变量(本例为是否低出生体重儿)的赋值必须为 0、1,且 1 为阳性,0 为阴性。这是因为 SPSS 默认变量取值为 1 表示出现阳性结果。另外,由于 SPSS 默认的是对频数表资料进行 Probit 回归分析,而本数据并非各自变量不同取值水平组合的频数表资料,每一个案例表示一个观察对象,因此这里需指定一个频数变量 count = 1,这可以使用以下程序语句实现:

> COMPUTE count = 1.
> EXECUTE.

随后使用 Probit 回归模型分析如下。

> 1. 选择"分析"→"回归"→"概率"菜单项。
> 2. 将 low 选入"响应频率"框,将 count 选入"实测值总数"框。
> 3. 将 smoke 选入"协变量"框。
> 4. 单击"确定"按钮。

上述操作中用到的对话框如图 11.13 所示。

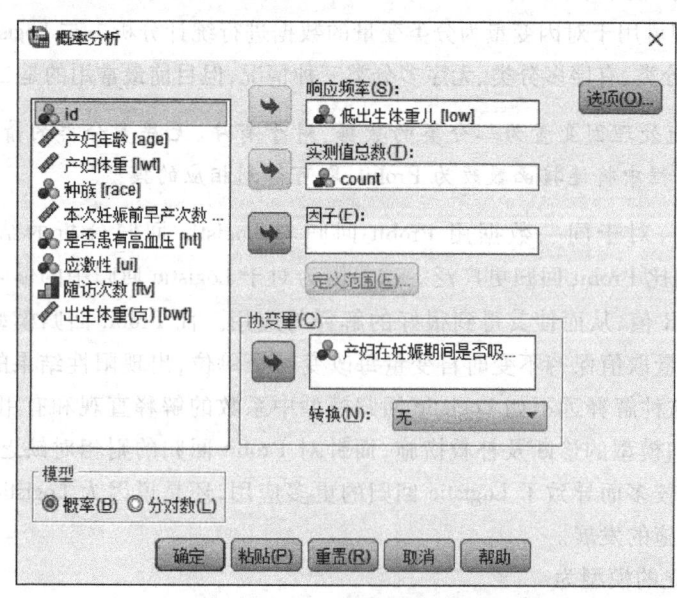

图 11.13 Probit 回归主对话框

2. 结果解释

分析结果中首先输出有关数据库的信息,共有189条非频数表资料纳入分析,其中115个案例出现阴性结果(control group),此处略。

图 11.14 所示的为 Probit 回归模型的参数估计,据此可以写出模型表达式如下:

$$P = \Phi(-0.668 + 0.428 \times \text{smoke})$$

	参数	估算	标准误差	Z	显著性	95%置信区间	
						下限	上限
PROBIT[a]	产妇在妊娠期间是否吸烟	.428	.194	2.204	.028	.047	.809
	截距	-.668	.127	-5.263	.000	-.795	-.541

a. PROBIT模型:PROBIT(p)=截距+BX

图 11.14 参数估计值

图 11.15 所示的为模型拟合优度检验结果,$P = 0.445$,说明当前模型对数据拟合良好,因此在计算置信区间时不再进行异质性校正。

		卡方	自由度[a]	显著性
PROBIT	皮尔逊拟合优度检验	189.000	187	.445[b]

a. 基于单个个案的统计与基于汇总个案的统计不同。
b. 由于显著性水平大于.150,因此在置信限度的计算中未使用任何异质性因子。

图 11.15 卡方检验

SPSS 在默认情况下还会输出对模型中第一个自变量(与"协变量"框中自变量的排列顺序有关)的不同取值水平的实际观察频数,其中出现阳性结果的例数、预期出现阳性结果的理论频数、预测阳性概率等。这些结果主要用于计算 LD50 或者 ED50,限于篇幅,此处不再列出,请读者自行阅读结果表格。

3. 与 Logistic 回归的结果比较

如果和第10章中对该数据进行 Logistic 回归的结果相比较,会发现系数的检验 P 值完全相同,但是偏回归系数则并不相同。这涉及对 Probit 偏回归系数的解释问题。以 smoke 为例,其偏回归系数为 0.428,表示与不吸烟的产妇相比,吸烟产妇生产低出生体重儿的概率密度函数值增加 0.428。进一步举例如下:假设不吸烟孕妇分娩低出生体重儿的概率为 10%,可换算得其对应的正态分布概率密度函数值为 -1.281 55,则吸烟孕妇的函数值为 -1.281 55+0.428 = -0.853 55,对应的概率 19.67%,相应的概率为 0.421 9;30 岁、31 岁时分娩低出生体重儿和正常儿的比值比分别为 0.1/(1-0.1) = 0.111 1、0.196 7/(1-0.196 7) = 0.244 9,此时的 OR 值为 0.244 9/0.111 1 = 2.2,正好与 Logistic 回归分析结果中的 $\exp(\beta) = 2.203$ 一致。

实际上,在 Probit 回归主对话框的左下角有概率变换函数的选项,默认为"概率",如果改为"分对数",则拟合的就是 Logistic 回归模型。感兴趣的读者可以自行操作。

11.4.3 案例二:计算 LD50

在医学研究,特别是毒理学、药理学研究中,经常需计算半数致死剂量、半数有效剂量等剂量-反应关系等统计指标。现在标准的做法就是通过调用 Probit 过程进行统计分析。下面给出一简单实例，不展开讨论。

例 11.4 为研究某化学物质对小鼠的急性毒性大小，测试了不同剂量组的死亡情况，数据文件见 probit_LD50.sav，求该化学物的 LD50。

> 1. 选择"分析"→"回归"→"概率"菜单项。
> 2. 将 dead 选入"响应频率"框，将 total 选入"实测值总数"框。
> 3. 将 c 选入"协变量"框，在下方的"转换"下拉列表中选择"以 10 为底的对数"。
> 4. 单击"确定"按钮。

在操作中，"转换"框用于选择是否对自变量进行对数变换，以及是采用常用对数还是采用自然对数变换，这主要是从药理、毒理等学科出发。通常进行对数变换后的剂量与死亡率之间为对称的 S 形曲线，而未进行对数变换的剂量与死亡率之间为长尾 S 形曲线。

本例的主要分析结果如下。

图 11.16 所示的为 Probit 回归模型的参数估计，从偏回归系数和标准误差的估计值可以看出，剂量浓度的确对死亡率有影响。拟合优度检验也显示模型对数据的拟合效果很好，此处略。

	参数	估算	标准误差	Z	显著性	95%置信区间	
						下限	上限
PROBIT[a]	浓度	6.589	.855	7.704	.000	4.913	8.266
	截距	-21.538	2.802	-7.686	.000	-24.340	-18.736

a. PROBIT模型：PROBIT(p)=截距+BX(协变量X使用底数为10.000的对数进行转换。)

图 11.16 参数估计值

图 11.17 输出了半数致死剂量 LD50，为 1856.38，即给予该剂量水平时，将有 50% 的小鼠死亡。其 95% 置信区间为 (1 725.73~1 993.49)。

	概率	浓度的95%置信限度			log(浓度)的95%置信限度[a]		
		估算	下限	上限	估算	下限	上限
PROBIT	.010	823.401	614.315	984.494	2.916	2.788	2.993
	.020	905.696	697.070	1063.642	2.957	2.843	3.027
	...						
	.450	1776.630	1644.047	1904.976	3.250	3.216	3.280
	.500	1856.384	1725.726	1993.487	3.269	3.237	3.300
	.550	1939.719	1807.914	2090.204	3.288	3.257	3.320
	...						
	.980	3804.990	3255.051	4903.885	3.580	3.513	3.691
	.990	4185.278	3517.043	5564.015	3.622	3.546	3.745

a. 对数底数=10。

图 11.17 置信限度

SPSS 还输出了浓度对数与概率单位之间的关系,如图 11.18 所示,注意图中的回归直线是在编辑后加上去的。当拟合的 Probit 回归模型中仅含有一个自变量时,SPSS 才会输出半数致死(或有效)剂量及剂量对数与概率单位的关系图。

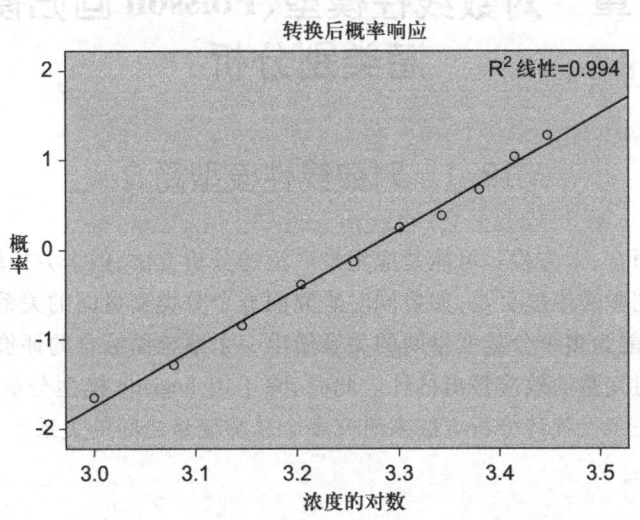

图 11.18　剂量对数与概率单位之间的关系图

思考与练习

1. 试对例 11.1 进行无序多分类 Logistic 回归并与有序多分类 Logistic 回归进行比较,思考在平行线检验中拟合的所谓"general model"究竟是什么。

2. 请读者自行完成例 11.1 和例 11.2 中后续的模型简化工作。

3. 试对例 11.2 中的数据运用分层 Cox 回归模型拟合条件 Logistic 回归,并与本章所介绍方法进行比较。注意数据库的格式。

参考文献

[1] IBM Corp. IBM SPSS Regression 24[CP/OL]. Armonk, NY: IBM Corp, 2017.
[2] Fox J. Linear Statistical Models and Related Methods[M]. New York: Wiley, 1984.
[3] Neter J. Applied Linear Statistical Models[M]. 4th ed. [S. l.]: McGraw-Hill, 1996.
[4] Agresti A. Categorical Data Analysis[M]. New York: John Wiley & Sons, 1990.
[5] 陈峰. 医用多元统计分析方法[M]. 北京:中国统计出版社, 2000.
[6] 曹素华. 实用医学多因素统计方法[M]. 上海:上海医科大学出版社, 1998.

第12章 对数线性模型、Poisson 回归模型与潜类别分析

12.1 对数线性模型简介

对于分类数据而言,卡方检验可能是应用最广泛的分析方法,但卡方检验更多地应用于二维列联表的情形。若列联表维度更高,如要同时研究四五个分类变量间的关系,卡方检验就显得不够用了,因为它不可能为多个分类变量间的关系给出一个系统而综合的评价,也不可能在控制其他因素作用的同时对变量的效应做出估计。此时,除了用 Logistic 模型分析之外,也可以考虑采用对数线性模型这一多元统计分析方法来研究多个分类变量之间的关系。

12.1.1 模型入门

对数线性模型的构造类似于方差分析模型,其作用也与方差分析类似。一般对数线性模型的特点是对所有的变量不分因变量和自变量,一视同仁地进行分析。首先来回顾一下两因素方差分析模型:

$$y_{ijk} = \mu + \alpha_i + \beta_j + \alpha_i\beta_j + \varepsilon_{ijk}$$

其中,y_{ijk} 是 A 因素 i 水平和 B 因素 j 水平构成的处理的第 k 个案例,α_i、β_j 分别表示 A 因素 i 水平和 B 因素 j 水平的主效应,$\alpha_i\beta_j$ 则为 A 因素与 B 因素的交互效应,ε_{ijk} 是随机误差,服从正态分布 $N(0, \sigma^2)$。

在方差分析模型中,将每个观测 y 的变异看成是 A 因素的作用(主效应)、B 因素的作用、A 与 B 的交互作用(交互效应)及随机误差之和。类似地,对于 A、B 两个分类变量构成的二维列联表,也可以将每个单元格中频数的变异分解为各因素的作用。如果将各单元格中的频数记为 f_{ij},显然 f_{ij} 是一个随机变量,它随样本的变化而变化,而且在抽样前无法确切地预测它将取什么值。可以想象,f_{ij} 的变异是由 A、B 两个因素的作用及随机误差造成的。一般情况下,假设每个单元格的观测频数服从多项(multinomial)分布。如果对单元格中的频数取自然对数,则假定各因素对单元格中的频数的影响服从下面的公式:

$$\ln(\mu_{AB}) = \ln(常数) + \ln(A 的主效应) + \ln(B 的主效应) + \ln(A 与 B 的交互作用)$$

记 $\ln(常数)$ 为 $\mu..$,$\ln(A 的主效应)$ 为 α_A,$\ln(B 的主效应)$ 为 β_B,$\ln(A 与 B 的交互作用)$ 为 $(\alpha\beta)_{AB}$,则上式变为

$$\ln \mu_{AB} = \mu.. + \alpha_A + \beta_B + (\alpha\beta)_{AB}$$

这就是二维列联表的对数线性模型。需要注意的是,虽然这个模型看上去和以前的方差分析模型很像,但由于对因变量分布的假设不同,因此它们是完全不同的两个模型,不能简单地用方差分析模型的计算方法来拟合。该模型中包含了所有主效应和交互作用项,因此被称为饱和模型(saturated model),若将某些无统计意义的交互作用项从饱和模型中去除,就称为不饱和模型或

简约模型(reduced model)。根据前面学习过的知识,对于线性模型而言,饱和模型的拟合结果必定最优。拟合饱和模型必定得到实际频数完全等于理论频数,拟合优度卡方值等于 0 的结果。这是因为饱和模型中独立参数的个数等于列联表的单元格数,各单元格中的频数并无自由度可用于变化。实际有应用价值的是简约模型,而如何寻找一个适当的简约模型就是对数线性模型需要完成的任务。

由对数线性模型的结构可以发现,该模型不仅可以解决两个因素是否相关的问题(即是否存在交互作用),还可以用来分析各因素主效应是否起作用,并可以估计主效应和交互作用对频数 f_{AB} 的作用大小。

12.1.2 软件实现

SPSS 中一共提供了三个过程来拟合对数线性模型:常规/一般(general)过程、Logit 过程和模型选择(model selection)过程,三者都应用对数线性模型的基本原理,但在具体的拟合方法和结果输出上有些不同,分别用于不同的研究情况。常规过程适用于研究人员只对某些特定效应项感兴趣的情况,属于证实性研究。它的另外一个特点是分析中只考虑因素之间是否相关,不考虑谁是原因谁是结果,最后在结果解释时才由研究人员做出判断。

有的时候,研究人员已经有了一些线索,谁因谁果已有定论,若此时用常规过程则无法利用该信息,并且仍然需要分析相当多的各自变量间的作用,有些浪费。在这种情况下,如果因变量为两分类,就可以用 Logit 过程提供的 Logit 模型来分析。相比之下,它比另两个模型更像方差分析,明确分出了因变量和自变量,直接服务于分类变量之间的因果关系。除了人为指定引入模型的各项和该过程自动引入的这些项与因变量的交互作用项外,不再考虑其他因素。

模型选择过程拟合的是分层对数线性模型(hierarchical model)。前面的一般对数线性模型可以对每个系数及总模型给出非常丰富和详细的信息,但是它要求研究者已经有了一定的思路或线索,或只对某些特定效应项感兴趣,即已经有关于简约模型的假设。如果在探索性分析中研究人员只是设想若干分类变量之间可能有关系,但是并无明确假设,也没有具体分出哪个是因变量,哪个是自变量,此时比较适宜采用分层对数线性模型进行分析。显然,该模型的输出结果也是最繁杂的。

12.2 一般对数线性模型

一般对数线性模型是对数线性模型中最简单的一种,为了使读者尽快对其有一个基本了解,这里仍然使用二分类 Logistic 回归模型一章中的案例 logistic_step.sav 来拟合一般对数线性模型,并且只分析 smoke 这一个变量的作用,以便对结果进行比较。显然,在 low×smoke 构成的四格表中,要比较吸烟与否是否导致分娩低出生体重儿,就是要分析这两个因素对单元格中的频数是否存在交互作用。

12.2.1 初步分析

1. 操作说明

以下应用对数线性模型对 low×smoke 四格表资料进行分析,操作如下。

1. 选择"分析"→"对数线性"→"常规"菜单项。
2. 将 low、smoke 选入"因子"框。
3. 最下方的"单元格计数分布"框组,将选择改为"多项"。
4. 在"选项"子对话框中,选中"估算值"复选框,将下方的"Delta"框改为 0。
5. 单击"确定"按钮。

对数线性模型在对话框的操作上与方差分析非常近似,许多内容可以互相参照。不过在这里不存在选择因变量的问题,因为模型中的因变量就是单元格中的频数。

在图 12.1(a)所示的主对话框中,"因子"框用于选入需要分析的各个因素;"单元格协变量"框用于选入模型中需要引入(控制)的连续变量,此时模型在拟合时会对每一个单元格按照该变量的平均水平进行估计;最下方的"单元格计数分布"框组用于选择单元格中频数的分布,默认为"泊松",此处需要进行更改。主对话框上的另外几个框组都是在拟合 Poisson 回归模型时使用的,详细内容见后,此处忽略即可。

图 12.1(b)所示的"选项"子对话框用于选择输出相应的结果、统计图、设置置信区间的可信度、迭代时的参数等。注意在本例中进行了一个非常关键的更改,将 Delta 值由默认的 0.5 改为了 0。模型在计算时会首先对所有单元格中频数均加上该数值,以避免某些单元格中频数为 0 时可能引起的计算问题。这样做不会影响统计检验的结果,但是当数据量较少时会略微影响参数的估计值。因此,如果非常肯定在数据中不存在空单元格,则在数据比较简单时建议将 Delta 设定为 0。该操作在本章涉及的几个过程中全部适用。

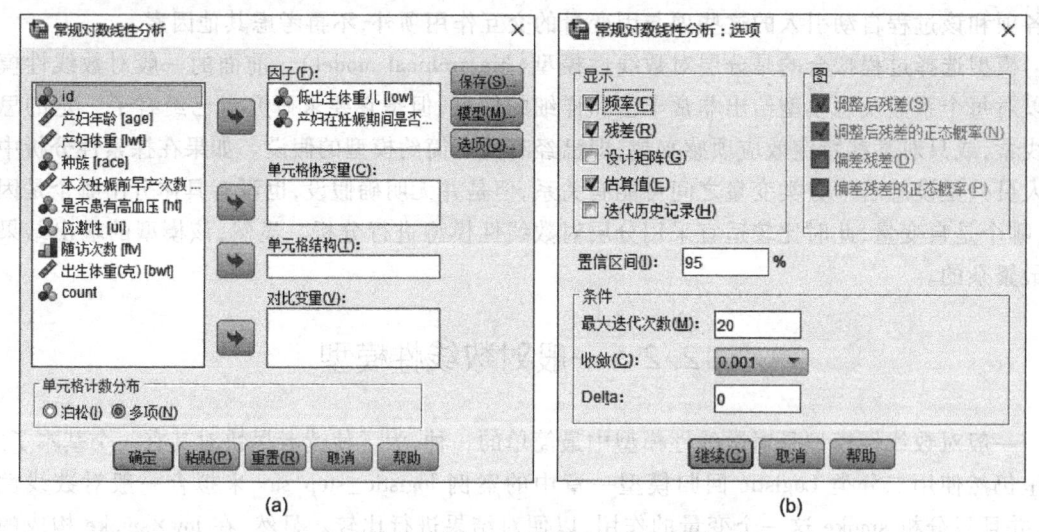

图 12.1 常规过程主对话框和"选项"子对话框

2. 结果解释

GENERAL 过程的分析结果包含很多内容。这里只介绍关键部分。首先会给出数据信息和收敛信息表格,包括数据和迭代收敛的一些信息,此处略。由于这里拟合的是饱和模型,因此第三张"拟合优度检验"表格实际为空,此处略。

图 12.2 所示的为四格表中各单元格的实际频数、理论频数及其占总样本例数的比例等。由

于拟合的是饱和模型,因此各单元格的实际频数和理论频数完全相同,各单元格拟合的残差、校正残差与偏差均为 0。

低出生体重儿	产妇在妊娠期间是否吸烟	实测		期望		残差	标准化残差	调整后残差	偏差
		计数	%	计数	%				
正常	不吸烟	86	45.5%	86.000	45.5%	.000	.000	.	.000
	吸烟	44	23.3%	44.000	23.3%	.000	.000	.000	.000
低出生体重	不吸烟	29	15.3%	29.000	15.3%	.000	.000	.000	.000
	吸烟	30	15.9%	30.000	15.9%	.000	.000	.000	.000

a. 模型:多项
b. 设计:常量+low+smoke+low*smoke

图 12.2 单元计数和残差

图 12.3 所示的是对数线性模型的关键结果,即模型中各参数的估计值、标准误差、服从标准正态分布的 Z 值及回归系数 95% 的置信区间。模型共有 9 个参数,但真正进入模型的参数只有 4 个。由表中的结果可见,参数 1 为常数项,参数 2 为变量 low 的主效应项,参数 4 为变量 smoke 的主效应项,参数 6 为 low 和 smoke 的交互作用项。根据研究目的,这里关心的是参数 6 的估计值及假设检验结果,即两个因素的交互作用是否有意义。其参数估计值为 0.704,$P<0.05$,检验结论与 Logistic 回归模型相同。另外,注意检验的 P 值和 Logistic 回归模型中的 Wald 检验完全相同,不仅如此,其参数估计值 0.704 也和 Logistic 回归模型中的参数估计值相同。

参数	估算	标准误差	Z	显著性	95%置信区间	
					下限	上限
常量	3.401ª					
[low=0]	.383	.237	1.618	.106	-.081	.847
[low=1]	0ᵇ	.	.	.	.	.
[smoke=0]	-.034	.260	-.130	.896	-.544	.477
[smoke=1]	0ᵇ	.	.	.	.	.
[low=0]*[smoke=0]	.704	.320	2.203	.028	.078	1.331
[low=0]*[smoke=1]	0ᵇ	.	.	.	.	.
[low=1]*[smoke=0]	0ᵇ	.	.	.	.	.
[low=1]*[smoke=1]	0ᵇ	.	.	.	.	.

a. 在多项假设下,常量不是参数。因此,不会计算其标准误差。
b. 此参数冗余,因此设置为零。
c. 模型:多项
d. 设计:常量+low+smoke+low*smoke

图 12.3 参数估计

那么,以上参数估计值究竟是什么意思呢?常数项实际上就是 low、smoke 取值均为 1 时单元格中频数的自然对数值,即 $\ln 30 = 3.4$;而交互作用项的参数估计值实际上就是变量 low 的比值比的自然对数,即 $OR_{smoke} = \operatorname{Exp}(0.704) = 2.022$。感兴趣的读者可以对照模型结构进行推导,会发现的确如此。

分析结果最后还会给出4个系数的协方差矩阵和相关矩阵,此处略。此外,由于拟合的是饱和模型,故所有的残差均为0,因此没有输出与残差有关的图形。

12.2.2 对案例的进一步分析

以上利用"选项"子对话框给出了每项的估计值和置信区间,从而对变量 low 和 smoke 的交互作用进行检验。其实对于这个问题可以采用一种更简单的做法:二维列联表的饱和模型中包含了该交互作用项,在饱和模型中将该项去掉,检验此简约模型与饱和模型的拟合优度有无统计学差异,如果无差异,则说明该交互作用实际上不存在。为此,只需在"模型"子对话框中选择 low 和 smoke 两个因素的主效应(main effect),而不包含任何交互作用。系统给出的相应结果如图 12.4 所示,表格下方的脚注指出当前模型为不含交互作用项的不饱和模型。从模型的拟合优度检验可见,无论是似然比卡方还是普通的 Pearson 卡方,其 P 值都小于 0.05,说明该模型和饱和模型存在差异,即两变量间有关系,这与前面的分析结果完全一致。

	值	自由度	显著性
似然比	4.867	1	.027
皮尔逊卡方	4.924	1	.026

a. 模型:多项
b. 设计:常量+low+smoke

图 12.4 拟合优度检验

> 细心的读者可能已经发现,上面两个拟合优度卡方值和用交叉表过程或 Logistic 回归过程的分析结果完全一样,可见两种分析方法在低维列联表中完全等价。

在分析结果的最后,会给出 4 个单元格的观测频数、期望频数和校正残差的散点图矩阵,以及校正残差的正态 Q-Q 图和去势正态 Q-Q 图,这里给出后两幅图如图 12.5 所示,可见虽然只有 4 个单元格的残差,但明显存在着一定趋势,结论和前面相同。

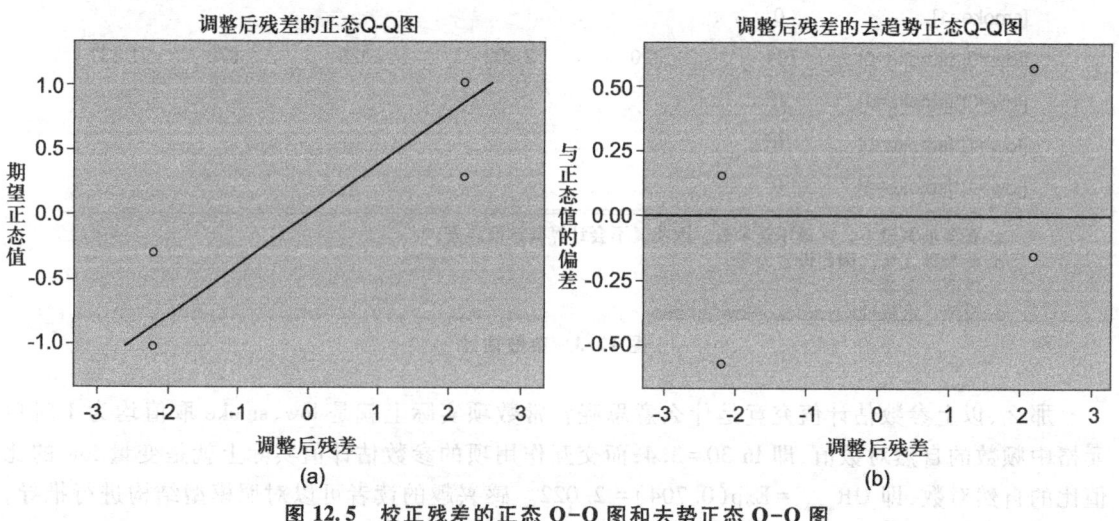

图 12.5 校正残差的正态 Q-Q 图和去势正态 Q-Q 图

12.3 因果关系明确时的对数线性模型

如前所述,一般线性模型对所有变量一视同仁,不区分因变量和自变量。但有时,研究者对研究变量间的因果关系已经了解,研究目的是分析自变量与因变量之间的关系,此时用一般对数线性模型就无法利用该信息。

在这种情况下,就可以用 Logit 过程提供的 Logit 模型来进行分析。该模型明确分出因变量和自变量,分析因变量和自变量之间的因果关系。模型中将自动引入自变量与因变量的交互作用项。在拟合结果上,Logit 模型实际上与熟悉的 Logistic 回归模型等价。

12.3.1 操作说明

同样以 low×smoke 的数据为例,相应的操作如下。

1. 选择"分析"→"对数线性"→"分对数"菜单项。
2. 将 low 选入"因变量"框。
3. 将 smoke 选入"因子"框。
4. 在"选项"子对话框中,选中"估算值"复选框,将下方的"Delta"框改为 0。
5. 单击"确定"按钮。

Logit 过程的主对话框和上一节的常规过程没有太大区别,只是最上方多了"因变量"框,用于选入因变量。

12.3.2 结果解释

分析结果仍然是首先输出数据信息、收敛信息和拟合优度检验表格等,解释也和常规过程类似,此处略去输出。

图 12.6 中的两个表格都用于给出模型的解释度,它类似于回归模型中的决定系数,具体以熵(entropy)或集中度(concentration)来计算。以熵为例,可见数据的总熵为 117.336,其中被模型解释掉了 2.434,因此通过熵测得的模型解释度为 2.434/117.336 = 0.021。但是,由于这里拟合的是分类数据的模型,因此解释度指标只是近似地反映了模型的效果,就如同 Logistic 回归模型中的伪决定系数一样。

	熵	集中	自由度
模型	2.434	2.114	1
残差	114.902	79.050	187
总计	117.336	81.164	188

a. 模型:多项分对数
b. 设计:常量+low+low*smoke

(a)

熵	.021
集中	.026

a. 模型:多项分对数
b. 设计:常量+low+low*smoke

(b)

图 12.6 离散分析表格和相关性测量表格

图 12.7 所示的为模型中所有参数的估计值,这里删除了空白行。注意表格中对自变量的任意组合分别估计了常数项,而不是像一般对数线性模型中只给出 smoke=1 的情况。表中所有参数的估计值和检验结果均与一般对数线性模型的结果相同(因此也和 Logistic 回归模型的结果相同),这里不再重复解释。

参数		估算	标准误差	Z	显著性	95%置信区间	
						下限	上限
常量	[smoke=0]	3.367[a]					
	[smoke=1]	3.401[a]					
[low=0]		.383	.237	1.618	.106	-.081	.847
[low=0]*[smoke=0]		.704	.320	2.203	.028	.078	1.331

a. 在多项假设下,常量不是参数。因此,不会计算其标准误差。
c. 模型:多项分对数
d. 设计:常量+low+low*smoke

图 12.7 参数估计

12.4 对数线性模型的自动筛选

前面提到,对数线性模型有饱和模型与不饱和模型之分,实际应用中往往要寻找最佳的不饱和模型。与二维列联表资料相应的主要不饱和对数线性模型只有 4 个,但是与三维列联表资料对应的主要的不饱和对数线性模型有 18 个,与四维列联表资料对应的主要的不饱和对数线性模型有 100 多个。随着列联表维数的增加,对应的主要的不饱和模型个数急剧增加,故如何选择适当的模型是使用该方法的关键问题。

12.4.1 模型的选择策略

对数线性模型在分析中主要是寻找符合实测样本资料的适当模型。所谓"适当"不仅是指模型成立,而且要求模型尽量简单,不含无意义的高阶交互作用。可用的选择策略有以下几个。

(1) 建立饱和模型,然后检查每个系数的统计量或置信区间,消去无意义的效应。

(2) 自后淘汰法:一开始就把所有效应一起包含到模型中,逐步从检验概率大于标准值的效应中,淘汰拟合优度变化最小的效应。

(3) 逐一加入法:系统地检查每次项的效应对模型的"贡献"。例如,先建立二次项交互效应模型,然后建立只有主效应的模型,这两种模型似然值之差,就是交互效应对模型的贡献,通过检验拟合优度有无差异,就可以得知交互效应能否被去除。

无论采用以上哪种策略,对数线性模型的约束条件都是相同的:对任何一个脚标求和,其值为 0;一旦一个低阶的交互效应为 0,相应的其他高阶交互效应就全部为 0。换言之,当模型中高阶交互作用有统计学意义时,即使低阶的各项无统计学意义,也将其保留在模型中。

"分析"→"对数线性"菜单项中的选择模型过程可以利用分层对数线性模型进行对数线性模型的筛选。该过程的思想类似于多元回归中的逐步回归法,它从饱和模型入手,从高阶交互效应项开始逐步排除无意义的参数,直到最终形成一个最佳的简约模型,这在三维以上列联表进行联合分析时可以大大降低计算量。但是分层对数线性模型只提供饱和模型的参数估计,不能输出简约模型的参数估计,在用它得到最佳简约模型后,还应当采用一般对数线性模型来得到具体的参数估计值和检验结果。

12.4.2 分析案例

这里仍然以 logistic_step.sav 为例加以分析,考虑到输出的复杂性,只挑选产妇在妊娠期间是否吸烟(smoke)和是否患有高血压(ht)这两个变量进行建模,纳入更多分类自变量的分析操作请读者自行尝试。

1. 操作说明

1. 选择"分析"→"对数线性"→"选择模型"菜单项。
2. 将 low、smoke、ht 选入"因子"框。
3. 同时选中上述三个变量,单击"定义范围"按钮,将最小值、最大值分别设为 0、1,单击"继续"按钮。
4. 在"选项"子对话框中,选中"参数估算值"复选框,将下方的"Delta"框改为 0。
5. 单击"确定"按钮。

从如图 12.8 所示的模型选择过程主对话框中可见,模型选择过程默认为向后去除法,但可以更改为一步输入法。注意此处的去除规则和多元回归不同,是当所有的 $K+1$ 阶交互作用项均无统计学意义,已被全部从模型中去除后才考虑是否去除 K 阶交互作用项。

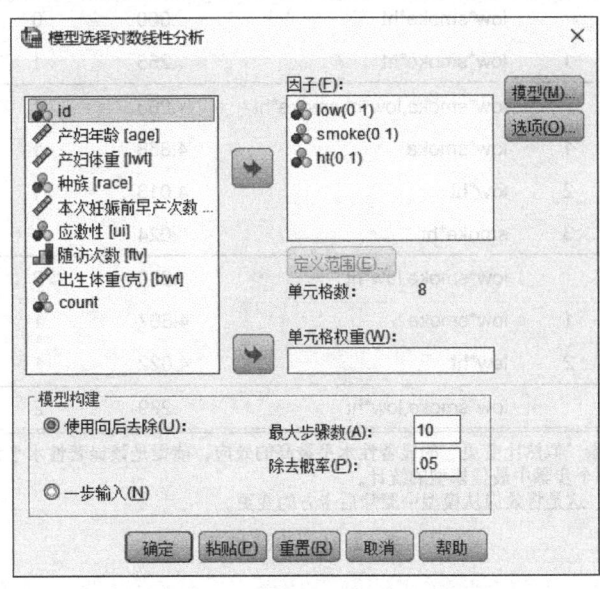

图 12.8 模型选择过程主对话框

2. 结果解释

分析结果中首先仍然会给出数据信息、收敛信息、单元计数和残差等表格,此处略。

在随后给出的初始模型的拟合优度检验结果中,由于初始模型是饱和模型,所以卡方值和自由度均为 0,实际上是空表,此处略。

图 12.9 所示的是检验模型中 K 维交互作用及 K 维以上交互作用是否有统计学意义,以及 K 维交互作用自身是否有统计学意义,方法为似然比卡方和 Pearson 卡方,可见无论哪种检验均显示三维交互作用无统计学意义,但二维交互和主效应均有统计学意义。

	K	自由度	似然比		皮尔逊		迭代次数
			卡方	显著性	卡方	显著性	
K向效应和更高阶效应[a]	1	7	218.106	.000	236.185	.000	0
	2	4	9.179	.057	9.475	.050	2
	3	1	.265	.607	.270	.603	2
K向效应[b]	1	3	208.927	.000	226.710	.000	0
	2	3	8.914	.030	9.205	.027	0
	3	1	.265	.607	.270	.603	0

a. 检验K向效应和更高阶效应是否为零。
b. 检验K向效应是否为零。

图 12.9 K 维和高阶效果

图 12.10 给出的是逐步回归法每一步骤的摘要结果,可见一共进行了三步筛选。

步骤[a]			效应	卡方[c]	自由度	显著性	迭代次数
0	生成类[b]		low*smoke*ht	.000	0	.	
	删除后效应	1	low*smoke*ht	.265	1	.607	2
1	生成类[b]		low*smoke,low*ht,smoke*ht	.265	1	.607	
	删除后效应	1	low*smoke	4.858	1	.028	2
		2	low*ht	4.013	1	.045	2
		3	smoke*ht	.024	1	.876	2
2	生成类[b]		low*smoke,low*ht	.289	2	.865	
	删除后效应	1	low*smoke	4.867	1	.027	2
		2	low*ht	4.022	1	.045	2
3	生成类[b]		low*smoke,low*ht	.289	2	.865	

a. 在每个步骤中,将删除"似然比变更"的显著性水平最高的效应,前提是该显著性水平大于.050。
b. 将显示第0步之后的每个步骤中最佳模型的统计。
c. 对于"删除后效应",这是将效应从模型中删除后卡方的变更。

图 12.10 步骤摘要

(1)第 0 步为初始模型,首先是初始模型的拟合优度检验(表示方法是显示最高阶交互作用),与上面的分析结果一样,卡方值为 0。随后给出去除模型中最高阶交互作用项后拟合优度的改变有无统计学意义的结果,可见 P 值为 0.265,显然去除三阶交互作用项对模型无影响。

(2)在第一步中,三阶交互作用项已被去除,当前模型中的最高阶交互作用项为三个二阶交互作用项。右侧的检验为当前模型拟合优度与饱和模型相比的检验,可见无统计学差异。随后分别计算如果将这几个最高阶交互作用项从模型中去除,则拟合优度的改变有无统计学意义,可见 smoke * ht 的 P 值远大于 0.05,可以考虑去除,但另外两个二阶交互作用项则需要保留。

(3) 在第二步中,同样显示出当前模型中的最高阶交互作用项(两个二阶交互作用项),并进行当前模型与饱和模型相比的拟合优度检验,可见无统计学差异。随后分别计算去除当前模型中最高阶交互作用项后拟合优度的改变有无统计学意义,可见这两个交互作用项均不能去除。

(4) 由于上一步没有去除任何交互作用项,所以第三步的输出内容实际上是上一步的重复,模型筛选到此结束。

图 12.11(a) 给出的是最终模型的信息,同样是用列出模型中具体系数的方式来表示。图 12.11(b) 所示的是最终模型的拟合优度检验,可见模型拟合良好。现在已经得到了最佳简约模型,但上面的分析中并未给出各项的系数,以及各项的详细检验结果,这可以用前两节介绍的常规过程或 Logit 过程来完成这些工作,这里不再详述。

生成类	low*smoke,low*ht
迭代次数	0
实测边际与拟合边际之间的最大差值	.000
收敛条件	.250

a. 统计信息之后的最终模型统计。

(a)

	卡方	自由度	显著性
似然比	.289	2	.865
皮尔逊	.291	2	.865

(b)

图 12.11 收敛信息表格和拟合优度检验表格

12.5 对数线性模型与其他模型的关系

12.5.1 与方差分析模型的关系

对数线性模型的构造类似于方差分析模型,其作用也与方差分析类似,它能够分析各变量的主效应及变量间的交互效应。

但是,对数线性模型与方差分析也有明显差别:首先,方差分析的因变量是连续变量,对其分布有特定的要求(正态性、方差齐性等),研究不同因素对该连续变量的影响,而对数线性模型主要研究多个分类变量间的统计独立与依赖性,一般对数线性模型的特点是对所有的变量不分因变量和自变量,一视同仁地分析,模型中分析的是各因素对单元格中频数的影响,通常假设单元格中频数服从多项式分布。其次,方差分析中各因素对因变量的作用是相加的,而对数线性模型中各因素对单元格中频数的作用则是相乘的。

12.5.2 与 Logistic 回归的关系

本章所引用的例子除了用对数线性模型进行分析外,也可以用 Logistic 回归进行统计分析。由于对数线性模型主要研究多个分类变量间的统计独立与依赖性,而 Logistic 回归的因变量是分类变量,研究多个自变量与分类因变量之间的关系。因此,对数线性模型与 Logistic 回归两种方法之间存在着非常密切的联系,只需要在对数线性模型中将单元格中频数的理论分布改为 Logit,则对数线性模型的 Logit 过程和 Logistic 回归的结果就是完全等价的,事实上因果关系明确的 Logit 对数线性模型就是这样。

当多个分类变量之间分不出哪个是原因哪个是结果,或者说,研究者对变量之间的因果关系并不感兴趣,仅仅要分析变量之间的相互关系时,就只能用对数线性模型,而较少使用 Logistic 回归。

但是,读者或许也感觉到对数线性模型的应用远不如 Logistic 回归普遍,其主要原因在于当考虑的变量太多时,对数线性模型过于复杂。本章举的例子最多只有三个因素(三维列联表),此时需要考虑的不饱和模型就有 18 个,若考虑的因素更多,模型也将更加复杂。尽管 SPSS 提供了模型选择过程有助于进行模型选择,但是模型的复杂性的确大大限制了对数线性模型的应用和推广。

12.6 Poisson 回归模型

读者或许还没有忘记,12.2 节介绍的常规过程主对话框左下侧的"单元格计数分布"框组默认为"泊松",即各单元格中频数服从 Poisson 分布。但是在前面所讨论的模型中,单元格中频数都被假定成服从多项式分布,此时拟合的是标准的对数线性模型。如果将频数分布设定为 Poisson 分布,此时拟合的又是什么模型呢?

12.6.1 模型简介

在现实生活中,有许多事件的发生数服从 Poisson 分布,如单位容积水中的细菌数、野外单位面积内的某种昆虫数、放射性物质在单位时间内的放射次数、单位面积内降落的灰尘颗粒数等均可被认为服从该分布。一般认为满足以下三个条件的随机变量服从 Poisson 分布。

(1) 平稳性。X 的取值与观察单位的位置无关,只与观察单位的大小有关。

(2) 独立性。在某个观察单位上 X 的取值与前面各观察单位上 X 的取值无关。

(3) 普通性。在充分小的观察单位上 X 的取值最多为 1。

此时相应的事件发生数的概率分布即为 Poisson 分布:$P(X=k) = \dfrac{\mu^k}{k!}e^{-\mu}$,它常用于描述单位时间、单位面积、单位空间内某事件发生数的规律。在拟合对数线性模型时,如果假设单元格中的频数服从该分布,则相应的模型就被称为 Poisson 对数线性模型。

下面对 Poisson 对数线性模型的本质做进一步的分析。以两个自变量的情况为例,设每个单元格(观察单位)内事件的发生数为 λ_{ij},则此时建立的模型为

$$\ln \mu_{ij} = \ln \lambda_{ij} = \alpha + \beta_1 x_1 + \beta_2 x_2$$

当各单元格发生事件的观察基数不同时,需要将发生数化为相同基数进行分析。

$$\ln(P_{ij}) = \ln(\mu_{ij}/n_{ij}) = \alpha + \beta_1 x_1 + \beta_2 x_2$$

其中,n_{ij} 表示相应单元格的观察单位数。对上式稍加变形,则有

$$\ln \mu_{ij} = \ln n_{ij} + \alpha + \beta_1 x_1 + \beta_2 x_2$$

其中,$\ln n_{ij}$ 一般被称为偏移量(offset),用于去除观察单位数不相等的影响。显然,该模型可用于描述服从 Poisson 分布的事件发生数与各影响因素间的关系,由于其结构和回归模型非常相似,

因此实际上就是平常所称的 Poisson 回归模型。也就是说,Poisson 对数线性模型和 Poisson 回归模型是完全等价的。

在常规过程主对话框中,"单元结构"(cell structure)框就是用于选入表示单元格观察单位数的权重变量,从而可以对模型中的偏移量进行计算。如果各单元格观察单位数相同,则不用加以设置。

12.6.2 案例:冠心病死亡与吸烟的关系

例 12.1 现收集了某一年代英国男性医生冠心病死亡数(died)与抽烟(smoke)关系的年龄分组(agecls)数据。请推断英国男性医生冠心病死亡数与抽烟、年龄是否有关。数据文件见 poisson.sav。注意由于死亡数与观察人数(obsnum)和观察时间均有关,故对人数进行了校正,实际上是用经过校正的观察人数作为观察单位。

1. 操作说明

由于冠心病并非传染病,而且在人群中的病死率较低,因此可以认为死亡人数服从 Poisson 分布。在了解模型的基本结构后,本例的操作就不再困难了,唯一特殊的地方是由于各年龄组的观察人数不同,需要在"单元结构"框中加以设定。在将死亡数(died)指定为权重变量后,本例的操作如下。

1. 选择"分析"→"对数线性"→"常规"菜单项。
2. 将 smoke、agecls 选入"因子"框。
3. 将 obsnum 选入"单元格结构"框。
4. 在"模型"子对话框中,修改为只选入两个主效应。
5. 在"选项"子对话框中,选中"估算值"复选框,将下方的"Delta"框改为 0。
6. 单击"确定"按钮。

2. 结果解释

本例的主要分析结果如下。

由图 12.12 所示的模型的拟合优度检验可见,当前模型与饱和模型相比没有统计学差异,说明不需要再纳入两个变量的交互作用项。

	值	自由度	显著性
似然比	6.274	3	.099
皮尔逊卡方	5.336	3	.149

a. 模型:泊松
b. 设计:常量+smoke+agecls

图 12.12 拟合优度检验

图 12.13 给出模型的参数估计值,由于 Poisson 回归模型都是对前瞻性研究数据进行拟合,因此可以通过事件发生率(此处为死亡率)的比较计算出相对危险度(RR)。本例为与抽烟者相比,不抽烟者的死亡风险较低,其 RR 值为 $e^{-0.5}=0.606$。而随着年龄的增加,死亡的风险在逐渐上升,与 35 岁组(编码为 1)相比,65 岁组(编码为 4)的 RR 值为 $e^{3.338}=28.163$。

参数	估算	标准误差	Z	显著性	95%置信区间	
					下限	上限
常量	-4.197	.070	-60.145	.000	-4.334	-4.060
[smoke=0]	-.500	.127	-3.929	.000	-.750	-.251
[smoke=1]	0ᵃ	.	.	.	.	.
[agecls=1]	-3.338	.185	-18.065	.000	-3.701	-2.976
[agecls=2]	-1.863	.115	-16.158	.000	-2.089	-1.637
[agecls=3]	-.723	.095	-7.647	.000	-.909	-.538
[agecls=4]	0ᵃ	.	.	.	.	.

a. 此参数冗余，因此设置为零。
b. 模型：泊松
c. 设计：常量+smoke+agecls

图 12.13 参数估计

12.7 潜类别分析简介

12.7.1 模型简介

潜类别分析(latent class analysis, LCA)也称为潜类别模型(latent class model, LCM)，是通过潜类别变量来解释被观测到的外显指标间的关联特征的一种统计模型。其基本假设是：外显变量各种反应的概率分布可以由少数互斥的潜类别变量来解释。通俗地说，就是该方法认为研究者所获得的任何案例实际上都存在一个潜在分类，每个案例都属于并仅属于某一潜变量 X 的 T 个潜类别中的某一类。而且不同类别的样本在各个观测变量(一般也被称为外显变量)上的表现会有明显不同，这样一来，研究者就可以通过测量各观测变量的取值来预测各案例究竟属于哪个潜类别。而潜类别分析的目的就是找到这个潜变量 X，并寻找它与各个观测变量数值间的关联规律。

下面来看一下潜类别分析的概率结构，以最简单的情形为例，假设潜变量 X 有 $t(t=1,2,\cdots,T)$ 个潜类别，外显变量为 A、B 两个分类变量，其水平数分别为 I,J，则相应的潜类别模型结构如下：

$$P_{ij}^{AB} = \sum_{t=1}^{T} P_t^X P_{it}^{AX} P_{jt}^{BX}$$

其中，P_{ij}^{AB} 表示潜类别模型的联合概率。P_t^X 表示案例属于潜变量 X 的某一特定潜类别的概率，P_{it}^{AX} 表示该案例属于第 t 个潜类别时 A 外显变量被观测为 i 结局的条件概率，以此类推。潜类别分析主要采用最大似然法进行参数估计，但是在拟合前需要人为指定潜类别数 T，因此要考虑如何确定最佳潜类别数。一般常见的做法为从基准模型(潜类别数 $T=1$)开始，逐一增加潜类别数目，并使用 Pearson 卡方或似然比卡方等方法进行模型适配检验，直至找到理想模型为止。此外，还可以考虑使用各种模型适配指标进行比较，常用的有对数似然值、AIC 和 BIC 等指标，这些指标均为绝对值越小，说明模型对数据的适配度越好。

> 需要注意的是，虽然上述原理介绍只涉及了分类变量，但实际上潜类别分析的输入变量可以是测量尺度变量的任意组合，具有高度的灵活性。

从潜类别分析的原理可知,该模型非常适合对分类变量进行分析,而且自然地会对样本进行分类,因此潜类别分析在实际应用中主要有三个方面:案例细分、分类数据的浓缩降维、因变量的取值预测。

潜类别分析在 SPSS 中可以利用相应的 R 插件来完成,具体位置为"分析"→"对数线性"→"潜在类分析"。实际调用的是 R 插件中的 poLCA 包。

12.7.2 分析案例

由于潜类别分析比较复杂,这里只基于 low×smoke 四格表资料的数据进行其操作和结果输出的简介。由于 SPSS 的潜类别分析插件要求所有分类显变量最小值都必须从 1 开始,因此首先需要使用以下程序对原变量值进行转换:

COMPUTE low1 = low + 1 .
COMPUTE smoke1 = smoke + 1 .
EXECUTE .

随后选择"分析"→"对数线性"→"潜在类分析"菜单项,将打开的主对话框按照图 12.14 进行设置即可。图 12.14 中"显变量"框用于选入模型中的分类变量,注意这些变量的取值必须是从 1 开始的整数;"协变量"框用于选入模型中的连续自变量;"类数目"框用于设定模型中的潜类别数,具体的数值需要在反复尝试后根据模型拟合指标来加以确定;"估算模型次数"框则用于指定需要重复估算的模型次数,这些模型均使用不同的初始值进行计算,因此次数越多得到全局最优解的可能性越大。

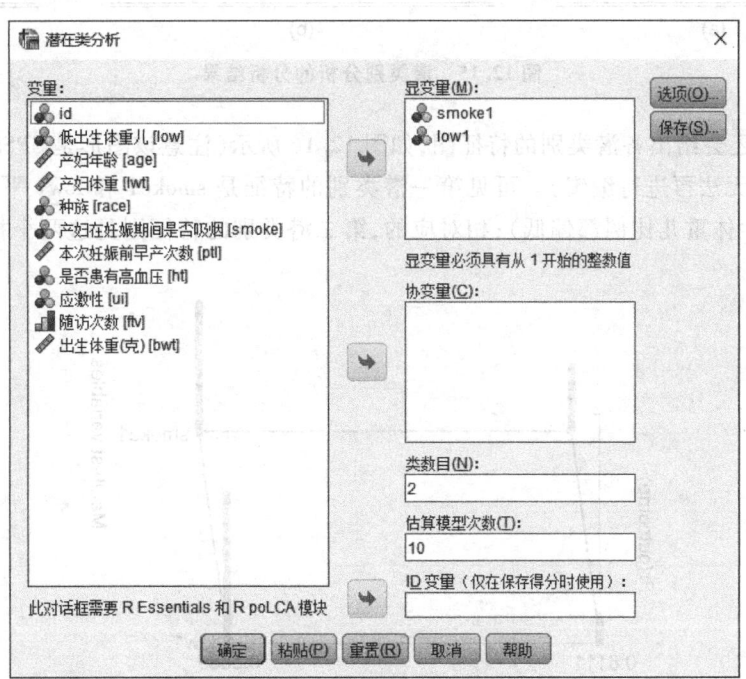

图 12.14 潜在类分析主对话框

按照图 12.14 的设定,相应的分析结果如图 12.15 所示。首先给出的图 12.15(a)是模型拟合效果的统计表格,最大对数似然值、AIC、BIC 等指标均为绝对值越小越好,因此该表格可以用于模型间的相互比较。图 12.15(b)所示的则是案例根据各变量取值被归入两个潜类别的概率,可见 low1=1(即正常儿)的案例有 90.4% 的概率被归入第一类,而低出生体重儿的案例则会有 65.2% 的概率被归入第二类。显然,是否为低出生体重儿是这两个潜类别的重要区别。图 12.15(c)则给出了在样本中两个潜类别的比例,可见有 61.1% 的样本被归入了第一类。需要注意的是,由于本例样本太少,读者自行分析得到的潜类别概率结果可能和前面不同,这里的分析结果仅供操作演示用。

	统计
个案数	189.000
完整个案数	189.000
估算参数数目	5.000
残差自由度	-2.000
最大对数似然	-241.424
AIC(2)	492.849
BIC(2)	509.058
LR/偏差(2)	.000
卡方(2)	.000
重复次数	10.000

(a)

变量	类	概率 1	概率 2
low1	1	.904	.096
	2	.348	.652
smoke1	1	.716	.284
	2	.440	.560

(b)

	比例
1	.611
2	.389

(c)

图 12.15 潜类别分析的分析结果

SPSS 最后还会给出各潜类别的特征图,如图 12.16 所示(注意该图形是 SPSS 直接调用 R 插件绘制的,因此无法再进行编辑)。可见第一潜类别的特征是 smoke1 和 low1 平均值偏低(即吸烟比例和低出生体重儿比例都偏低);相对应的,第二潜类别的特征则是这两个指标的平均值都偏高。

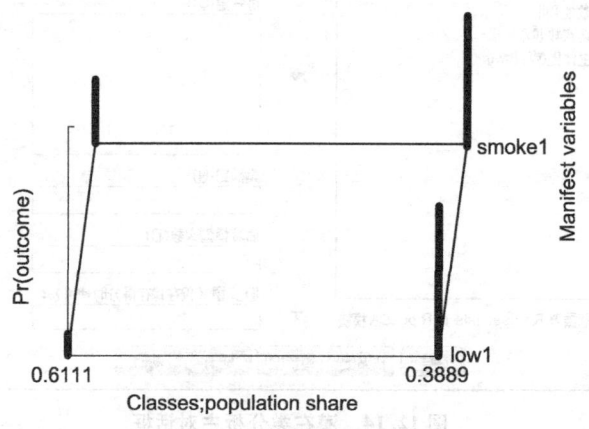

图 12.16 潜类别特征图

本节只是潜类别分析模型的简单介绍,对该模型的进一步深入研究请读者参考相应的专业文献,这里不再详述。

思考与练习

1. 用某中药治疗慢性气管炎,治疗效果(X)、是否吸烟(Y)、病程长短(Z)三个分类变量对应的频数资料见表 12.1,试对资料进行对数线性模型分析。

表 12.1

治疗效果(X)	是否吸烟(Y)	病程长短(Z)			
		≤5 年	6~10 年	11~20 年	≥21 年
显效	吸烟	20	16	14	5
	不吸烟	29	23	16	6
无效	吸烟	16	14	20	12
	不吸烟	10	12	14	11

2. 为研究家族糖尿病史与孕妇妊娠期糖尿病的关系,请用对数线性模型分析表 12.2 所示的资料。

表 12.2

孕妇妊娠期糖尿病	孕妇的母亲无糖尿病		孕妇的母亲有糖尿病	
	孕妇的父亲无糖尿病	孕妇的父亲有糖尿病	孕妇的父亲无糖尿病	孕妇的父亲有糖尿病
无	242	10	12	10
有	142	16	24	15
合计	384	26	36	25

参考文献

[1] IBM Corp. IBM SPSS Regression 24[CP/OL]. Armonk,NY:IBM Corp,2016.
[2] Agresti A. Categorical Data Analysis[M]. New York:John Wiley & Sons,1990.
[3] 曹素华. 实用医学多因素统计方法[M]. 上海:上海医科大学出版社,1998.
[4] 方积乾. 医学统计学与电脑试验[M]. 2 版. 上海:上海科学技术出版社,2001.
[5] 余松林. 医学统计学[M]. 北京:人民卫生出版社,2002.

第三部分
多元统计分析方法

第三部分

多元統計分析方法

第13章 主成分分析、因子分析与多维偏好分析

在实际工作中,为了全面系统地反映问题,往往收集的变量较多,但这样就会出现所收集的变量间存在较强相关关系的情况。这些变量间存在着大量的重复信息,直接用它们分析现实问题,不但模型复杂,还会因为变量间存在的多重共线性而导致很多问题。

为了能够充分有效地利用数据,人们希望用较少的新指标代替原来较多的旧变量,同时要求这些新指标尽可能地反映原始变量的信息。主成分分析和因子分析正是解决此问题最有效的多元统计分析方法,它们能够提取变量信息,减少分析维度,从而使问题更加简单直观,也更加容易进行分析和处理。

13.1 主成分分析

主成分分析是考察多个变量间相关性的一种多元统计方法。其应用目的可以被简单归结为一句话:信息的浓缩。具体而言,它研究如何通过少数几个主分量来解释多个变量间的内部结构。也就是说,从原始变量中导出少数几个主分量,使它们尽可能多地保留原始变量的信息,且彼此间互不相关。该方法常被用来寻找判断某种事物或现象的综合指标,并在有条件时给综合指标所包含的信息以适当解释,从而更加深刻地揭示事物的内在规律。但是,主成分分析的核心目的是信息浓缩而不是含义解释,它更多的时候只是一种达到目的的中间手段,而并非目的本身,它往往会被作为许多大型研究的中间步骤,在对信息进行浓缩后继续采用其他多元统计分析方法解决实际问题。

13.1.1 模型简介

1. 基本原理

主成分这个概念由 Karl Pearson 于 1901 年提出,但当时只进行了非随机变量的讨论,1933 年 Hotelling 则将此概念推广到了随机变量中。其原理实际上可以很简单地用图 13.1 来说明,在某次分析中涉及了两个自变量,但是从散点图可以很明显地观察到两者间存在着相关关系,直接纳入分析有可能因多元共线性而导致模型无法得出正确结论。那么,如何对这两个变量所携带的信息进行浓缩处理并解决共线性问题呢? 首先需要明确,统计学上所谓的信息实际上指的是数据的变异,从散点图上可见,个体散点构成了一个椭圆形轮廓的点阵,在该椭圆的长轴方向上,数据的变异明显较大,而在短轴方向上变异则小得多。如果现在沿着椭圆的长短轴方向设定一个新的坐标系,如图 13.1 中虚线所示,则新产生的这两个变量和原始变量间存在着数学换算关系。但是这两个新变量彼此不相关,且信息量的分布显然不同,长轴方向上的变量携带了大部分数据的变异信息,而短轴方向上的变量只携带了一小部分变异信息。在这种情况下,只需要使用长轴方向上的新变量,就可以代表原先的两个变量的大部分信息,这样就将两个有相关性的变量浓缩成了一个新变量,达到了降维的目的。显然,椭圆的长短轴相差得越大,说明两变量间的相

关性越强,则降维也就越有价值。

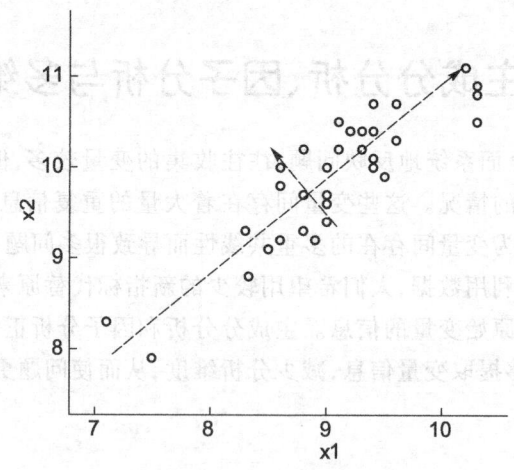

图 13.1 主成分分析的原理示意图

2. 模型结构

通常数学上的处理是将原来的 p 个指标进行线性组合,作为新的综合指标。如果将选取的第一个线性组合即第一个综合指标记为 $F1$,自然希望 $F1$ 中尽可能多地反映原来指标的信息,这里的"信息"用什么表示呢?既然信息就是指变异的大小,那么最经典的方法就是用 $F1$ 的方差来表达,$\text{var}(F1)$ 越大,表示 $F1$ 包含的信息越多。因此,在所有的线性组合中选取的第一主成分应该是方差最大的。如果第一主成分不足以代表原来 p 个指标的信息,再考虑选第二个线性组合 $F2$,即第二主成分,以此类推可以得到第三、第四、…、第 p 个主成分。这些主成分间互不相关,且方差依次递减。在实际应用中,通常只选择前面几个最大的主成分,虽然这样会损失部分信息,但抓住了主要矛盾,并从原始变量中提取了绝大部分变异信息,从而既减少了变量的数目又抓住了主要矛盾,有利于问题的分析和处理。

假设有 n 个样本,测得 p 项指标($p<n$),得到原始数据矩阵:$X=(X_1,X_2,\cdots,X_p)$,且协方差矩阵为 Σ,令协方差矩阵的特征值为 $\lambda_1 \geq \lambda_2 \geq \cdots \geq \lambda_p$,所以有 $\text{var}(F1) \geq \text{var}(F2) \geq \cdots \geq \text{var}(Fp) \geq 0$,向量 $l_1, l_2, \cdots, l_p$ 为相应的单位特征向量,则 X 的第 i 个主成分为

$$Z_i = l_i^T X \quad (i=1,2,\cdots,p)$$

实际问题中往往协方差矩阵 Σ 未知,这时可以用其估计值 S(样本协方差矩阵)来代替。同时由于指标的量纲不同,所以在计算前往往要消除量纲的影响,将原始数据标准化,此时:

$$S = R = \frac{1}{n} X^T X$$

因此也可以计算相关矩阵,从而得到特征值并进行主成分分析。原则上如果有 n 个变量,则最多可以提取出 n 个主成分,但如果将它们全部提取出来就会失去该方法简化数据的实际意义。一般是按累积贡献率的大小取前 k 个主成分,多数情况下提取出前 2~3 个主成分已包含了 90% 以上的信息,其他的主成分可以忽略不计。

3. 各统计量的意义

(1)特征值。它可以被看成是衡量主成分解释力度的指标,代表引入该主成分后可以解释

平均多少个原始变量的信息。如果特征值小于 1,则说明该主成分的解释力度还不如直接引入一个原始变量的平均解释力度大。因此一般可以用特征值大于 1 作为纳入标准。

(2) 主成分 Z_i 的方差贡献率。其计算公式为 $\lambda_i / \sum_{i=1}^{p} \lambda_i$,表明主成分 Z_i 的方差在总样本方差中的比重。这个值越大,表明主成分 Z_i 携带的 $X_1, X_2, \cdots, X_p$ 的原始信息量越多。

(3) 累积贡献率。前 k 个主成分的累积贡献率指按照方差贡献率从大到小排列,前 k 个主成分累积提取了多少的原始信息。一般来说,如果该指标达到 85%,则表明这些主成分包含了全部测量指标所具有的主要信息,这样既减少了变量的个数,又便于对实际问题进行分析和研究。

4. 分析步骤

主成分分析通常有以下 4 个步骤。
(1) 对原来的 p 个指标进行标准化,以消除变量在数量级或量纲上的影响。
(2) 根据标准化后的数据矩阵求出协方差或相关矩阵。
(3) 求出协方差矩阵的特征值和特征向量。
(4) 确定主成分,在可能的情况下结合专业知识为各主成分赋予适当的专业解释。

在 SPSS 中没有把主成分分析作为一种独立的分析方法,而是和因子分析共用一个过程,因此在 SPSS 中进行主成分分析时会输出许多因子分析中的结果,但是这并不影响分析结果的准确性,而且相应的输出都可以根据因子分析模型和主成分分析模型之间的关系进行转换。

5. 主要用途

如前所述,主成分分析往往会成为大型研究中的一个中间环节,用于解决信息浓缩等问题,这就可能产生各种各样的组合方法。这里仅举最典型的两种应用情况。

(1) 主成分评价。在进行多指标综合评价时,由于要求评价结果客观、全面,就需要从各个方面用多个指标进行测量,但这样就使得被观测到的各指标间存在信息重叠,同时还会存在量纲差异、累加时如何确定权重等问题。此时就可以使用主成分分析法进行信息的浓缩,并解决权重的确定等问题。主成分评价是综合评价中的一种重要方法。

(2) 主成分回归。在线性回归模型中,常用最小二乘法求回归系数的估计值。但是当存在多重共线性时,最小二乘法的估计结果并不理想,这时可以考虑用主成分回归方法进行分析,即用原始变量的主成分代替原始变量做回归分析,这些主成分既保留了原指标的绝大部分信息,又互不相关,故用主成分替代原指标后,再用最小二乘法建立回归方程,其回归系数就能避开共线性问题。但主成分估计显然不是无偏估计,其核心目的是得到符合专业知识的回归系数估计值,而不是得到预测效果最好的回归方程。

> 由于篇幅所限,本书对主成分回归将不再举例说明,对此感兴趣的读者可参见拙作《IBM SPSS 数据分析与挖掘实战案例精粹》中的相应案例。

13.1.2 案例:各地区经济发展情况综合评价

例 13.1 现基于 2015 年中国统计年鉴收集的 31 个省、直辖市、自治区经济发展状况的 12

项指标,对各省、直辖市、自治区的经济发展水平进行综合评价和排序。具体指标有地区生产总值、资本形成总额、居民消费支出、政府消费支出、居民消费水平绝对数、就业人数、私营单位平均工资、居民消费价格、商品零售价格、人均可支配收入、固定资产投资价格指数、电力消费量,数据文件见 economy.sav。

这是一个综合评价问题,但各指标间显然存在数值关联,且各指标重要性也存在差异,在综合评价时,首要问题就是如何确定指标综合时的权重,可以考虑先用主成分分析法进行信息综合。打开文件后在 SPSS 中的操作如下。

1. 选择"分析"→"降维"→"因子"菜单项。
2. 将除地区标签外的12个分析变量 V1~V12 选入"变量"框。
3. 在"描述"子对话框中,选中"相关性矩阵"框组中的"系数"复选框。
4. 单击"确定"按钮。

上述操作中用到的对话框如图 13.2 所示。SPSS 在进行分析时,首先会自动对原始变量进行标准化,并且在通常情况下随后的输出结果都是指标准化后的变量,因此在分析中不需要单独进行原始变量的标准化操作。在结果中会涉及一些因子分析中的内容,因此这里仅给出与主成分分析有关的部分。

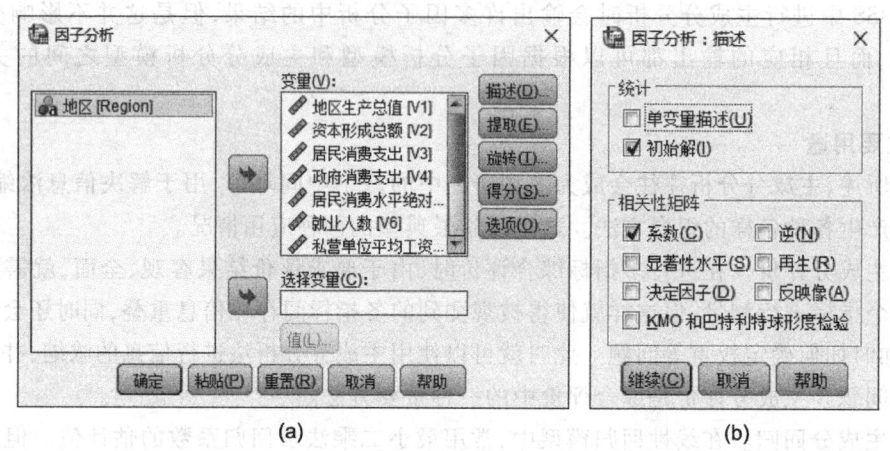

图 13.2　因子分析主对话框和"描述"子对话框

图 13.3 所示的为 12 个原始变量之间的相关矩阵,由于表格较大,这里列出了前5个变量列的结果作为示例。可见许多变量之间直接的相关性比较强,的确存在信息上的重叠。该结果进一步确认了信息浓缩的必要性。

图 13.4 给出的是各成分的方差贡献率和累积贡献率,可见只有前三个主成分的特征值大于 1,因此 SPSS 默认只提取了前三个主成分。第一主成分的方差占所有主成分方差的 50.7%,而前三个主成分的累积方差贡献率达到 85.5%,因此使用前三个主成分就足以描述经济发展的水平。

		地区生产总值	资本形成总额	居民消费支出	政府消费支出	居民消费水平绝对数
相关性	地区生产总值	1.000	.937	.986	.918	.401
	资本形成总额	.937	1.000	.894	.823	.233
	居民消费支出	.986	.894	1.000	.924	.426
	政府消费支出	.918	.823	.924	1.000	.523
	居民消费水平绝对数	.401	.233	.426	.523	1.000
	就业人数	.939	.812	.953	.888	.411
	私营单位平均工资	.324	.187	.315	.431	.714
	居民消费价格	-.047	-.149	.013	-.064	.097
	商品零售价格	.036	.086	.044	-.122	-.401
	人均可支配收入	.349	.173	.374	.495	.972
	固定资产投资价格指数	.122	.082	.166	.087	-.203
	电力消费量	.918	.888	.901	.834	.241

图 13.3 相关矩阵(部分)

成分	初始特征值			提取载荷平方和		
	总计	方差百分比	累积%	总计	方差百分比	累积%
1	6.084	50.698	50.698	6.084	50.698	50.698
2	2.718	22.651	73.348	2.718	22.651	73.348
3	1.459	12.157	85.505	1.459	12.157	85.505
4	.812	6.763	92.268			
5	.385	3.211	95.479			
6	.179	1.494	96.972			
7	.128	1.064	98.037			
8	.101	.844	98.881			
9	.085	.709	99.590			
10	.028	.230	99.821			
11	.016	.136	99.956			
12	.005	.044	100.00			

提取方法:主成分分析法。

图 13.4 总方差解释

随后图 13.5 给出的是主成分系数矩阵,可以说明各主成分在各变量上的载荷,从而得出各主成分的表达式,注意在表达式中各变量已经不是原始变量,而是标准化变量。以主成分 $F1$ 为例,其计算公式如下:

$$F1 = \sqrt{6.084} \times (0.968 \times ZV_1 + 0.869 \times ZV_2 + 0.966 \times ZV_3 + 0.957 \times ZV_4 + 0.591 \times ZV_5 + 0.930 \times ZV_6 + 0.494 \times ZV_7 - 0.028 \times ZV_8 - 0.093 \times ZV_9 + 0.548 \times ZV_{10} + 0.060 \times ZV_{11} + 0.878 \times ZV_{12})$$

	成分		
	1	2	3
地区生产总值	.968	.206	-.089
资本形成总额	.869	.306	-.246
居民消费支出	.966	.206	-.021
政府消费支出	.957	.019	-.051
居民消费水平绝对数	.591	-.674	.358
就业人数	.930	.206	.033
私营单位平均工资	.494	-.652	.191
居民消费价格	-.028	.273	.923
商品零售价格	-.093	.775	.437
人均可支配收入	.548	-.743	.315
固定资产投资价格指数	.060	.522	.262
电力消费量	.878	.343	-.102

提取方法：主成分分析法。
a. 提取了3个成分。

图 13.5　成分矩阵

由于各自变量已经过标准化，因此以上三个主成分的平均值均为0,但是其方差并不等于1。可以证明，各主成分的方差应当为前述特征值 λ_i ,因此按上述公式计算出的数值方差均为特征值的平方，详见13.3.4小节的说明。

通过上面的分析，可以求出用来代替12个原始变量的三个主成分，下一步就可以进一步利用这三个主成分来计算综合指标，进行各地区的综合排序了。但是，由于主成分分析本质上是一种矩阵变换过程，并不要求各主成分都具有实际意义，目前得到的各主成分含义并不十分明确：第一主成分中，地区生产总值、消费支出和就业人数等变量的系数绝对值较大，因此第一主成分应当是反映经济发展总量的综合指标；第二主成分中，价格、收入、消费额等变量的系数绝对值较大，应当是反映居民收入和消费能力方面的综合指标。第三主成分明显与消费价格指数有关，但同时又与消费额和收入有较强的关联，显然与第二主成分并未明显区分开来，含义不够清晰，这会导致最终得到的排序结果在解释上出现混乱，下一节将进一步考虑如何对这一结果进行优化，以使所提取的信息含义更加清晰。

13.2　因子分析

因子分析由 Charles Spearman 于1904年首次提出。Charles Spearman 在后半生一直致力于发展此理论，使之最终成为现代统计学的重要分支，因此他被公认为因子分析之父。因子分析在某种程度上可以被看成是主成分分析的推广和扩展，它对问题的研究更为深入。它将具有错综复杂关系的变量（或案例）综合为少数几个因子，以再现原始变量与因子之间的相互关系，探讨多个能够直接测量且具有一定相关性的实测指标是如何受少数几个内在的独立因子支配的，并在条件许可时借此尝试对变量进行分类。因此,与主成分分析相比,因子分析更深入,它不仅考虑进行信息的浓缩,还希望能够进一步阐明这些指标间的内在关联结构,发现这些实测指标所代表的潜在因子,这才是因子分析的核心目的。

13.2.1 模型简介

1. 模型入门

因子分析是通过研究多个变量间相关矩阵(或协方差矩阵)的内部依赖关系,找出能综合所有变量主要信息的少数几个随机变量,这几个随机变量不能直接测量,通常称为因子。各个因子间互不相关,所有变量都可以表示成公因子的线性组合。因子分析的目的就是减少变量的数目,用少数因子代替所有变量去分析整个问题。设有 n 个样本,p 个指标,$X = (X_1, X_2, \cdots, X_p)^T$ 为随机向量,要寻找的公因子为 $F = (F_1, F_2, \cdots, F_m)^T$,则模型

$$X_1 = a_{11}F_1 + a_{12}F_2 + \cdots + a_{1m}F_m + \varepsilon_1$$
$$X_2 = a_{21}F_1 + a_{22}F_2 + \cdots + a_{2m}F_m + \varepsilon_2$$
$$\cdots\cdots$$
$$X_p = a_{p1}F_1 + a_{p2}F_2 + \cdots + a_{pm}F_m + \varepsilon_p$$

被称为因子模型。矩阵 $A = (a_{ij})$ 称为因子载荷矩阵,a_{ij} 为因子载荷(loading),其实质就是公因子 F_i 和变量 X_j 的相关系数。ε 为特殊因子,代表公因子以外的影响因素所导致的(不能被公因子所解释的)变量变异,在实际分析时忽略不计。

对求得的公因子,需要观察它们在哪些变量上有较大的载荷,再据此说明该公因子的实际含义。但对于分析得到的初始因子模型,其因子载荷矩阵往往比较复杂,难于对因子 F_i 给出一个合理解释,此时可以进一步做因子旋转,以便旋转后能得到更加合理的解释,详细内容见后。

因子分析得到的模型有两个特点,其一,模型不受量纲的影响;其二,因子载荷不是唯一的,通过因子轴的旋转,可以得到新的因子载荷矩阵,使其意义更加明显。

2. 各统计量的意义

除特征值、方差贡献率、累积贡献率等主成分分析中已经解释过的统计量之外,因子分析中还新增了如下两个比较重要的统计概念。

(1)因子载荷。因子载荷 a_{ij} 为第 i 个变量在第 j 个因子上的载荷,实际上就是 X_i 与 F_j 的相关系数,表示变量 X_i 依赖因子 F_j 的程度,或者说反映了第 i 个变量 X_i 对于第 j 个公因子 F_j 的重要性。

(2)变量共同度(communalities)。变量共同度又称为公因子方差比,记为 h_i^2,表示全部公因子对变量 X_i 的总方差所做出的贡献,或者说变量 X_i 的信息能够被提取出的 k 个公因子所描述的程度,数值在 0~1 之间,取值越大,说明该变量能被公因子解释的信息比例越高,如果各因子间完全独立正交,则公因子方差比和因子载荷是可换算的,公式为

$$h_i^2 = \sum_{i=1}^{p} a_{ij}^2, (j = 1, 2, \cdots, k)$$

3. 适用条件

(1)样本量不能太小。因子分析的任务是分析变量间的内在关联结构,因此要求样本量比较充足,否则结果不可靠。一般而言,样本量应当是变量数的 10 倍以上,如果想得到比较理想的结果,则最好是变量数的 25 倍以上。样本总量也不能太少,理论上要求在 100 例以上。不过在

实际的经济和社会问题中,很多时候样本量达不到这个要求,这时并非不能进行因子分析,但要意识到因为样本量不足,模型可能不稳定,在结果解释时要谨慎。

(2) 各变量间应当具有相关性。如果变量间彼此独立,则无法从中提取公因子,也就谈不上应用因子分析了。这可以通过 Bartlett's 球形检验来加以判断,如果相关矩阵是单位矩阵,则各变量独立,因子分析法无效。更好的关联性考察指标是 KMO 检验统计量,该指标的取值在 0~1 之间。KMO 检验统计量越接近于 1,说明变量间的偏相关性越强,因子分析的效果越好。在实际分析中,当 KMO 检验统计量大于 0.7 时,因子分析效果一般会比较好;而当 KMO 检验统计量小于 0.5 时,不适合应用因子分析法,应当考虑重新设计变量结构或者采用其他统计分析方法。

(3) 因子分析中各公因子应当具有实际意义。在主成分分析中,各主成分实际上是矩阵变换的结果,因此意义是否明确并不重要。但是,在因子分析中,提取出的各因子具有实际意义这一点至关重要,如果不能找到各因子在专业上的合理解释,就应该重新进行分析。

4. 探索性因子分析和验证性因子分析

因子分析可以分为探索性因子分析(exploratory factor analysis)和验证性因子分析(confirmatory factor analysis)两种。在探索性因子分析中,研究者可能事先并不知道究竟有哪些公因子,也并不清楚观测变量与因子之间有怎样的关联结构,只是基于数据本身进行分析,探索数据中可能蕴含的内在结构,探索性因子分析的一个主要目的是得到因子的个数,并进一步寻求各个因子的含义。

探索性因子分析为了能够得到统计上合理的结果,对模型会有一些额外的限制,如各观测变量的残差相互独立、各因子独立不相关等,这往往与实际情况不符,因此它一般只是分析中的第一步。与探索性因子分析相对应,验证性因子分析则建立在研究者已经对所研究的因子和内在结构有了完整研究假设的基础上,它允许研究者明确描述模型的完整细节,包括各个观测变量、因子、残差之间的关系,而分析的目的则是对相应的模型假设进行检验,确认数据是否符合所做的模型假设。一般来讲,根据拟合的结果,模型假设可能需要进行调整,然后再重新拟合,直到模型的拟合度可以接受为止。

本章所介绍的内容限于探索性因子分析,验证性因子分析一般需要通过结构方程模型来加以拟合。

5. 主要用途

因子分析的用途非常广泛,前述主成分分析的使用场景,如主成分综合评价、主成分回归等,均可以用因子分析代替主成分分析,以得到更为合理的分析结果。此外,因子分析还可以用于下列分析需求。

(1) 在研究设计/问卷效果评估阶段,可以用因子分析来评价问卷的结构效度。根据因子分析的结果,可以对问卷中测量效果不佳的题目进行修改、替换或删除,使得问卷整体更符合测量的需求。

(2) 在统计分析阶段,因子分析可以用来寻找变量间潜在结构,或者对提出的内在结构进行检验证实。这类需求在很多时候往往是整个研究的核心目标之一。

13.2.2 案例:对各地区经济数据的进一步分析

在前面对 31 个省、直辖市、自治区的经济发展状况进行了主成分分析,最终将原始信息浓缩为三个主成分,但是各主成分的含义并不十分明确,下面按照因子分析的思路继续对本例进行分析,在前面操作的基础上,新增的操作如下。

> 1. 在"描述"子对话框中,选中"相关系数"框组中的"KMO 和巴特利特球形度检验"复选框。
>
> 2. 在"提取"子对话框中,选中"输出"框组中的"碎石图"复选框。

1. 基本分析结果

这里只对比较重要的结果加以解释,对相同的输出结果不再重复说明。

图 13.6 所示的为 KMO 和 Bartlett's 球形检验结果,KMO 检验统计量表明变量间的偏相关是否足够强,Bartlett's 球形检验则用于判断相关矩阵是否是单位矩阵。由 Bartlett's 球形检验可以看出,本例拒绝各变量独立的假设,即变量间具有较强的相关性。同时,KMO 检验统计量为 0.776,说明各变量间信息的重叠程度尚可,应当有可能得出较为满意的因子分析模型。

KMO取样适切性量数。		.776
巴特利特球形度检验	近似卡方	470.315
	自由度	66
	显著性	.000

图 13.6 KMO 和 Bartlett's 球形检验

图 13.7 给出了公因子方差,它表示各变量中所含的原始信息能被提取的公因子代表的程度,可见大部分变量的信息提取比例都在 80% 以上,因此按照默认数量提取出的这几个公因子对大多数变量的解释能力是较强的。但是,固定资产投资价格指数的提取比例只有 34.5%,说明提取出的公因子对该变量的代表性很差。

	初始	提取
地区生产总值	1.000	.987
资本形成总额	1.000	.910
居民消费支出	1.000	.976
政府消费支出	1.000	.919
居民消费水平绝对数	1.000	.932
就业人数	1.000	.909
私营单位平均工资	1.000	.705
居民消费价格	1.000	.927
商品零售价格	1.000	.801
人均可支配收入	1.000	.951
固定资产投资价格指数	1.000	.345
电力消费量	1.000	.899

提取方法:主成分分析法。

图 13.7 公因子方差

随后输出的是与图 13.4 相同的总方差解释表格,此处略。可见按照特征值大于 1 的默认标准提取了三个公因子,这一提取标准可以在如图 13.8(a)所示的"提取"子对话框中修改,那么这个标准是否合适呢? 这可以利用碎石图(scree plot)来进行判断,如图 13.8(b)所示。碎石图用于显示各因子的重要程度,其横轴为因子序号,纵轴表示特征值的大小。它将因子按特征值从大到小依次排列,从中可以直接观察到哪些是主要的因子。前面的陡坡对应较大的特征值,作用明显;后面的平台对应较小的特征值,作用较弱。本例中可见前三个因子的散点位于陡坡上,而后其余的因子散点则形成缓坡和平台,且特征值均小于 1,因此考虑前三个公因子即可。

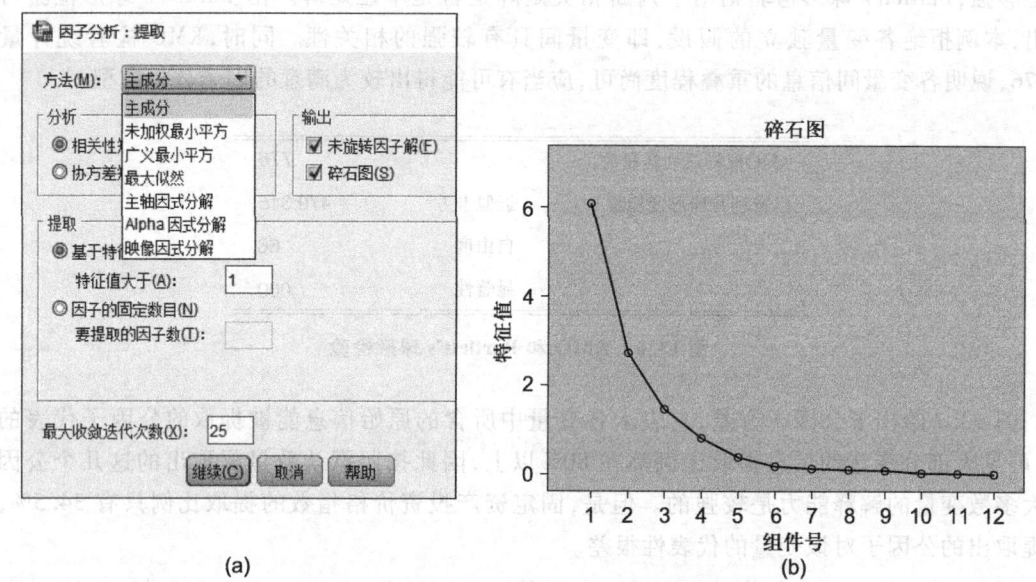

图 13.8 "提取"子对话框及其绘制出的碎石图

Scree 一词来自地质学,表示在岩石断层斜坡下方发现的小碎石,这些碎石可能是因风化、水流等从其他地点带来的,因此其地质学价值不高,可以忽略。

最后给出的是与图 13.5 完全相同的成分矩阵表格,此处略。在上一节中直接按列的方向将其解释为各主成分的系数,并据此写出公因子的计算公式。在因子分析中,该表格按行阅读,反映的是各因子在各变量上的载荷,即各因子对各变量的影响度。

$$ZV_1 = 0.968F_1 + 0.206F_2 - 0.089F_3 + \varepsilon_1$$
$$ZV_2 = 0.869F_1 + 0.306F_2 - 0.246F_3 + \varepsilon_2$$
……
$$ZV_{12} = 0.878F_1 + 0.343F_2 - 0.102F_3 + \varepsilon_{12}$$

注意表达式中的各变量不是原始变量,而是标准化变量。ε_i 表示特殊因子,是除了这三个公因子外影响该变量的其他因素,其对该变量的影响程度为 1-变量共同度。

2. 因子旋转

因子分析要求提取出的公因子有实际含义,但是从上面各因子和原始变量的相关系数可以看出,现在各因子的意义不是很明显,为了使因子载荷矩阵中系数更加显著,可以对初始因子载荷矩阵进行旋转,将因子和原始变量间的关系重新进行分配,使相关系数的绝对值向(0,1)区间的两端分化,从而更加容易进行解释。

"旋转"子对话框用来实现因子旋转功能,如图 13.9 所示。其中提供了 5 种因子旋转方法,分为正交旋转和斜交旋转两大类,具体说明如下。

（1）最大方差正交旋转(varimax)。该方法是最常用的旋转方法,各因子仍然保持正交,但尽量使各因子的方差差异达到最大,即相对的载荷平方和达到最大,以方便对因子的解释。

（2）四次幂极大正交旋转(quartimax)。该方法对各因子方差差异化的效果更强,从而更倾向于减少与每个变量有关联的因子数,以简化对原始变量的解释。

（3）等量最大法(equamax)。该方法的特点介于最大方差正交旋转和四次幂极大正交旋转之间。

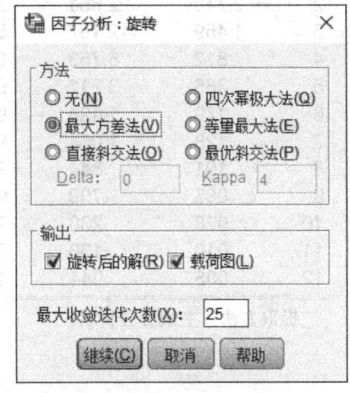

图 13.9　因子分析过程的"旋转"子对话框

（4）直接斜交法。该方法是一种斜交旋转方法,需要首先指定一个因子映像的自相关范围。

（5）最优斜交法。这是最常用的斜交旋转方法,是在最大方差正交旋转的基础上再进行斜交旋转。旋转后允许因子间存在相关,这种旋转方式往往是在有具体的结果倾向时选用,它可以按研究者的目的将因子分解为最希望的形式。但是在实际应用中,由于斜交旋转的结果太容易受研究者主观意愿的左右,所以建议尽量采用默认的正交旋转。

对于本例可以采用最大方差正交旋转加以分析,新增的操作如下。

1. 在"旋转"子对话框中,选中"方法"框组中的"最大方差法"复选框,选中下方"输出"框组中的"载荷图"复选框。

2. 在"选项"子对话框中,选中"系数显示格式"框组中的"按大小排序"和"排除小系数"复选框。

结果输出中的变化如下。

总方差解释表格在最右侧会给出旋转后各因子的载荷情况,如图 13.10 所示。由于默认只提取前三个公因子,因此旋转会基于所提取的这三个公因子进行。旋转后三个公因子各自的方差贡献率均发生了变化,彼此间的差距有所缩小,显然信息量被重新进行了分配,但仍然保持从大到小的排列顺序,且累积方差贡献率仍然是 85.505%,与旋转前完全相同。

图 13.11 所示的是因子旋转前后的因子空间载荷图,图中散点的坐标实际上就是因子载荷矩阵中的系数值。需要注意的是,图形的标题被译为组件,实际上是主成分(component)的不同译法。图 13.11(a)所示的为默认提取情形下的分析结果,图 13.11(b)所示的为旋转后的分析结果。为便于观察,这里只给出了第 2 个和第 3 个因子维度的图形,并且对散点标签进行了修改。可见在旋转前,虽然各原始变量和公因子存在一定的关联,但其空间分布整体上并未严格贴近各数轴,显示其信息仍然分别被两个维度的公因子所提取。但是旋转后,明显有一批变量更贴近水平轴方向,另一批变量则更贴近纵轴方向。现在可以很清楚地看到,三个与价格有关的变量

成分	初始特征值			提取载荷平方和			旋转载荷平方和		
	总计	方差百分比	累积%	总计	方差百分比	累积%	总计	方差百分比	累积%
1	6.084	50.689	50.698	6.084	50.698	50.698	5.502	45.850	45.850
2	2.718	22.651	73.348	2.718	22.651	73.348	2.976	24.797	70.647
3	1.459	12.157	85.505	1.459	12.157	85.505	1.783	14.858	85.505
4	.812	6.763	92.268						
5	.385	3.211	95.479						
6	.179	1.494	96.972						
7	.128	1.064	98.037						
8	.101	.844	98.881						
9	.085	.709	99.590						
10	.028	.230	99.821						
11	.016	.136	99.956						
12	.005	.044	100.00						

提取方法：主成分分析法。

图 13.10 总方差解释

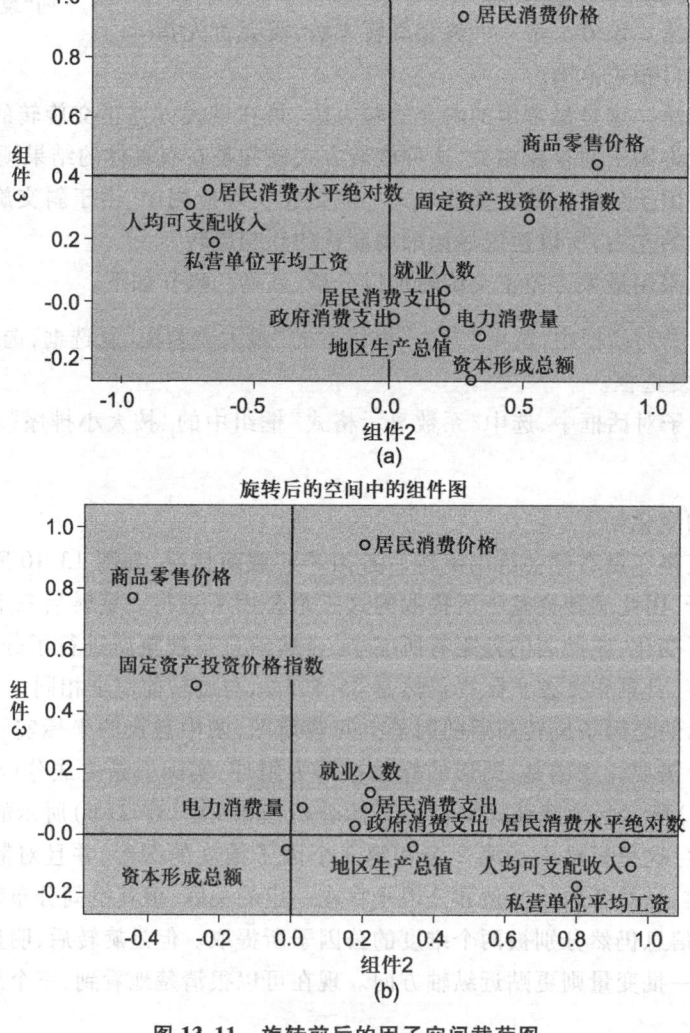

图 13.11 旋转前后的因子空间载荷图

在纵轴方向上取值最高,而其余变量则在纵轴方向上的取值接近0点,因此与旋转前相比,纵轴所代表的公因子3的含义变得更为明确,现在明显与价格相关。同样地,横轴所代表的公因子2的含义也得到了进一步的纯化。但同时可以发现,旋转前后各变量散点的相对位置保持不变(本例中因为只显示了三维图中的后两维,所以看上去似乎有所改变。但如果在三维空间中完整观察,则会发现各散点的相对位置保持不变),即旋转并不改变因子分析的整体结果,只是影响各因子在各变量上的载荷分布,并影响各因子的贡献率。

载荷图中使用的坐标信息与因子载荷矩阵完全相同,旋转前后的载荷矩阵如图13.12(a)和图13.12(b)所示。为了便于阅读,本例中利用因子分析过程的"选项"子对话框中的"系数显示格式"复选框组对表格进行重新排序和化简。可见表格按照系数的大小进行了排序,而且过小的系数也被抑制输出(本例中设定为绝对值小于0.3就不被输出),使得结果更清晰易读。由旋转后的结果可以看出第一公因子在地区生产总值、居民消费支出、政府消费支出、就业人数等反映经济整体运行状况的指标上有较大载荷,因此可以命名为总量因子;第二公因子在人均可支配收入、居民消费水平绝对数上有较大载荷,可以命名为消费因子;第三公因子在三个价格指数上有较大载荷,因此可以命名为价格因子。与未旋转前相比,旋转后各公因子的意义更加明确和合理,也更有利于对数据进行解读和应用。

	成分		
	1	2	3
地区生产总值	.968		
居民消费支出	.966		
政府消费支出	.957		
就业人数	.930		
电力消费量	.878	.343	
资本形成总额	.869	.306	
商品零售价格		.775	.437
人均可支配收入	.548	-.743	.315
居民消费水平绝对数	.591	-.674	.358
私营单位平均工资	.494	-.652	
固定资产投资价格指数		.522	
居民消费价格			.923

提取方法:主成分分析法。
a. 提取了3个成分。

(a)

	成分		
	1	2	3
地区生产总值	.976		
居民消费支出	.961		
资本形成总额	.952		
电力消费量	.944		
就业人数	.918		
政府消费支出	.895	.341	
人均可支配收入		.952	
居民消费水平绝对数		.935	
私营单位平均工资		.800	
居民消费价格			.934
商品零售价格		-.446	.770
固定资产投资价格指数			.491

提取方法:主成分分析法。
旋转方法:凯撒正态化最大方差法。
a. 旋转在5次迭代后已收敛。

(b)

图13.12 重排序并化简前后的旋转成分矩阵

在旋转成分矩阵后还会输出成分转换矩阵,给出旋转前后各公因子间的相关系数,此处略。

3. 因子表达式

前面得到的因子(主成分)表达式(如图13.5所示)可以将各变量表示为公因子的线性形

式,但是更多的时候需要将公因子表达为各变量的线性形式,这也称为因子得分函数。但是在因子分析中,由于具体的算法可以不是主成分方法,因此不一定能像主成分分析一样,直接从因子载荷矩阵得到公因子的表达式,此时只能采用估计的方法求得。最常用的估计方法是回归法,也可以用 Bartlett 或者 Anderson-Rubin 估计法,但最常用的是默认的回归法。

> 上述三种方法得到的分数的平均值均为 0,回归法的实质就是在原始变量和公因子之间建立回归方程,Bartlett 估计法可以使整个变量范围中所有唯一因子的平方和达到最小,Anderson-Rubin 估计法对 Bartlett 估计法做了修正,确保被估计的因子的正交性。生成的分数的标准差为 1,而且不相关。

在 SPSS 中可以利用因子分析过程的"得分"子对话框中的"显示因子得分系数矩阵"复选框,在结果中直接输出成分得分系数矩阵,本例结果如图 13.13 所示,据此可以直接写出各公因子的表达式。例如,公因子 1 的表达式如下:

$F1 = 0.184 \times Zx_1 + 0.204 \times Zx_2 + 0.175 \times Zx_3 + 0.154 \times Zx_4 - 0.045 \times Zx_5 + 0.162 \times Zx_6 - 0.034 \times Zx_7 - 0.097 \times Zx_8 + 0.023 \times Zx_9 - 0.054 \times Zx_{10} + 0.039 \times Zx_{11} + 0.190 \times Zx_{12}$

	成分		
	1	2	3
地区生产总值	.184	-.025	-.014
资本形成总额	.204	-.111	-.088
居民消费支出	.175	-.004	.026
政府消费支出	.154	.041	-.027
居民消费水平绝对数	-.045	.349	.086
就业人数	.162	.011	.058
私营单位平均工资	-.034	.283	-.009
居民消费价格	-.097	.214	.596
商品零售价格	.023	-.092	.403
人均可支配收入	-.054	.353	.048
固定资产投资价格指数	.039	-.064	.252
电力消费量	.190	-.075	.003

提取方法:主成分分析法。
旋转方法:凯撒正态化最大方差法。

图 13.13　成分得分系数矩阵

> 本例由于使用了主成分分析法来提取公因子,并采用回归法进行因子的估计,因此利用成分得分系数矩阵所得到的因子计算公式在本质上与利用旋转成分矩阵所得到的"主成分"计算公式是等价的,区别在于前者的结果标准差为 1,后者则不是。

4. 保存公因子得分进行综合评价

前面已经得到了公因子表达式,虽然可以据此人工计算因子得分,但是这需要先将变量标准化,再输入公式进行计算,比较麻烦,实际上研究者可以直接使用"得分"子对话框中的"保存为变量"复选框,选择上述三种估计方法之一直接将各因子得分值保存为新变量,默认变量名称为 FAC1_1~FAC3_1。

由于上述三个公因子分别从不同方面反映了当地经济发展状况的总体水平,单独使用某一公因子很难全面地做出综合评价,因此考虑以各公因子所对应的方差贡献率比例为权重计算综合得分,相应的SPSS程序如下:

```
COMPUTE Score = 45.85/85.51 * FAC1_1 + 24.80/85.51 * FAC2_1 + 14.86/85.51 * FAC3_1.
EXEC.
```

 计算综合得分时要特别注意是否存在反向因子,如果某些因子的含义与综合评价的取值方向相反,则计算综合因子时需要取其相反数汇总,否则结果不正确。

按照计算出的综合因子得分 score,得分最高的前5个地区如表13.1所示。

表 13.1 综合排序的前 5 位地区

地区	FAC1_1	FAC2_1	FAC3_1	score
广东	2.61	0.50	1.40	1.79
江苏	2.51	0.70	0.97	1.72
山东	2.02	-0.19	-0.25	0.99
浙江	0.97	1.09	0.10	0.85
上海	-0.58	2.92	1.47	0.79

可见广东省的综合得分最高,其三个公因子的表现均不错,消费因子的表现尤其突出;排名第 2 的江苏总量因子表现接近广东,消费因子甚至还略高于广东,但价格因子则明显表现弱于广东;排名第 3 的山东在这方面的表现更差,其消费因子和价格因子得分还略低于平均水平;第 4 名浙江表现出的特征是消费能力强,但总量因子明显低于前 3 名;而排名第 5 的上海在消费因子和价格因子上的表现都非常强,但因为地域面积太小,总量因子低于平均水平,导致排名较低。显然,由于各个因子有明确的含义,上述综合比较结果可以很好地解释各地区整体经济发展的优点和劣势,更有利于各区域针对各自的特点确定自己的经济发展方向和重点。

需要指出的是,对于相同的数据,是否进行公因子旋转所得到的综合得分会存在明显差异,虽然从原理上不旋转的原始主成分提取结果或许更严谨,但含义清晰、应用价值明确的分析结果在实际分析项目中总是最受欢迎的。

基于上述结果,该数据还可以做进一步的分析。例如,利用聚类分析将所有地区分为若干类,总结各类的经济发展特征,请读者参考相应章节自行操作,这里不再详述。

13.3 因子分析进阶

前面学习到的因子分析的知识能够满足绝大多数的应用要求,但因子分析本身是非常强大的,除了常见的基本方法外,还有很多地方值得进一步学习和探讨。

13.3.1 公因子提取方法

因子分析是从主成分分析法发展而来的,但是却不局限于主成分分析法,在"提取"子对话框中的"方法"下拉列表中,可以选择不同的公因子提取方法。

(1) 主成分法(principal components)。该方法为默认选项。它假设变量是各因子的线性组合,从解释变量的变异出发,尽量使变量的方差能够被主成分所解释,而且保证各公因子对方差的解释比例依次减少。此方法的实际应用效果很好,绝大多数情况下无须更改。

(2) 不加权最小平方法(unweight least square)。该方法使实际的相关矩阵和再生的相关矩阵之差的平方和达到最小。

(3) 广义最小二乘法(generalized least square)。该方法也使实际的相关矩阵和再生的相关矩阵之差的平方和达到最小,但是对相关系数要进行加权。权重为其单值的倒数,这样单值高的变量的权重比单值低的变量的权重小。

(4) 最大似然法(maximum likelihood)。该方法要求数据服从多变量正态分布,此时它生成的参数估计最接近观察到的相关矩阵,在样本量较大时使用较好。此外,如果随后需要拟合验证性因子分析模型或结构方程模型,则应当考虑使用最大似然法拟合,这样前后各模型的分析结果会有一致性。

(5) 主轴因子法(principal axis factoring)。该方法从原始变量的相关性出发,使得变量间的相关程度能够尽可能地被公因子解释。该方法重在解释变量的相关性,确定内在结构,而对变量方差的解释不太重视。

(6) α 因子分析法(alpha factoring)。该方法将变量看成是从潜变量空间中抽取的样本,在计算中尽量使变量的 α 信度达到最大。

(7) 映像因子法(image factoring)。该方法把一个变量看作是其他变量的多元回归,据此概念提取公因子。

事实上,如果变量数和样本量都大,而且相关性也高,则各种公因子提取法的结果基本相同,区别仅仅在于分析思想不同。主成分法是最常用的方法,在多数情况下也是最佳的选择;如果样本量极大(1 500 个以上),则最大似然法的结果更精确些;如果数据不好(样本小或变量少),α 因子分析法或映像因子法可能更好;最后,在对各种方法的原理不太清楚或者适用条件不明的情况下,主成分法仍然是最好的选择。

13.3.2 相关矩阵和协方差

在计算特征值和特征向量时,可以选择使用变量间的相关矩阵或者协方差矩阵,SPSS 默认选择相关矩阵。根据相关矩阵或协差矩阵计算主成分,其因子分析结果是不同的。相关矩阵不受变量量纲的影响,而协方差矩阵受变量量纲的影响很大,当变量取值范围相差很大或量纲不同时,应当进行标准化,不过这点在 SPSS 中不存在,因为 SPSS 的因子分析方法中本身就包含了标准化过程。

如果消除了数值范围和量纲的影响,则根据协方差矩阵或相关矩阵计算特征值和特征向量,并进一步得到的因子载荷差异不大,尽管数值上有所不同,但其计算结果对因子的解释和对方差贡献率的解释在一般情况下是一致的,不会发生矛盾。

13.3.3 如何确定公因子数量

与主成分分析类似,在选取公因子时,也可以根据累积方差贡献率选取前 k 个公因子,以达到简化变量结构的目的。

此外,在选择公因子时,也要注意对应特征值的大小,因为特征值在某种程度上可以看作是衡量对应公因子解释力度大小的指标。一般要求特征值大于1。因为如果特征值小于1,说明该公因子的解释力度太弱,还比不上直接引入一个原始变量的平均解释力度大。但是这一点在因子分析中并不是绝对的,在实际应用中,可以将累积贡献率、特征值大小和碎石图等综合起来考虑。必要时也可以保留特征值虽然小于1,但是在专业上有明确含义的公因子。此时,可以在"提取"子对话框中指定要提取的公因子数目,以达到特定的研究目的。

13.3.4 主成分分析和因子分析的比较

1. 两种方法的异同

主成分分析和因子分析都是用于将多个相关变量简化为少数几个综合指标的多元统计分析方法,都可以在尽量保留变量信息的基础上降低变量维数。这两种方法的用途类似,但是在方法学上存在区别。

主成分分析法可以看作是对原始数据的协方差矩阵或相关矩阵进行矩阵变换而来的,不要求数据矩阵有特定的结构形式。而因子分析假定数据矩阵有特定的模型,并且满足特定的条件,否则因子分析的结果就可能是虚假的。

对于每一个原始数据矩阵而言,其主成分系数矩阵是唯一的,各主成分可以直接写为对应的特征向量与相应原始变量的线性组合,也不一定要求各主成分具有实际含义。因子分析可以看作是主成分分析法的扩展,其初始因子载荷可以通过特征向量和特征值求得,但是由于最终确定的公因子数往往小于原始变量数,因此因子载荷中包含特殊因子的影响;同时因子载荷不唯一,这种不唯一性看似不利,但实际上为因子旋转提供了方便,便于对因子载荷做进一步简化,使得各公因子具有明确的实际意义。

当特殊因子方差贡献率为零时,主成分分析和因子分析完全等价。因此,当因子模型成立,而且特殊因子方差贡献很小时,可以期待二者得到相同的结果;当特殊因子贡献较大时,因子分析把公因子和特殊因子严格区分开,而主成分分析则把这些因子不加区别地混在一起作为主成分加以保留或舍弃,此时二者在结果上存在明显不同。

在应用范围上,二者差别不大。有些统计学家认为,可以直接把主成分分析法包含到因子分析法中。本书认为二者还是有一定差别的:如果不需要研究变量的内部结构,只要进行综合评价,同时不需要考虑数据矩阵的结构形式问题,使用主成分显然更加简单;如果要考察变量间的内部结构,则因子分析法更合适,通过因子旋转可以使得到的公因子更容易解释。当然具体怎样使用还涉及研究者的个人喜好和习惯,很多人习惯采用因子分析法进行综合评价,因为通过适用性检验可以检验变量组的设置是否合理。

2. 两种方法的数学关联

设原始数据相关矩阵的特征值为 $\lambda_1, \lambda_2, \cdots, \lambda_p$,特征向量为

$$U = \begin{pmatrix} u_{11} & u_{12} & \cdots & u_{1p} \\ u_{21} & u_{22} & \cdots & u_{2p} \\ \vdots & \vdots & & \vdots \\ u_{p1} & u_{p2} & \cdots & u_{pp} \end{pmatrix}$$

对于主成分分析而言,特征向量 U 就是其主成分系数矩阵,而对于因子分析而言,其初始因子载荷矩阵为

$$A = U \begin{pmatrix} \sqrt{\lambda_1} & \sqrt{\lambda_1} & \cdots & \sqrt{\lambda_1} \\ \sqrt{\lambda_2} & \sqrt{\lambda_2} & \cdots & \sqrt{\lambda_2} \\ \vdots & \vdots & & \vdots \\ \sqrt{\lambda_p} & \sqrt{\lambda_p} & \cdots & \sqrt{\lambda_p} \end{pmatrix} = \begin{pmatrix} u_{11}\sqrt{\lambda_1} & u_{12}\sqrt{\lambda_2} & \cdots & u_{1p}\sqrt{\lambda_p} \\ u_{21}\sqrt{\lambda_1} & u_{22}\sqrt{\lambda_2} & \cdots & u_{2p}\sqrt{\lambda_p} \\ \vdots & \vdots & & \vdots \\ u_{p1}\sqrt{\lambda_1} & u_{p2}\sqrt{\lambda_2} & \cdots & u_{pp}\sqrt{\lambda_p} \end{pmatrix}$$

在 SPSS 中利用因子分析来实现主成分分析,此时需要注意以下事项。

(1) 在因子分析中的"提取"子对话框中,指定公因子数目为原始变量数,使得初始因子载荷中不包含特殊因子 ε。

(2) 通过前面所述的初始因子载荷矩阵和特征向量之间的关系式,计算主成分系数矩阵,即将各主成分上的载荷分别除以相应的主成分特征值的平方根。

不过在一般情况下,直接根据初始因子载荷矩阵按列的方向写出主成分表达式问题也不大,即不乘以特征值的平方根并不影响主成分本身的结构和性质。

13.4 分类数据的主成分分析(多维偏好分析)

显然,信息浓缩的原理在各类研究中有着普遍的应用价值,除连续数据外,研究者也往往会遇到有序或无序分类数据存在浓缩需求的情形。如何才能将信息浓缩的基本思想向有序分类数据类型加以扩展呢?

在第 7 章中已经学习过最优尺度回归方法,在这一方法中,统计学家利用数据的最优尺度变换解决了分类数据的回归建模问题,而这一方法与主成分分析方法的结合,也最终发展出了基于最优尺度变换的分类数据主成分分析方法(CATPCA),有力地拓展了信息浓缩方法的应用范围。而在市场研究等领域,由于其在结果图形化展示等方面的能力增强,这一方法有着更为人们所熟悉的名称:多维偏好分析(multiple preference analysis,MPA)。

> 除了应用于市场研究领域之外,CATPCA 也可以用于对多选题各选项的选择聚集性/偏好进行分析,限于篇幅,本书对此不展开讨论,对此感兴趣的读者可以参考本章末的参考文献自行尝试。

13.4.1 模型简介

CATPCA 在原理上无非就是最优尺度变换和主成分分析思想的结合(当然具体的算法实现起来非常复杂),这里主要基于多维偏好分析的应用思路对其进行介绍。多维偏好分析主要用于分析客户对商品的偏好倾向,消费者被要求对商品给出评分,随后依照评分进行后续

分析。它在本质上属于因子分析/主成分分析方法的扩展，实际上就是针对采集到的偏好数据进行主成分分析，并将结果以感知图/定位图的形式表现出来。简单地说，多维偏好分析的基本操作如下。

(1) 消费者被要求对商品给出综合评分。

(2) 相同偏好特征的受访者必然在评价上相似，体现为数据内在关联性较强，因此首先考虑用主成分分析方法进行信息浓缩。

(3) 通过将受访者的数据在提取出的主成分空间中作图，并将商品的品牌标示在相同空间，即可得到受访者评价和品牌间的关联信息。

显然，与普通的主成分分析/因子分析相比，以上分析思路没有任何特殊之处，但多维偏好分析在具体应用时有进一步拓展。

(1) 考虑到采集数据时的各种可能，多维偏好分析引入了最优尺度变换技术，从而不仅可以分析连续变量，还可以对有序变量，如评分、偏好排序等进行分析，这大大拓宽了方法的适用范围。

(2) 在多维偏好分析中，结果的图形化展示能力得到了加强，可以直接将案例偏好和变量载荷绘制在一幅图中，便于研究者使用。

(3) 因子分析要求研究者对影响偏好的因素有所了解，并且这些因素均可以通过问卷的方式直接测量，从而可以基于测量的结果来进行分析，但这有时难以做到。多维偏好分析则没有这种要求，它在数据采集时不要求给出商品的属性，研究者完全可以只要求受访者给出对各商品偏好程度的排序，而无须考虑是哪些因素影响着这种偏好。但是，如果采集了这些属性，则多维偏好分析又可以从结果推断各种因素对偏好的影响程度和方式，使用起来更加方便。

13.4.2 界面说明

在 SPSS 中 CATPCA 和其他方法被放置在一个菜单项中，即"分析"→"降维"→"最优标度"菜单项。由于相应的操作界面比较复杂，这里有必要先对其含义进行介绍，以方便读者后面的学习。

1. 预定义对话框

最优尺度过程中实际上包含了使用最优尺度变换的三种分析方法，因此首先会弹出预定义对话框，要求用户选择相应的数据格式，以确定使用何种分析方法，如图 13.14(a) 所示。上方的"最优标度级别"框组用于选择数据的测量尺度，如果所有变量均为无序多分类（名义测量），则使用默认选项，否则选择"某些变量并非多重名义"。下方的"变量集的数目"框组用于确定是在不分组的多个变量间进行分析还是在几组变量间进行分析，如果是对变量组间的关系进行分析，如分析多选题变量集间的关系，则选中"多个集合"单选按钮。根据上述两个框组的选择，最下方的"选定分析"框组就会自动显示所用的分析方法，具体如下。

(1) 多重对应分析。该方法用于考察多个分类变量各个类别之间的关联规律，当所有变量均为名义测量，且所有变量属于同一个变量集时选用该方法，详见第 14 章的讲解。

(2) 分类变量的主成分分析。当一些变量为名义测量尺度外的其他测量尺度（有序分类或连续变量）时使用。实际上，该方法就是所说的多维偏好分析。

(3) 非线性典型相关性方法。只要选择了多个变量集就一律使用此法。该方法用于分析两个或多个变量集之间的关系,允许变量为任何类型,无序分类、有序分类或连续变量均可,详见第 15 章的讲解。

2. 主对话框

如果预定义对话框选择了多维偏好分析,随后就会弹出该方法的主对话框,如图 13.14(b)所示。最上方的"分析变量"框用于选入需要进行主成分分析的偏好结果变量,中部的"补充变量"框用于选入将会在感知图中进行定位的附加变量(详见实例);而最下方"解中的维数"框用于确定最终希望提取的维度数,或者说所绘制定位图的最高维度数,默认是两维。

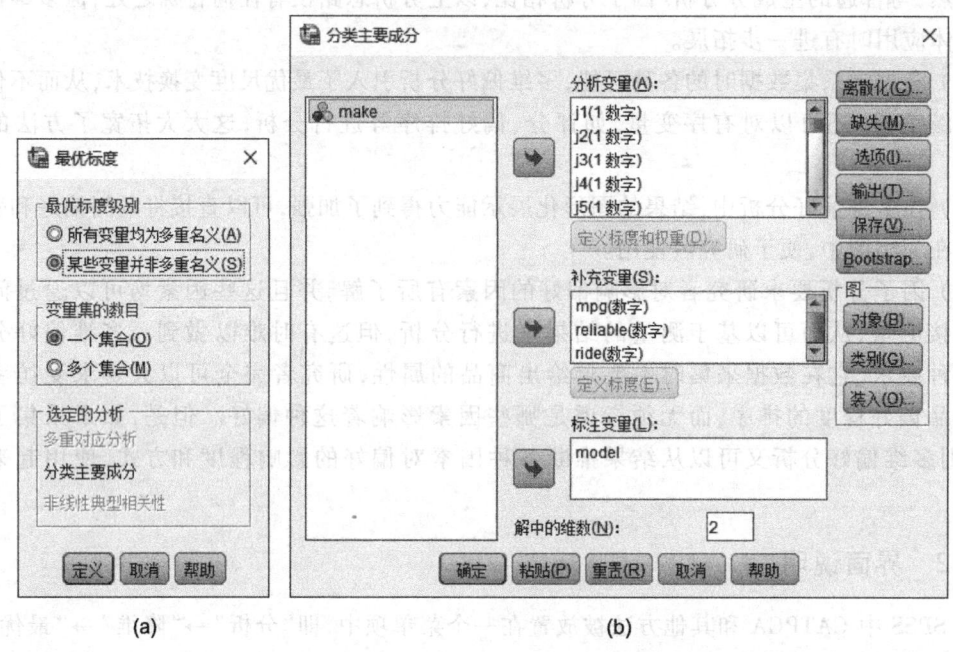

图 13.14　最优尺度过程的预定义对话框和多维偏好分析主对话框

3."定义标度和权重"子对话框

该对话框如图 13.15 所示。由于 CATPCA 可以处理的变量测量尺度比较丰富,因此在选入变量后首先要设定这些变量正确的测量尺度,默认有定量、有序分类和无序分类三种基本类型;对于后两种尺度,还提供了使用样条函数进行平滑的选择;此外,还有一种多重名义(multiple nominal),指的是该无序多分类变量的各个类别在各个维度上的提取比例、提取方式可以完全不同,是最自由的一种尺度,所以在对话框中一共可以看到 6 种选择。

默认所有的分析变量在建模时是一样重要的,如果在专业上可以确认其中某些变量更为重要,则可以在

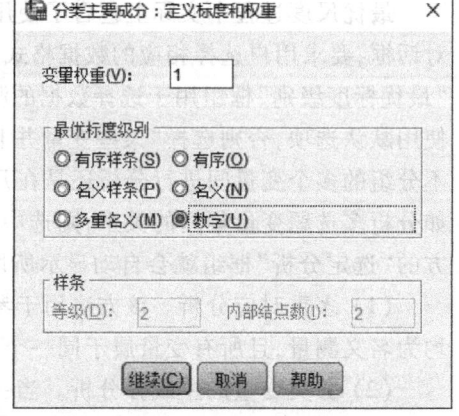

图 13.15　"定义标度和权重"子对话框

"定义标度和权重"子对话框的最上方将其权重设定为大于 1,但专业上无充分理由时最好不要更改。

4. "图"子对话框组

该子对话框组用于控制分析结果中的图形输出,最重要的空间偏好定位图就是在这里具体设定的。该子对话框组具体由三个子对话框组成。

(1) "对象"子对话框。如图 13.16(a) 所示,它用于输出案例(即对象)的空间定位散点图,并且可以按要求与变量、附加变量类别的散点图进行叠加(双叠或者三叠图),以达到所需效果。

(2) "类别"子对话框。它用于绘制进入分析的各变量在最优尺度变换前后数值的对应图(类别图),在最优尺度回归中已经有过应用;而联合类别图则是将所有类别图合并输出,是多重对应分析中最重要的分析结果,其含义将在下一章进行介绍,这里不再详述。

(3) "装入"子对话框。如图 13.16(b) 所示,它用于控制在图形中变量载荷(散点坐标)的显示方式,对应的是因子分析中的载荷图。其上方的"装入变量"框组可以指定在空间中只显示某些变量的散点,而下方的"包括质心"框组则要求被指定为多项分布(multiple nominal)的变量输出各类别在空间中的散点定位,详见实例。

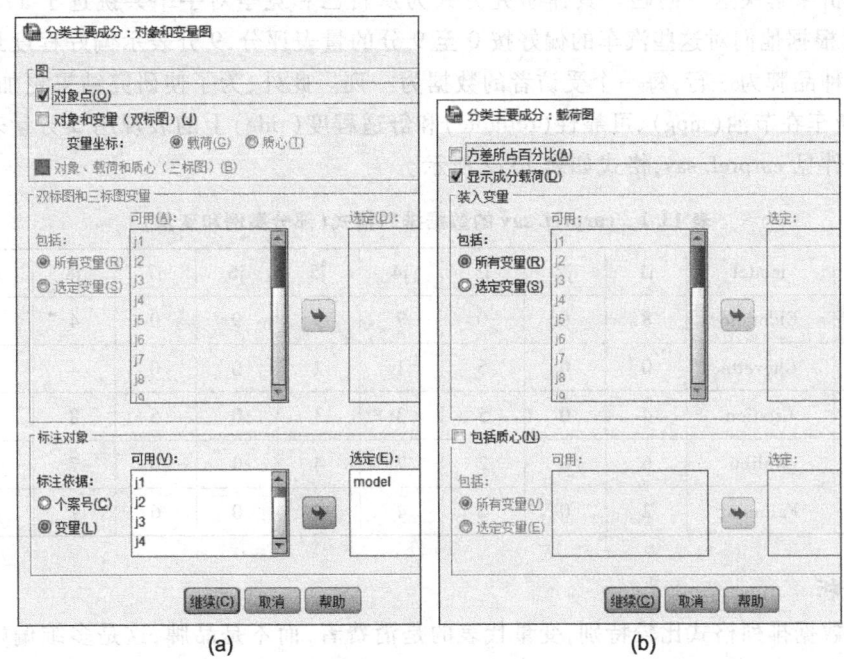

图 13.16 "图"子对话框组中的"对象"和"装入"子对话框

5. 其他子对话框

在主对话框的右上侧还有一列共 5 个按钮,它们各自控制模型拟合时的一部分功能。

(1) "离散化"子对话框。它用于选择对非整数数值、字符串变量的重编码方式,变量为数值尺度时一般不需要设定,如需设定,则多数情况下按排秩设定即可,此时可以保留最多的原始信息。

(2) "缺失"子对话框。它用于控制数据中出现缺失值时的填补方式,默认为将该案例剔除出分析,也可以更改为使用众数填补,或者列为一个单独的类别进行分析。如果数据中不存在缺失值,则可以忽略该对话框。

(3)"选项"子对话框。它用于对模型进行一些比较复杂的选项设定。左侧的"补充对象"框组可以指定某些案例为附加案例(参见第14章的介绍),右上方的"正态化方法"框组用于控制数据的标准化尺度,详细内容见后。左下方的"图维"框组可以设定高维度图形的显示方式,右下方的"旋转"框组则用于对主成分进行旋转,功能与因子分析完全相同。但一般而言,CATPCA很少需要严格按照坐标轴方向对结果含义进行解释,因此也很少进行因子的旋转。

(4)"输出"与"保存"子对话框。前者用于选择相应的输出内容,后者则可以将结果保存为新变量供后续分析。

13.4.3 案例:汽车偏好研究

本节将采用一个真正的多维偏好分析研究实例,展示该方法的真实用途。

1. 研究背景

例13.2 1980年,美国的某汽车制造商希望了解在消费者心目中,自己的汽车品牌相对于其竞争对手的品牌是如何定位的,在当前的汽车市场上是否还有市场空间可供发掘。考虑采用多维偏好分析来解决这一问题。具体研究方式为从自己和竞争对手中共挑选了17种新车,请25位消费者根据他们对这些汽车的偏好按0至9分的量表评分,9分表示偏好程度最高。数据录入时每一种品牌为一行,每一个受访者的数据为一列。此外,为了使研究结果更加明确,还按照这17种新车在节油(mpg)、可靠性(reliable)和舒适程度(ride)上的表现用5分量表进行了评价。数据文件见carpref.sav,格式如表13.2所示。

表13.2 carpref.sav的数据排列格式(部分案例和变量)

make	model	j1	j2	j3	j4	j5	j6	j7	j8	j9	j10
Cadillac	Eldorado	8	0	0	7	9	9	0	4	9	1
Chevrolet	Chevette	0	0	5	1	2	0	0	4	2	3
Chevrolet	Citation	4	0	5	3	3	0	5	8	1	4
Chevrolet	Malibu	6	0	2	7	4	0	0	7	2	3
Ford	Fairmont	2	0	2	4	0	0	6	7	1	5

2. 预分析

本例的数据排列格式比较特别,变量代表的是消费者,而不是品牌,这是多维偏好分析常见的数据排列方式。由于本例的实际含义是将消费者按照偏好的相似程度进行信息浓缩,然后考察品牌在消费者偏好空间中的定位,因此基本分析原理是对偏好数据进行主成分分析以浓缩信息。为此可以首先进行一个简单的主成分分析,判定需要多少空间维度才合适。分析中得到的碎石图13.17所示,从中可见前两个主成分的信息量较高,合计大约占了70%的总信息量。虽然第3~5个维度的特征值也大于1,但由于数据中一个变量代表一位消费者,显然访谈的消费者越多,这种特征值大于1的维度也会越多。因此,多维偏好分析只要抓住最关键的几个维度即可,不用拘泥于特征值大于1这一标准。本研究将首先考察前两个维度构成的二维空间,在得到基本分析结论之后再考虑对其他几个维度加以考察。

13.4 分类数据的主成分分析（多维偏好分析）

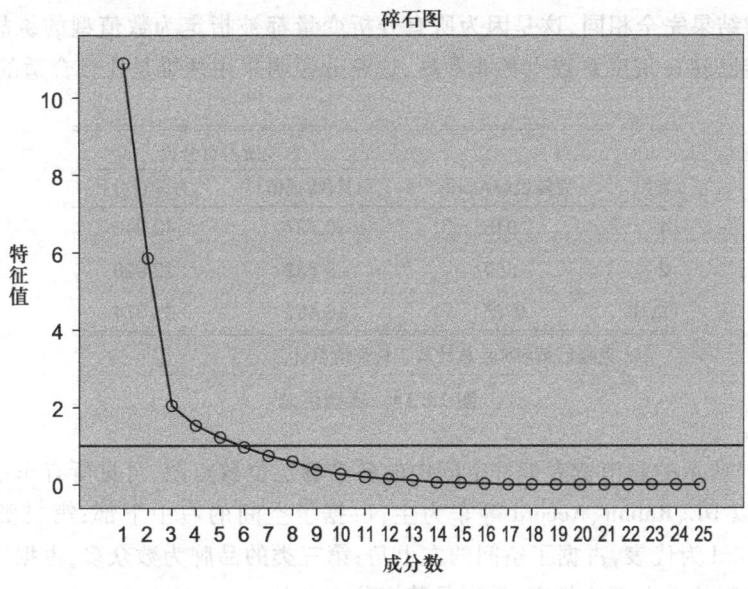

图 13.17 碎石图

3. 操作说明

本研究采用 9 分量表的形式对偏好进行了评价，这里考虑首先将其设定为数值型变量加以分析，操作如下。

1. 选择"分析"→"降维"→"最优标度"菜单项。
2. 选中"某些变量并非多重名义"单选按钮，单击"定义"按钮。
3. 将 j1~j25 选入"分析变量"框，在"定义标度和权重"子对话框中将其测量尺度全部更改为"数字"。
4. 将 mpg、reliable、ride 选入"补充变量"框，在"定义标度"子对话框中将其测量尺度类型全部更改为"数字"。
5. 将 model 选入"标注变量"框。
6. 在"离散化"子对话框中，将所有变量的离散化方式均设为"排秩"。
7. 在"选项"子对话框中，在"正态化方法"下拉列表中选择"对称"。
8. 在"对象"子对话框中，选中"对象和变量"复选框，将"标注对象"框组中的标注方式更改为"变量"，并将 model 选入"选定"框。
9. 单击"确定"按钮。

上述操作比较复杂，比较特殊的是将信息浓缩方法改为了对称方式（symmetrical），以重点突出品牌和受访者间的关联。此外，还专门对各变量的离散化方式进行了设定，原因在于个体 6 的评分非常极端，如果不进行设定，则无法对其进行分析（模型会要求剔除该个体数据）。

4. 基本分析结果

CATPCA 的结果输出比较丰富，为节约篇幅，这里只给出和多维偏好分析的结果解释有关的部分，其余如分值转换对应表/图等内容请读者参考第 7 章中最优尺度回归一节的解释。

图 13.18 所示的为模型情况汇总，显示前两个维度共携带了 65.9% 的信息量，可以发现这和

主成分分析中的结果完全相同,这是因为所有分析变量都被指定为数值型的缘故。两个维度和整个模型的克隆巴赫 α 信度系数也都非常高,这充分说明采用两维是比较合适的。

维	克隆巴赫Alpha	方差所占百分比	
		总计(特征值)	方差百分比
1	.945	10.737	42.946
2	.860	5.732	22.928
总计	.978[a]	16.469	65.874

a. 克隆巴赫Alpha 总计基于特征值总计。

图 13.18 模型汇总

图 13.19(a)所示的是消费者偏好空间中的各品牌定位散点图,可见所有车型可以大致分为三大类:第一类以 DL、Rabbit、Accord 等车为主,占据了空间的右中下部;第二类以 Continental、Eldorado 和 Firebird 为代表,占据了空间的左上角;第三类的品牌为数众多,占据了偏好空间的左下角。而整个空间的右上部比较空,没有品牌定位在此处。

那么,偏好空间中的不同定位代表了什么含义?空白的右上部是否就表示一个潜在的市场空间呢?对于比较熟悉各种品牌特点的研究者而言,这些问题已有了基本的答案,但是定量分析讲究的是数量上的证据,下面再来观察图 13.19(b),它给出的是各消费者在同一个偏好空间中的定位图。可以看到不同的消费者偏好倾向差异很大,但大致可以分为三大群体,第一个群体人数众多,偏好倾向指向空间的右中下部;第二个群体人数次之,偏好指向空间的右上部;第三个群体人数最少,指向空间的左上部。由于同时对三个属性变量进行了测量,因此属性变量的空间定位可以很好地帮助了解偏好的具体含义。可见在指向上,省油能力与可靠性和第一群体的偏好

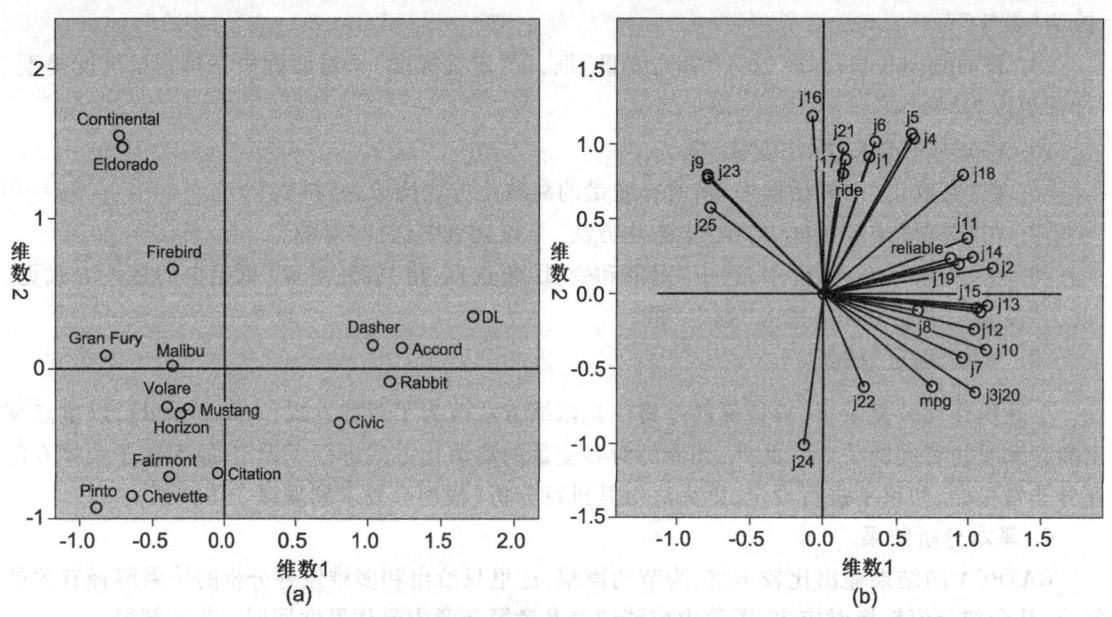

图 13.19 偏好空间中的品牌定位散点图和个体定位散点图

指向完全相同,显然,该群体更加重视的是车型的经济适用和安全可靠。而乘坐的舒适度和第二群体的偏好指向基本重叠,即该群体更重视乘坐的舒适程度。

5. 多维偏好图

为了能对信息做进一步的综合,研究者可以把上述两幅图重叠起来进行分析,如图 13.20 所示。这就是平时所说的多维偏好图,它可以同时显示消费者偏好和品牌定位,通过对各种品牌信息的综合,最终得出以下分析结论。

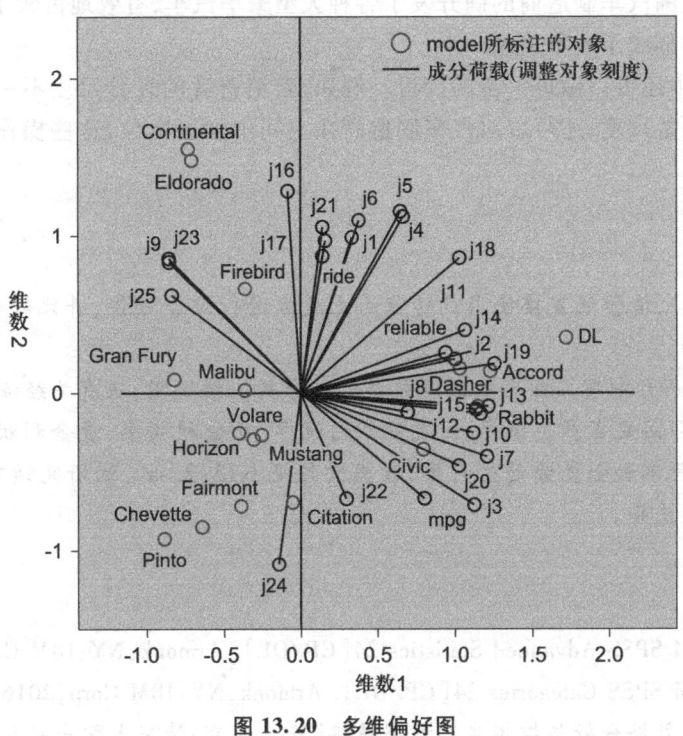

图 13.20 多维偏好图

(1) 两个维度可以有基本的含义解释,从偏好定位和品牌定位上看,第一维度似乎代表了总的偏好程度,但是又更倾向于对车型实用性的考虑。其中,评分最高为沃尔沃 DL,最低为福特 Pinto;第二主成分与汽车大小、舒适程度有关,其中林肯 Continental 和卡迪拉克 Eldorado 得分最高,还是福特 Pinto 最低。需要注意的是,多维偏好图中的维度含义解释可以不严格按照坐标轴,如果专业上有明确的含义,则对图形旋转后进行新维度的含义解释也是可以接受的。

(2) 消费者的偏好存在明显差异,他们主要可以被分为两大群体,第一群体人数较多,更加注重省油能力、可靠性等实用性指标。第二群体人数相对较少,更加喜欢大型汽车,注重乘坐的舒适程度。虽然少量消费者有不同于以上两个群体的偏好,但是人数非常少,且偏好指向中低档车型,从营销的角度可以忽略。

(3) 从市场结构划分来看,已经很少有人偏好福特 Pinto 等小型美国车,这些位于第三象限的汽车品牌市场前景不容乐观;相当多的消费者开始选择日本、欧洲车型,这可能会成为今后市场的主流;大型美国车仍然有固定的偏好人群,属于一个比较固定的独特市场区块;值得注意的是,在第二群体的主要指向上,目前尚无汽车品牌与之对应,这一群体的偏好取向可能暗示了一个新的细分市场:更大、更豪华的欧洲和日本车市场。

虽然在 1980 年进行的这项研究依据的只是一个小样本。但随后市场的变化证明该研究的结果非常准确。

（1）几年后,各种中小型美国车被逐渐挤出市场,最后只剩下福特 Mustang 还在量产。

（2）第一群体偏好的品牌以日本、欧洲车型为主,并且在 20 世纪 80 年代,日本车在美国市场的份额有了明显上升。

（3）日本和欧洲汽车制造商的确开发了各种大型豪华汽车,有效地占领了市场,并且和传统的豪华美国车品牌形成了竞争关系。

最后,在分析中还可以做进一步的探讨。例如,若消费者的评分尺度不一定等距,则可以将变量设定为定序测量尺度;还可以对汽车制造商在空间中加以定位,这些操作请读者自行完成,这里不再详述。

思考与练习

1. 对于例 13.1,请尝试直接使用旋转前的主成分进行综合评价,并比较哪种综合评价结果更加符合分析需求。

2. 对某市 15 个大中型工业企业经济效益进行分析。经研究,从有关经济效益指标中选择 7 个指标进行分析,即固定资产产值率、固定资产利税率、资金利润率、资金利税率、流动资金周转天数、销售收入利税率和全员劳动生产率,数据文件见 lx13_2.sav,试研究该市大中型工业企业经济效益的状况及差异。

参考文献

[1] IBM Corp. IBM SPSS Advanced Statistics 24[CP/OL]. Armonk,NY:IBM Corp,2016.

[2] IBM Corp. IBM SPSS Categories 24[CP/OL]. Armonk,NY:IBM Corp,2016.[3] 张文彤,钟云飞. IBM SPSS 数据分析与挖掘实战案例精粹[M]. 北京:清华大学出版社,2013.

[4] 于秀林,任雪松. 多元统计分析[M]. 北京:中国统计出版社,1999.

[5] 郭志刚. 社会统计分析方法:SPSS 软件应用[M]. 北京:中国人民大学出版社,1999.

[6] 陈峰. 医用多元统计分析方法[M]. 北京:中国统计出版社,2000.

[7] 张文彤,竺丽明,鲍培芬. 分类数据主成分分析方法在多选题分析中的应用[J]. 中国公共卫生,2004,20(1):124-125.

第14章 对应分析

14.1 模型简介

14.1.1 问题的提出

研究分类变量间的关联是统计分析中常见的工作,卡方检验可以进行基本的分析,Logistic 回归模型族可以做到精细建模。但是,当所涉及的分类变量类别较多,或者分类变量个数较多时,精细建模的思路在应用上就会遇到障碍。例如,研究全国56个民族的职业分布规律,如果希望了解各民族更倾向于从事何种职业,就必须将民族设定为哑变量,建立因变量同样为多分类的 Logistic 回归模型,这样虽然结果很精确,但相应模型的操作和解释都非常复杂,显然并非普通用户能够轻易掌握。

那么,能否采用结论不那么精确,但呈现方式简明易懂的方法来解决这一问题?对应分析就是这种思路的结晶。它采用图形化呈现的方式,将交叉表转换为相应的对应分析图,这样虽然没有涉及假设检验,无法得到确切的统计结论,但是结果直观,而且操作简单,对结果的解释也更加容易。显然,这种方式更易为广大用户接受。

对应分析的起源较多,现在一般认为它起源于20世纪三四十年代一批互相独立的文献,如 Richardson 和 Kuder(1933)、Hirshfeld(1935)、Horst(1935)、Fisher(1940)、Guttman(1941)等,很难说哪位统计学家是这种方法的真正作者。同时因其来源众多,它的别名也比较多,如同质性分析、数量化方法等。但所有这些方法的基本原理是相同的。长期以来,对应分析在法国和日本都非常流行,这与几位统计学家在各自国内所起的推动作用分不开。现在,随着我国统计软件应用的不断普及,对应分析的优势越来越为人所知,在我国也得到越来越广泛的应用。

14.1.2 模型入门

1. 分析步骤

对应分析的实质就是将行、列变量的交叉表变换为一张散点图,从而将表格中包含的类别关联信息用各散点空间位置关系的形式表现出来,但是其中所使用的算法较为复杂,以两变量的对应分析为例,其整个分析过程大致可以分为以下5个步骤。

(1) 数据的变换与标准化。由于对应分析的主要目的是呈现出各类别间的关联,因此它首先需要对数据进行变换,使得这种关联能够凸显出来。具体的方式是假设行、列变量间无关联,随后根据两变量的交叉表,基于原假设计算各单元格内的标准化残差:

$$标准化残差 = \frac{实际频数 - 理论频数}{\sqrt{理论频数}}$$

这样就将原始的频数矩阵转换为了一个新的数据矩阵 $\mathbf{Z}$。在变换后,每个单元格内的频数反映的是当前单元格偏离该无关联假设的程度,相应的两变量类别间关联越强,单元格内频数的绝对值就越大,频数的正负则反映了是正向关联还是负向关联。对应分析随后的步骤就是将变换后的数据矩阵转换为相应的散点图。

随后的 4 个步骤数学味较重,读者不需要完全理解,只需要知道每一步的结果是什么即可。

(2) 奇异值分解。对矩阵 Z 进行奇异值分解(singular value decomposition):

$$Z = K\Lambda L^T$$

其中,$K^T K = L^T L = 1$,而 Λ 则为对角阵,包含一些奇异值,而且这些奇异值沿主对角线从大到小排列,每个奇异值就对应了结果中的一个维度。该步骤实际上确定了分析结果的最大维度数,以及每个维度所携带的信息量。

(3) 行、列尺度的调整。按照行、列变量相应的类别构成比,对矩阵 K、L 中包含的奇异向量进行标准化,使之具有单位长度。标准化后 K、L 实际上就分别将行、列变量各散点的坐标确定了下来。

(4) 估计方差与协方差。这一步的含义是通过对方差、协方差的估计,初步得到各类别所对应的散点坐标。

(5) 行、列评分的标准化。按照所选定的标准化方法,对计算出的行、列变量各散点的坐标进行标准化,该步骤进行完后,得到的就是最终在图形中呈现的散点坐标。

在这 5 个步骤中,后 4 个步骤基本上被固定下来,没有太多的选项可供调整,最重要的是第一个步骤,其变化将在 14.3 节中详细讲解。

2. 适用条件

上面分析的第一个步骤就是将单元格内的数据转换为标准化残差,而且就是基于行、列变量关联卡方检验的原假设进行。事实上,卡方值就等于标准化残差的平方和,本身就代表了实际数据偏离原假设的程度,而对应分析则是使这种偏离情况得到了细分至各类别的图形呈现。由于对应分析基本上是一种描述统计方法,因此卡方检验可以作为对其适用条件的检查手段。

一般而言,当卡方检验有统计学意义时,对应分析才有可能在各类别间找到明显的类别关联。但是,由于卡方检验是一个总体检验,不排除有少数类别间的关联被"淹没"在绝大多数无关类别中的情形出现。因此,这里一般不是严格地以 0.05 作为判断水准,具体界值为多少合适并无统一标准,从经验上讲,如果 P 值大于 0.2,则多半无进行分析的必要;如果 P 值在 0.05~0.2 之间,也可以尝试进行对应分析,但是对结果的解释要慎重。

14.1.3 软件实现

在 SPSS 中,对应分析可以根据所分析变量的数目分为简单对应分析和多重对应分析两种,前者用于分析两个分类变量间的关联,后者则用于分析多个分类变量间的类别关联,并且会同时使用最优尺度变换,以使数据特征尽量清晰地呈现。

14.2 案例:头发颜色与眼睛颜色的关联

例 14.1 研究者收集了苏格兰北部 Caithness 郡 5 387 名小学生眼睛与头发颜色的数据,见表 14.1,其中眼睛有深色、棕色、蓝色、浅色 4 种颜色,头发有金色、红色、棕色、深色、黑色 5 种颜色。研究者希望知道头发和眼睛的颜色间存在何种关联,即某种头发颜色的人的眼睛更倾向于何种颜色。数据文件见 hair&eye.sav。

表 14.1 头发颜色与眼睛颜色的交叉表

眼睛颜色	头发颜色					
	金色	红色	棕色	深色	黑色	合计
深色	98	48	403	681	85	1 315
棕色	343	84	909	412	26	1 774
蓝色	326	38	241	110	3	718
浅色	688	116	584	188	4	1 580
合计	1 455	286	2 137	1 391	118	5 387

14.2.1 预分析

该数据由 Fisher 在 1940 年首次引用,是对应分析的经典研究案例。首先对数据进行描述,以获得初步信息。除交叉表以外,统计图也是用于描述的重要工具,对该问题可以分别绘制条图和马赛克图,如图 14.1 所示。条图反映的是原始频数的大小,如图 14.1(a)所示,从中可见深色头发中深色眼睛的人远比金色头发多。但是,由于各类别的总人数并不相同,直接比较原始频数并不合理。更妥当的办法是进行各类别构成比的比较。马赛克图反映的就是这一信息。从图 14.1(b)中可以看到,随着头发颜色由金色、红色逐渐变为深色、黑色,人群中眼睛为浅色的比例越来越低,而眼睛为深色的比例越来越高。显然,这一信息提示头发颜色和眼睛颜色之间是有关联的。

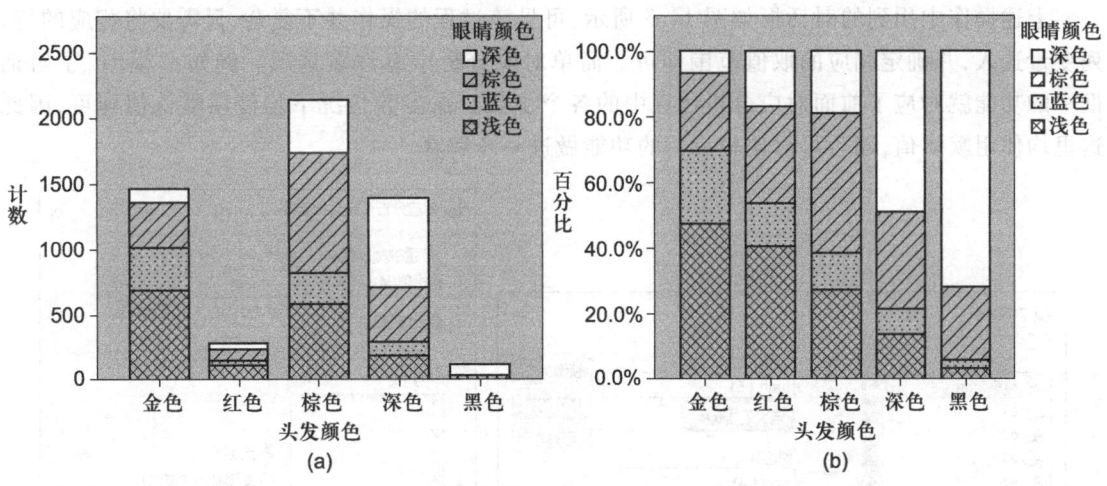

图 14.1 头发颜色与眼睛颜色的条图与马赛克图

以上信息是通过对样本的直接观察而来的,那么这种关联究竟是真实存在的,还是由抽样误差导致的假象? 这可以通过卡方检验来验证,结果如图 14.2 所示。可见卡方值为 1 240.039,P 值远小于 0.05,因此可以认为眼睛颜色和头发颜色间存在关联。但是,究竟是怎样的关联方式? 是其中仅某两类间存在关联,如浅色头发的人中浅色眼睛的较多;还是两两间都有关联? 这是卡方检验所不能回答的,需要采用更复杂的分析方法才能得到进一步的分析结果,而对应分析就是一个很好的选择。

	值	自由度	渐进显著性(双侧)
皮尔逊卡方	1240.039[a]	12	.000
似然比	1218.314	12	.000
线性关联	920.631	1	.000
有效个案数	5387		

a. 0个单元格(.0%)的期望计数小于5。最小期望计数为15.73。

图 14.2 卡方检验

14.2.2 正式分析

1. 操作说明

由于本例只涉及两个分类变量,即头发颜色(hair)和眼睛颜色(eye),因此可以考虑使用简单对应分析,相应的操作如下。

> 1. 选择"分析"→"降维"→"对应分析"菜单项。
> 2. 将 hair 选入"行"框,单击"定义范围"按钮,将取值范围定义为 1~5。
> 3. 将 eye 选入"列"框,单击"定义范围"按钮,将取值范围定义为 1~4。
> 4. 单击"确定"按钮。

上述操作中用到的对话框如图 14.3 所示,可见该过程的操作并不复杂,只需要将相应的行、列变量选入,并确定相应的取值范围即可。简单对应分析中有许多选项。例如,"模型"子对话框中的功能就对应了前面对应分析计算中的各个步骤。在多数情况下均使用默认值即可,因此这里均使用默认值,随后再对比较有用的功能做进一步解释。

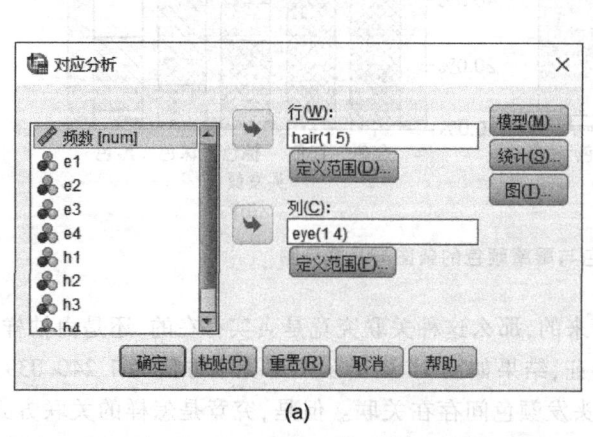
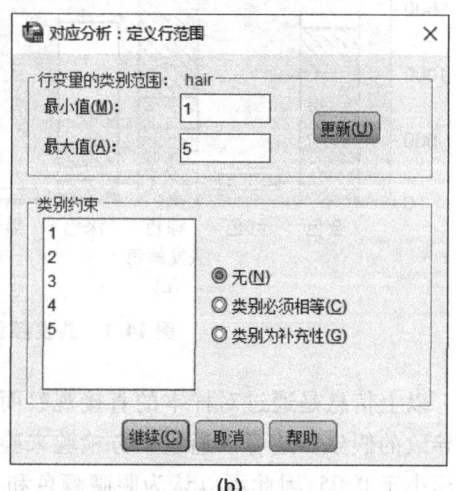

(a)   (b)

图 14.3 对应分析的主对话框和"定义范围"子对话框

2. 结果解释

对应分析的结果中首先会输出该模块的版权信息,说明该模块是由荷兰 Leiden 大学 DTSS 课题组编制的,此处略。随后才是正式的分析结果,首先输出的是对应表,如图 14.4 所示。可以看出,它实际上是两个变量的行×列表。由于对应分析随后的计算完全基于该表格,所以首先将其输出,以便对变量间的关联进行大致的观察,并同时检查有无数据录入错误。

头发颜色	眼睛颜色				活动边际
	1眼深色	2眼棕色	3眼蓝色	4眼浅色	
1发金色	98	343	326	688	1455
2发红色	48	84	38	116	286
3发棕色	403	909	241	584	2137
4发深色	681	412	110	188	1391
5发黑色	85	26	3	4	118
活动边际	1315	1774	718	1580	5387

图 14.4 对应表

图 14.5 所示的为对应分析的结果汇总表,在对应分析中,最多可以提取的维度数等于两变量最小类别数-1。但是,往往前 2~3 个维度就携带了绝大多数信息,汇总表可以给出所提取的每个维度(因子)所携带的信息量,以帮助确定需要使用多少个维度对结果进行解释。从左到右的前 6 个指标依次是维数、奇异值、惯量、总的卡方检验及 P 值、方差解释比例,下面对后 5 个指标进行说明。

维	奇异值	惯量	卡方	显著性	惯量比例		置信度奇异值	
					占	累积	标准差	相关性 2
1	.446	.199			.865	.865	.012	.274
2	.173	.030			.131	.996	.013	
3	.029	.001			.004	1.000		
总计		.230	1240.039	.000ª	1.000	1.000		

a. 12自由度

图 14.5 汇总表

(1) 奇异值和惯量。奇异值这个术语来自于矩阵运算,就是前面对应分析计算步骤中进行奇异值分解所得到的东西,对矩阵运算原理不熟悉的读者可以不去多考虑它。它的平方就是惯量(inertia),相当于因子分析中常说的特征值,用于说明对应分析各个维度的结果能够解释列联表中两变量关联的程度。但是,由于这里是对应分析,所以其大小不再像因子分析中那样代表该因子平均携带了多少个原始变量的信息。但是,所有维度惯量的总和则仍然可以用来表示总信息量的大小,详细内容见后。

(2) 总的卡方检验及 P 值。此处为检验行变量和列变量间是否存在关联,它可以被看成是对对应分析适用条件的检验,只有行变量和列变量间有关联,才使用对应分析对这种关联进行详细分析;否则,就没有使用对应分析的必要了。从卡方值和 P 值大小即可看出,该检验就是前面初步分析中交叉表过程所进行的 Pearson 卡方检验。

(3) 方差解释比例。该指标表明每个维度所携带的信息量,实际上是按照每个维度的惯量占惯量总和的比例计算而来的,在这一点上惯量倒是和因子分析中的特征值完全相同。从图 14.5 中可见第一维度占了总信息量的 0.199/0.23 = 86.5%,第二维度占了 13.1%,第三维度则仅占 0.4%。三个维度加起来共携带了 100% 的原始信息量。显然,由于前两个维度就携带了绝大部分信息量,而且二维图形要比三维图形更容易为人们所观察和理解,因此在本例中完全可以使用二维空间进行分析结果的解释。

表格最右侧还提供了各奇异值的标准差及相关系数,对结果解释影响不大,可忽略。

图 14.6 所示的为行变量(头发颜色)各类别分析结果汇总,由于各类别均以散点的形式在空间中呈现,故称为行点总览表。表中主要给出各类别在各维度上的评分,以及相应的信息贡献量两大类信息,分别介绍如下。

头发颜色	数量	维得分		惯量	贡献				总计
					点对维的惯量		维对点的惯量		
		1	2		1	2	1	2	
1发金色	.270	-.814	-.417	.088	.401	.271	.907	.093	1.000
2发红色	.053	-.349	-.116	.004	.014	.004	.770	.033	.803
3发棕色	.397	-.063	.500	.018	.004	.572	.039	.961	1.000
4发深色	.258	.881	-.250	.092	.449	.093	.969	.030	1.000
5发黑色	.022	1.638	-.688	.028	.132	.060	.934	.064	.998
活动总计	1.000			.230	1.000	1.000			

a. 对称正态化

图 14.6 行点总览表

(1) 质量(mass)。质量实际上就是各种类别的构成比。例如,头发颜色为金色的共 1 455 人,占总数的构成比为 1 455/5 387 = 27%,以此类推。构成比的大小可以近似反映相应的指标是否稳定,因为构成比越高,说明频数越多,相应的分析结果就越不易受个别极端样本值的影响。

(2) 维中的得分(score in dimension)。它给出各类别在相关维度上的评分。首先给出的是在默认提取的两个维度上各类别的因子载荷值(空间坐标值),随后的"惯量"列则给出了总惯量在行变量中的分解情况,它反映了总惯量(0.23)中分别由各行变量类别所提供的大小,数值越大,说明该类别对惯量的贡献越大。其大小既和相应的构成比有关,也和该类别与另一变量的关联程度有关。例如,黑色的构成比只有 2.2%,而惯量比例则达到了 0.028/0.23 = 12.2%,这说明它和列变量的关联可能较为明显。

(3) 贡献(contribution)。它首先给出各维度上信息量在各类别间的分解情况,本例中可见第一维度的信息量主要被金色、深色和黑色三个类别所携带,或者说这三个类别在第一维度上的区分度较好,这从坐标值上即可得到验证。同理,在第二维度上则是金色和棕色的区分度较好。随后给出的是各类别的信息量在各维度上的分布比例。例如,金色的总信息量中有 90.7% 分布在第一维度上,只有 9.3% 分布在第二维度上。综合观察,可知除了棕色外,绝大多数类别的信息量都分布在第一维度上。最右侧给出的是各维度的信息量比例之和,可见红色这一类别在前两个维度中只提取出了 80.3% 的信息量,因此如果红色的解释不理想或不合理,则可以考虑是否加入第三维度以改善解释。

图 14.7 所示的为列变量(眼睛颜色)各类别分析结果汇总,阅读方式与前面相同,这里不再重复解释,读者只需要注意惯量也是 0.23,即行、列变量的分解是在相同的解释空间中进行的,这样,相应的类别散点才能被放在同一个空间中加以阅读。

列点总览[a]

眼睛颜色	数量	维得分		惯量	贡献				
					点对维的惯量		维对点的惯量		
		1	2		1	2	1	2	总计
1眼深色	.244	1.052	-.322	.125	.605	.145	.965	.035	1.000
2眼棕色	.329	.050	.588	.020	.002	.657	.018	.981	.999
3眼蓝色	.133	-.599	-.397	.026	.107	.121	.836	.143	.979
4眼浅色	.293	-.660	-.212	.060	.286	.076	.956	.039	.995
活动总计	1.000			.230	1.000	1.000			

a. 对称正态化

图 14.7 列点总览

分析结果中最后给出的是对应分析图(为便于阅读,此处已经过编辑),如图 14.8(a)所示(图 14.8(b)所示的是第一、三维度的对应分析图,详细内容见 14.2.4 小节)。实际上对于对应分析而言,由于所有的主要信息均反映在该图形中,各类别散点在空间中的距离和位置就反映了各自间的关系,因此多数分析报告都只使用这幅图进行描述。阅读该图形可以了解同一变量各类别的区分程度,以及不同变量各类别间的关联程度,其阅读可以按如下顺序进行。

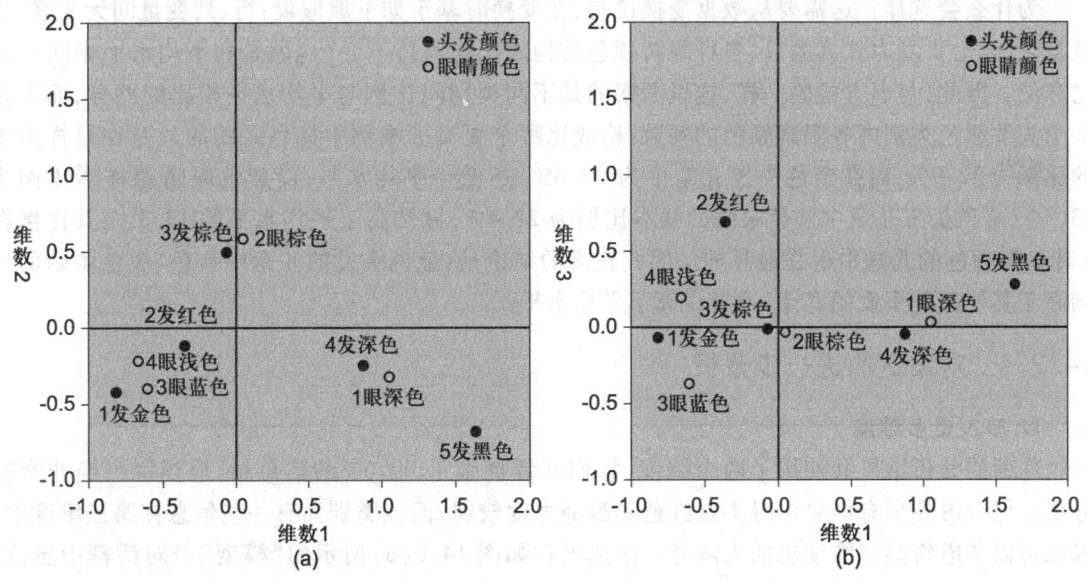

图 14.8 对应分析图

（1）考察同一变量的区分度。分别考察行变量、列变量各类别间是否被清晰地分开了。可以分别检查在各个维度上的区分情况，如果同一变量不同类别在某个维度上靠得较近，则说明这些类别在该维度上区别不大。在本例中，可以看到无论是头发颜色还是眼睛颜色在空间位置上都分得比较开。分维度考察，可以注意它们在第二维度上的区分度稍差一些。

（2）考察不同变量的类别关联。这才是对应分析真正关心的问题。一般而言，落在从图形原点(0,0)出发的相同方位上大致相同区域内的不同变量的散点彼此有关联。散点间距离越近，说明关联倾向越明显；散点离原点越远，也说明关联倾向越明显。

下面就根据以上原则对图形结果加以解释。

（1）眼睛棕色和头发棕色两个散点靠得非常近，显然这两种特征之间存在关联。

（2）同理，也容易确定眼睛深色和头发深色存在关联。但是头发黑色是否也与之有关联？它离眼睛深色有一定距离，但是如果考察相对于原点的位置，则头发黑色这一散点基本上在原点和眼睛深色散点连线的延长线上，因此可以认为头发深色、黑色都与眼睛深色有关联。

（3）头发金色和眼睛蓝色、浅色的散点在一起，因此可以认为它们之间存在关联。虽然头发红色的散点空间位置也在这附近，但是注意到该散点距离原点较近，因此对它的解释要谨慎，即关联可能比较弱，必要时应当对照原始数据表确认是否存在关联。

这样，通过对应分析图，就可以直观而简明地得到头发颜色和眼睛颜色间的关联特征，显然，借助图形化的结果，对应分析要比对数线性模型等建模方法更容易理解和应用。

14.2.3 分析结果的正确解释

对应分析因其结果易于阅读，往往会在粗心的使用者手中给出错误的结果解释，最常见的错误是将构成比和原始频数弄混。例如，在本例中，头发金色和眼睛蓝色、浅色存在关联，初学者很容易做出结论：金色头发的儿童中蓝色、浅色眼睛者居多。真的是这样吗？考察原始频数，就会发现根本不是这么回事，实际上金色头发儿童中眼睛为棕色的比眼睛为蓝色的还多。

为什么会这样？这需要从数据变换说起，在变换时基于如下原假设：行、列变量间无关联，也就是说，无论头发为什么颜色，各种眼睛颜色的构成比均保持不变（也就是和平均水平相同），反之亦然。因此，与卡方检验一样，这里考察的是不同类别间比例与平均水平相比的差异，而不是某个头发颜色类别内各眼睛颜色的频数/构成比哪个更高。本例中棕色眼睛的儿童在总样本中的比例为32.9%，而在金色头发儿童中为23.6%，还低于平均水平；而蓝色眼睛总样本比例为13.3%，金色头发儿童中蓝色眼睛的样本比例为22.4%，显然高于平均水平的13.3%，其比例在5种头发颜色的儿童中也是最高的。因此正确的结论是：金色头发的儿童中蓝色、浅色眼睛的比例高于其他颜色头发的儿童，或者说高于平均水平。

14.2.4 对案例的进一步分析

1. 加入更多维度

前面的分析结果共使用了两个维度，它们共计携带了99.6%的信息量，应当说已经非常充分了。但考虑到现有结果中对头发红色的解释力度较弱，而该类别尚有一些信息在第三维度中，因此可以考虑将第三维度也加入解释。该选项在如图14.9(a)所示的"模型"子对话框中更改，最上方的"解中的维数"框用于指定希望提取的维度数，默认为两维，更改为三维后分析结果中即会输出相应的三维分析结果,其中新增的第一、三维度的对应分析图如图 14.8(b) 所示。可见在第三维度中,头发红色和其他各类别的距离均比较远,该维度新提供的信息并未能改善对头发红色与眼睛颜色间关联性的解释。因此对于本问题而言,二维的解释已经很充分了。如果希望考察更多维度,而高维散点图很难直接观察,则可以在图 14.9(b) 所示的"图"子对话框中指定相应的图形维度输出,以方便对结果的解读。

2. 置换后对应表

当参与对应分析的变量的类别间可能存在某种内在的次序关系时,研究者往往希望能够直接在表格中观察到这种次序,即各类别按照这种关系从大到小依次排列。对应分析可以提供这种输出,由于各类别在各维度上都已计算出相应的散点坐标,因此只要将各类别按照坐标从小到大依次排列即可。相应的选项为如图 14.9(c) 所示的"统计"子对话框中部的"对应表的排列"复选框,生成的排序表格被称为置换后对应表(permuted table)。本例的置换后对应表如图 14.10 所示,关联各类别相应的第一维度坐标,就会发现眼睛颜色和头发颜色的各类别都是按照坐标从小到大进行排列的,显然眼睛颜色是从浅色到深色、而头发颜色则是从金色、红色到深色、黑色排列,而从单元格中的频数上就可以较容易地看出头发黑色和眼睛深色、棕色有较强的联系。

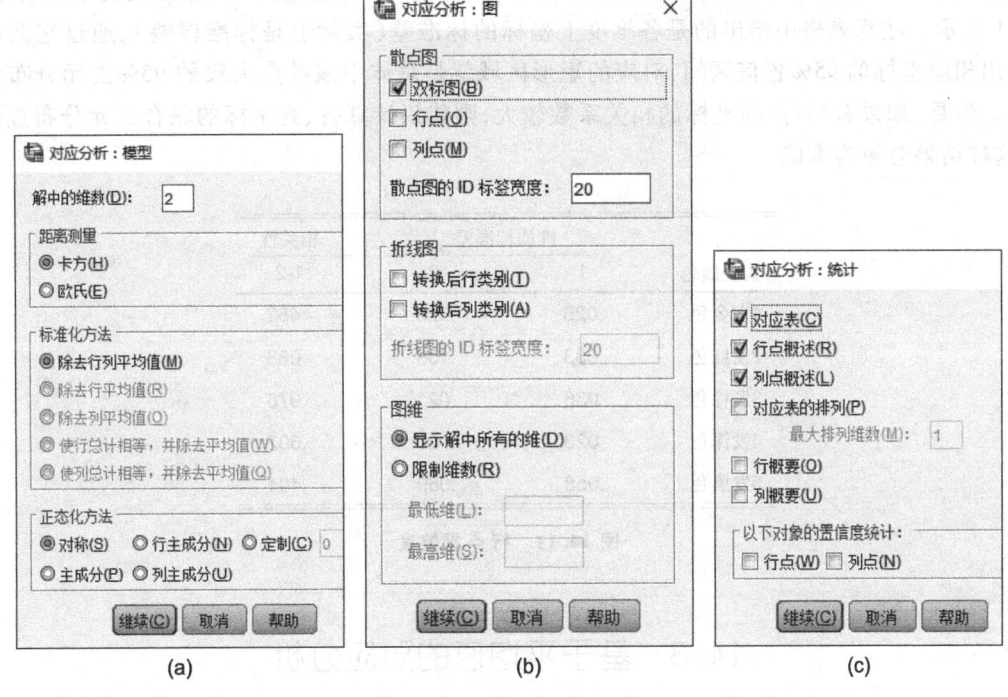

图 14.9 对应分析的"模型""图"和"统计"子对话框

"对应表的排列"复选框下部的"最大排列维数"框用于指定希望使用几个维度的坐标生成置换后对应表,默认为一个维度。如果指定两个维度以上,则会对每个维度都生成一个单独的置换后对应表。

	眼睛颜色				
头发颜色	4眼浅色	3眼蓝色	2眼棕色	1眼深色	活动边际
1发金色	688	326	343	98	1455
2发红色	116	38	84	48	286
3发棕色	584	241	909	403	2137
4发深色	188	110	412	681	1391
5发黑色	4	3	26	85	118
活动边际	1580	718	1774	1315	5387

图 14.10 根据第一维度排序的对应表

3. 散点坐标的置信区间

前面曾经提到,对应分析只是一个描述统计方法,它仅仅是将表格信息转化为图形的方式来展现。但许多时候都希望相应的分析结果在统计上更有力,而不仅仅是一种"可能"的情形。为此,对应分析过程提供了计算各散点坐标置信区间的功能,通过观察各类别置信区间的大小及重叠程度,就可以对分析结果有更清晰的认识。该功能位于"统计"子对话框的最下方,两个复选框分别用于计算行、列类别散点的坐标置信区间。这里以行变量为例,相应的分析结果如图 14.11 所示。注意表格中给出的是各维度上坐标的标准差(实际上是标准误差),通过它就可以计算出相应坐标的95%置信区间,对应的矩形区域就是总体中该散点大致的95%二元分布置信区间。但是,如果右侧行/列坐标的相关系数较大,则建议计算行、列坐标的联合二元分布置信区间,这样结果会更为准确。

	维的标准差		相关性
头发颜色	1	2	1-2
1发金色	.026	.028	-.452
2发红色	.083	.133	.088
3发棕色	.036	.021	.078
4发深色	.023	.026	.502
5发黑色	.058	.069	.404

图 14.11 行点置信度

14.3 基于平均值的对应分析

研究报告中经常会使用分类汇总的数据表格来反映某种特征信息。例如,分地区统计各种产品的当月销售额、分不同的人群特征计算受访者对几种试用品的满意度评分平均值等。此时,地区和产品类别,或者人群特征和不同的试用品种类均形成了交叉表,所不同的是每个单元格内不再是频数,而是相应的统计指标,如平均值等。通过前面的学习可以知道,对应分析通过第一步的变换,将交叉表的频数转换成了反映关联程度强弱的数据矩阵,随后的分析完全按照连续资料的分析方式进行。这就提供了一种可能:该方法是否也能够用于单元格内为连续变量汇总指标的数据分析?本节就探讨如何使用对应分析来呈现汇总数据。

14.3.1 基本原理

对应分析的第一步是进行数据的变换与标准化,将数据转换为代表行、列变量类别间关联的数据矩阵,由于基于平均值的对应分析的单元格内不再是频数,不存在行、列合计频数,也就不能使用与前面一样的方法来计算标准化残差。这里借助标准的空间距离的概念,像在聚类分析中一样,使用欧几里得距离来代表相应单元格内平均值偏离无关联假设的程度。

但是,仅仅找到距离测量方式还不够,如果不对距离进行标准化,则其大小会受到相应指标测量尺度大小的影响,从而失去相互比较的意义,对应分析中针对欧几里得距离共提供了5种标准化方式,分别介绍如下。

1. 行平均值和列平均值均删除

这种方式为缺省设置,在标准化时将行合计平均值和列合计平均值的影响都移去。也就是说,行、列变量类别间平均值的差异不再对结果产生影响。例如,不同地区所有产品平均销售额的不同,或者不同产品所有地区平均销售额的差异不再纳入分析。像 A 产品的销量在各地都高于其他产品,或者上海地区的各种产品销售额都高于其他地区这类信息将不进入分析,在结果中呈现的只是行、列变量类别间的交互作用。显然,由于行、列变量类别间平均值的差别往往是研究者感兴趣的,这一缺省设置往往不是最佳选择。

2. 删除行平均值/删除列平均值

在标准化时只移除行、列变量合计平均值差异的影响。以行变量为例,如果某一类别的平均值与另一类别平均值差始终为一常数,如 A 产品在所有地区的销量都比 D 产品高 2 万元,则该方法会将这种差异的影响消除。换言之,类别间平均值的相加差异将被消除。对于存在上限的量表数据,如 5 分量表、7 分量表,题目平均值的差异往往是相加类型的。

3. 使行/列变量总计相等,并除去平均值

在标准化时首先将原始数据除以行/列合计,然后再移除行/列平均值差异的影响。以行变量为例,如果某一类别的平均值与另一类别平均值之比总为一常数,如 A 产品在所有地区的销量都约为 D 产品的 1.2 倍,则该方法会将这种差异的影响消除。换言之,类别间平均值的相乘差异将被消除。对于无上限数据,或者量纲相差较大的各指标,如国民生产总值,平均值间的差异往往是相乘类型的。

距离测量方式,以及相应的距离标准化方法均在"模型"子对话框中选择,在对欧几里得距离进行标准化后,其余的步骤就与普通的对应分析完全相同了,此处不再重复。

14.3.2 案例:城市市政工程建设状况的对应分析

例 14.2 本数据来自《2000 年中国统计年鉴》,数据文件见 meancorres.sav。共记录了全国 29 个省、直辖市、自治区当年的城市市政工程建设状况,具体有如下 6 个指标:年末实有道路长度(road)、年末实有道路面积(area)、城市桥梁数(bridge)、城市下水道长度(under)、城市污水处理能力(water)、城市路灯数(lamp)。现希望考察各省、直辖市、自治区城市设施的建设情况差异,特别是各地区在这些指标上分别有哪些优势和不足之处。

请注意，这里的分析目的主要是考察各地区在各个指标上有怎样的差异，如北京在哪些指标上高于平均水平，而在哪些指标上低于平均水平，这正好符合对应分析反映类别间差异的特点，因此考虑使用对应分析。如果分析目的不同，如为综合评价，则应考虑因子分析等方法。

1. 操作说明

本例中的数据为原始数据，并非汇总后的平均值，但两者在分析原理上完全相同。在基于平均值的对应分析中，SPSS 不能直接对原始数据进行平均值汇总，需要研究者首先将数据汇总好，并整理成 SPSS 可以直接识别的形式。具体而言，数据格式有两种，除标准格式外，更常用的是类似于原始交叉汇总表格的格式，本例的这种数据格式如图 14.12 所示，可见该格式实际上就是行、列变量形成的交叉表，列变量每一个类别以单独变量的形式出现，而行变量每一个类别则单独占一行，同时数据中有一个数值型变量 rowcat_，其取值和变量值标签就代表了行变量的不同类别名称。例如，本例中 1 的标签为广东，2 的标签为江苏，以此类推。

	rowcat_	road	area	bridge	under	water	lamp
1	广东	13409.00	17129.50	2389.00	14903.46	176.58	535823.00
2	江苏	10066.00	12283.17	4417.00	10382.05	366.76	380724.00
3	山东	15282.00	20620.95	2726.00	11682.23	30.70	281947.00
4	上海	6829.00	7868.00	3326.00	4577.00	524.30	172186.00
5	湖北	11082.00	12512.39	1671.00	6363.10	237.78	186833.00
6	浙江	6755.00	8246.90	3977.00	6587.95	115.78	233564.00
7	辽宁	9092.00	9807.62	1230.00	8098.52	107.43	247401.00
8	黑龙江	8210.00	7441.00	584.00	4678.57	199.00	127327.00
9	河北	6425.00	7827.52	1134.00	6873.69	87.34	166167.00
10	安徽	5774.00	6482.49	914.00	3998.17	160.90	111663.00

图 14.12 数据文件 meancorres.sav 的格式

由于此处要使用欧几里得距离来表示关联程度，因此首先要考虑采用何种距离标准化方法。显然，6 个指标的平均值大不相同，其量纲也相差较大，最大值、最小值的倍数从数十到上千不等，这显然并不是研究者所关心的；而各地区发展水平的差异，如上海的平均发展水平是否高于北京等则是希望考察的内容。因此，本例中使用"使列总计相等，并除去平均值"这一标准化方法更为妥当，它可以消除各指标平均值和量纲不同的影响，同时又保留了地区发展水平的差异。

最后，因为原始数据是以交叉表方式提供的，SPSS 无法用对话框直接对其进行分析。可以首先利用对话框粘贴出程序框架，然后加以修改，这是 SPSS 使用中的常用技巧，操作如下。

1. 选择"分析"→"降维"→"对应分析"菜单项。
2. 将 road 选入"行"框。单击"定义范围"按钮，将取值范围定义为 1~2。
3. 将 area 选入"列"框。单击"定义范围"按钮，将取值范围定义为 1~2。
4. 在"模型"子对话框中，将"距离测量"框组改为选择"欧氏"，将"标准化方法"框组改为选择"使列总计相等，并除去平均值"。
5. 单击"粘贴"按钮。

对话框操作中选入 road 和 area，并将它们的取值范围定义为 1~2，只是为了能顺利完成程序粘贴，并无实际意义。操作完毕后在生成的程序中，将 TABLE 语句右侧的定义"road(1 2) BY area(1 2)"改为"all(29 6)"，这表明数据是以交叉表的形式出现的，而且为 29 行、6 列（rowcat_

为控制变量,不计入列中)。

```
CORRESPONDENCE
  TABLE = road( 1 2 ) BY area( 1 2 )
  /DIMENSIONS = 2
  /MEASURE = EUCLID
  /STANDARDIZE = CSUM
  /NORMALIZATION = SYMMETRICAL
  /PRINT = TABLE RPOINTS CPOINTS
  /PLOT = NDIM( 1 , MAX ) BIPLOT( 20 ).
```

2. 结果解释

运行修改后的程序,即可得到分析结果,其基本顺序和上例相同,这里只给出关键的内容。图 14.13 所示的为提取维度的汇总表,可见前两个维度共携带了 91.9% 的总信息量,因此使用默认的二维结果是比较好的选择。

维	奇异值	惯量	惯量比例 占	惯量比例 累积	置信度奇异值 标准差	相关性 2
1	.758	.575	.721	.721	.000	.189
2	.397	.158	.198	.919	.000	
3	.206	.043	.053	.973		
4	.133	.018	.022	.995		
5	.063	.004	.005	1.000		
总计		.797	1.000	1.000		

图 14.13 汇总表

图 14.14 所示的即为最终的对应分析图。首先,6 个指标散点并未被完全分开,其中年末实有道路长度、年末实有道路面积、城市下水道长度和城市路灯数基本重叠,显然,从常识而言,这 4 个指标是紧密相关的。其次,各地区散点也未完全分开,内蒙古、宁夏等散点聚集在一起,这说明它们的发展水平接近,另一方面,山东、广东等 4 个散点远离原点,也互相远离,这说明这 4 个地区的发展水平和平均水平相差较大,而且各自特点不同。进一步考察指标散点和地区散点间的关系,可见上海和城市污水处理能力散点的放射线方向一致,查看原始数据,会发现上海市的污水处理能力是全国最高的;江苏散点和城市桥梁数散点的放射方向一致,在原始数据中江苏的城市桥梁数指标也是最高的;在另外 4 个指标中,广东、山东两省基本均处于全国前两名,这在图中则表现为它们正好位于相应 4 个指标散点的放射线方向上。

由于原点代表数据的平均水平,因此指标放射线的反方向说明该指标低于平均水平。例如,由图 14.14 可见吉林位于城市污水处理能力散点的反方向,在原始数据中,吉林的该项指标居全国倒数第二;同理可以发现宁夏的多项指标均位居末座,图中该散点则位于远离多数指标散点的右下侧。

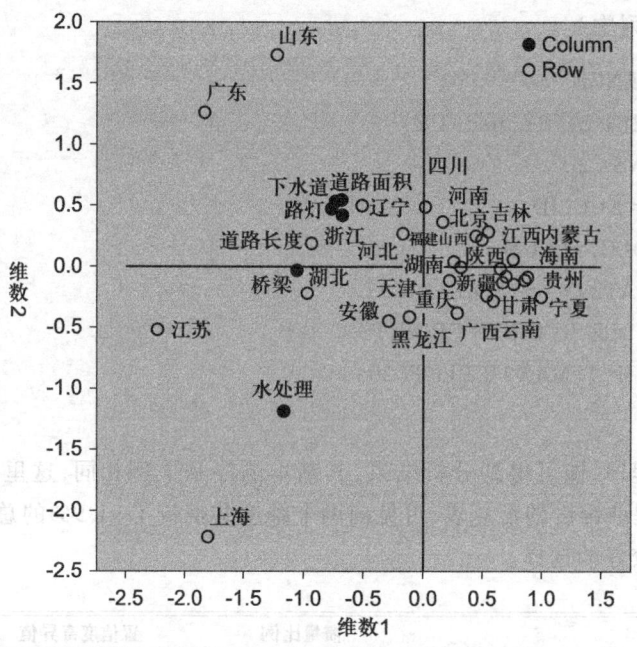

图 14.14 基于平均值的对应分析图

研究者还可以根据指标散点与各地区在图中的分布位置进行发展水平分类,由于绝大部分指标散点位于第二象限,因此可以这样分类:第二象限和第三象限为发展较好的地区;第一象限为发展程度中等的地区;第四象限则为欠发达地区。读者可以使用聚类分析、主成分分析等方法进行地区分类,会发现结果非常相似。

本例中使用"使列总计相等,并除去平均值"这一距离标准化方法进行了分析,感兴趣的读者可以尝试使用默认标准化方法进行分析,会发现相应的结果完全不同,而且远不如现在的结果实用。毕竟在这个问题中,地区间综合发展水平的差异是研究者所关心和感兴趣的,不应当被移除出模型。

14.4 对应分析进阶

14.4.1 特殊类别的处理

1. 罕见类别和相似类别的处理

首先回忆一下对应分析的原理:它首先基于行、列变量间无关联的原假设对交叉表频数进行变换,然后再对变换后的数据进行分析。为了使变换后的标准化残差比较稳定,各单元格中的理论频数不应过少(通常认为应当大于5)。而当某一类别的频数太少时,相应单元格中的理论频数就很小,该单元格中增、减两个频数,相应的类别散点在空间中的位置就会发生剧烈变化,而且该散点坐标往往比较极端,会严重影响对整个分析结果的观察和解释。

除了将罕见类别事先合并、删除之外,SPSS 在对应分析中提供了将相应类别指定为"补充类别"进行分析的功能。所谓补充(supplemental)类别,就是指在提取公因子,生成解释空间时不参与计算的类别,由于它们不参与因子的提取,因此可以保证解释空间的稳定性。但在维度提取完毕后会基于模型计算它们的空间坐标,从而也在对应分析图中以散点的形式将它们表示出来。

除罕见类别外,交叉表中往往还会出现相似类别,如前面城市发展水平的例子中,6 个指标里 4 个指标的散点基本重叠,为了简化模型,方便解释,可以考虑将这 4 个指标完全绑定,即限定它们在空间中的坐标完全相同。采用这一方式,就可以起到简化模型结果的作用。当然,该技巧也可以用于对罕见类别的处理。

简单对应分析过程中的"定义范围"子对话框提供了将相应类别指定为补充类别或者绑定类别的功能,只要首先在"类别约束"框选中相应的类别,然后选中右侧的"类别为补充性"或者"类别必须相等"单选按钮即可。

2. 有序类别的处理

在后面 14.5.2 小节的案例中,汽车大小实际上为有序分类变量,但是对应分析中不能直接利用这种有序信息,计算中仍然将该变量按照无序分类的方式加以处理。一般而言,这种信息的损失影响不大,因为研究者可以从对应分析图中各类别散点间的位置了解这种有序信息的作用,即在结果解释时将顺序关系加入。例如,在相应的图中,大型、中型、小型三个散点从左上到右下分布得比较有规律,与其相关的汽车原产地类别则逐渐从美国过渡到欧洲、日本,从家用车、商用车到跑车,非常容易解释。同时,中型、小型两散点的距离要小于它们和大型散点间的距离,提示这两个类别间的差异相对要小一些。事实上,研究者可以通过对应分析将有序变量数量化,这种用法和最优尺度变换的思路是一致的。

14.4.2 对应分析与因子分析的关系

因子分析方法是多元分析的基石,对应分析和因子分析间也存在着非常紧密的联系。读者可以简单地把对应分析理解为分类数据的因子分析。但是,这两种方法的侧重点并不相同。例如,在例 14.2(meancorres.sav)中,细心的读者会发现该数据完全符合使用因子分析的要求。但是,如果使用因子分析,则重在考察数据的关联程度,计算过程中提取的是各变量间的相关性,相应的解释空间也是在变量关联程度强弱的基础上加以构造的;如果使用对应分析,则重在考察类别间的差异,经过第一步的数据变换,数据中保留的信息反映的是样本数据偏离行、列变量类别间无关联(无交互作用)这一假设的程度。相应的解释空间集中反映的是各类别在关联程度上的差异。如果对这两个空间图进行比较,则会发现两个散点的大致位置存在一定的对应关系,但并不完全相同,就好像是对应分析将因子分析中的位置差异强烈放大了一样。

14.4.3 对应分析的优势与劣势

对应分析因其结果的易读性,近年来得到越来越广泛的应用,但是这一特点也导致其极易被滥用,因此有必要认真考虑其优势、劣势所在。

1. 对应分析的优势

(1) 结果直观、简单。对应分析属于多维图示分析技术之一,它最主要的结果就是对应分析图,非常容易理解,这也是对应分析比对数线性模型或 Logistic 回归模型这些精细建模方法更受用户欢迎的原因。

(2) 适于研究较多的分类变量。多重对应分析可以将多个分类变量的关联在一幅图中表现出来,当变量数较多时该优势非常明显。

(3) 适于分析多分类变量。分类变量的类别越多,对应分析图形化结果的优势就越明显。它省去了复杂的建模和检验过程,可以直接观察到最主要的关联特征。

2. 对应分析的劣势

(1) 不能进行具体关联的检验。对应分析在本质上仍然只是一种描述统计方法,它无法对所观察到的变量类别间的关联进行检验,并在统计上加以确认。因此,进行对应分析,特别是多重对应分析时在结果解释上要谨慎,事先要采用卡方检验等统计方法进行预分析,筛除实际上无关联的变量。在得到图形结果后还要与原始数据反复对照,以确保结论的正确性。

(2) 无法自动判断最佳维度数。对应分析只能根据研究者指定的数量进行相应维度的提取,而不能自动判断最合适的维度数。一般而言维度数不宜过多,提取 2~3 维即能在信息量和易读性上达到较好的平衡,如果解释困难,则可以考虑加入新的维度以改善结果解释。

(3) 分析结果对极端值敏感。一方面,由于对应分析的第一步是对数据进行标准化变换,对于罕见类别或者小样本,变换后非常容易出现极端值,使得分析结果受这些类别的严重影响;另一方面,作为描述方法,对应分析的结果越稳定越好,所以进行对应分析时样本量不能太小,具体的样本量一般可参考卡方检验的要求。

14.5 基于最优尺度变换的多重对应分析

14.5.1 基本原理

前面考察的都是二维交叉表中行、列变量各类别间的关联情况,在许多时候,希望能够同时考察多个分类变量各类别间的关联。例如,性别、职业、学历等变量间的类别关联如何。显然,对应分析也可以解决此类问题,但是,简单对应分析只能对两个分类变量进行分析,虽然可以考虑进行变量合并,如将婚姻状况和教育程度合并成一个多分类变量,取值为已婚 & 初中及以下、未婚 & 初中及以下,诸如此类,然后再进行分析,但这样做显然非常笨拙。而且在这种细分组合下,往往会出现大量理论频数非常低的单元格,导致结果不稳定。

多重对应分析是用于同时考察多个分类变量间关联的方法,但是在 SPSS 中这一方法与前述的简单对应分析并不完全相同。其实际上是将多重对应分析与最优尺度变换结合起来,分析时首先对各变量进行最优尺度变换,以尽量凸现各类别和其他变量类别间关联的差异,然后再按照标准的多重对应分析方法进行计算。这使得即使在两变量的情况下,这两个过程的结果也不完全等价。不过只要使用正确,两个结果在解释上是基本一致的。

14.5.2 案例:轿车用户背景资料的对应分析

例 14.3 数据集 mcorres.sav 提供了某次调查得来的轿车特征与一些用户特征的数据,请分析汽车原产地(origin)、汽车大小(size)、轿车类型(type)、居住情况(home)、收入情况(income)、性别(sex)、婚姻状况(marit)之间的关联。

1. 操作说明

以上变量绝大多数为无序多分类或二分类变量,同时研究它们间的关联可以使用的方法有

14.5 基于最优尺度变换的多重对应分析

对数线性模型和多重对应分析两种,从结果的直观性和可解释性上讲,多重对应分析更好一些,此处即采用该方法。为了保证结果的正确性,预分析时最好对各变量间的两两关联性进行卡方检验,此处略去详细输出。从预分析结果可见除性别和多数变量间无明显联系外,其余变量几乎均存在关联。出于解决问题的需要,这里仍然先将包括性别在内的所有变量一并纳入,得到初步分析结果后再进一步简化或改进,具体操作如下。

1. 选择"分析"→"降维"→"最优标度"菜单项。
2. 不修改任何默认设定,直接单击"定义"按钮。
3. 将 origin、size、type、home、income、sex、marit 选入"分析变量"框。
4. 在"图"框组的"变量"子对话框中,将所有变量均选入"联合类别图"框。
5. 单击"确定"按钮。

这里用到的最优尺度变换过程预定义对话框在前面已经介绍过,这里不再重复解释。在随后的主对话框(如图 14.15 所示)中,用户可以为纳入分析的变量设定大于 1 的权重,但在专业上无充分理由时最好不要更改。

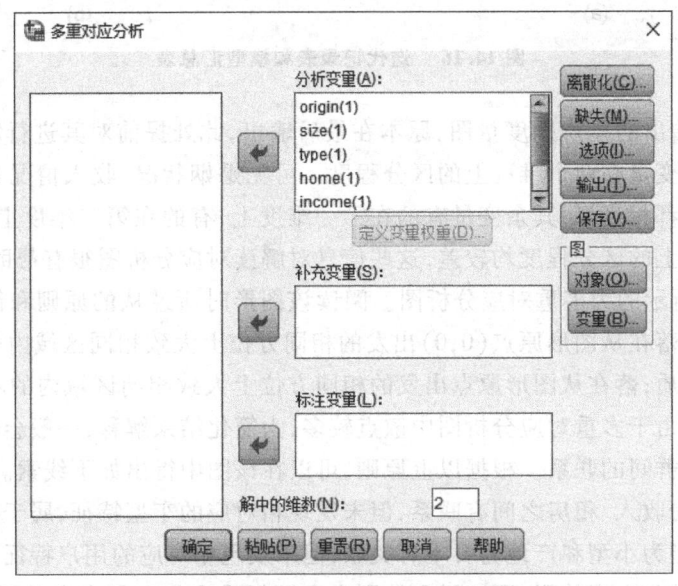

图 14.15 多重对应分析主对话框

2. 结果解释

由于利用了最优尺度变换,因此其输出结果和简单对应分析不太一样,而是和其他使用最优尺度变换的模型输出更为接近,这里只给出其和多重对应分析结果有关的部分。其余输出结果的解释读者可参考最优尺度回归和多维偏好分析的相关内容。

图 14.16(a)给出的是迭代记录,显示在第 20 次迭代后收敛。在多重对应分析中,可使用的最高维度数=变量中类别总数-变量数。若样本数低于此差值,则最大维度数为样本数-1。在本例中,最多可取 3×3+2×3+4-7=12 个维度。但是绝大多数问题不需要取太多维数,一般都使用 2~3 个维度进行结果解释。

图 14.16(b)所示的是模型汇总表格,给出了各维度的特征值和惯量,注意这里的方法和简单对应分析不同,各特征值实际上就是相应的惯量乘以变量总数,但惯量仍然用于表示各维度所携带的信息量。从结果可见第一维度携带了模型所提取的总信息量的 0.326/0.561=58.1%,第二维度则携带了所提取的总信息量的 0.235/0.561=41.9%。但是,由于采用了最优尺度变换,这里无法确切给出总模型一共携带了多少原始数据信息。此外,表格中还会给出各维度的克隆巴赫 α 系数,该数值越大,表示该维度上各变量的区分程度越好,该系数最大为 1。

迭代编号	方差所占百分比		
	总计	提高	损失
20[a]	1.962768	.000005	5.037232

a. 由于已达到收敛检验值,因此迭代过程已停止。
(a)

维	克隆巴赫 Alpha	方差所占百分比	
		总计(特征值)	惯量
1	.655	2.281	.326
2	.457	1.645	.235
总计		3.926	.561
平均值	.572[a]	1.963	.280

a. 克隆巴赫Alpha平均值基于平均特征值。
(b)

图 14.16 迭代记录表和模型汇总表

图 14.17(a)给出的是辨别度量图,原本在最后输出,此处提前对其进行解释。图中用散点坐标的形式显示各变量在两个维度上的区分程度。可见婚姻状况、收入情况这两个变量在两个维度上的区分程度都相当好,其余变量有的在第一维度上、有的在第二维度上的区分程度较好,而性别在两个维度上的区分程度均较差,这些信息对解读对应分析图很有帮助。

图 14.17(b)所示的为多重对应分析图。阅读该图形时所遵从的原则和简单对应分析图类似,具体来说就是:落在从图形原点(0,0)出发的相同方位上大致相同区域内的同一变量的不同类别具有类似的性质;落在从图形原点出发的相同方位上大致相同区域内的不同变量的类别间可能有关联。但是由于多重对应分析图中散点较多,为简化结果解释,一般会倾向于使用分象限的方式来考察散点群间的联系。根据以上原则,可以在该图中得出如下线索。

(1) 未婚、一份收入、租房之间有联系,但未发现相对应的车型特征,属于空白市场。

(2) 跑车、车型为小型和产地为日本有关联,但未发现相对应的用户特征,属于小众市场。

(3) 已婚、双份收入有关联,买房子和性别为女性似乎也与它们有点关联,但未发现相对应的车型特征,属于空白市场。

(4) 已婚有孩子、家用车和车型为中型或者大型有关联,产地则倾向于美国,显然,该区间标识出的是典型的美国家庭主流车型特征。

现在,研究者就可以在确定市场战略、市场细分等方面充分利用以上信息。例如,今后向已婚人群投送广告时重点就放在中型家用车上,而中/大型美国家用车更适合于有孩子的人群,对已婚(无孩子)人群而言,当前市场尚无合适车型,可以考虑专门开发一种新车来占领市场。事实上,在该研究完成的几年之后,两厢车就开始在美国流行并占领了这一空白市场,这也印证了本研究结果的准确性。至于未婚、租房子、一份收入的人群,从常识讲不会有太多的钱来买车,属于典型的垃圾客户,在营销上可以直接忽视。

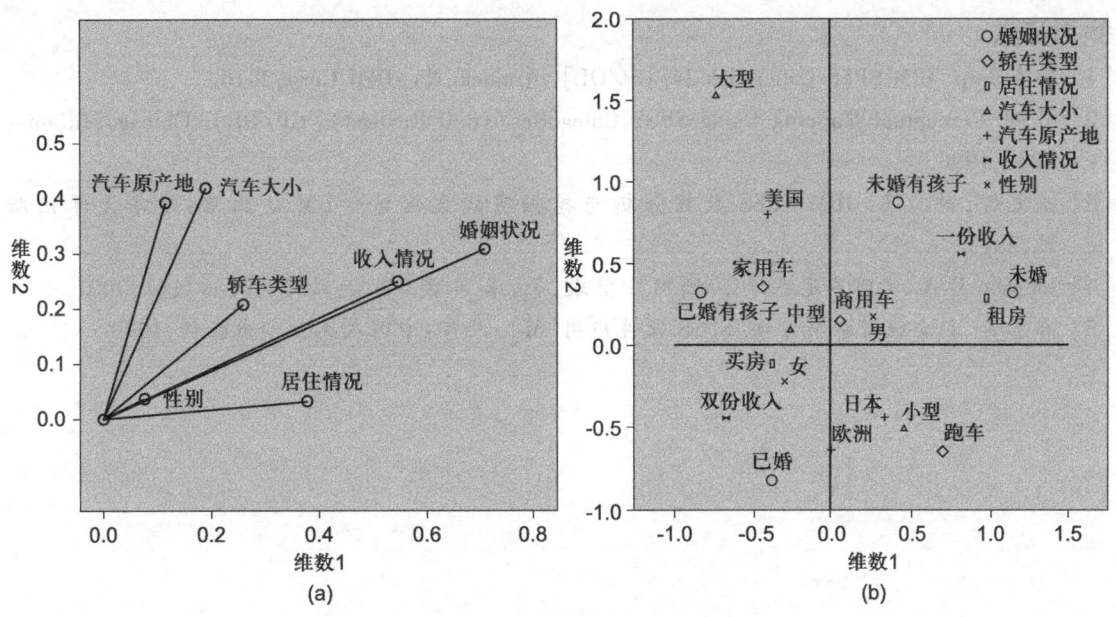

图 14.17 辨别度量图和多重对应分析图

除上述图形外,结果中还会输出对象评分图,即个体散点图,用于显示所有案例在相应解释空间中的分布情况。该图形可以用于协助进行市场细分,并且可以发现可疑的模型强影响点。本例中因案例分布均匀,对象评分图用处不大。感兴趣的读者可以自行研究,此处不再详述。

在得到初步的分析结果后,研究者还需要对结果进行验证和改进。例如,对照原始的频数表,确认图形中所观察到的关联的确存在。此外,由于性别的区分度不大,可以考虑将其去掉,以改善结果的解释。另一个重要的改进内容是考察更高维度的分析结果,看看高维空间中是否能提供更多的信息,这可以通过多重对应分析主对话框最下方的"解中的维数"框来修改解释空间的维度。感兴趣的朋友可自行操作上述内容,这里不再详述。

思考与练习

1. 打开数据文件 hair&eye.sav,使用多重对应分析方法对该数据进行拟合,将分析结果和简单对应分析相对照,理解两种方法在分析结果上的联系。

2. 打开数据文件 meancorres.sav,对其进行因子分析和对应分析,并回答:

(1) 本例中提取几个公因子比较合适?

(2) 对照因子分析的解释空间和对应分析的解释空间,两者的异同点在哪里?

(3) 采用不同的空间距离标准化方法,对照各种方法所得到的对应分析结果,深入理解各种标准化方法的作用,以及对分析结果的影响。

3. 打开数据文件 mcorres.sav,在分析中将结果空间指定为 3~5 个维度,考察更高的维度对结果进行了怎样的改善,并考虑是否将这些维度加入解释。

参考文献

[1] IBM Corp. IBM SPSS Categories 24[CP/OL]. Armonk, NY: IBM Corp, 2016.
[2] SPSS. Perceptual Mapping Using SPSS Categories (v8.0 Revised) [CP/OL]. Chicago, Illinois: SPSS, 1998.
[3] 张文彤, 钟云飞. IBM SPSS 数据分析与挖掘实战案例精粹[M]. 北京: 清华大学出版社, 2013.
[4] Johnson R A. 实用多元统计分析[M]. 陆璇, 等, 译. 4版. 北京: 清华大学出版社, 2001.
[5] 郭志刚. 社会统计分析方法: SPSS 软件应用[M]. 北京: 中国人民大学出版社, 1999.

第15章 典型相关分析

通过前面的学习可以知道,如果要研究两个随机变量之间的线性相关关系,可以用简单相关系数加以描述;如果要研究一个随机变量与多个随机变量之间的线性相关关系,可以用基于多重线性回归模型计算的复相关系数加以描述;但如果要研究两组变量的相关关系,这些统计方法就无能为力了。在现实生活中,两组甚至多组变量之间具有相关关系的问题很多。例如,投资性变量(如劳动者人数、货物周转量、生产建设投资等)与国民收入变量(如工农业国内收入、运输业国内收入、建筑业国内收入等)具有相关关系;上班族的健康指标(如体重、腰围、脉搏等)与日常锻炼(如俯卧撑、仰卧起坐、步行等)之间具有相关关系等。本章将要介绍的方法就可以满足此类分析需求。

> 对于两组变量的相关分析,除了典型相关分析之外还有主成分回归和偏最小二乘法回归可供使用,对此感兴趣的读者可以参考前面相关章节中对这些方法的介绍,这里不再详述。

15.1 模型简介

典型相关分析的思想是1936年由Hotelling首先提出,用于研究一组随机变量与另一组随机变量之间的相关关系。它借用主成分分析的思想,根据变量间的相关关系,寻找一个或少数几个综合变量(原始变量的线性组合)对来替代原始变量,从而将两组变量的关系集中到少数几对综合变量的关系上。

15.1.1 基本原理

设两组变量用 $X_1, X_2, \cdots, X_p$ 及 $Y_1, Y_2, \cdots, Y_q$ 表示,要研究两组变量的相关关系,一种方法是分别研究 X_i 与 $Y_j(i=1,2,\cdots,p, j=1,2,\cdots,q)$ 之间的相关关系,然后列出相关系数表进行分析,当两组变量较多时,这种做法既烦琐,也不易抓住问题的实际;另一种方法是采用类似于主成分分析的做法,在每一组变量中都选择若干个有代表性的综合指标(变量的线性组合),通过研究两组综合指标之间的关系来反映两组变量之间的相关关系。如何寻找综合指标,使它们之间具有最大的相关性,就是典型相关分析在计算中首先需要解决的问题。

典型相关分析首先在每组变量中找出变量的线性组合(综合变量),使其具有最大相关性,然后在每组变量中找出第二对线性组合,使其与第一对线性组合不相关,而第二对线性组合本身具有最大相关性,如此继续下去,直到两组变量之间的相关性被提取完毕为止。提取的综合变量被称为典型变量或典则变量,第 i 对典型变量间的相关系数则被称为第 i 典型相关系数,以此类推。一般来说,只需要提取1~2对典型变量即可较为充分地概括样本信息。

可以证明,当两个变量组均只有一个变量时,典型相关系数即为简单相关系数;当其中一组变量只有一个变量时,典型相关系数即为复相关系数。故可以认为典型相关系数是简单相关系数、复相关系数的推广,或者说简单相关系数、复相关系数是典型相关系数的特例。

15.1.2 数学描述

设两组变量用 $X=(X_1,X_2,\cdots,X_p)'$ 及 $Y=(Y_1,Y_2,\cdots,Y_q)'$ 表示(设 $p \leq q$)。设 $p+q$ 维随机向量 $Z = \begin{pmatrix} X \\ Y \end{pmatrix}$ 的协差矩阵 $\Sigma = \begin{pmatrix} \Sigma_{11} & \Sigma_{12} \\ \Sigma_{21} & \Sigma_{22} \end{pmatrix}$,其中 Σ_{11} 是 X 的协差矩阵,Σ_{22} 是 Y 的协差矩阵,$\Sigma_{12}=\Sigma_{21}^T$ 是 X,Y 的协差矩阵。

这里考虑用 X 和 Y 的线性组合 $U=a^T X, V=b^T Y$ 之间的相关关系来研究 X 和 Y 之间的相关性。典型相关分析的目的就是找到向量 a 和 b,使 $\rho(U,V)$ 最大,从而找到替代原始变量的典型变量 U 和 V。在实际问题中,也可以从样本的相关矩阵 R 出发来计算样本的典型相关系数和典型变量。典型相关系数的数学定义为

$$\rho(U,V) = \frac{\text{cov}(U,V)}{\sqrt{\text{var}(U)}\sqrt{\text{var}(V)}} = \frac{a^T \Sigma_{12} b}{\sqrt{a^T \Sigma_{11} a}\sqrt{b^T \Sigma_{22} b}}$$

由于随机变量乘以常数不改变其相关系数,为防止不必要的结果重复出现,最好在其中附加约束条件:

$$\text{var}(U)=a^T \Sigma_{11} a = 1 \quad \text{var}(V)=b^T \Sigma_{22} b = 1$$

为了降低学习难度,这里不再讨论相关系数的求解,感兴趣的读者可以参考相关书籍。

15.2 案例:体力指标和运动能力指标的相关分析

例15.1 为研究上班族的健康指标与日常锻炼的关系,调查了某商务楼 30 名上班族的健康状况及日常锻炼情况,健康状况包括体重(weight,kg)、腰围(waist,cm)、脉搏(pulse,次/分)。日常锻炼情况包括俯卧撑(pushups,次)、仰卧起坐(situps,次)、最近一周平均每天步行步数(walks,步)。现希望分析两组指标间的相关性,数据文件见 fitness.sav。

虽然本例也可以直接计算两组变量两两间的简单相关矩阵,但这样做难以整体把握各变量之间的关系,也不能确定变量之间是简单相关还是复相关,因此最合适的方法还是将两组变量各自作为整体进行典型相关分析。

以前在 SPSS 中有两种方法来拟合典型相关分析,一种是采用 MANOVA 过程来拟合,另一种是采用专门提供的宏程序 canonical correlation.sps 来拟合,这两种方式都比较烦琐。现在 SPSS 的新版本为典型相关分析提供了 Python 插件,因而可以通过对话框完成所有的分析工作,下面就以 Python 插件对话框的操作为主来进行介绍。

> 如果仍然希望使用宏程序,则该程序位于 SPSS 安装目录的 Sample 文件夹中,其调用方式为
> INCLUDE   'SPSS 所在目录\Samples\Simplified Chinese\Canonical correlation.sps'.
> CANCORR   SET1=第一组变量的列表   /SET2=第二组变量的列表.
> 在程序中首先应当使用 INCLUDE 命令读入典型相关分析的宏程序,然后使用 CANCORR 名称调用典型相关分析。注意,INCLUDE 语句只需要运行一次,在关闭 SPSS 前,宏程序会一直驻留内存,以后重复分析时只需要运行 CANCORR 命令即可。

15.2.1 操作说明

对于例 15.1,相应的操作如下。

1. 选择"分析"→"相关"→"典型相关性"菜单项。
2. 将 weight,waist,pluse 选入"集合 1"框。
3. 将 pushups,situps,walks 选入"集合 2"框。
4. 单击"确定"按钮。

上述操作中用到的对话框如图 15.1 所示,可见操作非常简单,将相应的两组变量分别选入各自的集合框中即可。此外,在"选项"子对话框中还可以要求输出所有变量的两两相关矩阵,用于初步考察变量间的联系,这里为了节省篇幅,并未要求相应的输出。

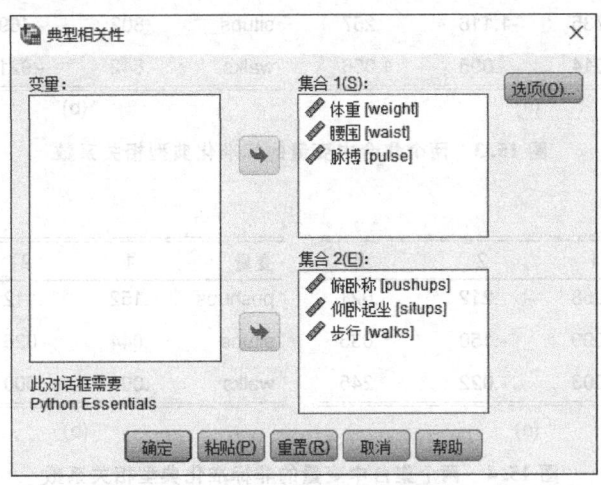

图 15.1 典型相关性主对话框

15.2.2 典型相关系数

分析结果中首先会输出典型相关分析的具体设置,用于检查进行典型相关分析的变量组设置得是否准确,此处略。

图 15.2 输出的是典型相关系数的估计值,可见第一典型相关系数,即第一对典型变量间的相关系数为 0.836,第二典型相关系数为 0.431,第三典型相关系数为 0.011。对典型相关系数的

	相关性	特征值	威尔克统计	F	分子自由度	分母自由度	显著性
1	.836	2.328	.245	5.099	9.000	58.560	.000
2	.431	.229	.814	1.356	4.000	50.000	.263
3	.011	.000	1.000	.003	1.000	26.000	.955

H0 for Wilks 检验是指当前行和后续行中的相关性均为零

图 15.2 典型相关系数表

Wilks 统计检验结果表明,第一典型相关系数的 P 值小于 0.001,有统计学意义,第 2~3 典型相关系数均无统计学意义。因此在本例中,健康状况及日常锻炼情况相关性的研究可以简化为只研究第一对典型变量之间的关系。

> 实际上,在典型相关分析中,如果 r_j 无统计学意义,则其后的 $r_{j+1},r_{j+2},\cdots,r_p$ 肯定也无统计学意义,只是统计软件为计算方便,会将检验结果一并输出。

SPSS 随后会进一步输出各原始变量和各典型变量的得分系数,如图 15.3 和图 15.4 所示。其中,标准化典型相关系数为典型变量与原始变量标准化值的得分系数,而非标准化典型相关系数为典型变量与原始变量的得分系数。

变量	1	2	3
weight	-.346	1.263	.127
waist	-.735	-1.116	.257
pulse	.014	-.095	1.056

(a)

变量	1	2	3
pushups	.531	.389	-1.301
situps	.802	-.469	1.023
walks	-.842	-.921	-.099

(b)

图 15.3　两个集合中变量的标准化典型相关系数

变量	1	2	3
weight	-.058	.212	.021
waist	-.099	-.150	.035
pulse	.003	-.022	.245

(a)

变量	1	2	3
pushups	.152	.112	-.373
situps	.044	-.026	.056
walks	.000	.000	.000

(b)

图 15.4　两个集合中变量的非标准化典型相关系数

根据输出结果,可以写出三对典型变量与原始变量之间的转换公式,第一对典型变量为

$$U1 = -0.058 \times \text{weight} - 0.099 \times \text{waist} + 0.003 \times \text{pulse}$$

$$V1 = 0.152 \times \text{pushups} + 0.044 \times \text{situps} - 0.000\ 356 \times \text{walks}$$

上述表达式中,walks 的具体数据可以通过双击 SPSS 输出窗口中的表格单元格看到,输出结果中显示为 0.000,是因为在输出格式中只显示了小数点后三位数字,并非真的为 0。

第二对典型变量为

$$U2 = 0.212 \times \text{weight} - 0.150 \times \text{waist} - 0.022 \times \text{pulse}$$

$$V2 = 0.112 \times \text{pushups} - 0.026 \times \text{situps} - 0.000\ 389 \times \text{walks}$$

第三对典型变量为

$$U3 = 0.021 \times \text{weight} + 0.035 \times \text{waist} + 0.245 \times \text{pulse}$$

$$V3 = -0.373 \times \text{pushups} + 0.056 \times \text{situps} - 0.000\ 042 \times \text{walks}$$

读者可以尝试自行写出三对典型变量与分析变量标准化值的方程式。

15.2.3 典型结构分析

图 15.5 所对应的表格分别输出的是各对典型变量与相应各组分析变量的相关系数。一般地,典型变量是分析变量的线性组合,难以对其专业意义进行解读。可以从典型变量与分析变量的相关系数绝对值大小及符号对其进行解释。由输出结果可以看出,第一对典型变量中,健康状况的第一个典型变量与体重、腰围关系密切,可以理解为"体型因素",体型苗条者(腰细、体轻者),第一个典型变量得分高;而日常锻炼的第一个典型变量则与俯卧撑、仰卧起坐关系密切,可以理解为"上肢与腰腹力量"。对三对典型变量的 Wilks 统计检验结果表明,只有第一对典型变量有统计学意义。这里不再对另外两对典型变量进行解释,读者可以自行尝试。

变量	1	2	3	变量	1	2	3
weight	-.827	.559	.061	pushups	.584	-.461	-.669
waist	-.965	-.263	-.011	situps	.730	-.677	.096
pulse	.334	-.003	.943	walks	-.125	-.935	-.331
(a)				(b)			

图 15.5　两个集合中变量的典型载荷分析

图 15.6 所示的两张表格则分别输出了各典型变量与和其相对应的一组分析变量的相关系数,它们可以用于判断一个原始指标是否可以用与其对立的典型变量进行预测。以图 15.6(a) 所示的"集合 1 交叉载荷"表格为例,日常锻炼的第一个典型变量可理解为"上肢与腰腹力量",它主要与体型因素中的体重、腰围有关。显然,"上肢与腰腹力量"越好,则体重较轻,并且腰围更小,这是一个合理的分析结果。类似地,由图 15.6(b) 所示的"集合 2 交叉载荷"表格可以看出,健康状况的第一个典型变量"体型因素"更多地与俯卧撑、仰卧起坐有关,而与步行步数关系较小。因此,为了保持更好的体型,建议还是进行更多的有氧运动,如俯卧撑、引体向上等,单纯依靠走路是不能解决问题的。

变量	1	2	3	变量	1	2	3
weight	-.692	.241	.001	pushups	.488	-.199	-.007
waist	-.807	-.114	.000	situps	.610	-.292	.001
pulse	.279	-.001	.011	walks	-.105	-.403	-.004
(a)				(b)			

图 15.6　两个集合中变量的交叉载荷分析

 一个变量同典型变量的相关系数与其在典型变量上的系数符号相反似乎矛盾,不过在多个原始变量之间都存在紧密相关的情况下这是正常的,其表现与回归分析中的多重共线性相类似,在典型相关分析中通过典型结构分析可以找出这种联系。

根据以上结果可以做出第一对典型变量和原始变量的典型结构示意图,如图 15.7 所示。

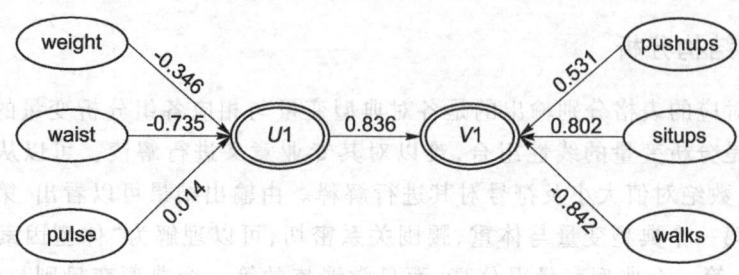

图 15.7　典型结构示意图

15.2.4　典型冗余分析

典型冗余分析用来表示各典型变量对原始变量组整体的变异解释程度,分为组内变异解释和组间变异解释,图 15.8 所示的即为典型冗余分析的结果,可见来自健康状况组的第一典型变量 U1 可以解释健康状况组 3 个变量 57.5% 的组内变异,而来自日常锻炼组的第一典型变量 V1 可以解释日常锻炼组 3 个变量 29.6% 的组内变异。同时,来自健康状况组的 3 个典型变量可以解释该组 3 个变量 100% 的变异(57.5%+12.7%+29.7%),而来自日常锻炼组的 3 个典型变量也可以解释该组 3 个变量 100% 的变异(29.6%+51.5%+18.8%)(由于四舍五入的关系,这里合计的结果为 99.99%)。

典型变量	集合1*自身	集合1*集合2	集合2*自身	集合2*集合1
1	.575	.402	.296	.207
2	.127	.024	.515	.096
3	.297	.000	.188	.000

图 15.8　已解释的方差比例

15.3　典型相关分析进阶

典型相关分析是一种比较复杂的多元分析方法,在实际应用中要特别注意适用条件和结果分析的解释。

15.3.1　如何应用典型相关分析

在进行变量间关联强度的分析时,如果有众多变量纠缠不清,则要冷静考虑,假如能根据定性分析理出变量的层次结构,判断出某个变量受其他几个变量的影响,那么复相关分析和偏相关分析是最佳选择。如果搞不清变量之间的关系,只能将其分为两类,或者变量结构太复杂,呈现网状结构,比较好的选择就是典型相关分析,但这也仅仅是数据分析的第一步,在发现了数据蕴含的基本规律后,最好再换用其他更精确的多元统计分析模型进行深入分析。结构方程模型就是比较好的选择,它可以在典型相关分析结果的基础上进一步对研究者所提出的假设加以验证。

进行典型相关分析前,需要对两个变量组进行初步分析,判断变量组之间的影响是双向相关还是单向因果关系，这对于结果的解释非常重要。

在对所有输出的结果进行分析时，要注意重点和主次关系，最重要的就是典型相关系数、典型变量表达式和典型结构分析三块。首先根据典型相关系数及其检验判断需要选取几对典型变量，通常只选1~2对，然后由典型变量的系数矩阵写出典型变量表达式，最后由典型结构输出简明的示意图来表示两组变量之间的关联强度。

由典型变量表达式和典型结构可以看出变量组之间的影响关系，不过与其他多元统计分析方法类似，这需要研究者有分析经验，并且了解相关专业知识，以免生搬硬套。

15.3.2 如何理解典型相关分析的结果

前面学习了典型相关分析的所有输出，但对于初学者而言，这些分析结果仍然不够直观，较难理解。这里可以用一个形象的类比来解释其含义：进行典型相关分析好比是研究北京和上海两地在运输交通方面的关联强度，人员、货物种类、邮件等就是研究中的原始变量，每一对典型变量就如同一种运输方式，如第一对代表两地的火车运输，第二对代表两地的航空运输，以此类推。而这些典型变量所求出的典型相关系数则相当于具体运输方式的运力大小。那么运输的是什么呢？人员可能主要通过火车、航空来运输，而货物可能主要通过火车、汽车来运输，这种对每个原始变量是通过哪些典型相关系数与对方进行联系的分析就是典型结构分析。最后，通过对研究中包括的各种运输方式的汇总，可以看到整个研究框架是否基本包括了两地间的所有运输需求，如果有明显的差异，则可能还有一些比较重要的运输方式没有被包括，这就是典型冗余分析的贡献。

15.3.3 对应分析与典型相关分析的等价性

作为多元统计分析方法，简单对应分析用于分析行变量各类别与列变量各类别间的关联，实际上在计算时它是将各类别看成是一个单独的变量，即研究行变量组和列变量组间的关联。典型相关分析也用于研究两组变量间的相关性，对于交叉表资料，这两种分析方法是完全等价的。只不过要进行典型相关分析，就必须将原始资料转换为变量组的形式，以例14.1中的数据hair&eye.sav为例，需要为眼睛颜色建立4个哑变量，头发颜色建立5个哑变量，它们在眼睛/头发为相应颜色时取1，否则取0。随后对这两个变量组进行典型相关分析，注意由于各哑变量间存在共线性，故分别只能纳入$n-1$个。由结果可知，一共可以提取3个典型相关系数，其大小分别为0.446、0.173和0.029，恰好等于对应分析中的奇异值。可见两种方法本质上等价。但是，典型相关分析侧重于求解典型相关系数，而对应分析则侧重于对列联表的结构进行详细解释。不仅如此，典型相关分析还可以提供更多的检验信息，从3个典型相关系数的检验结果可知前两个系数均有统计学意义，而由于第三典型相关系数的P值稍大，因此第三个维度不需要纳入考虑，前两个维度已经足够。

典型相关分析的结果在许多方面都可以和简单对应分析互为补充，感兴趣的读者可自行对照阅读，这里不再重复。

15.3.4 典型相关分析和因子分析的关系

因子分析法是很多多元统计分析方法的基础，典型相关分析与因子分析法有类似之处，都是对多个相关变量进行综合和简化,从中提取出最主要的成分来代表变量组。但是二者在应用范围上有明显区别,因子分析法是分析一组相互有关联的变量之间的内部结构,用少数几个公因子来代替整个变量组的信息,即变量降维。在此基础上,可以进一步进行综合评价或回归分析(消除多重共线性的影响)。而典型相关分析是研究两组变量之间的联系。在两组原始变量之间,各变量的影响关系可能是相互交叉成网状,难以把握,通过典型相关分析,可以从中提取出多对典型变量,把原来相互交叉的关联变成清晰的各对典型变量之间的关联。即通过第一对典型变量了解主要相关关系,通过第二对典型变量了解次要相关关系,以此类推,每一对典型变量也代表了对各自变量组信息的提取,不同对的典型变量之间相互独立,这与因子分析中的公因子相似,但是典型变量的提取原则是使得每对典型变量间的相关系数达到最大,这一点又与因子分析有所不同。

15.4 基于最优尺度变换的非线性典型相关分析

15.4.1 基本原理

经典的典型相关性分析只能考虑变量与变量之间的线性相关信息,而且其中的变量必须是连续变量,这显然大大限制了其使用范围。与在因子分析、对应分析等方法中遇到的情形类似,大量的实际研究问题都会涉及分类数据之间的相关、变量之间的非线性相关等问题。将典型相关分析的基本思想向这些领域扩展,并寻找适合的分析方法显然是水到渠成的事情。在学习了前面的知识之后,相信读者会想到一种可能的新方法,那就是利用最优尺度变换来解决非连续变量、非线性相关等问题,然后利用变换后的变量来进行典型相关分析,这就是所谓的基于最优尺度变换的非线性典型相关分析。

基于最优尺度变换的非线性典型相关分析(OVERALS)的算法非常复杂,但原理却非常简单,无非是在大样本的前提下,基于最大化两组/多组变量间典型相关系数的目标,首先对所有纳入分析的变量进行最优尺度变换,然后再用变换后的数据进行标准的典型相关分析。在这一变换过程中,可能存在的曲线关联会被直线化,而分类变量的各类别也会被转换为最佳评分。

具体在应用上,最优尺度变换在以下三个重要方面扩展了标准的典型相关分析。首先,非线性典型相关分析允许两个以上的变量集被纳入分析;其次,变量可以是任意测量尺度,对于名义(无序)、有序或者连续变量均可进行分析,并且可以分析变量间的非线性关系;最后,计算时是对由对象得分定义的中间变量集进行比较,而不是直接使变量集之间的相关性最大化,结果更为稳健。

> 非线性典型相关分析的一个潜在应用领域是对两组甚至多组多选题各选项间的交叉关联性进行分析,限于篇幅,本书对此不展开讨论,对此感兴趣的读者可以自行尝试。

15.4.2 案例:多重对应分析数据的再分析

非线性典型相关分析方法在应用上比较复杂,为便于读者正确理解其内容,这里尽可能降低实例难度,直接对多重对应分析中使用过的轿车用户背景数据 mcorres.sav 重新进行分析,以便对两种分析方法的结果进行比较,由于这两种方法都会先对数据进行最优尺度变换,因此在操作正确的情况下,这两种方法的结果是等价的。

1. 操作说明

1. 选择"分析"→"降维"→"最优标度"菜单项。
2. 选中"某些变量并非多重名义"单选按钮和"多个集合"单选按钮,单击"定义"按钮。
3. 将 origin 选入"变量"框,定义其范围和比例为 1~3,将测量尺度选择为"多重名义",单击"下一个"按钮。
4. 将 size 选入"变量"框,定义其范围和比例为 1~3,将测量尺度选择为"有序",单击"下一个"按钮。
5. 依次将 type(1~3,多重名义)、home(1~2,有序)、income(1~2,有序)、sex(1~2,有序)、marit(1~4,多重名义)按照单独设定为一个集的方式选入"变量"框,最终共形成 7 个变量集。
6. 在"选项"子对话框的"图"框组中,选中"类别坐标"复选框。
7. 单击"确定"按钮。

上面用到的预定义对话框在前两章已经使用过,因此无须重复解释,后续的主对话框和"选项"子对话框则如图 15.9 所示。由于非线性典型相关分析中可以指定两组以上的变量,为了将分析结果相互对照,这里将 7 个变量各自指定为一组(集合),因此最终进行的分析实际上与多重对应分析完全等价。但需要注意的是,在操作中必须正确指定每一个分析变量的测量尺度,否则可能得到错误的分析结果。

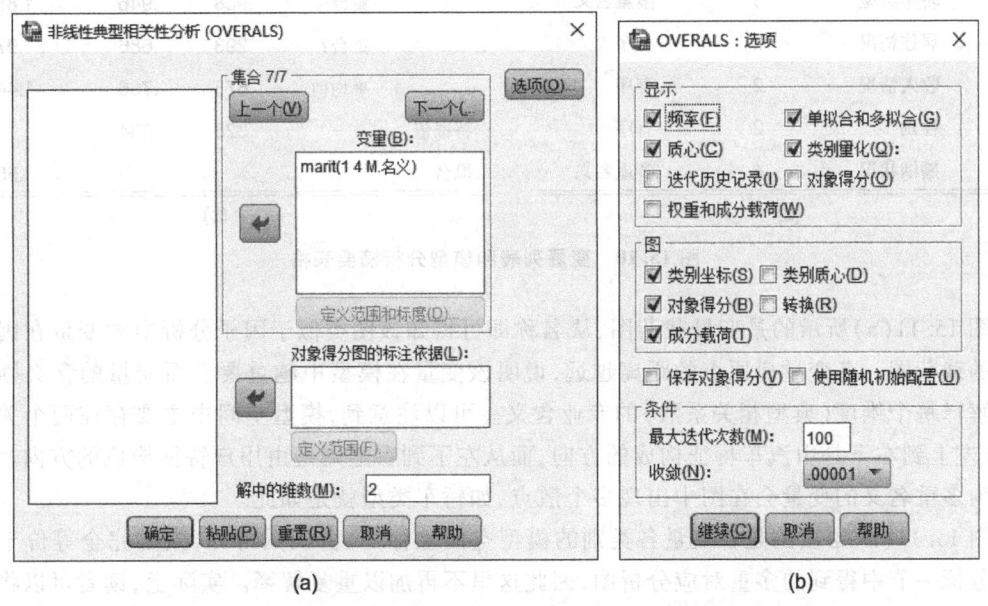

图 15.9 非线性典型相关分析主对话框和"选项"子对话框

2. 结果解释

非线性典型相关分析的结果输出较多,这里省略大多数列表内容,只给出其主要部分。

图 15.10(a)给出的是 7 个集合各自的变量取值类别和测量尺度列表,可用于核查模型中对集合以及变量的设定是否正确。图 15.10(b)所示的为模型分析摘要表格,其中的损失值是指对于最优尺度变换后的数据,有多少变异尚不能被当前模型所解释。相对应的,特征值=1-损失平均值,反映的是该维度可以解释多少变量集合间的相关信息,各维度的特征值之和即为拟合值。在本例中,有 0.325/0.559 = 58% 的模型信息是由第一维度携带的,因此第一维度相对重要一点。此外,这里的各维度特征值实际上就是多重对应分析结果中的惯量值,两者完全等价。根据上面的结果可以直接计算出各变量集合在各维度上的典型相关系数:

$$\rho_d = ((K \times E_d) - 1)/(K - 1)$$

其中,d 代表维度,E 为特征值,K 为变量集数。例如,可以计算出第一维度上的典型相关系数为 0.213。只是由于本例中均为分类变量,该系数的实际应用价值很小。

集合	类别数	最优标度级别
1	汽车原产地 3	多重名义
2	汽车大小 3	有序
3	轿车类型 3	多重名义
4	居住情况 2	有序
5	收入情况 2	有序
6	性别 2	有序
7	婚姻状况 4	多重名义

(a)

		维 1	维 2	总和
损失	集合1	.885	.621	1.506
	集合2	.812	.603	1.415
	集合3	.745	.801	1.546
	集合4	.625	.969	1.593
	集合5	.458	.735	1.193
	集合6	.908	.946	1.854
	集合7	.293	.686	.979
	平均值	.675	.766	1.441
特征值		.325	.234	
拟合				.559

(b)

图 15.10 变量列表和模型分析摘要表格

图 15.11(a)所示的是变量载荷图,从名称即可得知该图类似于因子分析中的变量在因子空间中的载荷图。各变量离原点的距离越远,说明该变量在模型中越重要。而变量的含义则可以协助解释每个维度(典型相关系数)的专业含义。可以注意到,模型空间中主要存在两个关联方向:从左上到右下是由汽车特征构成的方向,而从左下到右上则是由用户特征构成的方向。注意设定为多重名义的变量会在图中出现多个散点,如轿车类型就是如此。

图 15.11(b)给出的是各变量各类别的模型空间坐标图,由该图可知,该图完全等价于多重对应分析一节中得到的多重对应分析图,因此这里不再加以重复解释。实际上,读者可以将这两种方法的分析结果仔细进行对照,这将有助于正确掌握这两种模型。

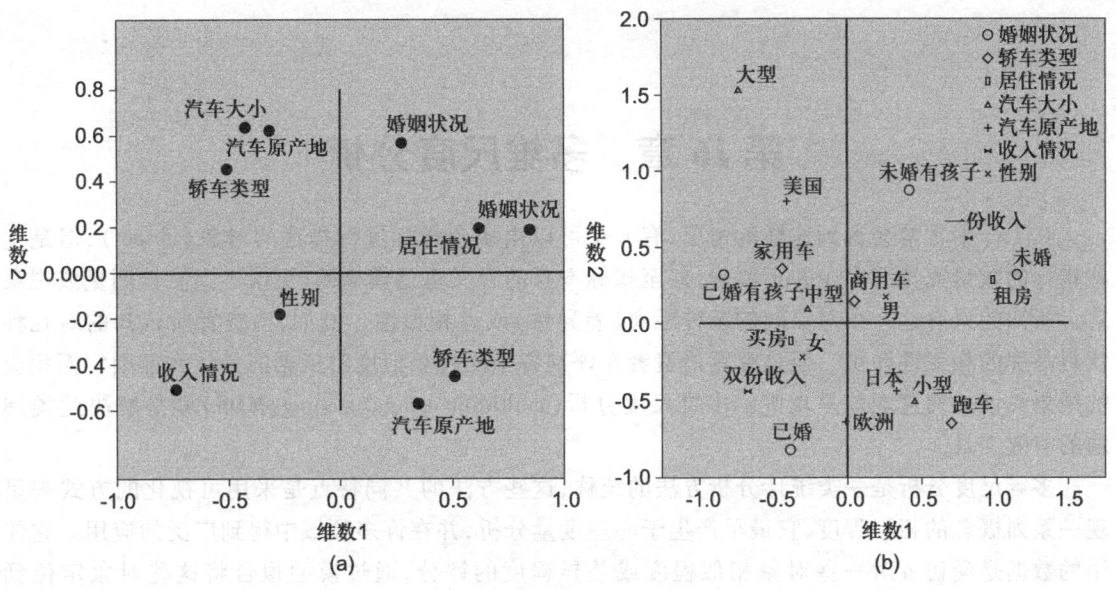

图 15.11 变量载荷图和各变量类别的模型空间坐标图

思考与练习

1. 全国 30 个省、直辖市、自治区农村居民收入和支出的资料见数据文件 lx15_1.sav，其中反映农村居民收入的变量有 4 个：$X1$ 为劳动者报酬、$X2$ 为家庭经营收入、$X3$ 为转移性收入、$X4$ 为财产性收入；反映农村居民生活费支出的变量有 8 个：$X5$ 为食品支出、$X6$ 为衣着支出、$X7$ 为居住支出、$X8$ 为家庭设备及服务支出、$X9$ 为医疗保健支出、$X10$ 为交通和通信支出、$X11$ 为文教、娱乐支出、$X12$ 为其他商品和服务支出，试对该资料进行典型相关分析。

2. 打开数据文件 hair&eye.sav，使用典型相关分析方法对该数据进行拟合，将分析结果和简单对应分析进行对照，理解两者间的区别和联系。

参考文献

[1] IBM Corp. IBM SPSS Advanced Statistics 24[CP/OL]. Armonk, NY: IBM Corp, 2016.
[2] Johnson R A. 实用多元统计分析[M]. 陆璇,等,译. 4 版. 北京：清华大学出版社,2001.
[3] 于秀林,任雪松. 多元统计分析[M]. 北京：中国统计出版社,1999.
[4] 郭志刚. 社会统计分析方法：SPSS 软件应用[M]. 北京：中国人民大学出版社,1999.
[5] 高惠璇. 两个多重相关变量组的统计分析(1)：典型相关与典型冗余分析[J]. 数理统计与管理,2002,21(1):57-64.

第16章 多维尺度分析

在工作中常常会遇到这样的情况,有 n 个可以由多个指标进行描述的对象(object),但是这些指标的数量究竟有多少并不明确,甚至指标本身的含义也是模糊的,更谈不上直接测量或观察它。所知的只有这 n 个对象间的某种距离(差异性)或者相似性。例如,消费者所认知的对几种饮料品牌的相似性评价。但是究竟消费者在评判各个品牌相似度时依据的是什么准则?而相应的结果又该如何直观地呈现呢?多维尺度分析(multidimensional scaling, MDS)就是解决此类问题的有效工具。

多维尺度分析是一类统计分析方法的统称,这些方法的共同特点是采用可视化的方式来呈现一系列概念的相似程度,它最早产生于心理度量分析,并在许多领域中得到广泛的应用。它使用的数据是受访者对一些对象相似程度或差异程度的评分,通过模型拟合将这些对象定位到"概念空间"的具体位置,这个所谓的概念空间一般是 2~3 维,数据点间的距离由计算出的差异性决定,从而可以在低维度空间描述相似性或差异性,以得到对象关系的"空间"理解。通过这种分析,可以回答如下问题:

◇ 受访者确定测量对象间差异所需的维度数量和相应的含义。
◇ 当前关心的对象在概念空间中的定位。
◇ 理想的对象在概念空间中的定位。

16.1 不考虑个体差异的多维尺度分析模型

16.1.1 模型简介

当用于分析的数据的测量尺度不同时,拟合的多维尺度分析模型并不相同,在多维尺度分析模型中,测量尺度可以被设定为比率、区间、有序三种。当设定为前两种时,系统拟合的是古典多维尺度分析模型;而当设定为有序时,系统则会拟合基于秩次的多维尺度分析模型,亦即所谓的非度量多维尺度分析模型,下面就依次来看一下这两种模型的情况。

1. 古典多维尺度分析模型

古典多维尺度分析(classical MDS)是最早出现的一种多维尺度分析方法,由塔格森(Torgerson)于 20 世纪 50 年代提出,其基本目标是对 n 个对象两两间的相似程度或者差异程度信息进行浓缩,从而可以用某个维数较少的 r 维空间中的 n 个点 $x_1, x_2, \cdots, x_n$ 来表示这些对象间的相似程度或者差异程度。设 d_{ij} 表示点 $x_i = (x_{i1}, x_{i2}, \cdots, x_{ir})$ 和 $x_j = (x_{j1}, x_{j2}, \cdots, x_{jk})$ 之间的欧几里得距离,当测量的数值代表不同对象两两间的差异性(即数值越大代表两者差异越大)时,古典多维尺度分析模型就将该数值近似看作点之间的距离加以分析。当数据为相似性矩阵时,算法略有不同,但基本思路是将数据转换为差异性矩阵,随后的计算方法则与差异性矩阵完全相同。

SPSS Statistics Base 中提供的 ALSCAL 过程只能拟合分析差异性数据的多维尺度分析模型，直接分析相似性数据则需要用 Category 模块中提供的 PROXSCAL 过程来完成，详细内容见后。

在多维尺度分析模型拟合完毕后，该模型的拟合效果一般可以直接用决定系数来描述，即模型所携带的总方差占原始数据总方差的比例，而每个维度所携带的方差大小则可用于描述该维度的重要性，而且必然存在第 1 坐标方差最大，第 2 坐标次之的单调递减顺序。

上面讲述的古典多维尺度分析适用于数据为一个矩阵的情况，若数据为采集自不同个体的多个矩阵，则需要拟合重复多维尺度分析（RMDS）模型。其基本原理与多维尺度分析模型相似，这里不再详述。

2. 非度量多维尺度分析模型

在实际研究中，并非所有的相似性或者差异性都可以被精确测量。例如，对于品牌间的差异或者两个概念间的差异等，只能用问卷的方式以有序测量尺度收集，这类数据在市场研究或者心理学研究中尤为常见，此时古典多维尺度分析模型就不一定适用，非度量多维尺度分析模型则更为合适。

目前已经有一些求解非度量尺度问题的方法，比较流行的是谢帕德（Shepard）于 1962 年提出的一种多维尺度分析模型，并由克鲁斯卡尔于 1964 年给出了一种有效的算法。这种非度量多维尺度分析模型的基本特征是将相似性或差异性数据看成是点间距离的单调函数，当数据代表相似性时为单调降函数，而当数据代表差异性时为单调增函数，这样做的实质就是保持原有数据的次序关系，但是重新估计最佳的数值间尺度差，或者说用相同次序的数列（一般起始序列即秩次）替换原数据进行古典多维尺度分析模型的分析（该替换数列被称为 disparities），如此反复尝试，直到模型效果达到最佳为止。而克鲁斯卡尔的主要贡献就是给出了满足上述要求的有效算法。

设 $\boldsymbol{\Delta} = (\delta_{ij})_{n \times n}$ 为一个差异性矩阵，$\boldsymbol{X}_{n \times n}$ 为 r 维空间 n 个点的坐标矩阵，d_{ij} 为点 x_i 与 x_j 之间的距离，对 δ_{ij} 的单调增函数 $\hat{d}_{ij} = f(\delta_{ij})$，定义

$$S_1(\boldsymbol{X}, f) = \left[\sum_{ij} (d_{ij} - \hat{d}_{ij})^2 \bigg/ \sum_{ij} d_{ij}^2 \right]^{\frac{1}{2}}, S_2(\boldsymbol{X}, f) = \left[\sum_{ij} (d_{ij} - \hat{d}_{ij})^2 \bigg/ \sum_{ij} (d_{ij} - \bar{d})^2 \right]^{\frac{1}{2}}$$

其中，$\bar{d} = \frac{1}{M} \sum_{ij} d_{ij}$，$M$ 为 δ_{ij} 的有效个数，$S_1(\boldsymbol{X}, f)$ 和 $S_2(\boldsymbol{X}, f)$ 分别称为克鲁斯卡尔应力 I 和 II，往往被直接记为 S_1 和 S_2，克鲁斯卡尔建议用 S_1 或 S_2 来衡量拟合的优度。

根据他提出的经验标准，若应力值（stress）≥20%，则模型对数据的拟合程度为差（bad）；若 stress≤10% 为满意（fair）；若 stress≤5% 为好（good）；若 stress≤2.5% 为很好（excellent）；其理想的情况为 stress=0，称为完全匹配（perfect）。

16.1.2 案例：城市间的地面距离

从多维尺度分析的原理出发，最简单易懂的案例就是对地图上各个城市间的直线距离进行多维尺度分析，而最终该方法就会基于城市直线距离重现相应的二维地图，下面就来看看一个具体的例子。

例 16.1 数据文件 distance.sav 是基于地图测量的亚太地区 9 个城市的地面（地图直线）距离，请对其进行多维尺度分析。该数据如果在其他地方引用，请注明出处。

1. 操作说明

本例的数据排列格式比较特殊,是以距离方阵的格式进行排列的,如图 16.1 所示,但由于距离矩阵是对称的,因此在输入数据时只输入了距离矩阵的下半部,这对分析没有影响。

	cityname	北京	上海	台北	广州	东京	新加坡	马尼拉	悉尼	惠灵顿
1	北京	0								
2	上海	1067	0							
3	台北	1720	683	0						
4	广州	1892	1212	869	0					
5	东京	2096	1763	2909		0				
6	新加坡	4507	3830	3272	2656	5339	0			
7	马尼拉	2855	1855	1173	1251	3000	2402	0		
8	悉尼	8952	7885	7269	7514	7836	6271	6273	0	
9	惠灵顿	10792	9753	9203	9568	9285	8504	8318	2229	0

图 16.1 多维尺度分析数据的排列格式

在 SPSS 中的操作如下。

1. 选择"分析"→"标度"→"多维标度(ALSCAL)"菜单项。
2. 将代表城市的 9 个变量选入"变量"框。
3. 在"模型"子对话框中,将测量尺度改为"比率"。
4. 在"选项"子对话框中,选中"显示"框组中的"组图"复选框。
5. 单击"确定"按钮。

上述操作中用到的主对话框如图 16.2 所示,"变量"框用于选入表示距离的各个变量,它下方的"个别矩阵"框在要求由数据创建距离时可用,此时数据文件可以计算出多个对象的距离矩阵,使用该框选入代表不同对象的变量。注意此时系统调用的算法和只有一个矩阵(如相应距离的平均值)时不同,详细内容见后。

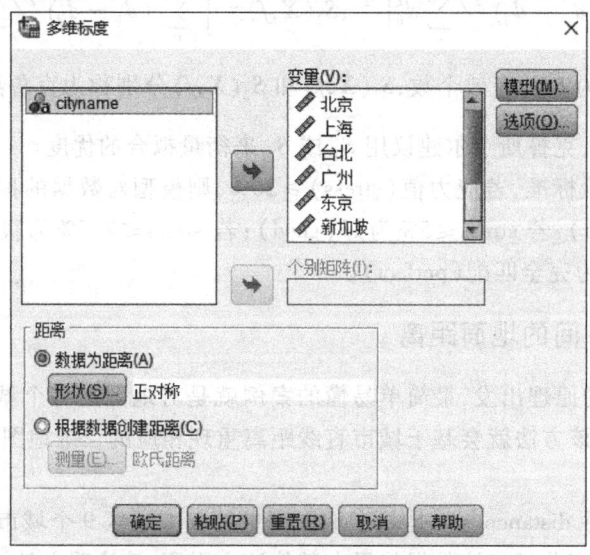

图 16.2 多维尺度分析(ALSCAL)主对话框

图 16.3 所示的是分析中用到的另外两个子对话框,对变量测量尺度的操作是在"模型"子对话框中的"测量级别"框组中完成的。本例中考虑到数据代表的是地图上的直线距离,因此在"模型"子对话框中将测量尺度改为比率。此外,在"选项"子对话框中设定输出空间匹配图。有趣的是,虽然该图形是多维尺度分析中非常重要的结果,但却一直都不是 ALSCAL 过程的默认输出,这一点希望新版本能加以改变。

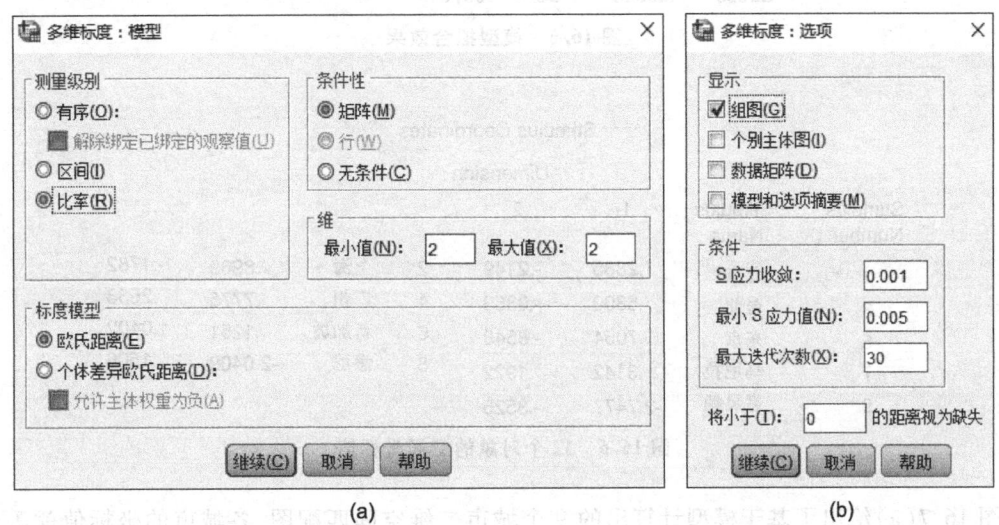

图 16.3　多维尺度分析(ALSCAL)过程的"模型"和"选项"子对话框

2. 结果解释

结果输出标题为"Alscal",即调用的相应过程名称。随后会给出一个警告,指出矩阵中存在一个缺失值,这是因为出于教学的需要,这里有意删除了东京—台北间的距离测量数据,该问题会在后面继续讨论。

图 16.4 给出的是相应两维空间的迭代记录,可见迭代两次后模型收敛。

```
Iteration history for the 2 dimensional solution (in squared distances)
        Young's S-stress formula 1 is used.
     Iteration     S-stress   Improvement
         1          .00752
         2          .00667     .00086

               Iterations stopped because
        S-stress improvement is less than   .001000
```

图 16.4　模型迭代记录

图 16.5 给出的是反映模型拟合效果的统计量,其中 RSQ 即决定系数,是总变异中能够被模型解释的比例,数值为 0.999 73,显然本模型拟合效果极佳。由于 stress 值为 0.009 46,因此这里的多维尺度分析模型对 9 个城市间地面距离的拟合效果是相当好的。

图 16.6 给出的是在当前多维尺度分析模型中,所求得的纳入分析的 9 个对象的坐标值,其内容实际上会在模型空间图中得到等价呈现,因此这里不再详述。

Stress and squared correlation (RSQ) in distances

RSQ values are the proportion of variance of the scaled data(disparities)
in the partition (row, matrix, or entire data) which
is accounted for by their corresponding distances.
Stress values are Kruskal's stress formula 1.

For matrix
Stress = .00946　　RSQ = .99973

图 16.5　模型拟合效果

Stimulus Coordinates

Stimulus Number	Stimulus Name	Dimension 1	Dimension 2				
1	北京	1.2885	-.2149	2	上海	.8969	-.1782
3	台北	.6809	-.0359	4	广州	.7775	.2533
5	东京	.7054	-.8548	6	新加坡	.1251	1.0402
7	马尼拉	.3142	.1922	8	悉尼	-2.0409	.1506
9	惠灵顿	-2.7477	-.3525				

图 16.6　12 个对象的空间坐标值

图 16.7(a)给出了基于模型计算出的 9 个城市二维空间匹配图,各城市的坐标值就等于图 16.6 中的结果。读者可以将该图形与世界地图做对比,就会发现这些城市的位置和地图上的排列并不相同,但之间的相对位置和地图上的是基本一致的,这是因为根据多维尺度分析法中解的概念和有关性质,模型求坐标时只要求它们间的相对位置确定即可,并不涉及其空间的绝对位置,因此求得的解不是唯一的。事实上,从图形右下角至左上角的方向大致就相当于实际地图上的从北至南方向,而从左下角至右上角的方向大致就是地图上的从东至西方向,因此相当于对地图的坐标系统进行了旋转,但各城市的相对位置均保持不变,这正是多维尺度分析在正交(旋转、平移)变换下具有不变性的具体表现。

> 如果在"模型"子对话框中限定维数为 1,则模型会按照地图上最长轴的方向进行提取,9 个城市大致按照自北至南的顺序排在一条直线上。但由于丢弃了第二个维度的信息,因此模型的 RSQ 会明显低于二维解的模型。当然,如果是越南、智利之类的狭长国家,一维解的 RSQ 就比较大了,这有助于大家理解两个维度的含义。

图 16.7(b)所示的是基于欧几里得距离的模型拟合效果散点图,是基于模型计算出来的欧几里得距离和样本中给出的实际距离的散点图。如果模型的拟合程度好,则所有散点应当在一条直线上,从图中可见本模型的拟合效果是不错的。但严格地说,对本数据而言,这些点应该完全在同一直线上,是哪些原因影响了模型的拟合效果呢? 这主要是因为地球表面是球面,转换到平面的二维坐标系难免会有一些偏差。有兴趣的读者可以在地图上测量中美两国各大城市间的距离并拟合多维尺度分析模型,就会发现此时模型的 RSQ 会较低,这是由此时地球曲面(这些城市跨越了 1/3 的球面)和平面投影之间的差异过大所致。

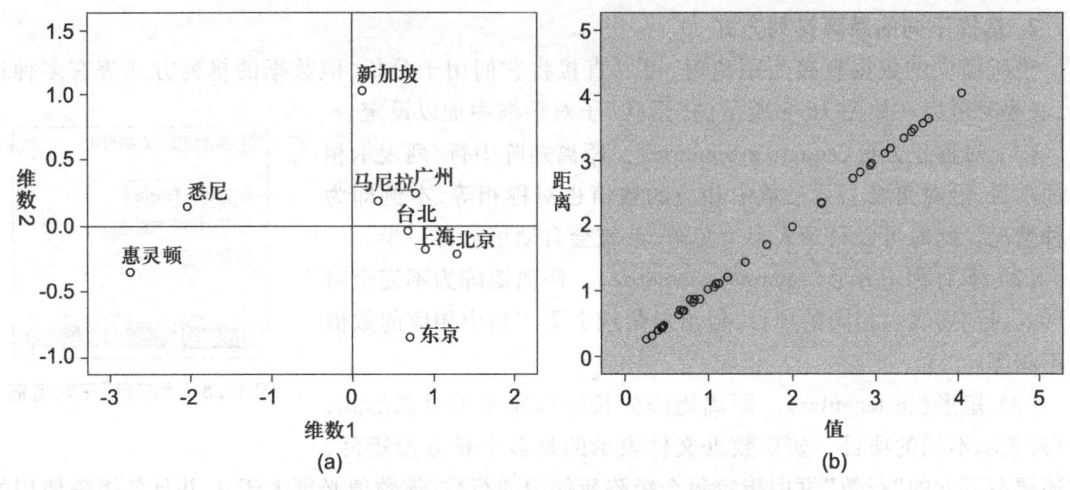

图 16.7 9 个城市二维空间匹配图和模型拟合效果散点图

在数据中还删除了东京—台北间的距离(2 101 km),但从匹配图中可见无论是东京还是台北,计算出的它们的相对位置都非常接近实际情况,这是因为矩阵中其他城市与东京、台北的距离信息已经足够用来定位这两个城市的空间坐标,因此该数据的缺失影响不大。读者可以自行将该数值加入并重新拟合模型,会发现此时模型只有很轻微的改善,其作用几乎可以忽视。

最后,如果在操作时选择"选项"子对话框中的"模型和选项摘要"复选框,则结果输出的最前面会给出非常详细的模型拟合参数汇总表,有助于人们深入了解多维尺度分析模型在拟合时所需要考虑的各种问题。请读者自行尝试相应操作,这里不再详述。

🖌 本例拟合的是古典多维尺度分析模型,非度量多维尺度分析模型的分析输出与之类似,只是在模型拟合方面增加了几个图形输出,因此这里不再单独举出实例,请读者直接参见例16.2 的输出结果。

16.1.3 距离的各种提供方式

在上面的例子中,距离的测量是直接给出的,而且以最简单的对称矩阵方式提供。但是在许多实际问题中,研究者得到的不是直接的距离测量值,而是要通过一些原始数据对距离进行计算;或者说由于数据采集的原因,距离矩阵的排列方式比较特殊,下面就来看一下距离的计算和数据排列方式都有哪些情况。

1. 通过原始数据计算距离

在主对话框"距离"框组中如果选中"根据数据创建距离"复选框,则需要在"测量"子对话框中对具体的距离计算方式加以设定。实际上,该对话框的内容和系统聚类分析中的"方法"子对话框基本相同,都是根据所用变量是连续变量、频数变量还是二分类变量,提供了各种距离计算方式供用户选择,但多维尺度分析中对连续变量和二分类变量默认的是欧几里得距离,而聚类分析中则将欧几里得平方距离,即以两变量差值平方和为默认距离。不同距离计算指标的含义请参考聚类分析一章的解释,这里不再详述。利用"测量"子对话框也可以进行变量的标准化变换,并可以指定是对变量间还是对案例间计算距离矩阵。

2. 选择不同的距离排列方式

当所提供的数据直接为距离时,可以直接将它们用于分析,但数据的排列方式等有多种选择,必要时可以在如图 16.8 所示的"形状"子对话框中加以设定。

(1) 对称正方形(square symmetric)。距离矩阵中行/列表示相同的项目,沿对角线上下三角中相应的数值也对称相等,本例即为这种情况。此时可以只录入半个矩阵,系统会自动填补另一半。

(2) 不对称正方形(square asymmetric)。距离矩阵为不完全对称形式,行/列表示相同的项目,但沿对角线上下三角中相应的数值并不相等。

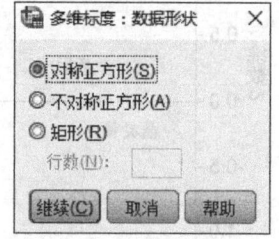

图 16.8 "形状"子对话框

(3) 矩形(rectangular)。距离矩阵为长方形完全不对称形式,行/列表示不同的项目。如果数据文件表示的是多个长方形矩阵,则还要在下方的"行数"框中指定每个矩阵所使用的行数,该数值必须大于 4,并且各矩阵使用的行数应当相同。

在设定了距离矩阵的排列方式以后,还可以利用"模型"子对话框中的"条件性"(conditionality)框组进一步定义距离矩阵的情况。

(1) 矩阵(matrix)。在只有一个距离矩阵(如本例)或每个距离矩阵代表一个不同的个体时采用,它表示距离矩阵内的数值意义相同,是可以相互比较的。

(2) 行(row)。该选项只在不对称或长方形矩阵时可用,表示只有对同一行间数据进行比较才有实际意义,同一列间的数据无须进行比较。

(3) 无条件(unconditional)。选择该选项,在对数据进行比较时不受任何限制,资料中任意两个数据间的比较都有实际意义。

一般而言,对于直接采集的距离数据,最好按照最简单的对称正方形方式采集和录入,以免为分析带来不必要的麻烦。

16.2 考虑个体差异的多维尺度分析模型

16.2.1 模型简介

前面所举的例子都只有一个矩阵,但是在实际问题中,数据会从多个受访者处采集,每一个受访者的数据都可以构成一个矩阵。那么如何来对它们进行分析呢?如果直接将原始数据进行平均,当然可以把资料重新浓缩为一个矩阵,但是会损失大量的信息。直接使用多矩阵资料进行重复多维尺度(RMDS)模型的分析当然也可以,但是这样并没有考虑个体间的差异,并不合适。因为不同个体的评判标准往往不太一致(在跳水比赛中,同一个运动员的动作,不同的裁判给分不同就属于这种情况),此时更妥当的方式是采用考虑个体差异的多维尺度分析模型进行分析。

设有 g 个关于同一组对象的差异性/相似性数据矩阵 $\Delta_1, \Delta_2, \cdots, \Delta_g$,这些矩阵可能是来自不同的受访者或不同的调查地区等,称这些不同的受访者或不同的调查地区为主体(subject)或个体,g 个矩阵对应 g 个主体。INDSCAL(individual difference scaling)模型是一种多维尺度分析模型,其目的不仅是要分析对象的结构,还要进一步分析主体之间的差异,并且在分析对象结构时会考虑主体间的判断尺度差异,该模型被称为考虑个体差异的多维尺度分析模型,或者加权个体差异欧几里得距离模型(WMDS)。

在 INDSCAL 模型中,仍然假定 n 个对象可以用 r 维空间中的 n 个点 $x_1, x_2, \cdots x_n$ 来表示。但是对不同的主体,点之间的距离定义是不同的,设 d_{ij}, k 为第 k 个主体关于对象 i 与对象 j 之间的距离,其表达式为

$$d_{ij}, k = \left\{ \sum_{t=1}^{r} w_{kt} (x_{it} - x_{jt})^2 \right\}^{1/2}$$

其中,d_{ij}, k 相当于对第 t 个坐标加权 $\sqrt{w_{kt}}$ 后计算的欧几里得距离,权 $\sqrt{w_{kt}}$ 代表第 k 个主体对第 t 个坐标的重视程度。

16.2.2 案例:饮料的口味差异评价

例 16.2 这里采用的数据文件见 mds.sav,来自 Schiffman, Reynolds 和 Young(1981),里面包括了 10 位受访者对 10 种常见的饮料的口感差异性评分,分值在 0~100 之间,分值越高表明差异越大。每个个体的数据形成了一个距离矩阵,10 个距离矩阵被纵向叠加在一起。请从中分析各种饮料的差异性,并进一步寻求导致这种差异性的合理解释。

1. 操作说明

考虑到这里 10 个主体的选择偏好可能互不相同,因此使用加权的个体差异欧几里得模型进行分析。本例中数据集采用 10 个矩阵从上往下依次排列的格式,模型会自动将各个矩阵看成不同主体的采访结果。同时,该数据虽然是以问卷评分的方式来给出对象距离,但作为心理测量的结果,按照有序测量尺度来分析数据更为稳妥,具体操作如下。

1. 选择"分析"→"标度"→"多维标度(ALSCAL)"菜单项。
2. 将 10 个代表饮料的变量选入"变量"框。
3. 在"模型"子对话框中,将测量尺度改为"有序",并选中"解除绑定已绑定的观察值"复选框。在下方的"标度模型"框组中选中"个体差异欧氏距离",并选中"允许主体权重为负"复选框。
4. 在"选项"子对话框中,选中"显示"框组中的"组图"复选框。
5. 单击"确定"按钮。

上述操作中选中了"有序"单选按钮下方的"解除绑定已绑定的观测值"复选框,它的用途在于改变对相同分值的处理方式,如果担心同一个主体采用的评分标准不稳定,如虽然都赋予相同的分值,但实际的判断标准可能不同,则可以通过选中该复选框对相同分值赋予不同秩次,从而在拟合时发现最优解。而选中"允许主体权重为负"复选框则是允许某些主体的权重为负,这样做也是为了减弱评价质量差的主体数据对总模型的影响,以保证模型尽可能地发现最优解。

2. 结果解释

这里省略次要输出,直接看主要的分析结果。模型首先会对 10 个矩阵分别拟合多维尺度分析模型,然后按照加权的方式进行模型效果的平均,图 16.9 给出的就是 10 个多维尺度分析模型的结果。可见这些模型拟合的效果相差很大,如主体 1 的模型决定系数为 0.531,而主体 2 的模型决定系数只有 0.278,最终加权平均后的总模型决定系数为 0.515。

```
 Matrix   Stress   RSQ    Matrix   Stress   RSQ    Matrix   Stress   RSQ    Matrix   Stress   RSQ
   1      .310     .531     2      .373     .278     3      .318     .490     4      .317     .492
   5      .310     .595     6      .283     .633     7      .318     .553     8      .299     .558
   9      .339     .415    10      .287     .602

        Averaged (rms) over matrices
        Stress = .31560    RSQ = .51487
```

图 16.9　模型的整体拟合效果

随后模型会输出 10 种饮料在总模型二维空间中的坐标值,此处略。

图 16.10 中给出的是在每一个主体所设定的模型二维空间中,各维度在相应模型中的重要性。两个维度权重指标的平方和即为相应的模型决定系数。例如,主体 1 的模型决定系数 $0.531 = 0.6369^2 + 0.3545^2$。对于每个主体还会给出 Weirdness 指标,该指标用于表示各主体模型偏离平均水平的程度,如果模型的各维度权重和平均权重大致成比例,则 Weirdness 接近最小值 0;否则,偏离平均水平越严重,Weirdness 越接近 1。最终这两个维度在总模型中的重要性是通过对每个主体的维度重要性进行平均而得到的,不过有趣的是这里直接给出平方后的数值,可见第一维度携带了将近 30% 的原始信息,而第二维度携带了 23% 的信息量,两者相加正好为总模型决定系数的 51.5%。

```
                     Subject Weights
                        Dimension

 Subject   Weird-                     Subject   Weird-
 Number    ness      1        2       Number    ness      1        2

    1      .2754   .6369    .3545        2      .0050   .3965    .3477
    3      .2769   .4139    .5644        4      .2510   .6070    .3522
    5      .5299   .7312    .2462        6      .5175   .7519    .2605
    7      .6211   .2473    .7016        8      .2511   .4547    .5931
    9      .1527   .5319    .3633       10      .4478   .3645    .6848

 Overall importance of
 each dimension:           .2886    .2262
```

图 16.10　主体重要性

图 16.11 给出的是每一个主体模型在总模型中的权重大小,可见有许多主体模型的权重为负。结果中还给出了图形输出时每个主体所对应的符号,本例中就是顺序号。

```
                 Flattened Subject Weights
                          Variable

 Subject    Plot               Subject    Plot
 Number    Symbol     1        Number    Symbol      1

    1        1      .6794         2        2      -.0192
    3        3     -.7182         4        4       .6178
    5        5     1.3526         6        6      1.3180
    7        7    -1.7530         8        8      -.6490
    9        9      .3721        10        A     -1.2005
```

图 16.11　平均主体权重

图 16.12(a)所示的就是总模型的变量空间定位图。可见这 10 种饮料被大致分为两大组，右侧的一组为无糖饮料 dietpepr、dietcoke、dietpeps，以及 tab，而其余的 6 种饮料则被归为另一组，对于该图形随后还要详细解释。

图 16.12(b)所示的是不同主体在各维度上的信息分配程度，也就是将前面主体重要性的结果中各维度的重要性以散点图的方式进行了呈现。可见不同主体间的差异还是比较大的。例如，5、6 号受访者用于判断饮料间差异性的信息主要是集中在第一维度，而 7、10 号受访者对饮料的差异性判断则主要是基于第二维度进行。利用这一信息，研究者完全可以对受访者采用聚类分析等方法做进一步的细分，相应的操作请读者自行练习，这里不再详述。

> 上述空间定位图中的维度信息还可以和受访者的性别、年龄等背景资料相结合，以对相似性的驱动因素进行更精确的定位和解释，这也是多维尺度分析在实际应用中的一个重要步骤。

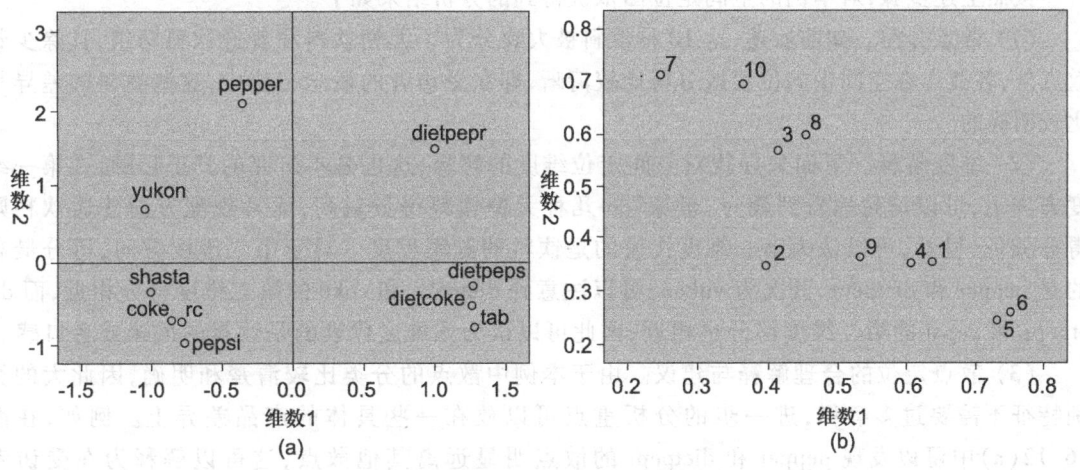

图 16.12　空间定位图和个体差异图

图 16.13(a)所示的是模型对原始数据的拟合效果散点图，由于纳入了不止一个主体的数据，拟合效果比例 16.1 差很多，但预测距离和实测值之间的总体趋势仍然是一致的。图 16.13(b)所示的则是各主体权重的一维图，实际上是将图 16.11 中的权重数据绘制成图形而已。

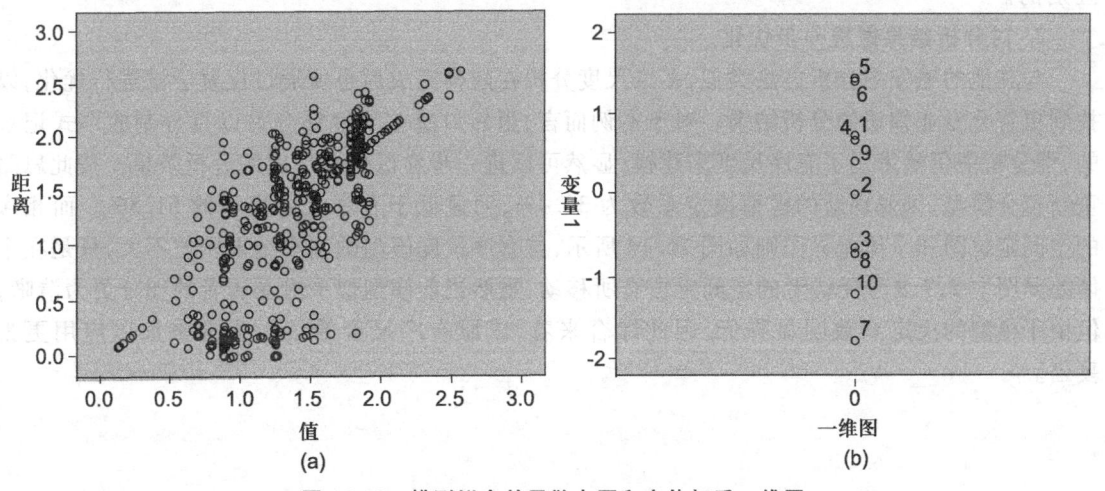

图 16.13　模型拟合效果散点图和主体权重一维图

16.2.3 模型结果的解释与优化

1. 图形的基本含义分析

空间定位图是多维尺度分析最重要的分析结果,前面对该图形只做了简单直观的解释,但是在真正的概念定位研究中,如何对空间定位图的信息进行深入发掘,以找到对数据更符合专业知识的解释是非常重要的。一般而言,对一个空间定位图的解释可以按照以下三个步骤进行。

(1) 哪些散点比较接近(相似),所有的散点大致被分为了几类。

(2) 如果有可能,就为每个维度找到一个合理的解释。

(3) 寻找对图形散点间相关性的合理解释,从而提出切合实际分析需求的建议。

按照上述步骤,对本例的空间定位图依次得到的分析结果如下。

(1) 散点分类。如前所述,这 10 种饮料被大致分为了无糖饮料和普通饮料两组,且除少数散点外,各散点在空间中的位置区分得比较清晰,即在受访者的概念定位中,这些饮料的差异是比较明确的。

(2) 维度解释。下面来寻找对空间定位维度的解释,这也是本研究的真正目的,在第一维度方向上,可以清楚地看到最为"健康"的几种无糖饮料得分最高,而常规配方的普通饮料则得分偏低,显然,可以认为第一维度代表的是饮料的健康程度。对于第二维度方向,得分最高的是 pepper 和 dietpepr,其次为 yukon,可以注意到 dietcoke 和 coke 的第二维度得分相近,而 dietpeps 和 pepsi 的第二维度得分也相近,因此可以认为该维度代表的是饮料的风味或者口感。

(3) 散点定位的合理解释与建议。由于本例中散点的分类比较清楚和明确,因此大的类别特征不需要过多解释,进一步的分析重点可以放在一些具体的产品差异上。例如,在图 16.12(a)中可以发现 pepper 和 dietpepr 的散点明显远离其他散点,这可以解释为在受访者心目中,pepper 的口感非常独特,和其余饮料有着明显区别。与此相对,coke 与 pepsi 的散点位置非常接近,而 dietcoke 和 dietpeps 的散点位置也非常接近,其距离更是远远小于这两个品牌的普通产品和无糖产品之间的距离。这充分说明这两种可乐的差异更多的是营销活动所塑造出来的品牌形象,其市场定位高度重叠,而在产品口感上两者实际是没有本质区别的。

2. 对分析结果做进一步优化

与其他的感知图分析方法类似,多维尺度分析在建模完成后也要通过反复尝试进行优化,以找到更符合专业知识的分析结果。对于本例而言,虽然口感差异性评分是以百分制的形式记录的,但分析中仍然采用了有序尺度来建模,显然可以进一步尝试比率尺度的分析效果。按此思路重新拟合模型,则发现新的模型决定系数为 38.4%,明显低于有序尺度模型的 51.5%。而相应的空间定位图和个体差异图则如图 16.14 所示,与有序尺度模型的基本结果相差不大,只是在个体差异图中 2、7、9 号受访者的空间定位有所移动,虽然当前模型似乎对受访者的细分更为清晰,但由于模型的决定系数明显降低,因此综合来看,以原有序尺度的结果为准来加以应用更为妥当。

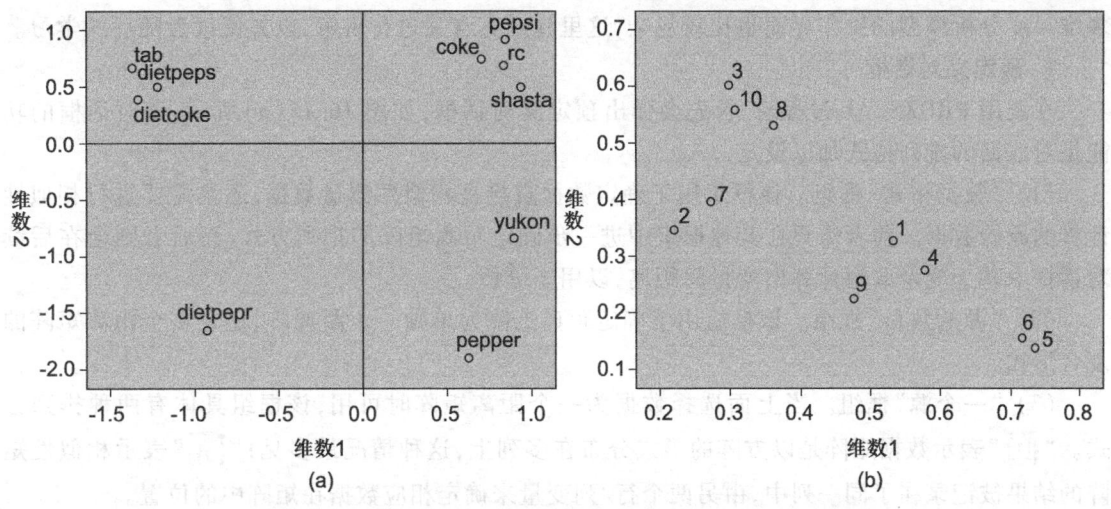

图 16.14 按照比率尺度拟合得到的空间定位图和个体差异图

16.3 基于最优尺度变换的多维尺度分析模型

16.3.1 模型简介

前面介绍的 ALSCAL 过程提供了比较全面的多维尺度分析功能,但仍然存在一些局限。例如,只能分析差异性数据,且不能将模型结果存储为数据文件以供进一步分析。此外,在相似性数据的建模方面,统计学家也在尝试能否有新的突破。在常规的统计模型框架中,对数据进行最优尺度变换是在大数据量前提下的一个比较好的方案,此即基于最优尺度变换的多维尺度分析模型,在 SPSS 中用 PROXSCAL 过程来实现。

与 ALSCAL 过程相比,PROXSCAL 过程主要的功能改进如下。

(1) 可以直接对相似性数据或者差异性数据进行分析,而无须将前者反向变换为差异性数据。在操作时只需要在"模型"子对话框的"近似值"框组中选择正确的数据种类即可。

(2) 将最优尺度变换引入多维尺度分析模型,从而在样本量充足时可能得到更准确的分析结果。

(3) 更加全面的多维尺度分析模型种类。PROXSCAL 过程比 ALSCAL 过程提供了更加复杂的多维尺度分析模型,这些模型与最优尺度变换相结合,可以对数据特征做更深入的分析和呈现。

(4) 除分析功能的增强外,PROXSCAL 过程还提供了更加丰富的模型诊断、设置和结果输出。它不仅可以输出总模型的结果,还可以针对每个主体模型进行单独的结果输出,而模型的空间坐标、距离、自变量转换前后的数值、主体权重等都可以直接存储为数据文件,这些都极大地方便了后续的分析操作。

16.3.2 界面说明

与采用基于最优尺度变换的分类数据主成分分析方法时的情形相似,基于最优尺度变换的多维尺度分析模型的操作界面也比较复杂,这里先对其含义进行讲解,以方便读者随后的学习。

1. 预定义对话框

在调用 PROXSCAL 过程时,首先会弹出预定义对话框,如图 16.15(a) 所示,该对话框的功能是对数据的排列格式加以设定。

(1)"数据格式"框组。该框组用于确定数据直接是相似性测量数据,还是需要进行相似性计算的原始数据。前者需要在其他框组中进一步确定距离矩阵的排列方式,而后者则会在后续对话框中基于变量取值计算出变量间距离,以用于分析。

(2)"源的数目"框组。该框组用于确定距离矩阵为单独一个距离阵,还是多个距离矩阵的复合形式。

(3)"一个源"框组。当上面选择数据为一个距离矩阵时可用,该框组具体有两种排列方式。"▦"表示数据矩阵是以方阵的形式分布在多列上,这种情况最多见;"▦"表示相似性矩阵的结果被记录在同一列中,由另两个行/列变量来确定相应数据在矩阵中的位置。

(4)"多个源"框组。当上面选择数据为多个距离矩阵的复合形式时可用,该框组具体有三种排列方式。"▦"表示所有距离矩阵按次序在相同的列中依次排列;"▦"表示各距离矩阵被放置在单独的列中,由另两个行/列变量来确定相应数据在矩阵中的位置;"▦"表示所有距离矩阵被放置在同一列中,除使用两个行/列变量来确定相应数据在矩阵中的位置外,还有第三个变量用于确定数据属于哪个矩阵。

2. 主对话框

基于预定义对话框中"数据格式"框组的选择,SPSS 会打开两个不同的主对话框,其中涉及的对话框元素都是前面曾经接触过的,因此这里不再详述。图 16.15(b) 给出的是数据直接是相似性测量结果时的主对话框。

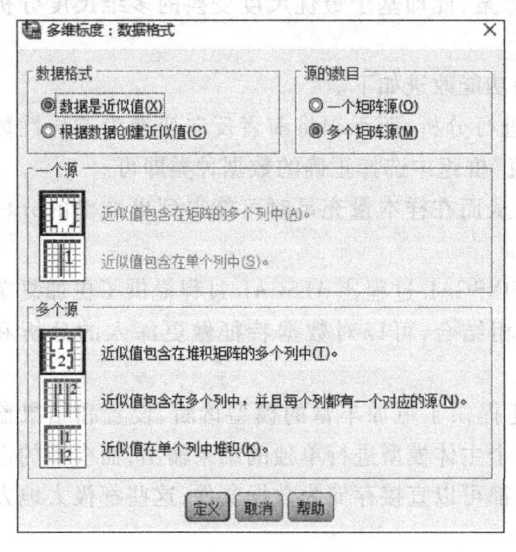
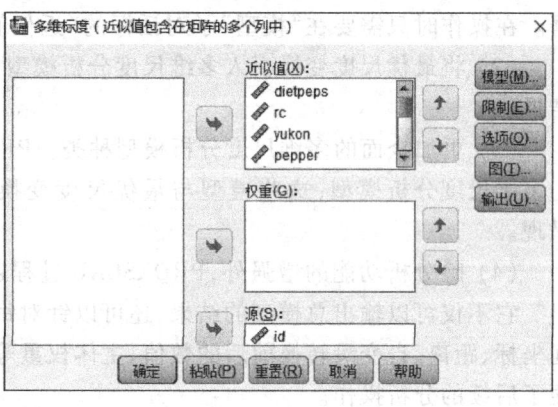

(a)　　　　　　　　　　　　　　(b)

图 16.15　多维尺度分析(PROXCAL)过程的预定义对话框和主对话框

3. "模型"子对话框

(1) "标度模型"框组。如图 16.16(a)所示,PROXSCAL 过程在可拟合的模型上也做了一些改进,注意虽然有些模型和 ALSCAL 过程中的名称相同,但这里是基于最优尺度变换后的数据进行拟合,所以结果不会完全等价,但能大致对应起来。其中,"恒等式"模型就是 ALSCAL 中最基本的欧几里得模型;加权欧几里得模型就是 ALSCAL 中的考虑个体差异的欧几里得模型;广义欧几里得模型则更进一步,各案例的空间都相当于公共空间的不同旋转;降秩模型和广义欧几里得模型类似,但主体空间的秩次等于 n,n 总是小于最大维度数,但大于等于 1。

(2) "近似值转换"框组。该框组用于设定数据测量尺度。分析时首先会对其进行最优尺度变换,然后再进行分析。该变换的原理在第 7 章中已经介绍过了,这里不再重复。唯一特殊的是可以选择是单独对每个主体进行转换,还是统一对主体进行转换。

其余的"形状""近似值""维"框组含义非常明确,这里不再重复解释。

4. "图"和"输出"子对话框

PROXSCAL 过程在可供输出的图形和分析结果方面提供了更多的选择,在如图 16.16(b)所示的"图"子对话框中不仅可以设定输出总的模型空间定位图,还可以输出每个主体的空间定位图。更进一步,还提供了碎石图、最优尺度变换图等用来辅助判断究竟多少维空间比较合适、最优尺度变换是否妥当等。"输出"子对话框中则不仅提供了空间维度指标、权重指标、距离指标、迭代历史记录、应力值改变记录等详细的统计量输出,还可以选择将一些指标存储为 SPSS 数据文件以供进一步分析。

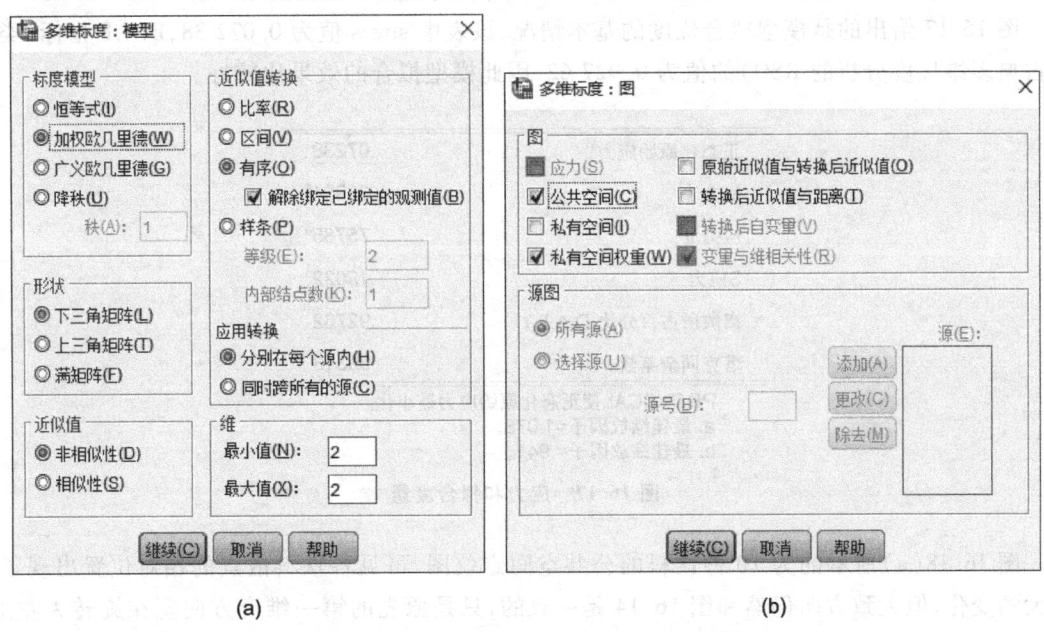

图 16.16 "模型"子对话框和"图"子对话框

5. "限制"和"选项"子对话框

除上述内容外,为了保证模型能够拟合,PROXSCAL 过程还提供了许多拟合时的控制选项。

例如,在"限制"子对话框中可以对解的搜索空间加以限定,而"选项"子对话框则可以选择模型的初始状态以及拟合标准。

16.3.3 案例:用 PROXSCAL 过程分析饮料数据

由于 PROXSCAL 过程的功能和输出在很多方面都和已经介绍过的内容重叠,对其进行详细讲解的意义不大,为便于读者理解,这里仍以前述的饮料差异性数据为例,来看一下 PROXSCAL 过程相应的结果输出,其细节则不再深入展开讨论。

1. 操作说明

由于本例前面已经进行过分析,因此大家已经熟悉其基本特征:是差异性数据,数据为多重距离矩阵格式排列,分析时需要考虑主体差异。在 PROXSCAL 中的分析操作如下。

1. 选择"分析"→"标度"→"多维标度(PROXSCAL)"菜单项。
2. 在"源的数目"框组中选中"多个矩阵源"单选按钮,单击"定义"按钮。
3. 将 10 个饮料品牌变量选入"近似值"框,将 ID 选入"源"框。
4. 在"模型"子对话框中,在"标度模型"框组中选中"加权欧几里德距离"单选按钮,在"近似值转换"框组中将测量尺度改为"有序",并选中"解除绑定已绑定的观测值"复选框。
5. 单击"确定"按钮。

2. 结果解释

许多分析结果与前面类似,这里不再一一列举,仅给出比较重要的结果。

图 16.17 给出的是模型拟合优度的基本情况,该表中 stress 值为 0.072 38,D.A.F 指标(类似于古典多维尺度分析的 RSQ)的值为 0.927 62,因此模型拟合的效果比较好。

正态化原始应力	.07238
应力 I	.26904[a]
应力 II	.75785[a]
S 应力	.19022[b]
离散所占百分比(D.A.F.)	.92762
塔克同余系数	.96313

PROXSCAL 使正态化原始应力最小化。
a. 最佳缩放因子=1.078。
b. 最佳缩放因子=.941。

图 16.17　应力和拟合度量

图 16.18(a) 所示的为 10 种饮料的公共空间定位图,可见各饮料散点的相对位置出现了比较大的变化,但大致方向仍然和图 16.14 是一致的,只是原先的第一维度方向现在旋转为左上-右下角方向,第二维度则旋转为右上-左下角方向。整个图形的基本解释并未发生改变,只是各散点的相对位置拉得更开,不再会有原先若干散点几乎重叠的情况,这也是最优尺度变化这一算法所导致的趋势。图 16.18(b) 所示的是个体差异定位图,其大致的趋势和前面的分析结果相似,但相对而言极端主体的样本数更少。

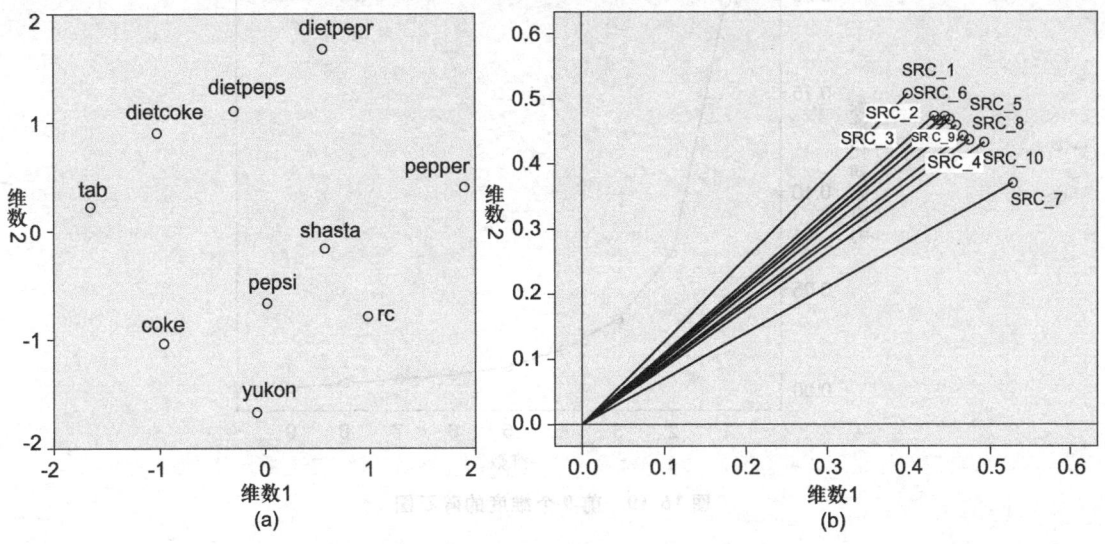

图 16.18　公共空间定位图和个体差异定位图

如果要输出每个主体的空间匹配图,则可以在"图"子对话框中选中"私有空间"复选框,结果中就会增加输出 10 个主体的空间匹配图。从这些主体的空间匹配图中,可以进一步考察不同的受访者在相似性评分中的异同情况。

16.3.4　在模型中考虑更多维度

本例目前仍然只考察了默认的二维解,从 stress 指标和 D.A.F 指标的值来看,模型的拟合效果也还算满意,那么是否需要考察更高维度的解,以更完美地呈现信息呢?

实际上,在最基本的 ALSCAL 过程中就可以考察二维空间以上的多维尺度分析解,但是因为其输出比较烦琐,前面并未做介绍。而在 PROXSCAL 过程中,不同维度的碎石图输出就可以作为选择最优维度数的工具。本例中的新增操作如下。

1. 在"模型"子对话框的"维"框组中,将维数范围设定为 1~9。
2. 在"图"子对话框中选中"应力"复选框。

在上面的操作中,维数范围的最大值为对象数 -1,本例中有 10 种饮料,因此最大维数只能是 9。结果输出中的碎石图如图 16.19 所示,该图形的解释和因子分析中的碎石图极为相似,同样反映了各维度的重要性,可以看出第一维度和第二维度已经解释了研究主体结构的主要信息,结合 D.A.F 指标,可以认为使用二维空间来描述和体现 10 种饮料的差异性已经足够。有兴趣的读者可以尝试使用这个案例数据进行三维空间的拟合,看看三个维度的主体权重值的大小情况,这里不再详述。

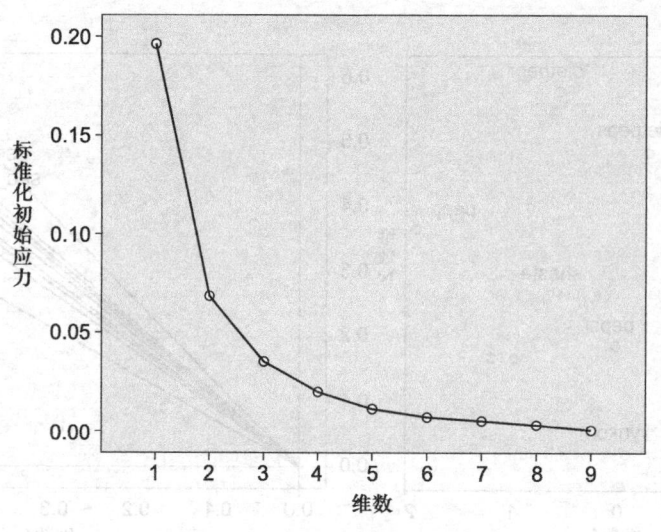

图 16.19　前 9 个维度的碎石图

16.4　多维展开模型

16.4.1　模型简介

前面介绍的各种多维尺度分析模型有一个共同点，即用于计算距离的各对象不存在分组（或者各对象单独成为一组），分析时直接考虑的是各对象两两间的距离远近。但是在有的研究问题中，对象可能会被分为几组，分析的核心目的是考察各组对象之间的距离远近，而同一组内各对象间的距离则并不在研究关心的范围之内，这时多维展开模型就是比较合适的选择。

多维展开(multidimensional unfolding)分析的核心目的类似于典型相关分析，典型相关分析是寻找少数几个典型相关系数，从而将两组变量间的相关性用这几个系数集中体现出来。而多维展开过程则是寻找能够直观反映两组对象之间距离关系的公共尺度，以凸显构成这两组对象间关联的关键要素。例如，请受访者按照所假设的早餐风格，根据各自的饮食偏好对早餐食品的适合度进行排序，顺序为 1 到 15。通过多维展开分析，就可以得知早餐风格和早餐食品之间的基本关联趋势，并且可以进一步发现受访者主要是基于以下两个维度来对早餐食品进行区分的：面包的软硬，以及食品是否不利于减肥。

相对于古典多维尺度分析模型，多维展开模型的发展时间很短，其核心算法在 2005 年前后才被提出。好在其基本分析思路和多维尺度分析模型非常接近，而且结果输出中也有很多相似之处，考虑到读者的接受程度，本书就不再对其原理进行详细介绍，对此感兴趣的读者可参考本章末所附的参考文件。

16.4.2　案例：场景和行为间的匹配关系

例 16.3　Price 和 Bouffard 在 1974 年对 52 名学生进行了研究，这些学生被要求用 10 分制来评价在 15 种场景中一些行为是否合适,10 分表示完全不合适。例如,当场景为上课时,书写的平均评分为 0.83,而打架的平均评分为 7.79。请分析场景和各种行为之间的匹配关系。数据文件见 SPSS 自带文件 behavior.sav。

1. 操作说明

实际上,本例的数据排列格式就是一个长方形矩阵,因此在操作中只需要正确指定用于计算距离的列变量,以及用于给出行名称的行标识变量(ROWID)即可,具体操作如下。

> 1. 选择"分析"→"标度"→"多维展开(PREFSCAL)"菜单项。
> 2. 将除 ROWID 外的 15 个行为变量选入"近似值"框。
> 3. 将记录场景名称的 ROWID 选入"行"框。
> 4. 在"模型"子对话框的"近似值转换"框组中,选中"线性"单选按钮,并且选中下方的"包括截距"复选框。
> 5. 在"图"子对话框中选中"谢泼德图"复选框。
> 6. 单击"确定"按钮。

上述操作中用到的主对话框和"模型"子对话框如图 16.20 所示。在上述操作中将记录场景名称的 ROWID 选入"行"框是为了使图形结果能够直接显示各场景名称,不这样做虽然并不会影响分析结果,但会使得结果阅读起来更困难。

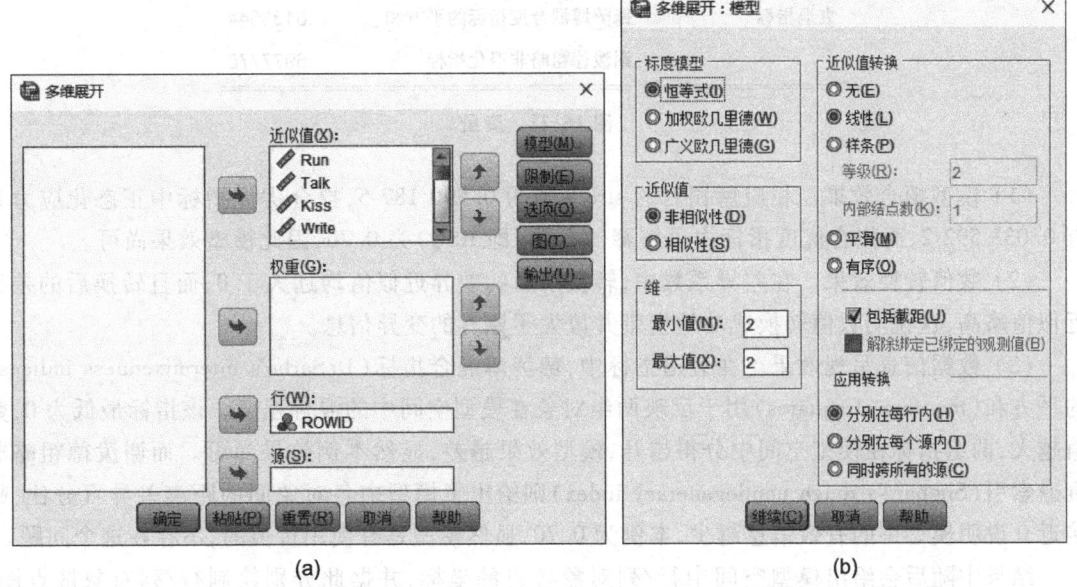

图 16.20 多维展开过程主对话框和"模型"子对话框

2. 结果解释

多维展开模型的结果输出的内容较多,这里只给出对关键结果的解释。

图 16.21 给出的是模型拟合效果指标,可见模型经过 1 343 次迭代才收敛,表格中的主要信息如下。

迭代		1343
最终函数值		.5901875
函数值部分	应力部分	.1833322
	惩罚部分	1.8999460
拟合劣度	正态化应力	.0335922
	克鲁斯卡尔应力 I	.1832818
	克鲁斯卡尔应力 II	.5706969
	杨S应力 I	.2894685
	杨S应力 II	.5215367
拟合优度	离散所占百分比	.9664078
	方差所占百分比	.7631870
	恢复的优先顺序	.8266667
	斯皮尔曼Rho	.8008027
	肯德尔Tau-b	.6510418
差异系数	差异近似值	.3941460
	转换后的差异近似值	.4317331
	差异距离	.4254556
衰退指标	德萨博混合度指标的平方和	.6133644
	谢泼德粗略非退化指标	.6977778

图 16.21 度量

(1) 模型拟合效果。相应惩罚后的 strees 值为 0.590 187 5,拟合劣度指标中正态化应力只有 0.033 592 2,而拟合优度指标中可解释的方差(即 RSQ)为 0.76,因此模型效果尚可。

(2) 数值转换效果。在差异系数中,转换前后的差异近似值均远大于 0,而且转换后的差异近似值略高,这说明数值转换成功地携带并放大了原有的变异信息。

(3) 数据信息呈现效果。在衰退指标中,德萨博混合指标(DeSarbo's intermixedness indices)的平方和(the sum of squares)用于反映两组对象在模型空间中的混合程度。该指标最低为 0,数值越大,两组指标在模型空间中分得越开,模型效果越差,显然本例效果尚可。而谢泼德粗略非衰退索引(Shepard's rough nondegeneracy index)则给出了模型中各对象间的距离差异百分比,越接近 0 说明模型中的有效信息越少,本例为 0.70,显然模型是有使用价值的,不存在这个问题。

结果中随后会给出模型空间中行/列对象各自的坐标,并据此分别绘制行/列对象散点图。但是在多维展开模型中,研究者更关心的是将上述信息重叠起来展示的行/列对象联合分布图,如图 16.22(a)所示。仔细考察散点的分布,会发现如下信息。

(1) 横轴更多地和列对象(行为)的差异有关,从左到右逐渐从不合适的行为(如打架、奔跑)过渡到更妥当的行为(如读书、写字)。而纵轴则更多地和行对象(场景)的差异有关,大致趋势是从很安静、庄重的场景(如教堂)到很热闹的场景(如电影、晚餐)。

(2) 从纵轴方向考察,对于教堂等安静、庄重的场景,读书、写字等安静/自制的行为更为合适;对于电影、晚餐、约会等场景,更社会化/外向的行为如接吻、大笑等行为显然更为合适;而在纵轴中部,合适的行为又根据横轴方向做了进一步区分,大致的趋势是熟悉的人或场景(如房间、休息室)中的行为限制较少,而比较生疏或个体间距较远(如人行道、电梯、面试)的场景中行为限制则较多。

图 16.22(b)所示的是 Shepard 图,该图形反映的是原始近似值和转换后的近似值与距离之间的关系。距离由点表示,转换后的近似值则由线表示。由于本例指定为进行带截距的线性转换,因此图形表现为若干斜率和截距不同的点和线。与 Shepard 图类似的还有转换图,但是转换图只能提供转换前后近似值的对应散点图,功能要弱一些。

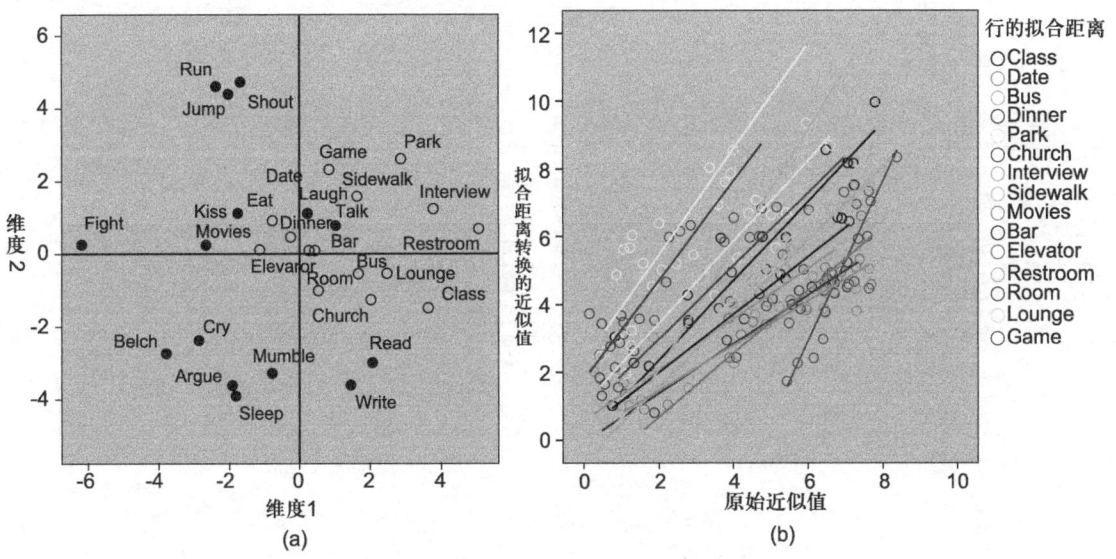

图 16.22　公共空间图和 Shepard 图

此外,在多维展开模型的分析结果中经常需要考察的还有拟合散点图和残差图,相应的阅读方式与多维尺度分析模型类似,并且由于这里先对数值做了转换,相应图形中给出的都是转换后数值的拟合效果,因此拟合效果良好与否还需要同时考察数值转换效果才能加以确认,这一点请读者注意。

思考与练习

1. 在数据文件 mds.sav 中筛选出第一个受访者的数据矩阵,对其进行相似性变换(用 10 减去相应的数据),再进行多维尺度分析,比较变换前后的分析结果。
2. 如果对数据文件 mds.sav 中的原始数据进行平均,把数据浓缩为一个矩阵,再进行多维尺度分析。与原先个体差异的多维尺度分析相比,其分析结果有什么不同,为什么?
3. 在多维尺度分析中,PROXSCAL 过程与 ALSCAL 过程相比,主要扩展了哪些功能?
4. 多维尺度分析与对应分析的区别与联系是什么?

参考文献

[1] IBM Corp. IBM SPSS Advanced Statistics 24[CP/OL]. Armonk, NY: IBM Corp, 2016.
[2] Johnson R A. 实用多元统计分析[M]. 陆璇,等,译. 4版. 北京:清华大学出版社,2001.
[3] Busing F, Groenen P, Heiser W. 2005. Avoiding Degeneracy in Multidimensional Unfolding by Penalizing on the Coefficient of variation[J]. Psychometrika, 2005, 70(1): 71-98.
[4] 方开泰. 实用多元统计分析[M]. 上海:华东师范大学出版社, 1989.

第 17 章 聚 类 分 析

17.1 模 型 简 介

17.1.1 问题的提出

人们总是倾向于把万千世界中的事物按照各种属性和特征分成若干类别,以便对其进一步认识和研究。对事物进行分类的方法有很多种,最简单的是根据经验来分类。例如,在考虑按身高和体重对人群分类时,最简单的方法就是根据常识,按照个体的身高、体重是否高于/低于人群平均值,从而将整个人群分为 4 类:瘦高、胖高、瘦小、矮胖。这种分类方式简单易懂,但仔细考虑,会发现其结果并不完美:首先在分类中只使用了平均值,对信息利用不足;其次,类别分界过于简单,边界周围案例的分类结果不一定合适,也不一定符合实际需要;最后,当区分变量较多(如 10 个)时,这种分类方式实际上很难操作。

考虑到以上问题,聚类分析这种基于数据自身信息来对数据进行分类的方法应运而生。通过聚类分析,可以将研究目的、专业知识和数据特征相结合,合理地把数据分成若干个类别,使得类别内部的差异尽可能小,类别间的差异尽可能大。而数据异常值、分类变量用于聚类、多变量用于聚类、变量间的聚类等问题也可以得到解决。

 需要指出的是,聚类分析本质上是一种描述统计方法,经典聚类方法均没有过多的统计理论支持,也没有统计检验对聚类结果的正确性"负责",仅仅是按照所定义的距离将数据归类而已,有的统计学家就因此而拒绝承认它是一种统计方法。从应用角度讲,针对某个特定问题很难得出一个完全确定、完全得到理论支持的结论,更多的时候是依据聚类结果在问题中的"有用性"来判断模型效果的好坏。

17.1.2 聚类分析入门

聚类分析的实质就是按照距离的远近将数据分为若干个类别,以使得类别内数据的"差异"尽可能小,类别间"差异"尽可能大。因此,在进行聚类分析时要重点明确以下问题。

1. 所用的变量类型

变量可以被大致分成两类,一类是分类变量(诸如民族、性别等),另一类是连续变量(诸如身高、销售收入等)。这两类变量在聚类时常用的距离测量方式完全不同,如连续变量一般使用欧几里得平方距离作为距离测量指标,而分类变量则一般使用卡方作为距离测量指标。多数传统聚类方法只能使用单一类型的变量进行分析,如果数据中同时有这两类变量,由于连续变量中所携带的信息量远多于分类变量,可以考虑或者只采用连续变量进行分析,将分类变量用于结果的描述和验证;或者将分类变量按照哑变量的方式拆分成多个二分类变量,然后按照连续变量的方式进行分析。不过,近年来新发展出的一些智能聚类方法可以同时使用这两类变量进行分析,两步聚类法就是其中的出色代表。

2. 聚类分析方法的选择

传统的聚类分析方法大致可以分为两大类,一类是层次(hierarchical)聚类法,另一类是重新定位(relocation)聚类法,也称为非层次聚类法。各种聚类分析方法有着不同的适用条件,对于不同数据会有不同的表现,很难有统一的标准说明什么时候应该选用什么样的方法。涉及每种方法的细节随后还会详细介绍。

3. 距离的定义

在聚类分析中最重要的问题就是如何描述"差异",通常的做法是通过距离或者相似性指标进行描述。统计学家提出了多种用于描述距离和相似性的方法,SPSS 中提供的就多达 30 余种。其中最常用的是欧几里得距离,对于两条数据(x_1,y_1,z_1)和(x_2,y_2,z_2),其计算公式为

$$\text{Euclid}(1,2) = \sqrt{(x_1-x_2)^2+(y_1-y_2)^2+(z_1-z_2)^2}$$

但是,在聚类分析中人们往往会使用欧几里得平方距离来测量距离,大多数聚类过程都默认采用这样的距离测量指标。

4. 数据的标准化问题

通过上面介绍的距离测量指标可以发现一个问题,就是不同变量的数量级相差太大,会使两个变量的影响明显不平衡。例如,如果 x_1 和 x_2 的数量级是万,而 y_1 和 y_2 的数量级是十,那么在计算距离时就会发现 y 变量对距离计算的结果影响相对于 x 显得微不足道,这显然不是研究者希望看到的。因此,如果各变量的数量级相差太大,在进行聚类分析之前要对数据进行标准化,使得不同数量级的数据之间可以比较。常用的标准化方式有两种,一种是把数据全部标准化为服从平均值为 0、标准差为 1 的标准正态分布,另一种是把数据变换为范围为 0 到 1 之间的数据。当然还有很多别的数据标准化方法,这里不再详述,感兴趣的读者可以参考 SPSS 的帮助内容。

 数据标准化有一个较大的缺陷,就是会使所有变量对聚类结果的贡献大小相同,这显然并不符合实际情况,往往会使得聚类效果变差。因此,和数理统计中的看法不同,笔者并不建议不分场合一律对原始数据进行标准化,而是要根据具体情况来决定。

17.1.3 聚类分析的方法体系

在实际的聚类分析中,研究者不可能去考察所有潜在的类别组合情况,这即使在拥有强大计算能力的今天也不大现实。因此,有必要发展各种各样的聚类分析方法,以期能尽快找到"合理"的聚类,而又不必考察所有可能的结构。聚类分析方法经过多年的发展,已经逐渐形成了自身的方法体系。曾经有人按照是对案例分类还是对变量分类,将对变量的分类称为 R 型聚类,对案例的分类称为 Q 型聚类,但实际上这两种聚类在数学上并无本质差异。如果按照原理来区分,则经典的聚类分析方法大致分为两类:非层次聚类法(non-hierarchical clustering)和层次聚类法(hierarchical clustering)。此外,近年来发展出的一系列智能聚类方法也可以被归为一个新的类别。

1. 非层次聚类法

使用非层次聚类法或者说重新定位法的目的是将案例快速分成 K 个类别。一般而言,具体的类别数量需要在分析前就加以确定,整个分析过程使用迭代的方式进行,首先起步于一个初始的分类,然后通过不断迭代将数据在不同类别之间移动,直到最后达到一定的标准为止。整个计算过程中不会出现多个互相嵌套的聚类结果,也不需要存储基本数据或者距离矩阵,因此计算速度很快。

目前,非层次聚类法中以 K-均值聚类法(K-means clustering)最为常用,SPSS 中提供的也正是这种方法。

2. 层次聚类法

层次聚类法首先会确定距离的基本定义,以及类间距离的计算方式,随后按照距离的远近,把距离近的数据依次并入一类,直到数据完全归为一个类别为止。或者是首先认为所有的数据都是一个类别,然后通过把距离远的数据依次分离开来,直到所有的数据各自成为一个类别为止。这样就得到了一系列(从被合并为一大类到这 n 个对象各自被分为一类)可能的聚类结果,最后再利用一些分析指标来确定聚为几类最合适。显然,这一系列的聚类结果间存在着嵌套或者层次关系,因此这一类方法被称为层次聚类法。

由于这种结果上的层次关系,整个分析过程,特别是每一步中完成的合并或分割都可以用一幅二维图,即"谱系图"来表示,这是层次聚类法结果解释的重要工具。

3. 智能聚类方法

随着近年来数据仓库和数据挖掘技术的成熟,海量数据的聚类分析已成为一个现实的问题,但是以上传统方法均远远不能满足需求。首先,数据挖掘面对的是海量数据,过高的计算量会使得方法不具有实用价值;其次,传统方法中使用的距离测量指标往往不能满足复杂的数据联系需要,特别是连续变量和分类变量在数据中混合出现的情形;最后,这些方法在类别数确定时或者要求用户自行指定,或者需要在计算所有可能的解决方案后从中加以判断,这些往往都不符合数据挖掘的实际情况。

为此,人们希望能找到这样一些聚类分析方法,它们计算量较小,既能自动判断最佳类别数,又能发掘类别间的复杂联系。借助人工智能技术的发展,一系列新的智能聚类方法被发展出来,其中比较常见的是两步聚类法、最近邻元素法和神经网络中的自组织图(self-organization map,SOM)。IBM SPSS Statistics 目前提供前两种方法,而自组织图则在 IBM SPSS Modeler 中实现。本章将介绍两步聚类法,最近邻元素法则会在第 19 章中加以介绍。

> 在聚类分析的前沿领域,新的方法又会被细分为基于密度、基于网格和基于模型这三类。实际上,最近邻元素法、自组织图和两步聚类法正好就分属于这三个类别。

17.2　K-均值聚类法

17.2.1　基本原理

K-均值聚类法又称为快速聚类法,可用于对大量数据进行聚类分析的情形。正如前面所介绍的那样,K-均值聚类法是一种非层次聚类法,其基本步骤如下。

(1) 首先确定需要聚类的类别数,即聚类数,这由研究者自己指定(这也就是 K-means 中 K 的含义)。在实际分析过程中,往往需要研究者根据问题,反复把数据分成不同的类别数,并进行比较,从而找出最优的方案。

(2) 根据研究者指定的聚类中心,或者数据本身结构的中心,或者随机选择 K 个案例,来初步确定每个类别的初始聚类中心。

(3) 逐一计算各案例到各类别初始聚类中心的距离,将各案例按距离最近的原则归入各个类别,并计算各类别的新聚类中心(用平均值表示,这也就是 K-means 中 means 的含义)。

(4) 按照新的聚类中心位置,重新计算各案例距离新的聚类中心点的距离,并重新进行归类,更新类别聚类中心。

(5) 重复步骤(4),直到达到一定的收敛标准,或者达到事先指定的迭代次数为止。

与层次聚类法相比,快速聚类法的计算量非常小,可以有效地处理多变量、大样本数据而不占用太多的内存空间和计算时间,其速度往往明显快于层次聚类法,这也是它又被称为快速聚类法的由来。同时在分析时用户可以人为指定初始聚类中心位置,或者将曾做过的聚类结果作为初始聚类中心位置引入分析,这在有信息可借鉴时是非常有用的。但是,该方法的应用范围比较有限:要求用户事先知道需要将案例分为几类、只能对案例进行聚类而不能对变量进行聚类、所使用的变量必须都是连续变量,并且对变量的多元正态性、方差齐性等条件要求较高,如果忽视这些问题就可能导致错误的结果。

17.2.2 案例:移动通信客户细分

例 17.1 数据文件 mobile.sav 是反映移动电话客户使用手机情况的一个数据集,包含 6 个变量,分别是客户编号(Customer_ID)、工作日上班时期电话时长(Peak_mins)、工作日下班时期电话时长(OffPeak_mins)、周末电话时长(Weekend_mins)、国际电话时长(International_mins)、总通话时长(Total_mins)和平均每次通话时长(Average_mins)。研究者希望对移动用户进行细分,以了解他们不同的手机消费习惯。根据前期的调研,研究者认为用户应当被分为 5 个主要群体,现希望得到相应的定量聚类结果,以对各类别采取不同的市场营销措施。

1. 预分析

首先对数据进行描述,结果如图 17.1 所示。从中可以看出,尽管数据的量纲相同,也都用于反映通话时长,但数据取值却有很大差异。平均值从最小的 4.126 7 到最大的 1 064.316 8,标准差也从 3.804 到 560.801,分布差异较大。这显然会对聚类带来严重的影响,需要考虑对数据进行标准化处理。在 SPSS 中,快速聚类法并不像层次聚类法那样可以自动对数据进行标准化,而是需要事先手工进行,这可以用"描述"主对话框中的"将标准化值另存为变量"复选框来实现。具体操作请参见基础教程的有关章节,此处不再详述。

17.2 K-均值聚类法

	个案数	最小值	最大值	平均值	标准差
工作日上班时期电话时长	3395	5.77	2846.40	708.3469	515.25799
工作日下班时期电话时长	3395	3.20	1058.40	301.8049	195.33152
周末电话时长	3395	.66	205.00	54.1649	35.26109
国际电话时长	3395	.01	1014.82	172.3492	146.68342
总通话时长	3395	54.81	3423.30	1064.3168	560.80133
平均每次通话时长	3395	.63	53.58	4.1267	3.80400
有效个案数(成列)	3395				

图 17.1 描述统计量

2. 操作说明

在 SPSS 中,实现快速聚类法的操作如下。

1. 选择"分析"→"分类"→"K-均值聚类"菜单项。
2. 将 6 个标准化后的变量选入"变量"框。
3. 将 Customer_ID 选入"个案标注依据"框。
4. 将"聚类数"框更改为 5。
5. 在"迭代"子对话框中,将最大迭代次数改为 100。
6. 在"保存"子对话框中,选中"聚类成员"复选框。
7. 单击"确定"按钮。

上述操作中用到的主对话框如图 17.2 所示,相对于层次聚类法,快速聚类法的对话框界面是比较简单的。

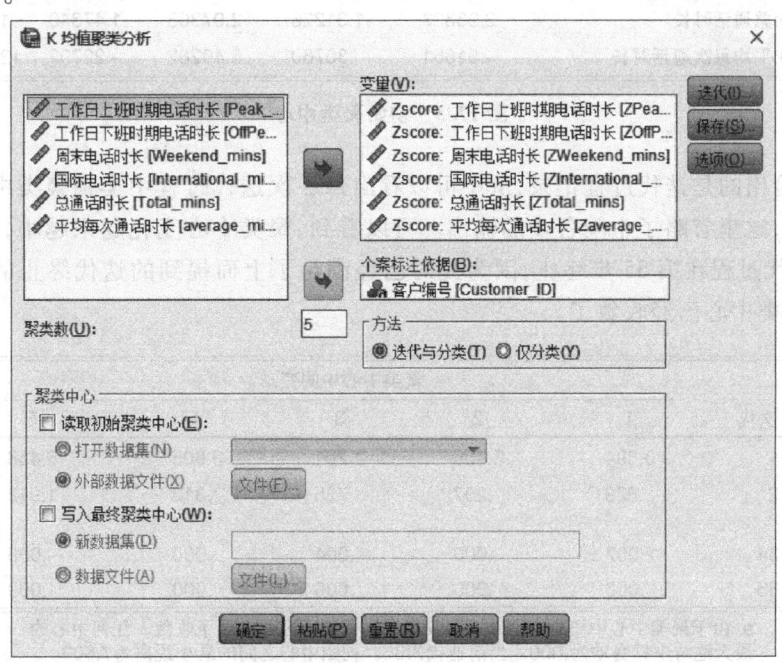

图 17.2 K-均值聚类分析主对话框

(1) 快速聚类中的聚类数需要研究者自己指定,默认为 2 类,这里改为 5 类。

(2) 默认情况下,类别的初始聚类中心由 K-均值聚类过程自动计算,但是如果需要,也可以从指定的文件读入,具体在 K-均值聚类分析主对话框下方的"聚类中心"框组中实现,在其中还可以将本次聚类中心保存为数据文件供下次分析使用。当聚类中心由研究者给出时,还可以要求聚类中心不进行更新,即主对话框中部"方法"框组的相应功能。这时聚类过程就不会进行迭代,而是直接对案例进行分类。但多数情况下,迭代的聚类结果都要好得多。

(3) 系统默认如果所有聚类中心的移动距离都小于类别初始聚类中心最小移动距离的 2%,或者迭代次数达到指定的最大迭代次数,迭代终止。最大迭代次数默认为 10,但本例由于样本量较大,所以必须将最大次数放大。

3. 结果解释

在所有结果中,首先给出的是初始聚类中心,如图 17.3 所示。它列出每一类别初始定义的聚类中心,在本例中这些聚类中心都是由 SPSS 自动生成的,它们实际上就是数据集中的某一个案例,其选择的原则是使得各初始聚类中心的散点在由所有变量构成的空间中离得尽可能远,而且能尽量广地分布在空间中。但需要注意的是,若由 SPSS 自动生成聚类中心,那么这些中心会与案例的排列顺序有关,因此要尽量避免案例出现有规律的排列,必要时可以先使用随机数排序来打乱顺序。

	聚类				
	1	2	3	4	5
Zscore:工作日上班时期电话时长	3.21791	-1.16165	2.64849	.19729	1.93001
Zscore:工作日下班时期电话时长	-.65276	-1.26557	-1.03058	3.87339	-.17204
Zscore:周末电话时长	3.72181	3.11491	-.02169	-.90652	-1.21281
Zscore:国际电话时长	4.90995	-1.16636	.29390	2.77257	.53252
Zscore:总通话时长	2.96323	-1.31226	2.07308	1.47340	1.63709
Zscore:平均每次通话时长	-.51651	.30760	5.49282	-.22792	12.99993

图 17.3 初始聚类中心

图 17.4 给出的是迭代过程记录,从中可以看出每一次迭代过程中类别聚类中心的变化,由于该过程较长,这里省略了中间各步的输出。可以看到,聚类中心变化越来越小,直到最终趋近于 0。整个迭代过程在第 35 步终止,因为此时已经满足了上面提到的迭代终止的第一个标准,可以认为各聚类中心已经收敛了。

	聚类中心中的变动				
迭代	1	2	3	4	5
1	3.894	3.450	3.201	3.605	3.458
2	.829	.207	.725	.312	1.943
...					
34	.007	.000	.004	.000	.000
35	.000	.000	.000	.000	.000

a. 由于聚类中心中不存在变动或者仅有小幅变动,因此实现了收敛。任何中心的最大绝对坐标变动为.000。当前迭代为35。初始中心之间的最小距离为7.609。

图 17.4 迭代过程记录

图 17.5 给出的是最终的聚类中心,实际就是各个变量在各个类别上的平均值。

	聚类				
	1	2	3	4	5
Zscore:工作日上班时期电话时长	1.60559	-.78990	.61342	-.33584	.37303
Zscore:工作日下班时期电话时长	.46081	-.58917	-.49365	1.18873	-.29014
Zscore:周末电话时长	-.14005	-.15010	.35845	-.02375	-.40407
Zscore:国际电话时长	1.68250	-.64550	.04673	.02351	-.04415
Zscore:总通话时长	1.62690	-.94040	.41420	.10398	.21627
Zscore:平均每次通话时长	-.06590	-.14835	-.05337	-.14059	4.87718

图 17.5 最终聚类中心

在 K-均值聚类的结果中,最后列出的是各个类别中的案例数量,如图 17.6 所示。可见人数最多的是第 2 类,而最少的是第 5 类,第 1 类的人数也较少,各类人数的多少有时可以为最终类别特性的确定起到辅助作用。

4. 类别特征的描述

图 17.5 给出的实际上就是各标准化变量在各个类别的平均值,可以用于描述各类别的特征,但没有使用原始变量描述清晰。按照前面的操作设定,在数据集中会自动生成变量 QCL_1,存储的是各案例被归入的类别号,该变量可以用于相应的后续分析,接下来可以利用该变量,对标准化前的原始变量进行统计图表描述,这些工作请读者自行练习,此处不再详述。最终可以得到各个聚类类别的特征,描述如下。

聚类	1	443.000
	2	1239.000
	3	831.000
	4	806.000
	5	76.000
有效		3395.000
缺失		.000

图 17.6 每个聚类中的案例数

(1) 第一类:总通话时间长、工作日上班时期通话比例高的用户。此类用户数量为 443 人。该类客户的总通话平均时间是各类客户中最长的,并且工作日上班时期通话时间占总通话时间比例很高(工作日上班时期通话平均时间与全部通话平均时间之比达到了 77.69%)。另外,该类客户国际电话时间也是各类客户中最长的。这类用户称为"高端商用客户"。

(2) 第二类:总通话时间短、各时段通话时间都短的用户。此类用户数量为 1 239 人。该类客户的总通话平均时间是几类客户中最短的,并且在各个时段通话时间都普遍较短。这类用户称为"少使用低端客户"。

(3) 第三类:总通话时间居中、工作日上班时期通话比例高用户。此类用户数量为 831 人。该类客户最重要的特征是工作日上班时期通话比例高(工作日上班时期通话平均时间与总通话平均时间之比达到 79.01%)。这类用户称为"中端商用客户"。

(4) 第四类:总通话时间居中、工作日下班时期通话比例高用户。此类用户数量为 806 人。该类客户工作日下班时期通话比例高(工作日下班时期通话平均时间与全部通话平均时间之比达到了 47.57%),远高于其他类别用户的同一比例。这类用户称为"中端日常用客户"。

（5）第五类：每次通话时间都很长的客户。此类用户数量较少，为76人。其最大的特征是平均每次通话时间特别长，平均每次通话时间达到了其他类别用户平均每次通话时间的5倍以上，而其他方面无明显特征。这类用户称为"长聊客户"。

17.3 聚类结果的验证与自动优化

17.3.1 聚类结果的验证

前面的分析中给出了非常符合研究背景的聚类结果，虽然在很多时候，聚类结果是否"漂亮"是由结果的"有用性"来决定的，但是聚类分析方法有一个明显的弱点，无论数据中是否真正存在不同的类别，利用聚类分析总能得到将其拆分为若干类的结果。因此，在聚类分析之后进行结果的有效性验证就变得非常关键。一般而言，可以考虑采用下列方式进行验证。

（1）关键变量的分类别描述。如果在专业上比较重要的一些变量在各类别间的分布无明显差异，则有理由怀疑聚类结果的有效性。

（2）各变量的类间比较。这种方式比分类别描述要严格，在理想的情况下，用于聚类分析的所有变量在各类间均有差异。这可以在保存了聚类结果变量之后使用 t 检验或者单因素方差分析来考察，也可以在聚类时直接使用"选项"子对话框中的"ANOVA表"复选框来得到相应的比较结果。如果有较多变量在类间无差异，则有理由怀疑聚类效果不佳。

（3）将聚类结果作为因变量建立判别方程，如果对各类别进行判别的回代正确率都非常高，那么就有较大的把握认为这些类别是客观存在且存在明显特征差异的。

（4）除非针对特定目的（如异常值发现），一般总是希望聚类结果在各个类别中包含的案例数量不要差异悬殊，如果某一聚类结果案例过于集中在某一类，则有理由怀疑其结果的"有用性"。例如，某机构曾发布了一份网民行为分析报告，其中90%的样本被聚为一类，其余9个类别则"瓜分"了剩余10%的样本，这显然是不合格的聚类结果。

（5）可以对同一数据集使用不同的方法（如使用快速聚类法和两步聚类法）进行聚类，然后对两个结果进行比较。如果两个结果在类别数量、案例在类别中的分布、类别特征等方面有很大差异，则有理由怀疑聚类结果的"稳定性"。该思想来源于数据挖掘理论，是目前较好的一种聚类结果验证方法。

（6）如果数据量较大，可以把一个数据集按照一定比例（如1∶1）随机拆分成两个，然后用同一种方法分别对两个数据集进行聚类。如果两个结果在类别数量、类别特征等方面有很大差异，则有理由怀疑聚类结果的"可靠性"。

这里给出例17.1利用"ANOVA表"复选框进行类间比较的结果，如图17.7所示。这是按类别分组后对所有变量依次进行单因素方差分析，然后将结果汇总到一张表格中。可见所有变量在各类间均有差异，说明所得到的聚类结果还是有一定可信度的。

	聚类		误差		F	显著性
	均方	自由度	均方	自由度		
Zscore:工作日上班时期电话时长	582.315	4	.314	3390	1854.022	.000
Zscore:工作日下班时期电话时长	468.001	4	.449	3390	1042.395	.000
Zscore:周末电话时长	39.060	4	.955	3390	40.896	.000
Zscore:国际电话时长	443.179	4	.478	3390	926.658	.000
Zscore:总通话时长	605.770	4	.286	3390	2115.071	.000
Zscore:平均每次通话时长	463.823	4	.454	3390	1021.872	.000

由于已选择聚类以使不同聚类中个案之间的差异最大化,因此F检验只应该用于描述目的。实测显著性水平并未因此进行修正,所以无法解释为针对"聚类平均值相等"这一假设的检验。

图 17.7　ANOVA 表

17.3.2　聚类用变量的调整

在实际分析中,很难一次就得到满意的聚类结果,需要反复对分析进行调整和优化,这可能涉及(但不仅限于)以下方面。

(1) 是否对变量进行标准化,如果进行标准化,则采用何种标准化方法,以及使用行还是列标准化方向。

(2) 聚类用变量的增删。

(3) 变量变换、合并。

(4) 离群值、缺失值的处理。

(5) 距离测量方法的修改。

(6) 聚类分算法的修改。

因篇幅所限,这里不可能一一展开论述,只就其中聚类用变量的调整做一讨论。前面已经提及,在理想的情况下,用于聚类分析的所有变量应该在各类间均有差异,无关变量的引入只会使聚类效果明显变差,因此描述统计和类间检验就是用于判断的重要依据。一般而言,如果在样本量充足的情形下,某变量在各组间无统计学差异,则可以认为该变量对类别区分无贡献,从而可以考虑将该变量剔除以简化问题。研究者还可以进一步考察各变量在聚类中的重要性,除两步聚类法之外,其余方法都没有直接给出这个信息,但可以对各个变量做类间的单因素分析,通过比较 F 值大小的方式得到各个变量的相对重要性,F 值越大的变量,或者说 P 值越小的变量,对聚类结果的影响也越大。例如,在例 17.1 中,各个变量对聚类结果的重要程度排序为总通话时长>工作日上班时期电话时长>工作日下班时期电话时长>平均每次通话时长>国际电话时长>周末电话时长。这一信息也有助于对聚类结果的进一步优化。

17.3.3　聚类结果的自动优化

有的时候,研究者觉得所得到的聚类结果看起来还不错,虽然感觉仍有不满意之处,但又不知道应该如何改进。此时可以使用 SPSS 提供的聚类轮廓插件,让其自动对聚类结果进行优化计算。

聚类轮廓为 Python 插件,可以通过菜单"分析"→"分类"→"聚类轮廓"进行调用。它会为每个案例计算出一个轮廓值,该数值在±1 之间,大于 0 表明该案例的分类效果较好,数值越接近 1,分类效果越好(即越接近聚类中心),而数值越接近-1,则说明分类效果越差,错分的概率越高。进一步地,针对每个案例,该过程会判断如果更换所属类别是否会提高轮廓值,并据此给出新的聚类结果,从而达到优化的目的。

1. 操作说明

对于例 17.1,如果希望使用聚类轮廓进行自动优化,则操作如下。

> 1. 选择"分析"→"分类"→"聚类轮廓"菜单项。
> 2. 将类别变量 QCL_1 选入"聚类编号"框。
> 3. 将 6 个聚类用变量选入"聚类变量"框。
> 4. 在"下一最佳聚类"框中输入新变量名 cls_new。
> 5. 在"轮廓值"框中输入新变量名 val_new。
> 6. 单击"确定"按钮。

上述操作中用到的对话框如图 17.8 所示,其中"聚类编号"框用于选入已有的聚类结果变量,而"下一最佳聚类"框则用于指定优化后新的分类结果变量名称,"轮廓值"框用于指定存储各案例轮廓值的新变量名称,如果该变量已存在,则会被直接覆盖。"聚类变量"框用于选入希望用于轮廓计算和结果优化的变量列表,最下方的"非相似性测量"框组则用于选择距离测量指标,这些框组的选择原则上与用于计算原始聚类结果的方法一致。

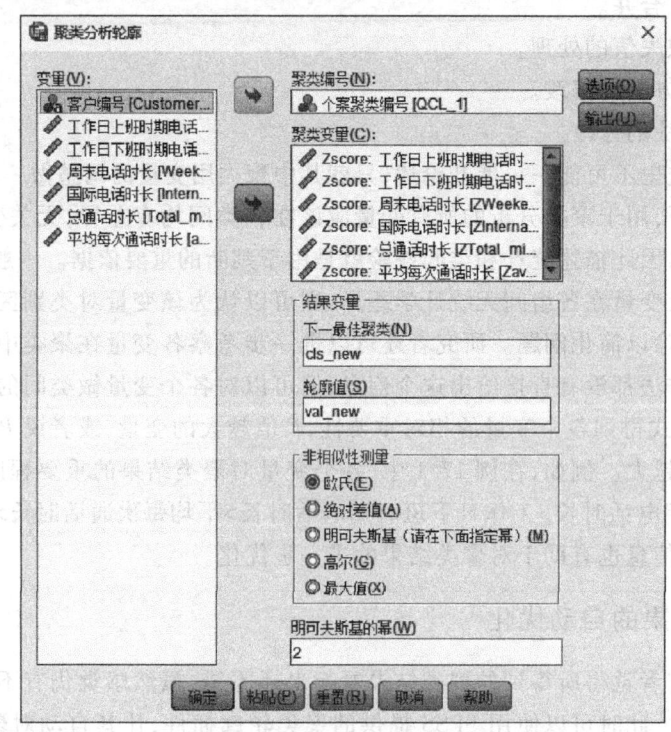

图 17.8 聚类轮廓主对话框

2. 结果解释

结果输出中首先给出的是图17.9所示的轮廓统计表格,它分类别给出案例轮廓的平均值、最小值和最大值。可见在本例中,各个类别的轮廓平均值都大于0,其最小值也没有明显低于0,因此整体而言各个类别的聚类效果都是不错的。

聚类	个案计数	统计		
		平均值	最小值	最大值
1	443.000	.170	-.087	.419
2	1239.000	.340	.047	.540
3	831.000	.124	-.119	.362
4	806.000	.176	-.089	.437
5	76.000	.267	-.084	.517
总计	3395.000	.224	-.119	.540

Dissimilarity measure =欧几里得

图 17.9 轮廓统计

图17.10进一步给出各类别的案例轮廓值的直方图,可以发现整体而言第二类的聚类效果要明显优于其他各类。

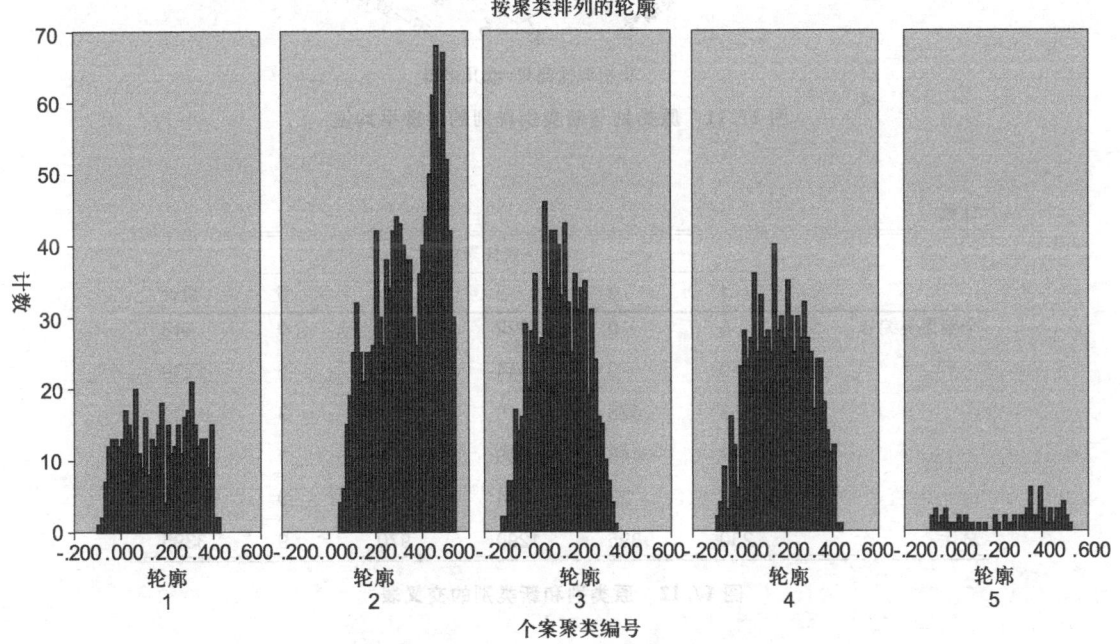

图 17.10 各类别的案例轮廓值的直方图

图17.11给出的是原类别和优化后的新类别交叉排列,相应的每个单元格的案例轮廓平均值,该图形主要用于发现质量较差的交叉单元格,以协助研究者做进一步的判断。本例中可见原

类别号为 3,转换为新类别号为 4 的单元格轮廓平均值较低,值得进一步分析。为此,使用交叉表过程给出原类别号和新类别号的交叉表,如图 17.12 所示,可以发现优化后原先的第 5 类几乎消失,剩余的 4 类也有不小的调整。而刚才提及的 3、4 交叉单元格中共有 247 个样本,研究者后面可以单独就这些样本进行研究,以确定将其归入哪一类别更为合适。

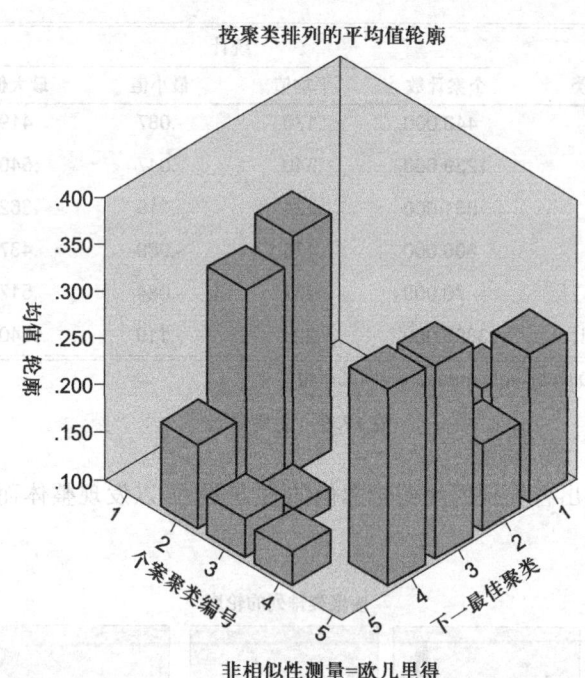

非相似性测量=欧几里得

图 17.11 原类别与新类别排列的轮廓平均值

计数

		下一最佳聚类					总计
		1	2	3	4	5	
个案聚类编号	1	0	0	322	121	0	443
	2	0	0	644	590	5	1239
	3	156	425	0	247	3	831
	4	67	448	290	0	1	806
	5	7	23	34	12	0	76
总计		230	896	1290	970	9	3395

图 17.12 原类别和新类别的交叉表

最后需要指出的是,对聚类结果的判断一定不能以统计分析为准,而应当考虑结果和专业知识的符合程度以及结果的实用性。例如,在本例中,如果原先的第 5 类在营销上的确有存在价值,那么就不应当使用优化后实际上被合并为 4 类的结果,而仍需要保留这一小类。

17.4 层次聚类法

17.4.1 基本原理

根据运算的方向,层次聚类法可以分为合并法和分解法两大类,但这两类方法的原理完全相同,只是方向相反而已。SPSS 中提供的是合并法,具体过程如下。

(1) 首先将各聚类单位各自作为一类(这时有 n 类),按照所定义的距离计算各数据点之间的距离,形成一个距离矩阵。

(2) 将距离最近的两个单位合并为一个类别,形成 $n-1$ 个类别,计算新产生的类别与其他各类别之间的距离或者相似度(这涉及如何计算两个类别之间距离或者相似度的问题),形成新的距离矩阵。

(3) 按照和步骤(2)相同的原则,再将距离最接近的两个类别合并,这时如果类别个数仍然大于 1,则继续重复这一步骤,直到所有的数据都被合并为一个类别为止。

层次聚类法的优点非常明显:可以对变量或案例进行聚类,变量可以为连续或分类变量,提供的距离测量方法和结果表示方法也非常丰富。但是,由于它要反复计算距离,当样本量太大或变量较多时,采用层次聚类法的运算速度比较慢。但是这一缺点在当今计算机硬件能力飞速发展的背景之下已经不再明显,一般而言,当样本量在 5 000 例以下,且用于聚类的变量在 10 个以内时,层次聚类法的运算速度仍然是可以接受的。

17.4.2 案例:体操裁判打分倾向聚类

例 17.2 数据文件 judges.sav 是中、美、法等 7 个国家的职业裁判和未经严格训练的体育爱好者对 300 次体操表演给出的评分情况,请根据评分的差异将裁判分为适当的若干类,并对结果加以分析。

1. 预分析

首先仍然对数据做初步考察,特别是对各个指标做描述统计(此处略去结果输出),结果可见 8 类裁判的打分平均值都在 8~9 分之间,其分值也都在 7~10 分之间,显然裁判标准还是比较一致的。但如果仔细观察,会发现体育爱好者的分值标准差在 8 类人中最高,似乎提示非科班的体育爱好者分值波动会更大一些。

其次,基于分析需求理清在聚类中需要重点考虑的问题。显然,专业裁判和体育爱好者的评分是否有明显差异是分析中需要重点回答的问题。此外,7 个国家可大致分为欧美国家和非欧美国家两类,在体操技巧上俄罗斯、罗马尼亚、中国等国家之间风格上有一定的相似性,而每位裁判在体操动作上也会有一定的偏好,这一偏好是否会影响其打分的客观性呢?显然,这一问题也应当是本次分析的重点,这些重点问题的圈定对指导后续分析思路非常重要。

> 对变量聚类而言,如果希望在分析时有尽量大的自由度,则可以考虑先进行数据的行列转置,然后按照案例聚类的方法进行分析。毕竟相对而言,案例聚类的选择余地要大得多。而只要操作正确,两者的分析结果是完全相同的。

2. 操作说明

作为预分析,这里暂时不调整聚类选项,而是基于分析结果考虑如何加以改进,本例的操作如下。

> 1. 选择"分析"→"分类"→"系统聚类"菜单项。
> 2. 将 8 个变量都选入"变量"框。
> 3. 在"聚类"框组选择"变量"单选按钮。
> 4. 在"图"子对话框中,选中"谱系图"复选框,在"冰柱图"框组设定为"无"。
> 5. 单击"确定"按钮。

上述操作中用到的主对话框如图 17.13(a)所示,下面对对话框中一些比较重要的内容做一说明。

(1) 在"图"子对话框中,谱系图(dendrogram)并不是默认选项,但它往往是观察和理解聚类结果的重要图形,因此建议选中该复选框;冰柱图(icicle)虽然也是观察聚类结果的一类图形,但是它无论是在应用范围方面还是在可读性方面,都要比前者差一些。

(2) 在如图 17.13(b)所示的"方法"子对话框中,可以在"聚类方法"下拉列表中选择不同的层次聚类法,但比较常用的其实只有组间联接法和瓦尔德(Wald)法两种。下方的"测量"框组根据所用变量是连续变量、频数变量还是两分类变量,提供了各种距离测量方法供用户选择。一般而言每种变量类型在预分析时使用其默认方法即可。

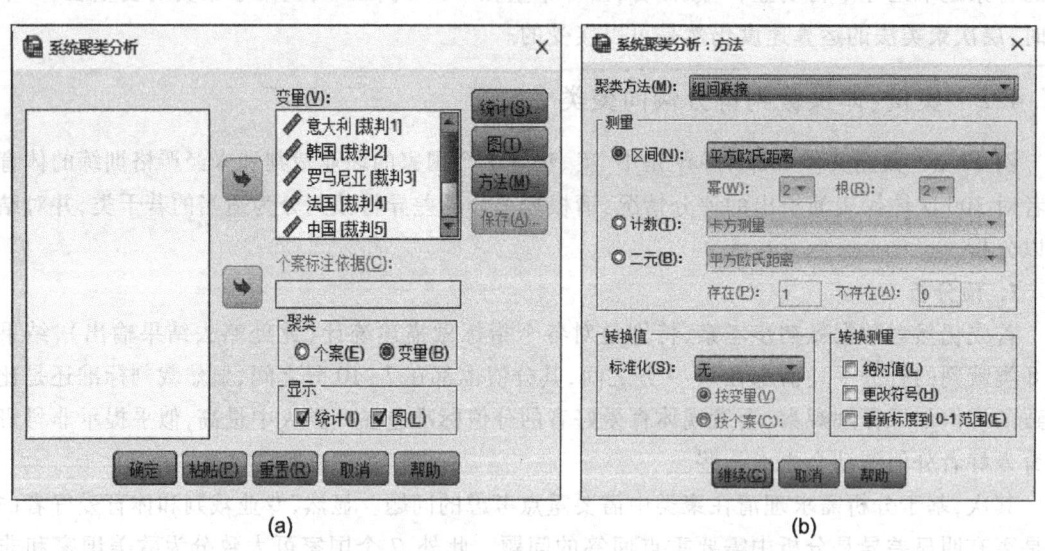

图 17.13 系统聚类分析主对话框和"方法"子对话框

(3) "方法"子对话框的下半部用来设定如何对数据进行标准化。左侧的"转换值"框组可以设定按照 Z 值、全距、平均值或者标准差限定等方式进行标准化,也可以设定是按照案例还是按照变量方向进行标准化。右侧的"转换测量"框组还可以设置进一步的转换方法,可以是先取绝对值再变换、变换后更改正负号,或者先将取值范围变换为 0~1 再进行变换。但一般来说不需要使用这些选项,在预分析中更是如此。

(4) 如果是对案例进行聚类，则可以在"保存"子对话框中设定希望保存的聚类数。为方便起见，系统允许用户指定希望保存的聚类数范围，设定为3~8，则SPSS将在数据集中添加6个变量，分别保存聚类数为3~8类情况下各案例所属的类别。

> 相对于谱系图而言，冰柱图的一大优势是输出非常紧凑，因此当案例较多，谱系图因过大而难于观察时，可以考虑使用冰柱图进行考察。

3. 结果解释

结果输出中首先会给出案例处理汇总表格，本例由于数据没有缺失值，因此该表格提供的信息主要是距离测量指标为欧几里得平方距离，聚类分析方法则为组间联接。

图17.14所示的聚类表给出了聚类分析的详细步骤，"组合聚类"列给出了在某一步中哪些对象会参与合并，可见第一步是变量2和变量4合并，第二步是变量3和变量5合并，第三步为变量2、变量4所在类别又合并了变量6，以此类推，直到所有8个变量被全部合为一类。而"系数"列给出了每一个步的聚类系数，该数值表示被合并的两个类别之间的距离大小，本例中就是按照组间联接法计算出的两类间欧几里得平方距离的平均值。随后的"首次出现聚类的阶段"列表示参与合并的对象（类别）最早是在第几步中出现的，0代表该对象是第一次出现在聚类过程中。而"下一个阶段"列则表示在这一步中合并的类别，下一次将在第几步中再与其他类别进行合并。

阶段	组合聚类		系数	首次出现聚类的阶段		下一个阶段
	聚类1	聚类2		聚类1	聚类2	
1	2	4	28.560	0	0	3
2	3	5	32.560	0	0	4
3	2	6	52.920	1	0	6
4	3	7	53.830	2	0	5
5	1	3	93.033	0	4	6
6	1	2	219.550	5	3	7
7	1	8	233.297	6	0	0

图17.14 聚类表

聚类表中的大部分内容并不是研究者关注的对象，因为在大部分实际应用中，研究者并不关心聚类分析的详细步骤。但是当需要判断数据应该分为多少类别时，"系数"列会很有帮助。当两个相邻步骤系数变化远大于前面相邻步骤系数变化时，便可以大致确定从统计意义上讲，将聚类过程进行到那里的类别数是比较合适的。但是SPSS的飞速发展使得相应的信息可以全部在图形中呈现，这就是谱系图，通过它就可以直观地考察整个聚类过程和结果。

图17.15(a)给出的就是本例的谱系图，在该图形中，整个聚类过程会以直观的方式表现出来，它把类别间的最大距离（本例中对应的是233.297）算做相对距离25，其他距离均换算成与之相比的相对距离。图形的左边列出聚类的对象或事物，而对象或者类别的合并则通过线条连接的方式来表示，在本例中可见：

(1) 体育爱好者的评分（裁判8）首先被单独区分出来，显然科班和非科班的判罚水平就是不一样。

（2）职业裁判很明显地被分为两组，美国、法国、韩国的裁判（裁判2、裁判4、裁判6）是一组，而俄罗斯、中国、罗马尼亚、意大利的裁判则被分在另一组。而其中意大利裁判（裁判1）的距离又稍微远一些。

至此就得到了初步的分析结果，下面需要考虑的是这一分析结果是否合理。首先，基于这一数据的行业背景，认为职业裁判和业余裁判最早被区分开来很合理。其次，可以看到俄罗斯、罗马尼亚和中国被分在一组，这显然反映了上述国家在体操风格上的某种关系，而这种关系也的确会影响裁判的评分，因此职业裁判被分为两个组也是比较合理的结果。但是上述聚类结果还存在以下两个问题需要回答。

（1）从聚类结果可见，两组职业裁判的类别差异仅仅略低于职业和非职业裁判间的差异，这不符合常理。

（2）意大利裁判的聚类结果被划入第二组，这显然不合适，虽然可以将意大利单独分为一组来绕开这一问题，但这一结果仍然不符合常识。

4. 设法改进聚类结果

基于上述分析，认为需要设法调整分析选项，改进聚类结果。考虑到本例进行的是变量聚类，而变量间距离的定义习惯上使用 Pearson 相关系数。在许多情况下也可以得到更合理的结果，这里可以尝试一下，新增操作如下。

在"方法"子对话框中，在"测量"框组中的"区间"下拉列表中选择"Pearson 相关性"。

图 17.15（b）所示的就是重新分析后得到的谱系图，可见结果有以下两点明显的变化。

（1）两组职业裁判的类别差异已经远远低于职业和非职业裁判间的差异，从相对距离可以看出，前者只有后者的大约 1/5，显然这一结果更符合常理。

（2）职业裁判仍然明显地被分为两组，美国、法国、意大利、韩国的裁判（裁判1、裁判2、裁判4、裁判6）是一组，而俄罗斯、中国、罗马尼亚的裁判则被分在另一组。这一结果也更加符合实际。

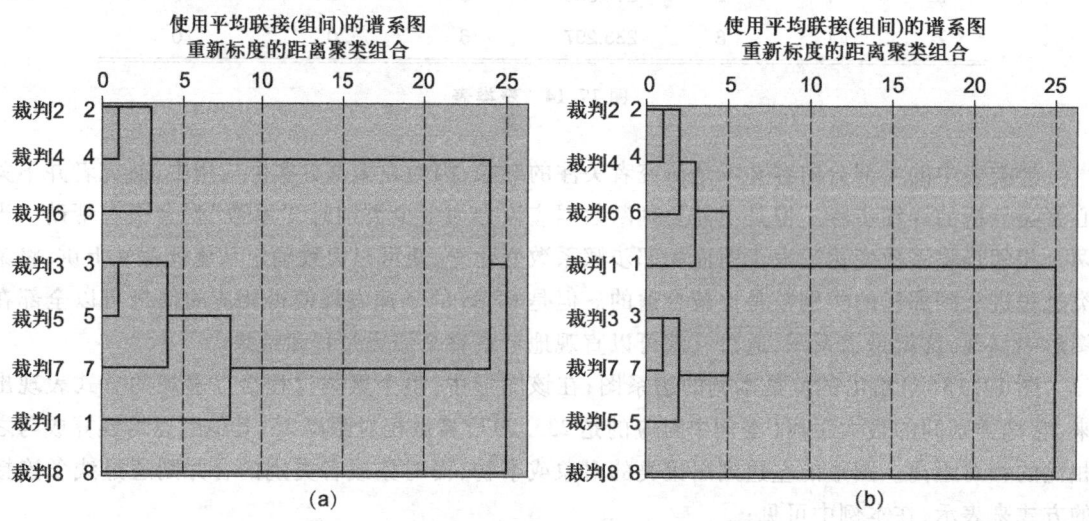

图 17.15　两种距离计算方法下的谱系图

显然,在上一个聚类结果中所发现的问题,在目前的聚类结果中都得到了完美的回答。因此目前的聚类结果更优。事实上,如果重新去考察各指标的描述统计结果,就会发现:相对而言美国、法国、韩国裁判的评分较高,俄罗斯、中国、罗马尼亚裁判的评分较低,意大利裁判和体育爱好者的评分居中,但体育爱好者评分的标准差明显比较大。显然,这些信息为聚类结果提供了更加充分的佐证。而如果能够知道每一位运动员的国籍、年龄等信息,则有可能获取更多用于解释聚类结果的信息。也就是说,数据中的信息不一定会被直接用于聚类过程本身,而有可能被用于对聚类结果的解释。

17.4.3 各种层次聚类法

在层次聚类法中,当每个类别由多于一个的数据点构成时,就会涉及如何定义两个类别间距离的问题。距离定义不同会得到不同的分析结果,也进一步构成了不同的层次聚类法,常用的方法有以下几种。

(1) 最短距离法、中位数法和最长距离法。最短距离法是用两个类别中各数据点间最短的距离代表两类别间距离,最长距离法则正好相反,中位数法则介于两者之间。

(2) 重心法。这种方法又称为质心聚类法(centroid clustering),用两个类别的重心间的距离来表示两类别间距离。

(3) 组间联接法和组内联接法。前者是 SPSS 默认的方法,又称为类平均法,是用两个类别间各数据点两两之间的距离的平均来表示两类别间距离;后者则首先在各类别中找到能使类别中各数据点间欧几里得平方距离的平均值最小的一点,然后计算这两点间的距离。

(4) 瓦尔德法。这种方法也称为离差平方和法,其思想来自方差分析,它使得各类别中的离差平方和较小,而不同类别之间的离差平方和较大。该方法倾向于使得各个类别间的样本量尽可能相近。

大量实践证明,在上述各种方法中,默认的组间联接法是一种非常优秀和稳健的方法,在多数情况下表现最为优异。

17.5 两步聚类法

17.5.1 基本原理

随着信息时代的到来,数据分析面临着如何快速、有效地处理海量数据的挑战。随着业务分析理念在国内的不断推广,高级分析技术不断被各行各业所接受,统计分析及数据挖掘与各个业务线的结合也越来越紧密。为了让不具有数理统计知识的业务人员也能够利用分析工具建立一些数据分析模型,许多分析方法也开始向傻瓜化或者说智能化的方向发展,以提高易用性,降低业务人员的使用门槛。两步聚类法(two step cluster)就属于近年来才发展起来的智能聚类方法的一种,用于解决海量数据、复杂类别结构的聚类分析问题。

准确地讲,两步聚类法是在 1996 年才被正式提出的。与前面介绍的层次聚类法和快速聚类法相比,该方法有着鲜明的特点。首先,聚类用变量可以是连续变量也可以是离散变量,而不必像其他算法那样,在进行聚类之前先对离散变量进行连续化处理;其次,与其他聚类分析方法相比,两步聚类法占用的内存资源少,对于大数据量运算速度较快。而这些特性都是由两步聚类法的原理决定的;第三,它真正地利用统计量作为距离指标进行聚类,同时又可以根据一定的统计标准来"自动地"建议甚至确定最佳的类别数,使聚类结果的正确性更有保障。正是因为该方法有这么多的优点,因此SPSS才在11.5版中将其引入。而目前在几大主流统计软件中,也只有SPSS能够实现该方法。

顾名思义,两步聚类法是分成两个步骤来完成的。第一步是预聚类,即对案例进行初步归类(允许的最大类别数由用户自己指定);第二步是正式聚类,此时将对第一步中得到的初步类别进行再聚类并确定最终的聚类方案,此外在这一步中会根据一定的统计标准确定聚类的类别数量。以下分别介绍这两个步骤。

1. 预聚类

这一步骤通过构建和修改聚类特征树(cluster feature tree)完成。聚类特征树包含许多层节点,每一个节点包含若干案例。与树模型类似,聚类特征树也把节点分为分枝节点(branch node)和叶节点(leaf node)。每一个叶节点代表一个子类,有多少个叶节点就有多少个子类,而那些分枝节点和其中的统计量则用来指引新进入的案例应该进入哪个叶节点,每个叶节点中的信息就是所谓的聚类特征(cluster feature),包括针对连续变量的平均值和方差以及针对离散变量的计数。

针对每一个案例,都要从根开始进入聚类特征树,并依照节点中信息的指引找到最接近的子节点,直到到达叶节点为止。如果这一案例与该叶节点的距离小于临界值,那么它进入该子节点,并且其上各节点的聚类特征都会得到更新,反之,该案例会重新生成一个新的叶节点。如果这时叶节点的数目已经大于指定的最大聚类数,则聚类特征树会通过调整距离临界值的方式重新构建。当所有案例都通过以上方式进入了聚类特征树时,预聚类过程也就结束了。叶节点的数量就是预聚类数量。由于所有案例均只需要通过聚类特征树一次就会被归并入某个叶节点,所以两步聚类法可以以较低的硬件水平较快地得到结果。

 由上述原理可知,由于各案例在聚类特征树上的定位只有一次,因此数据集中案例的排列顺序必须完全随机,不应当有任何聚类用变量的取值出现规律与案例顺序有关,否则将导致聚类结果出现严重的偏差。

2. 正式聚类

在第二步中,将以第一步中得到的预聚类结果作为输入,对之进行再聚类。由于在这一步所需处理的类别数量已经远小于原始数据,所以可以直接采用传统的聚类分析方法进行处理,在SPSS中是用合并型层次聚类法进行的。

在层次聚类的每一步中,都会计算反映现有分类是否适合现有数据的统计指标:AIC 准则或者 BIC 准则,这两个指标越小,说明聚类效果越好,两步聚类法会根据 AIC 和 BIC 值的大小,以及类间最短距离的变化情况来确定最优的聚类数。

在 SPSS 中,使用两步聚类法时可以在结果输出中要求给出 AIC、BIC 值随类别数量变化而变化的情况,用户可据此选择最佳聚类数。

因两步聚类法功能比较强,而原理又比较复杂,这里仅用一个实例来演示其基本用法,对该方法感兴趣的读者可参考本章末所附的相关参考文献,或者参考 SPSS 的用户手册和算法手册来了解更多的知识。

17.5.2 案例：病例数据的聚类分析

例 17.3 数据文件 drug.sav 记录了有某种疾病的 500 个患者的资料，现希望通过聚类分析方法对患者的情况进行归类，以更清晰地了解这类患者的特征。涉及的变量包括年龄、性别、血压（高、正常、低）、胆固醇浓度（高、正常）、血液中的钠含量、血液中的钾含量。

1. 操作说明

本例由于在聚类中需要同时使用连续变量和分类变量，因此考虑使用两步聚类法来加以分析，操作如下。

1. 选择"分析"→"分类"→"二阶聚类"菜单项。
2. 将性别、血压、胆固醇选入"分类变量"框。
3. 将年龄、钠含量、钾含量选入"连续变量"框。
4. 单击"确定"按钮。

上述操作中用到的主对话框如图 17.16(a)所示，在应用 SPSS 进行两步聚类法时，操作中需要注意以下问题。

（1）两步聚类法可以同时处理连续变量和分类变量，在主对话框中将它们分别选入相应框中即可。但如果只有少数分类变量可用，则建议最好只使用连续变量进行聚类，否则聚类结果将会受到这几个分类变量的强烈影响。

（2）如果只使用连续变量进行聚类，描述案例间的距离时可以使用欧几里得（Euclidean）距离，也可以使用对数似然值（log-likelihood）。如果使用前者，则该方法与传统的聚类分析方法并无太大区别；但是如果进行聚类分析时还使用了分类变量，则就只能用后者进行距离测量。

（3）在"选项"子对话框（如图 17.16(b)所示）中，当连续变量的量纲差异较大时，应该把数据放入"待标准化计数"框中，对其进行标准化。实际上，系统默认对所有连续变量进行标准化。

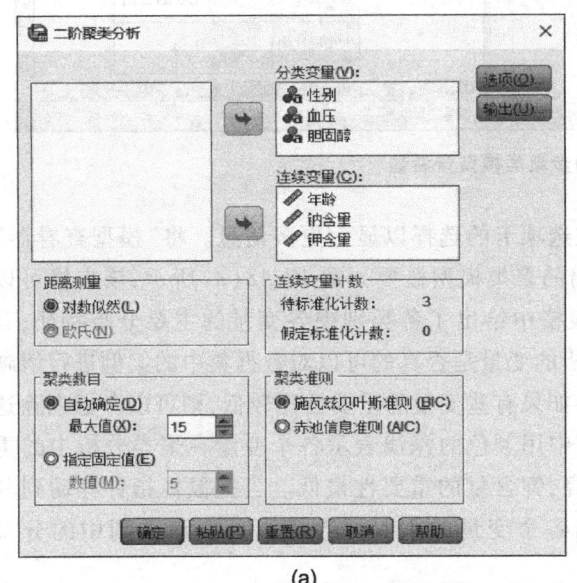
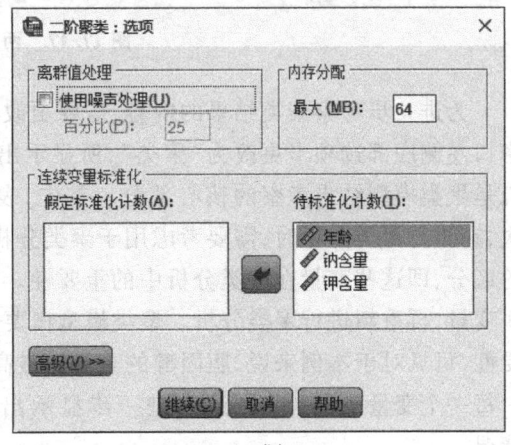

(a)　　　　　　　　　　　　　　(b)

图 17.16　两步聚类分析主对话框和"选项"子对话框

(4) 在"输出"子对话框中,除默认输出图表结果外,可以选择存储聚类结果为新变量,或者导出模型/CF 树为 XML 文件,供进一步分析使用。

2. 结果解释

两步聚类法的结果以模型方式显示,在外部只能看到所有案例被聚为 4 类,但是不能得到更进一步的类别特征信息。用户需要双击结果窗口中的模型输出,打开"模型查看器",才能进一步查看两步聚类法的详细结果,如图 17.17 所示。"模型查看器"窗口分为左右两个部分,各自底部有一个选项卡,控制当前显示的内容,默认情况下分别为"模型概要"及"聚类大小",从中可见这 4 类的案例分布得比较均匀。

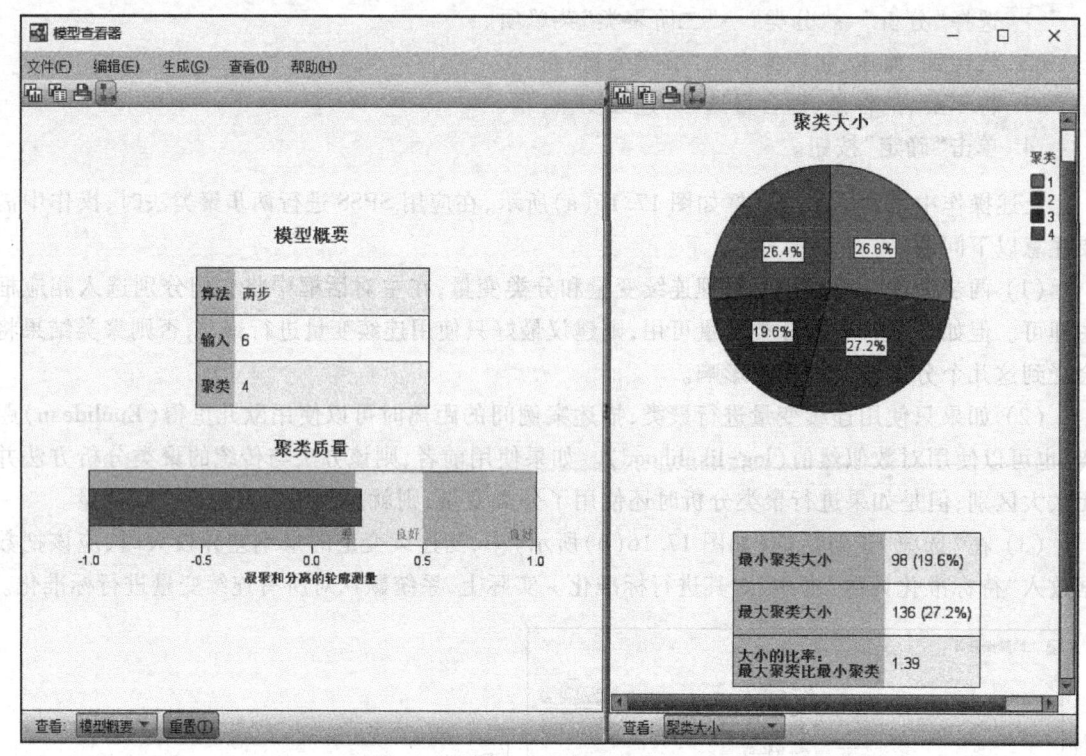

图 17.17 两步聚类模型查看器

为进一步考察聚类结果的内容,需要更改选项卡的选择以显示更多信息。将"模型查看器"窗口左侧底部选项卡更改为"聚类",所显示出的聚类模型概要如图 17.18(a)所示,该表格可以说是聚类模型结果考察的核心部分。首先,表格中给出了各类别中各变量的主要分布特征;其次,在进行聚类分析时,需要考虑用于聚类分析的变量是否真的可以对数据集中的案例进行清晰的区分,即这些变量在聚类分析中的重要性。如果有些变量的重要性比较低,则可以考虑剔除这些变量,再重新进行聚类分析。聚类模型概要中用颜色的深浅表示各个变量在聚类分析中的重要性,可见对于本例来说,胆固醇的重要性最高,钾含量的重要性最低。当把鼠标指针移动到其中每一个变量上时,SPSS 还会进一步显示出各个变量的重要性数值以及在该类别中的分布情况。

17.5 两步聚类法

> 实际上，这里变量的重要性就是前面提到过的以聚类分析的类别为组别因素，以聚类分析所用到的输入变量为结果变量，分别进行方差分析（连续变量）或 Pearson 卡方检验（分类变量），然后将所得到的 P 值作为比较依据。但为了能够按照相对重要性最大为 100% 进行转换，这里一般取 P 值的常用对数的负值，然后将其与各 P 值的常用对数负值中的最大值（相应变量的相对重要性为 100%）相除所计算的百分比。

如果希望进一步考察各变量在类别间的分布特征，则可以选中表格中的任一变量单元格，此时"模型查看器"窗口右侧底部选项卡为"单元格分布"，会显示该变量在当前类别中的分布及该变量在总体中的分布。这样可以清楚地归纳出该类别的特征（profile）。图 17.18（b）给出的是类别 2 中患者胆固醇的分布状况，可见该类别中胆固醇含量均为"HIGH"。

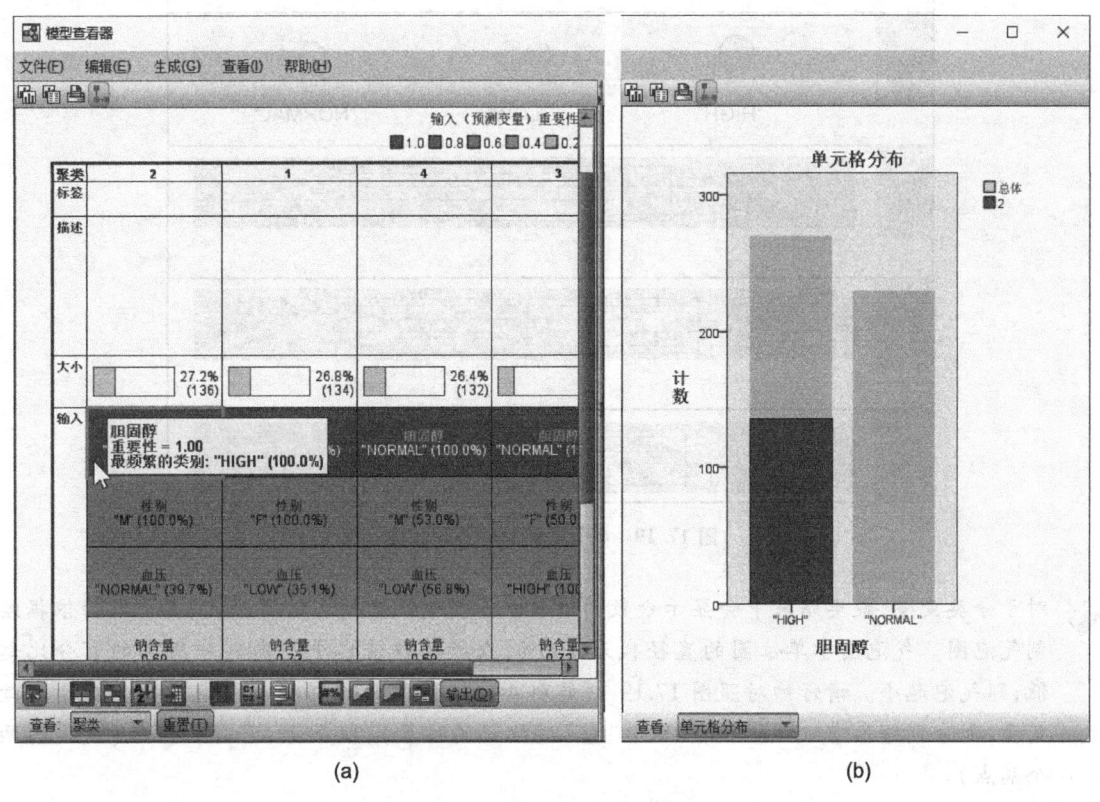

图 17.18　两步聚类模型概要

除前面已经介绍过的"聚类大小"和"单元分布"选项卡外，"模型查看器"窗口右侧的选项卡还有"预测变量重要性"和"聚类比较"。预测变量重要性前面已经述及，此处只是将相对重要性的数值用条图呈现而已，这里不再赘述。下面对聚类比较的结果进行解释。聚类分析的核心目的之一是给出类别特征（cluster profile）的描述，"聚类比较"输出的结果对各个类别的特征进行了直观的描述。当"模型查看器"窗口左侧的选项卡为"聚类"时在表格中选中希望描述的类别列，右侧的"聚类比较"结果中就会显示这些类别的特征比较结果，如图 17.19 所示。以类别 4 为例，可见该类别中的患者胆固醇全部正常，男性较多（53.03%），血压多偏低（56.82%），钠含量偏低(中位数=0.68),年龄和钾含量与总体(所有研究对象)水平相近。事实上,当将鼠标指针移动至代表类别 4 的数据点上时,SPSS 会自动显示上述描述统计结果。

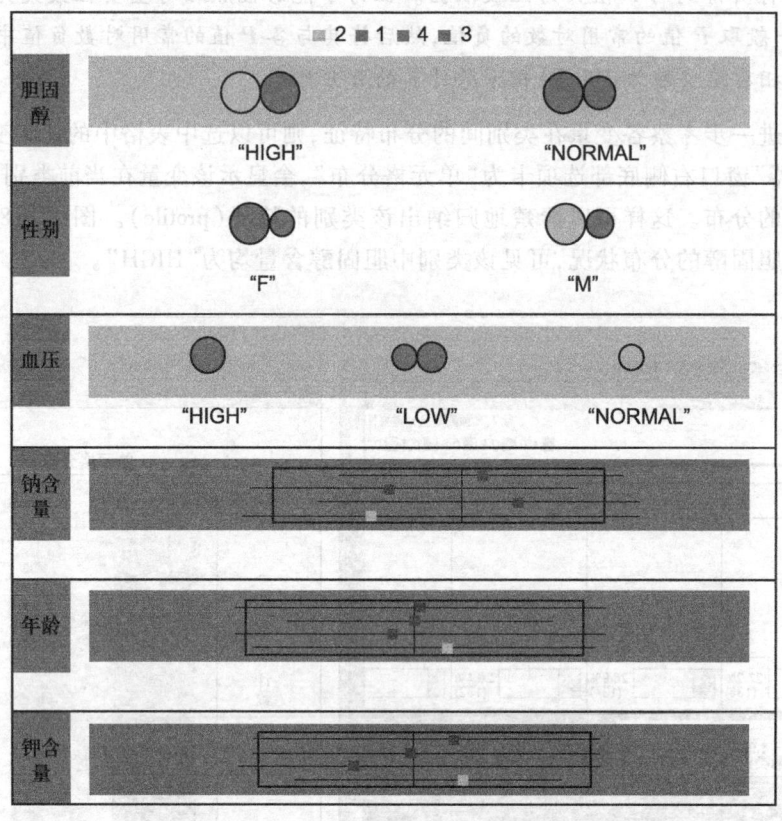

图 17.19　4 个类别的特征比较图

> 对于分类变量,聚类结果中会显示众数的取值水平在类别中所占的百分比,并以此为依据绘制气泡图。气泡图中单位圆的直径代表 100%,众数的取值水平在类别中所占的百分比越低,则气泡越小。请仔细对照图 17.19 中类别 4 的胆固醇及性别两个气泡大小。对于连续变量,则分别给出中位数(图 17.19 中"■"所标记的位置),以及上、下四分位数(线段的两个端点)。

对于其他变量和类别的图形,限于篇幅,这里不再一一详细讲解,感兴趣的读者可以自行阅读完整的模型结果。

3. 最终的类别特征描述

通过以上分析,尤其是上面各个变量对聚类结果重要性的分析,最终可以把患者分为 4 个类别,他们的特征分别如下。

第一类:高血压、胆固醇浓度正常。此类别患者数量为 98 人,占患者总数的 19.6%。他们全部为高血压、胆固醇浓度正常的患者,性别无明显特征,血液中钠含量高于平均水平。

第二类:男性、胆固醇浓度高。此类别患者数量为 136 人,占患者总数的 27.2%。他们全部为男性胆固醇浓度高的患者,血压无明显特征,并且血液中钠含量低于平均水平。

第三类：女性、胆固醇浓度高。此类患者数量为 134 人，占患者总数的 26.8%。他们全部为女性胆固醇浓度高的患者，血压无明显特征，并且血液中钠含量高于平均水平。

第四类：非高血压、胆固醇浓度正常。此类患者数量为 132 人，占患者总数的 26.4%。他们全部为胆固醇浓度正常的患者，无一人为高血压，并且血液中钠含量低于平均水平。

17.6 聚类分析进阶

17.6.1 利用标准化来调整聚类模式

以案例聚类为例。在默认情况下，聚类分析的基本模式是保证聚类用变量在类别内取值差异小，而在类别间取值差异大。事实上，这只是聚类分析的一种角度，聚类分析还有另一个角度，就是按照变量取值的变化模式来进行聚类。如图 17.20 所示，假设聚类对象有 4 个，这里将其取值情况用线条 A、B、C、D 来表示。横轴代表 5 个不同的变量，纵轴代表变量取值。如果这时想要把它们分成两个类别，则有两种划分标准：按照线条间的距离，把 A、B 归入一类，而把 C、D 归入另一类，这正是在上面几个分析实例中的思路；而如果按照线条波动形状的相似性来说，则会把 A、C 归入一类；而把 B、D 归入另一类，这就是聚类分析的另外一种模式。

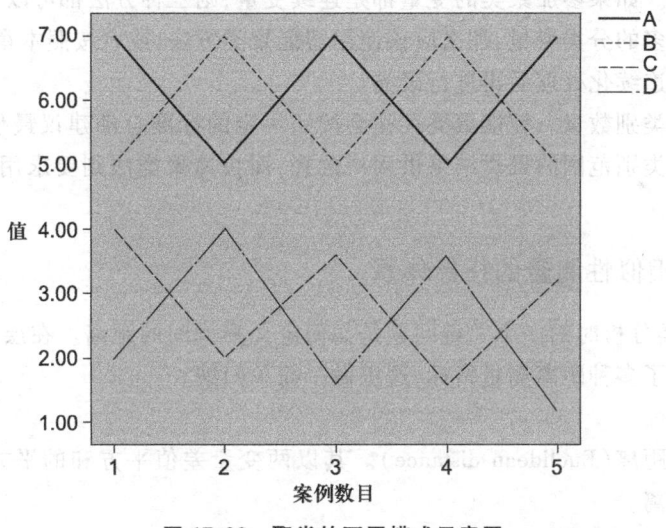

图 17.20 聚类的不同模式示意图

在 SPSS 中，按照变量取值的变化模式来进行聚类是通过对变量进行不同标准化的方式来实现的。SPSS 中默认的变量标准化是以变量的平均值和标准差等统计量作为参照来进行的。而如果选择了以案例的平均值和标准差等统计量作为参照来进行聚类，就会按照数据的取值模式得到聚类结果。在具体操作时，除对数据进行行列转置外，还可以通过将变量标准化的方法改为按照案例来进行，即在"方法"子对话框左下角的"转换值"框组中，要求数据"按个案"而不是"按变量"进行聚类。

17.6.2 如何选择聚类分析方法

本章介绍了几种聚类分析方法,而这类方法的效果好坏又没有一个标准可供比较,显然对初学者而言会遇到方法选择困难的问题。在此略做讨论。需要明确,聚类分析是一种探索性的数据分析方法,针对不同的数据有不同的适用方法,很难说哪一种方法最好,而各种统计准则在这里也没有多少用武之地。选择聚类分析方法的基本原则是如果得到的聚类结果区分度足够大,又能够结合问题的专业背景很好地总结各个类别的特征,那么这种聚类方法就是好的、有效的,实际工作中可以按以下方向来考虑。

(1) 聚类类型。如果是对案例进行聚类,那么各种方法都可以考虑;如果是对变量进行聚类,那么一般只能选择层次聚类法,当然进行数据的行列转置也是可选的分析思路。

(2) 数据量。如果需要聚类的数据量较少(小于 3 000),那么各种方法都可以考虑使用。优先考虑层次聚类法,因为层次聚类法产生的谱系图直观形象,易于解释,并且层次聚类法提供的方法、距离测量方法、标准化方式的丰富程度也是其他方法所无法比拟的;如果需要聚类的数据量较大(大于 5 000),且变量数超过 10 个,则应该考虑使用快速聚类法或者智能聚类方法;如果数据量在 3 000~5 000 之间,理论上现在的计算条件是可能满足任何聚类分析方法的要求的,但结果的展示会比较困难。例如,不可能再去直接观察谱系图了。

(3) 变量类型。如果参加聚类的变量都是连续变量,则三种方法都可以考虑使用;如果同时包括连续变量和较多的分类变量,那么应该使用智能聚类方法,或者按照本章开始部分介绍的方法对分类变量进行连续化处理后再进行聚类。

(4) 是否指定类别数量。智能聚类往往会按照一定的标准自动建议最佳类别数量,层次聚类法可以产生一定类别范围的聚类结果供用户选择,而快速聚类法则要求用户必须事先给出聚类的类别数。

17.6.3 距离/相似性测量的指标体系

如前所述,聚类分析时的一个关键问题是如何定义案例间的距离。在层次聚类法的"方法"子对话框中也提供了多种距离测量指标,这里做一简单归纳。

1. 连续变量

(1) 欧几里得距离(Euclidean distance)。其以两变量差值平方和的平方根为距离,就是平常所理解的空间距离。

(2) 欧几里得平方距离(squared Euclidean distance)。此为系统默认的距离测量指标,以两变量差值平方和为距离,这种测量方法更重视较大的数值和距离。

(3) 切比雪夫距离(Chebychev)。其以两变量绝对差值的最大值为距离。

(4) 块(block)。其以两变量绝对差值之和为距离,也称为 Manhattan 距离。

(5) 明可夫斯基距离(Minkowski)。其以两变量绝对差值 p 次幂之和的 p 次根为距离,用户可以在"测量"框组中的"幂"框中更改 p 的大小。当 $p=2$ 时即为欧几里得距离。

(6) 定制(customized)。其为自定义距离公式,用户需要在"幂"框中定义变量绝对差值的次方,在"根"框中定义变量绝对差值次方的开方。它以两变量绝对差值 p 次幂之和的 r 次根为距离。

2. 频数资料

（1）卡方测距（chi-square measure）。该指标为系统默认值。

（2）ψ^2 测距（Phi-square measure）。该指标即将卡方测距值除以合计频数的平方根。

3. 二分类变量

系统提供了非常多的距离测量指标，但实际上其中的大多数都很少被用到，这里只介绍常用的几个。

（1）欧几里得距离与欧几里得平方距离。欧几里得距离的计算公式为 $\sqrt{b+c}$，其中 b、c 分别为四格表中对角线上的元素，最小值为 0，最大值无限。欧几里得平方距离即 $|b+c|$，为系统默认值。

（2）大小差（size difference）。大小差也称为非对称性指数，最小值为 0，最大值无限。

（3）模式差（pattern difference）。其计算公式为 bc/n^2，其中 b 和 c 代表与在一项上存在但在另一项上不存在的案例对应的对角线单元格，n 为案例的总数。

（4）方差（variance）。其以方差为测距，最小值为 0，最大值无限。

（5）兰斯-威廉姆斯（Lance and Williams）。其公式为 $(b+c)/(2a+b+c)$，也称为 Bray-Curtis 非等距系数，其值介于 0 至 1 之间。

17.6.4 基于密度的聚类分析方法简介

除了已经介绍的几类聚类分析方法外，SPSS 还提供了最近邻元素法，但由于该方法也可以用于判别分析，因此将在第 19 章中加以讲述。此外，通过 R 插件，SPSS 还可以调用 fpc 包来实现基于密度的聚类分析方法，这里对此方法做一简介。基于密度的聚类分析方法的基本原理并不复杂，首先需要在样本中随机选取一些数据点，然后按照所允许的最大范围查找附近（可到达）的点，并将它们归为同一类；如果有数据点超过所允许的界值，则将其定义为新的类别或未归类的噪声点。如此反复进行，直到再也找不到新的类别为止。

1. 界面说明

在插件正确安装后，选择"分析"→"分类"→"基于密度的聚类"菜单项，即可打开相应的主对话框，如图 17.21(a) 所示。

（1）"变量"框。该框用于选入聚类用变量，要求这些变量均为连续变量。

（2）"最大可达性距离"框。该框用于指定同一类别中数据点与数据点之间的最大距离。这里使用的是欧几里得平方距离。该参数在基于密度的聚类分析方法中至关重要，太小可能会导致所有数据点都被视为噪声点，太大则可能仅找到少数聚类，因此在分析中需要反复尝试以找到最佳值。

（3）"方法"框。该框用于选择所需的方法。使用"混合"方法时，速度较快且所需内存量中等；使用"原始"方法时，速度较慢，但所需内存量较少；使用"距离矩阵"方法时需要逐点计算距离矩阵，运算量非常大。一般而言，"混合"方法是比较好的选择。

（4）"最小聚类大小"框。该框用于指定结果中允许的最小类别样本量，建议将其设置为与变量数加 1 一样大。

（5）"选项"子对话框。如图 17.21(b) 所示，使用基于密度的聚类分析方法时，建议对原始数据进行标准化，这样有利于寻找最佳的最大可达性距离。

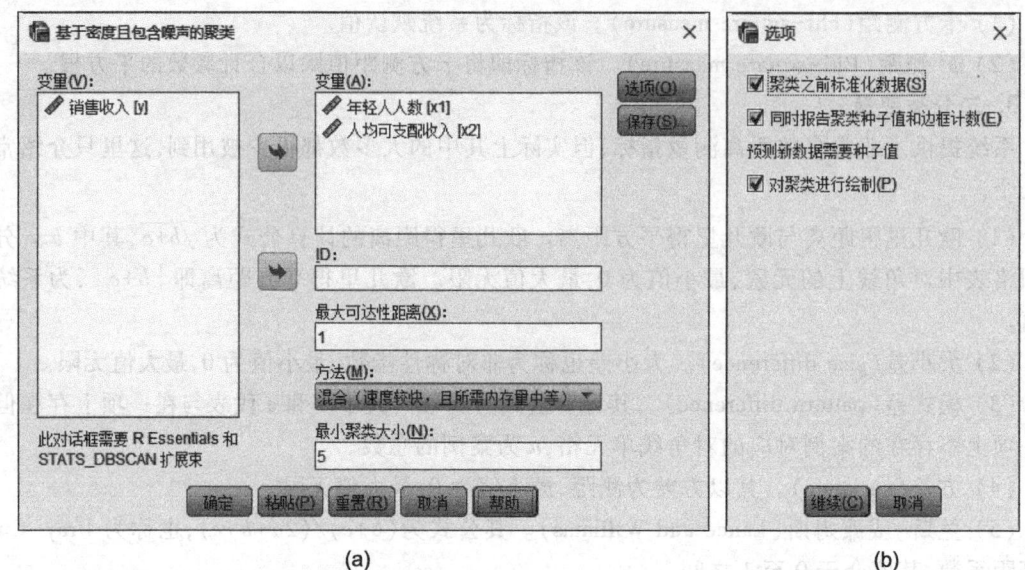

图 17.21 基于密度的聚类分析主对话框和"选项"子对话框

2. 结果解释

这里以例 6.1 为例,如果仅以 x1、x2 两个变量进行基于密度的聚类分析,则按照图 17.21 所示的对话框设定(注意这里的最大可达性距离为 1 是反复尝试之后的结果),可以得到如下结果。首先给出模型摘要表格,此处略,随后给出各类别的案例分布,如图 17.22 所示,可见共找出了两个类别,其类别种子分别有 11 个、5 个,另有 4 个案例根据最大可达性距离的情况被分别归入这两个类别。此外,还有一个案例由于距离这两个类别均过远,从而被判断为噪声点(第 0 类)。

类聚编号	种子值频率	边框频率	总计
0	0	1	1
1	11	2	13
2	5	2	7
总计	16	5	21

图 17.22 各类别的样本分布

图 17.23 所示的则是基于密度的聚类结果的散点图,其中三角代表类别种子,在图中分别为分布在左下角的红色三角(代表第 1 类)和分布在右上角的绿色三角(代表第 2 类);彩色圆圈表示类别中的边缘案例,均位于图的中下部;而黑色圆圈表示识别出的噪声点,为图中上部的那个散点,显然该点离两个类别的距离均较远,即表格中的第 0 类。读者可以尝试修改最大可达性距离的数值,以体会该数值变化对聚类结果的影响。

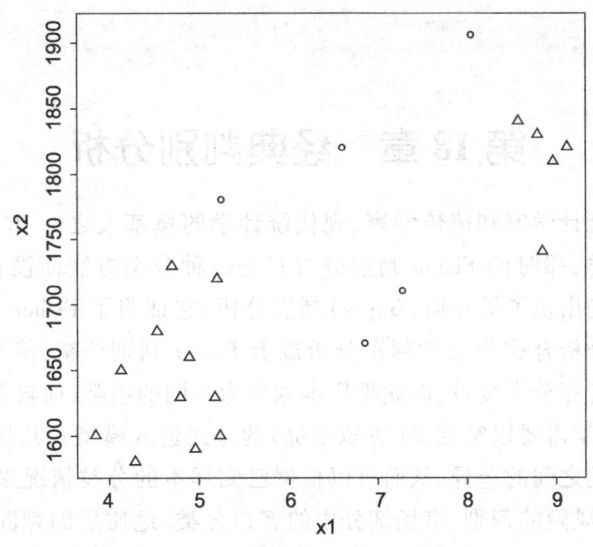

图 17.23 基于密度的聚类结果的散点图

在得到合适的聚类结果之后,研究者可以将对应的 R 分析空间保存为文件,然后调用"使用密度聚类进行预测"过程对新案例进行类别预测,相应的操作类似于 SPSS 内置的各种预测过程,请读者自行练习相应的操作,这里不再详述。

思考与练习

1. 数据文件 lx17_1.sav 记录了 2002 年中国 31 个省、直辖市、自治区的国民经济数据,具体包括人均国内生产总值(GDP)、年平均人口(population)、城镇居民家庭平均每人全年消费性支出(city_consume)、农村居民家庭平均每人生活消费支出(rural_consume)和各地区居民消费价格指数(pindex),现希望通过聚类分析的方法把相似的地区找出来,即把 31 个地区归为若干的类别,从而更好地了解中国各地区生活水平的差异。请对该数据分别使用不同的聚类分析方法进行分析,并比较它们的结果。

2. 对于上题的数据,尝试不对原始数据进行标准化,将其直接纳入分析,将这样的分析结果和现有分析结果相比,看看是否有差异,并思考为什么会出现这样的结果。

参考文献

[1] IBM Corp. IBM SPSS Advanced Statistics 24[CP/OL]. Armonk, NY: IBM Corp, 2016.
[2] 张文彤,钟云飞. IBM SPSS 数据分析与挖掘实战案例精粹[M]. 北京:清华大学出版社,2013.
[3] Johnson R A. 实用多元统计分析[M]. 陆璇,等,译. 4 版. 北京:清华大学出版社,2001.
[4] 郭志刚. 社会统计分析方法:SPSS 软件应用[M]. 北京:中国人民大学出版社,1999.
[5] 张文彤. SPSS 统计分析基础教程[M]. 3 版. 北京:高等教育出版社,2017.
[6] 张文彤,姜庆五,蒋露芳,等. 基于基因序列聚类的甲型流行性感冒病毒 H3 抗原变异规律研究[J]. 中华流行病学杂志,2004,25(12):1046-1049.

第18章 经典判别分析

判别分析最初由统计学家和遗传学家、现代统计学的奠基人之一 R. A. Fisher 于 1936 年应用于生物学的植物分类,那时的 Fisher 判别分析只是一种分类方法而没有数学上的理论依据。大约在 20 世纪 50 年代出现了贝叶斯(Bayes)判别分析,它证明了 Fisher 判别分析的合理性,所以一般把这两种判别分析合称为线性判别分析或者 Fisher 判别分析,简写为 LDF/DF。判别分析的因变量是无序或有序分类变量,以此把样本划分为不同的组类,而自变量可以是任何测量尺度的变量,只是定性变量需要以哑变量(虚拟变量)的方式进入模型。其目的在于建立一种变量的线性组合来概括分类之间的差异,从而可以根据已知样本的分类情况来判断未知分类样本的归属问题。例如,信用风险的判别、市场细分中的客户分类、地质层的判断、模式识别问题等,是应用相当广泛的多元统计方法。

18.1 模型简介

判别分析模型按照判别的准则可以分为典型判别分析、贝叶斯判别分析、非参数判别分析等,其实由于判别分析的内容相当丰富,其方法体系几乎可以覆盖多元统计的所有内容,本章将以常用的典型判别分析为主,对判别分析的基本原理、实现方式等加以介绍,以帮助读者更好地理解和使用该方法。

18.1.1 基本原理

在判别分析的发展史上典型判别分析最先出现,其原理是 Fisher 借鉴自己提出的方差分析思想,试图找到一个由原始自变量组成的线性函数,使得组间差异和组内差异的比值最大化。以图 18.1 为例,设希望通过 x_1、x_2 两个自变量的取值将总体 1、2 分开,单看总体 1、总体 2 在两个

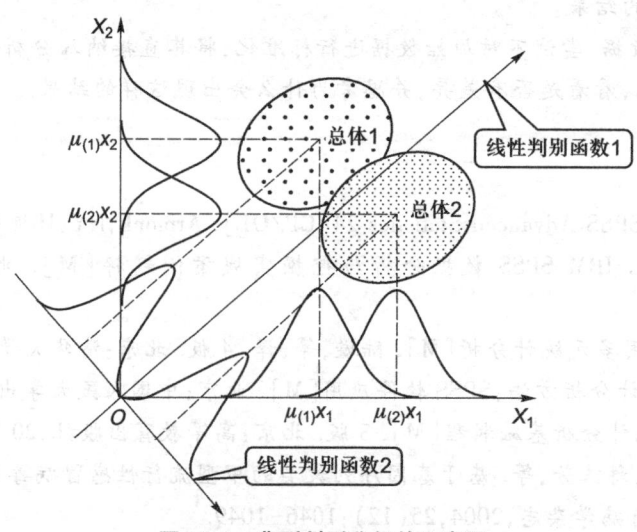

图 18.1 典型判别分析的示意图

自变量轴上都有部分重合。但是在将变量 x_1、x_2 重新组合,得到线性判别函数 1 和 2 后,发现使用线性判别函数 2 可以把总体 1 和总体 2 明显区分开来,因此用线性判别函数 2 代替原有的两个自变量进行判别,可以得到更好的结果,这就是典型判别分析的基本思想。

如果用公式来对上述思想进行表述,则设 n_i 为样本大小的权重,组间差异之和 B 与组内差异之和 S 分别为 $B = \sum_{i=1}^{k} n_i (\bar{x}_i - \bar{x})(\bar{x}_i - \bar{x})'$,$S = \sum_{i=1}^{k} \sum_{j=1}^{n_j} (x_j^{(i)} - \bar{x}_i)(x_j^{(i)} - \bar{x}_i)'$。而判别函数的表达式为 $u = b' x_{p \times 1}$,Fisher 判别分析就是计算出 b 值,使得 $\max(b) = b'Bb/b'Sb$,实际上就是计算原始自变量的投影平面,使得在各点的投影在该平面上的区分最大。图 18.1 很形象地说明了这个思想。事实上,由于前面已经学习过因子分析,读者可以很容易将这种投影的原理和因子分析中提取公因子的方法对应起来,这两种方法在许多方面都是相似的,只不过在因子分析中寻求的是提取信息量的最大化,而典型判别分析中则寻求的是组间差异的最大化,详细内容见后。

18.1.2 适用条件

1. 判别分析的适用条件

判别分析的前提和假设可以简单归纳如下。
(1) 自变量和因变量间的关系符合线性假定。
(2) 因变量的取值是独立的,且必须是事先就已经确定的。
(3) 自变量服从多元正态分布。
(4) 所有自变量在各组间方差齐同,协方差矩阵也齐同。
(5) 自变量间不存在多重共线性。

需要指出的是,以上条件中的多元正态分布、协方差矩阵相等这几个条件在实际数据中很难满足,但相对而言,判别分析在违反这些适用条件时比较稳健,如果轻微违反这些适用条件,对结果的影响其实并不大。而变量的共线性问题在判别分析中也不是特别重要,因为判别分析关心的重点是对因变量的判别效果,而不是自变量的影响程度。存在共线性可能使方程系数发生改变,但不会对判别效果产生太大影响。

由于判别分析的目的是建立准确、有效的判别函数,因此与回归模型类似,除以上适用条件外,对样本量也有一定的要求,一般而言样本量 n 至少为所使用的自变量个数 p 的 5 倍,为 p 的 10~20 倍以上时,函数才比较稳定;而自变量个数 p 为 8~10 个时,函数的判别效果才比较理想。当然,在实际工作中判别函数的自变量个数往往会超过 10 个,但需要注意的是,自变量个数越多并不代表效果就越好。

2. 违反适用条件时的处理方法

如果样本严重违反了判别分析的适用条件,则可以采取一些处理办法加以补救。
(1) 多元正态分布假设被违反。一般而言影响不大,如果数据的超平面是若干分段结构的话,则可以采用分段判别分析。此外,可以考虑进行变量变换。
(2) 方差不齐。采用非参数判别分析、距离判别分析等无此适用条件的方法。
(3) 多重共线性。基本类似于线性回归中对共线性的处理,如增加样本量、使用逐步判别分析、岭判别分析等。
(4) 线性假定被违反。除考虑曲线直线化外,还可以采用二次判别分析、K-最近邻分类法或核密度估计法等方法。

18.1.3 判别效果的评价

判别分析的核心评价指标就是结果用于判别时的准确度。在评价时一般都使用错判率或正判率加以表示,后者就是1-错判率,低的错判率和高的正判率(hit ratio)就说明判别的效果较好。但是,判别结果还依赖于总体本身的分离程度,不同总体的差异越大越能得到好的判别结果。那么判别分析的正判率要达到多少才能接受?这可以借鉴"20/25%"法则,即正确分类的比率应该超过随机分组正判率的20%或者25%。

总体中各组样本等概率:模型正判率>$(100\%÷G)×1.2$ 或 1.25;

总体中各组样本不等概率:模型正判率>$(P_1+P_2+P_3+\cdots+P_G)×1.2$ 或 1.25。

以上公式中 G 为组数,乘以 1.2 对应超过 20% 的标准,如果超过了上述界值,则可以认为判别函数是有价值的。

在错判率/正判率的计算中,为了使判别结果更可靠、稳定,能够代表总体的真实情况,有以下几种验证方法。

(1)自身验证。该方法即将训练样本依次代入判别函数,用这样计算出的错判率来考察错判情况是否严重。但是这种方法往往会高估判别效果,自身验证的效果好,并不能说明用该函数来判别外部数据的效果也好,因此实用价值不大。

(2)外部验证。该方法即重新收集一批样本数据,用判别函数进行判别,看看错判情况是否严重。这种验证方法理论上比较好,但再次收集的样本数据不能被用来建立函数,有些浪费,而且很难保证两次收集的样本是同质的,异质样本的引入反而会使得问题更为复杂。

(3)样本二分法。这是外部验证的改进,采用随机函数将样本分为两部分,一般是按 $2:1$ 的比例进行拆分,多的部分用于建立判别函数,余下的用于验证。这种做法可以保证验证用样本和训练用样本同质,是最为理想的。但它要求样本量大,否则建立的判别函数不稳定,浪费信息。

(4)交叉验证(cross-validation)。这是近年来逐渐发展起来的一种重要的判别效果验证方法,在样本二分法的基础上又大大前进了一步。具体来说,就是首先将样本等分为 n 份,然后依次使用其中 $n-1$ 份样本建立判别函数,并用建立的判别函数对另外一份样本进行判别,从而进行判别效果评价,最终的判别函数则通过某种方法从这 n 个函数综合而来。用这种方法可以充分、有效地利用全部案例信息,同时又可以得到客观的评价结果。SPSS 中提供的是每次去除一例(leave one out)的交叉验证,这又被称为刀切法(Jackknife)。

(5)Bootstrap方法。该方法在交叉验证的基础上又前进了一步。其基本思想为:在原始数据的范围内做有放回的抽样,样本量仍为 n,原始数据中每个案例每次被抽到的概率相等,为 $1/n$,所得样本称为 Bootstrap 样本。从该样本可以得到一个判别结果;重复抽取这样的样本若干次,就可以建立起来一系列判别函数,相应的每个判别函数的系数都有一系列取值。采用 Bootstrap 方法就可以求出最"稳健"的判别函数。用这种方法可以充分利用样本信息,求得的判别函数又可以有效地避免强影响点的干扰。

除使用错判率/正判率外,研究者还可以使用许多更复杂和更专业的指标进行判别效果的评价,如阳性预测值、阴性预测值等,因篇幅所限,这里不再详述。

18.1.4 分析步骤

对于一个实际的判别分析问题,研究者需要做的工作往往并不是简单地运行一遍分析程序,而是全面地对数据进行考察。一般而言,具体有以下几个分析步骤。

(1) 确定研究问题。确定研究要得到什么信息,与判别分析的目的是否一致。

(2) 检查适用条件。例如,数据的测量尺度是否符合要求,是否需要建立外部验证样本或者分析样本和验证样本的比例为多少(一般为 6∶4 或 7∶3),数据是否服从多元正态分布以及方差-协方差齐性,是否存在共线性等。违反适用条件时可以根据前面介绍的方法进行处理。

(3) 建立判别模型,并评价判别效果。对判别分析的错判率等进行评价,如前所述。

(4) 解释模型结果。其基本的原则是判别模型的分析结论不应当违背专业知识。

(5) 应用模型预测。在得到判别模型之后,将新样本的数值代入即可得到预测结果。另外,SPSS 中可以保存判别模型,之后可以将其直接用于新样本的类别预测,详细内容见后。

18.2 案例:鸢尾花种类判别

例 18.1 这里使用的数据文件为 iris.sav,是 Fisher 当初在有关判别分析方法的开拓性工作中使用的鸢尾花资料,该数据由安德森收集,包含了刚毛、变色、弗吉尼亚这三种鸢尾花的花萼长、宽和花瓣长、宽,希望使用这 4 个变量来对花的种类进行区分。

18.2.1 操作说明

分析中首先需要考虑的是适用条件问题,通过直方图,可以看到 4 个用于判别的变量的分布基本上都近似服从正态分布,而通过分组变量描述也可以看到方差在各组间差异不大。虽然严格地讲还应当考察数据的多元正态分布情况,但由于判别分析是一种比较稳健的方法,适用条件的轻微违反不会对结果产生强烈的影响,因此可以直接对该数据进行分析。下面开始进行分析,操作如下。

1. 选择"分析"→"分类"→"判别式"菜单项。
2. 将 spno 选入"分组变量"框,在"定义范围"子对话框中将范围设定为 1~3。
3. 将 slen、swid、plen、pwid 选入"自变量"框。
4. 在"统计"子对话框中,选中"函数系数"框组中的"未标准化"复选框。
5. 单击"确定"按钮。

上述操作中用到的主对话框和"统计"子对话框如图 18.2 所示。其中,判别分析主对话框非常简单,上方的"分组变量"框用于选择已知的类别变量,选入后应使用"定义范围"子对话框具体确定变量的取值范围。"自变量"框用于选入建立判别函数所需的变量。如果不能确定这些自变量是否都有贡献,则可以使用逐步回归法来进行筛选。下面的"选择变量"框则用于筛选一部分案例进入分析。主对话框最右侧的按钮则用于对模型做进一步的参数设定,详细内容见后。

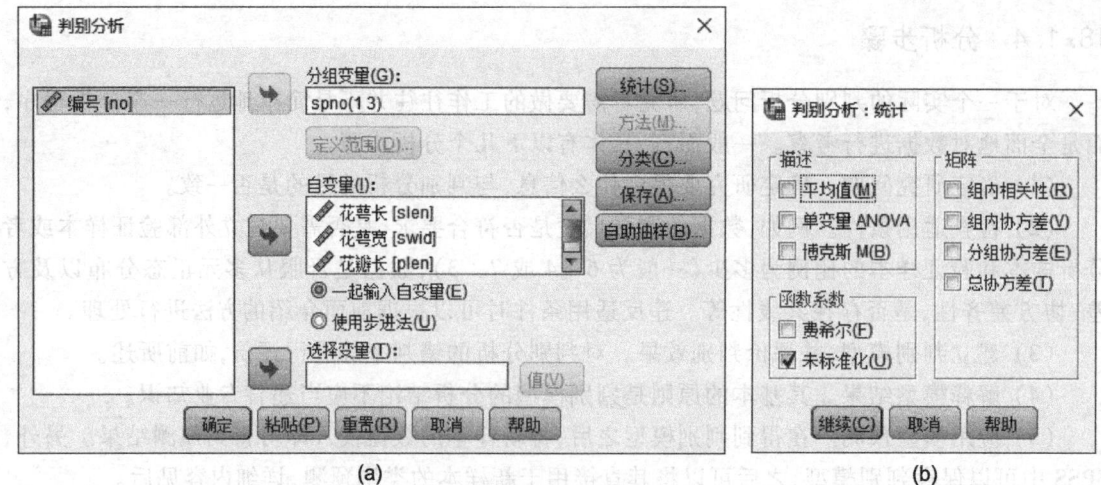

图 18.2 判别分析主对话框和"统计"子对话框

18.2.2 结果解释

最先给出的是描述统计,包括频数和缺失值的统计、总样本以及各组的平均值情况等,内容比较简单,这里不再解释。随后会输出标题"典则判别函数摘要",表明将会给出典型判别函数(在 SPSS 中表示为"典则判别函数")的分析结果。

图 18.3 给出的是典型判别函数的特征值以及信息量,由于前面已经提到该方法对判别函数的提取方式与因子分析极为相似,因此图 18.3 所示的表完全可以比照因子分析中的同类表格来读取,可见本例中只提取了两个典型判别函数,且绝大部分信息都在第一个判别函数上,第二个典型判别函数携带的信息量只占模型总信息量的 1%。注意表中最后一列给出了该典型判别函数所对应的典型相关系数,其计算公式为 $\sqrt{\lambda_k/\lambda_{k+1}}$。其实典型判别分析和典型相关分析是等价的,这一问题将在本章末加以讨论。

函数	特征值	方差百分比	累积百分比	典型相关性
1	30.419^a	99.0	99.0	.984
2	.293^a	1.0	100.0	.476

a. 在分析中使用了前2个典则判别函数。

图 18.3 特征值

前面发现第二个典型判别函数携带的信息量很少,而图 18.4 所示的就是对各特征值的进一步检验,实际是间接检验各判别函数有无统计学意义,其原假设是:各分组的平均值向量相等(即分组之间的重心完全重合,无法进行判别),其计算公式为 $\Lambda_k = \prod_{i=k+1}^{l} \frac{1}{\lambda_i+1}, k = 0, 1, \cdots, m-1$。从分析结果可见两个典型判别函数都有意义,第二个典型判别函数仍然应当保留。注意第一行是对 1 到 2 的所有典型判别函数进行检验,而不是只对典型判别函数 1 进行检验。

函数检验	威尔克Lambda	卡方	自由度	显著性
1直至2	.025	538.950	8	.000
2	.774	37.351	3	.000

图 18.4 威尔克 Lambda 检验

图 18.5(a)给出了两个典型判别函数中各个变量的标准化系数,可以据此写出标准化典型判别函数式。本例的两个标准化典型判别函数式如下。

$D1 = -0.346 \times Z花萼长 - 0.525 \times Z花萼宽 + 0.846 \times Z花瓣长 + 0.613 \times Z花瓣宽$

$D2 = 0.039 \times Z花萼长 + 0.742 \times Z花萼宽 - 0.386 \times Z花瓣长 + 0.555 \times Z花瓣宽$

变量名前加 Z 表明是标准化以后的数值。实际上,两个典型判别函数式计算出的是各案例在各个判别维度上的坐标值(即判别得分 D),这样就可以通过这两个典型判别函数式计算出各观测的具体空间位置。此外,这里的标准化典型判别函数与典型相关分析中得到的典型变量与原始变量间的转化公式等价。

显然,相对而言标准化典型判别函数使用起来不是很方便,操作中已要求输出使用原始变量的典型判别函数,结果如图 18.5(b)所示,其中有常数项,可写出函数式如下:

$D1 = -2.526 - 0.063 \times 花萼长 - 0.155 \times 花萼宽 + 0.196 \times 花瓣长 + 0.299 \times 花瓣宽$

$D2 = -6.987 + 0.007 \times 花萼长 + 0.218 \times 花萼宽 - 0.089 \times 花瓣长 + 0.271 \times 花瓣宽$

	函数	
	1	2
花萼长	-.346	.039
花萼宽	-.525	.742
花瓣长	.846	-.386
花瓣宽	.613	.555

(a)

	函数	
	1	2
花萼长	-.063	.007
花萼宽	-.155	.218
花瓣长	.196	-.089
花瓣宽	.299	.271
(常量)	-2.526	-6.987

未标准化系数

(b)

图 18.5 标准化的和非标准化典型判别函数系数

以上典型判别函数使用起来显然更加方便。事实上,读者可以直接对标准化典型判别函数中的各标准化变量进行反变换,得到的结果就是上述函数式。

图 18.6(a)所示的是判别得分和自变量之间的相关系数,称为模型的结构矩阵,注意该表格中的变量按照其对典型判别函数的重要性从大到小依次排序,并用"*"标识出每个自变量中与各组判别得分间相关系数最大的一个,这类似于主成分分析中的成分结构。可见第一个典型判别函数主要与"花瓣长"相关,另三个自变量则主要与第二个典型判别函数相关。由于前面的结果表明第一个典型判别函数携带了绝大多数判别信息,这提示"花瓣长"可能在判别分析中起了主要作用。事实上,如果只用它进行分析,用交叉验证法发现其正判率高达93.3%,而选择了所

有变量才提高到 98%。因此,如果受实际条件的限制而无法收集全部自变量,则可以考虑只收集这一个变量来达到近似的判别效果。

图 18.6(b) 所示的是各组典型判别函数的重心,或者说各组判别得分的平均值向量。前面判别函数的检验就是分别检验这两个向量在各组是否相等。在得知各典型判别函数的重心后,只要为每个待判案例求出判别得分,然后计算出该案例的散点离哪一个重心最近,就可以得到该个案的判别结果了。

	函数	
	1	2
花瓣长	.726*	.165
花萼宽	-.121	.879*
花瓣宽	.651	.718*
花萼长	.221	.340*

判别变量与标准化典则判别函数之间的汇聚组内相关性
变量按函数内相关性的绝对大小排序。
*.每个变量与任何判别函数之间的最大绝对相关性

(a)

	函数	
分类	1	2
刚毛鸢尾花	-7.392	.219
变色鸢尾花	1.763	-.737
弗吉尼亚鸢尾花	5.629	.518

按组平均值进行求值的未标准化典则判别函数

(b)

图 18.6 结构矩阵表格和组质心处的函数表格

18.2.3 判别结果的图形化展示

上面的判别结果主要以公式形式出现,并不直观,如果希望形象化展示判别结果,则可以使用"分类"子对话框中的"图"框组对判别结果进行图形化展示,如图 18.7 所示。"图"框组中的三个复选框分别用于输出联合分布图、分组分布图和领域图,以更好地呈现判别结果。

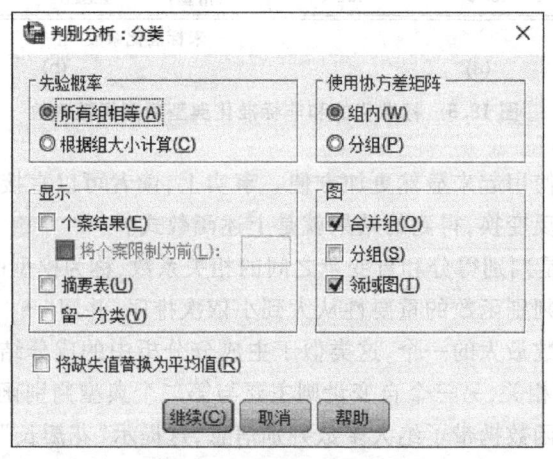

图 18.7 "分类"子对话框

1. 领域图

领域图是一种以字符绘制的低分辨率图形,它是将分析得出的典型判别函数用图形的形式加以表达,图 18.8 所示的即为例 18.1 的领域图。为了便于显示,该图中删除了一些坐标空间。两个典型判别函数分别构成了图形的两个维度,而三种鸢尾花的重心以星号的形式绘制在图中,整个平面空间按照到各类别重心的距离被划分出了清楚的分界线。注意由于两个维度的显示比例不一样,分界线看起来似乎不均衡,但实际上相应的分界线就是各重心连线的垂直平分线。新案例的散点坐标被计算出来后,即可被绘制在该图形中,该坐标落在哪个范围就属于哪个类别。以数据集中的第一个案例为例,其 4 个自变量的取值分别为 50、33、14、2,将这些数值代入未标准化的判别函数式,可以得到如下坐标值:

$$D1 = -2.526 - 0.063 \times 50 - 0.155 \times 33 + 0.196 \times 14 + 0.299 \times 2 = -7.499$$
$$D2 = -6.987 + 0.007 \times 50 + 0.218 \times 33 - 0.089 \times 14 + 0.271 \times 2 = -0.147$$

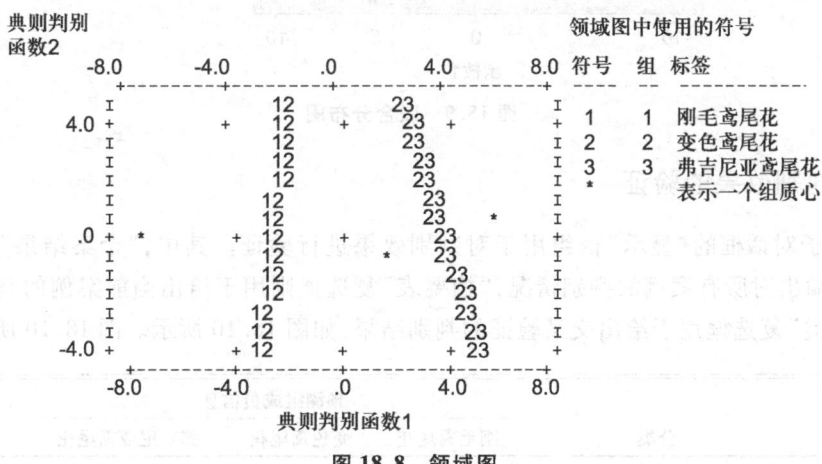

图 18.8 领域图

从图 18.8 可见,该案例显然应当被判为第一类,即刚毛鸢尾花,这一案例的判别结果和实际情形也是一致的。此外,从图 18.8 中也可以清楚地看到三种鸢尾花在第一个判别维度上被明显地分开,而在第二个判别维度上则重合严重。但是,第二个判别维度仍然对判别结果有帮助。例如,当第一个函数值为 4 时,如果第二个函数值为 -4,则该案例应当被判为第二类;如果第二个函数值为 4,则该案例应当被判为第三类。因此,第二个函数仍然应该在判别分析中使用。

2. 联合分布图和分组分布图

这两种图形都用于展示样本中各类别在判别空间中的分布情况,两者的区别在于分组分布图是为每个类别单独输出一幅图,而联合分布图则同时输出所有类别,它类似于所有分组分布图的叠加。图 18.9 所示的即为联合分布图,可见两个维度由第一个典型判别函数和第二个典型判别函数构成。显然,刚毛鸢尾花的空间位置远离另两种鸢尾花,不太容易错判,而变色鸢尾花和弗吉尼亚鸢尾花在分界线附近略有重合,错判主要会在这两个类别间发生。从该图中,同样可以看到在第一个判别维度上三种不同类型的鸢尾花区分得很清楚,而在第二个判别维度上重合得就非常严重。

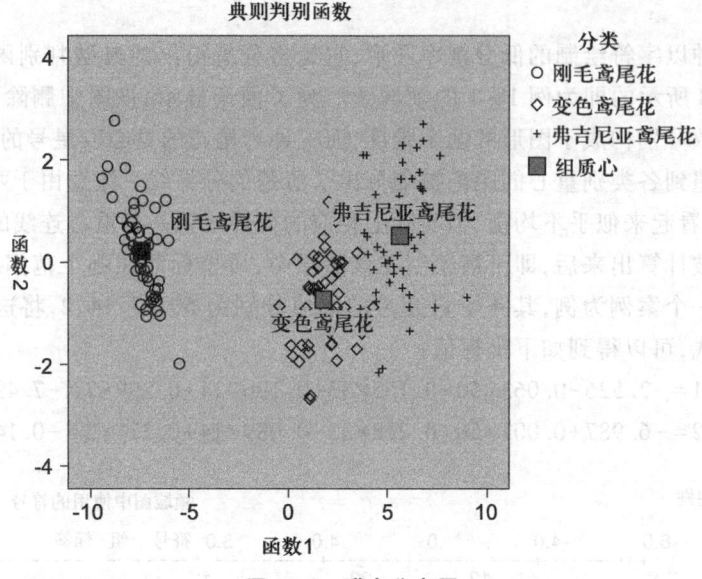

图 18.9 联合分布图

18.2.4 判别效果的验证

"分类"子对话框的"显示"框组用于对判别效果进行验证。其中,"个案结果"复选框用于以列表形式输出对所有案例的判别情况,"摘要表"复选框则用于给出当前案例的判别效果汇总表,"留一分类"复选框用于给出交叉验证的判别结果,如图 18.10 所示。图 18.10 所示的表的上

		分类	预测组成员信息			总计
			刚毛鸢尾花	变色鸢尾花	弗吉尼亚鸢尾花	
原始	计数	刚毛鸢尾花	50	0	0	50
		变色鸢尾花	0	48	2	50
		弗吉尼亚鸢尾花	0	1	49	50
	%	刚毛鸢尾花	100.0	0	.0	100.0
		变色鸢尾花	.0	96.0	4.0	100.0
		弗吉尼亚鸢尾花	.0	2.0	98.0	100.0
交叉验证[a]	计数	刚毛鸢尾花	50	0	0	50
		变色鸢尾花	0	48	2	50
		弗吉尼亚鸢尾花	0	2	48	50
	%	刚毛鸢尾花	100.0	0	.0	100.0
		变色鸢尾花	.0	96.0	4.0	100.0
		弗吉尼亚鸢尾花	.0	4.0	96.0	100.0

a. 仅针对分析中的个案进行交叉验证。在交叉验证中,每个个案都由那些从该个案以外的所有个案派生的函数进行分类。
b. 正确地对98.0%个原始已分组个案进行了分类。
c. 正确地对97.3%个进行了交叉验证的已分组个案进行了分类。

图 18.10 交叉验证的判别结果

半部分就是采用回代法得到的判别信息,等价于"摘要"复选框的输出,可见刚毛鸢尾花全部正确预测,而另两种花则存在错判;下半部分就是用交叉验证法得到的判别信息,最后也会给出错判率。因为是"经典"示范样本,所以正判率非常高。用 18.1.3 小节给出的计算公式可以得出正判率界值为$(100\% \div 3) \times 1.25 = 41.67\%$。显然,如果用本例建立的判别函数对新案例进行判别,效果将非常令人满意。

18.2.5 将模型用于新案例分类

进行判别分析的最终目的是将相应的模型用于对未知分类的新案例进行判别,在完成建模工作之后,在 SPSS 中至少有以下三种方式可以将模型用于新案例的分类工作。

(1) 利用公式/领域图进行判别。前面已经提及,在得到了判别函数式之后,对于新案例就可以将其自变量代入式中,计算出其在领域图中的坐标值,并据此做出判断。而后面将会介绍的贝叶斯判别函数,则只要计算出该案例归属于各类别的评分即可,无须再借助图形判断。显然,利用公式/领域图进行判别的方式比较适合于个别新案例需要判断的情形,大批量时则显得比较笨拙。

(2) 在建模的同时进行判别。如果需要同时对一批未知案例进行类别判断,则可以将这些案例直接添加到建模用数据集中,所有数据同时进行分析,并在"保存"子对话框中要求存储预测结果。由于新案例没有判别结果,因此不会用于建立模型。但是在存储预测结果时,由于这些新案例有完整的自变量数值,因此都会利用当前的判别模型计算出它们的预测类别并加以存储。这样就可以一次性完成对这些案例的判别分析工作。

(3) 将模型存储为 XML 文件用于判别。对于不方便提供建模用样本的情况,可以在"保存"子对话框中要求将相应的判别分析模型导出为 XML(PMML)格式文件,然后使用"实用程序"→"评分向导"菜单项将该模型应用于新案例构成的数据集,以进行预测。相应的操作已经在 6.3.3 小节中加以介绍,这里不再重复介绍。

18.2.6 适用条件的判断

前面在对模型适用条件考察时只进行了简单的描述统计,如果希望进行详细考察,则可以使用"统计"子对话框,它的功能共分三大部分,其中两部分都与对适用条件的考察有关。

(1) "描述"框组。该框组提供对适用条件考察的统计量,"平均值"框给出自变量在各组的描述统计量,"单变量 ANOVA"框对所有自变量进行单因素方差分析,看它们在各组间有无差别。而"博克斯 M"框则进行组间协方差矩阵齐性检验,协方差矩阵齐同是判别分析的适用条件,只有该检验 P 值大于 Alpha 水准的数据才可进行判别分析。但是从实用角度来说,真正完全满足该条件的数据几乎不存在,所以一般都不关心其结果。

(2) "矩阵"复选框组。该框组用于给出组内相关矩阵、组内协方差矩阵、分组协方差矩阵和总协方差矩阵,可以用于对模型适用条件进行判断,但一般也很少关心其结果。

如果进行上述的两种检验,则结果如图 18.11 和图 18.12 所示,图 18.11 所示的是所有自变量的单因素方差分析结果,可见各变量在组间的确存在差异,因此这些变量对类间的判别可能是有作用的。图 18.12 所示的是协方差矩阵齐性的 Box 检验,可见原假设被拒绝,从这一点也可以看出协方差矩阵齐性的要求往往被忽视。

	威尔克Lambda	F	自由度1	自由度2	显著性
花萼长	.397	111.847	2	147	.000
花萼宽	.598	49.371	2	147	.000
花瓣长	.059	1179.052	2	147	.000
花瓣宽	.071	960.007	2	147	.000

图 18.11 组平均值的均等性检验

博克斯M		162.596
F	近似	7.811
	自由度1	20
	自由度2	77566.751
	显著性	.000

对等同群体协方差矩阵的原假设进行检验。

图 18.12 Box 检验结果

18.3 贝叶斯判别分析

目前有三大统计学派：经典学派（频数学派、抽样学派）、信念学派、贝叶斯学派，它们有不同的统计哲学。但是，在判别分析上信念学派和贝叶斯学派却是"不谋而合"的，两者的结果可以很好地互相转换，而且贝叶斯判别分析比典型判别分析更好用（或者说是更接近用已知推断未知的想法）。

经典学派以加州大学伯克利分校为基地，形成于20世纪30年代，是目前影响最大的学派，由于这一派认为概率就是长期实验中频率的稳定性所反映的真值，所以其又被称为频率学派；贝叶斯学派起源于Bayes，认为概率不能只用频率的稳定性来解释，借助专业知识（先验信息）也可以做出判断；信念学派有点介于两者之前，认为统计推断是基于人对事物的认识（信念）进行的，而不是基于概率进行的。这一派的声音目前已经比较小了，但它提出来的一些方法如似然函数、枢轴统计量等都对后世有很大的影响。

18.3.1 基本原理

贝叶斯学派的基本思想就是利用已知的先验（先于本次研究）概率去推证将要发生的后验（实验结果）概率，其公式可以在任何一本数理统计的书上找到，而贝叶斯判别分析就是利用这一基本思想进行判别的，其理论基础比 Fisher 的典型判别分析更具有统计理论支持。简单地说，以样本的先验概率都相等的情况为例，该方法会计算每个样本的后验概率以及错判率，用最大后验概率来对样本进行分类，并使得期望损失达到最小。当把最小错判率作为损失值的定义时，期望损失最小原则就变成了期望错判率最小原则。而当样本的先验概率不同时，基于先验概率对后验概率进行校正即可。

总结一下典型判别分析和贝叶斯判别分析的差异:前者并不考虑样本的具体分布,只求组间差异和组内差异的比值最大化。而后者是从样本的多元分布出发,充分利用多元正态分布的概率密度提供的信息计算后验概率。

18.3.2 软件实现

SPSS 可以完整地实现贝叶斯判别分析的各项功能,分述如下。

(1) 设定先验概率。在"分类"子对话框的"先验概率"框组中操作,默认为各组的先验概率相等,"根据组大小计算"单选按钮则将样本中各组的比例作为先验概率,选择该项时最好先考虑样本对总体的代表性有多大。如果样本并非是从总体中随机抽样而来的,则样本比例可能与总体比例完全无关,此时最好不要这样设定。

(2) 距离的计算。在"分类"子对话框的"使用协方差矩阵"框组中操作,默认为各组的组内变异相等,因此采用汇总后的组内协方差矩阵。而"分组"单选按钮则是认为各组的组内变异不相等,所以采用分组协方差矩阵,这时 SPSS 会给出判别得分的协方差矩阵以及齐性检验,同时交叉验证功能将不可用,这是因为采用组内协方差矩阵计算的交叉验证的算法目前还没有被推导出来。

(3) 判别函数式。在"统计"子对话框中,"函数系数"框组中的"费希尔"复选框用于输出贝叶斯判别函数式。这一点非常特殊,因为许多教材中将典型判别分析称为 Fisher 判别分析,而 SPSS 认为贝叶斯判别分析中的基本思想,即按判别函数值最大的一组进行归类这种思想是 Fisher 提出来的,因此将该方法称为费舍尔(Fisher)线性判别函数,请读者不要弄混。

在例 18.1 中如果要求输出贝叶斯判别函数,则 SPSS 会为每一种鸢尾花都生成一个函数式,并给出分析结果,如图 18.13 所示,据此可以写出如下判别函数式:

刚毛鸢尾花:$Y=-80.268+1.687×花萼长+2.695×花萼宽-0.880×花瓣长-2.284×花瓣宽$
变色鸢尾花:$Y=-71.196+1.101×花萼长+1.070×花萼宽+1.001×花瓣长+0.197×花瓣宽$
弗吉尼亚鸢尾花:$Y=-103.890+0.865×花萼长+0.747×花萼宽+1.647×花瓣长$
$+1.695×花瓣宽$

	分类		
	刚毛鸢尾花	变色鸢尾花	弗吉尼亚鸢尾花
花萼长	1.687	1.101	.865
花萼宽	2.695	1.070	.747
花瓣长	-.880	1.001	1.647
花瓣宽	-2.284	.197	1.695
(常量)	-80.268	-71.196	-103.890

费希尔线性判别函数

图 18.13 分类函数系数

下面就可以利用这些判别函数式直接计算新案例属于各种鸢尾花的评分,得分最高的一种鸢尾花就是该案例相应的类别,同样对第一个案例可以计算出如下结果:

刚毛鸢尾花:$Y=-80.268+1.687\times50+2.695\times33-0.880\times14-2.284\times2=76.129$
变色鸢尾花:$Y=-71.196+1.101\times50+1.070\times33+1.001\times14+0.197\times2=33.572$
弗吉尼亚鸢尾花:$Y=-103.890+0.865\times50+0.747\times33+1.647\times14+1.695\times2=-9.541$

由于刚毛鸢尾花判别函数的得分最高,因此和前面相同,将其归为刚毛花一类。

18.4 判别分析进阶

18.4.1 逐步判别分析

对于判别分析中自变量的选择问题,人们通常想到的是逐步判别分析。其实对于逐步判别分析还可以根据变量的筛选方法做进一步细分,但其分析思路都是不停计算各种自变量组合,看模型的判别效果是否存在差异。因此,这里只做简单介绍,不展开讨论。

当在判别分析主对话框中选择"使用步进法"单选按钮后,右侧的"方法"按钮就成为可用状态。在"方法"子对话框中可以选择不同的变量筛选方法,SPSS 默认的是威尔克 Lambda 法。假设 $r=n-1-(q+g)/2, h=g-1$(n 为样本量,g 为分组个数,q 为被选择的变量个数),W 为组内协方差矩阵,T 为混合总体的总协方差矩阵(当然,在计算时采用样本矩阵去估计总体矩阵)。于是威尔克 Lambda(Λ)= $|W|/|T|$ 就作为一个描述 g 个总体之间差异的指标,其值越小说明差异越大。这种方法在样本数据不服从多元正态时具有稳健性,不像 Box 统计量(其实 SPSS、SAS 都提供的是 Bartlett's 球形检验)对正态性要求很高。

"方法"子对话框的选项和结果输出与线性回归中的逐步回归法非常相似,这里不再详述。

18.4.2 判别分析和因子分析的相似性和差异

判别分析在探索数据结构时的用法与因子分析相似,差别在于判别分析的结构反映在因变量的不同水平上,而因子分析的结构反映的是不可测量的潜变量。前者是因果模型(dependence model),研究的是自变量如何影响因变量,后者是相依模型(interdependence model),在研究上没有因变量、自变量的区分。因此,在探索结构时两者就有差异,判别分析是尝试找到这种结构或者几个维度:在维度上因变量的不同类别差异最大。因子分析是尝试找到某种结构或者几个维度,使得变量之间的结构关系更加清晰。总之,记住判别分析的维度是判别函数,其作用是标识每个案例的位置以及不同因变量类别间的结构关系;因子分析的维度是公因子,其作用是标识每个变量的相对位置以及位置之间所揭示的结构关系。

18.4.3 二类判别分析和多重回归分析的等价性

如果类别数为 2,则判别分析被称为两类判别分类,可以构造以下哑变量:

$$Y=\begin{cases}-1, \text{当其属于 A 类时}\\ 1, \text{当其属于 B 类时}\end{cases}$$

可以用该哑变量作为因变量进行回归分析,此时判别函数系数的检验和多重回归分析中各自变量回归系数的 t 检验等价,而且有等比例关系。对于这一点的具体理论证明和实例,请读者参考本章末所附的参考文献 5,这里不再重复介绍。

思考与练习

1. 判别分析模型有哪些主要应用领域？几种判别分析方法各自的原理是什么？
2. 思考判别分析与 Logistic 回归模型的联系与区别，试对同一个数据分别采用这两种方法进行分析，并比较其分析结果。
3. 采用本章的数据进行判别分析（分别用两种方法做），评价贝叶斯判别分析和 Fisher 判别分析的优劣。

参考文献

[1] IBM Corp. IBM SPSS Advanced Statistics 24[CP/OL]. Armonk, NY：IBM Corp, 2016.
[2] SPSS. Market Segmentation Using SPSS[CP/OL]. Chicago, Illinois：SPSS, 2000.
[3] SPSS. Advanced Statistical Analysis Using SPSS[CP/OL]. Chicago, Illinois：SPSS, 2003.
[4] Johnson R A. 实用多元统计分析[M]. 陆璇,等,译. 4 版. 北京：清华大学出版社, 2001.
[5] 孙尚拱. 医学多变量统计与统计软件[M]. 北京：北京医科大学出版社, 2000.
[6] 柯惠新,祝建华,孙江华. 传播统计学[M]. 北京：北京广播学院出版社, 2003.
[7] 张尧庭. 多元统计分析选讲[M]. 北京：中国统计出版社, 2002.
[8] 于秀林,任雪松. 多元统计分析[M]. 北京：中国统计出版社, 1999.

第四部分
其他统计分析方法

第19章 树模型、随机森林与最近邻元素法

迄今为止,除自动线性建模等个别方法外,本书所介绍的绝大部分统计分析方法都属于经典统计分析的范畴,特别是属于广义线性模型的框架。但是,每一种方法体系都有其适用范围。一方面,随着社会的发展,计算机技术特别是数据库技术在各行各业中得到了广泛应用,对自动积累的海量业务数据库的分析需求也迅速增长,但传统统计分析方法在应对此类分析需求时却出现了很多问题。另一方面,人工智能和计算能力的发展也催生了一批全新的统计分析方法。本章和第20章就将着重介绍数据挖掘领域比较重要的几类统计分析方法,本章将要介绍的是树模型和最近邻元素法,以及基于树模型进一步发展出的随机森林方法。

 虽然SPSS中使用了决策树(decision tree)这一术语,但决策分析中的"决策树"所表述的概念范围明显大于这里介绍的统计模型(如还会包括贝叶斯决策树甚至MCMC决策树)。为使表述更严谨,本章一律从统计分析方法的角度将相应的方法称为树模型(tree-based model)。

19.1 树模型简介

19.1.1 问题的提出

本书从第1章就引入了统计模型,实际上,任何统计模型都是对现实世界复杂联系的简化。在经典统计方法论中,统计理论假设对任何一个随机现象的估计,都可以用这样的一个公式来表达:

$$Y = f(x, \theta) + \varepsilon$$

公式中的 $f(x, \theta)$ 表示自变量对因变量的影响方式(一般规律),其中 θ 表示相应函数中的未知参数,这可以被看作是总体中各案例的共性特征; ε 则表示对每个案例而言均不相同,因此无法被统一提取的特殊特征(个性特征),一般也称为随机变异。统计模型的任务就是尽量精确地估计 $f(x, \theta)$ 中 $f(\ )$ 的具体形式,以及 θ 的相应参数值。具体做法是根据专业知识和样本信息建立模型假设,然后利用假设检验进行验证,并根据检验结果对模型做修改和优化。当总体中的 $f(\ )$ 比较简单时,这一分析思路效率比较高。但是当自变量较多,数据间的关联比较复杂时,这一分析思路的操作难度会迅速增加。

下面来考虑一个假设的例子。某项研究希望考察新生儿早产与产妇年龄、产妇孕前平均每日饮酒量之间的关系,数据文件见 tree1.sav。对数据拟合 Logistic 回归模型,结果如图 19.1 所示。可见产妇年龄和饮酒量均对新生儿早产有影响,年龄越大,饮酒量越高,新生儿早产的可能性越大。并且,如果将该模型用于因变量预测,则正确率高达 90.5%。

		B	标准误差	瓦尔德	自由度	显著性	Exp(B)
步骤1[a]	饮酒量	3.791	1.508	6.323	1	.012	44.299
	年龄	.328	.132	6.171	1	.013	1.388
	常量	-18.077	6.815	7.036	1	.008	.000

a. 在步骤1输入的变量：饮酒量，年龄。

图 19.1 Logistic 回归模型中的变量

从上述模型的分析结果看，似乎研究问题已经得到了很好的解答，但是如果绘制产妇年龄、饮酒量和妊娠结局三者之间的分组散点图，如图 19.2 所示，就会发现该模型对数据的解读并不充分。虽然模型显示饮酒量的比值比（OR）高达 44.299，但图形则显示在年龄低于约 26 岁时，无论饮酒量高低，妊娠结局均为正常儿；当年龄高于 26 岁时，如果饮酒量低于大约 1.5 两/天，则妊娠结局也均为正常儿，但是当饮酒量高于大约 1.5 两/天时，妊娠结局均为早产儿。也就是说，饮酒量和年龄之间存在着明显的交互作用，上述只纳入主效应的模型对数据的解释并不充分。虽然研究者可以通过细致完整的数据描述来发现潜在的交互作用，以在建模时尽力避免此类问题，但从模型架构上讲，因为线性模型框架在考虑曲线关联和交互作用项上本身就存在着难以克服的困难，如果研究者在数据描述中未发现此趋势，则很有可能会在模型中遗漏自变量的高次项或者交互作用项。进一步地，当自变量和因变量间的联系为复杂的非线性函数，甚至无法给出显式表达时，以上传统的分析思路就变得实际上无法操作。

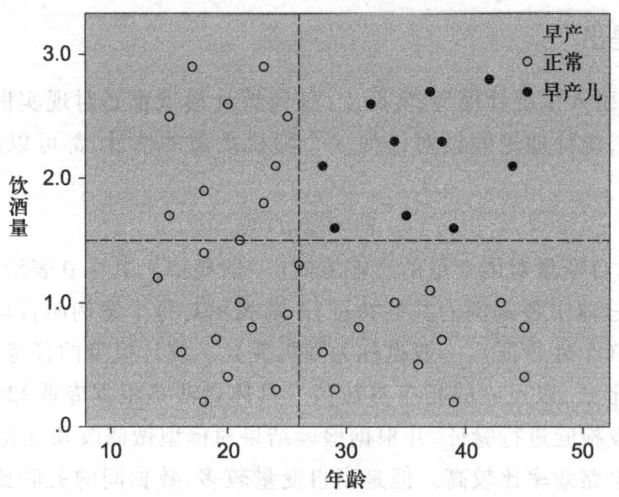

图 19.2 产妇年龄、饮酒量和新生儿早产之间的联系

19.1.2 模型入门

1. 树模型的基本结构

那么，对上述问题有没有更为简洁并接近数据特征的解决方法呢？考虑如图 19.3 所示的树结构，会发现这样的分析结果不但更加直观、方便，而且比起线性模型来也能更清晰地表达本实

例中两个自变量间的交互作用。这就是一个典型的树模型,可以看出,从方法本质上讲,树模型自然就能处理自/因变量间的复杂联系,对数据的适应性更强。

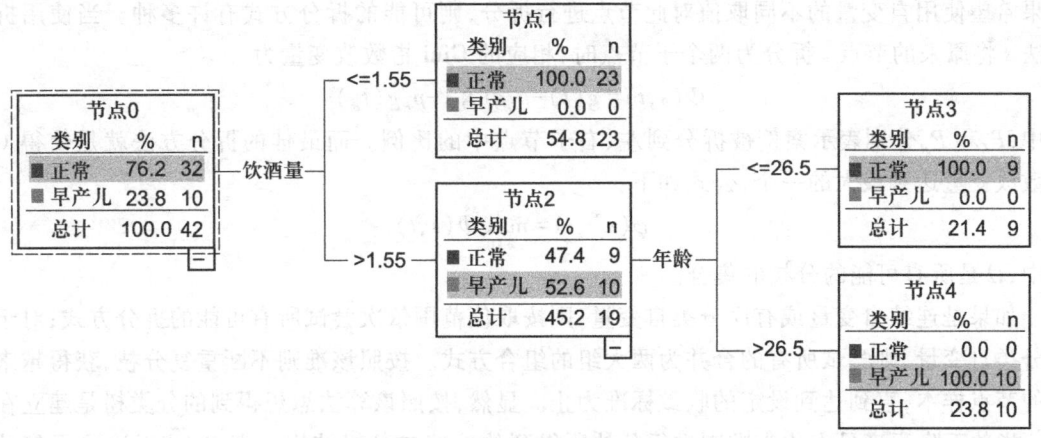

图 19.3　树模型的分析结果

在进一步讨论树模型之前,有必要首先熟悉一下其中的术语。
- 结(node):一个样本群体在树模型中表示为图中的一个节点,被称为结。
- 根(root):树的起始点(包括所有的案例)。
- 叶(leaf):树的终止点。
- 分枝(split):即依据怎样的原则将样本分为不同的子样本。

树模型的原理其实并不复杂,它的基本思想和方差分析中的变异分解极为相近,其基本目的是将总研究人群通过某些特征(自变量取值)分成数个相对同质的亚人群,每个亚人群内部的因变量取值高度一致(同质性高),而不同亚人群间的因变量取值差异较大(相应的变异尽量落在不同亚人群间)。所有树模型的算法都遵循这一原则,差异只在于对变异/杂质的定义不同,如使用 P 值、方差、熵、Gini 指数(基尼指数)、Deviance 等作为测量指标。

2. 树模型的生长

树模型的建立可以分为两步进行:树的生长,也称为种树(growing tree),以及树的修剪,也称剪枝(pruning and shrinking),前者是将总样本分成多个亚群,而后者则决定各个亚群最后是否保留在模型中。这里首先来看树的生长,针对一个具体的问题而言,模型该如何确定首先使用哪个自变量进行拆分,以及选择这一自变量的什么取值作为拆分点呢?例如,在图 19.3 中,为什么会按照饮酒量是否小于 1.55 两/天,而不是按照 1.5 两/天来进行拆分?这就涉及如何对变异/杂质进行定义,而不同的定义方式,以及不同的拆分点选择方法,就构成了各种树模型的算法。根据因变量的类型,树模型可以分为分类树模型和回归树模型两大类,图 19.3 所示的显然是分类树模型。以默认使用的 Gini 指数为例,对于树中的任意一个节点 t 而言,其 Gini 指数 $g(t)$ 的计算方式为

$$g(t) = \sum_{j \neq i} p(j|t) p(i|t)$$

其中,i 和 j 表示目标变量的两个不同分类,有

$$p(j|t) = p(j,t)/p(t), p(j,t) = \pi(j)N_j(t)/N_j, p(t) = \sum_j p(j,t)$$

其中,$\pi(j)$是类别j的先验概率,$N_j(t)$是节点t中类别j的例数,N_j则是根节点中类别j的例数。如果希望使用自变量的不同取值对此节点进行拆分,则可能的拆分方式有许多种。当使用拆分方法s将原来的节点t拆分为两个子节点时,相应的Gini指数改变量为

$$\Phi(s,t) = g(t) - p_L g(t_L) - p_R g(t_R)$$

其中,P_L和P_R分别表示案例被拆分到左、右子节点中的比例。而最佳的拆分方法就是使得Gini指数改变量达到最大的一个,公式如下:

$$\varphi(s^*,t) = \max_{s \in \Omega} \Phi(s,t)$$

其中,Ω是所有可能的分枝的集合。

如果是连续自变量或有序分类自变量,则按取值范围依次尝试所有可能的拆分方式;对于无序分类自变量,则尝试所有的合并为两大组的组合方式。按照该准则不断重复分枝,获得越来越纯的节点样本,直到达到设定的收敛标准为止。显然,按照该算法思想得到的分类树是建立在以Gini指数下降程度最大化为准则进行分枝所得到的纯粹二叉树结构。事实上,无论采用何种算法,在所有的树模型中,每个非叶节点都会有两个或更多个子节点(下一级节点),而每个叶节点则只会有一个父节点(上一级节点),绝不会出现交错的情形。

 从方法本质上讲,树模型从历史数据中通过学习进行规则归纳,它采用逐级搜索的"贪心"算法,将一个复杂问题分成几个步骤来解决。但是在每一个步骤中,模型只着眼于找到当前的最优解(实为局部最优解),因此最终由此产生的全局解不一定是全局最优解,这一点是树模型在方法本质上的缺陷,而基于树模型进一步发展出的随机森林方法,则可以在很大程度上弥补这一缺陷。

3. 树模型的剪枝

通过上述的种树步骤,可以将一个样本逐步拆分为一个个非常小的子类。但是这样有可能得到过大的一棵树,以至不便于使用,需要对这些过于复杂的树进行修剪。修剪的原理类似于逐步回归分析中的向后法,是从大树的末端剪去多余的枝叶,同时保证此树包含足够信息。目前常用的剪枝方法为成本-复杂性测量(cost-complexity measurement),由Breiman等提出。由于研究者希望既保证模型有较高的预测正确率,又能够有尽量少的分枝,因此在此测量中,一个亚枝T的重要性$R_\alpha(T)$是这样定义的:

$$R_\alpha(T) = R(T) + \alpha \times \text{size}(T)$$

这里,$R(T)$是该节点的错分风险,$\text{size}(T)$表示该亚枝的终末节点(叶节点)数目,α是成本-复杂性参数,其具体数值可以在剪枝过程中自动计算,也可以自行指定。

下面的公式用于表示一个单一节点$\{t\}$的成本复杂性:

$$R_\alpha(\{t\}) = R(t) + \alpha$$

如果该节点的成本复杂性小于从该节点生长出的亚枝,则应当将相应的亚枝删除,替换为一个单一的终末节点;反之,则应当使用分枝替换原来的节点。

显然,一棵树的错分风险会随着节点数的增多而下降,当所建立的树的终末节点数达到最大值$T_{\max}$时每个终末节点都只有一个案例。如果$\alpha = 0$,则由于每一个案例都能得到很好的预测,这

一最大树的风险最低,就会成为最优化的树(但用于新案例的预测则可能毫无价值)。α越大,成本复杂性最低的树中所包含的终末节点就会越少,通过使用成本-复杂性测量,就可以既保证该树包含了足够的信息,又能把不重要的枝节去掉。

> 采用将样本拆分为训练集和验证集的方式,还有另外一种模型筛选/剪枝方法,即将训练集得到的树模型用于验证集(validation data),考察验证集的一些指标,如误分类概率等是否随着树模型的生长而先下降,后上升,最后找到对应该指标最优值的最简洁模型。这实际上是数据挖掘方法体系的标准分析策略之一,SAS/EM采用的就是此类方法。

19.1.3 模型特点

与经典统计模型相比,树模型的主要优点如下。

(1) 模型容量大。树模型会在所有自变量中按照贡献的大小依次挑出自变量纳入分析,因此可以自动处理大量的自变量,不用担心无关变量纳入模型后干扰模型效果等问题。

(2) 适用范围广。许多树模型算法均为非参数方法,因此没有太多的适用条件限制,应用范围更广,也更适合于对各种复杂的联系进行分析。

与其他数据挖掘方法,如神经网络或支持向量机等模型相比,树模型的优点如下。

(1) 分析原理与所得结果简单易懂,很容易被业务部门理解和接受,对使用者的要求比其他数据挖掘模型低。

(2) 在相同数据量、相同的软件和硬件环境下,构建树模型的时间远比其他数据挖掘算法短。

(3) 适用面广,目标变量既可以是离散变量,又可以是连续变量。难能可贵的是,决策树模型可以有效地处理数据中自变量缺失的问题,除把缺失值归到众数这一类外,还可以将其设置成独立的一个分类。这一点与Logistic回归等方法相比具有极大的优势。

但是,树模型同样也有自身的弱点,主要是:

(1) 不能对影响因素的作用大小进行精确的定量描述。

(2) 对于线性关联、无交互作用的数据,树模型会给出非常复杂的结果,使简单问题复杂化,其分析效果和模型解释性均不如普通统计模型。

(3) 需要较大的样本量才能保证逐层细分后单元格内仍能有充分的样本数。

(4) 对结果的解释和应用过于灵活,没有严格的标准可以遵循。

19.2 案例:移动客户流失预测

例 19.1 IBM SPSS Statistics自带的数据文件telco.sav是一个电信行业客户流失的案例数据,Churn为二分类变量,表示客户是否流失,其余变量是从电信公司的业务系统抽取出来的客户属性变量以及通话行为变量。现在希望使用这些变量建立客户流失的预测模型。

19.2.1 操作说明

由于这里希望预测的是一个二分类变量,因此建立的是分类树模型,这里考虑使用最常用的

CRT 算法进行建模,操作如下。

> 1. 选择"分析"→"分类"→"决策树"菜单项。
> 2. 将 Churn 变量选入"因变量"框。单击"类别"钮,将"Yes"选定为目标类别。
> 3. 将其余所有变量选入"自变量"框。
> 4. 将"生长法"下拉列表的选择改为"CRT"。
> 5. 在"验证"子对话框中,选中"交叉验证"单选按钮。
> 6. 单击"确定"按钮。

上述操作中用到的对话框如图 19.4 所示,注意在上述操作中,所有纳入模型的变量都需要正确设定其测量尺度,否则系统将无法对数据进行正确的拟合。决策树主对话框中的"影响变量"框用于选入代表案例对模型影响程度的变量,其实质就是案例的权重变量。"类别"子对话框用于指定研究者感兴趣的/希望预测的类别取值,指定后会在分析结果中给出各节点的预测收益,但不指定也不会影响模型拟合。此外,作为数据挖掘方法,树模型在拟合时应当考虑对模型预测效果进行验证,这里考虑使用十分法的交叉验证,即将全部案例随机等分为十份,依次留其中一份用于验证。注意这里提供的是真正的交叉验证,而第 18 章判别分析中的交叉验证选项提供的实际上是 Jackknife 法。

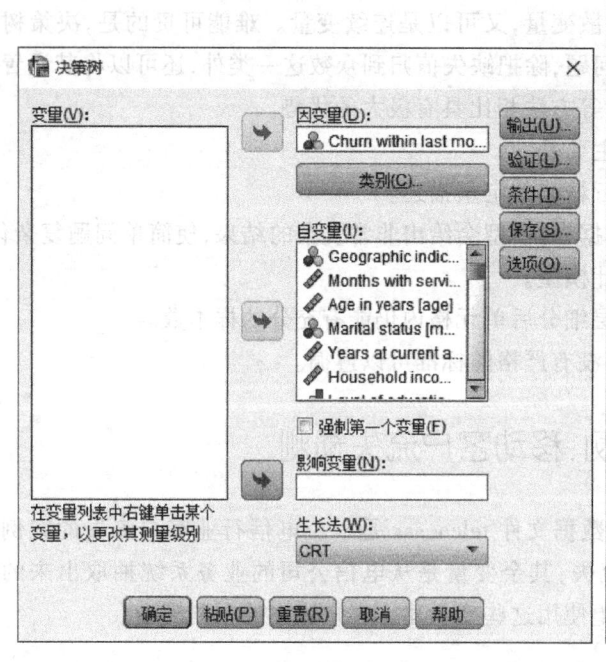

(a)

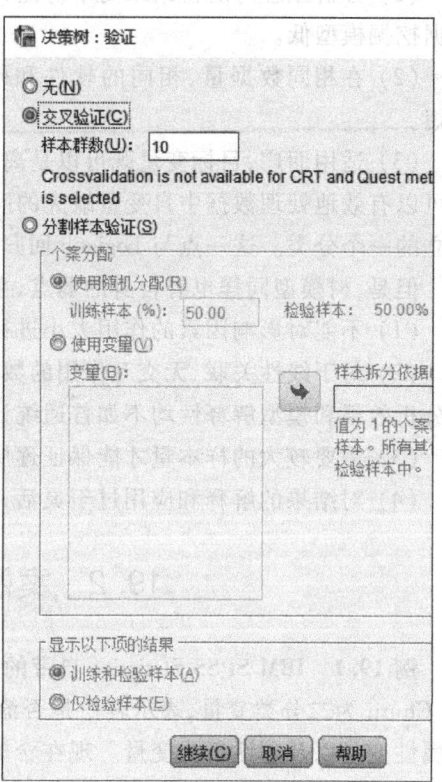

(b)

图 19.4 决策树的主对话框和"验证"子对话框

在实际工作中,客户的流失比例不会有本例数据中那么高,可能是 22%~5%。本例从建模角度对样本进行了过采样(over sampling),必要时可以考虑在"选项"子对话框"先验概率"选项卡中对实际比例进行设定,建模时 SPSS 会据此自动对模型进行校正。

19.2.2 结果解释

结果中首先给出的是一个警告表格,提示由于在操作中没有定义利润,因此不能显示收益汇总表,对于这个问题后面还将继续讨论。随后输出的是模型汇总表,给出模型设定的基本信息,此处略。

树模型的主要输出结果以模型格式显示,在外部显示为一张静态的树状图,双击该图,则可进入相应的"树编辑器"浏览详细信息。当树状图分枝较多时,为了更好地观察模型,"树编辑器"窗口提供了以下几个功能按钮。

(1) ▣,打开/关闭树状图窗口,如图 19.5(a)所示,当树结构比较复杂,当前屏幕不能完全显示它时,可以通过本窗口选择希望浏览的树结构区域。

(2) ▦,打开/关闭摘要窗口,如图 19.5(b)所示,打开该窗口后,单击模型中的任一个节点,就会在该窗口中放大显示当前节点的目标变量分类情况。

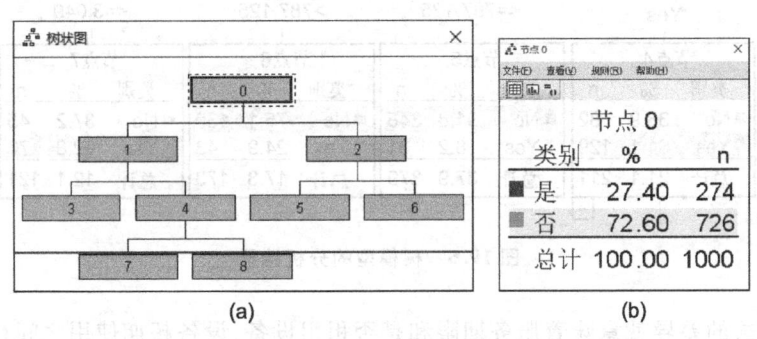

图 19.5 树状图窗口和节点窗口

(3) ▦、▦、▦,依次设定树模型的显示方向为自上而下、自左至右、自右至左。

(4) ▦、▦、▦,依次设定节点中默认显示的内容为目标变量分类表、目标变量分类图,以及图与表均显示。

图 19.6 给出的就是完整的树模型结果,显然整个图形简单易懂,无须特别解释。可见,在根节点中流失客户所占的比例为 27.4%。之后模型的第一层是按照变量服务期限(month with service)进行拆分,拆分点为是否超过 30.5 个月,在服务期限未超过 30.5 个月的 448 人中(节点 1)有 44.6%的结局为流失;而超过 30.5 个月的 552 人中(节点 2),只有 13.4%的结局为流失。按此拆分方式,默认的 Gini 指数下降了 0.048。

使用服务期限完成了第一次拆分后,会发现第二次拆分所使用的变量在节点 1 和节点 2 中并不相同,在节点 1 中按照是否为租用设备(equipment rental)继续拆分,租用设备的客户流失比例进一步上升至 61.1%(节点 4)。而节点 2 则是按照设备超期使用(equipment over tenure)继续拆分,该指标高于 787.125 的客户流失率会上升至 24.9%。实际上,如果从线性模型的角度来

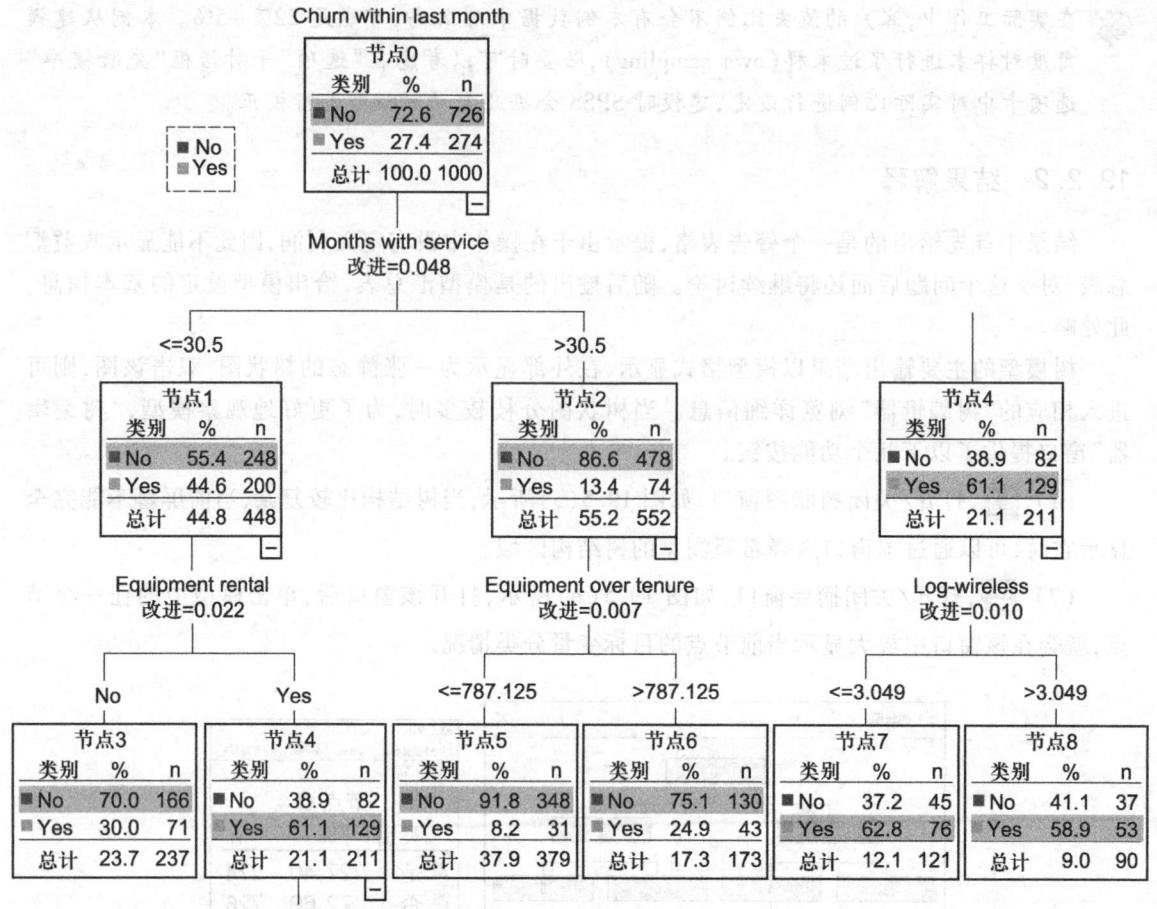

图 19.6 树模型的分析结果

看,上述拆分方式的差异就意味着服务期限和是否租用设备、设备超期使用之间存在交互作用。

在模型的第三层,节点 4 又按照无线服务用量的对数值(log-wireless)做了进一步拆分,该变量值低于 3.049 的客户,其流失比例进一步上升至 62.8%。至此所有的节点都已拆分为叶节点,整棵树生长完毕。

图 19.7 给出的是各叶节点用于预测时,针对希望预测的目标类别(本案例中为 Yes)所获得的收益。可见占总样本量 12.1% 的节点 7 收益最高,有 62.8% 的样本结局为流失,与平均 27.4% 的流失率相比,响应率提升指数为 62.8/27.4=229.2%。

图 19.8 给出的是对模型预测正确性的测量,包括风险估计及其标准误差。对于分类因变量,风险估计是进行了先验概率和误分类成本调整后不正确分类的案例的比例。对于连续因变量,风险估计就是节点中的方差。显然,这里报告说如果使用样本回代法,则大约有 22.7% 的案例会在模型中被错分;如果使用交叉验证法,则大约有 22.9% 的案例会被错分,由于使用十分法时样本拆分有一定的随机性,读者的交叉验证结果可能在数值上和这里有所差异,但应该非常接近。表格中的标准误差实际上就是根据二项分布的标准误差计算公式计算出来的。例如,回代法对应的标准误差为 $\sqrt{0.227 \times 0.773/1\,000} = 0.013$。

节点	节点		增益		响应	指数
	个案数	百分比	个案数	百分比		
7	121	12.1%	76	27.7%	62.8%	229.2%
8	90	9.0%	53	19.3%	58.9%	214.9%
3	237	23.7%	71	25.9%	30.0%	109.3%
6	173	17.3%	43	15.7%	24.9%	90.7%
5	379	37.9%	31	11.3%	8.2%	29.9%

生长法：CRT
因变量：Churn within last month

图 19.7 节点的收益

方法	估算	标准误差
重新代入	.227	.013
交叉验证	.229	.013

生长法：CRT
因变量：Churn within last month

图 19.8 风险

图 19.9 给出的是按照构建的树模型进行预测所得到的预测正确率,可以看到该模型的总预测正确率虽然为 77.3%,但是对于实际结局为流失的样本而言,其正确率只有 47.1%,因此将该模型用于客户流失预测的效果还不是很理想。

实测	预测		正确百分比
	No	Yes	
No	644	82	88.7%
Yes	145	129	47.1%
总体百分比	78.9%	21.1%	77.3%

生长法：CRT
因变量：Churn within last month

图 19.9 分类

19.3 对案例的进一步分析

19.3.1 各自变量的重要性

树模型虽然会在建模中自动对自变量进行搜索,并依次纳入对因变量预测最为重要的自变量,但是当纳入模型的自变量较多时,由于模型本身的树结构,会使研究者较难直观地评价各自变量对预测的重要性。对此可以要求 SPSS 在建模完成后直接进行各自变量用于预测的重要性评价,具体操作时可以在"输出"子对话框"统计"选项卡中选中"对模型的重要性"复选框,也可以在"图"选项卡中选中"对模型的自变量重要性"复选框,如图 19.10 所示。

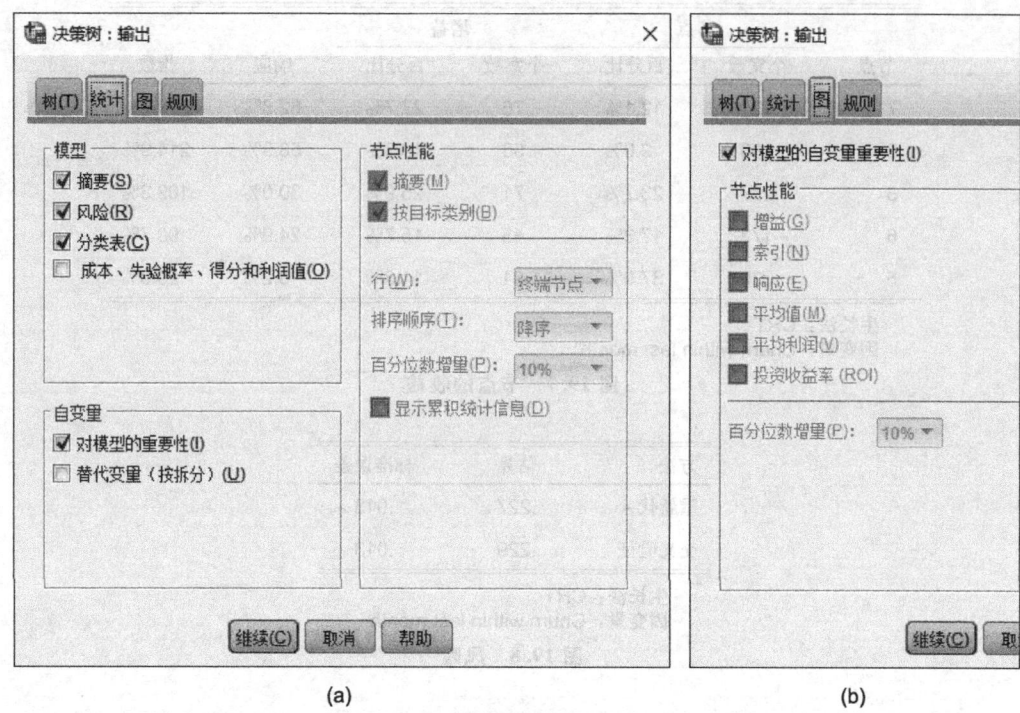

图 19.10 "输出"子对话框的"统计"和"图"选项卡

> 由于树模型和神经网络中使用的图形工具非常类似,出于控制篇幅的考虑,"图"选项卡中的各种功能本章将不做讲解,请读者直接参见第 20 章有关神经网络的内容。

图 19.11 所示的就是上面拟合的树模型在构建过程中计算出的各候选自变量重要性结果(有删节),中间的"重要性"列是根据所使用的测量指标(本例中为默认的 Gini 指数)所计算出的各自变量重要性,具体的计算原理是基于最终的树结构,在每个节点都假设用该自变量替代原

自变量	重要性	正态化重要性
Equipment last month	.066	100.0%
Equipment rental	.065	98.6%
Months with service	.061	92.0%
Long distance over tenure	.057	85.6%
Internet	.052	78.5%
Electronic billing	.045	67.7%
…	…	…
Marital status	.001	2.3%
Caller ID	.001	1.6%
Log-calling card	.001	1.5%
Number of people in household	.001	1.2%

生长法:CRT
因变量:Churn within last month

图 19.11 自变量的重要性

拆分变量进行树的生长时所获取的测量指标改变量之和。而右侧的"正态化重要性"列则是将重要性最高的那个变量的重要性换算为100%,其余变量的重要性依次按此比例转换之后的百分比。可以发现重要性最高的变量"equipment last month"并未被纳入所建立的树模型,并且最终纳入模型的几个变量也并非都在重要性表格中排序很靠前。这一矛盾一方面反映了数据间联系的复杂性(如可能反映的是自变量间的共线性),另一方面也反映了树模型在节点拆分时寻求的只是局部最优解这一特点,但无论原因如何,这里给出的信息都可以用于指导如何对模型做进一步的改进。

 初学者可能会觉得树模型的结果呈现有些"混乱",不仅分枝过多时自变量的主次难以分清,而且还会出现前面所示的"矛盾"结果。实际上,作为一种数据挖掘方法,树模型的特长在于尽量充分地发掘数据信息并对因变量进行预测,在应用中,很多时候考虑的只是预测的正确性,而模型自身的可解释性反而不那么重要。

19.3.2 考虑应用模型时的成本与收益

模型用于预测时会有误差,因此在将模型结果用于实际工作时就需要考虑一个误分类成本。例如,客服部门在对客服进行外呼联络时会产生成本,包括客服员工工资、电话费、场地费、管理成本等,如果将不会流失的客户错分为可能流失的客户,就会导致成本的浪费;当然,如果未能预测出可能流失的客户,也会给企业造成损失。为使得所建立的模型更加贴近实际需要,这些成本可以直接在建模时予以设定,而SPSS在建模中也会按照收益最大化的原则自动对模型进行校正。

本例假设外呼成本为5元/客户,而流失客户的平均电话费消费金额为50元/月,在"选项"子对话框的"错误分类成本"选项卡中,选择"定制"单选按钮,将误判为Yes的成本设定为5,将误判为No的成本设定为50,如图19.12(a)所示。在分析结果中,会发现所得到的树模型和前面没有任何区别,叶节点的收益表格也未发生变化,但风险表格和分类表格均会出现变化,如图19.13(a)所示。可见对模型风险的估计值为3.67(交叉验证法,读者分析得到的数值可能会略有差异),显然这里给出的并不是错分概率,而是基于误分类成本计算出的成本收益值。同时,图19.13(b)所示的结果显示,模型总的预测正确率下降至59.1%,明显低于原先的77.3%,但是模型对结局为流失的样本的预测正确率则从原先的47.1%上升至88.7%,也就是说,由于流失客户被误分为No(假阴性)的成本远高于未流失客户被误分为Yes(假阳性)的成本,因此模型在拟合时就尽量保证对实际为流失的客户的预测尽量正确,以达到成本收益最优化的效果。实际上,就本例而言,与误分类成本对应的预测概率界值算法为5/(5+50)× 100% = 9.1%,即类别为Yes的预测概率高于9.1%的案例均会被预测为Yes,对此感兴趣的读者可以通过利用"保存"子对话框中的相应功能将预测概率和预测结局保存为新变量来考察一下。

除了考虑误分类成本外,在评估模型效果时还可以进一步考虑应用模型所获得的收益大小。例如,在本例中,假设每正确识别一个可能流失的客户并将其成功挽留,会花费5元外呼成本,但获取50元的收入,对应的利润即为45元。这可以在"选项"子对话框"利润"选项卡中做相应的参数设定,如图19.12(b)所示。此时在分析结果中就会新增如图19.14所示的节点收益汇总表格,它给出在每个叶节点中所获取的利润,其数值等于节点中的阳性比例乘以单位利润值。

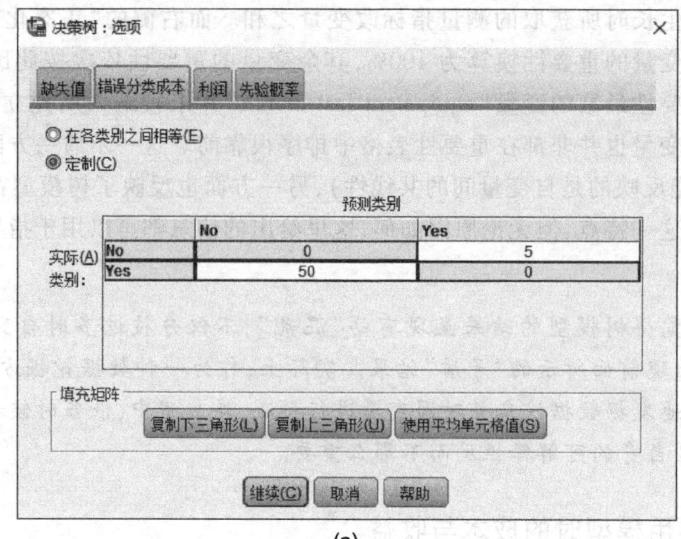

(a)

(b)

图 19.12 "选项"子对话框中的"错误分类成本"和"利润"选项卡

方法	估算	标准误差
重新代入	3.440	.274
交叉验证	3.670	.243

生长法：CRT
因变量：Churn within last month

(a)

实测	预测		
	No	Yes	正确百分比
No	348	378	47.9%
Yes	31	243	88.7%
总体百分比	37.9%	62.1%	59.1%

生长法：CRT
因变量：Churn within last month

(b)

图 19.13 风险表格和分类表格

节点	个案数	百分比	利润	投资回报率
7	121	12.1%	28.264	900.0%
8	90	9.0%	26.500	900.0%
3	237	23.7%	13.481	900.0%
6	173	17.3%	11.185	900.0%
5	379	37.9%	3.681	900.0%

生长法：CRT
因变量：Churn within last month

图 19.14　节点收益汇总

19.3.3　考虑进一步细分和剪枝

在前面的分析中,使用的是模型默认的终止标准:最多生长至 5 层,父节点不少于 100 个样本,子节点不少于 50 个样本。但是从分析结果来看,似乎相应树的生长还不够充分,因此可以考虑降低对父节点和子节点的样本量要求,促使整棵树能尽量充分地生长。但这样一来,又有可能得到过于详细的一棵"大树",不仅会引入许多实际上没有太多意义的自变量,还会使得结果难以解释。因此,降低终止标准需要和树的修剪一起使用,即在保证主要影响因素的前提下,去掉次要分枝,使结果更为清晰。新增操作如下。

> 1. 在"验证"子对话框中,选中"无"单选按钮。
> 2. 在"条件"子对话框"增长限制"选项卡中,将父节点、子节点的最小个案数分别设定为 50、10。
> 3. 在"条件"子对话框"修剪"选项卡中,选中"修剪树以避免过度拟合"复选框,并且将最大差分从默认的 1 修改为 0.5。

上面操作中取消交叉验证是因为修剪算法不能和交叉验证同时使用,实际上即使不取消相应的设定,模型也不会同时使用这两种算法。如果读者仍希望对模型加以验证,则可以考虑选择分割样本验证的方式。

上述操作中用到的"条件"子对话框相应选项卡如图 19.15 所示,在按照上述设定重新生成的模型结果中,可见原先节点 1 基于"equipmentrental"取值做的进一步细分被剪除,相应模型的风险值和预测正确率也会略有变化,而这些模型的变化都是可供研究者考虑如何对模型做进一步改进时参考的信息。

19.3.4　将模型输出为判别程序

作为一种判别分析方法,树模型拟合的最终目的是对新案例进行预测,具体的做法可以和其他分析模型一样直接在建模的同时进行判别(参见第 18 章),或者将模型存储为 XML 文件用于判别。但是,由于树模型的结构清晰直观,因此它还提供了一种更简洁的方法:将模型直接输出

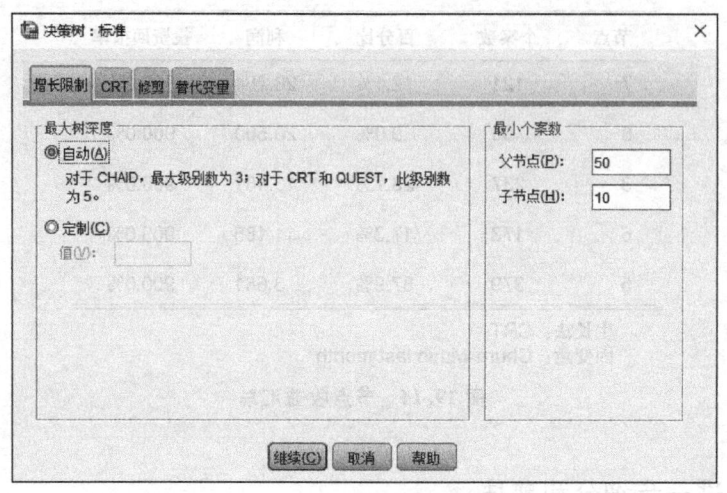

(a)

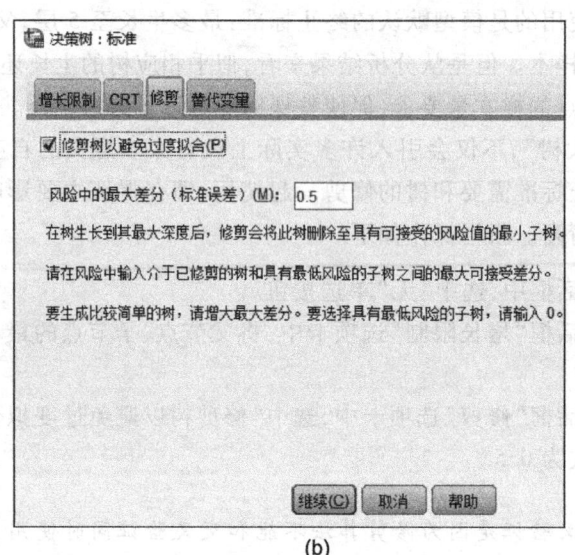

(b)

图 19.15 "条件"子对话框的"增长限制"和"修剪"选项卡

为判别程序以用于预测,具体是在"输出"子对话框"规则"选项卡中设定,这里可以选择的程序格式有以下三种。

(1) 将模型输出为 IBM SPSS Statistics 的 Syntax 程序语句,该程序可以在 IBM SPSS Statistics 中直接对 SPSS 格式的数据进行评分。

(2) 将模型输出为关系数据库的标准 SQL 程序语句,可以在各类支持 SQL 语句的数据库系统中直接对数据表进行评分。

(3) 将模型输出为简单文本规则,可以利用该规则将其改写为业务系统可以使用的程序,以导入相应的系统对新案例进行评分。

由于例 19.1 中的自变量较多,相应的程序较难理解,这里给出图 19.3 的模型中节点 1 所对应的程序,如图 19.16 所示,可见无论是 SPSS 程序还是 SQL 程序格式,其执行目的都是将饮酒量小于 1.55 两/天的案例判定为属于节点 1,其预测结局为 0(即正常儿),预测属于早产儿的概率为 0。

```
/* Node 1 SPSS程序 */.
DO IF (((VALUE(饮酒量) LE 1.55) OR
    SYSMIS(饮酒量) AND (SYSMIS(年龄) OR (VALUE(年龄) GT 15.5))).
  COMPUTE nod_001=1.
  COMPUTE pre_001=0.
  COMPUTE prb_001=1.000000.
END IF.
EXECUTE.


/* Node 1 SQL程序 */.
UPDATE<TABLE>
  SET nod_001=1,  pre_001=0,  prb_001=1.000000
  WHERE (((NOT(饮酒量  IS NULL)  AND (饮酒量<=1.55)) OR
    (饮酒量  IS NULL) AND ((年龄  IS NULL) OR (年龄>15.5))));
```

图 19.16 节点 1 对应的 SPSS 程序和 SQL 程序

19.4 常见的树模型算法

在对上面的实例进行分析时只使用了 CRT 中的分类树模型算法,但是在 SPSS 中还提供了其他几种算法,这里加以简单介绍,以便读者选用。

19.4.1 CHAID 算法和穷举 CHAID 算法

CHAID(chi-squared automatic interaction detector,卡方自动交互检测)算法是树模型中发展最早的一种算法,1980 年由 Kass 提出。简单地说,CHAID 就是将卡方检验作为树分类的基本方法,其基本思路如下。

(1) 对每一个输入变量,分别与因变量进行卡方检验,得到各单变量分析下的 P 值(必要时使用 Bonferroni 校正)。

(2) 以 P 值最小者作为对因变量影响最大的自变量,以其取值作为划分节点的标准,生成第一层节点。

(3) 在各节点中再次计算各卡方检验的 P 值,以此类推,直到达到收敛标准。

显然,CHAID 算法的思想与多变量分析中的逐步回归法类似,也是利用 P 值的大小依次纳入最有影响的自变量,分析结果可以与传统的统计模型进行比较,也更容易理解。该算法生成的结果不是二叉树,而是多叉树(每个类别对应一个分枝),在一个自变量被纳入模型之后,由于随后生成的子节点内其取值为常数,因此该变量将不再被用于节点的后续拆分。

CHAID 算法的最大缺陷在于其从原理上只能针对分类自变量和分类因变量进行分析,对于连续自变量,则必须将其转换为分类变量方可纳入分析,适用范围明显受限。SPSS 对 CHAID 算法做了扩展,提供了穷举 CHAID 算法(其核心思想是搜索每个预测变量所有可能的拆分,然后从中择优),它的分析效果更好,但仍然只能用于分类自变量。

 虽然在 SPSS 中可以使用 CHAID 算法来处理连续自变量,但其做法是将该变量分段(默认是按百分位数十等分),也就是将其离散化为分类变量之后再进行后续分析。

对于因变量为连续变量的情形,基于 CHAID 算法又发展出了方差分析算法,其做法为按照所有自变量的取值情况分组对因变量进行检验,对无序分类自变量(含二分类自变量)直接进行各组间的单因素方差分析,将其 P 值作为该变量对因变量影响程度的判断标准。在 SPSS 中选择 CHAID 算法时,如果因变量的测量尺度为连续,则会自动选择方差分析算法。

19.4.2 CRT 算法

由 Leo Breiman 在 20 世纪 80 年代初提出来的 CRT(即分类树与回归树的缩写,也记为 CART)算法是树模型领域划时代的进展,也是目前应用最广泛的树模型算法。若因变量为分类变量,即为分类树模型;若因变量为连续变量则为回归树模型。在例 19.1 的分析中用的就是分类树模型。

CRT 是 Leo Breiman 在统计学和机器学习领域的重要贡献。在此基础上,他还依次发展出了 Bagging(基于 Bootstrap 的模型整合)和随机森林(random forest),将树模型领域的研究推向了一个又一个新的高峰。可惜 Breiman 于 2005 年去世,导致其正在研究的生存树(survival tree)方法未能彻底完成。

在 CRT 中,可以使用 P 值、方差、熵、Gini 指数、Deviance 等各种指标作为模型测量指标。对于分类树模型而言,除使用 Gini 指数外,还可以使用两分法(twoing 法),该方法致力于寻找将原节点拆分为两个纯度尽量高的子节点的方式。而如果因变量为有序分类变量,则可以进一步使用顺序两分法,该方法与两分法相似,但它只能对相邻类别进行分组。

对于因变量为连续变量的回归树模型而言,目前使用的基本上都是方差最大缩减(least squared deviation)算法,其原理为:设 t 代表树的某个节点,$N(t)$ 是节点 t 中的样本量,现假设分枝方法 s 将 t 分为左右两个子节点 t_L 和 t_R,那么使函数 $\phi(s,t)=SS(t)-SS(t_L)-SS(t_R)$ 达到最大的分枝,亦即使各个子节点内的变异之和达到最小(即最同质)的分枝 s^* 就是最佳分枝。

在上述算法中,如果是连续自变量或有序分类自变量,则按取值范围依次尝试所有可能的拆分方式;如果是无序分类自变量,则尝试所有合并为两大组的组合方式;按照该准则不断重复分枝,获得越来越纯的节点样本,直到达到设定的收敛标准为止。显然,CRT 算法得到的分类树或回归树结构都是建立在尽量使信息测量指标下降量最大化分枝原则上的纯粹二叉树。

19.4.3 QUEST 算法

QUEST 即 quick,unbiased,efficient statistical tree 的缩写,是 1997 年 Loh 和 Shih 对 CHAID 算法加以改进,提出的一种新的二叉树算法,该算法将变量选择和分叉点选择分开进行,适用于任何类型的自变量,同时还克服了 CHAID 算法的某些缺陷,在变量选择上基本无偏。其基本步骤如下。

(1)首先进行分枝变量选择,依次对所有自变量 X 与因变量 Y 的相关性进行分析,如果 X

为分类变量,则使用卡方检验分别计算 X 与 Y 的关联强度,并求出 P 值;如果 X 为有序变量或连续变量,则使用方差分析计算 P 值。

(2) 将所有的 P 值和预设的界值进行比较(默认为 0.05),如果均小于界值,则选择 P 值最小的一个作为分枝变量;如果均大于界值,则当 X 为连续变量或有序变量时分别使用 Levene 方差齐性检验计算 P 值,并在当 P 值小于界值时选择 P 值最小的一个作为分枝变量。如果方差齐性检验的 P 值均大于界值,则直接选择在步骤(1)中 P 值最小的变量作为分枝变量。

(3) 如果选出的分枝变量为无序分类变量,则将其变换为哑变量组 Z,并计算其最大判别坐标(largest discriminant coordinate)。也就是说,通过变换,使得 X 取不同值时因变量 Y 取值的差异最大化。

(4) 如果 Y 为多分类变量,则为每一 Y 取值的类别计算 X 的平均值,并使用聚类分析法,将这些类别最终合并为两个大类,这样就将多类判别的问题简化为了二类判别问题。

(5) 使用二次判别分析(quadratic discriminant analysis)最终决定分叉点的位置,并还原为 X 的原始取值。

显然,如果从统计方法的角度来看,QUEST 算法是非常完善的。

上述方法的区别如表 19.1 所示。

表 19.1 CHAID、QUEST、CRT 方法的区别

项目	CHAID	QUEST	CRT
分枝数量	多分枝	两分枝	两分枝
连续目标变量	支持	不支持	支持
连续输入变量	不支持*	支持	支持
分割标准	卡方检验/方差分析**	卡方检验/方差分析**	Gini/Twoing
缺失值处理方法	作为单独分类	使用替代分类	使用替代分类
先验概率	不支持	支持	支持
修剪方法	不修剪	成本-复杂性修剪法	成本-复杂性修剪法

* CHAID 将连续输入变量分段后,合并区分能力相似的段(默认按百分位数十等分)。

** 对于离散目标变量,采用卡方检验;对于连续目标变量,则采用方差分析。

19.4.4 C5.0 算法

C5.0 算法的源头来自于 1979 年由 J. R. Quinlan 提出的 ID3 算法。ID3 算法主要针对离散型属性数据,其后又经过不断的改进,形成 C4.5,它在 ID3 算法基础上增加了对连续属性数据的离散化,从而可以分析各种类型的数据,同时采用增益比率(gain ratio)来改进方法,选取有最大增益比率的分割变量作为准则,避免了 ID3 算法过度配适的问题。但是 C4.5 算法在构造树的过程中需要对数据集进行多次扫描和排序,整体分析效率较低,并且只能分析驻留在内存中的数据,因此无法应用于大数据集。C5.0 则是 C4.5 针对大数据集分析的进一步升级,主要在执行效率和内存使用方面进行了改进,通常不需要很多的训练次数进行估计,而且在面对数据遗漏和输入字段很多等问题时非常稳健。在节点选择方面,C5.0 采用 Boosting 方式来提高模型准确率,因此也被称为 boosting trees,该算法的计算速度比较快,占用的内存也比较少。

C5.0 算法以信息熵的下降速度作为确定最佳分枝变量和分割阈值的依据,信息熵是信息量的数学期望,是信号源发出信息前的平均不确定性,也称为先验熵。信息 $u_i(i=1,2,\cdots,r)$ 的发生概率 $P(u_i)$ 组成了信源数学模型,且 $\sum P(u_i)=1$。各信息所携带的信息量(单位是 bit)记录为

$$I(u_i) = \log_2 \frac{1}{P(u_i)} = -\log_2 P(u_i)$$

相应的信息熵(先验不确定性)记为

$$H(U) = \sum_i P(u_i) \log_2 \frac{1}{P(u_i)} = -\sum_i P(u_i) \log_2 P(u_i)$$

信息熵 $H(U)$ 的性质如下。

(1) 当 $H(U)=0$ 时,表示只存在唯一的可能性,不存在不确定性。

(2) 如果信源的 k 个信号有相同的发生概率,即对于所有的 u_i 有 $P(u_i)=1/k$,$H(U)$ 达到最大,不确定性最大。

(3) $P(u_i)$ 差别越小,$H(U)$ 就越大;$P(u_i)$ 差别越大,$H(U)$ 就越小。

在决策树中,设 S 是一个样本集合,目标变量 C 有 K 个分类,$\mathrm{freq}(C_i,S)$ 表示属于 C_i 类的样本数,$|S|$ 表示样本集合 S 的样本数,则集合 S 的信息熵定义为

$$\mathrm{info}(S) = -\sum_{i=1}^{k} ((\mathrm{freq}(C_i,S)/|S|) \times \log_2(\mathrm{freq}(C_i,S)/|S|))$$

如果某属性变量 T 有 N 个分类,则属性变量 T 引入后的条件熵定义为

$$\mathrm{info}(T) = -\sum_{i=1}^{k} ((|T_i|/|T|) \times \mathrm{info}(T_i))$$

属性变量 T 带来的信息增益为

$$\mathrm{gain}(T) = \mathrm{info}(S) - \mathrm{info}(T)$$

选取分枝变量时选择其中使信息熵下降最快,或者说使信息增益最大的一个即可。

19.5 随机森林

从例 19.1 的分析结果可以发现,重要性最高的自变量"equipment last month"实际上并未被纳入所建立的树模型,表明所建立的树模型携带的信息可能有所偏颇。并且该数据集的样本量为 1 000,已经不算小,但整棵树也只生长了 3 层,终末节点的样本量就开始低于 100,所携带的信息量不足以支撑树继续生长。而本例中一共需要在 41 个候选自变量中进行筛选建模,很难相信只包括 8 个生长节点的一棵小树能够充分发掘这 41 个候选自变量可能蕴含的有效预测信息。那么,能否生成成百上千棵树,以充分发掘有效信息,然后再将这些树模型所携带的信息汇总起来构建一个信息量尽可能充分的模型呢? 按此思路发展出来的就是随机森林(random forest)方法。

随机森林这个名称据说来源于 1995 年贝尔实验室 Tin Kam Ho 所提出的随机决策森林(random decision forests),但方法本身则结合了 Breiman 的"Bootstrap aggregating"想法和 Ho 的"random subspace method"两方面的思想。2001 年 Breiman 提出把分类树进一步组合成随机森

林,从而在运算量没有显著提高的前提下提高了预测精度和稳健性。随机森林对多元共线性不敏感,分析结果对缺失数据和非平衡的数据比较稳健,可以很好地利用多达几千个自变量的信息。

19.5.1 模型简介

1. 随机森林模型的构建

在学习随机森林之前,有必要了解一下 Bootstrap 方法的思想。Bootstrap 方法于 1979 年由 Bradley Efron 提出,20 世纪 80 年代得到广泛应用。Bootstrap 方法是指对于来自未知分布 F 的随机变量 Y,获得一个随机样本 $y=(y_1,y_2,\cdots,y_n)$,通过有放回的抽样,获得 k 个样本量仍为 n 的新样本,计算 k 个统计量及其相应的置信区间,用于估计总体参数的标准误差、置信区间以及偏差。

> 对 Bootstrap 方法的原理和应用价值的详细介绍请参见基础教程。

随机森林算法的本质是将 Bootstrap 方法应用于 CRT 算法,即对于原始训练样本(样本量为 n)进行有放回的抽样,获得样本量与原始样本相同的训练数据集(train dataset),将未被抽中的案例作为"袋外数据集"(out-of-bag dataset),用于评估模型。一般的,在每一个 Bootstrap 样本中,有的案例会被多次抽中,而有的案例则一次也没有被抽中。平均起来,未被抽中的案例占原始样本的比例为 $(1-1/n)^n \approx 1/e \approx 36.8\%$。对于随机森林算法而言,无须额外准备验证数据集,也就无须事先对原始数据进行分区(partition)。

在应用 Bootstrap 方法抽样时,不仅对原始数据集中的案例进行抽样,还通过随机抽样对全部自变量的集合进行随机抽样,从而获得全部输入变量的一个子集 $(x_1,x_2,\cdots,x_m)$,($m \ll p$。一般的,$m=\sqrt{p}$ 或者 $m=\ln 2 \cdot p$)。继而应用 CRT 算法对所获得的 Bootstrap 样本的 m 个自变量构建决策树模型。森林中的所有树将尽可能地分叉生长,并不考虑进行修剪。如此重复多次(SPSS 中默认为 500 次),将获得的所有决策树模型集成(ensemble)在一起,称为随机森林模型。显然,由于案例的抽取和候选变量的抽取都是采用随机的方式进行的,每一棵树都可能携带了样本中的一部分信息,在树的总量达到一定规模后,样本信息将会被充分提取出来。

在森林生长完毕后,通过对整个森林进行汇总分析,就能够得到相应的分析结果。若因变量为分类变量,则通过投票法,将各个 CRT 决策树模型预测结果的众数作为目标变量的预测类别;当因变量为连续变量时,则将各个决策树模型预测结果的平均值作为目标变量最终的预测结果。

根据随机森林的原理,可以认为随机森林的预测误差主要来源于以下两个方面。

(1) 森林中树间的相关性,相关性增大时,预测误差也会上升。

(2) 森林中每棵树的强度,即预测能力。预测误差小的树是一个很好的分类器,单棵树的强度上升会使森林的预测误差下降。

一般而言,减小 m 可以同时使树间的相关性和树的强度下降,而增大 m 则会使两者同时上升,因此存在一个"最优"的 m 取值区间。但更常用的方法不是去寻找这个区间,而是多尝试几个取值,从中找到预测误差最小的一个取值。

2. 模型预测误差的估计

由于采用的是放回抽样,在随机生成 Bootstrap 样本时,会有 1/3 左右的案例不会被抽中,这些案例被称为袋外(out-of-bag,OOB)数据,它们将被用于计算单棵树和整个森林的预测误差。

在使用抽取的 Bootstrap 样本建立了相应的树模型后,全部的 OOB 数据就自然形成了一个测试集,它们可以使用该模型进行分类预测,从而各自得到一个分类预测值。由于每次抽样所留下的 OOB 数据均不相同,因此在整个森林的计算过程中,每一个案例均可能会被多次分入 OOB 数据,从而得到多个分类预测值。将这些分类预测值进行汇总,即可得到该样本的最佳分类预测值。将该分类预测值与实际类别进行比较,就可以得到模型预测误差的估计值。多个模拟实验已经证明,该估计值是无偏的。

由上可知,在随机森林方法中,对模型预测误差的估计是非常自然的,研究者不需要将数据拆分成训练集和验证集,在随机森林的计算过程中这一切都会自动完成。

3. 变量重要性的计算

变量重要性的计算同样来自于 OOB 数据,在一棵树生长完毕后,可以对所有的 OOB 数据进行预测,记录下预测正确的例数,然后将 OOB 数据中第 m 个变量的变量值随机重排,重新进行预测,记录下此时预测正确例数与原先正确例数之差。这样,对每棵树而言,变量 m 都会得到一个例数差值,最终该变量在森林中全部差值的平均值就是其原始重要性评分。

如果树与树之间是独立的,则重要性评分的标准误差计算就会相当容易,使用普通的公式即可。大量的研究证明只要 m 取值合适,对于此条件一般都可以满足,所以对变量重要性的检验可以使用标准的 u 检验来进行。

除上述变量重要性计算方法外,在树模型进行节点拆分时,两个子节点的 Gini 指数之和会小于父节点的 Gini 指数,因此 Gini 指数的减少量也可以用于表示相应变量在这棵树中的重要性。而森林中全体含有该变量的树中,相应的 Gini 指数减少量之和可以表示相应变量在森林中(即整个样本中)的重要性。该指标通常和变量值随机重排计算出的结果一致。而统计软件一般也会同时输出这两种计算结果。

随机森林模型和树模型的比较如表 19.2 所示。

表 19.2 树模型与随机森林模型的比较

特性	树模型	随机森林模型
数据	原始数据	Bootstrap 样本
验证、检验数据集	需要	不需要
输入变量	全部自变量	随机抽取 $m \ll p$ 个自变量
修剪	通常进行修剪	不修剪
模型数量	1 个	多个
预测	根据模型直接进行预测	投票法(分类目标变量)或平均值(连续目标变量)
可解释性	易解释	黑盒,不易解释
过度拟合	通过修剪避免过度拟合	不易产生过度拟合,必要时可增加 Bootstrap 样本个数
计算量	小,训练速度快	大,尤其是当数据量大,Bootstrap 样本个数多时,可能需要较长时间

图 19.17 所示的是树模型及随机森林模型效果比较示意图。

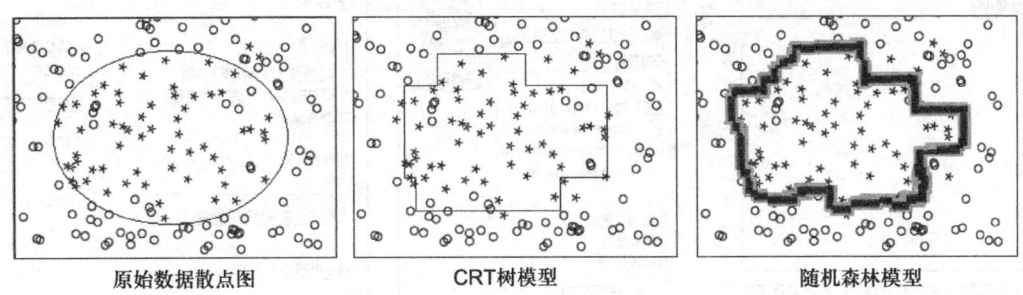

图 19.17　树模型与随机森林模型效果比较示意图

SPSS 本身并未提供随机森林模型,但提供了相应的 R 插件,可以调用 R 中的 randomForest 包实现随机森林算法,以进行建模和预测。

19.5.2　案例:客户风险等级评估

例 19.2　IBM SPSS Statistics 自带的数据文件 tree_credit.sav 是某银行客户风险评估的数据,Credit_rating 为二分类变量,表示客户风险的好坏(0=差,1=好,9=缺失),自变量有年龄、收入水平、拥有的信用卡数、教育水平、有无车贷。现在希望使用这些变量建立客户风险评估的预测模型。

19.5.3　操作说明

由于随机森林的输出较多,且运算量较大,这里没有直接使用例 19.1 的数据进行拟合,而是换用了一个比较简单的例子以便于读者理解。本例中希望预测的是一个二分类变量,因此建立的是分类树模型,可以考虑使用最常用的 CRT 算法进行建模,相应的操作如下。

1. 选择"分析"→"RanFor 估算"。
2. 将 Credit_rating 变量选入"因变量"框。
3. 将其余所有变量选入"预测变量"框。
4. 在"选项"子对话框中,设置 R 随机种子数为 123456。
5. 在"输出"子对话框中,选中变量使用情况表、变量重要性、所有变量的局部图。
6. 单击"确定"按钮。

由于随机森林模型会生成许多 Bootstrap 样本,每次的分析结果可能都有差异,因此这里设置 R 随机种子数,是为了得到可重复的结果,以便读者在练习时与教材进行对照。此外,本书中所有的 R 扩展输出均为默认的英文,但如果正确进行区域设置,也可以得到中文的随机森林输出结果。

RanFor 估算过程主对话框和"选项"子对话框如图 19.18 所示,其中大部分选项设定都容易理解,但需要对"选项"子对话框中的缺失值处理方法做一解释。R 插件的 randomForest 包为缺失值处理提供了三个选项,SPSS 默认的是粗略。

- 粗略(rough):是用中位数填补连续变量的缺失值,用众数填补分类变量的缺失值,若有多

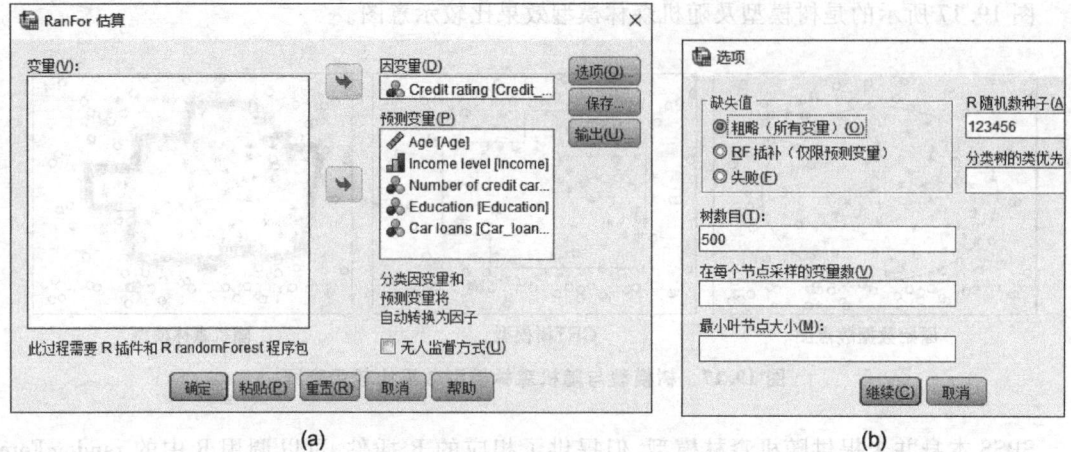

图 19.18　RanFor 估算过程主对话框和"选项"子对话框

个众数,则随机选择其中之一。

- RF 插补(RF impute):利用随机森林模型对缺失值进行预测,将预测的结果填补至原始数据集,再用填补后的数据集训练随机森林模型。
- 失败(fail):当遇有缺失值时,停止建立随机森林模型。

19.5.4　结果解释

首先输出的是随机森林模型的摘要,如图 19.19 所示。其中"每次拆分的变量尝试次数"(Variable Tries Per Split)为进行 Bootstrap 抽样时样本中包括的变量个数。默认情况下,当因变量为分类变量时取 $m=\sqrt{p}$,而当因变量为连续变量时取 $m=p/3$。

	Statistics
Tree Type	classification
Dependent Variable	Credit_rating
Predictors	Age Income Credit_cards Education Car_loans
Trees	500
Variable Tries Per Split	2
Predictor Imputation	rough
Class Priors	NA
Out of Bag Estimated Error Rate	0.189123376623377
Tree Size Terminal Nodes:1st Quartile	53
Tree Size Terminal Nodes:Median	68
Tree Size Terminal Nodes:3rd Quartile	88
Random Number Seed	123456
Forest Workspace	Not saved
Workspace retained in memory	No

Random Forest computed by R randomForest package

图 19.19　随机森林模型摘要

图 19.19 中还输出了袋外估算误差率(out-of-bag error estimate, OOB error estimate),表示用该随机森林模型进行预测时的误差。前面已经介绍,每次进行 Bootstrap 抽样时,约有 1/3 的案例不被纳入训练集,成为袋外数据集,用于验证当前 Bootstrap 样本训练得到的 CRT 树模型的准确率。换言之,对于原始数据集中的每一个案例来说,组成"随机森林"的所有 CRT 树模型中,约有 1/3 的 CRT 树模型在训练时未用到该案例,从而可以对该案例进行预测,并与原始目标变量进行校验,统计其预测错误的比例,即该案例的袋外估算误差率。将所有案例的袋外估算误差率进行平均,即得到当前随机森林模型的袋外估算误差率。

图 19.20 所示的为变量重要性表,因为 CRT 树模型在进行自变量拆分时,采用 Gini 指数作为拆分标准,随机森林模型也沿用了这一特性。随着 CRT 树模型的不断生长,叶节点中的案例越来越"纯净",Gini 指数不断减小。将组成"森林"的所有 CRT 树模型的 Gini 指数减小量进行平均,即得到上述变量重要性。

Decrease in Node Impurity	
Income	256.134
Age	177.818
Credit_cards	127.547
Car_loans	40.203
Education	6.265

Total decrease in node impurities from splitting on the variable averaged over all trees measured by the Gini index

图 19.20 变量重要性

图 19.21 输出的是各个自变量被整个随机森林中的叶节点使用的频数。即整个随机森林有 19 327+4 596+2 304+5 094+3 815=35 136 个叶节点,其中有 19 327 个叶节点在分割的过程中使用了 Age 这个变量,以此类推。

Frequency	
Age	19327
Income	4596
Credit_cards	2304
Education	5094
Car_loans	3815

Frequencies of predictor variable usage in the forest

图 19.21 预测变量使用情况

图 19.22 所示的预测混淆矩阵为目标变量的实际值与根据随机森林模型预测的结果构成的交叉表,表中各数值的具体含义不难理解。

| | Predicted | | | |
Credit_rating	0	1	Class Error	Row Total
0	741.000	279.000	.274	1020.000
1	187.000	1257.000	.130	1444.000
ColumnTotal	928.000	1536.000	.189	2464.000

Rows are actuals;columns are predicted. Last Class Error is the overall error rate.

图 19.22 预测的混淆矩阵

图 19.23 所示为随机森林模型的误差率图，显示的是随着随机森林中 CRT 树模型数量的增加，累积的整个森林的预测误差率的变化情况。从该图中可以看到随着森林中 CRT 树模型数量的增加，预测误差率一开始还会上下波动，但很快呈现出逐渐降低的趋势，并最终达到平稳。本例中一共拟合了 500 个 CRT 树模型，但可见当 CRT 树模型数量达到 200 时，误差率就基本达到平稳状态，这也符合大多数应用的实际情况。由于这里是使用了 R 插件 randomForest 包中的 plot 命令，默认情况下并不输出各条曲线的图例，因此 SPSS 在这里也没有给出线条的图例。不过可以根据"预测的混淆矩阵"中的"类错误"（Class Error）这一栏的结果进行判断。最上方的线条为"Credit_rating = 0"的预测误差率，即 0.274；相应地，中部的线条为 Credit_rating 整体的预测误差率，即 0.189；而最下方的线条则表示"Credit_rating = 1"的预测误差率，即 0.130。

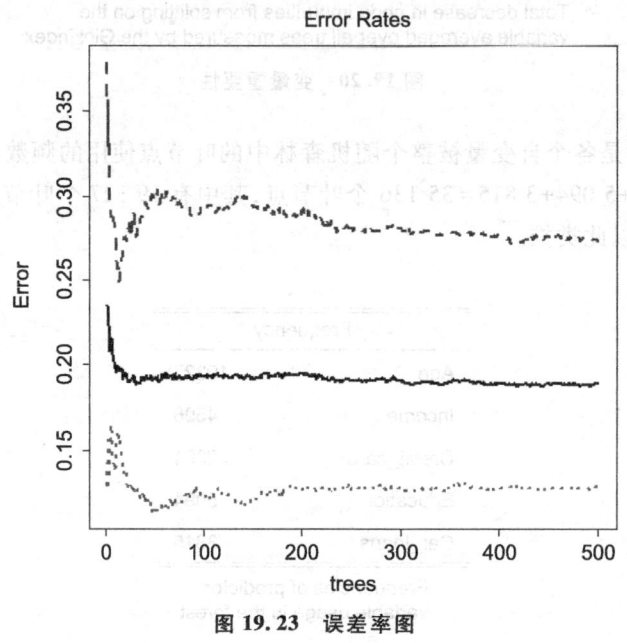

图 19.23 误差率图

图 19.24 所示的是将"变量重要性"表中的结果用图的形式展现出来，横坐标为平均减少的 Gini 指数，对照图 19.20 不难理解。

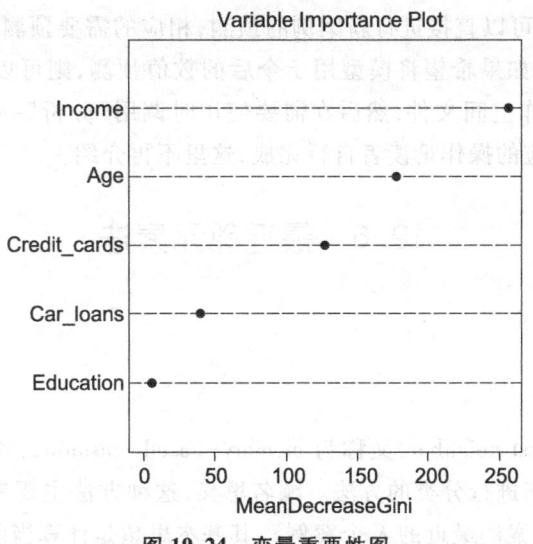

图 19.24 变量重要性图

随后输出的是各变量的部分依赖图(partial dependence plot),用于显示自变量与因变量之间变化的趋势。纵轴为相应的因变量预测值(分类因变量则为相应的 Logit 值),横轴则为其他自变量取值不变时相应自变量的具体取值(对于连续自变量取平均值,对于分类自变量则取众数),因此该图形用于反映因变量取值随自变量的变动趋势。在实际应用时,无须过多关注纵轴的实际含义,应当将重点放在对趋势的观察上。图 19.25(a)所示的是年龄(Age)的部分依赖图,可见随着年龄的增大,风险呈逐渐降低的趋势(请注意这里建模结果的解释方向)。而图 19.25(b)所示的信用卡数量(Credit_cards)的部分依赖图则显示拥有两张信用卡的案例比只拥有一张信用卡的案例有更高的违约风险。其余各变量的部分依赖图可以此类推,这里不再一一列出。

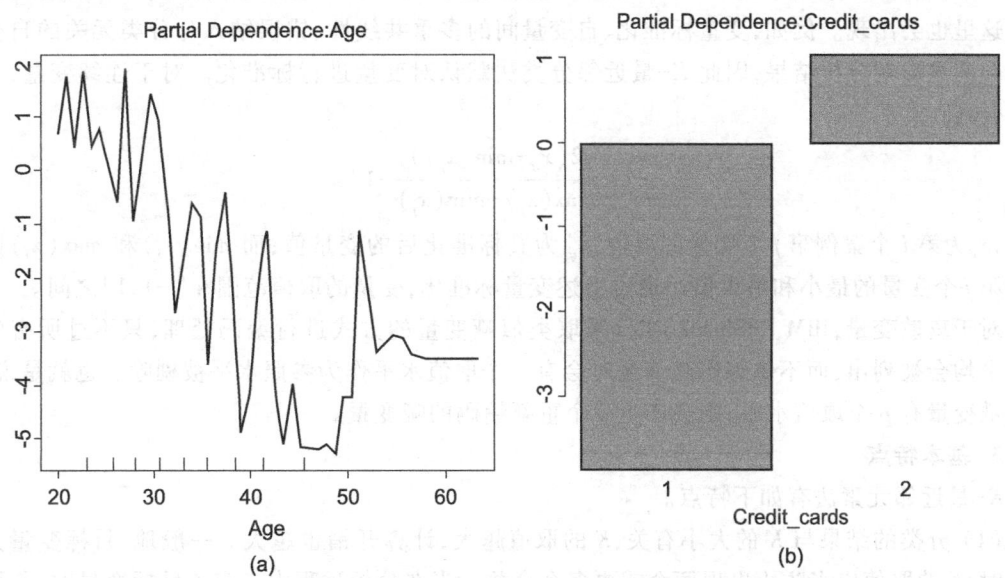

图 19.25 变量 Age 和 Credit_cards 的部分依赖图

在构建随机森林时,可以直接进行新案例的预测,相应的需要预测的数据集名称可以在"保存"子对话框加以设定。如果希望将模型用于今后的数值预测,则可以在"保存"子对话框中指定将模型存储为 R 的工作空间文件,然后在需要使用时调用"分析"→"RanFor 估算"菜单项完成相应的预测工作。相应的操作请读者自行完成,这里不再介绍。

19.6 最近邻元素法

19.6.1 模型简介

1. 基本思想

最近邻元素法(nearest neighbor,又称为 memory-based reasoning,MBR),是一种根据新案例与其他案例的类似程度来进行分类的方法。顾名思义,这种方法主要考虑的是各案例之间的距离(因为要寻找距离当前案例最近的 K 个案例),其基本思想是计算当前案例与训练集中所有案例的距离,取距离最近的 K 个案例,观察其分类情况,从而将当前案例归入这 K 个案例中众数所代表的那个类别(即投票法,少数服从多数)。当 $K=1$ 时,该方法也被称为最近邻分类。最近邻元素法既可以用于判别预测,也可以用于聚类,还可以用于计算连续目标的值。在这种情况下,会使用最近邻元素的平均值或中位数目标值来作为新案例的预测值。

> 有一个很简单的比喻可以帮助读者理解最近邻元素法的原理:如果有一个动物,它的腿像猫,身体像猫,尾巴也像猫,那么它应当被判断是什么动物呢?显然最佳答案是猫。这也是该方法被形象地称作 memory-based reasoning 的原因。

2. 变量的标准化

由于 K-最近邻元素法(KNN)采用距离进行案例的分类,在经典聚类分析中可能遇到的问题在这里也会出现。例如,变量标准化、自变量间的多重共线性、错误纳入与分类无关的自变量等都会明显影响分析结果,因此 K-最近邻分类法默认对变量进行标准化。对于连续变量,采用如下公式:

$$x_{ij}^* = \frac{2(x_{ij}-\min(x_j))}{\max(x_j)-\min(x_j)}-1$$

其中,x_{ij} 为第 i 个案例第 j 个变量的取值,x_{ij}^* 为其标准化后的变量值;而 $\min(x_j)$ 和 $\max(x_j)$ 则分别为第 j 个变量的最小和最大值。通过上述变量标准化,变量的取值范围在[-1,1]之间。

对于离散变量,IBM SPSS Statistics 采取类似哑变量的方式进行编码处理,只不过所有的分类水平均会被列出,而不像编码哑变量时会有一个取值水平作为参照水平被剔除。也就是说,如果离散变量有 p 个取值水平,则会产生 p 个重新编码的哑变量。

3. 基本特点

K-最近邻元素法有如下特点。

(1)分类的结果与 K 的大小有关,K 的取值越大,计算开销也越大。一般地,目标变量为离散型时,K 的取值应当防止出现两个或更多个众数。当在分析过程中指定了目标变量时,与两步聚类法相似,IBM SPSS Statistics 可以在给定范围内给出最佳的 K 值。

(2) K-最近邻元素模型不能给出明确的分类规则,这就意味着,K-最近邻元素法所得到的结果很难在专业上得到合理解释。因为对于 K-最近邻元素来说,其模型即训练数据集本身,仅通过各案例之间的距离加以判断。由此带来的问题是训练集数据量越大,计算开销也越大。

(3) 适用范围广,对变量的分布无要求。可以同时处理连续自变量和离散自变量,预测的目标变量可以是离散变量,也可以是连续变量。当目标变量为连续变量时,则用这 K 个案例中目标变量的平均值或中位数作为当前输入案例的预测值。

(4) K-最近邻分类假设训练样本的多维空间中,各个类别的数据点分布基本上是均匀的,但这一假设在很多情况下并不能得到满足。带来的问题是 K-最近邻元素分类倾向于将待分类的案例归类到密度较大的类别中,通过图 19.26 可以清楚地说明这一点。

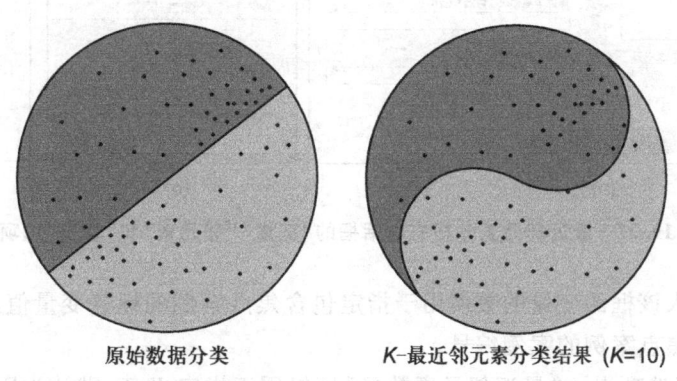

原始数据分类　　　　K-最近邻元素分类结果 (K=10)

图 19.26　案例密度不均匀对 K-最近邻元素分类结果的影响

19.6.2　案例:鸢尾花种类判别

1. 操作说明

为了便于读者对不同方法的分析结果进行比较,这里仍采用经典的鸢尾花案例进行分析并加以解释说明,相应的操作如下。

1. 选择"分析"→"分类"→"最近邻元素"菜单项。
2. 在"变量"选项卡中,将 spno 选入"目标"框,将 slen、swid、plen、pwid 选入"特征"框。
3. 在"分区"选项卡中,选中"设置梅森旋转算法种子"复选框,数值设定为 123456。
4. 在"输出"选项卡中,选中"将模型导出到 XML 文件"复选框,文件名设定为"C:\knn.xml"。
5. 单击"确定"按钮。

为了保证在分析过程中能够得到可重现的结果,本例在操作中指定了随机种子数,K-最近邻分类主对话框的相应选项卡如图 19.27 所示,下面对几个主要选项卡的功能进行介绍。

(1) "变量"选项卡。注意在操作中一定要准确设定各变量的测量尺度,否则调用的算法不同,会导致完全错误的结果。"正态化标度特征"复选框用于对所有变量进行标准化,默认选中。下方的"焦点个案标识"框用于选择焦点案例,此类案例的作用类似于 K-均值聚类时各类别的

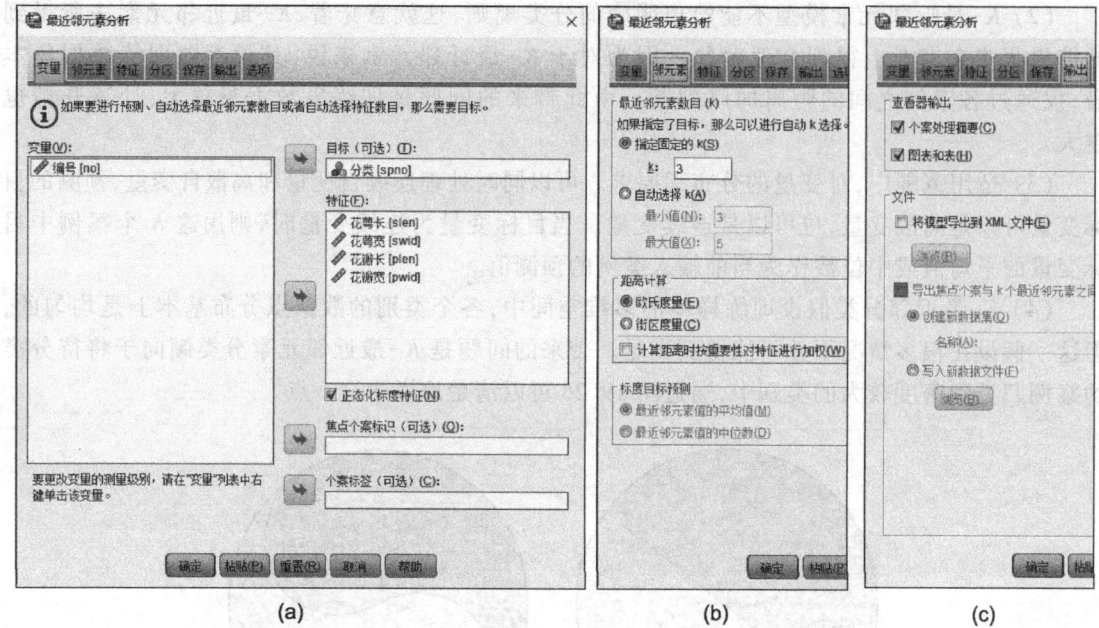

图 19.27 最近邻元素分析主对话框的"变量""邻元素"和"输出"选项卡

初始聚类中心,选入该框的变量的数值用于指定包含焦点案例的标签变量值。如果未定义案例标签,则此列指定焦点案例的案例编号。

(2)"邻元素"选项卡。"最近邻元素数目"框组用于指定 K 值,默认为固定的 K 值,如果问题比较复杂,则可以设定为一个范围,由系统依次进行计算,并按照分类错误率(目标变量为无序或有序分类时)或者误差平方和(目标变量为连续型时)最小的原则来选定 K,如果有两个或者更多个 K 值所对应的这两个指标相同,则选择最小的 K 值。显然,自动选择 K 的代价是模型计算量会明显增加。"距离计算"框组提供了两种距离:欧几里得距离(Euclidean distance)和城市街区距离(city block distance),后者实际上就是曼哈顿(Manhattan)距离,具体计算方法请读者参考第 17 章的有关内容,这里不再详述。

(3)"特征"选项卡。这里的功能类似于回归过程中的自变量筛选,具体提供利用向前法对自变量进行筛选的功能。筛选的标准为引入某自变量时,带来分类错误率或误差平方和的下降是否超过设定的阈值,默认为 0.01。如果有一个或者几个自变量带来分类错误率或误差平方和的下降超过阈值,则从中选取下降幅度最大的那一个纳入模型,以此类推。出于业务层面的考虑,有时会强制将一个或几个自变量纳入模型,在此基础上,再对其余自变量进行筛选,此时可以将欲强制纳入的自变量放入"强制进入"框。

(4)"分区"选项卡。默认情况下,SPSS 会将随机抽取的 70% 的案例作为训练集,其余 30% 的案例作为验证集。顾名思义,训练集用于模型训练,验证集用于验证所得到的模型优劣。在进行模型比较时,可以考虑采用同一个验证集对不同的模型进行比较,选择其中误差最小的那一个。另外,读者也可以自行输入[1-100]区间的任一整数以修改这一比例。

2. 结果解释

结果窗口中首先会给出系统设置表和案例处理汇总表,用于给出模型设置的一些基本信息,此处略。K-最近邻元素主要的输出结果以模型方式显示,在外部只显示为一个三维散点图,用户需要双击结果窗口中的模型输出,打开"模型查看器",才能进一步查看详细结果。

当选中左侧三维散点图中的一个案例时,该案例将被作为"焦点"用红色加粗显示,同时显示与其距离最近的 K 个案例,在右侧的"对等"视图中还会显示这三个案例的案例号及具体的变量取值。图 19.28 显示的是选择了第 82 个案例作为"焦点"案例,与其距离最近的三个案例为第 72、76、103 个案例。这三个案例的目标变量取值均为"1",即"刚毛鸢尾花",据此将第 82 个案例也判断为"刚毛鸢尾花"。

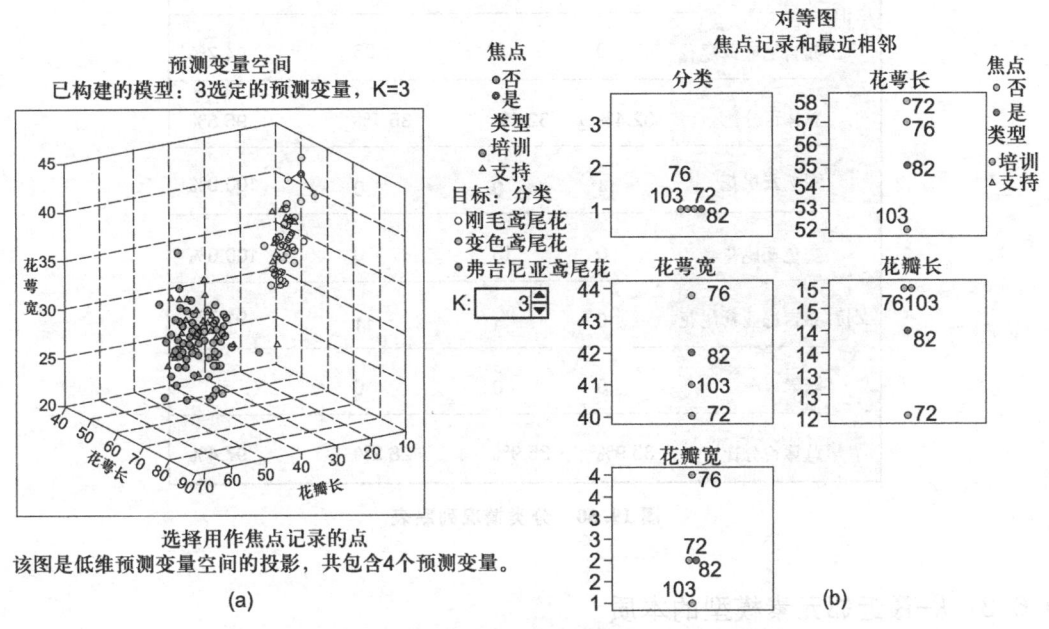

图 19.28 K-最近邻元素的预测变量空间和对等图

在仍然选中第 82 个案例的情况下,在"模型查看器"右侧下方的"视图"下拉列表中选择"邻元素和距离表",则会显示"焦点"案例以及距其最近的三个的案例号及其具体的距离值,如图 19.29 所示,可见距离分别为 0.181、0.225、0.254。

对初始焦点记录显示

焦点记录	最近邻元素			最近距离		
	1	2	3	1	2	3
82	103	72	76	0.181	0.225	0.254

图 19.29 K 个最邻近案例的距离

在"视图"下拉列表中选择"象限图",则给出包括"焦点"案例以及距其最近的三个案例的分类情况,该图形的输出和图 19.28(b) 所示的对等图非常相似,这里不再列出。如果在"视图"下拉列表中选择"分类表",则给出根据当前 K-最近邻元素模型分别对训练数据集、验证数据集进行回代预测的分类情况列联表,如图 19.30 所示。最后,如果在"视图"下拉列表中选择"误差汇总",则分别输出训练数据集、验证数据集的错误分类百分比,本例中分别为4.5%和2.6%,显然相应模型如果用于预测其效果还是比较好的。

分区	观测值	预测值			
		刚毛鸢尾花	变色鸢尾花	弗吉尼亚鸢尾花	正确百分比
培训	刚毛鸢尾花	36	0	0	100.0%
	变色鸢尾花	0	34	3	91.9%
	弗吉尼亚鸢尾花	0	2	36	94.7%
	总体百分比	32.4%	32.4%	35.1%	95.5%
支持	刚毛鸢尾花	14	0	0	100.0%
	变色鸢尾花	0	13	0	100.0%
	弗吉尼亚鸢尾花	0	1	11	91.7%
	缺失	0	0	0	
	总体百分比	35.9%	35.9%	28.2%	97.4%

图 19.30 分类情况列联表

19.6.3 k-最近邻元素模型的本质

为了更好地理解 K-最近邻元素模型其实为训练数据集本身,在前面操作中选择了"将模型导出到 XML 文件"。用文本编辑软件打开新生成的 knn.xml,该文件内容记录了所生成的 K-最近邻距离模型,在其第 195 行可以发现 originalData 部分,如图 19.31 所示。该部分实际上包括了

```
<SimpleTable
    name="originalData">
    <RowNames/>
    <ColumnNames>ID;spno;slen;swid;plen;pwid;$casecount;$focalvariable
    </ColumnNames>
    <Row>1;1;50;33;14;2;1;0</Row>
    <Row>2;3;89;31;51;23;3;0</Row>
    <Row>3;3;65;30;52;20;5;0</Row>
    <Row>4;3;58;27;51;19;6;0</Row>
    ......
    <Row>61;1;55;42;14;2;82;0</Row>
    ......
</SimpleTable>
```

图 19.31 knn.xml 的 originalData 部分

进行分析的数据集中被随机抽取出来作为训练集的所有案例，ID 列代表该案例在训练集中的编号，spno、slen、swid、plen、pwid 分别为案例的各个变量取值，$casecount 是指该案例在原始数据集中的编号，$focalvariable 指当前案例是否被选中为"焦点"案例。通过对上述内容的解读，可以清楚地知道哪些案例被随机抽取到训练数据集中。

自第 337 行始，文件开始输出对于训练集中的每一个案例，距离该案例最近的三个案例在原始数据集中的编号以及相对应的距离值，如图 19.32 所示。通过这些输出内容可以再次确认，原始数据集中第 82 个案例及距离其最近的三个案例为 103、72、76，这三个案例的目标变量取值均为"0"。但是前面的输出结果不是"1"吗？这是因为 SPSS 对目标变量的取值水平做了重新编码，将目标变量的取值水平进行升序排列，依次编码为 0、1、2、…。因此，这一部分结果中的第 103、72、76 个案例所属分类是原始数据中的取值水平"1"。

```
<SimpleTable
    name="neighborsDistances">
    <RowNames/>
    <ColumnNames>ID;$casecount;neighbor1;neighbor2;neighbor3;
        distance1;distance2;distance3;prediction1;prediction2;prediction3
    </ColumnNames>
    <Row>1;1;132;112;45;0.0904189830179313;0.100751680541678;
        0.108945108319072;0;0;0</Row>
    ……
    <Row>39;53;124;28;16;0.239634288410924;0.257793936089449;
        0.297365114669354;1;2;2</Row>
    ……
    <Row>61;82;103;72;76;0.181377547431371;0.224677875496822;
        0.254338235759017;0;0;0</Row>
    ……
</SimpleTable>
```

图 19.32 knn.xml 的 neighborsDistances 部分

可以进一步研究原始数据集中第 53 个案例，距其最近的三个案例分别为 124、28、16，这三个案例在原始数据中的所属分类分别是原始数据中的取值水平"2""3""3"，据此可以将该案例判断为"3"，即"弗吉尼亚鸢尾花"。

自第 453 行起，文件将输出训练集中的每一个案例被预测为各个分类取值水平的概率值，如图 19.33 所示。但是会发现其中的部分数值难以理解。例如，对于第 82 个案例（编号为 61），距其最近的三个案例为 103、72、76，其分类都是"刚毛鸢尾花"，那为什么第 82 个案例预测为"刚毛鸢尾花"的概率不是 100%？这是因为对数值进行了拉普拉斯校正（Laplace correction），其公式为 $p=(K_j+1)/(K+J)$，其中 p 为校正后的概率值，K 为最近邻的个数，K_j 为在 K 个最近邻中第 j 个分类水平的频数，J 为训练数据集中目标变量的分类取值水平数。

```
<SimpleTable
    name="predictionProbability">
<RowNames/>
<ColumnNames>ID;probability-1;probability-2;probability-3</ColumnNames>
<Row>1;0.666666666666667;0.166666666666667;0.166666666666667</Row>
......
<Row>39;0.166666666666667;0.333333333333333;0.5</Row>
......
<Row>61;0.666666666666667;0.166666666666667;0.166666666666667</Row>
......
</SimpleTable>
```

图 19.33　knn.xml 的 predictionProbability 部分

思考与练习

1. 自行练习本章中涉及的实例分析操作。

2. 尝试应用树模型对数据文件 iris.sav 进行分析，将结果与第 18 章典型判别分析的结果进行比较，并据此考虑树模型应当如何被应用于小样本。

3. 使用随机森林方法对例 19.1 进行分析，比较预测准确度、变量重要性评估等结果有何变化，并进一步思考随机森林方法的优越性是什么。

参考文献

[1] IBM Corp. IBM SPSS Decision Trees 24[CP/OL]. Armonk, NY: IBM Corp, 2016.

[2] Breiman L, et al. Classification and Regression Trees[M]. Belmont, California: Wadsworth, 1984.

[3] 张文彤，钟云飞. IBM SPSS 数据分析与挖掘实战案例精粹[M]. 北京：清华大学出版社，2013.

[4] Liaw A, Wiener M. Classification and Regression by Random Forest[J]. R News, 2002, 23(23), 18-22.

[5] Breiman L. Random Forests[J]. Machine Learning, 2001, 45(1), 5-32.

[6] Menze B H, et al. On Oblique Random Forests[C]//Proceedings of the 2011 European conference on Machine learning and knowledge discovery in databases, Athens, Greece, September 5-9, 2011.

第20章 神经网络与支持向量机

在第19章中学习了树模型,即采用数据自然分组的方式来进行预测,以回避经典建模思路在拟合复杂方程时所遇到的困难,本章将介绍用方程近似模拟的思路来避开这一问题的另一种机器学习方法:人工神经网络,并随后对支持向量机方法做一简单介绍。

20.1 模型简介

20.1.1 基本原理

人工神经网络(artificial neural network,ANN)是近年来计算机科学、信息科学和医学交互发展形成的一门边缘学科,是在对人脑组织结构和运行机制认识和理解的基础之上,模拟其结构和智能行为的一种工程系统,其实质是人工智能研究,即利用计算机强大的计算能力来模拟动物的神经网络的信息传递过程。可以用下面这句话来对人工神经网络做一个简明的定义:由大量处理单元(神经元)互相连接组成的大规模、非线性、自适应动力学系统,具有自组织、自适应、自学习的能力。

早在20世纪40年代初期,心理学家McCulloch、数学家Pitts等就提出了人工神经网络的第一个数学模型,从而开创了神经科学理论的研究时代。在20世纪80年代中期人工神经网络得到了飞速发展。1982年美国加州理工学院物理学家Hopfield教授提出了Hopfield人工神经网络模型,将能量函数的概念引入人工神经网络,并给出了稳定性的判定方法,开拓了人工神经网络用于联想记忆和优化计算的新途径。

1. 生物学神经网络的信息传递过程

神经网络的基本组成单元是神经元,数学上的神经元模型与生物学上的神经细胞是对应的,或者可以说,人工神经网络理论是用神经元这种抽象的数学模型来描述客观世界的生物细胞。具体而言,可以将生物学上的神经网络看成是由一层层的神经元相互连接而成的,输入层神经元接收来自机体内外的信息后,将信息通过突触与下一层神经元发生联系;这一层神经元中的每个神经元将来自输入层的信息汇总并处理(即激励或活化)后再向下一层神经元传递;下一层神经元也通过相似的过程将处理过的信息再向下传递,经过若干层到达输出层,输出层也将其收集到的信息进行活化处理,大脑即可知晓加工并汇总后的输入层所获得的信息。从中可以总结出人类神经活动的基本特点。

(1) 神经元。神经元是网络的基本单元,多个输入,一个输出,用于汇总传来的信号,并以某种方式决定相应的输出大小。同时,神经元的信息传递是单向性传递,即只能从前一级神经元的突触传向后一级神经元的突触,反向则不能传递。

(2) 神经活动。其本质就是大脑(通过眼、耳等各种感知器官传来的信号)不断监控当前状况和目标状况间的差异,发出指令调整操作(如调整手臂各肌肉的伸缩程度,以改变手臂弯曲的程度),直到目的达成(如拿起一个苹果)。显然,对神经活动的调控是通过监控系统对动作误差的反馈实现的,而儿童的成长就是典型的神经系统对一切操作的"学习"过程。

2. 人工神经网络的工作原理

在结构上,可以把一个神经网络划分为输入层、输出层和隐含层。输入层的每个节点对应各预测变量;输出层的节点对应目标变量,可以有多个;在输入层和输出层之间是隐含层(对神经网络使用者来说不可见),隐含层的层数和每层节点的个数决定了神经网络的复杂度。

学习和执行是神经网络不可缺少的两个处理过程。通过学习阶段,可以把神经网络训练成对某种信息模式特别敏感,或具有某种特征的动力学系统。通过执行阶段,可以用训练好的神经网络识别有关信息模式或特征。神经网络的各种有效的行为和作用,都是通过这两个关键的过程来实现的。如果用统计学的术语来描述生物神经网络的传递过程,则:

(1)输入层神经元相当于自变量向量,中间各层神经元相当于所采用的统计模型,而输出层神经元的信号强弱则相当于因变量的预测结果。

(2)信息由输入层到输出层不断传递,中间各层神经元根据某种准则不断调整对接收到的相应信号的处理方式,最终使输出层得到恰如其分的信息。

在神经网络体系中出现较早、目前应用也最广泛的反向传输(back propagation,BP)神经网络就完全模拟了上述结构(如图 20.1 所示):整个信息传递过程为由输入层到输出层单向传递,在对神经网络的训练中不断调节神经元之间的联系强度准则,使神经网络输出的因变量向量与已知训练样本的因变量向量之差为最小(即预测效果最佳),而相应的调整就是依靠训练过程中不断将此预测值和实测值之差(误差)反馈给神经网络来进行的。

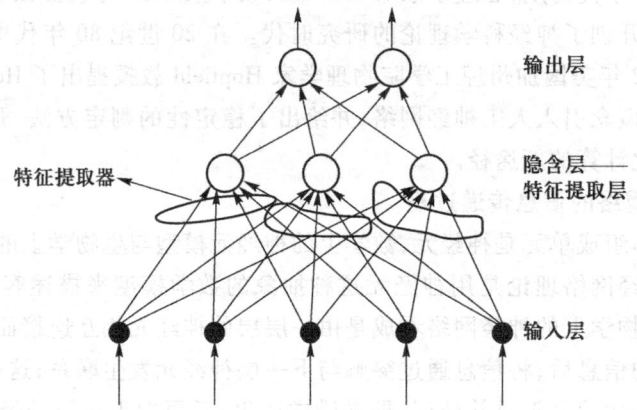

图 20.1　含有一个隐含层的 BP 神经网络示意图

在神经网络开始学习之前,需要按照给定的网络拓扑结构进行初始化,此时神经网络中的所有连接权重均为随机生成,即赋予(0,1)区间内的随机值,然后将已知的信息从输入层输入,神经网络对输入的信息进行加权求和、比较等处理后再进行非线性运算,得到最终输出。在此情况下,神经网络第一次的输出结果实际上是完全随机的,很可能没有任何意义。但是可以将该结果与已知的结果进行比较,并将比较结果(误差)依次反馈给各节点。如果相应连接权重的改变使得结果更加接近正确值,则按约定的规则(步长)增大该权重值,以促使网络更倾向于做出正确的判断;如果相应连接权重的改变使得结果的误差更大,则按约定的规则降低该权重值,以降低输出错误结论的可能性。

在神经网络进行若干次学习,对权重值进行多次修改后,判断的正确率就大大提高了。神经网络把相应的学习信息已经记录在各个节点的连接权重上,当网络再次遇到任何一个已经被其学习过的类似样本时,就能够做出更加迅速、准确的判断和识别。一般说来,神经网络中所含的神经元个数越多,它能够记忆、识别的模式也越多。

3. 人工神经网络的优点

人工神经网络的最大优势在于训练完毕之后,就能够迅速得到同类复杂预测问题的预测结果。不仅如此,由于神经网络中神经元的个数众多,并且整个网络存储的信息容量巨大,因此它具有很强的不确定性信息处理能力。即使输入信息不完全、模糊不清,网络仍然能够联想存在于记忆中的事物的完整图像。只要输入的模式接近训练样本,系统仍然能给出正确的推理结论。

此外,神经网络的结构特点和信息存储的分布式特点,使得它有非常好的稳健性。生物神经网络不会因为个别神经元的损失而失去对原有模式的记忆。最有力的证明是,当一个人的大脑因意外事故受轻微损伤之后,并不会失去对原有事物的全部记忆。人工神经网络也有类似的特性,即使网络的硬件实现或者软件实现中的某个或某些神经元失效,整个网络仍然能继续工作。

4. 人工神经网络的本质

初学者总是会被人工神经网络的名称所迷惑,觉得这个方法非常神奇,但实际上它只是一个普通的统计模型而已。就如第 19 章中所说的,任何统计模型都是对现实世界复杂联系的简化,神经网络所做的事情也不过如此。这里用图 20.2 来对其本质加以说明,该图就是第 19 章中使用过的引例数据(基于图 19.2),假设在总体的这个二维空间中,正常儿和早产儿的分界线如图中虚线所示,经典统计模型的分析思路就是尽可能准确地找到这一分界函数的表达式,然后将其中的参数估计出来。人工神经网络则另辟蹊径,它根本没有去考虑这一分界线的准确函数式,而是基于数据特征拟合出了一系列简单线性函数,如图 20.2 中的实线所示,这些函数相互连接起来就近似模拟出了原本只有用非常复杂的函数式才能表达出来的分界线。

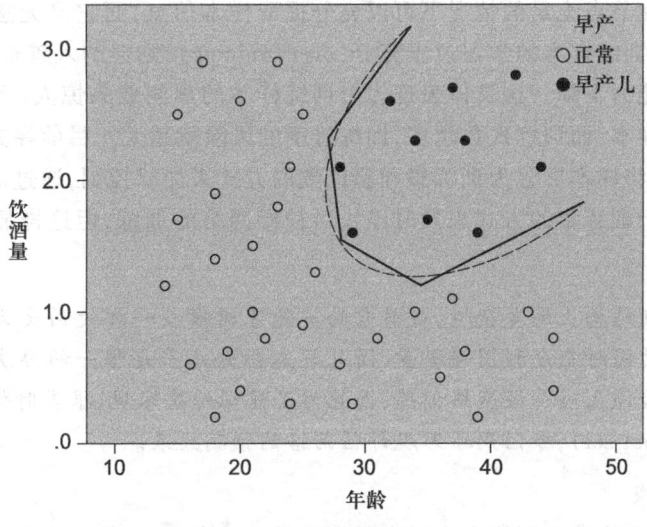

图 20.2 神经网络的本质示意图

这样一来,相信很多读者又会有疑问:这样一个近似的模型的精度够用吗？1957年,Kolmogorov提出了连续函数表示定理:任何一个复杂的连续函数都可以用有限个单变量函数的有限次复合来进行精确表达。这意味着无论实际问题多么复杂,只要隐含层和隐含层中的隐单元数足够多,神经网络总是可以达到令人满意的模拟效果。事实上,大量研究表明,实际工作中的大部分问题都可以用一个隐含层的BP神经网络来逼近(只要隐单元数足够),而一个三层BP神经网络则可以完成任意复杂关联的分析问题,当然,如此复杂的模型所需要的训练时间也是相当惊人的。

20.1.2 注意事项

人工神经网络在使用中有很多问题需要注意。

1. 人工神经网络的可解释性很差

人工神经网络的模型结构很难解释,目前还没有发展出能对人工神经网络的结构做出显而易见解释的方法学,这导致人工神经网络只能作为一种"黑箱"方法加以应用,无法与专业知识深入结合,因此对于需要深入探讨自变量和因变量关联方式的研究问题,使用人工神经网络是不合适的。

 实际上,在数学上可以证明当使用合适的神经元连接函数时,单层BP神经网络完全等价于设定正确的Logistic回归模型,但是前者对模型中参数的可解释性完全无法与后者相比。而绝大多数实际问题中使用的都是单层BP网络。

2. 数据准备不可少

关于人工神经网络有一种看法,即不管用什么数据,它都能很好地工作并做出准确预测,这是不确切的。而还有一种看法,即人工神经网络没有任何适用条件的限定,也不存在变量分布、残差分布之类的问题,这种看法也并不正确。与任何其他模型相同,进行神经网络分析前要进行细致的数据准备,包括数据清洗、整理、转换、选择等工作,必要时还要对数据进行适当的变换,以寻求最符合分析需求的残差分布方式。因篇幅所限,本书对此不展开讨论,对此感兴趣的读者可参见拙作《IBM SPSS数据分析与挖掘实战案例精粹》中的相应案例。

3. 训练过度问题无法解决

由于神经网络在节点充足的情况下可以充分提取样本信息,而它又无法区分有效信息和噪声信息,因此如果对训练样本的学习过于充分(over-training),则会纳入越来越多的噪声信息,导致神经网络的外推能力下降。这具体表现为对训练样本的预测效果惊人,但对外部样本的预测效果则远低于训练样本,而训练次数越多,训练过度的风险就越大。目前在方法学上对这一问题暂时无解,只能采用将样本拆分为训练集和验证集的方式来加以控制,通过监视模型对验证集的预测效果不明显低于训练集的方式来及时停止对神经网络的训练,但这样显然造成了样本量的浪费。

由于神经网络在结构上的复杂性,目前它尚不能像树模型一样使用交叉验证的方式在客观评价预测效果的同时充分利用样本量,因此样本拆分几乎是唯一的办法。而由于验证集会被用来确定是否停止对神经网络训练,因此为了保证结果客观,很多时候还需要再拆分出一个支持集(holdout set),专门用于客观评估网络的预测效果。

4. 样本量有要求

需要注意的是,认为神经网络没有样本量要求的想法并不正确。过小的样本量会导致神经网络的预测效果不稳定,外推准确率非常低。实际上,由于神经网络可以被看成是对一个复杂非线性方程的近似拟合,只有使方程中的参数能被精确估计,样本量才是充足的,因此可以考虑借鉴普通回归分析中的样本量要求。当然,由于神经网络不存在假设检验,在此基础上样本量可能会略小一些,有研究者提出样本量至少为纳入模型的变量数的10倍以上。但是如果进一步考虑样本拆分(包括拆分出验证集和支持集)所带来的损失,显然还要做相应比例的放大才行。

5. 训练效率不高

从完全随机连接的状态开始训练一个神经网络显然需要很大的计算量,除非问题非常简单,训练完成一个神经网络需要很长的时间才能完成。当然,一旦神经网络建立好了,用它做预测时运行还是很快的;而且后续的分析可以基于现有的神经网络做进一步的学习,从而减少所需的时间。

20.2 案例:对低出生体重儿案例的重新分析

这里考虑重新对第10章中的数据文件 logistic_step.sav 进行分析,来看一下应用人工神经网络会得到什么新的结果,但是在分析之前需要考虑以下问题。

(1) 为防止过度拟合,神经网络分析中需要对样本进行拆分,并按照一定的比例将它们分为训练集、验证集,有时还有支持集,如果分为训练集和验证集,则常见的拆分比例为 7∶3;如果分为训练集、验证集和支持集,则常见的拆分比例为 4∶3∶3。这里采用默认的拆分比例 7∶3。

(2) 神经网络不具有自动筛选自变量的功能,由于样本量有限,按照上述 7∶3 的拆分比例,实际上只有大约 130 个样本用于训练,直接纳入所有候选自变量会导致严重的过度拟合问题,因此这里先纳入在第 10 章中用逐步回归法筛选出来的自变量。

(3) 分析中可以建立单隐含层或双隐含层的网络,而且每个隐含层的隐单元数量也可以自行设定。目前,对于神经网络中隐单元和隐含层的最佳数量尚无定论,初步分析时可以先建立默认的单层模型,然后再考虑是否将网络复杂化。

20.2.1 操作说明

按照上述分析思路,相应的操作如下(注意数据集中每个变量的测量尺度必须正确设定,这将直接影响软件是否能正确地进行网络建模)。

1. 选择"分析"→"神经网络"→"多层感知器"菜单项。
2. 在"变量"选项卡中将 low 选入"因变量"框。
3. 将 ht 选入"因子"框,将 lwt 和 ptl 选入"协变量"框。
4. 在"输出"选项卡中,选中"网络结构"框组中的"突触权重"复选框。
5. 单击"确定"按钮。

上述操作中用到的主对话框的相应选项卡如图 20.3 所示,对话框的名称虽然是"多层感知器",但这仅仅指的是其网络结构为多层,实际上提供的算法为最常见的 BP 神经网络算法。注意上面的操作中,所有的变量都被直接纳入模型,也并未对模型选项做任何修改,这是因为目前只是做初步分析,无须做过多考虑细节的设定,后续的改进需要基于现有模型提供的信息进行。

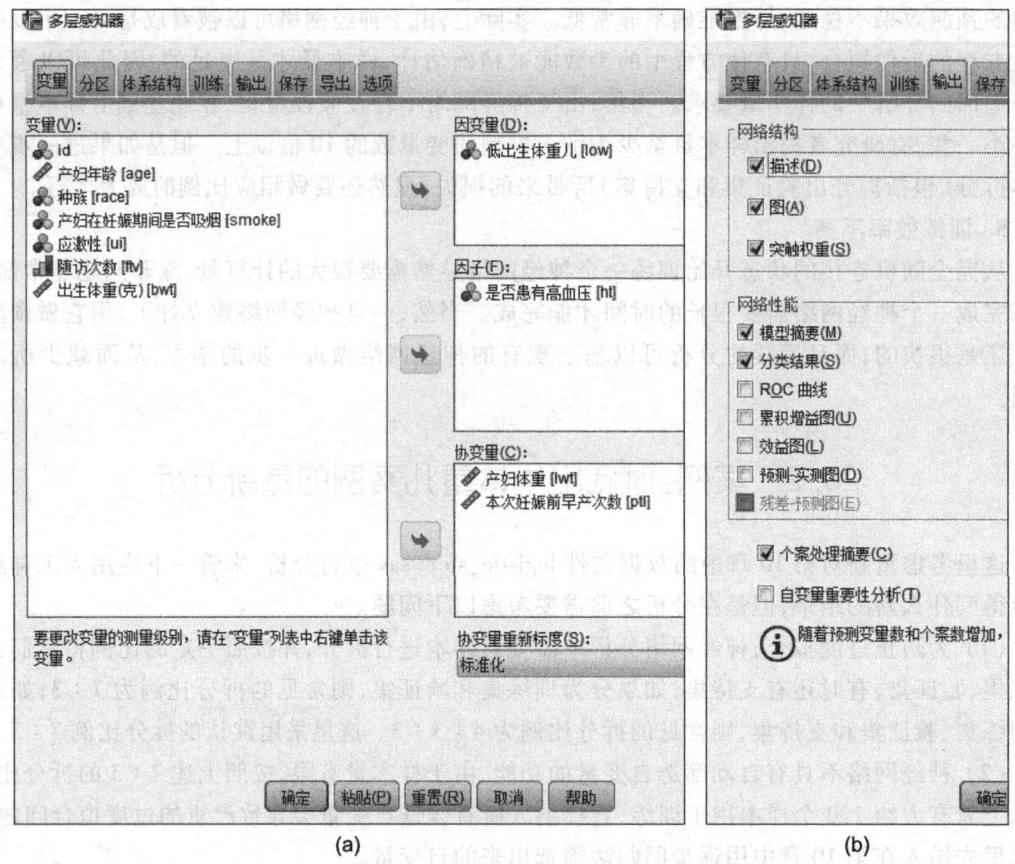

图 20.3 多层神经网络主对话框的"变量"和"输出"选项卡

20.2.2 结果解释

由于对神经网络模型的训练是从连接权重随机的初始网络开始的,而且样本的拆分也是随机的,因此读者所得到的网络拟合结果可能不同于随后给出的结果,但基本的分析结论是完全一致的。

分析结果中首先会给出已有案例的使用情况,如图 20.4 所示,可见系统按照大致 7∶3 的拆分比例随机抽取出了 132 个样本用于建模,另外 57 个样本则用于测试模型(即构成了验证集)。

		个案数	百分比
样本	训练	132	69.8%
	检验	57	30.2%
有效		189	100.0%
排除		0	
总计		189	

图 20.4 案例处理汇总

20.2 案例：对低出生体重儿案例的重新分析

图 20.5 给出的是当前模型的基本网络信息，可见最终建立的是一个隐含层的模型，该隐含层中包括 2 个隐单元。

输入层	因子	1	是否患有高血压
	协变量	1	产妇体重
		2	本次妊娠前早产次数
	单元数[a]		4
	协变量的重新标度方法		标准化
隐藏层	隐藏层数		1
	隐藏层1中的单元数[a]		2
	激活函数		双曲正切
输出层	因变量	1	低出生体重儿
	单元数		2
	激活函数		Softmax
	误差函数		交叉熵

a. 排除偏差单元

图 20.5 网络信息

图 20.6 所示的为所建立的神经网络的结构示意图，可见二分类自变量 ht 被拆分为两个哑变量节点纳入输入层，而相应的二分类因变量也以两个哑变量节点的形式构成了输出层，协变量（连续自变量）则各自以一个节点的方式被纳入模型。图中相邻两层间的节点两两连接，且以两种颜色来区分连接权重的正负，连接线的粗细则代表权重绝对值的大小。从中可以看出，自变量 ht 对模型的贡献较大，且输入层 ht = 0 的节点通过隐含层 H(1∶1) 节点和输出层的 low = 0 节点

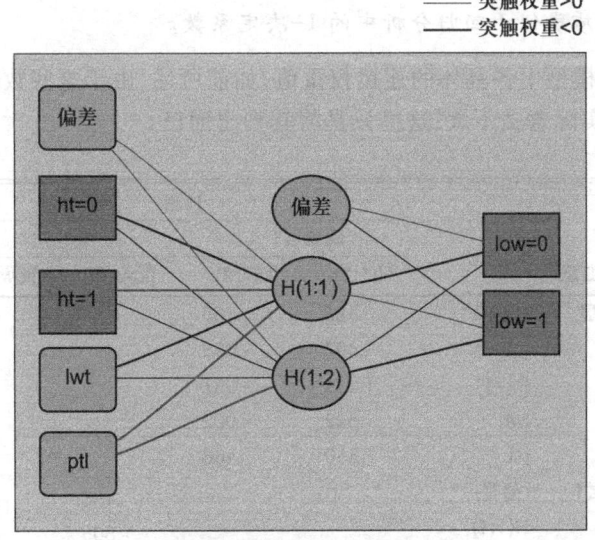

隐藏层激活函数：双曲正切
输出层激活函数：Softmax

图 20.6 神经网络模型结构示意图

有较强的负-负连接权重,这提示没有高血压的孕妇更容易分娩正常体重儿。同理,也可以推估出产妇妊娠前体重越大,越倾向于分娩正常体重儿。读者可以将这些结果与第 10 章中 Logistic 回归的拟合结果进行对照,会发现两个模型的结论是一致的。

> 熟悉经典统计模型建模思路的读者可能马上会开始思考是否将模型中权重值接近 0 的连接删除,然后对模型重新进行拟合并加以比较,但神经网络却不是这样用的。实际上,上述图形更多的是具有娱乐价值,并不能够为考虑如何改进该模型提供有用的信息。也正因为如此,该图形是只能浏览,不能编辑的。

图 20.7 所示的是模型汇总信息,结果显示无论是训练集还是验证集,其相对错误率均为 25%~30%,相当于预测准确率为 70%~75%,考虑到在 10.4 节中用这几个自变量建立的 Logistic 回归模型预测准确率为 71%,显然这不算一个特别出色的结果,即从总的预测正确率来看,当前神经网络模型的预测效果并未明显优于原 Logistic 回归模型。

训练	交叉熵误差	74.717
	不正确预测百分比	28.8%
	使用的中止规则	误差在1个连续步骤中没有减小[a]
	训练时间	00:00:00.016
检验	交叉熵误差	31.819
	不正确预测百分比	24.6%

因变量:低出生体重儿
a. 误差计算基于检验样本。

图 20.7 模型汇总

> 当需要预测的因变量为连续变量时,模型会使用平方和错误作为效果判断指标(即残差的离均差平方和),这也是神经网络在训练中试图最小化的误差函数。同时,模型还会输出相对错误指标,其实质类似于回归分析中的 1-决定系数。

图 20.8 所示的为模型中各具体的连接权重值,如前所述,由于这些数值不能(实际上也没有必要)加以修改,因此实际意义不大,这里只是将其列出而已。

		预测			
		隐藏层1		输出层	
预测变量		H(1:1)	H(1:2)	[low=0]	[low=1]
输入层	(偏差)	.195	.159		
	[ht=0]	-.407	-.096		
	[ht=1]	1.111	-.097		
	lwt	-.522	-.082		
	ptl	.580	.468		
隐藏层1	(偏差)			.196	-.403
	H(1:1)			-.805	.468
	H(1:2)			-.113	-.431

图 20.8 参数估计值

图 20.9 输出的是模型对样本的预测分类结果,按照默认的 P 值大于 0.5 判断为阳性,训练集和验证集对低出生体重儿的预测正确率分别为 29.5% 和 26.7%,而 10.2 节中模型的这一数值为 20%,因此在对低出生体重儿的预测准确性上,当前模型是优于 10.2 节的模型的。

样本	实测	预测		正确百分比
		正常	低出生体重	
训练	正常	81	7	92.0%
	低出生体重	31	13	29.5%
	总体百分比	84.8%	15.2%	71.2%
检验	正常	39	3	92.9%
	低出生体重	11	4	26.7%
	总体百分比	87.7%	12.3%	75.4%

因变量:低出生体重儿

图 20.9 分类预测表

20.3 对案例的进一步分析

20.3.1 模型效果的图形观察

树模型、神经网络等数据挖掘方法的核心目的是对因变量进行预测,为此 SPSS 提供了一些图形工具用于更直观地展示其预测效果,这些工具均放置在"输出"选项卡中,这里介绍几种常见图形的用法。

图 20.10(a) 给出的是预测-实测图,图中横轴表示实际类别,纵轴则代表模型计算出的类别预测拟概率,两种颜色分别代表拟概率所对应的实际类别(如果是连续因变量则绘制相应的散点图)。显然,如果模型预测效果好,则图中 4 个箱图应当彼此上下错开,而重叠得越多,则相应的预测效果越差。从图中可以看出,低出生体重儿的预测准确度应当是偏低的,这一结果与图 20.9 中反映出的数值完全一致。

> 所谓拟概率,是在使用某些误差函数作为模型收敛准则时,相应的类别预测值的含义类似于概率,但又不同于概率,因此被称为拟概率,其取值范围可以超出 (0,1) 区间,且总和可以不等于 1。这些数值在用于创建 ROC、累积增益图和增益图时会进行 (0,1) 区间以及总和为 1 的转换。

图 20.10(b) 给出的是模型的 ROC 曲线,图中还分别给出了正常和低出生体重两个类别的 ROC 曲线,以便用户使用,关于 ROC 曲线的详细内容请参见基础教程绘图章节相应部分的讲解,这里不再详述。

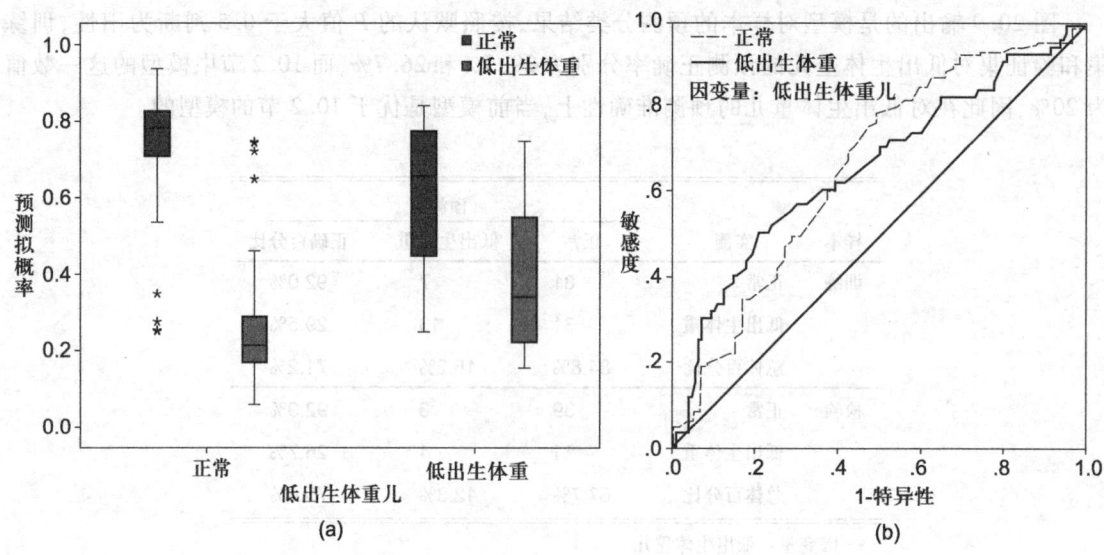

图 20.10　预测-实测图和 ROC 曲线

图 20.11(a)所示的是累积增益图,其横轴代表进入预测的案例比例,纵轴则代表某类别中已被正确预测的案例占该类别可被正确预测案例的比例。基线代表随机选择得到的结果,它总是一条 45°的直线,模型增益线则代表使用模型后的预测结果,且所有案例总是按照预测概率从最高到最低的顺序进入预测,因此增益线一开始会明显高于基线,但在某一点之后则逐渐开始靠近基线并最终再度重叠。因此,增益线从左到右开始阶段越陡峭,且下面所围的面积越大,模型效果越好,最佳增益线是理论上模型可以达到的最优效果。

除累积增益图外,提升图也是常用的一种图形工具,图 20.11(b)所示的名为增益图,但实际上就是一般所称的提升图。图中横轴表示相对于随机选择的预测正确率,纵轴表示使用模型时

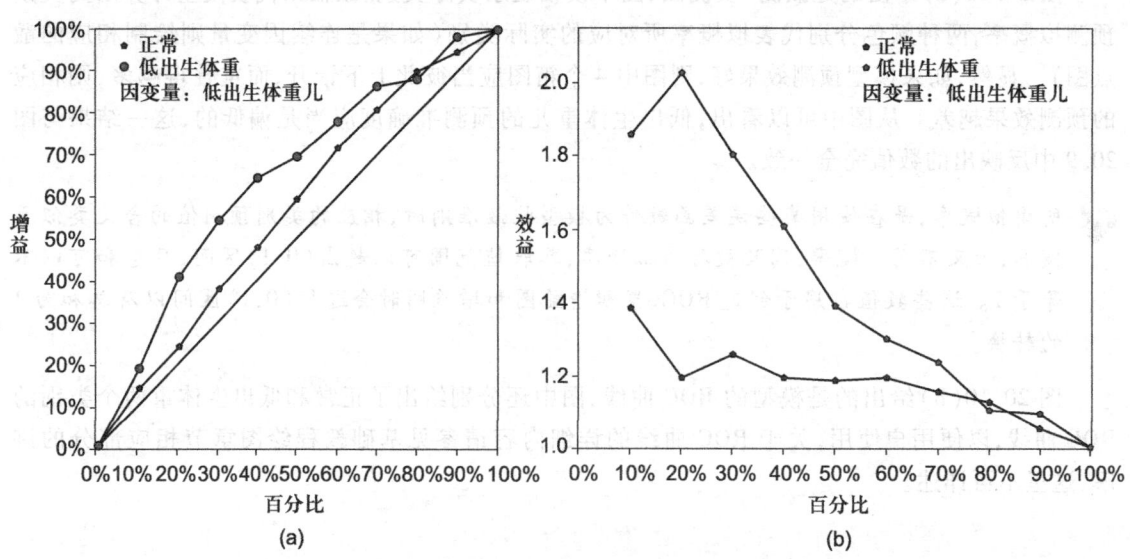

图 20.11　累积增益图和增益图

预测正确率的提升倍数,基线代表的则是随机选择的结果,为一条取值为 1 的水平线。与累积增益图一样,提升图从左到右开始阶段取值越高且下面所围的面积越大,模型效果越好,最佳提升线则代表了模型可以得到的最优效果。

20.3.2 尝试将模型复杂化

在上面的分析中,按照默认设定拟合了单隐含层的 BP 神经网络,结果显示总预测准确率并未明显高于原 Logistic 回归模型,由于单层 BP 神经网络和 Logistic 回归模型具有等价性,有的读者会考虑如果使模型进一步复杂化,是否可以使模型效果更优。为此可以在多层神经网络对话框"体系结构"选项卡中将模型设定得更为复杂。在该选项卡中可以指定网络的隐含层数,也可以设定每个隐含层中的节点数,还可以自行指定隐含层和输出层的连接函数,如图 20.12(a) 所示。由于本例的样本量有限,为避免模型参数过多导致过度拟合,这里只是将隐含层数指定为两层。

> "体系结构"和"培训"选项卡都可以用于调整模型参数。对于大数据集,如果希望减少训练时间,则最佳方案是在如图 20.12(b) 所示的"训练"选项卡中将培训类型从默认的"批次"改为"联机"或者"小批次",这两种方式都可以明显缩短模型训练时间。

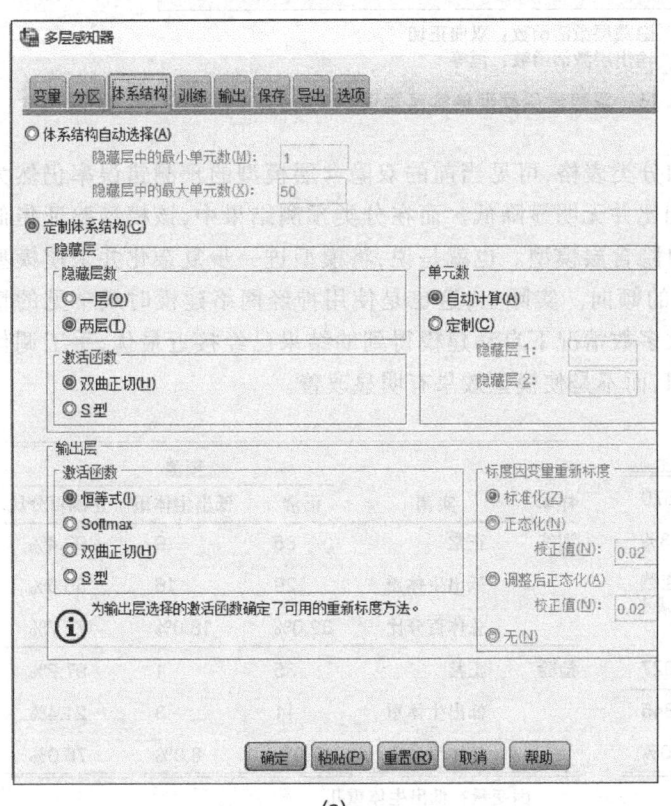
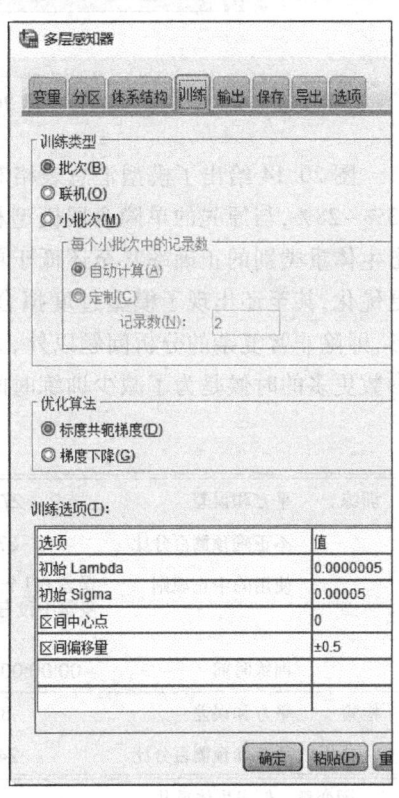

图 20.12 "体系结构"选项卡和"培训"选项卡

图 20.13 所示的为双隐含层模型结构示意图,可见隐含层 1 有 3 个节点,隐含层 2 有 2 个节点,从网络连接线的粗细可以看出,所有输入层节点中仍然是 ht=1 节点对模型的影响最大。

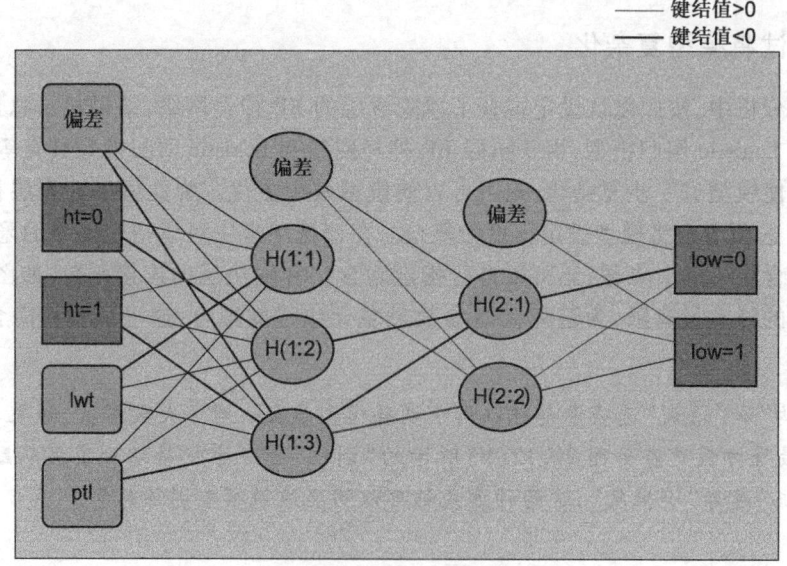

图 20.13　双隐含层模型结构示意图

图 20.14 给出了模型汇总表格和分类表格,可见当前的双隐含层模型的预测错误率仍然为 23%~28%,与原先的单隐含层模型相比并无明显降低。而在分类预测结果中,该模型验证集低出生体重类别的正确率甚至还低于单隐含层模型。也就是说,将模型进一步复杂化并未使模型更优化,甚至还出现了模型过度拟合的倾向。实际上,这也是使用神经网络建模时最常见的情形,即除非常复杂的分析问题以外,大多数情况下自动建模得到的结果已经接近最优,手工调优参数更多的时候是为了减少训练时间,而不是使模型效果有明显改善。

训练	平方和误差	27.570
	不正确预测百分比	27.3%
	使用的中止规则	误差在1个连续步骤中没有减小
	训练时间	00:00:00.027
检验	平方和误差	8.845
	不正确预测百分比	24.0%

因变量:低出生体重儿
a. 误差计算基于检验样本。

样本	实测	预测		
		正常	低出生体重	正确百分比
训练	正常	85	9	90.4%
	低出生体重	29	16	35.6%
	总体百分比	82.0%	18.0%	72.7%
检验	正常	35	1	97.2%
	低出生体重	11	3	21.4%
	总体百分比	92.0%	8.0%	76.0%

因变量:低出生体重儿

图 20.14　模型汇总表格和分类表格

20.3.3 纳入更多候选自变量

上面的分析中只纳入了三个已知有统计学意义的自变量,由于在神经网络中不存在自变量的筛选与检验操作,利用其他假设检验方法来进行预筛是比较合理的做法。一般而言,贸然纳入无关变量实际上只会使模型的预测效果变差。本例中如果希望直接纳入所有的候选自变量,则只需分别将它们选入多层神经网络对话框"变量"选项卡中的"因子"框和"协变量"框即可,相应的结果如下。

图 20.15 说明当前拟合的模型中有一个隐含层,其中包括 6 个神经元,有的读者可能会觉得现在纳入了这么多的自变量,而模型只有一个隐含层,6 个隐单元,这或许太少,但由于输入层有 14 个单元(加一个常数项单元),这意味着输入层和隐含层之间的连接数多达 14×6 = 84 个,因此模型的复杂度已经很高,足以囊括数据中的有效信息。

输入层	因子	1	是否患有高血压
		2	种族
		3	产妇在妊娠期间是否吸烟
		4	应激性
	协变量	1	产妇体重
		2	本次妊娠前早产次数
		3	产妇年龄
		4	随访次数
	单元数a		13
	协变量的重新标度方法		标准化
隐藏层	隐藏层数		1
	隐藏层1中的单元数a		6
	激活函数		双曲正切
输出层	因变量	1	低出生体重儿
	单元数		2
	激活函数		Softmax
	误差函数		交叉熵

a. 排除偏差单元

图 20.15 网络信息

图 20.16(a)所示的是模型汇总表格,结果显示无论是训练集还是验证集,其相对错误率都高于原先三个自变量的模型,显然更多变量的纳入对于本例而言是得不偿失的。

🖋 在神经网络中不存在类似于 Logistic 回归模型中的似然比检验这种全局比较方法,因此无法用假设检验的方式来判断上述自变量的增加对模型改善是否有价值,这也是神经网络在实际应用中的一大弱点。

图 20.16(b)所示的是模型对样本的预测结果,可见训练集和验证集对低出生体重儿的预测正确率分别为 25.0% 和 34.8%,仍然比只纳入三个自变量时的模型要差。

训练	交叉熵误差	70.619
	不正确预测百分比	28.1%
	使用的中止规则	误差在1个连续步骤中没有减小
	训练时间	00:00:00.069
检验	交叉熵误差	37.749
	不正确预测百分比	34.4%

因变量:低出生体重儿
a. 误差计算基于检验样本。
(a)

样本	实测	预测		
		正常	低出生体重	正确百分比
训练	正常	83	9	90.2%
	低出生体重	27	9	25.0%
	总体百分比	85.9%	14.1%	71.9%
检验	正常	32	6	84.2%
	低出生体重	15	8	34.8%
	总体百分比	77.0%	23.0%	65.6%

因变量:低出生体重儿
(b)

图 20.16 模型汇总表格和分类表格

图 20.17 所示的是基于当前模型计算的各自变量重要性,这里给出的实际上是敏感性分析,即在当前的模型结构下,一个自变量在有效取值范围内改变其数值时可能造成的预测值的波动程度。与树模型类似,所有变量重要性中最大的数值也会被换算成 100% 的相对重要性,而将其余各变量的重要性与之相比,换算成 0~100% 的比例。从图 20.17(a)可见,原先纳入模型的产妇体重、妊娠前早产次数和是否患有高血压的相对重要性的确比较高,但种族的相对重要性也在 70% 以上(注意该结果存在一定的随机性)。因此,如果考虑在原有三个自变量的模型基础上增加自变量,可以优先纳入种族。但是需要指出的是,自变量重要性的计算结果只有在样本量充足、模型结构也比较复杂的条件下才比较稳定,而现有样本及模型结构显然均不满足这些条件,因此相应的计算结果仅供参考。

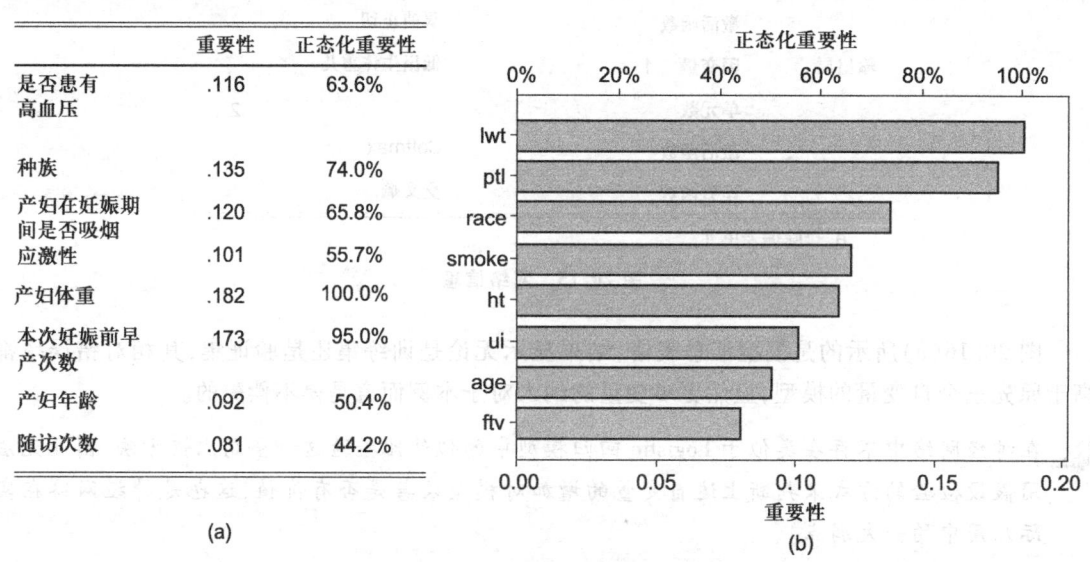

	重要性	正态化重要性
是否患有高血压	.116	63.6%
种族	.135	74.0%
产妇在妊娠期间是否吸烟	.120	65.8%
应激性	.101	55.7%
产妇体重	.182	100.0%
本次妊娠前早产次数	.173	95.0%
产妇年龄	.092	50.4%
随访次数	.081	44.2%

(a)

(b)

图 20.17 自变量的重要性

20.4 径向基神经网络

20.4.1 基本原理

前面介绍的 BP 神经网络在训练过程中需要对网络中出现的所有权值和阈值进行修正,因此可以称之为全局逼近神经网络。显然全局逼近神经网络的一大缺陷就是学习速度很慢,所以在一些实时性较强的场合(如实时控制),其应用会受到限制。而径向基神经网络是一种局部逼近网络,对于每个训练样本,它只需要对少量的权值和阈值进行修正,因而大大加快了训练速度,在实时性场景中的应用价值更高。

1. 径向基函数

径向基函数(radial basis function,RBF)是在高维空间进行插值的一种技术,用来描述复杂空间对象的函数往往是由简单函数组合而成的。例如,多项式函数可以被看作是一个简单函数 x 及其自身的乘积 x^n 做线性组合得到的。这个简单函数 x 就可以被称为是多项式函数的基函数。对于高维的数值分析问题,出于化简问题的需求,往往希望能有一个简单的函数 $\phi(.)$,它经过一些简单的运算就能得到函数空间的基,而径向基函数就是其中常用的一种,其基本形式为 $\phi(|x-c|)$,即空间中任一点 x 到某一中心 c 之间欧几里得距离的单调函数,而最常见的 $\phi(.)$ 为正态分布,也被称为高斯核函数。

2. 径向基神经网络

利用径向基函数构建的神经网络被称为径向基神经网络,它同样是一种前馈反向传播网络,除输入层外,还至少有两个网络层:隐含层为径向基层,输出为一线性层。

当给定一个输入向量时,径向基神经元将根据各输入向量与每个神经元权值的差异输出一个值,但是和 BP 神经网络不同,那些与神经元权值相差很大(距离大)的输入向量产生的输出值趋于 0,因此这些输出值对线性神经元输出的影响可以忽略;相反,那些与神经元权值相差较小(距离小)的输入向量产生的输出值趋于 1,从而激活第二层线性神经元输出权值。换句话说,虽然网络结构看上去是全连接,但训练中网络是局部工作的,对于输入的一组数据,每层网络可能只有一个神经元被激活。因此,径向基神经网络是一个局部逼近网络,其训练速度比 BP 神经网络快2~3 个数量级。

实际上,如果按照模式识别的观点来理解,在低维空间非线性可分的问题总可以映射到高维空间,使其在高维空间线性可分。而在径向基网络中,隐含层的神经元数目一般比标准的 BP 神经网络要多,可以构成高维的隐单元空间。同时,隐含层神经元的传输函数为非线性函数,从而可以完成从输入空间到隐单元空间的非线性变换。因此,只要隐含层神经元的数目足够多,就可以使输入模式在隐含层的高维输出空间线性可分。在径向基神经网络中,输出层为线性层,完成对隐含层空间模式的线性分类,即提供了从隐单元空间到输出空间的一种线性变换。

20.4.2 分析案例

1. 操作说明

由于径向基神经网络在操作界面和结果输出上与多层神经网络都非常类似,因此这里仍然使用前述低出生体重儿的案例进行分析,以便将两种方法进行对比,相应操作如下。

> 1. 选择"分析"→"神经网络"→"径向基函数"菜单项。
> 2. 在"变量"选项卡中将 low 选入"因变量"框。
> 3. 在"变量"选项卡中将 ht 选入"因子"框,将 lwt 和 ptl 选入"协变量"框。
> 4. 单击"确定"按钮。

上述操作中用到的对话框如图 20.18(a)所示,可见除"体系结构"选项卡为径向基神经网络所特有的外,其余选项卡的内容几乎和多层神经网络完全相同,因此这里不再重复解释。而对于"体系结构"选项卡(如图 20.18(b)所示)中的各项参数,绝大多数的时候采用自动搜索确定最佳神经元数和最佳允许重叠量,因此多数情况下无须修改。

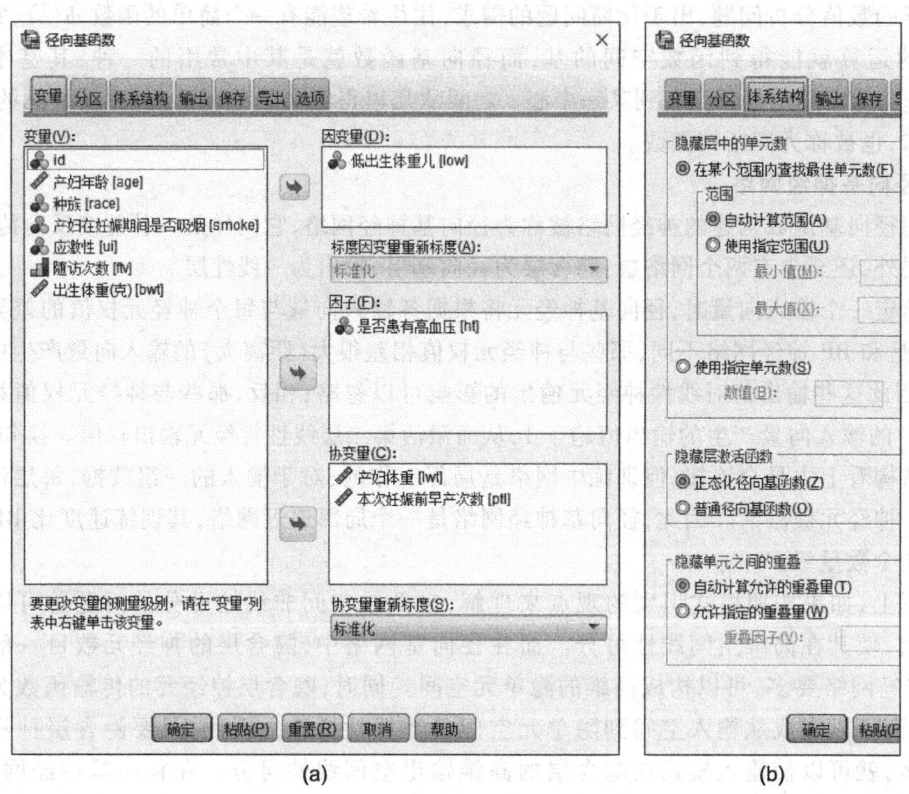

图 20.18 "变量"选项卡和"体系结构"选项卡

2. 结果解释

首先输出的案例处理汇总表格会报告有大约 2/3 的样本用于训练,其余 1/3 的样本用于测试,此处略。随后输出的图 20.19 说明模型有一个隐含层,其中包括 4 个神经元。

输入层	因子	1	是否患有高血压
	协变量	1	产妇体重
		2	本次妊娠前早产次数
	单元数		4
	协变量的重新标度方法		标准化
隐藏层	单元数		4[a]
	激活函数		Softmax
输出层	因变量	1	低出生体重儿
	单元数		2
	激活函数		恒等式
	误差函数		平方和

a. 由检验数据条件确定:隐藏单元的"最佳"数目是指在检验数据中产生误差最小的数目。

图 20.19 网络信息

图 20.20 所示的为所建立的径向基神经网络模型结构示意图,可见网络的基本架构和 BP 神经网络类似,分类变量也都会被拆分成多个哑变量节点纳入网络结构,但由于分析中使用的是默认的标准化径向基函数,因此结构中没有出现常数项(截距)节点。

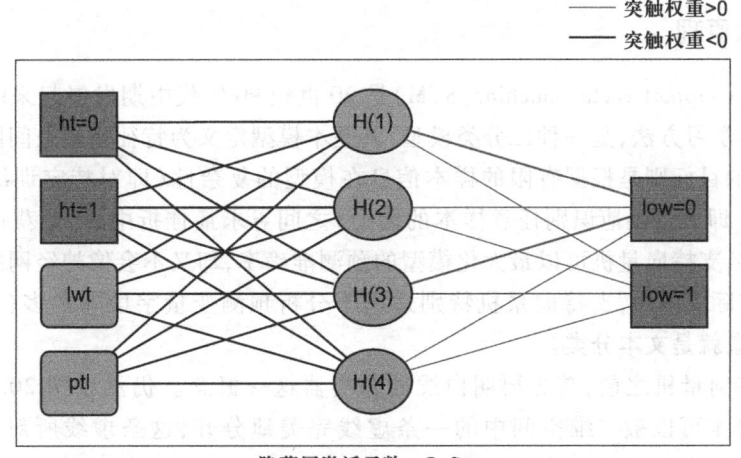

隐藏层激活函数:Softmax
输出层激活函数:恒等式

图 20.20 径向基神经网络模型结构示意图

从图 20.21 可见,模型对数据的整体预测错误率为 30%~40%,比 BP 神经网络要高一些,对低出生体重儿的预测正确率为 10%~20%,也明显低于 BP 神经网络。

(a)

训练	平方和误差	28.237
	不正确预测百分比	30.7%
	训练时间	00:00:00.037
检验	平方和误差	9.470[a]
	不正确预测百分比	30.6%

因变量:低出生体重儿
a. 隐藏单元数由检验数据条件确定;隐藏单元的"最佳"数目是指在检验数据中产生误差最小的数目。

(b)

样本	实测	预测		
		正常	低出生体重	正确百分比
训练	正常	94	3	96.9%
	低出生体重	40	3	7.0%
	总体百分比	95.7%	4.3%	69.3%
检验	正常	33	0	100.0%
	低出生体重	15	1	6.3%
	总体百分比	98.0%	2.0%	69.4%

因变量:低出生体重儿

图 20.21 模型汇总表格和分类表格

从上述结果中很难看出径向基神经网络的优势在哪里,这一算法的最大优势实际上在于能够快速得到准确率接近 BP 神经网络的分析结果,这在强调速度的实时分析系统中是非常有价值的。

20.5 支持向量机简介

20.5.1 基本原理

支持向量机(support vector machine,SVM)是 20 世纪 90 年代中期发展起来的基于统计学习理论的一种机器学习方法,是一种二分类模型,其基本模型定义为特征空间上间隔最大的线性分类器,期望达到的目标则是根据有限的样本信息在模型的复杂性(即对特定训练样本的学习精度)和学习能力(即无错误地识别任意样本的能力)之间寻求最佳折中,以期获得最好的外推能力。从原理上讲,支持向量机可以最大化模型的预测准确率,却又不会像神经网络那样过度拟合训练数据。在实际应用中,支持向量机特别适用于分析预测变量字段非常多(如数千个)的数据,最典型的场景就是文本分类。

在理解支持向量机之前,首先要明白线性分类器这一概念。仍然以图 20.2 为例,显然正常儿和早产儿样本可以被二维空间中的一条虚线完美地分开,这条虚线所对应的曲线方程,就是在该二维空间中针对这一分类问题的线性分类器,也称为分类超平面(二维空间中这一分类超平面就退化为一条曲线,而只要升到高维空间,在数学上总可以将其转换为一个高维超平面)。

那么,如何基于数据确定这一超平面所在的位置呢?显然,在曲线两侧都会有一些距离曲线较近的点,将曲线上下左右移动,如果曲线超越了这些点,则按此分类就会出现错分。因此,为了不出现错分,这一超平面能够移动的范围就会被这些点所限制,而这些"限制"超平面取值范围的点便被称为支持向量(support vector)。而利用这些支持向量的信息,就可以确定分类超平面所在的范围,因此相应的模型被称为支持向量机。

下面来考虑更复杂的情况。如果数据点不像图 20.2 中区分得那么清楚,而是存在类别间散点的交叉,支持向量机又该如何处理?此时,数据在该维度空间下为线性不可分,解决办法是通过某种事先选择的非线性映射(核函数)将输入变量映射到一个高维空间,在这个空间中构造最优分类超平面。在文本分类等应用场景中,为了构造分类超平面,支持向量机所构造的高维空间的维度可以达到数千甚至上万。

由上可知,使用支持向量机进行数据分类时,首先要解决的问题就是选择适当的核函数,但遗憾的是对于如何选择核函数目前还缺乏指导原则。实践表明,某些问题用某些核函数效果很好,但用另一些核函数效果就很差。但是一般来讲,径向基核函数是不会出太大偏差的一种,可以作为首选。

理论上,支持向量机总可以在超高维空间中找到最优分类超平面,但是如果只是为了少数几个错分点而将空间维度多增加几百维,很多时候也是毫无必要的,因此真正拟合时往往会在模型中加入松弛系数,允许一定比例的案例错分出现,此即真正得到应用的支持向量机架构。

从支持向量机的基本原理可以看出,支持向量机本质上是一种典型的两类分类器,即它只回答属于 A 类还是 B 类的问题。而现实中要解决的问题往往是多分类问题,因此在具体应用中还需要考虑如何将支持向量机转换为多类分类器。理想的解法是同时设定多个支持向量机联合求解,但相应的计算量实在太大,因此真正得到应用的策略是分步法,即将 n 个类别中的 $n-1$ 类暂时合并,这样就可以应用支持向量机进行分类,然后再将 $n-1$ 类合并出的类别逐步拆分并建模,直至全部拆分完毕。当然,分步法在具体应用时还要考虑分类重叠或者分类不可分等更复杂的情况,因此又会有有向无环图(directed acyclic graph,DAG)等改进方法来保证算法逻辑的合理性,这里不再详述。

20.5.2 分析案例

1. 操作说明

这里仍然使用低出生体重儿的案例进行分析,操作如下。

> 1. 选择"分析"→"分类"→"支持向量机"菜单项。
> 2. 将 low 选入"因变量"框。
> 3. 将 ht、lwt 和 ptl 选入"自变量"框。
> 4. 单击"确定"按钮。

上述操作中用到的对话框如图 20.22 所示,与神经网络的对话框不同,这里不需要区分因子和协变量,设定为有序和无序尺度的自变量会自动转换为因子。左下方的"命令方式"框组用于确定当前操作是用于建立支持向量机,还是利用已有的支持向量机模型进行对当前案例的类别预测,也就是说,建模和预测是在同一个对话框中完成的。

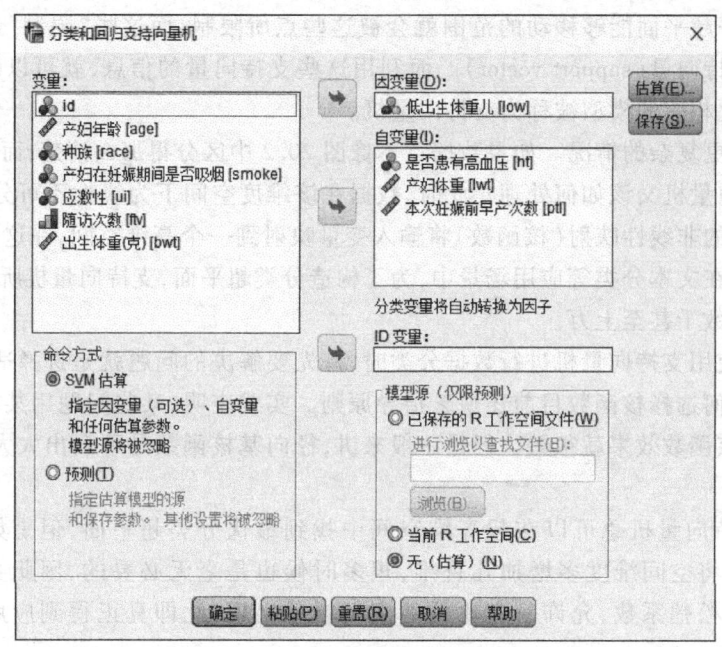

图 20.22 支持向量机主对话框

2. 结果解释

首先输出的表格是模型情况汇总表格,此处略。

图 20.23(a)给出的是模型中连续自变量的描述统计,中心和标度实际上就是平均值和标准差。

图 20.23(b)给出的实际上是模型的拟合信息,可见由于被映射到高维空间,在 189 个有效案例中,共有 123 个案例被用作支持向量以确定分类超平面。而在用于建模的自变量中,产妇体重的重要性最高,其次为是否患有高血压,妊娠前早产次数则最不重要。

图 20.23(c)给出的是模型拟合的效果报告,可见正常儿有 94.6% 预测正确,低体重儿有 37.3% 预测正确,总正确率为 76.7%,这一数值和前面人工神经网络的结果相差不大。

	中心	标度
ptl	.196	.493
lwt	130.095	30.520

(a)

	1
ht0	2.509
ht1	-2.509
ptl	.433
lwt	4.160

支持向量数:123

(b)

实际	拟合			
	0	1	总计	%正确
0	123.000	7.000	130.000	94.620
1	37.000	22.00	59.000	37.290
总计	160.000	29.00	189.000	76.720
%正确	76.880	75.86	NA	NA

正确百分比:76.720

(c)

图 20.23 支持向量机的分析结果

思考与练习

1. 在 logistic_step.sav 中,建立只包括一个自变量 smoke 的单层 BP 神经网络,尝试在使用各种不同的激活函数时,将预测概率保存为新变量,并将相应的模型输出结果、预测概率结果与 10.2 节中相应 Logitisc 回归模型的结果相比较,思考这两种模型的等价性。

2. 将自变量产妇体重(lwt)离散化为十等分的有序分类变量,然后分别将其指定为协变量和因子进行神经网络的拟合,比较这两种模型的输出结果,并思考为什么将其指定为分类因子时的模型预测效果会更好。

参考文献

[1] IBM Corp. IBM SPSS Neural Network 24[CP/OL]. Armonk, NY: IBM Corp, 2016.

[2] 张文彤,钟云飞. IBM SPSS 数据分析与挖掘实战案例精粹[M]. 北京:清华大学出版社, 2013.

[3] 张文彤. SPSS 统计分析基础教程[M]. 3 版. 北京:高等教育出版社, 2017.

[4] 张文彤,竺丽明,王见义,等. 基于 BP 神经网络的中医医院住院费用影响因素分析[J]. 中华医院管理杂志, 2005, 21(3): 161-165.

第21章 信度分析

问卷是调查研究中的常用工具,而在将问卷正式投入使用前必须先对其信度和效度进行分析,只有信度和效度在研究可接受的范围之内,使用该问卷所采集的数据才具有分析价值,其结果才能回答相应的研究问题。由于不同学科的研究要求和背景各不相同,因此它们对信度和效度的要求有所不同,而心理学中对信度、效度的要求最突出,且在心理学的需求推动下发展出来的一系列测量理论也最为完整。本章将基于此介绍 SPSS 的信度分析过程。

21.1 信度理论入门

21.1.1 真分数测量理论

信度即可靠性,最早由 Spearman 于 1904 年将其引入心理测量,指的是测验结果的一致性程度或可靠性程度。按照时间顺序,信度的概念首先出现于 20 世纪前半叶发展起来的以信度分析为基础的真分数测量理论,该理论是 20 世纪前期与中期心理测量理论的主体,所以也称为经典测量理论(classical test theory, CTT)。其理论框架是围绕"四度":信度(reliability)、效度(validity)、项目分析(item analysis)中的难度(item difficulty)、区分度(discrimination index)来展开的,其假设如下。

(1) 实际分数与真分数存在线性关系(记住通常用的相关系数是测量线性相关的):
$X = T + E$(X:实际分数;T:真分数;E:误差分数)。需要说明的是,测量误差的分解如图 21.1 所示。这里的误差只包括随机误差,系统误差包含在真分数中。

(2) 测量误差的期望为零:$E(E) = 0$。

(3) 误差与真分数彼此独立:$r_{TE} = 0$。

(4) 实际分数的方差 = 真分数的方差 + 随机误差的方差:$SS_X = SS_T + SS_E$。其中,SS_X 为实际分数的方差,SS_T 为真分数的方差,SS_E 为随机误差的方差。

在真分数测量理论中,将信度定义为真分数方差与实际分数方差的比值,即

$$r_{xx} = SS_T/SS_X \text{ 或 } r_{xx} = 1 - SS_E/SS_X$$

显然,如果用直观的方式来表达,信度指的就是测量结果的稳定性,如果多次重复测量的结果都很接近,则可以认为测量的信度是很高的。

那么,信度系数为多大才能认为该问卷信度较高?这方面没有统一的标准,但根据多数学者的观点,任何测验或量表的信度系数如果在 0.9 以上,则该测验或量表的信度甚佳;信度系数在 0.8 以上都是可接受的;如果信息系数在 0.8 以下但在 0.7 以上,则应该对该量表进行较大的修订,但仍不失其价值;如果信度系数低于 0.7,就需要重新设计了。

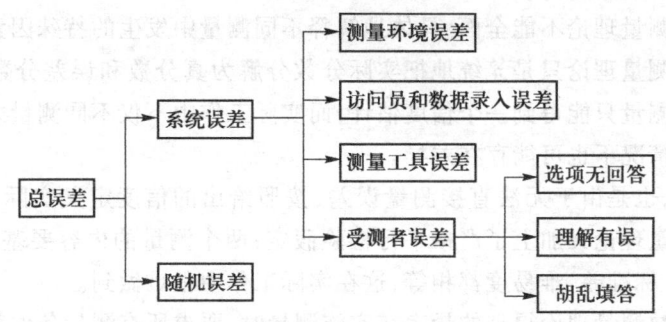

图 21.1 真分数测量理论中的测量误差分解

⚠ 注意在大型量表中,往往用一组问题来集中测量某一方面的信息。此时,信度分析应当按问题组来进行,即同一组问题间的信度如何,而不是分析整个量表的信度。

21.1.2 信度与效度

与信度有密切关系,也常被用到的还有效度这一概念,效度指的是测量值和实际值的接近程度。它假设在真分数中稳定地存在系统误差,于是将实际分数重新分解为 $X=V+I+E$(X:实际分数;V:有效分数;I:系统误差分数;E:随机误差分数),而效度的数学定义为有效分数方差(SS_V)与实际分数(SS_X)方差之比:

$$r_{XV} = SS_V/SS_X$$

进一步可以得到信度和效度关系的数学表达式:

$$r_{XX}/r_{XV} = SS_T/SS_V$$

通过这个公式可以得出非常重要的两个结论:

(1)效度高,信度一定高;但是信度高,效度不一定高。也就是说,信度是效度的必要条件,但不是充分条件。

(2)在数量上效度不会大于信度的平方根。

21.1.3 内在信度与外在信度

根据所关注的侧重点不同,信度可以分为内在信度和外在信度两类。

(1)内在信度。指问卷中的一组问题(或整个调查表)测量的是否是同一个概念,也就是这些问题之间的内在一致性如何。如果内在信度系数的数值在 0.8 以上,则可以认为调查表有较高的内在一致性。常用的内在信度系数是克隆巴赫 α 系数(Alpha 信度系数)和折半信度系数。

(2)外在信度。指在不同时间进行测量时问卷结果的一致性程度。常用的外在信度指标是重测信度,即用同一问卷在不同时间对同一对象重复进行测量,然后计算一致性程度。

21.1.4 真分数测量理论的缺陷

真分数测量理论在提出后得到了广泛应用,但在实践中人们发现,它存在着以下局限。

(1)在对误差的控制上,因为无法直接测量误差,所以通常是研究者根据经验判定误差源,由于误差源不同就出现了多种计算信度的方法。这造成信度计算的结果混乱,其精确性得不到保证。而且真分数测量理论不能全面、具体地解释不同测量中发生的特殊因素对分数的影响,这主要是因为真分数测量理论只是笼统地把实际分数分解为真分数和误差分数,而且假设两部分彼此独立。这样的测量只能得到一个信度估计,而实际工作中不仅不同测量之间存在差异,而且同一个测量在不同情况下也可能存在差异。

(2) 在理论上,也是由于无法直接测量误差,按照给出的信度定义实际上是无法进行计算的。于是真分数测量理论又加上了严格平行检验假定:两个测量的内容要基本相似,测量长度、实际分数的平均值、标准差、难易度都相等,这在实际工作中很难做到。

(3) 使用真分数测量理论得到的量表在实施测量时,要求所有测量条件都完全标准化,从施测时的指导语到测验计分都有严格而明确的规定(大部分的心理测量量表都有自己的操作指导手册),这对实际工作的要求比较高。

尽管存在以上缺点,真分数测量理论仍得到了广泛的应用,与概化理论、项目反应理论一起并称为三大测量理论。简单地说,项目反应理论在处理微观问题(即受测者水平与项目之间的实质性关系)时优势明显,真分数测量理论在处理一般问题(如处理常见的标准化考试等)时方便易懂,概化理论则在处理宏观问题(如对结果做推论)时更有优势。三种测量理论各有长短,互相补充。

21.2 案例:问卷信度分析

SPSS 的信度分析过程还是立足于真分数测量理论,它所提供的计算信度的模型比较全面,共有 5 个,分别是 Alpha 信度系数、split-half 折半信度系数(Spearman-Brown 系数)、Guttman 折半系数、平行(parallel)模型、严格平行(strict parallel)模型。至于重测信度则直接使用相关分析,本节将只介绍目前最常见的 Alpha 信度系数,以及一些基础的描述统计量,其他内容放在 21.2 节中深入介绍。

例 21.1 数据文件 item.sav 记录了某问卷测量的数据,该问卷共有 10 个项目,均为 9 分量表,高分数代表同意此观点,共测量了 100 人。现希望考察该问卷的信度。

21.2.1 Alpha 信度系数

选择"分析"→"标度"→"可靠性分析"菜单项,弹出的就是信度分析主对话框,如图 21.2 所示。如果一切按照默认的设置,只是选入 10 个项目所对应的变量,然后进行计算,则输出结果中只会给出信度系数,如图 21.3 所示。

这里计算的是内在信度中的克隆巴赫 α 系数(Alpha 信度系数),其计算公式为 $\frac{k}{k-1}(1-\sum_{i=1}^{k} SS_i/SS_p)$,其中 k 为项目个数,SS_i 为每个项目得分的方差,SS_p 为总分的方差。实际上这个克隆巴赫 α 系数也就是库德-理查逊 20 系数(Kuder-Richardson,KR20),只不过前者用于计算多分值变量的量表,而后者用于计算二分类变量的量表,是克隆巴赫 α 系数的一种特例而已,在具体的数值上用克隆巴赫 α 系数计算二分类变量的量表与用 KR20 公式计算的结果完全一样。本例的 Alpha 信度系数接近 0.8,因此可以认为本问卷的内在信度可接受。但是,在信度分析中只得到这样一个系数并不够用,不能为该问卷的改进提供任何有用的信息。下面就使用对话框中的相关选项来得到更详细的分析结果。

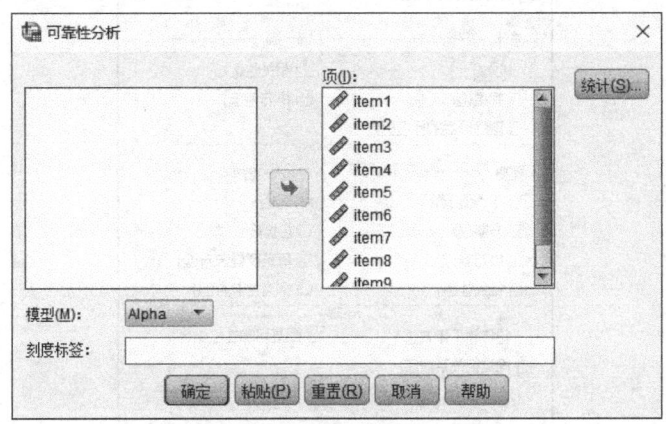

图 21.2 信度分析主对话框

克隆巴赫Alpha	项数
.794	10

图 21.3 信度统计量

21.2.2 对各项目的进一步分析

1. 项目描述

信度分析的"统计"子对话框中提供了大量选项,如图 21.4 所示,可以对问卷的信度进行深入分析,其中"描述"框组用于选择一些可供输出的描述统计量。

(1) 项(item):给出各变量的平均值和标准差。

(2) 标度(scale):给出各变量值之和(即总分)的平均值、方差和标准差。

(3) 删除项后的标度(scale if item deleted):给出在问卷中删除当前变量(项目)后,问卷相应指标的改变情况。这一选项非常重要,可以用来对问卷中的各项逐一进行分析,以达到改良问卷的目的。

这里重点对第三项的输出进行讲解,如图 21.5 所示,给出的是如果将相应的变量(题目)删除,则问卷总的信度指标会如何改变,依次为总分的平均值改变、方差改变、该项目与总分的相关系数和克隆巴赫 α 系数的改变情况。其中最重要的是后两个信度指标,如果相关系数太小,则可以考虑将该项目删除。可见 item5、item6 和总分的相关系数就非常小,提示这两个项目的应答分值高低和总分高低的相关性不大,说明它们可能和问卷的测量目的关联不大。而表格的最后一个信度指标反映的是删除该项目后克隆巴赫 α 系数的改变情况,如果删除该项目后克隆巴赫 α 系数上升,则说明该项目区分性不好,将该项目删除可以提高问卷的信度。显然,从输出结果中可见还是 item5、item6 这两个项目的该项指标较高,因此如果要改进本问卷,则可以首选考虑对 item5、item6 两个项目进行更换或删除。

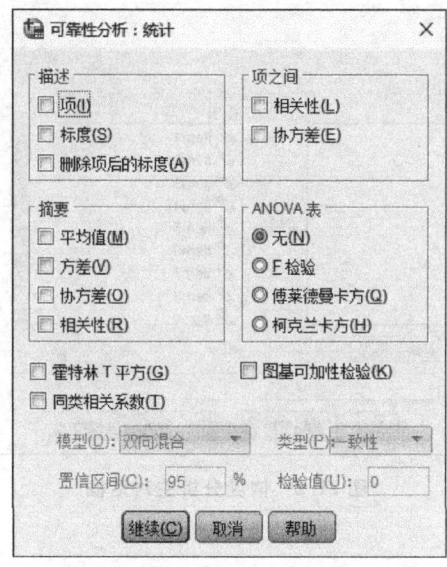

图 21.4 信度分析的"统计"子对话框

	删除项后的 标度平均值	删除项后的 标度方差	修正后的项与 总计相关性	删除项后的克 隆巴赫Alpha
item1	41.61	52.463	.656	.752
item2	41.37	54.336	.666	.755
item3	41.41	55.416	.549	.767
item4	41.63	57.145	.471	.776
item5	41.52	64.818	.055	.825
item6	41.56	63.320	.119	.818
item7	41.46	54.574	.588	.762
item8	41.33	53.860	.609	.759
item9	41.44	55.623	.503	.772
item10	41.66	54.328	.573	.763

图 21.5 项总计统计量

2. 摘要统计量

如果希望从整体上了解问卷中各项目的评分情况，可以使用"统计"子对话框的"摘要"框组，它可以给出问卷中各项目平均值、方差、协方差等的变异情况，结果如图 21.6 所示，可见本问卷各项目的差异不大。例如，各项目的平均值均为 4.5 分左右，方差也均在 1.5~2 之间，并未发现比较极端的项目。

	平均值	最小值	最大值	全距	最大值/最小值	方差	项数
项平均值	4.611	4.450	4.780	.330	1.074	.013	10
项方差	1.947	1.588	2.189	.601	1.378	.037	10
项间协方差	.543	-.085	1.066	1.151	-12.560	.132	10
项间相关性	.286	-.043	.576	.620	-13.287	.038	10

图 21.6 摘要项统计量

使用"摘要"框组中的功能,可能会同时影响其他表格的输出。首先,SPSS 会同时输出标准化后的克隆巴赫 α 系数值,如图 21.7 所示,其中新增的标准化克隆巴赫 α 系数其实计算的是斯皮尔曼-布朗(Spearman-Brown)校正公式,其值为 $k\overline{corr}/(1+(k-1)\overline{corr})$,其中 $\overline{corr}$ 就是图 21.6 中项间相关性的平均值,因此本例中标准化克隆巴赫 α 系数 = 10×0.286 3/[1+(10-1)×0.286 3] = 0.800 5。它的意义在于计算由 k 个平行项目组成的全测量信度系数。由于本例中 10 个项目的量表范围本来就相同,实际得分情况也相差不大,因此标准化后的克隆巴赫 α 系数值与标准化前非常接近。

克隆巴赫Alpha	基于标准化项的克隆巴赫Alpha	项数
.794	.800	10

图 21.7 可靠性统计量

除输出标准化系数外,会在图 21.5 所示的项总计统计量表格的基础上增加一项"平方多重相关性"(squared multiple correlation),它是指该项目的分数与其余项目分数之间的复相关系数,也就是以该项目为因变量,其他项为自变量进行线性回归所得出的复相关系数。

除以上两个框组外,"项之间"(inter-item)框组也可以用于对问卷进行深入分析,使用该框组中的功能可以求出各项目间的 Pearson 相关矩阵和协方差矩阵,对了解问卷中各项目的关系很有帮助。

21.2.3 对真分数测量理论适用条件的考察

除了进行描述统计,针对真分数测量理论的假设,SPSS 还提供了霍特林 T^2(Hotelling's T^2)统计量和图基可加性检验(Tukey's test of additivity),这两种方法都可以用于考察真分数测量理论的假设是否成立。霍特林 T^2 统计量在多元统计分析中的地位类似于 t 检验在一元统计分析中的地位,其原假设 H_0 为:两组多元正态分布的多重平均值相等;图基可加性检验的目的是检查方差分析中的交互作用,用于检验双因素固定效应模型的交互效应,它把实际分数分解为 $X=\mu+\alpha+\beta+\lambda(\alpha\beta)$,$X$ 为实际分数,μ 为真分数,α、β 为行、列的主效应,$\alpha\beta$ 为行列之间的交互效应。图基不可加性检验的原假设 H_0 为:$\lambda=0$。

本例中如果在"统计"子对话框中选中这两种方法对应的复选框,则相应的分析结果如图 21.8 所示。其中的非可加性(nonadditivity)对应的就是图基可加性检验,其 p 值为 0.266,因此尚不能拒绝原假设,即不存在交互效应。这里采用的是最简单的单侧面随机设计:有 100 名受测者在 10 个项目上做选择题,每个项目就是测量轮廓的水平。

			平方和	自由度	均方	F	显著性
人员间			676.179	99	6.830		
人员内	项间		11.769	9	1.308	.931	.497
	残差	非可加性	1.740ª	1	1.740	1.239	.266
		平衡	1249.991	890	1.404		
		总计	1251.731	891	1.405		
	总计		1263.500	900	1.404		
总计			1939.679	999	1.942		

总平均值=4.61
a. 实现可加性所必须将观测值提升到的图基幂估算值=-1.156。

图 21.8 ANOVA 以及图基非可加性检验

图 21.9 给出的是霍特林 T^2 检验的结果,其 p 值为 0.433 1,拒绝平均值向量相等的原假设。其实如果知道 SPSS 中霍特林 T^2 检验是分前后两组进行检验的,那么它在变换数据格式后还可以进行轮廓分析(profile analysis),相应的操作比较简单,请读者自己完成,这里不再详述。

霍特林T方	F	自由度1	自由度2	显著性
9.951	1.016	9	91	.433

图 21.9 霍特林 T^2 检验

21.3 其他常用的信度系数

除 Alpha 信度系数外,还有一些常用的信度系数,它们多数都可以在信度分析主对话框的"模型"下拉列表中找到,只要选择相应的项,运行后就可以得到相应的结果。

21.3.1 重测信度

重测信度指的是用同样的量表,对同一组受测者重复进行测量。如果在这段时间内受测者的情况没有发生变化,则两次测量各项得分间相关分析或差异的统计学检验结果就可以说明该量表测量信度的高低。如果相关分析的检验结果有统计学意义,或者统计学检验未发现两次测量各项得分间的差异有统计学意义,则问卷具有一定的信度。这种方法特别适用于事实性的量表。如前所述,重测信度直接使用相关分析,并未在信度分析过程中出现,相关分析得到的相关系数就是重测信度系数,一般要求达到 0.7 以上。

重测信度虽然非常简单,易于理解,但它要求对同一受测者重复进行测量,在实施中有一定的困难;其次,如果受测者的情况已经随时间的变化而发生变化,那么两次测量的差异就不再单纯地反映信度高低;最后,重复测量会受前一次测量的影响,即受测者在接受第二次测量时可能会记忆并重复前一次测量时填写的答案,因而第二次测量结果不一定能反映被受测者的真实情况。因此,重复测量的间隔时间不宜太长,也不宜太短,视具体研究情况而定。多数研究者认为一般以 2~4 周为宜。

21.3.2 折半信度

所谓折半信度,就是在不可能进行重复调查的情况下,将项目分为两半,然后计算两部分各自的信度,以及它们之间的相关性,以此为标准来衡量整个量表的信度,相关性高则意味着信度好,而相应的信度指标就是折半信度。

项目的分半方法有很多种,SPSS 对项目采取的是前后分半的方式。如果项目的个数(k)为奇数,则把前($k-1$)/2 个项目并入第一部分。例如,有 21 个项目,那么前 11 个项目就是第一部分,后 10 个项目就是第二部分。如果量表是按照奇偶分半设计的,就需要重新对其进行整理再计算。计算采用的是斯皮尔曼-布朗(Spearman-Brown)公式,要注意它和前面的斯皮尔曼-布朗校正公式计算有所不同,具体如下。

(1) 相关性。$R = \dfrac{(SS_p - SS_{p_1} - SS_{p_2})/2}{SS_{p_1} SS_{p_2}}$,其中 SS_{p_1}、SS_{p_2} 分别表示前后两部分的总方差。

(2) Guttman 折半系数。$G = 2(SS_p - SS_{p_1} - SS_{p_2})/SS_p$,它其实是有些心理测量书上给出的弗朗那根(Flanagan,1941)公式。由于在实际研究中真分数测量理论的平行检验要求总方差相等这条假设被违反,因此信度系数会被高估。此时,可以通过计算弗朗那根信度系数进行修正。

(3) 等长斯皮尔曼-布朗系数。$Y = 2R/(R+1)$,这是最常见的斯皮尔曼-布朗公式。

(4) 不等长斯皮尔曼-布朗系数。$Y = \dfrac{-R^2 + \sqrt{R^4 + 4R^2(1-R^2)k_1 k_2/k^2}}{2(1-R^2)k_1 k_2/k^2}$,这是在两部分的项目个数不相等情况下的计算公式,因为一般研究者都是把量表的项目个数设计为偶数,所以这个公式比较少提及,但是它确实是存在的。

斯皮尔曼-布朗系数对应于"模型"下拉列表中的"折半"(split-half)选项,相应的输出如图 21.10(a)所示。在图中表格的最上面还分别给出了两部分各自的克隆巴赫 α 系数,其计算公式同前。

21.3.3 Guttman 折半系数

Guttman 折半系数对应于"模型"下拉列表中的"格特曼"选项,相应的输出如图 21.10(b)所示。该模型计算真实信度系数置信区间的 Guttman 的下界,输出结果中的 Lambda 3 实际上就是克隆巴赫 α 系数,Lambda 4 就是弗朗那根信度系数。

克隆巴赫Alpha	第一部分	值	.657	Lambda	1	.715
		项数	5ª		2	.810
	第二部分	值	.665		3	.794
		项数	5ᵇ		4	.789
	总项数		10		5	.788
形态之间的相关性			.652		6	.810
斯皮尔曼-布朗系数	等长		.789	项数		10
	不等长		.789			
格特曼折半系数			.789			

a. 项为: item1,item2,item3,item4,item5.
b. 项为: item6,item7,item8,item9,item10.

(a)   (b)

图 21.10　折半信度和统计量 Guttman 折半系数的结果表格

21.3.4　平行模型的信度系数

平行模型的信度系数对应于模型下拉列表中的"平行"选项,它采用最大似然法估计信度系数,平行模型要求两个部分的内容相似,测量长度、实际分数的标准差、难易度都相等。用统计术语来讲就是要求:变量方差齐同,组间变异相等。

相应的输出如图 21.11 所示,结果中给出了实际分数的估计方差、误差的方差、真分数的估计方差,三者的关系是:实际分数的估计方差＝真分数的估计方差＋误差的估计方差。这是真分数测量理论的基本假设之一。那么按照真分数测量理论中信度的定义:真分数方差与实际分数方差比值,其理论信度为 0.543/1.947 = 0.279。而估计的信度,也就是克隆巴赫 α 系数为 0.794。

$$R = \frac{2+(n-3)\times \text{Cronbach'}\alpha}{n-1} = \frac{2+(100-3)\times 0.794\ 3}{100-1} = 0.798\ 45$$

卡方	值	128.245	公共方差	1.947
	自由度	53	真方差	.543
	显著性	.000	误差方差	1.405
以下矩阵的决定因子的对数:	无约束矩阵	3.637	公共项间相关性	.279
	受约束矩阵	4.981	标度的可靠性	.794
按平行模型假定			标度的可靠性(无偏)	.798

(a)   (b)

图 21.11　平行模型的模型拟合度检验表格和信度系数表格

21.3.5 严格平行模型的信度系数

严格平行模型的信度系数对应于模型下拉列表中的"严格平行"选项,相应的输出如图 21.12 所示,这才是严格意义上真分数测量理论得到的信度计算结果,它才是 SPSS 信度分析中真正的"主角"。

			公共平均值		4.611
			公共方差		1.959
卡方	值	136.945	真方差		.555
	自由度	62	误差方差		1.404
	显著性	.000	公共项间相关性		.276
以下矩阵的决定因子的对数:	无约束矩阵	3.637	标度的可靠性		.792
	受约束矩阵	5.064	标度的可靠性(无偏)		.799
按严格平行模型假定					
(a)			(b)		

图 21.12 严格平行模型的模型拟合度检验表格和信度系数表格

严格平行模型也是采用最大似然法来估计信度系数,其所有结果解释与前面的平行模型相同,不过由于严格平行模型进一步要求平均值也相等(其实就是要求分布相同),因此计算公式有所不同。其中"公共平均值"一项对应的是图 21.6 所示的摘要项统计量中"项平均值"一项的平均值。

(1) 公共方差。$CV = \overline{var} + \frac{1}{k} \sum_{i=1}^{k} (\overline{T_i} - \overline{G})^2$,$\overline{var}$ 就是平行模型中实际分数的估计方差,$\overline{T_i}$ 是每个项目得分的平均值,$\overline{G}$ 是所有项目得分的平均值。

(2) 误差方差。$EV = MS_{within\ people}$,定义为案例组内均方和为误差的方差。

(3) 真方差。$TV = CV - EV$,这是真分数测量理论的假设的实际应用。

(4) 公共项间相关性。$R = \left(\overline{cov} - \frac{1}{k(k-1)} \sum_{i=1}^{k} (\overline{T_i} - \overline{G})^2\right) / \left(\overline{var} + \frac{1}{k} \sum_{i=1}^{k} (\overline{T_i} - \overline{G})^2\right)$,这和前面理论信度的计算公式有所不同,结果为 0.276 2。

(5) 测量的可靠性:$rel = kR/(1 + (k-1)R)$,这是估计的信度公式,其结果为 0.792 4。

(6) 测量可靠性的无偏估计:$\hat{R} = ((n-3) \times rel + 3)/n$,其结果为 0.798 6。

21.3.6 评分者信度

除有评估测量工具(问卷)信度的需求外,对于直接由评价者对同一事物进行评价的情况,也需要对评价者的信度进行评估。例如,咨询机构对一系列企业的评估,不同裁判对同一参赛人的打分等。人们往往想知道这些评价结果是否一致,评价者采取的是否是同样的评价标准,如果不同评价者的评价结果很不一致,则与对问卷项目进行优化类似,也需要对评价者做进一步的筛选。这就是所谓的评分者信度(scorer of reliability)。

利用 SPSS 的信度分析过程可以直接计算出评分者信度。由于评分者信度是考察不同评分者之间评分的一致性,因此实际上分析的就是数据中每一行的影响,即每一位评分者对评分的影响,而不是每一列的影响。具体的分析是用"统计"子对话框中的"ANOVA 表"框组实现的,该框组提供了三种分析方法,它们分别用于在不同的分数测量尺度下评价评分者信度。

(1) F 检验。它对各变量重复进行测量的方差分析,该方法适用于评分分值为连续测量尺度的情形,等价于调用广义线性模型中的重复测量方差分析模型。

(2) 傅莱德曼(Friedman)卡方。它对各变量进行配伍设计的非参数分析,该方法适用于评分分值不呈正态或为有序分类测量尺度的情形,等价于调用非参数分析中的 k 个相关样本过程。

(3) 柯克兰(Cochran)卡方。它对各变量进行柯克兰卡方检验,该方法适用于评分分值为二分类/无序分类测量尺度的情形。

上述检验相应的假设 H_0 为:这些评估(对于不同个体)是不相关的或者是随机的;备择假设 H_1 为:评估是正相关的或者是一致的。但是,如果检验结果是 P 值大于 0.05,仅仅是说明尚不能认为有差异,并不能告诉研究者一致性程度究竟是怎样的,显然这离分析的目的还有一段距离。一般而言,如果是对两名评分者的一致性进行评价,则可以进一步计算斯皮尔曼等级相关(Spearman rank correlation)系数;而如果是三名及以上评分者的评价,一般可以考虑计算肯德尔(Kendall)协同系数。

除利用信度分析过程进行计算外,在 SPSS 中也可以使用"非参数检验"→"相关样本"菜单项,打开"非参数检验"对话框,直接计算出肯德尔协同系数。

这里虚拟了 5 个评分者在 10 个项目上的评分情况,数据文件见 item1.sav,假设其分值均为有序分类测量尺度,则对应的统计量应当为傅莱德曼卡方值,相应的结果输出如图 21.13 和图 21.14 所示。注意图 21.13 给出的是 10 个项目之间的信度结果,与评分者信度有关的结果则如图 21.14 所示。由傅莱德曼卡方值及其 P 值可见,尚不能认为这 5 个评分者之间存在差异,即尚未发现评分者信度有问题。图 21.14 所示的表格下方还给出了相应的肯德尔协同系数为 0.097,其计算公式为 $W = SS_{项间}/MS_{总计} = 7.6/78$,显然,从该系数可知各评分者的一致性并不算特别高。

克隆巴赫Alpha	基于标准化项的克隆巴赫Alpha	项数
.817	.855	10

图 21.13 可靠性统计量

		平方和	自由度	均方	傅莱德曼卡方	显著性
人员间		26.600	4	6.650		
人员内	项间	7.600a	9	.844	6.654	.673
	残差	43.800	36	1.217		
	总计	51.400	45	1.142		
总计		78.000	49	1.592		

总平均值=4.80
a. 肯德尔协同系数W=.097。

图 21.14 ANOVA 以及傅莱德曼检验

其实上述三种检验结果均可以从 ANOVA 表的结果中直接算出,具体公式如下。

F 检验为:$F = MS_{项间}/MS_{残差} = 0.8444/1.2167 = 0.694, df = \{k-1, (n-1)(k-1)\}$。

傅莱德曼/柯克兰检验:$X2 = SS_{项间}/MS_{项间} = 7.6/1.1422 = 6.6538, df = k-1$。

21.3.7 信度系数总结

在本节所介绍的 5 种信度系数中,前 2 种都是介绍内部一致性信度的计算方法(折半信度也是一种内部一致性信度);第 3 种模型并无实际价值;第 4 种和第 5 种模型是真正的真分数测量理论模型。也可以这么说,前 2 种模型是真分数测量理论的实际应用。

最后总结几种类型信度指标间的差异,如表 21.1 所示。

表 21.1 不同类型信度指标间的比较

类型	假设测量的误差源	测量目的	测量次数	公式
稳定性	受测者的不稳定性,如情绪和人格发展、记忆等	考察在不同时间点上的可靠性	2 次	Pearson 相关系数
等值性	两种测量方式的等价性	利用复本之间的相关系数估计信度	1 次	Pearson 相关系数
内部一致性	选用特定问卷测量同一能力而产生的差异	考察某种特质的一致性反应	1 次	KR20 和克隆巴赫 α 系数
评分者	评分者或者编码者不同引起的差异	评分者和编码者之间的差异	1 次	肯德尔、傅莱德曼和柯克兰系数、F 检验

21.4 概化理论简介

21.4.1 概化理论入门

自 1963 年克隆巴赫(Cronbach)等人在英国统计心理学杂志上发表第一篇关于概化理论(generalizability theory, GT)的论文之后,它很快发展起来,并得到了广泛的应用。概化理论其实是方差分析在真分数测量理论中一个应用,或者说基于方差分析对真分数测量理论的进一步发展。在真分数测量理论中假设测量的误差来源于没有差异的单变量分布,而概化理论使用方差分析技术,用"随机平行测验"(random parallel test assumptions)的弱假设取代真分数测量理论中的"严格平行测验"假设,允许存在不同类型的误差源,从而将总误差的构成剖析清楚,并进一步给出相应的信度测量指标。因此,概化理论使得测量理论与实际更接近了一步。

概化理论从测量情境出发,应用方差分析技术分解来自不同测量源的误差。其中,测量情境由测量目标(objects)和测量侧面(facets)组成。测量目标就是需要研究的那个特质,如人格的某个成分,回答的是"测什么"的问题。而测量侧面是和测量目标一起影响并制约测量的条件和因素。它是一组条件,随测量情境的变化而发生变化,如某个测量中的项目个数、测量所采用的方式,它们具有不同的维度(侧面的水平),其回答的是"怎么测"的问题。理想情况下,测量目标引起的总变异很大,而测量侧面引起的总变异很小。

对于测量侧面,其不仅有水平上的不同,还有随机(random)测量和固定(fixed)测量之分。随机测量是指每次测量中侧面的水平都是随机选择的。例如,在评价者这个侧面上,每个评价者每次都是随机选择的,称之为随机侧面。这样做是因为概化理论中研究的目的并不是获得特定条件下的测量结果,而是要以此来推断更广泛的条件下可能得到的测量结果。而这种推断的准确性正是测量者关心的问题。这种信度观和真分数测量理论中的信度观完全不同。判断测量侧面是否为随机的方法有两种:一种是样本的容量与全域(universe,即每个测量侧面的水平所对应的总体)个体总数相比很小;另一种是样本从全域中随机抽取,或者该样本与从全域中抽取的其他等容量的样本之间是可以交换的。

与随机测量对应的是固定测量,它是指如果在将来所有的测量过程中都采用同样的分析水平,那么这个侧面就成为固定的。例如,在评价者测量侧面,自始至终都是由同一个评价者来评分,就称之为固定侧面。需要注意的是,一个侧面一旦固定,它就成为测量目标的一部分固定的侧面,不再属于误差源。因此,随着固定侧面的增多,测量误差源变少,测量的信度就越高,目标测量就越可信,但它是以缩小测量目标的范围为代价的。当所有的侧面都被固定时,测量误差最小,但这时测量结果便不再具有任何推广意义,其结果只能体现特定测量条件下受测者的反应,而不能推广到更普遍的其他条件上。正因为如此,概化理论要求至少有一个测量的侧面必须随机。随机侧面越多,从条件样本上得到的测量结论就越能够推广到很普遍的条件总体上去。第1章中已经介绍了随机因素和固定因素,联系这些知识,以上内容应当不难理解。

用概化理论来研究测量问题时分两步进行,即G研究(generalizability study,拓广研究)和D研究(decision study,决策研究)。其中,拓广研究的目的是估计与每个随机侧面相联系的误差的大小,具体讲拓广研究是考察由不同测量目标和测量侧面所确定的测量设计,以及在这些条件下得到的数据的方差成分的性质和大小,它要回答的是"发生了什么"的问题;决策研究是在拓广研究的基础上做出某种决策,具体讲就是考察在测量情境变化的情况下,各种测量误差和测验信度的变化,从而为改进测量设计、控制测量误差、提高测验信度、优化测验结构提供依据。它要回答的是"进一步可以推广到什么程度"的问题。

在决策研究中,首先研究者必须对推广域进行明确的界定:① 研究者必须指明哪些为研究结果推广的侧面;② 各侧面上的推广范围有多大。而推广域必须依据研究目的来确定。接着,研究者要做的工作是:根据应用的需要来确定测量设计和样本容量的大小。最后,研究者可以根据拓广研究估计出方差成分,计算样本平均值意义上的决策研究中的各变异分量,求得拓广系数。至此,研究者可以考虑各种变化的情境及其所带来的系数变化,进而寻求改进技术、控制测量误差、提出求得与改进拓广系数的途径和措施。

但是,概化理论和真分数测量理论一样都属于随机抽样理论,并没有改良原理论的项目参数系统,只是对整个测验的宏观结构与外部测量条件的关系做了深入的分析,因此真分数测量理论基于自身框架的一些主要局限性在概化理论中仍然存在。

21.4.2 软件实现

SPSS提供的信度分析过程中有一个不起眼的组内相关系数(intraclass correlation coefficient,ICC),其实它就是概化理论中的拓广研究,只不过功能比较简单,更复杂的分析则要采用方差分量(variance components)过程,SAS 和 SPSS 都提供了这个过程。专门的概化理论也和结构方程模型一样有专门的统计软件 GENOVA(Crick & Brennen,1983),这里不再详述。

具体地讲,组内相关系数的原理就是应用方差分析的三种模型:固定效应模型、随机效应模型和混合模型进行分析。SPSS 针对这三种模型给出几种简单的概化(G)系数估计方式:单侧面随机设计(one-way random effects model)、双侧面完全随机交叉设计(two-way random effects model)、双侧面混合设计(two-way mixed effects model)。下面简单介绍如何通过 SPSS 进行组内相关系数分析。

这里还是以数据文件 item.sav 为例进行演示。在"统计"子对话框中选中"同类相关系数"复选框,并在"模型"下拉列表中选择"单向随机",要求计算单因素随机效应模型。相应的分析结果如图 21.15 所示。具体给出的就是组内相关系数,或者称之为概化理论 G 系数,其中包含了单一评价和多个评价(类似于评分者信度)两种估计。这里采用的是单一评价,也就是前面在图基可加性检验中说的单侧面随机设计:有 100 名受测者在 10 个项目上做选择题,每个项目就是测量侧面的水平,所以受测者的选择题答案对应的内容就是测量目标,而所有的项目就是测量单侧面,因此看"单个测量"一栏,这里组内相关系数(ICC)为 0.279。需要指出的是,它的取值区间是 $-1/(k-1) < \text{ICC}(1) \leq 1$($k$ 为每组的案例个数,而这里只有一组,案例个数为 10),分别令 $\text{ICC}(1) = (\text{MS}_{BP} - \text{MS}_{WP})/(\text{MS}_{BP} + (k-1)\text{MS}_{WP})$ 中的 MS_{BP}、MS_{WP} 为 0,就可以知道 ICC 的区间。

	同类相关性	95%置信区间		使用真值0的F检验			
		下限	上限	值	自由度1	自由度2	显著性
单个测量	.279	.212	.361	4.865	99	900	.000
平均测量	.794	.729	.850	4.865	99	900	.000

人员效应随机的单向随机效应模型。

图 21.15 组内相关系数

对该数据进行进一步分析则需要进行概化理论的决策研究,比较不同项目组合的 ICC 差异,并根据实际情况合理选择 ICC 较大的方案,这就是决策研究的主要内容,即在知道差异以后考虑如何选择的问题。

21.5 项目反应理论简介

21.5.1 项目反应理论入门

项目反应理论(item response theory,IRT),又称为潜在特质理论(latent trait theory)或项目特征曲线理论(item characteristic curse theory),是为了克服概化理论的局限而提出的测验理论。它从测验的内部或微观方面入手,采取数学建模和统计调整的方法,重点讨论受测者的能力水平与测验项目之间的实质性关系,测验的每一个项目都有自己的项目特征曲线,描述了每一个特定能力水平的受测者答对或答错该项目的概率。

项目反应理论的出发点是如何测量潜在特质。潜在特质指个体所特有的相对稳定的行为方式,也称为心理特质(trait)。与概化理论一样,项目反应理论也认为受测者的潜在特质是不能被观察和测量的,但却可以通过其外显行为表现出来。但是,概化理论以受测者对所有测验项目的反应总和(测验总分)为显变量来预测受测者的潜在特质,项目反应理论则认为受测者的能力与其对某一特定项目的反应(以正确或错误反应概率表示)存在某种函数关系,确定这种关系就是项目反应理论的基本思想和出发点。

项目反应理论有以下几个基本假设。

(1) 能力单维性(unidimensionality)。组成某个测验的所有项目都测量同一潜在特质。

(2) 局部独立性。同一潜在特质水平的受测者回答某一项目时不受其他项目的影响,各项目间无相关存在。

(3) 项目特征曲线。项目反应理论假定项目的正确反应概率 $P_i(\theta)$ 与 θ 间存在规律性的变化关系,这种关系可以用一个函数的形式表示出来,即项目反应函数(item response function),项目特征曲线就是这一函数的图像,如图 21.16 所示。大量事实证明,对 0/1 二分类结果的项目,受测者的能力水平与其对项目的反应之间呈 S 形的曲线关系,而这条 S 形曲线的下界渐近线的高度、曲线拐点的位置及拐点处的斜率就恰好对应了三个项目参数:猜测参数、难度参数和区分度参数。

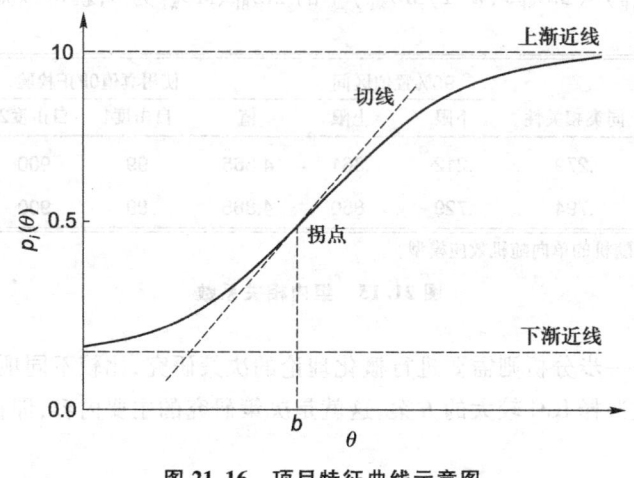

图 21.16 项目特征曲线示意图

① 猜测参数:指受测者完全凭机遇答对项目 i 的概率,一般用 c 表示。概化理论中没有猜测参数,项目反应理论引入此概念是为了提高对能力估计的精度。其取值范围一般为 0~0.50。

② 难度参数:一般用 b 表示,等于曲线在拐点处的 θ 值。其数值越大,表明项目的难度越大。该参数的取值一般在 ±3 之间。

③ 区分度参数:一般用 a 表示,数值为曲线在拐点处的斜率,其取值一般为 0.30~2。该参数越大,曲线在拐点附近就会越陡,项目在这附近的区分能力就越大,但在远离拐点的区域,曲线仍然会变得平坦,项目的区分能力也就会降低。也就是说,区分度参数大的项目对能力水平接近拐点的受测者有较大的区分能力,而对能力水平远大于或小于拐点的受测者区分能力小。相反,区分度参数小的项目则在能力分布更广泛的范围内对受测者都有一定的(但始终并不太高的)区分能力。

将项目特征曲线假设为服从不同的分布类型,就可以构建出不同的项目反应理论模型。例如,最常见的情形是将该曲线视为一条 S 形正态累积函数曲线,相应的数学模型即为正态卵形模型(normal ogive model),而如果将其看成是 Logistic 曲线,则为 Logistic 模型。后者由于避免了正态卵形模型中复杂的积分运算,在估计能力和项目参数时要简便得多,是目前使用最广的模型。进一步地,如果模型中需要同时估计猜测参数、难度参数和区分度参数,则该模型被称为三参数模型,以三参数 Logistic 模型为例,其表达式如下:

$$P_i(\theta) = c_i + (1-c_i)\frac{1}{1+e^{-Da_i(\theta-b_i)}}$$

其中,$P_i(\theta)$ 表示 θ 能力的受测者回答 i 项目的正确率。三参数 Logistic 模型的信息量最大,但拟合稍显复杂,如果假设猜测参数为 0,则退化为双参数 Logistic 模型;如果再进一步假设区分度参数为 1,则最终退化为单参数 Logistic 模型。单参数 Logistic 模型又称为拉什模型,在项目反应理论的发展历史上占有重要地位。

> 项目反应理论的创立者一般认为是美国心理测量学家洛德(Lord,1952),但是丹麦数学家拉什(Rasch,1960)从另一个不同角度独立提出的心理测验模型在项目反应理论的发展历史上也占有重要地位,因此有诸多研究者认为拉什也应当算做该理论的创立者之一。

项目反应理论最令人激动的应用领域是自适应性测试(CAT)。在经典测验方式中,所有受测者不论能力水平高低都使用相同的测试项目进行测试,而如果能够"因人施测",即不同能力水平的受测者都能接受一组难度跟自己水平相适应的试题,显然会使测试结果能更好地反映受测者的真实水平。而项目反应理论由于可以分别对难度参数和区分度参数进行估计,因此在计算机程序的辅助下,可以基于受测者已完成的项目正确率,实时估计相应的模型参数,并在题库中动态抽取适合受测者水平的项目供其回答,从而更准确地对受测者的水平进行评估,这就是现在广为使用的自适应性测试。

项目反应理论虽然有很多优势,但其缺点也很明显。首先,其理论框架明显比经典理论复杂很多,在推广上存在困难;其次,从理论上讲项目反应理论多采用 0/1 二分类结果进行拟合,这造成其在应用上的严重局限;第三,项目反应理论必须有大样本配合其拟合,否则模型精确性不足;最后,在实际应用中,项目反应理论并未为原经典测量理论的研究领域给出多少新的观点或方法,其使用价值尚未充分体现出来。

21.5.2 软件实现

SPSS 目前提供了三个 R 插件用于实现项目反应理论相关模型的拟合,它们均位于"分析"→"标度"子菜单中,"项响应模型"调用 R 插件的 ltm 包实现项目反应理论中的三参数 Logistic 模型,相应的数据测量尺度必须为二分类;"分级项响应模型"则使用 ltm 包实现测量尺度为有序分类的分级项响应模型;"扩展 Rasch 模型"调用 R 插件的 eRm 包实现对标准 Rasch 模型和 5 个扩展模型的拟合,数据的测量尺度可以是二分类或者多分类。

数据文件 item2.sav 记录了 1 000 名受测者对问卷中 6 个项目的测试结果,数值为二分类,1 代表回答正确,0 代表回答不正确。本例如果使用"项响应模型"菜单项进行分析,则相应的结果如图 21.17 所示。首先给出的是对模型中各项目的三个参数进行估计,可见项目 1 的难度系数明显过高,导致区分度很差;项目 2 被猜中的概率高达 53.8%,同时其难度系数只有 0.138,区分度系数却达到 165.298,显然项目设定并不合理,不能客观准确地测量;项目 4 也存在和项目 2 类似的问题,上述三个项目均需要进行调整。

Parameter	Item	Statistic		
		Value	Standard Error	Z
Guessing	Item_1	.006	.099	.061
	Item_2	.538	.018	29.397
	Item_3	.000	.000	.000
	Item_4	.151	.014	10.391
	Item_5	.000	.001	.008
	Item_6	.000	.000	.007
Difficulty	Item_1	7.719	10.722	.720
	Item_2	1.347	.138	9.774
	Item_3	.826	.082	10.118
	Item_4	1.336	.112	11.969
	Item_5	.476	.060	7.953
	Item_6	1.758	.172	10.247
Discrimination	Item_1	.070	.092	.764
	Item_2	15.696	165.298	.095
	Item_3	1.662	.222	7.473
	Item_4	15.333	68.615	.223
	Item_5	2.075	.329	6.304
	Item_6	1.284	.171	7.509

图 21.17 项响应模型参数估计值

图 21.18 所示的是利用"输出"子对话框中的绘图功能,针对每个项目分别绘制出的项目反应曲线,提供的信息与图 21.17 类似,可见项目 1、项目 2、项目 4 的确存在较大问题,而项目 3、项目 5、项目 6 则难度、区分度等的表现均较好。

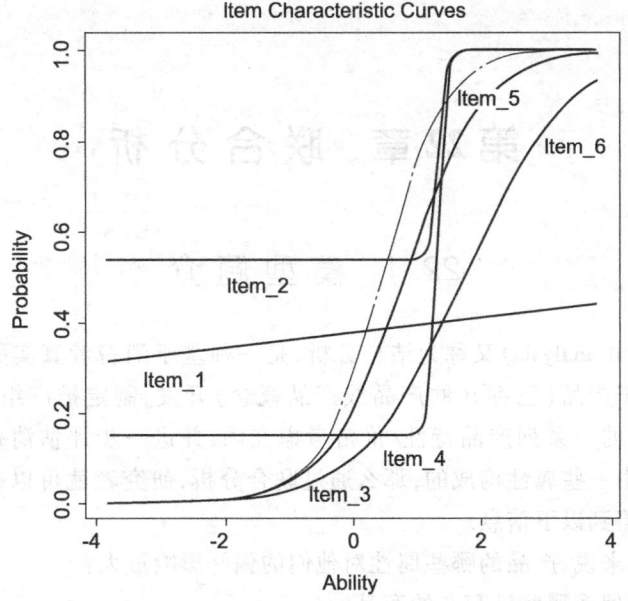

图 21.18 各项目的项目反应曲线

思考与练习

1. 比较信度分析结果表格中"修正后的项与总计相关性"和"删除项后的克隆巴赫 Alpha"两者之间的变化规律。

2. 比较不同信度系数的使用范围和假设。

3. 数据文件 test.sav 是某班级某次考试的成绩,现希望对所使用的考卷进行改进,请据此对该考试试卷进行信度分析,并提出相应的改进意见。

参考文献

[1] IBM Corp. IBM SPSS Advanced Statistics 24[CP/OL]. Armonk,NY:IBM Corp,2016.
[2] 郭庆科. 心理测量的原理与应用[M]. 北京:人民军医出版社,2002.
[3] 金瑜. 心理测量[M]. 上海:华东师范大学出版社,2001.
[4] 柯惠新,祝建华,孙江华. 传播统计学[M]. 北京:北京广播学院出版社,2003.
[5] 吴明隆. 问卷统计分析实务:SPSS 操作与应用[M]. 重庆:重庆大学出版社,2010.

第22章 联合分析

22.1 模型简介

联合分析(conjoint analysis)又称为结合分析,是一种基于消费者真实购买决策过程的市场分析模型,特别适用于产品(已存在的产品或产品概念)开发,制定推广组合策略和价格战略。该方法将购买决策中的一系列产品特性/价格考虑在内,并进一步评估消费者的偏好。也就是说,如果产品特征是由一些属性构成的,那么通过联合分析,研究者就可以确定怎样的属性组合最受消费者欢迎,并得到以下信息。

(1) 对于消费者来说,产品的哪些属性对他们的偏好影响最大?
(2) 消费者更加偏爱哪些已存在的商品?
(3) 怎样的属性组合最受消费者欢迎?符合该特征的产品是否存在?
(4) 设计中的产品定位是否合适?应该如何改进?
(5) 如果按收集到的信息进行产品营销模拟,则最终各种产品的市场占有率是多少?

联合分析的思想最早是由心理学家 Luce 和统计学家 Tukey 于 1964 年提出的,1972 年 Green、Wind 和 Jain 将其应用于商业领域并取得了较好效果。多年来,研究者对其加以持续改进,使得这一模型日趋成熟,成为市场研究中颇受欢迎的工具之一。

22.1.1 为什么使用联合分析

是什么原因促使研究者使用联合分析呢?与传统方法相比,联合分析有以下优点。

1. 客观

传统方法实际上是直接询问法,即——询问各种产品属性对消费者做出购买决策是否重要,消费者也可以给出一种最喜好的属性组合。但这种组合往往不实际。例如,消费者最喜欢 CPU、内存、显卡等都是最高档配置但价格却是最低一档的计算机,这种产品显然不存在。因此,直接询问法往往会产生有偏差的数据。联合分析法实际上是一种间接研究法,要求消费者对各种属性组合的产品进行偏好程度的排序,再从中分析出各种属性的相对重要性,以及各种属性组合的受欢迎程度,整个访问过程中并不需要消费者说明各属性的重要性,也不需消费者对各属性或其重要性进行排序,这样就可以在不直接提问的情况下,测试产品特性/价格等属性在消费者购买决策过程中的相对重要性。

2. 高效

在许多时候,所有属性各个水平可能组合出的产品数是惊人的。例如,产品有 3 种属性,每种属性有 4 个水平,则可能的属性组合就有 $4^3=64$ 种,但实际上没有必要、也没有可能要求消费者对所有这些组合进行选择。而联合分析则可以通过正交设计的方法得出各个属性的最佳组合,以尽量少的属性组合数得到尽可能多的信息,从而大大提高分析效率。

3. 实用

联合分析的另一个优点是可以将研究结果做成市场模拟模型,并能很好地将这一模拟结果用于指导营销和研发决策。随着新竞争者的进入、新产品的问世、价格战的爆发及厂商广告策略的变化,市场也会随之发生变化。传统的研究方法是一旦市场发生重大变化,就需要通过重新调查,来发现人们对这种变化的感受及该变化将如何影响人们的购买行为,这显然费时费力。而联合分析则可以直接模拟不同市场情况下产品的市场占有率变化状况,以及这些因素对理想市场份额的影响程度。联合分析可以模拟在市场中加入已存在的产品的情况,也可以模拟改变产品属性/消费者价格水平或竞争产品后的各种情况,甚至可以对样本中未出现的属性组合进行市场占有率模拟,从而充分评估新产品或对产品进行改进后的潜在竞争力,以及产品上市后对当前市场划分状况的影响程度。在大多数市场上,这些模型可以保持两到三年的精确性,直到进行小规模研究来决定是否调整该模型。

由于在实际的市场调查工作中,研究者往往需要同时分析多种产品属性,为此在进行联合分析之前往往需要采用正交设计(orthogonal design)来得到最佳属性组合,以减少消费者需要评价的属性组合数。这在 SPSS 中可以通过正交设计过程来完成,详细内容见后。

22.1.2 常用术语

有关联合分析的统计术语主要有以下几个。

1. 属性和水平(attribute and levels)

属性即研究中产品的主要特征或指标,它们可能会对消费者的选择产生影响,等同于方差分析模型中的因子;水平则指这些特征或指标的不同取值,等同于方差分析模型中的水平。

2. 效用函数(utility functions)

效用函数又称为分值贡献函数(part-worth functions),用于描述消费者为每种属性的各个水平赋予的效用,或者说它们对消费者偏好的作用大小。

3. 相对重要性权重(relative importance weights)

相对重要性权重用于表示消费者在做出选择时,该属性在消费者决策中的重要程度。

4. 全轮廓(full profiles)

全轮廓亦称完全轮廓(complete profiles),指由所有属性的各个水平构成的全部组合。

5. 配对表(pairwise tables)

在联合分析中常用的方法有全轮廓法和配对比较法,后者要求消费者对两两属性的水平组合分别进行评价,这样采集到的就是配对表数据。

6. 内部效度(internal validity)

内部效度是指预测效用与受测者评价效用之间的相关程度,用于反映分析结果的可靠性。最常用的方法是将一部分卡片(属性的某种水平组合)用于检查(holdout),这些检查卡片代入模型得到的预测值与实测值间的相关性就可以反映内部效度。

7. 最大效用模拟(maximum utility model simulating)

最大效用模拟是进行市场占有率模拟时最常采用的模型,其原理是假设消费者一定会选择或购买总效用值最大(即偏好程度最高)的产品。

22.1.3 分析步骤

联合分析从实验设计起就独树一帜,其整个分析过程都比较独特,这里给出以下分析步骤。

1. 确定研究范围

首先考虑所要研究的问题是什么,以及这个问题是否适合用联合分析来解决,只有以下类型的研究问题才适合使用联合分析:研究目的是测量消费者对产品的偏好;产品有多种属性,并且其特征可以用有限的属性和水平来描述。消费者就是通过对产品属性水平的权衡来做出选择的。

2. 进行实验设计

目前在联合分析中一般采用全轮廓法,这样使得所有属性水平的可能组合非常多,因此需要采用适当的设计方案来减少消费者需要评价的属性组合数。现在最常用的实验设计就是正交设计。多数情况下,联合分析研究只考虑各种属性的主要影响或直接效用,但当研究价格或品牌等属性时,它们之间潜在的交互作用也有可能被考虑进去。

3. 收集数据

根据设计打印调查用表格或评价卡片,其中每一种组合就代表了一个待评价的产品,调查时一般请消费者对这些卡片进行排序或评分。通常认为排序法得到的数据能更准确地反映受测者在市场中的行为和态度,但是评分法对受测者来说比较方便,而且得到的数据也比较容易分析。

4. 模型拟合与评价

使用专门的统计分析过程进行模型拟合,然后对所得到的统计模型进行评价,常用的评价方法有:用检查卡片来验证模型的内部信度;通过实验-再实验(test-retest)法进行信度分析;将样本随机分成几个子样本,分别对它们进行分析,以检查分析结果的稳定性等。只有模型的拟合效果比较好,才能对得到的结果进行解释。

5. 结果解释

结合实际对结果加以解释,包括各属性的相对重要性、各水平的效用值、每种属性组合(产品)的总效用等,还可以计算它们针对每个或每组受测者的效用值。

6. 市场占有率模拟

预测新产品上市/现有产品发生变动对市场占有率的影响。在许多时候,考察效用值并不是主要研究目的,利用效用值模拟来估计某种产品的市场占有率才是最重要的。通过这种模拟,研究者就可以得知产品的变动会对市场占有率带来怎样的变动,从而反复测试,寻找到最佳方案,避免直接投放市场而带来无法挽回的损失。

22.1.4 软件实现

人们提起 SPSS 中的联合分析模块就会想到 CONJOINT 过程,实际上它只是其中之一,联合分析模块中一共提供了三个单独的过程:ORTHOPLAN、PLANCARD 和 CONJOINT,三者为联合分析提供了完整的流程支持。它们的用途分别如下。

1. ORTHOPLAN 过程

ORTHOPLAN 过程用于生成正交设计表格,使得研究者可以用尽量少的属性组合达到研究目的,它也可以通过"数据"→"正交设计"→"生成"菜单项调用。

2. PLANCARD 过程

PLANCARD 过程帮助用户生成实施用的"卡片",这些卡片实际上是各个属性的水平组合(即各个轮廓),调查时就是要求消费者对这些卡片进行排序或评分,它也可以通过"数据"→"正交设计"→"显示"菜单项调用。

3. CONJOINT 过程

CONJOINT 过程采用最小二乘法进行联合分析,具体拟合的是 RCA 模型。其研制者认为最小二乘法在进行联合分析时和其他方法同样有效,而且最小二乘法还比较简单,易于解释。它允许使用三种测量尺度来收集数据:连续、有序或分类。此外,它还允许属性与轮廓评分间的关系为以下 4 种类型:离散(discrete)、线性(linear)、理想的(ideal)和反理想的(antiideal),后面会分别对它们进行详细讲解。

22.2 联合分析的正交设计

如上所述,"正交设计"子菜单中包含了生成正交设计表格的 ORTHOPLAN 过程和打印卡片的 PLANCARD 过程,分别对应了生成属性组合以及列出属性组合的工作,下面就通过实例来分别对它们进行介绍。

22.2.1 生成设计表格

例 22.1 现欲研究消费者青睐何种类型的小轿车,共考虑了价格(7 000 美元、1 万美元、1.4 万美元)、座位数(2 座、4 座)、车速(70、100、130)和担保情况(1 年、3 年、5 年)4 个属性,请就此生成联合分析相应的设计表格,组合数要求在 15 个左右。

本例的要求非常清晰,但由于在设计时可能需要反复进行尝试,为了方便起见,可以在输入时只输入 a、b、c、d 这样的变量名称,并用 1、2、3 这样的数值替代各个水平,待设计定型之后再将其修改为正式的变量名、变量名称标签和变量值标签,操作如下。

1. 选择"数据"→"正交设计"→"生成"菜单项。
2. 在"因子名称"框中输入"a",单击"添加"按钮将其加入右侧列表框,依次继续添加 b、c、d 变量。
3. 选中变量 a,单击"定义值"按钮,在子对话框右侧的"自动填充"框组中输入 3,单击"填充"按钮,单击"继续"按钮。
4. 按上述操作方式,依次完成 b、c、d 变量的水平设定。
5. 在"创建新数据集"单选按钮下的"数据集名称"框中输入"设计文件"。
6. 在"选项"子对话框中,在"要生成的最小个案数"框中输入"15"。
7. 单击"确定"按钮。

上述操作中用到的生成正交设计主对话框如图 22.1 所示,显然在上述操作中没有对变量名称标签、变量值标签等进行任何设定,这可以在设计定型之后再输入。对话框下方的"将随机数种子重置为"复选框用于指定随机种子的数值,这样在相同的情况下只要给定同一个随机种子数,就可以得到完全相同的设计结果。如果不指定,则系统随机产生所需的种子,此时的设计结果就不一定能够重现。在"选项"子对话框中,"要生成的最小个案数"框用于规定最少组合数,否则系统默认生成只分析主效应所需的最少组合数。如果设定的组合数小于该默认值,系统仍按默认值输出,但该值不能大于分析全部交互作用所需的组合数。"坚持个案"框组则用于定义如何生成检查卡片(holdout cases)。这些卡片在生成设计时与普通卡片没有任何差别,在联合分析中受测者也必须对它做出应答,但其数据不参与分析,仅用于考核模型质量的好坏。

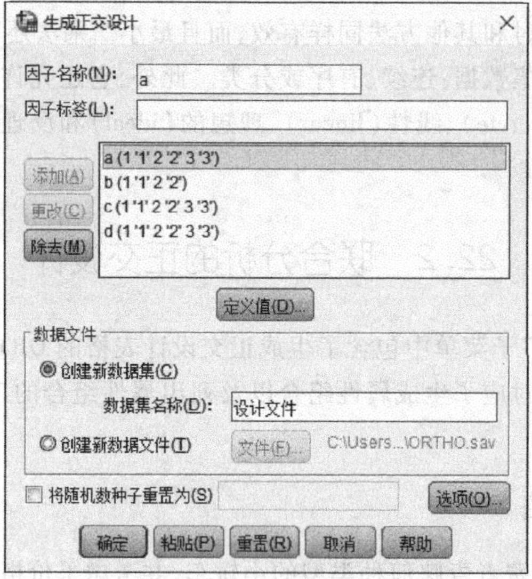

图 22.1　生成正交设计主对话框

最终生成的正交设计数据文件如图 22.2 所示。下面对其进行详细解释。

	a	b	c	d	STATUS	CARD_
1	2	1	1	2	设计	1
2	1	2	1	1	设计	2
3	3	2	1	3	设计	3
4	1	1	3	1	设计	4
5	3	1	2	2	设计	5
6	2	2	1	1	设计	6
7	3	1	1	1	设计	7
8	3	1	2	1	设计	8
9	2	1	3	3	设计	9
10	1	1	1	3	设计	10
11	1	2	1	1	设计	11
12	1	1	2	1	设计	12
13	3	2	3	2	设计	13
14	1	1	1	1	设计	14
15	2	2	2	1	设计	15
16	1	2	2	3	设计	16

图 22.2　生成的正交设计数据集

(1) 在设计文件中,每一个案例就代表了一张分析用卡片,共生成了 16 张卡片。
(2) 前 4 个变量就是用于组合的变量 a~d,各水平已经按正交设计的要求排列好了。

(3) 变量 STATUS_用于记录卡片类型,所有卡片一共被分为以下三种:设计卡片,STATUS_取值为 0(Design),这些卡片构成了分析用样本,受测者需要对它们做出应答,研究者就是通过对这些数据的分析建立模型的;检查卡片,STATUS_取值为 1(Holdout),这些卡片构成了考核样本,在访谈时受测者也必须对检查卡片做出应答,但相应的数据不参与分析,仅用于考核模型质量的好坏;模拟卡片,STATUS_取值为 2(Simulate),这种卡片不能在设计时自动生成,也不需要在收集数据时出现,而是在数据分析时加入,CONJOINT 过程在模型拟合时不会使用它们,但在进行市场占有率模拟时会将这些卡片加入,以考察它们所代表的产品会对市场占有率带来怎样的变动。

(4) 最后的变量 CARD_实际上是一个流水号,即各张卡片的编号。

在设计文件生成完毕后,研究者可以仔细检查各种组合是否符合需求,有无不切实际的组合出现(如最高配置和最低价格的组合),并在必要时对组合进行增删或属性调整。但是,如果组合是按照系统默认的只分析主效应的最小组合数生成的,则不能进行卡片的删减或属性调整,否则将破坏整个设计的正交可比性。

22.2.2 输出设计卡片

联合分析在采集数据时,需要依次向受测者出示各种卡片组合,然后请受测者对相应的组合进行排序或评分。为方便操作,SPSS 提供了简单的功能用于帮助用户打印输出调查用的设计卡片,本例的操作如下。

> 1. 选择"数据"→"正交设计"→"显示"菜单项。
> 2. 将变量 a、b、c、d 选入"因子"框。
> 3. 在"格式"框组中选中"试验者列表"复选框和"主体概要"复选框。
> 4. 单击"确定"按钮。

上述操作中用到的对话框如图 22.3 所示。注意在操作时,STATUS_和 CARD_属于特殊变量,不应当被打印输出。上述"试验者列表"复选框要求以紧凑格式列出属性组合,实际上就是给出如图 22.2 所示的设计文件格式的数据列表。而"主体概要"复选框则是要求按照访谈所需格式列出卡片中各属性水平情况,各张卡片单独列表,以便在访谈中使用。输出时不区分设计卡片和检查卡片,而是直接按照卡片号依次输出,但由于模拟卡片不用于访谈,因此如果数据中有模拟卡片,它们将不被输出。

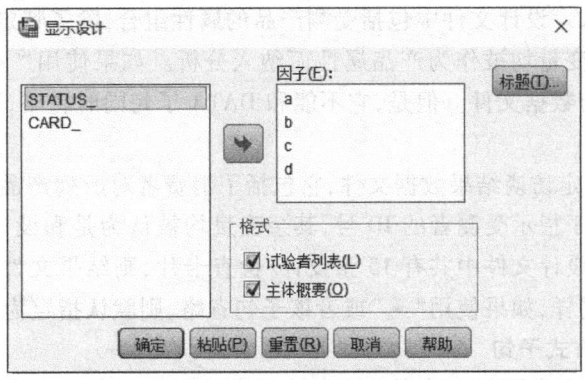

图 22.3 显示设计主对话框

图 22.4 所示的就是选中"主体概要"复选框之后给出的卡片 1 的输出,内容非常简单,读者对照图 22.2 所示的第一个案例数值即可理解其含义,此处不再详述。

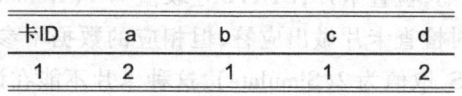

卡ID	a	b	c	d
1	2	1	1	2

图 22.4 卡片 1 的输出

22.3 联合分析的数据建模

22.3.1 CONJOINT 的过程语法说明

CONJOINT 过程用于对使用相应设计方案收集的数据进行联合分析,并进行市场占有率模拟,人们所说的联合分析实际上就是指该过程的功能,但遗憾的是它不能通过对话框调用,而只能以程序的方式来运行,因此这里先对其语法进行介绍,然后再通过实例来说明。CONJOINT 过程的基本调用方式如下。

> CONJOINT PLAN=设计数据文件名
> /DATA=结果数据文件名
> /属性变量测量方式=相应变量列表
> /SUBJECT=个体 ID 号变量
> /FACTORS=需要分析的属性变量列表
> /PRINT=需要输出的结果列表
> /UTILITY=存储效用分析结果的数据文件名
> /PLOT=需要绘制的统计图列表.

看上去调用方式非常复杂,但实际上后三个子句都有默认值,并不一定需要在程序中指定,下面来详细讲解各个子句的含义。

1. PLAN 子句

PLAN 子句用于指定设计文件,该文件一般均由 ORTHOPLAN 过程产生,但也可以由用户按照规定的格式自行录入。设计文件中包括受测产品的属性组合,除了特定的 CARD_ 和 STATUS_ 两个变量外,其余所有变量均被作为产品属性而纳入分析。如果使用"＊"或者将该子句省略,则表示默认指定为当前数据文件。但是,它不能和 DATA 子句同时省略,否则会出错。

2. DATA 子句

DATA 子句用于指定访谈结果数据文件,它包括了消费者对所列产品的偏好结果,在该文件中,可以有一个变量用于指示受测者的 ID 号,其余变量均被认为是和设计文件中卡片组合数相对应的因变量。例如,设计文件中共有 15 张设计/检查卡片,则结果文件中就相应地有 15 个变量用于表示其结果。同样,如果使用"＊"或者该子句省略,则默认指定为当前数据文件。

3. 属性变量测量方式子句

属性变量测量方式子句用于指定数据文件中访谈结果的记录方式,共有三种方式,用户必须指定其中的一种方式。子句后紧跟的是相应变量列表,必须包括数据文件中提供的所有因变量。

(1) SEQUENCE。数据以序列方式被收集,数据文件中记录的是属性组合卡片的号码,依次从最喜好的卡片到最不喜好的卡片。显然,卡片号码越靠前越受欢迎。

(2) RANK。数据以序列方式被收集,数据文件中记录的是卡片的喜好次序,变量则按照 Rank1、Rank2 的方式排列,依次记录了卡片 1、卡片 2 在各个受测者中的秩次。显然,秩次越小的卡片越受欢迎。

(3) SCORE。数据以评分方式被收集。例如,让受测者按照 1~100 分的范围对卡片评分,变量按照 Score1、Score2 的方式排列,依次记录了卡片 1、卡片 2 在各个受测者中的评分。显然,评分越高的卡片越受欢迎。

4. SUBJECT 子句

SUBJECT 子句用于指定个体 ID 号变量,所有连续且 ID 号变量取值相同的记录将被看成是对同一个受测者的访谈结果。如果不连续,即使 ID 号变量取值相同,也会被看成是不同受测者的结果。如果该子句省略,则全部数据将被认为是来自同一个受测者,系统将仅给出汇总结果,不再进一步分析。

5. FACTORS 子句

FACTORS 子句用于指定各属性水平与卡片偏好程度间的关系,共分为以下 4 种类型,如果不加以指定,则一律默认为 DISCRETE。

(1) DISCRETE。对属性水平与卡片偏好程度间的关系无任何假设,仅认为不同水平的影响不同,为默认设置。如果在 DISCRETE 后写上 MORE,则表示属性水平取值越高,偏好程度也越高。如果写上 LESS,则表示属性水平取值越高,偏好程度越低。

(2) LINEAR。假设属性水平与偏好程度间为线性趋势,同样,如果随后写上 MORE,则表示属性水平取值越高,则受测者越喜欢。如果随后写上 LESS,则表示属性水平取值越高,越令人讨厌。

(3) IDEAL/ANTIIDEAL。属性水平与偏好程度间为二次方趋势,IDEAL 假设其中有一个最令人满意的属性水平,其他水平无论比它取值更高或更低,偏好程度均会下降。ANTIIDEAL 则正好相反,所有属性水平中有一个最不令人满意的水平,其余水平无论比它取值更高或更低,偏好程度均会上升。如果指定为上述两种趋势,则相应属性应当至少有三个水平。

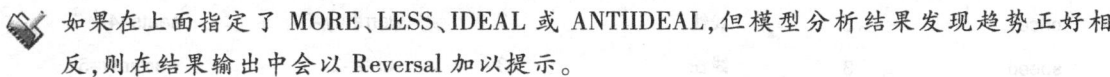 如果在上面指定了 MORE、LESS、IDEAL 或 ANTIIDEAL,但模型分析结果发现趋势正好相反,则在结果输出中会以 Reversal 加以提示。

6. PRINT 子句

PRINT 子句用于指定希望输出的统计结果。默认值为 ALL,会输出全部分析结果;设定为 ANALYSIS 只输出对分析/检查卡片的分析结果,不对模拟卡片加以拟合;而设定为 SIMULATIONS 则只输出市场占有率模拟结果。当受测者极多时,也可以使用 SUMMARYONLY 要求只输出整个样本的分析结果,不输出个体分析结果。最后,如果设为 NONE,则不输出任何分析结果。

7. UTILITY 子句

UTILITY 子句用于将分析结果保存为指定的数据文件。

8. PLOT 子句

PLOT 子句用于指定希望输出的高精度统计图。

（1）SUMMARY。只输出对全体案例而言不同属性重要性的条图，以及表示各个属性水平效用的条图。

（2）SUBJECT。输出以上两种图，并且按照受测者分组。

（3）ALL。输出所有高精度统计图。

（4）NONE。不输出任何高精度统计图，如果省略 PLOT 子句，则为默认值。

22.3.2 案例：汽车偏好研究

例 22.2 在对例 22.1 生成了设计文件之后，研究者根据需求进行了设计调整，最终确定了 15 种卡片组合用于研究。数据文件 conjplan.sav 为用于研究的 15 种卡片组合，而数据文件 conjrank.sav 则是 6 个受测者对这 15 张卡片偏好程度的排序结果，请就此进行分析。

如果使用 CONJOINT 过程分析，则基本程序如下。

```
CONJOINT PLAN = 'D:\CONJPLAN.SAV'
  /DATA = 'D:\CONJRANK.SAV'
  /FACTORS = PRICE(LINEAR)   SEATS(DISCRETE)
       SPEED(LINEAR)   WARRANTY(DISCRETE MORE)
  /SUBJECT = SUBJ
  /RANK = RANK1 TO RANK15.
```

在程序中对各种属性按对偏好的预期影响方式做了详细设置，初次分析时也可以直接采用默认值，不做任何设定。

结果中首先给出的是各属性水平数以及模型中设定的影响方式，同时指出哪些水平总是同时出现，如图 22.5 所示，这些信息主要用于考核实验设计是否有误。

	级别数	与秩或得分的关系
warranty	3	离散(更多)
seats	2	离散
price	3	线性
speed	3	线性

并非所有因子都是正交因子。

(a)

	因子A的级别	因子B的级别
1	warranty=1	seats=4
2	warranty=3	seats=4
3	seats=2	warranty=5

左侧的因子级别始终与右侧的因子级别一起出现。

(b)

图 22.5 模型描述表格和因子水平的相关性表格

随后图 22.6 给出的是各属性间的相关矩阵，由于均为分类变量，所以使用的是基于卡方值的 Cramer 的 V 统计量。正交设计要求各因子独立无相关，但在实际项目中这很难做到，但只要因子间不存在强共线性就问题不大。

	warranty	seats	price	speed
warranty	1	.866	.365	.144
seats	.866	1	.400	.122
price	.365	.400	1	.412
speed	.144	.122	.412	1

并非所有因子都是正交因子。

图 22.6 Cramer 的 V 统计量

随后将依次输出所有受测者的分析结果,首先输出的是第一个受测者的结果,如图 22.7 所示。

		实用程序估算	标准误差
warranty	1	-1.889	2.038
	3	-1.657	2.530
	5	3.546	3.221
seats	2	-3.630	2.425
	4	3.630	2.425
price	7000	6.838	3.460
	10000	9.768	4.943
	14000	13.675	6.920
speed	70	-1.552	3.542
	100	-2.217	5.060
	130	-2.882	6.578
(常量)		-1.462	5.760

(a)

warranty	26.053
seats	34.799
price	32.772
speed	6.376

(b)

	B系数	
	估算	标准误差
price	.001	.000
speed	-.022	.051

(c)

	值	显著性
皮尔逊R	.660	.004
肯德尔tau	.486	.006

a. 实测偏好与估算偏好之间的关联

(d)

图 22.7 受测者 1 的实用程序表格、重要性值表格、系数表格和相关性表格

(1) 实用程序表格。该名称实际上是误译,其英文"utility"应当被译为"效用"。列出的是受测者 1 做出评价时各属性水平的受欢迎程度,数值越高说明该水平越受欢迎。可见对受测者 1 而言,他最喜欢的是 5 年担保、4 座、1.4 万美元、时速 70 的车型。

(2) 重要性值表格。输出受测者 1 在进行评价时各个属性的相对重要性,可见该受测者的决策主要受价格(34.8%)和座位数(32.77%)的影响,其次为担保情况(26.05%),而车速的影响(6.38%)则非常小,这也部分地解释了为什么他会偏好低速车型。

(3) 系数表格。在本例中,由于指定 price 和 speed 的效用方式为线性,因此会在该表格中给出其常数项的估计值和标准误差。

(4) 相关性表格。该表格给出从模型估计的得分和实测偏好得分间的相关系数及检验结果,共给出皮尔逊(Pearson)相关系数和肯德尔(Kendall)等级相关系数两个结果。如果模型拟合效果好,则相关系数比较大且有统计学意义。可见对第一个受测者而言,模型的拟合效果还是比较好的。

以下依次输出第 2~6 个受测者的分析结果,此处略。

图 22.8 所示的为对整个样本的分析结果,阅读方法同上,从中可以得到如下信息。

(a)

		实用程序估算	标准误差
warranty	1	-1.253	1.089
	3	-.246	1.352
	5	1.499	1.721
seats	2	-1.398	1.295
	4	1.398	1.295
price	7000	1.149	1.849
	10000	1.642	2.641
	14000	2.299	3.698
speed	70	-.691	1.892
	100	-.988	2.704
	130	-1.284	3.515
(常量)		6.978	3.077

(b) 平均重要性得分

warranty	34.495
seats	33.250
price	24.939
speed	7.317

(c)

	B系数 估算
price	.000
speed	-.010

(d)

	值	显著性
皮尔逊R	.455	.044
肯德尔tau	.271	.082

a. 实测偏好与估算偏好之间的关联

图 22.8 总样本的实用程序表格、重要性值表格、系数表格和相关性表格

(1) 对整个样本而言,各属性对产品偏好的重要性依次为担保情况(34.495%)、座位数(33.250%)、价格(24.939%)和时速(7.317%)。

(2) 对整个样本而言,最受欢迎的组合为 5 年担保、4 座、1.4 万美元、时速为 70 的汽车。

(3) 从模型估计的得分和实测偏好得分间的相关系数为 Pearson 相关系数 0.455,Kendall 等级相关系数 0.271,其中后者无统计学意义。这表明模型拟合效果较差,分析结果不太可靠。在本例中,这主要是样本量太小所致。

图 22.9 给出的是模型分析情况汇总,可见第 2、4、5 个受测者的访谈结果中有一个属性的作用方式与模型设置相反且均为变量 warranty,由于样本量为 6,而 warranty 就出现了三次相反,可见模型对它默认设置的"DISCRETE MORE"作用方式不正确,需要进行调整。此外,如果有必要,也可以对这些个体的数据进行详细考察,以做出进一步推断。SPSS 随后还会输出出现反转的受测者号码和反转数量汇总表格,此处略。

22.3 联合分析的数据建模

因子		warranty	3
		speed	0
		price	0
		seats	0
主体	1	主体1	0
	2	主体2	1
	3	主体3	0
	4	主体4	1
	5	主体5	1
	6	主体6	0

图 22.9 反转次数表格

22.3.3 对案例的进一步分析

前面学习了基本的联合分析结果输出,下面来做进一步探讨。

1. 高精度统计图

CONJOINT 过程可以绘制精美的统计图,这些图形和前面分析结果提供的信息完全相同,但更加直观。使用 PLOT=ALL 子句,就可以得到如下的图形。

(1) 各属性不同水平对不同个体效用的条图。对所有属性变量均会给出这样一幅条图,图 22.10 所示的为 warranty 的条图,可见对于大多数受测者而言,随着等级的上升,受测者的偏好有增大的趋势,但其中也有特殊的个体,如第 2 个受测者的趋势就和多数人相反,而第 5 个受测者则受 warranty 的影响不大。

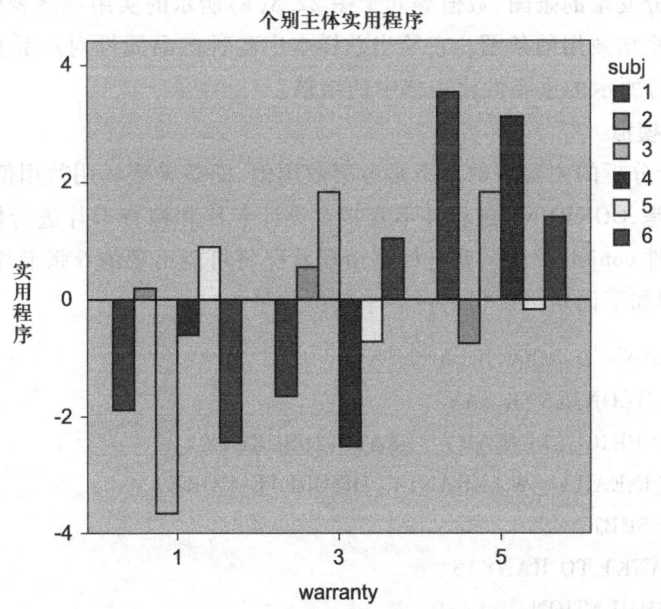

图 22.10 Warranty 对不同个体效用的条图

(2) 不同属性对个体平均效用的条图。如图 22.11 所示,图中会给出不同产品属性对不同个体对产品排序的影响程度,大多数人的排序结果都是受 warranty、seats 和 price 三个变量的影响,受 speed 的影响则较弱。但是也有例外。例如,speed 对第 5 个受测者的影响较强,warranty 对第 3 个受测者的影响明显较强。

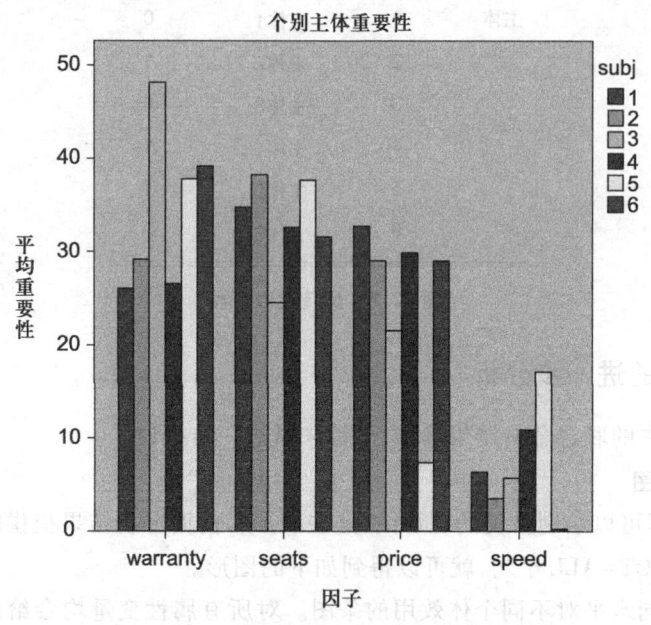

图 22.11 不同属性对个体平均效用的条图

(3) 各属性不同水平平均效用的条图。对于总样本中所有属性各水平的效用值情况,将会按照其数值绘制成分变量的条图,数值等同于图 22.8(a)所示的实用程序表格中的结果。

(4) 不同属性平均效用的条图。它给出总样本中各种产品属性对产品排序的影响程度,数值等价于图 22.8(b)所示的重要性值表格中的结果。

2. 市场占有率模拟

很多时候,联合分析的主要目的并不是考察效用值,而是希望利用效用值模拟得到某种产品的市场占有率。但是,CONJOINT 过程并不直接对设计卡片和检查卡片进行模拟,需要另行添加模拟卡片。数据文件 conjplan2.sav 就是根据市场状况将可能出现的 6 张卡片重复设置为模拟卡片的设计文件,使用如下语句可以得到占有率模拟结果。

```
CONJOINT PLAN = 'D:\CONJPLAN2.SAV'
    /DATA = 'D:\CONJRANK.SAV'
    /FACTORS = PRICE(LINEAR)    SEATS(DISCRETE)
        SPEED(LINEAR)   WARRANTY(DISCRETE MORE)
    /SUBJECT = SUBJ
    /RANK = RANK1 TO RANK15
    /PRINT = SIMULATION.
```

22.3 联合分析的数据建模

分析结果中市场占有率模拟部分如图 22.12 所示,根据不同的原理,一共拟合了三个占有率模型。

(1) 最大效用模型。该方法假定消费者一定会选择效用值最大的属性组合。

(2) BTL 模型,即 Bradley-Terry-Luce 模型。它假定消费者选择该产品的概率为效用值的线性函数,数值实际上就是该卡片的效用占所有模拟卡片效用值总和的百分比。

(3) Logit 模型。假定购买概率与效用值间呈 Logit 关系,实际上与 Logistic 回归模型类似。

卡号	ID	得分
1	2	8.434
2	4	9.441
3	7	9.081
4	11	7.538
5	12	10.333
6	14	8.030

(a)

卡号	ID	最大实用程序数[a]	布兰得利-特里-卢斯	分对数
1	2	16.7%	16.0%	21.7%
2	4	16.7%	17.8%	13.0%
3	7	.0%	17.2%	10.1%
4	11	16.7%	14.3%	13.3%
5	12	33.3%	19.5%	31.5%
6	14	16.7%	15.2%	10.4%

a. 包括绑定模拟
b. 在布兰得利-特里-卢斯方法和分对数方法中使用了6个主体中的6个主体,这是因为这些主体的得分都是非负数。

(b)

图 22.12 模拟的偏好分数表格和模拟的偏好概率表格

如果以最大效用模型的结果为准,则可见 12 号卡片的市场占有率最高,观察设计文件,可知其特征为 5 年担保、4 座、7000 元、时速 70;其次为 2、4、11、14 号卡片,7 号卡片则基本上不会有市场。在模拟卡片中没有消费者最偏好的组合(因为该组合不现实),所以市场占有率的结果与前面的分析结果似乎不太一致,但实际上没有冲突。

✎ 以上三个模型的拟合结果有时会相差极大,BTL 模型和 Logit 模型的缺点是在预测效用的线性转化过程中结果不稳定,但最大效用模型没有这样的缺点。因此相对而言,最大效用模型的结果最为常用。但是在应用时,要根据实际问题的性质和三种模型的特点来确定最合适的方法,这样才能得到合理的结果。

22.4 联合分析进阶

前面介绍的联合分析模型属于最基本的全轮廓联合分析模型（traditional full-profile conjoint analysis），SAS、SPSS等通用统计软件也只提供对这种模型的支持。但多年来，联合分析已经得到了长足的发展，本节将对比较重要的两种模型做一介绍。

22.4.1 适应性联合分析

联合分析在应用中遇到的最大问题就是数据收集受限。因为在全轮廓联合分析模型中，需要由希望考察的全部属性的某个水平构成被称为轮廓的组合，然后向受测者出示所有的轮廓卡片，请受测者进行评分或者排序，并据此得出分析结论。随着联合分析日益流行，人们希望用它来测量更多的属性和属性水平，但这必然会导致轮廓组合数暴增，虽然可以通过正交设计来简化轮廓数量，但仍然不能满足实际需要，一次性展示过多的轮廓卡片（每个轮廓又由过多的属性水平组成）不仅会造成受测者判断困难，还会导致数据质量下降，这成为阻碍联合分析方法发展的一大障碍。

随着计算机技术的发展，20世纪80年代产生的适应性联合分析（adaptive conjoint analysis，ACA）很好地解决了上述问题。适应性联合分析的基本思想是对每个受测者"定制"需要测试的轮廓，保证受测者看到的轮廓只会由确实对其很重要的属性及水平构成。在适应性联合分析的访问过程中，受测者先对每一属性的各个水平进行排序；然后再对属性的重要性进行评分，基于前面这些信息，程序就可以确定对该受测者而言哪些属性和水平是比较重要的；随后受测者会看到若干对筛选出来的卡片组合（这些卡片组合由部分属性和水平构成，因此被称为偏轮廓组合），并被要求按照9分量表来评价自己更喜欢哪种轮廓，以及喜欢程度，这一步更多的是对前述分析结果进行重测确认；最后一步则类似于全轮廓联合分析模型，对最终筛选出来的由属性和水平构成的多个轮廓进行评分。

在适应性联合分析中，绝大多数情况下最终展示的轮廓可以只由2~5个属性构成，从而大大减轻了受测者的负担。而在每一步中所出示的内容都需要根据前面受测者的选择结果来实时计算，以便基于受测者的自评形成个性化的访问内容，因此适应性联合分析的访问必须在计算机程序的支持下进行，利用传统的纸面访谈方式是无法实施的。

> 一般认为，当研究中涉及的属性在6个以内，且各属性的水平并不是特别多时，直接使用全轮廓联合分析模型进行研究不会有太大问题。但是如果属性较多，或者相应的水平较多，则最好采用适应性联合分析等更复杂的模型来进行研究。

22.4.2 基于选择的联合分析

适应性联合分析虽然比全轮廓联合分析模型有了很大的改进，但它较多地依赖前期的消费者自评结果，其流程也比较复杂，并且为了能够分析较多的属性，适应性联合分析首先会进行关键属性的筛选，这导致其在方法框架上很难对交互作用进行分析。到了20世纪90年代，研究者开始尝试让受测者只需简单地在由少数几个属性构成的产品轮廓中进行选择，而不是让他们对完整的产品轮廓进行排序或评分,并且进一步增加不选择任何一个轮廓项,允许受测者不做出选择,从而使得访谈过程变得更加简单、合理,这就是基于选择的联合分析(choice-based conjoint, CBC)。与其他模型相比,基于选择的联合分析有以下几个优势。

(1) 选择流程更接近真实购买。因为在实际生活中,消费者不会在一张量表上对每一个产品评分,他们仅仅是选择某个产品,而且这种选择方式对消费者而言也是最容易理解的。

(2) 通过增加不选择任何一个轮廓的选项,受测者可以提供所有轮廓组合都不符合需求的信息,这弥补了原模型的缺陷。

(3) 传统的联合分析方法在分析主效应上得心应手,但由于需要通过正交设计来简化轮廓数量,因此往往需要在各种可能的交互作用上做出取舍。而由于理论上基于选择的联合分析方法在调查时可以出现任何一种属性组合,因此可以发现任何数据中存在的交互作用,确保了信息不被淹没。在理论上,基于选择的联合分析方法分析交互作用的效率和分析主效应一样高。

(4) 基于选择的联合分析可以避免出现不合理的轮廓组合,或者说可以根据某些属性的水平取值来定制另外一些属性的水平。例如,在手机研究中,品牌 A 的颜色有香槟金、太空蓝两种,而品牌 B 的颜色有典雅黑、时尚银两种,显然颜色的取值范围需要基于品牌来确定。在传统的联合分析中,这只能通过正交设计后删减不合理的轮廓组合来实现,而在基于选择的联合分析中就可以直接加以设定,保证只会出现合理的轮廓组合。

但是,基于选择的联合分析也存在着一些不足。首先,受测者需要同时理解多个轮廓卡片的信息之后才能做出选择,当属性较多或者卡片较多时,这非常容易导致受测者疲劳,从而使得数据质量下降。因此,基于选择的联合分析不宜针对属性较多的研究场景,一般认为基于选择的联合分析最好只用于 6 个或更少属性,且比较看重对交互作用的分析的场合。其次,相对于传统方法,基于选择的联合分析收集到的信息较少,因此需要更大的样本量,这也会造成整个研究成本的上升。

显然,基于选择的联合分析模型的实现高度依赖计算机程序,虽然在理论上基于选择的联合分析也可以通过手工方式来进行,但目前基本上都以计算机辅助方式为主。

> 基于选择的联合分析在很多文献中也被称为离散选择模型(discrete choice model),在第 11 章中曾经做过简单介绍,其数据分析方法比较复杂。简单地说,其基本思路是考虑使用无序多分类的 Logistic 回归模型进行拟合,但如果要正确处理选项组这一因素,则应当使用第 24 章将要介绍的用 Cox 回归过程拟合 1:n 配伍 Logistic 回归的方式来进行分析。本书因以方法学为主线,将不对偏实际应用的离散选择模型展开讨论,对此感兴趣的读者可参见本章末所附的参考文献。

思考与练习

自行完成本章中的正交设计和模型分析操作。

参考文献

[1] IBM Corp. IBM SPSS Conjoint 24[CP/OL]. Armonk,NY:IBM Corp,2016.
[2] 张文彤. SPSS 统计分析基础教程[M]. 3 版. 北京:高等教育出版社,2017.

[3] 柯惠新,弗悉诺. 市场营销研究中的结合分析法[J]. 数理统计与管理,1994,13(6):56-65.
[4] 黄晓兰,沈浩. 离散选择模型在市场研究中的应用[J]. 北京广播学院学报:自然科学版,2002,9(4):34-42.

第23章 时间序列模型

23.1 模型简介

23.1.1 基本概念

股票价格、年度国民生产总值、季度失业率、月工资等资料都是随时间的变化而变化的,而且有明确的时间先后顺序。这种依时间顺序排列起来的一系列观测值称为时间序列。因此,可以认为时间序列是某一个或某几个统计指标长期变动的数量表现。与本书前面提到的大部分统计分析资料不同,这类资料的先后顺序是不能忽视的,更关键的是观测值之间不独立,因此不能用普通的统计方法来分析。时间序列模型是专门用于分析这类序列资料的统计模型,它考虑的不是变量间的因果关系,而是考察变量在时间方面的发展变化规律,并为之建立数学模型。

实际上,时间顺序可能反映的是某些影响因素对因变量的作用。但是由于信息缺乏或者并无必要,未能收集到相应的影响因素的信息,此时就用时间变量来代替这些变量进行分析,就构成了时间序列模型。换言之,时间序列模型可以只由序列本身构成,模型中可以没有自变量。

在时间序列分析中,结构分解是一种非常重要的思想,也由此派生出许多时间序列的分析方法。一个时间序列可能包含以下4种信息。

(1) 长期趋势(trend):指长期的变化趋势。它采取一种全局的视角,不考虑序列局部的变动。例如,我国的国民生产总值(GDP)在中长期呈现一种上升的趋势,因此对于其局部的波动并不关心。

(2) 循环(cyclic):指一种较长时间的周期变化。一般来说循环时间为2~15年。循环变化一般会出现波峰和波谷,呈现一种循环往复的现象。所谓的"分久必合,合久必分"体现的就是一种长期的循环变化。

(3) 季节性变化(season):也是一种周期性变化。但和循环不同,季节性变化的周期比较短,一般在一年中完成。虽然称为"季节"变化,但是周期并不局限于季度,也可以是月、周等其他能在一年内完成的周期。例如,冷饮的销售量在一年内的波动、地铁内人流量在一周内的波动都是比较典型的季节性变化。

(4) 不规则变化(error):指时间序列中无法预计的部分。它有两种情况:一种是序列的随机波动,可以认为是随机误差;另一种是由突发事件引起的。海湾战争引起石油价格的突变就是不规则变化。对于随机误差,可以合理地假定它服从一定的分布,从而对其进行分析;而突发事件则是时间序列分析中一个极难的问题,不是统计学家能够完全解决的。

注意虽然时间序列有4种可能的成分,但是并不是每个序列都包含这4种成分。例如,以年为时间单位的序列就不会有季节性变化;一些较短的序列也看不出循环变化,所以在分析时需要具体情况具体分析。

23.1.2 模型分类

按照不同的标准,时间序列模型有多种分类方法。下面介绍两种分类的时间序列模型,以使读者对时间序列模型有一个整体的印象。

1. 时域模型(time domain)和频域模型(frequency domain)

时域模型将时间序列看成是过去一些时间点的函数;或者认为时间序列具有随时间系统变化的趋势,它可以用少量的参数来描述,或者说它可以通过差分、平滑等技术还原成随机序列。频域模型则认为时间序列是由数个正弦波成分叠加而成的,当时间序列的确来自一些周期函数的集合时,频域模型就特别有用。由于序列数据特征不同,时域模型和频域模型在不同的领域有不同的侧重。社会经济领域的大部分数据都适合使用时域模型,而电力工程专家则对频域模型更感兴趣。SPSS对这两种数据都能分析,但本书将重点介绍时域模型。

2. 传统时间序列模型和现代时间序列模型

传统时间序列模型把时间序列看成长期趋势、季节性变动、循环变化和不规则变化的复合体,试图揭示各个成分的数量和大小。它假设各个成分独立而且可加,要解决的问题是各个成分是如何结合以及如何相互作用的。季节性分解模型和以指数平滑为代表的指数平滑模型是传统时间序列模型的代表。

现代时间序列模型是指20世纪40年代发展起来的、把时间序列看成一种随机概率过程的一类方法。它主要通过建立合适的数学模型拟合时间序列,并完成预测的功能。现代时间序列模型对计算量的要求很高,需要计算机强有力的支持。ARIMA模型是这类时间序列模型的代表。

23.1.3 分析步骤

与其他的统计模型一样,建立一个时间序列模型也有基本的分析步骤。
(1)运用一些探索性的手段,探索模型的重要特征,选择合适的建模方法。
(2)通过各种方法,得到比较合适的时间序列模型框架。
(3)模型诊断,包括拟合优度分析、残差分析、异常值分析等。
(4)选择一个表现最好的模型。
(5)用所选的模型做预测。
(6)随着数据量的增加,不断调整模型。
上面的步骤并不是一成不变,只是一种参考,在具体分析时还需要根据实际情况进行调整。

23.1.4 软件实现

由于时间序列模型的复杂性,它在SPSS中涉及了数据整理、统计分析和绘图三大部分。

(1) 预处理模块。它包括用于建立时间变量的"数据"菜单中的"定义日期和时间"菜单项和"转换"菜单中的"日期和时间向导"菜单项、将序列平稳化的"创建时间序列"菜单项,以及用于填补序列缺失值的"替换缺失值"菜单项。

(2) 图形化观察/分析模块。时间序列在分析中高度依赖图形。SPSS 为其提供了特有的观察工具:序列图、自相关/偏相关图、互相关图、周期图、谱密度图等,它们均被放置在"分析"→"时间序列预测"子菜单中。

(3) 分析模块。它的功能均被放置在"分析"→"时间序列预测"子菜单中,其中 ARIMA 模型和指数平滑模型目前被统一放置在传统模型向导界面中,而季节性分解和谱分析则为单独的菜单项。当数据中除序列外还记录了其他可能的影响因素时,则可以使用时间因果模型向导来加以分析。

本章随后就将由浅入深地对这三个部分进行介绍。

23.2 时间序列的建立和平稳化

例 23.1 数据文件 nrc. sav 记录了美国自 1947 年 1 月到 1969 年 12 月住宅建筑的数据,现希望能通过历史数据来预测 1970 年全年逐月的住宅建筑数据情况。

在对数据拟合时间序列模型前需要进行一系列的准备工作。首先,如果数据存在缺失值就要进行填补;第二,SPSS 不能自动将数据文件识别为时间序列,必须对其进行定义;第三,需要尝试对原始的时间序列进行平稳化以发现其变化规律。下面就分别介绍。

23.2.1 填补缺失值

大多数时间序列模型都要求数据序列完整无缺,但这实际上难以做到。显然当序列中存在缺失值时不能直接将其剔除,因为这样会使缺失值之后的数据的周期发生错位。在这种情况下要进行缺失值填补,并将结果保存为新变量以用于分析。

替换缺失值过程用于对含缺失值的序列进行填补,其主对话框如图 23.1 所示。除默认的序列平均值(series mean)填补之外,还可以使用相邻若干点的平均值(mean of nearby points)、相邻若干点的中位数(median of nearby points)、线性内插(linear interpolation,即缺失值相邻两点的平均值,但如果缺失值在序列的最前/最后,则无法被填补)、线性趋势(linear trend at point,将案例号作为自变量,将序列值作为因变量进行回归,求得该点的估计值)这几种方法进行补填,对话框的"邻近点的跨度"(span of nearby points)框组则用于设置相应填补方法需要使用的相邻案例数。

本例因为序列数据完整,因此不需要进行填补,但需要指出的是,缺失值的填补有很大的主观性,在序列存在长期趋势或周期趋势时,错误的填补方法可能导致很大的误差,因此应当先对数据进行图形化观察,并只采用缺失点附近的数据进行数值计算。

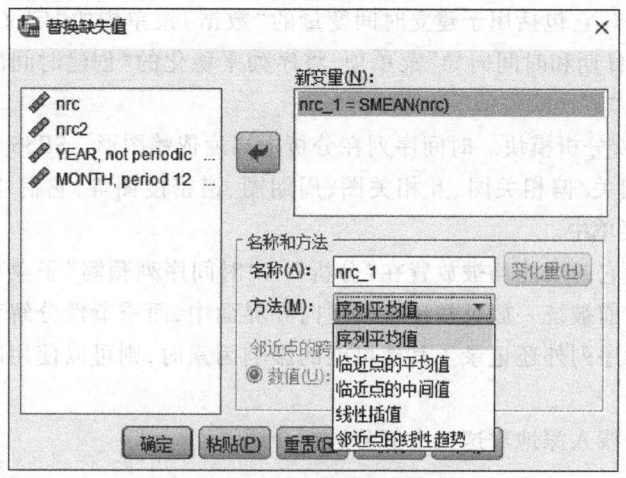

图 23.1 替换缺失值主对话框

23.2.2 定义时间变量

时间序列数据的一个明显特点是案例按照时间排列。在 SPSS 中需要用专用的过程来定义时间变量,否则即使在数据中直接输入时间数值,SPSS 也无法将其自动识别为时间变量,特别是无法识别时间变量中所携带的月、周、日等周期变化信息。

当需要定义的时间变量比较复杂时,可以选择"转换"→"日期和时间向导"菜单项,按照打开的对话框中的提示选择所需的功能进行操作。但本例的情况比较简单,因此直接使用"数据"→"定义日期和时间"菜单项即可,操作如下。

1. 选择"数据"→"定义日期和时间"菜单项。
2. 在"个案是"列表中选中"年,月",在右侧输入年为"1947",月为"1"。
3. 单击"确定"按钮。

上述操作中用到的对话框如图 23.2 所示。操作完毕后,数据库中将加入两个新产生的时间变量 YEAR_、MONTH_,分别代表年和月,另有一个变量 DATE_,为字符串格式的时间标签。

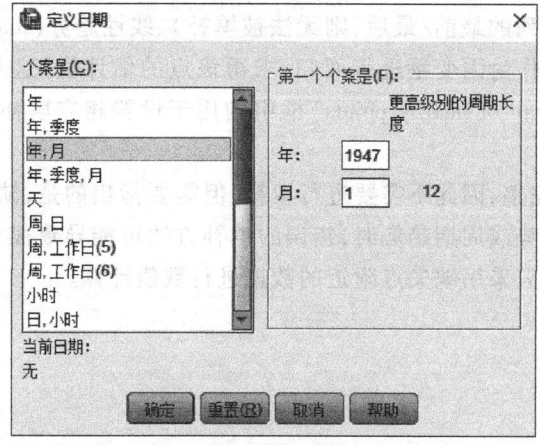

图 23.2 定义日期对话框

23.2.3 时间序列的平稳化

在定义完时间变量后,时间序列数据就可以用于分析了。但是,时间序列模型都是建立在平稳的随机序列上的。一个平稳的随机过程有以下要求:平均值不随时间变化;方差不随时间变化;自相关系数只与时间间隔有关,而与所处的时间无关。但大多数原始时间序列都不平稳,因此在分析时要先识别序列的平稳性,并且把不平稳的序列转化为平稳序列。

利用"数据"→"转换"子菜单中的"创建时间序列"菜单项可以对原始序列进行初步处理,以使序列平稳化。它可以对原始时间序列变量进行差分、移动平均等变换来生成一个或多个新时间序列,以帮助用户识别原始时间序列的波动规律。为了能够对数据文件 nrc.sav 中的数据 nrc 有一个直观的了解,这里提前使用随后要介绍的序列图考察一下该序列的基本趋势。

1. 选择"分析"→"时间序列预测"→"序列图"菜单项。
2. 将 nrc 选入"变量"框。
3. 单击"确定"按钮。

结果如图 23.3 所示,从中可以得到以下两点:序列是稳步上升的,存在长期趋势;但同时序列存在季节性波动,周期大约是 12 个月,每年年底的数据总是最高的。显然这两点和序列平稳的要求相悖,需要考虑将其转换为平稳序列。而差分和季节性差分则分别用于应对长期趋势和季节性波动,操作如下。

1. 选择"转换"→"创建时间序列"菜单项。
2. 将 nrc 选入"变量"框。
3. 在"函数"下拉列表中选择"差异",单击"变化量"按钮使修改生效。
4. 单击"确定"按钮。
5. 选择"转换"→"创建时间序列"菜单项。
6. 将上一步生成的 nrc_1 选入"变量"框。
7. 在"函数"下拉列表中选择"季节性差异",单击"变化量"按钮使修改生效。
8. 单击"确定"按钮。

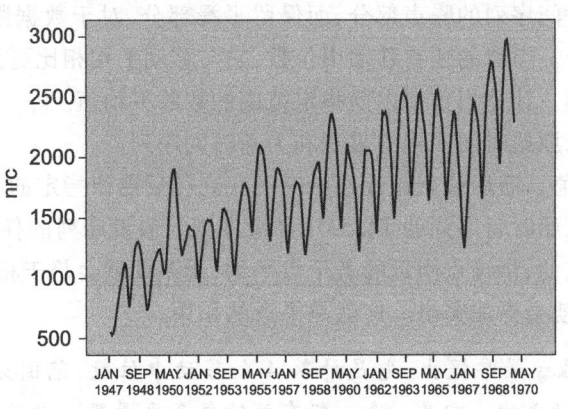

图 23.3 nrc 的原始时间序列图、差分后的时间序列图

上述操作是首先对 nrc 进行了一阶差分,然后对差分后的时间序列进一步做了一阶季节性差分,所用到的对话框如图 23.4 所示,其核心内容是"函数"下拉列表,其中包括以下一些功能。

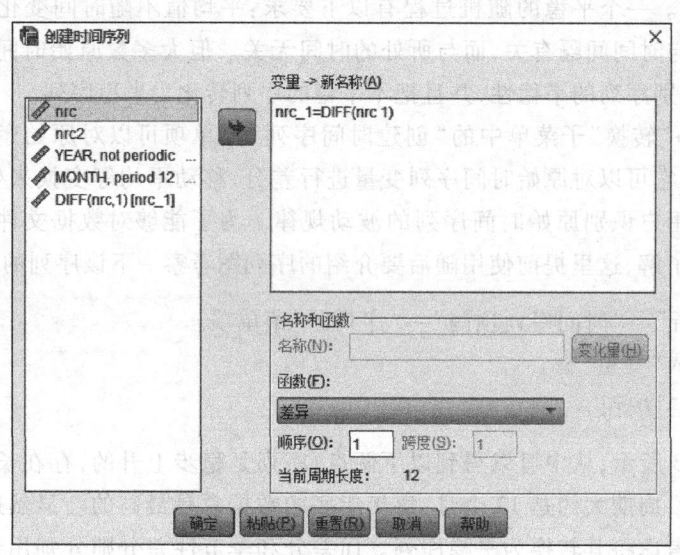

图 23.4　创建时间序列主对话框

(1) 差分(在对话框中被误译为"差异")。即后值减前值,是进行序列平稳化的常用手段,其作用是消除前后数据的依赖性。差分的次数可以在"顺序"框中指定,默认为 1。差分会损失数据,差分 n 次,则损失 n 个案例。

(2) 季节性差分。用后一个周期某位置的值减去前一个周期相应位置的值,对没有定义周期的数据不能做季节性差分。差分的次数同样在"顺序"框中指定,默认为 1。季节性差分 n 次,则损失 n 个周期的案例。

(3) 中心移动平均。以当前值为中心,计算指定范围(span)的平均值。如果范围是奇数(如 3),则计算当前值以及前后各一个数的平均值,但无法计算时间序列最初和最后的几个数。取移动平均能够抵消时间序列的噪声部分,而保留平滑部分,对于数据服从对称分布,特别是正态分布的情况比较适合。类似的还有移动中位数,它与移动平均相比更为稳健。

(4) 前移动平均值。计算当前值以前指定范围的数的平均值。

(5) 累积求和。以原始时间序列的累积和为新时间序列。

(6) 滞后值/提前值。滞后值就是让原始时间序列往后滞留指定的顺序数,提前值则相反。

(7) 平滑。计算原始时间序列的 T4253H 平滑序列。假设序列的任意一点都是由一个平滑部分加上随机误差组成的,将该点附近的若干点平均,误差项就会趋于相互抵消。这样原始时间序列的特征,如峰、谷,就会更加突出。这就是平滑的作用。

> T4253H 平滑由 Tukey 最早提出,先是计算 4 个移动中位数,范围分别是 4、2、5、3,最后是 Hanning 权重的移动平均。它是一个一般有效的复合平滑器。它的作用是先经过若干步剔除序列中的异常值,然后使序列平滑。T4253H 平滑法要求原始序列至少大于三个数,而且

序列中间不能有缺失值。

将原始时间序列差分和季节性差分后得到的新序列 nrc_1 和 nrc_1_1,再做序列图,如图 23.5 所示,可以发现时间序列已经去除了长期趋势和季节性波动,类似于一个平稳序列,下面就可以考虑进一步用更精确的工具来考察其是否的确成为一个平稳序列了。

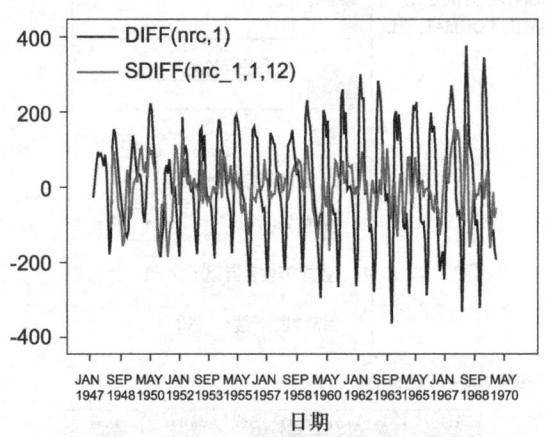

图 23.5　nrc 的差分、季节性差分后的时间序列图

23.3　时间序列的图形化观察

虽然线图也可以用来考察时间序列,但使用专门的图形工具显然更为便捷,且能够得到更专业的信息,下面就对这些工具加以介绍。

23.3.1　序列图

序列图(sequence chart)是时间序列的基本观察工具。在前面已经使用过了,它实际上是一种特殊的线图,但比一般的线图有着更多适合时间序列特点的功能。它要求数据按照时间或其他有一定意义的顺序排列,其图形是以时间变量为横轴,以分析变量为纵轴的线图。此外,还能对线图做一些加工。但是,与其他时间序列图不同,它只能给出直观的描述,并不能进一步计算时间序列分析中所涉及的一些专业指标。

序列图主对话框如图 23.6 所示,除基本的"变量"框外,"转换"框组提供了一些时间序列分析中常用的变量转换方法,有自然对数转换、差分、季节性差分三种。显然,利用这种功能,研究者可以直接考察差分/季节性差分等转换之后的序列趋势,而不需要逐一进行转换后再加以观察,显然更为便捷。

为了便于观察图形,还可以利用序列图主对话框的"时间线"子对话框在做出的线图中添加垂直的时间轴参照线,而利用"格式"子对话框还可以进一步增添平均值参考线,将图形转换为面积图等,具体操作请读者自行尝试,这里不再详述。

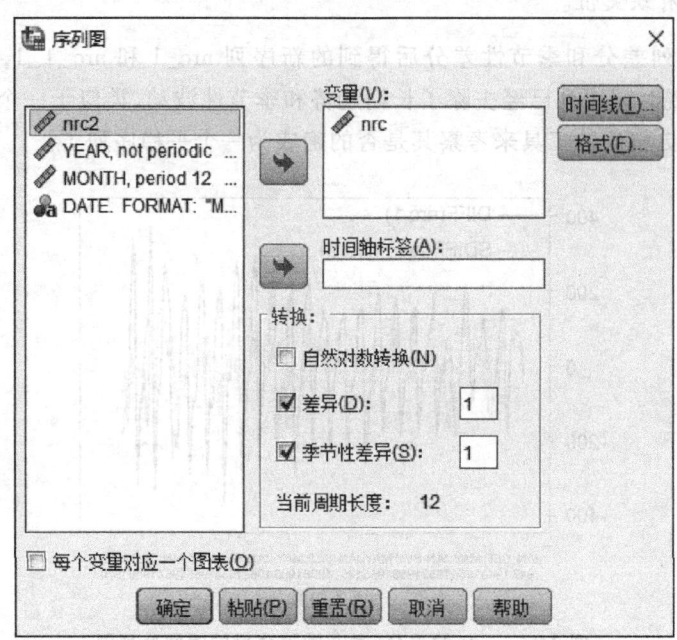

图 23.6 序列图主对话框

23.3.2 自相关图

自相关图(autocorrelation chart)的结果包括自相关图和偏相关图,它们都可以用于考察单个时间序列是否已的确转换为平稳的随机序列。以 nrc 序列为例,如果希望考察进行了一阶差分+一阶季节性差分之后的序列是否已经平稳,则操作如下。

1. 选择"分析"→"时间序列预测"→"自相关"菜单项。
2. 将 nrc 选入"变量"框。
3. 选中"差异"复选框和"季节性差异"复选框。
4. 单击"确定"按钮。

自相关图主对话框如图 23.7 所示,其中的绝大部分内容已在前面介绍过。在"选项"子对话框中,"最大延迟数"一般设定得比该时间序列的最大周期大一些即可;在标准误差的计算方法中,"独立模型"假定时间序列所反映的随机过程是白噪声,即完全随机的,"巴特利特近似"则根据 Bartlett 给出的估计自相关系数和偏相关系数方差的近似式计算方差。随着延迟(lag)值增加,标准差增大。

本例会依次给出自相关和偏相关的分析结果,且均分为表格和图形两部分。首先来看自相关对应的表格输出,如图 23.8 所示。自相关系数是序列和自身的提前或滞后序列间的相关系数。如果滞后值为 1,则为一阶自相关系数,以此类推。表格中依次会给出 lag 值、自相关系数的估计值、标准误差、博克斯-杨统计(Box-Ljung)检验结果等。注意,由于自相关系数是前后对称的,而且当 lag=0 时自相关系数恒等于 1,故仅给出当 $k>0$ 时的自相关系数。

23.3 时间序列的图形化观察

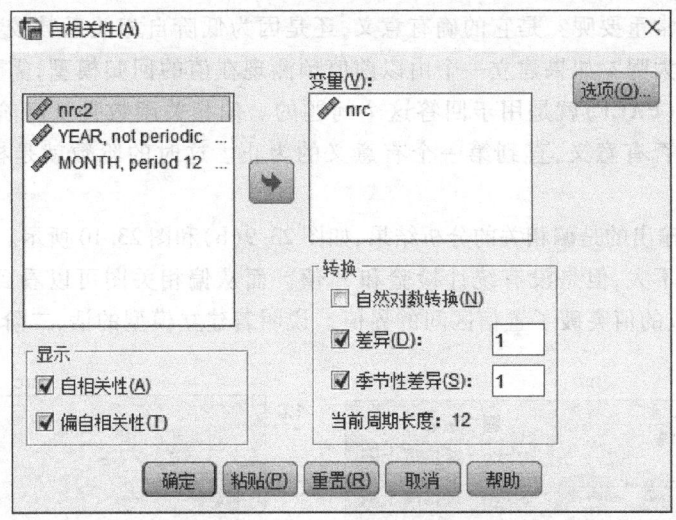

图 23.7 自相关图主对话框

序列: nrc

延迟	自相关性	标准误差[a]	博克斯-杨统计 值	自由度	显著性[b]
1	.616	.061	100.830	1	.000
2	.276	.061	121.235	2	.000
3	.180	.061	129.966	3	.000
...					
14	-.186	.060	274.178	14	.000
15	-.205	.060	285.979	15	.000
16	-.261	.060	305.161	16	.000

a. 假定的基本过程为独立性(白噪声)。
b. 基于渐近卡方近似值。

图 23.8 自相关对应的表格输出

相比之下,在表格之后输出的自相关图阅读起来更为方便,如图 23.9(a)所示。请注意图中在横轴上下方有两条直线,它代表的是置信区间,和 P 值一起构成对自相关情况的说明。可以看到当 lag<6 时,自回归系数突破了置信区间的界值,说明该时间序列在 1~5 阶以内相关性是比较大的,而 6 阶及以上的自回归情况并不显著。

> 图 23.9(a)中 lag=6 以后的置信区间和表格中的假设检验结果并不一致,这是因为 SPSS 在检验自相关系数是否为 0 时,其高阶检验的前提假设是低阶的自相关系数为 0。因此,在低阶的自相关系数有意义时,后续高阶的检验结果无效,此时置信区间提供的信息更有价值。

自相关系数用于考察几个相邻数据的相关性。如果一阶自相关系数大,可以知道相邻数据的值存在较强的相关性。二阶自相关系数大则说明相隔两个数据的值也密切相关。但是高阶的自相关是否真的非常重要呢？是它的确有意义,还是因为低阶自相关系数较大的传递效应使得高阶自相关系数也大呢？如果建立一个由以前值预测现在值的回归模型,需要包括多少个以前值？偏自相关函数(PACF)就是用于回答这个问题的。偏相关函数是从高阶开始,逐个检验每阶的偏相关系数是否有意义,直到第一个有意义的为止。这时的阶数就是模型中包含的最大阶数。

自相关图之后输出的是偏相关的分析结果,如图23.9(b)和图23.10所示。偏相关函数输出的结构和自回归差别不大,但是没有统计检验和 P 值。而从偏相关图可以看到,主要是当 lag = 1 和 2 时,偏回归系数的值突破了置信区间的界值。说明若建立模型的话,二阶基本上就足够了。

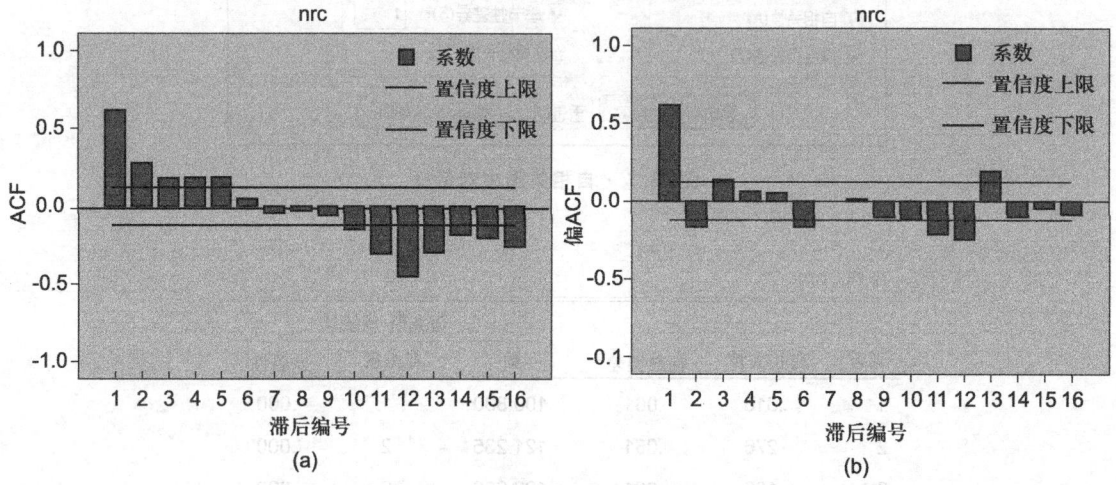

图23.9　自相关图和偏相关图

序列：nrc

延迟	偏自相关性	标准误差
1	.616	.062
2	-.165	.062
3	.139	.062
...		
14	-.099	.062
15	-.047	.062
16	-.085	.062

图23.10　偏相关对应的表格输出

✒ 自相关函数(ACF)是时间序列分析中非常重要的工具,希望大家能对各种常见时间序列(ARMA)模型的自相关图和偏相关图加以熟悉。各种时间序列具体的特征图则不是本书的重点,而且在一般关于时间序列的书中都有介绍,这里不再详述。

23.3.3 互相关图

自相关函数和偏相关函数是描述单个时间序列的重要工具。然而，在许多场合要考虑多个时间序列间的关系。典型的例子如广告投入和产品销售量的关系，显然两个时间序列存在正向相关，但广告投入对销量的作用显然存在时间上的滞后，此类分析被称为多时间序列模型（multiple time series model）。以最简单也最重要的两时间序列模型为例。Jenkins 等人认为两个时间序列的关系大致有两种情况：第一种是同源的，如在两个监测点测定的地震信号，这时感兴趣的是两者的相关关系；第二种情况是一般相关，其中一个时间序列可以认为是信号输入，另一个时间序列是信号输出，如广告和产品的问题，这时两者间的回归关系更有意义。互相关函数（cross-correlation function，CCF）就是分析两个时间序列关系的有力工具。

> ⚠ 必须指出，在使用互相关函数来了解两个时间序列的关系时，必须确信两个时间序列是平稳的。也就是每个时间序列的平均值和方差在整个时间序列中基本稳定。原因是如果时间序列值随时间上升或下降，那么即使两个时间序列毫不相关，也会因长期趋势的存在显得高度相关。

例 23.2 数据文件 cross.sav 是一个模拟数据集，其中的变量 x 服从标准正态分布，$z1$、$z2$ 分别是其一阶和二阶滞后序列，而 $y = 0.5 \times z1 + 0.5 \times z2$。请使用互相关图对序列 x 和 y 间的关系进行描述。

本例的操作如下。

1. 选择"分析"→"时间序列预测"→"交叉相关性"菜单项。
2. 将 x、y 选入"变量"框。
3. 单击"确定"按钮。

上述操作中用到的对话框如图 23.11 所示，和自相关图主对话框相似，该主对话框可以对时间序列进行对数转换、差分、季节性差分等运算，"选项"子对话框则可以规定最大的 lag 值，默认是 7。

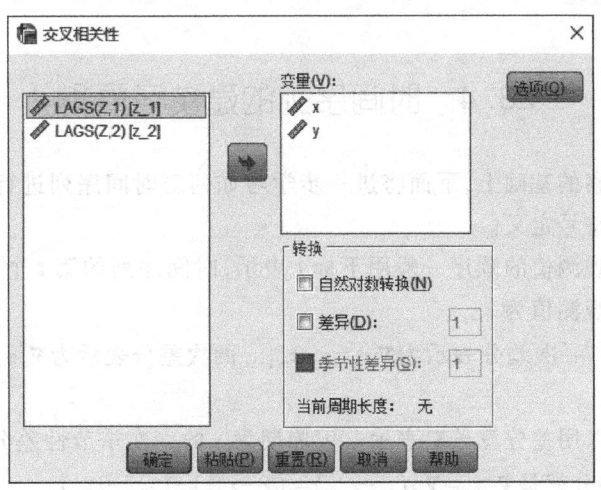

图 23.11 互相关图主对话框

图 23.12 所示的是互相关函数的输出结果,首先给出的是左侧的表格,其内容与自相关函数类似,但最大的区别是 lag 值从 -7 到 +7,这是因为互相关系数不是对称的。此外,也没有假设检验的结果。从中可以发现当 lag = 1、2 时的互相关系数是高度相关的,说明 y 和 x 在 lag = 1、2 时相关。这正是该数据的真实情况。

序列对: x, 带有 y

延迟	交叉相关性	标准误差[a]
-7	.209	.084
-6	.208	.084
-5	.070	.084
-4	-.031	.083
-3	-.095	.083
-2	-.080	.083
-1	.012	.082
0	.331	.082
1	.873	.082
2	.872	.083
3	.326	.083
4	.007	.083
5	-.082	.084
6	-.095	.084
7	-.029	.084

a. 基于各个序列不交叉相关性且其中一个序列为白噪声的假定。

图 23.12 互相关的表格和图形输出

23.4 时间序列的建模与预测

在前面图形化观察的基础上,下面将进一步学习如何对时间序列进行建模,为了叙述方便,首先给出一些相关的符号定义。

(1) 时间序列。观测值的顺序一般用下标 t 表示,时间序列的第 t 个观测值就是 z_t,前一个观测值为 z_{t-1},后一个观测值为 z_{t+1}。

(2) 差分算子 ∇。一次差分表示为 $\nabla z_t = z_t - z_{t-1}$。两次差分表示为 $\nabla^2 z_t = \nabla(\nabla z_t) = (z_t - z_{t-1}) - (z_{t-1} - z_{t-2})$,以此类推。

季节性差分也可以用差分算子 ∇_s 表示。记周期为 s 的一次季节性差分为 $\nabla_s z_t = z_t - z_{t-s}$。如果是以 4 为周期,两次差分就是 $\nabla_4^2 z_t = \nabla_4(z_t - z_{t-4}) = (z_t - z_{t-4}) - (z_{t-4} - z_{t-8})$。

季节性差分和一般连续差分的组合记作 $\nabla_s^D \nabla^d z_t$,其中 D 为季节性差分的次数,s 为周期长度，d 为一般连续差分的次数。

(3) 后移算子 B：后移算子记为 $Bz_t = z_{t-1}$，$B^2 z_t = B(Bz_t) = z_{t-2}$，$\cdots$，$B^k z_t = z_{t-k}$。差分算子和后移算子之间的联系为 $\nabla = 1 - B$。

由于 SPSS 目前提供的建模向导能够自动整合并筛选各种可用的时间序列建模方法，因此本节将先介绍指数平滑和 ARMA 模型的基本原理，然后再介绍建模向导的具体操作和应用。

23.4.1 指数平滑模型简介

在时间序列分析的发展中，Box-Jenkins 模型是一个分水岭，在此之前指数平滑模型是一种比较合理的方法。指数平滑模型用时间序列以前值的加权平均值来预测将来的值，并且赋予时间序列中近期的数据以较大的权重，赋予远期的数据以较小的权重。其理由是随着时间的流逝，以前值的影响逐渐减小。简单指数平滑模型的基本公式是 $F_{t+1} = \alpha Y_t + (1-\alpha) F_t$，其中 α 是平滑系数，$0 < \alpha < 1$，F_t 是 t 时刻的预测值，Y_t 是 t 时刻的实测值。指数平滑模型沿袭了修正的思想，$T+1$ 时刻的预测值是用 T 时刻的实测值对 T 时刻的预测值加以修正后得到的。如果将上面的公式展开可以得到：

$$F_{t+1} = \alpha Y_t + (1-\alpha) F_t$$
$$= \alpha Y_t + \alpha(1-\alpha) Y_{t-1} + \alpha(1-\alpha)^2 Y_{t-2} + \cdots + \alpha(1-\alpha)^{N-1} Y_{t-(N-1)} + \cdots$$

可见，实测值对预测值的影响随着时间距离的增大而呈指数级数衰减，这就是"指数"平滑的由来。其衰减的速度由平滑系数 α 决定，如果 $\alpha = 1$，说明 $T+1$ 时刻的预测值只由 T 时刻的观测值决定，而与 T 时刻之前的任何数值无关；当 α 接近 1 时，时间序列的衰减速度非常快，预测值只受最近的几个观测值的影响，受远处观测值的影响很少；当 α 接近 0 时，即使远处的观测值也对当前的预测有相当的影响力；如果 $\alpha = 0$，说明时间序列非常稳定，不受 T 时刻的观测值的影响，只由历史数据决定。

指数平滑模型得到了广泛的应用，但应用时也存在一些问题。

(1) 指数平滑模型只适于影响随时间的消逝呈指数下降的数据。

(2) 利用指数平滑模型进行预测的关键是如何确定平滑系数 α，从原理上讲平滑系数应该根据时间序列权重衰减的快慢来确定，但这方面很难提供进一步可供操作的准则。一般来说，如果希望模型的灵敏度大些，即尽快跟上新的变化，让近期的数据影响更明显，α 应当大些；反之，如果希望模型稳定些，不易受近期数据随机变动的影响，则 α 应当小些。

(3) 指数平滑模型的每次预测都是根据上一个数据进行的。那么第一个数据，即初始值如何确定？一般来说，就用时间序列的第一个数据作为初始值。如果数据较多，那么经过指数衰减初始值的影响就不明显了。从经验上讲，当数据多于 40 个时，初始值的影响就不太明显了。但是如果数据少，则初始值的影响会很大，甚至大于近期的数据，这就会违背指数平滑影响呈指数级衰减的假设，此时应该慎重考虑初始值的问题。

(4) 指数平滑模型适用于平均水平基本保持不变的时间序列。对于上升的数据，预测总偏低；对于下降的数据，预测总偏高。因此，对于有上升或下降趋势的时间序列应当先通过差分使其平稳化，对于有季节性变化的数据可以用季节性差分处理。

✎ 除了先进行差分或者季节性差分之外,也可以使用二次指数平滑直接对含有线性趋势的时间序列进行预测,使用三次指数平滑直接对既含有线性趋势又有季节性变化的时间序列进行预测。

23.4.2 ARMA 模型简介

ARMA 模型即自回归移动平均模型,是一族时间序列模型,又可以进一步分为 p 阶自回归的 AR(p) 模型、q 阶移动平均的 MA(q) 模型和复合的 ARMA(p,q) 模型三个大类。

1. AR 模型

当一个序列中 z_t 和 z_{t-1} 有线性相关时,可以用线性回归方程表示 z_t 和 z_{t-1} 之间的关系:$z_t = \phi_1 z_{t-1} + u_t$。该方程把 z_t 分成两部分,一部分由以前值 z_{t-1} 表示,另一部分由独立于 z_t 的随机项 u_t 表示,服从 $N(0,\sigma^2)$。这样,z_t 建立起了和自己以前值的线性回归,称为自回归模型(autoregressive model)。该模型的一个关键假设是随机剩余项 u_t——又称为白噪声——在不同时间上是互相独立的,这个条件又包含了其他几个条件,总结如下:

$$E(u_t)=0, E(u_t,u_s)=\begin{cases}\sigma^2, & t=s\\0, & t\neq s\end{cases}, E(u_t,z_{t-1})=0$$

由于上式中 z_t 仅和 z_{t-1} 有关,所以是一阶 AR 模型,记为 AR(1)。用后移算子表示即为 $(1-\phi_1 B)z_t = u_t$。如果 z_t 和 p 个以前值有关则是 p 阶自回归模型,记为 AR(p),表达式为

$$z_t = \phi_1 z_{t-1} + \phi_2 z_{t-2} + \phi_3 z_{t-3} + \cdots + \phi_p z_{t-p} + u_t$$

或 $\phi(B)z_t = u_t$,其中 $\phi(B) = 1 - \phi_1 B - \phi_2 B^2 - \phi_3 B^3 - \cdots - \phi_p B^p$。

计算 AR 模型就是要知道 z_t 和几个以前值有关,相关关系如何,并解得各阶 ϕ 的值。

2. MA 模型

除 AR 模型外,另一种特殊的时间序列是移动平均模型(moving average model, MA)。q 阶 MA 模型记作 MA(q),观测值 z_t 被描述为以前误差的线性回归:$z_t = u_t - \theta_1 u_{t-1} - \theta_2 u_{t-2} - \theta_3 u_{t-3} - \cdots - \theta_q u_{t-q}$,其中 u_t 需要满足的条件和 AR 模型一样。用后移算子表示即为 $z_t = \theta(B)u_t$,其中 $\theta(B) = 1 - \theta_1 B_1 - \theta_2 B_2 - \cdots - \theta_q B_q$。MA 模型的目的就是求各个 θ 的估计值。

3. ARMA 和 ARIMA 模型

对于 AR(p) 模型,如果 u_t 不是白噪声,而是表现为 MA(q) 的形式,则是 ARMA(p,q) 模型,即 $\phi(B)z_t = \theta(B)u_t$。

运用 ARMA 模型的前提条件是,用于预测的时间序列由一个零平均值的平稳随机过程产生,反映在图形上就是所有的样本点都围绕某一水平直线上下随机波动。因此,必须对不平稳的时间序列进行差分变换,对平稳之后的时间序列应用 ARMA 模型,因此习惯上将其称为求和自回归-移动平均模型(autoregressive integrated moving average models, ARIMA)模型,记作 $\phi(B)w_t = \theta(B)u_t$,如果其中 w_t 是 z_t 的 d 阶差分,记作 ARIMA(p,d,q),则拟合模型时需要对 p、d、q 定阶,而且需要对 θ 和 ϕ 做出估计。显然,AR(p) 和 MA(q) 模型实际上是 ARIMA 模型的特殊情况。

4. 季节模型

对于以月、季度为单位的时间序列,数据经常会包含季节性变化,季节模型(seasonal model)和连续模型一样,只是连续模型的单位是 1,而季节模型的单位是相应的周期 S。季节求和自回

归-移动平均模型 $ARIMA(P,D,Q)_s$ 可以表示为 $\Phi(B^S)w_t = \Theta(B^S)u_t$，且规定：

$$\Phi(B^S) = 1 - \Phi_1 B^S - \Phi_2 B^{2S} - \cdots - \Phi_P B^{PS}$$

$$\Theta(B^S) = 1 - \Theta_1 B^S - \Theta_2 B^{2S} - \cdots - \Theta_Q B^{QS}$$

$$w_t = \nabla_s^D \nabla^d z_t$$

5. 复合季节模型

最后，把上面所有的模型综合在一起就是复合季节模型（general multiplicative seasonal models），它是一个相乘模型。对于一般的时间序列，复合季节模型都能得到比较满意的结果。其数学表达式为 $\phi(B)\Phi(B^S)w_t = \theta(B)\Theta(B^S)u_t$，记作 $ARIMA(p,d,q) \times (P,D,Q)_s$。

> 可以证明指数平滑模型其实是一种特殊的 ARIMA 模型，即 IMA(1,1)，因此并非所有的时间序列都可以用指数平滑模型处理，但是指数平滑模型能做的 ARIMA 模型都能做。

6. 如何利用图形来协助对 ARIMA 模型的参数定阶

ARIMA 模型建模的基本步骤和其他时间序列分析方法没有什么不同，但比较复杂的是如何正确识别模型参数，即如何对 p、d、q 等参数定阶，这往往是一个逐渐完善的过程，需要不断修正最初的选择。自相关函数、偏相关函数和互相关函数是这一过程中的必备工具，表 23.1 总结了无季节性变化的各种 ARMA 模型的自回归系数和偏回归系数随 lag 增大的变化情况，根据各种图形是骤减还是拖尾，研究者就可以做出大致判断，并据此尝试进行模型拟合，再根据拟合的结果做出相应的修正。

表 23.1 各种 ARMA 模型的自回归系数和偏回归系数变化趋势

模型	自回归系数	偏回归系数
$AR(p)$	拖尾	lag=p 后骤减
$MA(q)$	lag=q 后骤减	拖尾
$ARMA(p,q)$	拖尾	拖尾
$AR(p)$, Seas.AR(P)	拖尾	lag=$p+sP$ 后骤减
$MA(q)$, Seas.MA(Q)	lag=$q+sQ$ 后骤减	拖尾
混合模型	拖尾	拖尾

23.4.3 案例：nrc 数据的建模预测

下面继续对 nrc 数据进行建模分析，在前面的图形观察中，已经发现该时间序列有明显的长期趋势和季节性波动，但通过一阶差分+一阶季节性差分基本上可以将其转换为平稳序列。虽然这样处理之后，时间序列的方差在后期显得稍大，但相对于上升趋势和周期性来说微不足道。此处虽然可以直接进行方差齐性的变换，但变换后的时间序列在拟合完毕后再变换回来时会遇到许多困难。综合考虑后，认为可以暂时先不考虑自然对数转换或平方根转换。

进一步识别图形特征，可以发现差分后时间序列 $\nabla\nabla_{12}z_t$ 的自相关图呈长拖尾趋势，并且在 lag=1,2,11,12,13 时有明显的峰（可以暂时忽略 2）。偏相关图中在 lag=1 时有一个较大的峰，在 lag=2,6,11,12,13 时有较小的峰。由于峰比较多,所以不可能在一个简单的模型中包括所有的信息,此时常见的做法是先考虑比较明显的信息,然后在分析过程中看是否有必要再加上更多的信息。这样就有下面两个模型值得做进一步分析。

$$(1-\phi B)\nabla\nabla_{12}z_t = (1-\theta B)(1-\Theta B^{12})u_t$$
$$(1-\theta B)\nabla\nabla_{12}z_t = (1-\theta_1 B-\theta_{12}B^{12}-\theta_{13}B^{13})u_t$$

1. 操作说明

SPSS 提供的分析向导本身就包含了自动筛选的功能,操作如下。

> 1. 选择"分析"→"时间序列预测"→"创建传统模型"菜单项。
> 2. 在"变量"选项卡中将 nrc 选入"因变量"框。
> 3. 单击"确定"按钮。

下面对主要功能进行简单介绍。

(1) "变量"选项卡,如图 23.13(a) 所示。"因变量"框用于选入希望分析的序列变量,如果存在候选的自变量序列,则将其选入"自变量"框。"方法"下拉列表可以选择只使用指数平滑或者 ARIMA 进行建模,默认为两者都使用的"专家建模器"。如果还需要做进一步的参数设定,则使用"条件"按钮进行设定,但大多数时候都不需要更改。

(2) "统计"选项卡,如图 23.13(b) 所示。其用于输出模型拟合相关的统计量,包括当前模型的拟合优度统计量、多个模型比较用统计量等,也可以指定在结果窗口中输出预测值。

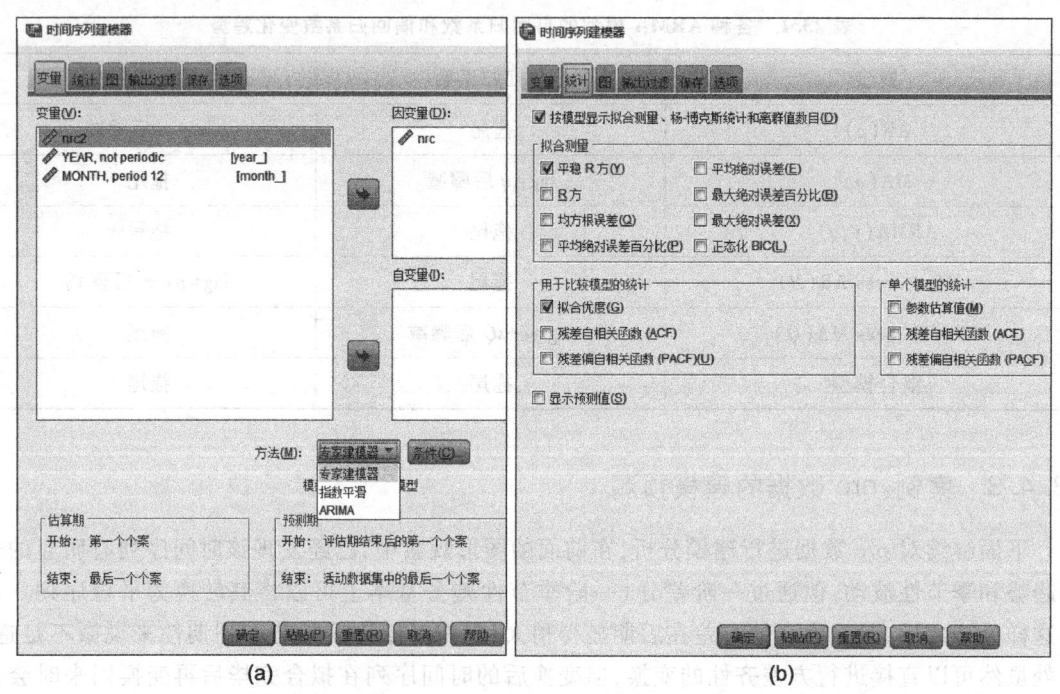

图 23.13 时间序列建模器对话框的"变量"和"统计"选项卡

(3) "图"选项卡。其输出内容实际上和"统计"选项卡类似,只是采用图形方式输出。

(4)"输出过滤"选项卡。SPSS 默认用多种可能的模型对数据进行拟合,并输出所有模型的结果,这会使得结果输出过于繁杂,该选项卡可以指定只输出效果最好或者最差的若干个模型,以简化输出。

(5)"保存"选项卡。其可以将模型的预测值、置信区间以及残差存储为新变量,也可以将所拟合的模型存储为 XML 文件供"应用传统模型"菜单项调用。

(6)"选项"选项卡。其可以指定希望预测的时间范围,并修改对缺失值的处理方式,调整置信区间宽度等。

2. 基本分析结果

SPSS 会在后台进行大量的运算,但最终给出的结果非常简洁。本例首先会给出所筛选出的模型,如图 23.14 所示,可见最终筛选出的模型为 ARIMA(1,1,2)×(0,1,1),相比之下,系统选择了 2 次移动平均而不是 1 次移动平均,这一问题随后会继续讨论。

模型ID	nrc	模型类型	
		模型_1	ARIMA(1,1,2)(0,1,1)

图 23.14 模型描述

随后图 23.15 给出的是模型的一系列拟合优度统计量,用于反映该模型对数据的拟合效果,当存在多个模型时还会给出这些统计量的主要百分位数,用于进一步反映最优模型和其他模型在这些统计量上的差异。本例因为只筛选出了一个模型,因此所有列的输出都相同。并且为了便于显示,表格中删除了最右侧 P75、P90 和 P95 这三列的输出。

拟合统计	平均值	标准误差	最小值	最大值	百分位数			
					5	10	25	50
平稳R方	.554	.	.554	.554	.554	.554	.554	.554
R方	.992	.	.992	.992	.992	.992	.992	.992
RMSE	44.489	.	44.489	44.489	44.489	44.489	44.489	44.489
MAPE	2.070	.	2.070	2.070	2.070	2.070	2.070	2.070
MaxAPE	18.256	.	18.256	18.256	18.256	18.256	18.256	18.256
MAE	34.093	.	34.093	34.093	34.093	34.093	34.093	34.093
MaxAE	173.498	.	173.498	173.498	173.498	173.498	173.498	173.498
正态化BIC	7.654	.	7.654	7.654	7.654	7.654	7.654	7.654

图 23.15 模型拟合度

下面简单解释一下上述统计量的含义。

(1)R 方、平稳 R 方。R 方是使用原始时间序列计算出的模型决定系数,只能在序列平稳时使用。平稳 R 方则是用模型的平稳部分计算出的决定系数,当时间序列具有趋势或季节性波动时,该统计量优于普通 R 方。两者的取值范围都是小于等于 1 的任意数,负值则表示该模型的预测效果比只用平均值预测还差。

（2）RMSE。其为误差均方的平方根，即剩余标准差，参见第 6 章关于多重线性回归的介绍。

（3）MAE、MaxAE、MAPE、MaxAPE。它们分别为平均绝对误差、最大绝对误差、平均绝对误差百分比、最大绝对误差百分比，它们的含义从各自的名称即可得知。其中，百分比统计量由于没有量纲，因此可以用于比较具有不同单位的时间序列。而最大绝对误差和最大绝对误差百分比对考虑预测的最坏情况方案很有用。

（4）正态化 BIC。其是基于均方误差的分数，包括模型中参数数量的罚分和序列长度。罚分使得那些只是具有更多参数，但数据的拟合效果并无明显改善的模型不再有优势，从而可以更客观地比较相同序列的不同模型的效果。

图 23.16 进一步给出了当前模型的统计量，由杨-博克斯（Ljung-Box）Q 检验结果可知残差目前并未违反白噪声的假定，也没有出现离群值，同样反映了数据的拟合效果还是比较好的。

模型	预测变量数	模型拟合度统计		杨-博克斯Q(18)			离群值数
		平稳R方	统计	统计	DF	显著性	
nrc-模型_1	0	.554		19.590	15	.188	0

图 23.16 模型统计量

模型预测得好坏最终要看其是否与实际的数据相符。最后输出的图 23.17 显示出对案例 277~288，即提供了时间变量，但 nrc 为缺失的 1970 年 12 个数据的预测结果，可见预测值的基本趋势和前面的数据一致。由于变量 nrc2 包含了 1970 年的实际数据，因此可以重新运行时间序列建模器，并在"保存"选项卡中选择保存预测值和置信区间的上、下界，然后利用这些变量和 nrc2 作图，结果如图 23.18 所示。为了更清楚地显示，1969 年以前的数据已被删除。从该图中可以看出 1969 年的预测值和实际值非常吻合，1970 年的预测值大部分都和实际值吻合，虽然后半年偏低，不过并未超出置信区间的范围，这说明该模型预测的结果还是比较准确的。

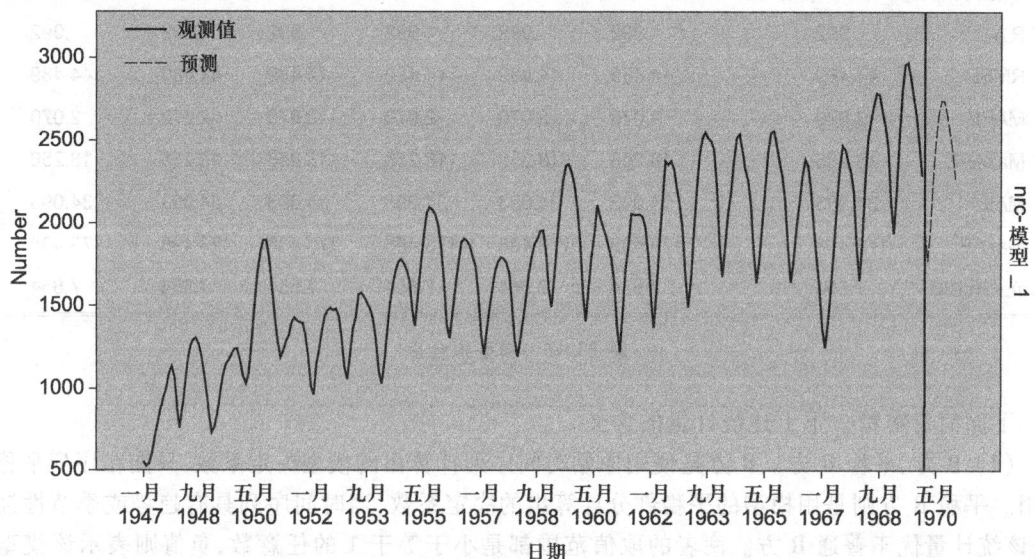

图 23.17 序列预测图

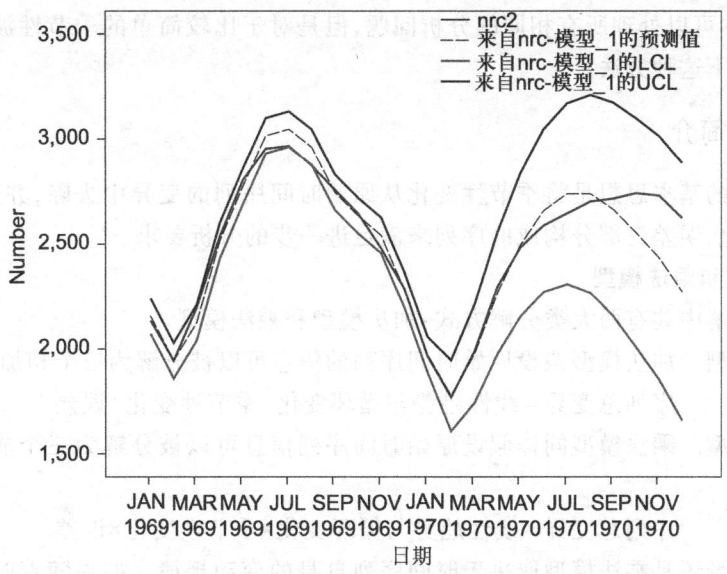

图 23.18　1969、1970 两年的预测值和置信区间

3. 考虑进一步简化模型

下面考虑是否有可能简化模型，前面提到过，系统选择了 2 次移动平均而不是 1 次移动平均，那么如果减少为 1 次移动平均，模型的拟合效果是否会明显变差呢？相应的操作修改如下。

1. 在"变量"选项卡的"方法"下拉列表中选择"ARIMA"。
2. 在"条件"子对话框中，在"ARIMA 阶"框组中输入 ARIMA(1,1,1)(0,1,1)的参数。

从分析结果中可见 ARIMA(1,1,1)(0,1,1)的决定系数仍然是 99.2%，BIC 也仅从原先的 7.654 略升至 7.675，虽然杨-博克斯 Q 统计量从 19.590 上升到 20.327，但如此小的升幅显然可以忽略。因此就本例而言，研究者可以考虑更简单的 ARIMA(1,1,1)(0,1,1)模型，当然最终选择哪一个模型还需要综合更多的专业知识来辅助决策，不能仅仅依靠统计数据来下结论。

4. 使用模型进行预测

使用"保存"选项卡可以在建模的同时对未来时间序列的变化规律进行预测，但这要求预测人员拥有建模用的原始数据。当因数据保密等原因不能提供原始数据时，则可以使用专用的预测向导进行数据预测。

在"保存"选项卡中，可以将相应的模型存储为符合 PMML 标准的 XML 文件。相对应地，在"时间序列预测"子菜单中还有一个"应用传统模型"菜单项，其作用是使用该 XML 文件对新的数据文件进行预测，由于其选项卡内容基本上都在时间序列建模器对话框中出现过，而且操作也很简单，因此这里不再单独对其进行介绍。

23.5　季节性分解

季节性分解用于分析有季节性变化的时间序列，虽然 SPSS 目前的时间序列模型建模向导功能很完善，基本可以处理所有相同的分析问题，但是对于比较简单的季节性波动时间序列，还是有必要介绍一下这种方法。

23.5.1 模型简介

季节性分解的基本思想是将季节性变化从原始时间序列的变异中去除，并生成由剩余的线性趋势、循环变化、误差三部分构成的序列来满足进一步的分析要求。

1. 加法模型和乘法模型

在季节性分解中共有两大类分解方式：加法模型和乘法模型。

（1）加法模型。加法模型假设原始时间序列的信息可以被分解为三个相加成分，即

$$序列总变异 = 线性趋势与循环变化 + 季节性变化 + 误差$$

（2）乘法模型。乘法模型同样假设原始时间序列信息可以被分解为三个成分，但它们之间为相乘关系：

$$序列总变异 = 线性趋势与循环变化 \times 季节性变化 \times 误差$$

使用加法模型还是乘法模型取决于时间序列自身的变动规律。如果随着时间的增加，时间序列的季节性波动变得越来越大，则应当使用乘法模型；反之，如果在整个时间范围内季节性波动的幅度基本恒定，则加法模型更合适。此外，如果在时间序列中季节性波动的幅度和误差的幅度均随着时间的推移而增大，则首先对数据进行自然对数转换，然后再拟合加法模型可能是最佳的选择。

2. 季节性分解的用途

季节性分解可以被直接用于序列数据的比较。例如，前面提到过的季度失业率，在使用季节性分解去除了季度的影响后，就可以更为客观地比较全国就业状况的变化规律。又如，在调整了圣诞购物高峰的影响后，零售商就可以直接比较相邻两个季度的数据，从而得知现在顾客究竟是在纷纷涌进自己的商店，还是在逐渐离去。

在时间序列的建模分析中，季节性分解也有着重要的作用。研究者可以首先采用季节性分解去除明显的季节性波动，然后将去除季节性波动后的时间序列用于建立回归模型，这样可以大大提高模型预测的精度。如果不这样做，则季节性波动会在回归模型中被归入误差项，会导致模型的预测效果大大降低。

23.5.2 案例：对完整序列 nrc2 进行季节性分解

此处仍以数据文件 nrc.sav 为例来加以说明，但是由于季节性分解中不允许数据存在缺失值，这里只能对含有完整数据的变量 nrc2 进行分析。相应的操作非常简单，选择"分析"→"时间序列预测"→"季节性分解"菜单项，在打开的季节性分解主对话框中将 nrc2 选入"变量"框，如图 23.19 所示，并采用加法模型拟合即可。唯一需要解释的是"移动平均值权重"框组，默认以季节性因素的长度为长度计算移动平均值，所有的案例权重一样，当周期长度为奇数时多选；否则可以改为"端点按 0.5 加权"，此时会以周期长度+1 作为长度计算移动平均值。两端的数的权重取 0.5，中间的数的权重都是 1，当周期长度为偶数时多选。但实际上当周期长度较大时该参数的影响并不大。

23.5 季节性分解

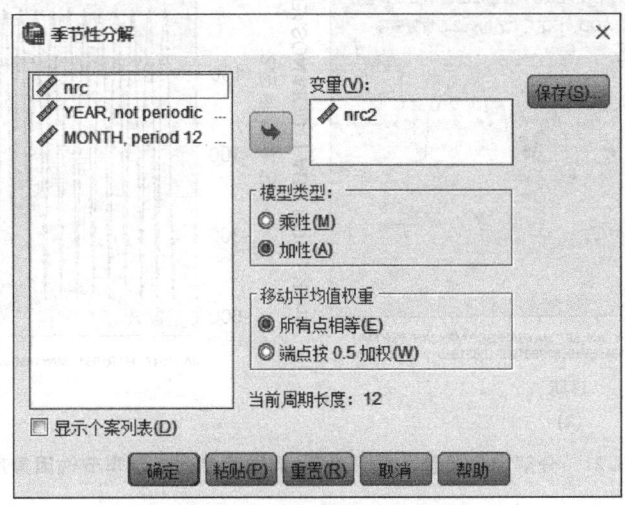

图 23.19 季节性分解主对话框

季节性分解的结果输出非常简单,首先给出模型描述表格如图 23.20 所示,列出所拟合模型的基本情况。随后的季节性因素表格则依次列出每个月计算的季节性因素具体结果,因为内容和存储的变量完全相同,因此此处略。

模拟名称	MOD_4
模拟类型	加性
序列名称 1	nrc2
季节性周期长度	12
移动平均值的计算方法	跨度等于周期长度且所有点进行同等加权

正在应用来自MOD_4的模型指定项

图 23.20 模型描述

在季节性分解主对话框中单击"确定"按钮后,系统会提示将有 4 个变量被存入数据集,它们分别代表季节校正后的序列、模型中分解出的季节性因素、循环校正后的序列和分解出的残差(噪声)序列。可以利用序列图对具体的数据做图形呈现,图 23.21 给出了分解出的趋势与循环序列、校正后的序列,以及季节性因素序列的序列图,可见季节性因素序列以 12 个月为单位进行波动,而且每年完全一致。而由于分解出的残差值相对很小,因此使得趋势与循环序列和校正后的序列在曲线上基本重叠。

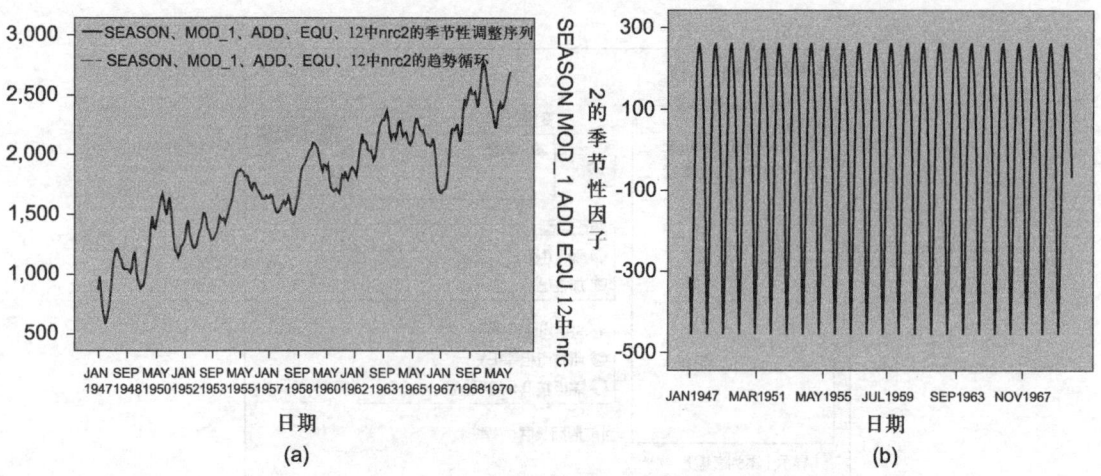

图 23.21　分解出的趋势与循环序列、调整后序列以及季节性因素序列

23.6　时间因果模型

23.6.1　模型简介

23.1 节曾经提到过,在时间序列模型中没有自变量,这可以看成是将时间代替所有的潜在影响因素进行分析。但是,一方面,当从专业的角度知道存在某些影响因素时,将其直接纳入时间序列模型显然会使模型效果明显改善。另一方面,如果能进一步明确自变量的影响对因变量是一种因果关系,那么结果会更有价值,本节将要介绍的时间因果模型就可以满足这样的分析需求。

显然,真正的因果关系推断需要非常严密和完整的证据链,一般认为需要以下几个条件。

(1) 时间关系。"因"一定先于"果",此为必要条件。

(2) 联系的合理性。此联系是否与专业知识(如作用机制)相符合。

(3) 联系的一致性。多次研究均能够得到同样的结果。若研究者应用不同的设计方案得到同样的结果,则更可能为因果联系。这一点一般也认为是必要条件。

(4) 关联的强度。统计上计算出的关联强度指标越大,存在因果关联的可能性也越高。

(5) 剂量反应关系。对于定量的影响因素,是否存在和因变量的剂量反应关系。存在这种关系是因果关联的重要佐证,但没有发现剂量反应关系并不能否定因果联系。

(6) 特异性与可逆转性。影响因素的出现总是使得某种结局的出现概率增高,而去掉影响因素(如戒烟)之后,也会使得因变量发生相应的逆转变化(如患病风险降低)。同样,存在这种关系是因果关联的重要佐证,但反之并不能否定因果联系。

上述证据出现得越多,越能确认因果关系。显然,单纯用统计模型来满足上述条件是非常困难的,时间因果模型在这里能够分析的只是格兰杰(Granger)于 1969 年提出的一种基于"预测"的因果关系(格兰杰因果关系),后经西蒙斯的发展,格兰杰因果检验作为一种计量方法已经被经济学家普遍接受并广泛使用。其简单的定义如下:对于时间序列 X 和时间序列 Y,如果同时依

据 X 和 Y 的以前值对 Y 进行回归所产生的 Y 的预测模型比仅对 Y 的以前值进行回归所产生的模型要好,那么将时间序列 X 称为时间序列 Y 的"格兰杰原因"。显然,与普通的回归或者时间序列模型相比,时间因果模型只是进一步利用了 X 和 Y 之间的时间顺序信息,其计算出的格兰杰因果关系也仅仅是统计上的一种关联,和前面讨论的真正的因果关系相去甚远,这一点在使用中一定要注意。

SPSS 为时间因果分析在"时间序列预测"子菜单中提供了两个向导,"创建时间因果模型"向导用于发现时间序列数据中的关键因果关系,而"应用时间因果模型"向导则可以利用保存的 XML 模型文件完成对数据的预测。在分析时,需要指定一组目标序列以及这些目标序列的候选输入集。分析过程将为每个目标序列构建一个自回归时间序列模型,并且仅包括那些与目标序列具有因果关系的输入。由于时间因果建模通常涉及多个相关的时间序列,并为它们相互构建因果模型,因此相应的结果是以模型系统的方式输出的。

> 前面使用过的创建传统时间序列模型向导也可以在对话框中纳入自变量,两者的区别在于传统时间序列模型并不会对自变量进行筛选,并且会详细给出相应的模型表达式;而时间因果模型会对所有候选自变量进行筛选,结果输出主要给出哪些变量间存在格兰杰因果关系,而并不会给出详细的模型表达式。

23.6.2 案例:KPI 驱动因素发现

例 23.3 SPSS 自带数据文件 tcm_kpi.sav 记录了某商业活动的一系列企业关键绩效指标(KPI),以及同期可加以控制的一系列影响因素,现希望找从中到导致这些 KPI 发生变化的驱动因素。

1. 操作说明

在本例中,分析需求是希望基于时间序列数据找到 KPI 的影响因素,这非常符合时间因果模型的适用范围,同时考虑到 KPI 之间可能也存在相互影响,因此可以将所有的 KPI 均设定为相互的候选自变量,操作如下。

1. 选择"分析"→"时间序列预测"→"创建时间因果模型"菜单项。
2. 在预定义对话框中,将变量 date 选入"日期/时间字段"框,单击"继续"钮。
3. 在"字段"选项卡上,将 Lever1-Lever5 选入"候选输入"框。
4. 在"字段"选项卡上,将 KPI_1-KPI_5 选入"目标和输入"框,移除默认已经选入的其余变量。
5. 单击"运行"按钮。

图 23.22 所示的为上述操作中用到的预定义对话框,该对话框主要用于定义数据的排列格式,如果数据是标准的时间序列,即每个字段记录一个时间序列,每行代表一个时间点,则只要选择"每个观测值的时间由日期/时间字段指定"复选框,并在下方选择具体的时间变量即可。而如果每个字段记录多个时间序列数据,同时使用另外一个分类变量(称为维度字段)来标识不同的时间序列,则被称为多维数据,需要进一步选中"指定识别给定时间序列字段内的个别序列所需的任何维度字段"复选框,并进一步指定相应的维度字段。

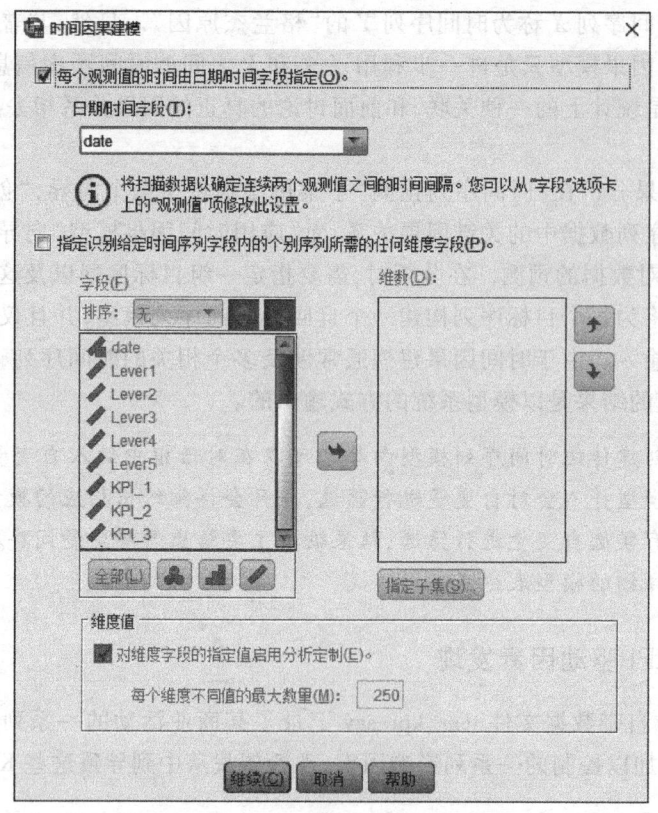

图 23.22　时间因果建模预定义对话框

图 23.23 所示的为时间因果建模主对话框,该对话框可以利用数据集中保存的各变量"角色"定义,将变量自动选入不同的定义框,如果没有事先进行角色定义,则需要手工选择。

(1)"目标"框。该框用于选入模型中的因变量,对应的变量角色是"目标"。

(2)"候选输入"框。该框用于选入模型中的候选自变量,向导在建模时会对这些自变量进行筛选,对应的变量角色是"输入"。

(3)"目标和输入"框。选入该框的变量将会被同时作为因变量和候选自变量,对应的变量角色是"两者"。

(4)"强制输入"框。选入该框的变量会被强制纳入模型,而不考虑是否有统计学意义。

在本例中比较特殊的是将 KPI_1~KPI_5 选入"目标和输入"框,这样它们在建模中会同时作为因变量和其他因变量模型的候选自变量。此外,为了简化模型输出,对默认的变量角色做了修改,只纳入了 Lever1~Lever5 作为候选输入变量。

23.6 时间因果模型

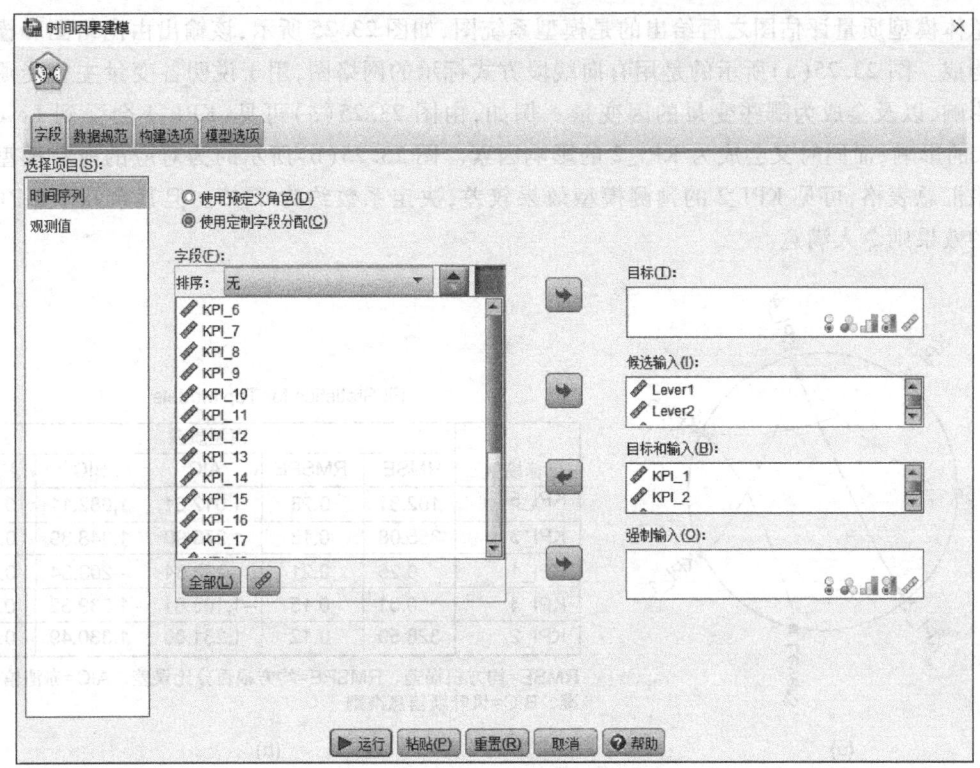

图 23.23 时间因果建模主对话框

2. 结果解释

图 23.24 所示的为首先输出的总体模型质量评估图,它由一幅条图和一幅点图组合而成。具体显示的评价指标均为决定系数。从条图中可见,拟合成功的几个模型中,大部分决定系数都高于 0.6,但是也有低于 0.5 的,说明模型的预测效果一般。

条图和点图为交互格式,进入编辑状态后单击条图中低于 0.5 的直条,则在点图中会只显示和该直条对应的模型点图,可见有一个模型的决定系数低于 0.5。

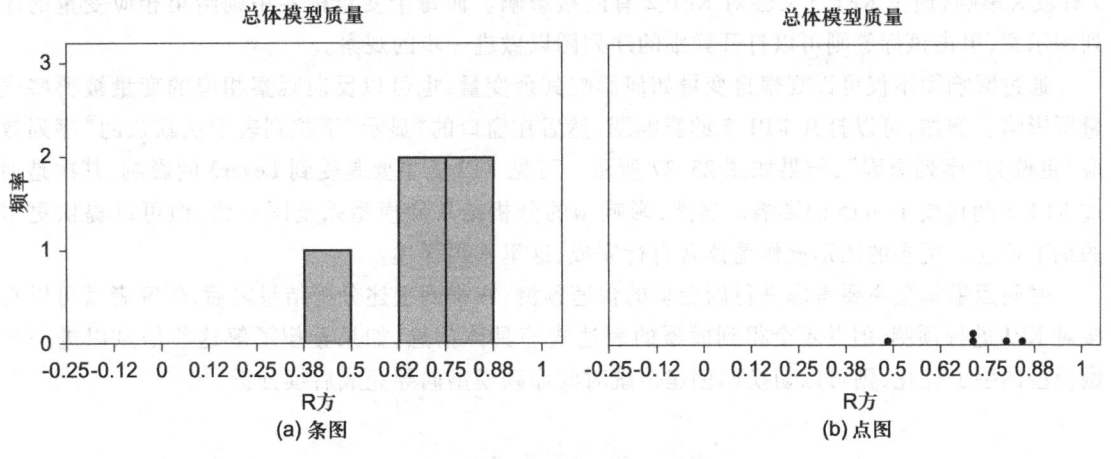

图 23.24 总体模型质量评估图

总体模型质量评估图之后给出的是模型系统图,如图23.25所示,该输出由网络图和模型汇总表构成。图23.25(a)所示的是用有向线段方式标示的网络图,用于说明各变量主要受哪些因变量影响,以及会成为哪些变量的因变量。例如,由图23.25(a)可见,KPI_4会受到Lever5和KPI_1的影响,而同时又会成为KPI_2的影响因素。图23.25(b)所示的为对应的所有模型的拟合效果汇总表格,可见KPI_2的预测模型效果较差,决定系数约为0.45。但其余几个KPI预测模型的效果则令人满意。

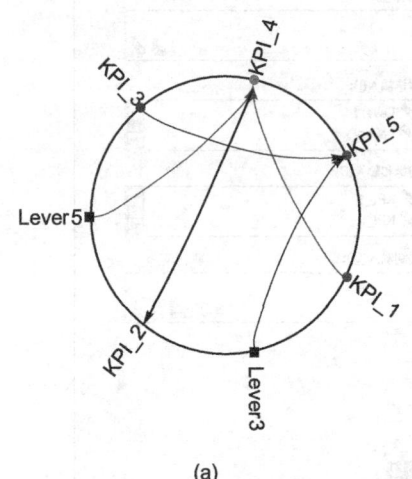

Fit Statistics for Top Models

目标模型	模型质量				
	RMSE	RMSPE	AIC	BIC	R方
KPI_5	102.31	0.28	1,012.61	1,082.11	0.80
KPI_3	355.08	0.18	1,278.90	1,348.39	0.76
KPI_1	0.25	0.21	−272.84	−203.34	0.73
KPI_4	0.01	0.15	−1,108.81	−1,039.32	0.71
KPI_2	326.59	0.12	1,261.00	1,330.49	0.45

RMSE=均方根误差,RMSPE=均方根百分比误差,AIC=赤池信息标准,BIC=贝叶斯信息准则

(a)　　　　　　　　　　　　　(b)

图 23.25　模型系统图

模型系统图默认显示的是主要的分析模型,如果希望做进一步的观察,则可以进入编辑状态,然后选择单个时间序列的模型进行观察,或者更改检验水准,以输出 P 值大于 0.05 的模型分析结果。例如,图 23.25(a)显示 Lever3 和 Lever5 在预测中比较重要,可以考虑对其做深入观察,则在图形中选中相应的变量名称,如 Lever3,然后单击鼠标右键,在弹出的右键菜单中选择"创建影响图"命令,则可以绘制出针对变量 Lever3 的影响图,如图 23.26 所示。图形中会用曲线的粗细形象地表现 Lever3 是如何影响其余变量的。从图 23.26 可见,变量 Lever3 主要对 KPI_5 有较大影响,通过 KPI_5 又会对 KPI_2 有间接影响。而每个变量标签中则给出相应变量的序列图示意,单击该标签则可以打开详细的序列图以做进一步的观察。

通过影响图不仅可以观察自变量如何影响其余变量,也可以反向观察相应的变量被哪些变量所影响。例如,可以打开 KPI_5 的影响图,然后在窗口的"显示"下拉列表中从默认的"序列效应"更改为"序列原因",结果如图 23.27 所示。可见 KPI_5 主要是受到 Lever3 的影响,其次是通过 KPI_3 间接受 Lever5 的影响。显然,影响图的分析结果和模型系统图一致,但可以提供更多的细节信息。更多的图形操作请读者自行完成,这里不再详述。

时间因果模型主要考虑进行因变量的快速预测,在得到上述分析结果之后,研究者就可以直接对 KPI 进行预测,但并不会得到模型的表达式等具体信息,如果希望了解这些信息以进一步做模型的手工优化,则可以切换回创建传统时间序列模型向导完成后续分析。

23.6 时间因果模型

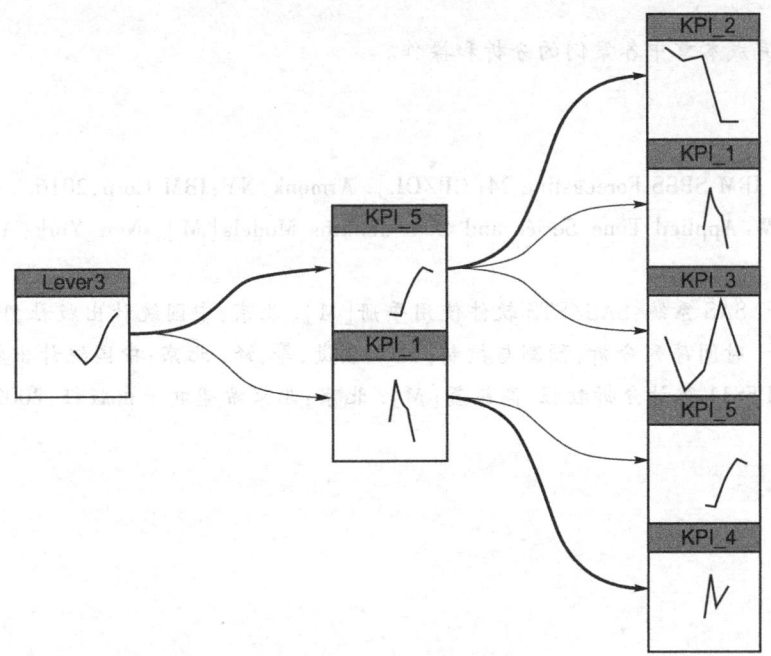

图 23.26 变量 Lever3 的影响图(序列效应方向)

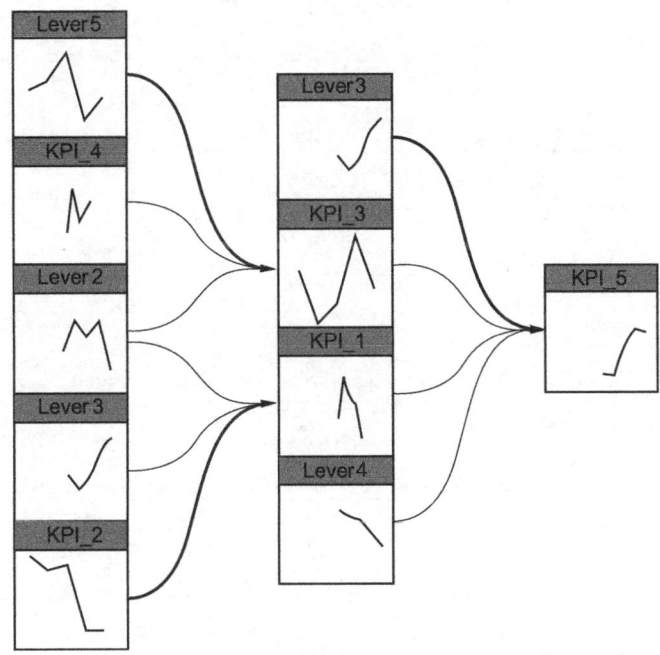

图 23.27 变量 KPI_5 的影响图(序列原因方向)

思考与练习

尝试自行完成本章中各案例的分析和操作。

参考文献

[1] IBM Corp. IBM SPSS Forecasting 24[CP/OL]. Armonk, NY: IBM Corp, 2016.
[2] Vandaele W. Applied Time Series and Box-Jenkins Models[M]. New York: Academic Press, 1983.
[3] 高惠旋, 等. SAS 系统: SAS/ETS 软件使用手册[M]. 北京: 中国统计出版社, 1998.
[4] 博克斯, 等. 时间序列分析: 预测与控制[M]. 顾岚, 等, 译. 北京: 中国统计出版社, 1997.
[5] 张文彤. SPSS11 统计分析教程: 高级篇[M]. 北京: 北京希望电子出版社, 2002.

第24章 生存分析

24.1 生存分析简介

生存分析是对生存时间进行分析的统计技术的总称。所谓生存时间(survival time),就是从某一时间点起到所关心的事件发生的持续时间长度。生存分析的基本目的就是刻画生存时间的分布。生存时间在多数情况下是连续数据,但也的确存在生存时间为离散性数据的情况。

生存分析的一个主要特点是可以处理删失(censor)。删失是指准确生存时间未被观察到的情况。例如,在医学研究中,一个患者的生存时间往往由于失访、研究结束等原因而无法被准确地记录下来,只知道该患者的生存时间大于某一时间点(如上一次随访时间点、研究结束时间点)。生存分析当然也可以对没有删失的生存时间(完全生存时间)进行分析,这时的生存分析与一般统计方法没有太大差别。但是,一旦有删失存在,就必须考虑删失,无视删失的分析将导致偏倚的结果。因为从某种意义上讲,生存时间越长就越容易导致删失。

生存分析的另外一个主要特点是作为分析对象的生存时间非负而且其分布常常右偏(右侧拖长尾),这使得一般基于正态分布理论的统计方法不一定适用。而生存分析方法就可以很好地处理这一问题。

24.1.1 生存分析简史

生存分析的历史最早可以追溯到天文学家 Halley 提出的寿命表(life table),寿命表曾是 Grant、Farr 进行人口统计分析的基本工具,其使用的历史久远。到了1960年前后,关于寿命表计算的数理方面的研究已经非常成熟。例如,有 Greenwood 提出的生存函数的误差的评价方法(1926)以及 Kaplan 和 Meier 提出的刻画生存时间分布的乘积极限法(product-limit method,又称为 Kaplan-Meier method,1958)。

现代的生存分析始于20世纪30年代工业科学中的相关应用,特别是在第二次世界大战期间,因武器装备可靠性研究的需要,生存分析方法出现了一个高潮,这一研究兴趣延续到第二次世界大战后。但此时生存分析方法都集中在参数模型。20世纪六七十年代,医学研究中大量临床试验的出现,促使方法学有新的突破,导致生存分析的研究开始转向非参数方法。20世纪60年代中期,对生存时间进行组间比较的统计方法被开发出来。这些方法主要是将各种利用观测值大小顺序进行检验的非参数方法扩展为可以处理有删失的数据,其中1965年由 Gehan 提出的广义 Wilcoxon 法和1966年由 Mantel 提出的 Log Rank 检验法可以称得上是其中的代表。

从20世纪60年代后期到20世纪70年代,随着生存分析在临床研究中广泛应用,如何将协变量的影响模型化成为重要问题,在考虑观察个体各自不同的特征,如患者的年龄、性别、检查结果等多个协变量的情况下进行生存分析的要求日渐显现。将协变量的影响模型化的主要目的有三个:第一是可以调整随机化分组后仍可能存在的不均衡;第二是可以提高组间比较的效率;第三是可以探索具有哪些协变量水平或协变量水平组合的人群为高危人群。在基于模型的方法中首先要提到的是参数模型方法。该方法实际上是线性回归分析的一种扩展,它假设生存时间服从威布尔分布(Weibull distribution)或对数正态分布,将生存时间分布与协变量建立线性关联,从而考察生存时间分布随协变量水平变化而变化的规律。其次要提到的是由英国伦敦大学的 Cox 于 1972 年提出的比例风险模型(proportional hazard model)为此做出了划时代的贡献。该模型亦被称为 Cox 回归模型,是一种半参数的统计方法。与参数方法不同,半参数方法即使不对生存时间的分布进行假设也可以评价协变量的影响。比例风险模型的提出具有重大意义,可以说促进了对生存分析的研究,目前已经成为生存分析的标准统计方法。

24.1.2 基本概念

1. 事件

事件(event)又称为失效事件(failure event),指由研究者规定的生存的结局,根据研究目的的不同而不同。例如,在医学研究中,事件可以指死亡、疾病的复发;在工业上,事件可以指机器发生故障;在人力资源研究中,事件可以是员工得到晋升。在生存分析中,事件是一个非常重要的概念,它的定义应当尽可能地清楚明了,并且应当在研究计划阶段确定,而不是等数据收集上来后在分析阶段确定。

需要指出的是,在生存分析中,事件的定义虽然多为消极的、负面的,但是在有些场合也可以是积极的、正面的。例如,在社会学研究中,一个待业者找到工作,或者未婚人群登记结婚,都可能依据研究需求而被定义为失效事件。事件的定义只是一个学术概念,不能等同于人们在日常生活中的常识。例如,在肺癌研究中,如果肺癌患者最终死于车祸或其他与肺癌无关的疾病,则不能作为失效事件发生。

2. 生存时间

生存时间(survival time)即从某一时间点开始随访观察所持续的时间,按失效事件发生或失访前最后一次的随访时间记录,常用符号 t 表示。在实际应用中,生存时间的起点从何处开始计算往往是令人头疼的问题。对于随机临床试验来说,原则上是以随机化时间点作为起点的,但也有将治疗开始时间点作为起点的情形。对于不进行随机化的观察性研究,起点则往往无法准确确定,只能人工规定,这时研究结论多少会存在偏倚。

此外,生存时间中的"时间"也未必是日常生活中的日历时间。例如,从生命质量的观点来看,卧病在床一年与像健康人一样自在生活一年完全不同,因此可能会结合生命质量进行原始时间长度的调整。另外,在工业研究中,也可能出现将轿车的行驶公里数而不是使用年限作为生存时间的案例。也就是说,根据研究目的,生存时间的定义可以是多样化的,可能实际含义与时间完全无关。

3. 删失

删失(censoring)指观察个体终止随访不是由于失效事件发生,而是无法继续随访下去。具体来说常见的原因有:生存但中途失访,包括拒绝访问、失去联系或中途退出实验;死于其他与研究无关的原因,如肺癌患者死于心肌梗死、自杀或因车祸死亡;随访研究结束时观察个体仍存活。由于不知道这些观察个体发生失效事件的时间,他们的时间数据并不完整,因此其观察值称为截尾值(或删失),常用符号"+"表示。删失根据实际情况又可以分为左删失、右删失和区间删失三种。

左删失:结局事件发生在时间点 t 之前,但不知其准确的发生时间。

右删失:结局事件发生在时间点 t 之后,但不知其准确的发生时间。

区间删失:结局事件发生在时间 t_1 与 t_2 之间,但不知其准确的发生时间。

医学研究中常对肿瘤患者术后进行定期随访,如每半年一次。若某患者在出院后的第一次随访之前已出现复发,则为左删失;若某患者在出院后的最后一次随访时仍未出现复发,则为右删失;若患者在出院后的两次随访之间出现复发,但不知其确切时间,则为区间删失。生存分析中最常见的删失是右删失,本书随后对生存分析方法的讲解也仅限于右删失,左删失和区间删失属于统计学的前沿问题,这里不做讨论。

需要指出的是,在实际研究中有时存在着无法对事件与删失进行简单区分的情况。例如,在关于癌症患者术后化疗效果的研究中,如果患者因车祸死亡,一般作为删失处理。但也有可能是化疗的副作用导致患者抑郁走上自杀之路。这时死亡应当作为失效事件发生还是删失就变得难以判断。除在研究计划阶段就对此类情形做出明确规定外,从统计的角度讲,还可以尝试做两套分析,一套将其作为删失,一套将其作为失效事件发生,看研究结论是否有改变。

 应用生存分析时要注意是否删失在各组之间随机,如果不随机则不能应用生存分析。例如,治疗组因药物的副作用而使研究对象难以坚持下去,从而退出研究队列的比例多于对照组,此时进行一般的生存分析可能并不合适。

4. 生存函数与风险函数

生存函数(survival distribution function)和风险函数(hazard function)是用来描述生存时间分布的两个主要工具。用一个非负随机变量 T 来表示生存时间,生存函数在文献中也可以被译为累积生存概率或生存率,其定义为随机变量 T 越过时间点 t 的概率:

$$S(t) = \Pr(T > t)$$

当 $t = 0$ 时,生存函数的取值为 1,随着时间的推移(t 逐渐增大),生存函数的取值逐渐减小。生存函数的估计方法为非参数方法,常用的方法有 Kaplan-Meier 法,详细内容见后。

与生存函数紧密相关的还有累积分布函数(cumulative distribution function, CDF),定义为 $F(t) = 1 - S(t)$,表示随机变量 T 未超过时间点 t 的概率;概率密度函数(probability density function, PDF) $f(t)$,定义为 $F(t)$ 的导数;以及风险函数(hazard function) $h(t)$,定义为 $f(t)/S(t)$,表示随机变量 T 已至时间点 t 的条件下,在接下来的一瞬间结局事件发生的概率。根据风险函数的定义,有

$$h(t) = \lim_{\Delta t \to 0} \frac{\Pr(t < T < t + \Delta t \mid T \geq t)}{\Delta t} = \lim_{\Delta t \to 0} \frac{S(t) - S(t + \Delta t)}{\Delta t \cdot S(t)} = -\frac{d(\log S(t))}{dt}$$

据此可以求出累积风险函数: $H(t) = \int_0^t h(u) du = -\log S(t)$,显然, $S(t) = \exp\{-H(t)\}$。因此,生存时间的分布既可以用生存函数来表现,也可以用风险函数或者是累积风险函数来表现。生存函数、风险函数与累积风险函数的特征如图 24.1 所示。但是,就像测量瞬间速度比测量距离要困难一样,对风险函数的估计容易受随机误差的影响,而对生存函数的估计则相对稳定。因此,在实际应用中,描述生存时间分布更常用生存函数。事实上,比风险函数更常见的是两个风险函数之比,即相对危险度,这将在 Cox 回归模型中进一步讲解。

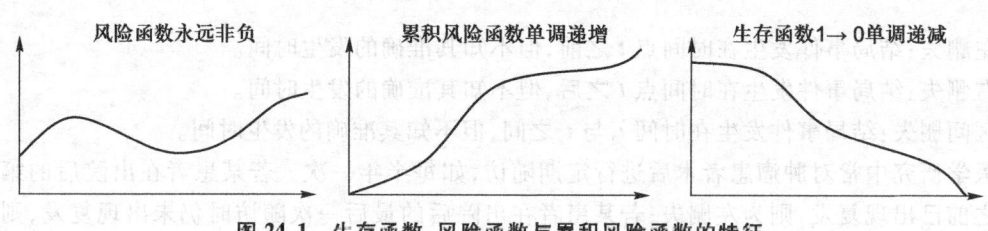

图 24.1 生存函数、风险函数与累积风险函数的特征

24.1.3 生存分析的基本内容

1. 刻画生存时间的分布

常用工具为生存函数。估计生存函数的两个常用方法为 Kaplan-Meier 法和寿命表法,它们各自适用于不同格式的生存时间数据。

2. 生存时间分布的组间比较

在不考虑其他混杂因子的情况下,利用 Kaplan-Meier 法或寿命表法可以实现生存时间的组间比较。两种方法各自的组间比较方法也有所不同。

3. 评价生存时间分布影响因子的效果

利用数学模型拟合生存时间分布与多个影响因子之间的关系,评价影响因子对生存时间分布的影响效果。可以使用的工具有非线性回归模型、Cox 回归模型、包含时间依存协变量的 Cox 回归模型等。

24.1.4 软件实现

如前所述,生存分析方法可以分为参数法、半参数法和非参数法三种,在 SPSS 中,参数生存分析模型可以使用回归模块中的非线性回归过程加以拟合。半参数生存分析模型和非参数生存分析模型则被集中在"分析"菜单的"生存分析"子菜单中,共包含 4 个菜单项,前两个是实现非参数法的寿命表过程和 Kaplan-Meier 过程,后两者则是实现半参数法的 Cox 回归过程和含时依协变量的 Cox 回归过程。此外,新版的 SPSS 还针对参数生存分析模型和 Cox 回归的衍生模型分别提供了 R 插件菜单,通过调用 R 的 survival 包来完成相应的分析工作。

24.2 生存函数的估计和检验

利用生存函数(生存率)对生存时间分布进行描述是生存分析的第一步,实现这一目的有两种方法:Kaplan-Meier 法和寿命表法。Kaplan-Meier 法适用于样本量较小、每个观察个体的事件发生时间点或删失发生时间点能够被准确记录下来的生存时间数据。寿命表法适用于样本量较大、生存时间分段记录的数据。由于在实际研究中 Kaplan-Meier 法比较常用,本节先介绍 Kaplan-Meier 法,之后再介绍寿命表法。

24.2.1 生存函数的基本估计方法

为简明起见,这里先用一个假想的例子介绍生存函数的基本估计方法,对具体计算过程不感兴趣的读者可以跳过此节,这将不会影响对整章的理解。

该例假想在研究开始时共有 7 个个体,随着研究的进行开始出现死亡事件和删失,观察期间共有 4 个个体发生死亡,有 3 个个体删失,从而研究结束。死亡事件发生在 t_1, t_2, t_3, t_4 时间点。d_1, d_2, d_3, d_4 为对应时间点发生死亡的个体数,由于本例假设在每个时间点只有一个个体发生死亡,所以 $d_1 = d_2 = d_3 = d_4 = 1$。发生死亡事件的每个时间点之前的尚存个体数记为 n_1, n_2, n_3, n_4,如图 24.2 所示,图中相应时间点的尚存个体数记录在括号中。可以根据这些数值对生存函数进行估计并绘制出生存曲线图。图 24.2 的下半部分给出了用 Kaplan-Meier 法对本例的每一个时间点的生存函数进行估计的算式和实际数值的计算过程,并根据计算结果绘制了生存曲线图。由生存曲线图可知,生存函数为一阶梯状函数,在研究开始时(时间点 0)其值为 1,随着研究的进行呈阶梯状下降。每一阶梯的下降表示有死亡事件发生,如果最后一个个体发生死亡,则生存函数变为 0(如本例)。阶梯的高度即为相应时间点的生存函数的估计(累积生存概率),它是相应时间点的生存率与此前的所有时间点的生存率的连乘积。具体地,令下标 i 表示死亡事件发生的时间点顺序,则 t_i 表示事件发生的时间点,d_i 表示在时间点 t_i 发生死亡事件的个体数,n_i 表示时间点 t_i 之前的尚存个体数。生存函数的估计可以表示为

$$\hat{S}(t) = (1 - d_1/n_1) \times (1 - d_2/n_2) \times \cdots$$

以上就是对生存函数进行估计的基本方法,也称为 Kaplan-Meier 法,令 $\hat{S}_i$ 表示时间点 t_i 的生存函数的估计,则生存函数的估计的标准误差为

$$\text{SE}(\hat{S}_i) = \hat{S}_i \sqrt{(1 - \hat{S}_i)/n_i}$$

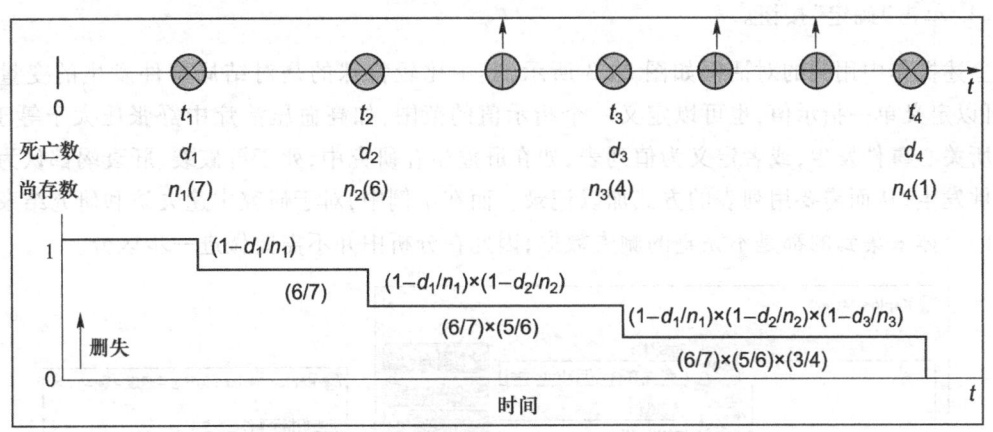

图 24.2　生存函数估计方法示意图

24.2.2　Kaplan-Meier 法

例 24.1　表 24.1 所示的是一个慢性活动性肝炎的临床试验数据(Altman and Bland,1998),列出了 44 名慢性活动性肝炎患者的生存时间(月)。这些患者被随机分配至 Prednisolone 新药组或对照组,每组 22 名。之后对这些患者进行随访,记录他们死亡发生的时间直至研究结束。在研究期间,prednisolone 新药组有一名患者失访,对照组没有失访。在研究结束时,prednisolone 新药组有 10 名患者仍然存活,对照组有 6 名(在数字的右肩做一些标记标明删失、是何种删失是

通常的做法)。

表 24.1 44名慢性活动性肝炎患者的生存时间(月)

组别	生存时间(月)
新药	2 6 12 54 56† 68 89 96 96 125⁺ 128⁺ 131⁺ 140⁺ 141⁺ 143 145⁺ 146⁺ 148⁺ 162⁺ 168 173⁺ 181⁺
对照	2 3 4 7 10 22 28 29 32 37 40 41 54 61 63 71 127⁺ 140⁺ 146⁺ 158⁺ 167⁺ 182⁺

† 失访;+ 研究结束时仍存活。

1. 数据格式与基本操作

记录含有删失的生存数据最少需要两个变量,一个是时间变量,另一个用于指明该时间点是事件发生时间还是删失发生时间。如果要比较不同组或层的生存函数,则还需要构建分组变量。本例数据共需要建立三个变量 months、status 和 group,分别表示患者的生存时间(月)、是否删失(没有删失:0;失访:1,研究结束时仍存活:2)和组别(prednisolone 新药组:1;对照组:2),数据文件见 k-m.sav。

显然,本例为生存分析数据,且记录了每位受访者的详细随访时间和结局,因此可以使用 Kaplan-Meier 法进行生存函数的估计,操作如下:

1. 选择"分析"→"生存分析"→"Kaplan-Meier"菜单项。
2. 将 months 选入"时间"框,将 group 选入"因子"框。
3. 将 status 选入"状态"框,在"定义事件"子对话框中,将事件发生值设为单值 0。
4. 单击"确定"按钮。

上述操作中用到的对话框如图 24.3 所示,其中比较特殊的是对结局事件发生的变量值定义,可以定义单一指示值,也可以定义一个指示值的范围,如高血压治疗中舒张压大于等于 110 表示所关心事件发生,或者定义为值列表,如在肝癌生存研究中,死于肝破裂、肝衰竭都认为所关心事件发生,从而需要用列表的方式加以记录。而在本例中,对于研究中途失访和研究结束时仍存活的个体采集到的都是不完整的删失数据,因此在分析中并不需要做进一步区分。

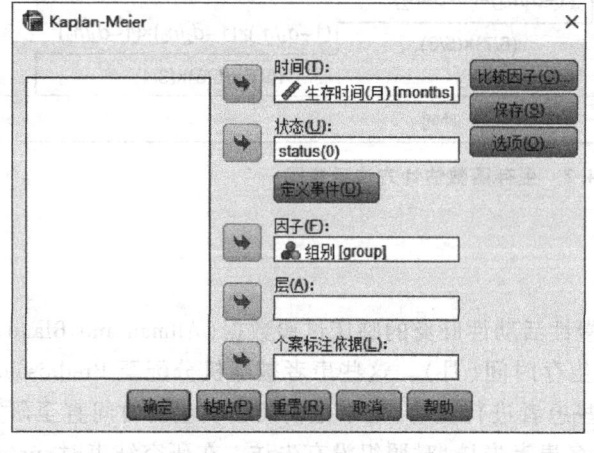
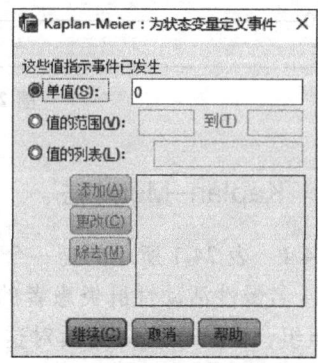

(a)   (b)

图 24.3 Kaplan-Meier 主对话框和"定义事件"子对话框

24.2 生存函数的估计和检验

除以上用到的框组外,Kaplan-Meier 主对话框中还有一个很重要的"层"(strata)框,它用于选入生存分析中的分层变量,这一概念将在本章最后加以讲解,此处略。

2. 分组生存函数的估计结果

图 24.4 首先给出的是各组生存情况的总结,包括总数、事件数和删失比例等,可见就整体而言新药组的删失情况更严重一些,但这既可能是因为新药疗效更好,从而大量病例在研究结束时仍然未出现结局事件,也可能是因为新药的疗效不好,导致受访者对治疗失去信心,从而中途出现大量失访,因此具体是哪种情况还需要结合数据进一步分析,不能简单下结论。

组别	总数	事件数	检剔后	
			个案数	百分比
prednisolone组	22	11	11	50.0%
对照组	22	16	6	27.3%
总体	44	27	17	38.6%

图 24.4 个案处理摘要

由于分析中指定了分组变量,生存分析表将会分组输出,此处为节约篇幅,将只给出 prednisolone 新药组的部分结果,如图 24.5 所示。可见生存时间、生存结局、生存函数估计值、标准误差、累积事件数、剩余个体数等在每个样本时间点均会进行计算,但以样本 5 为例,其 56 个月时结果为删失,因此生存函数、标准误差均无法修改原估计值(因此空白),累积事件数仍为 4,但该时间点之后的剩余案例数则减少为 17,这正是 Kaplan-Meier 方法对删失数据的处理方式。

组别		时间	状态	当前累积生存分析比例			
				估算	标准误差	累积事件数	其余个案数
prednisolone组	1	2.000	出现结局	.955	.044	1	21
	2	6.000	出现结局	.909	.061	2	20
	3	12.000	出现结局	.864	.073	3	19
	4	54.000	出现结局	.818	.082	4	18
	5	56.000	删失	.	.	4	17
	6	68.000	出现结局	.770	.090	5	16
	...						
	20	168.00	出现结局	.034	.151	11	2
	21	173.00	试验结束时仍存活	.	.	11	1
	22	181.00	试验结束时仍存活	.	.	11	0

图 24.5 生存表

图 24.6 所示的为对各组事件发生数、删失数等的总结,注意其生存时间平均值和中位数的算法与普通的平均值、中位数的算法均不相同,是考虑了删失情况后的校正结果。显然 prednisolone 新药组的中位生存时间和平均生存时间都明显高于对照组,但这毕竟只是样本描述结果,究竟总体中是否存在差异,还需要依靠假设检验来确定。

组别	平均值[a]				中位数			
	估算	标准误差	95%置信区间		估算	标准误差	95%置信区间	
			下限	上限			下限	上限
prednisolone组	125.264	13.402	98.996	151.532	146.000	28.786	89.580	202.420
对照组	72.545	14.839	43.462	101.629	40.000	12.899	14.719	65.281
总体	98.925	10.812	77.733	120.117	89.000	21.232	47.385	130.615

a. 如果已对生存分析时间进行检剔,那么估算将限于最大生存分析时间。

图 24.6 生存表的平均值和中位数

3. 分组绘制生存曲线图

生存曲线图是生存分析中非常重要的图形工具,在"选项"子对话框中可以绘制生存曲线、累积分布曲线、风险函数曲线和取对数后的生存函数曲线,如图 24.7 所示。以生存函数曲线为例,相应的结果如图 24.8 所示,可见样本中 prednisolone 新药组的患者存活状况比对照组更好。

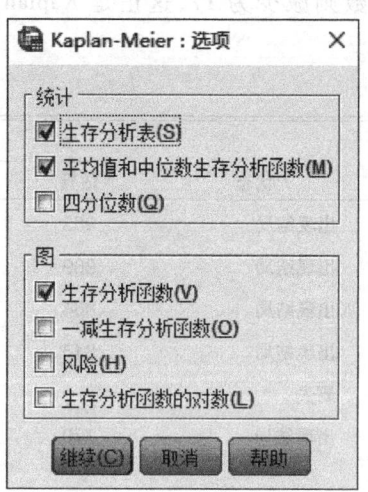

图 24.7 Kaplan-Meier 过程的"选项"子对话框

4. 生存函数的组间比较

图 24.8 虽然反映出两组生存函数在样本数据上存在差异,但还需要通过检验来判断这种差异是仅仅由抽样误差造成的,还是由不同治疗造成的。"比较因子"子对话框中提供了三种对组间生存函数的差异进行检验的方法,它们分别是 Log Rank 法、Breslow 法(即广义 Wilcoxon 法)和

Tarone-Ware 法,如图 24.9 所示,相应的结果输出如图 24.10 所示。本例中这三个检验均具有统计学意义,因此可以认为不同治疗对慢性活动性肝炎患者的生存时间是有影响的,从样本生存函数看,应当是 prednisolone 新药组的生存状况要好一些。

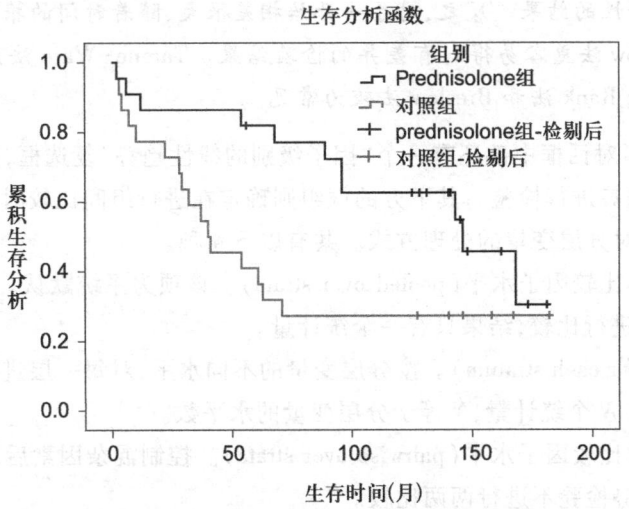

图 24.8　不同组的慢性活动性肝炎患者的生存曲线

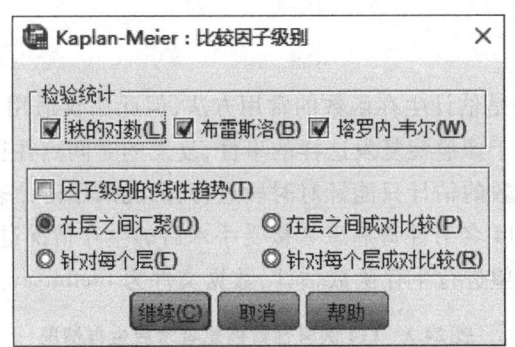

图 24.9　"比较因子"子对话框

	卡方	自由度	显著性
Log Rank(Mantel-Cox)	4.660	1	.031
Breslow(Generalized Wilcoxon)	6.543	1	.011
Tarone-Ware	6.066	1	.014

针对组别的不同级别进行的生存分析分布等同性检验。

图 24.10　整体比较

上述三种方法的主要区别是各时间点所取的权重不同。Log Rank 法在各时间点的权重均为 1，Breslow 法在各时间点的权重等于各时间点前的尚存个体数，Tarone-Ware 法在各时间点的权重界于上述两种方法之间，等于各时间点前的尚存个体数的平方根。因此，对于一开始合在一起，随着时间的推移越拉越开的生存曲线，使用 Log Rank 法比使用 Breslow 法容易得到差异有显著性的结果。反之，对于一开始相差很大、随着时间的推移反而越来越接近的生存曲线，Breslow 法更容易得到有差异的检验结果。Tarone-Ware 法则介于两者之间。在实际应用中，Log Rank 法和 Breslow 法较为常见。

在"比较因子"子对话框中部还有一个"因子级别的线性趋势"复选框，用于要求对因素各水平间是否存在线性趋势进行检验。其下方的框组则确定在进行组间比较时是进行总体比较还是进行两两比较，以及对分层变量的处理方式。共有以下 4 种。

（1）在层间整体比较因子水平（pooled over strata）。该项为系统默认。控制混杂因素（分层因素）后对分组因素进行比较，结果只有一个统计量。

（2）对于每层（for each stratum）。按分层变量的不同水平，对每一层进行分组因素各水平间的整体比较。结果有 N 个统计量，N 等于分层变量的水平数。

（3）在层间成对比较因子水平（pairwise over strata）。控制混杂因素后对因素各水平间进行两两比较，但线性趋势检验不进行两两比较。

（4）为每层成对比较因子水平（pairwise for each stratum）。按混杂因素变量的不同水平，分层对研究因素各水平进行两两比较。同样，线性趋势检验也不进行两两比较。

24.2.3 寿命表法

虽然 Kaplan-Meier 法是估计生存函数的常用方法，但此法仅适用于能够准确记录事件或删失发生时间点的数据。对于像癌症复发这样的事件，复发的时间点往往无法准确记录，要靠定期检查来追踪。由于生存函数的估计只能针对时段进行，因此采用寿命表法更为适宜。

例 24.2 某医院对 114 名男性胃癌患者接受手术后的生存情况进行了 11 年的随访，得到的数据如表 24.2 所示，现希望进行生存函数估计，数据文件为 lifetbl.sav。

表 24.2 114 例男性胃癌患者术后生存情况

人数	术后年数										
	0~	1~	2~	3~	4~	5~	6~	7~	8~	9~	10~11
期间失访人数	5	4	1	0	2	2	2	1	0	1	1
期间死亡人数	3	9	10	22	2	8	12	10	5	3	11

显然，该数据是分时间段记录死亡和删失人数的，即典型的寿命表数据记录形式，类似于对连续变量划分组段后，对每一组段的观察个体进行计数而形成的频数表。这一格式在观察个体数量较多的队列研究中很常见。而对此种数据进行生存函数估计的方法就称为寿命表法。

本例的数据为频数格式录入，因此需要首先使用个案加权过程将变量 num 指定为频数变量，操作如下：

1. 选择"分析"→"生存分析"→"寿命表"菜单项。
2. 将 time 选入"时间"框,将显示时间间隔设为 0~10,步长为 1。
3. 将 died 选入"状态"框,在"定义事件"子对话框中将事件发生值设为单值 1。
4. 单击"确定"按钮。

上述操作和前面的 Kaplan-Meier 过程基本上相同,比较特殊的是"显示时间间隔"框组,它用来定义寿命表数据的时段。由于本研究是从第 0 年开始到第 10 年结束,每年定期观测一次,所以相应填入 10 和 1 即可。

上述操作用到的寿命表主对话框如图 24.11 所示。

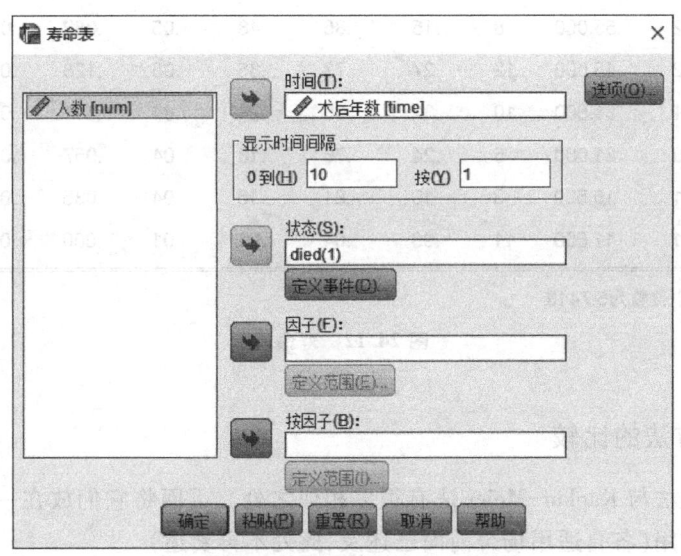

图 24.11　寿命表主对话框

图 24.12 给出的就是胃癌患者的寿命表。这里来看一下它的计算方法和 Kaplan-Meier 法有什么不同,以 0~1 年组为例,系统算出 0 年时进入研究的共 114 例,其中有 5 例在 0~1 年中删失,由于不知道具体的删失时间,只能假设它们均只被观察了半年,因此暴露在死亡风险中的总人数为 114-5/2=111.5。同时,该区段有 3 人出现了失效事件,因此死亡率的估计值为 3/111.5=0.026 9。到此为止,寿命表法中特殊的内容就全部讲完了,其后的计算均和 Kaplan-Meier 法相同。也就是说,寿命表法只是将期间删失的个体算作只观察到了一半,或者说一律算作在期中发生失效事件。从而对观察例数进行了校正而已。

图 24.12 所示的寿命表最下方的注解显示中位生存时间为 5.741 3 年,即术后胃癌患者死亡人数达到一半的时间为 5.741 3 年。这里对输出中难理解的几个指标解释如下。

(1) 有风险的数目。这指的是暴露于危险因素的例数,即校正后有效观察例数(对失访者打 5 折)。
(2) 期末累积生存比例。这指的是至本组上限的生存函数估计值,由各组生存概率累乘而得。
(3) 概率密度。这指的是个体在时间点 t 后单位时间内死亡概率的估计值。
(4) 风险率。这指的是活过时间点 t 的个体在时间点 t 后单位时间内死亡概率的估计值。

时间间隔开始时间	进入时间间隔的数目	时间间隔内撤销的数目	有风险的数目	终端事件数	终止比例	生存分析比例	期末累积生存分析比例	期末累积生存分析比例的标准误差	概率密度	概率密度的标准误差	风险率	风险率的标准误差
0	114	5	111.500	3	.03	.97	.97	.02	.027	.015	.03	.02
1	106	4	104.000	9	.09	.91	.89	.03	.084	.027	.09	.03
2	93	1	92.500	10	.11	.89	.79	.04	.096	.029	.11	.04
3	82	0	82.000	22	.27	.73	.58	.05	.213	.040	.31	.07
4	60	2	59.000	2	.03	.97	.56	.05	.020	.014	.03	.02
5	56	2	55.000	8	.15	.85	.48	.05	.082	.028	.16	.06
6	46	2	45.000	12	.27	.73	.35	.05	.128	.034	.31	.09
7	32	1	31.500	10	.32	.68	.24	.05	.111	.033	.38	.12
8	21	0	21.000	5	.24	.76	.18	.04	.057	.025	.27	.12
9	16	1	15.500	3	.19	.81	.15	.04	.035	.020	.21	.12
10	12	1	11.500	11	.96	.04	.01	.01	.000	.000	.00	.00

a. 生存分析时间中位数为5.7413

图 24.12 寿命表

24.2.4 两种方法的比较

考虑到寿命表法与 Kaplan-Meier 法有很多相似之处。下面将它们放在一起进行比较,以便读者更好地掌握应用(各自适用场合前面已述及,此处不再赘述)。

1. 基本思想不同

寿命表法是将生存时间分成许多小时间段,计算该段内生存率的变化情况,分析的重点是研究总体的生存规律;而 Kaplan-Meier 法则是计算每一结局事件发生时间点的生存率,分析的重点除研究总体生存规律外,往往更热心于寻找相关影响因素。

2. 对分层变量的处理不同

寿命表过程仅按该分层变量进行分层,不考虑其对生存时间的影响,即在没有提供该分层变量对生存结局影响的情况下对研究因素对生存时间的影响进行统计分析的能力,类似于流行病学中仅计算了分层后每一层的 OR 值;Kaplan-Meier 过程则是在控制该分层变量的情况下分析各研究因素对生存时间的影响情况,类似于流行病学中分层后计算出的校正 OR 值。

3. 生存曲线不同

这可以通过各自的基本思想看出来。相比之下,寿命表过程的曲线可以回答肿瘤病人的 5 年生存率,而 Kaplan-Meier 过程则更倾向于回答给予某种治疗措施后,病人的生存时间变化情况。

4. 统计学检验方法不同

寿命表过程采用 Wilcoxon(也称为 Gehan)法;Kaplan Meier 过程则提供了 Log Rank 法、Breslow 法、Tarone-Ware 法。

24.3 Cox 回归模型

前面介绍的一致性检验方法虽然能够对各组生存时间的分布是否存在差异做出判断,但只适用于只有少数因子存在并且因子的水平数很少的情况(对于连续变量还需要将其转换成分类变量)。而 Cox 回归模型只要数据满足比例风险的前提条件,就可以建立生存分析的多因素模型,从而能轻易地考察多个因子的效果,突破了前述方法的局限。

24.3.1 模型简介

Cox 回归模型是一种半参数模型,与基于参数模型的方法不同,该方法可以在不对生存时间的具体分布进行假设的情况下评价因子的效果,从而大大降低了生存分析的门槛,促进了对生存数据的研究。鉴于此,Cox 回归模型的提出被誉为生存分析方法学研究的里程碑。

1. 模型表达式

Cox 回归模型的基本思想是在风险函数与研究因子之间建立类似于广义线性模型的关联,这样就可以直接考察研究因子对风险函数的影响效果,假设在时间点 t 个体出现生存结局的风险量可以分解为两个部分,除有一个基本(本底)风险量 $h_0(t)$ 外,第 i 个因素使得该风险量从 $h_0(t)$ 增加 $\exp(\beta_i X_i)$ 倍而成为 $h_0(t)\exp(\beta_i X_i)$。因此,如果有 k 个因素同时影响生存过程,则任意时间点 t 的风险函数可以表示为

$$h(X,t) = h_0(t)\exp(\beta^T X) = h_0(t)\exp(\beta_1 x_1 + \cdots + \beta_p x_p)$$

将基础风险移至公式左侧,两边同取对数,得

$$\log[Rh(t)] = \log[h(t,X)/h_0(t)] = \beta_1 x_1 + \cdots + \beta_p x_p$$

从上式可见 β 的实际含义是:当变量 X 改变一个单位时,引起的死亡风险改变倍数的自然对数值。为了便于理解,这里以死亡作为生存结局对公式中的符号加以说明。

(1) $h(X,t)$:表示个体在协变量的联合作用下,在任意时间点 t 的死亡率(风险率,X 为协变量向量)。

(2) $h_0(t)$:表示个体在时间点 t 的基准风险率,此时所有的协变量取值为 0。

(3) $Rh(t)$:在时间 t、协变量向量 X 的作用下,个体风险率和基准风险率之比。

(4) e^{β_i}:这就是著名的相对危险度(relative risk,RR),表示当其他因素的取值均保持不变时,第 i 个因素 X_i 产生的作用,即当 X_i 上升一个单位时,发病风险比原水平增加 e^{β_i} 倍。

(5) β_i:可理解为 X_i 的回归系数。若 X_i 对生存无影响,则理论上 $\beta_i = 0$,即风险率从 $h_0(t)$ 增加到它的 e^0 倍,也就是维持不变。

Cox 回归模型的样本量要求和 Logistic 回归模型相似,读者可以参考相应的内容。

2. Cox 回归模型的比例风险假设

从上述表达式可以发现,在协变量固定的情形下,$Rh(t)$ 的大小与时间点 t 无关,不随时间点 t 发生变化。这被称为 Cox 回归模型的比例风险性。正是因为这个性质,Cox 回归模型又被称为比例风险模型(proportional hazard model)。事实上,Cox 回归模型只有在满足这个性质的前提下进行拟合才是有效的。关于比例风险性的验证,将在后面进行介绍。

24.3.2 案例:术中放疗效果分析

例 24.3 数据文件 pancer.sav 是一项关于胰腺癌手术中接受放射治疗是否会延长患者生存时间的研究的数据,该研究的终点为死亡,接受手术被定义为生存时间的起点。由于该研究是一项未经随机化的观察性研究,要正确估计手术中接受放射治疗提高患者生存时间的效果,还需要考虑对其他因子的效果进行调整。数据的详细说明见表 24.3。

表 24.3 胰腺癌术中放疗效果研究数据的说明

变量名	变量说明	变量类型	分类变量的编码
caseno	患者编号		
time	生存时间(月)	连续	
censor	删失	2分类	0:死亡;1:删失
age	手术时的年龄	连续	
trt	处理组别(有无术中放疗)	2分类	0:无术中放疗;1:有术中放疗
sex	性别	2分类	0:男;1:女
bui	占位处	2分类	0:胰脏头部;1:头部以外
ch	胰胆管浸润程度	有序多分类	1:CH0;2:CH1;3:CH2;4:CH3
p	有无腹膜转移	2分类	0:无;1:有
stage	TNM 分类	2分类	3:III 期;4:IV 期

1. 操作说明

本例显然属于多变量生存分析,使用 Cox 回归模型进行分析非常合适,操作如下。

> 1. 选择"分析"→"生存分析"→"Cox 回归"菜单项。
> 2. 将 time 选入"时间"框,将 censor 选入"状态"框,事件发生值设为单值 0。
> 3. 将 age、sex、trt、bui、ch、p、stage 选入"协变量"框。
> 4. 在"分类"子对话框中,将 ch 定义为分类协变量。
> 5. 单击"确定"按钮。

Cox 回归主对话框如图 24.13 所示,其内容可以被看作是 Kaplan-Meier 主对话框和 Logistic 回归主对话框的结合,即将原来因变量的位置用时间变量和生存结局量替代,这里不再解释。

2. 结果解释

本例的分析结果中首先会给出一张包含总数、事件发生数、删失发生数等的汇总表,随后会给出分类变量 ch 生成哑变量时的各分类水平频数和编码的对照表,按照默认设定,ch 将会使用最后一个分类作为参照水平,这些内容请参考第 10 章有关 Logistic 回归模型的内容,此处不再详述。

24.3 Cox 回归模型

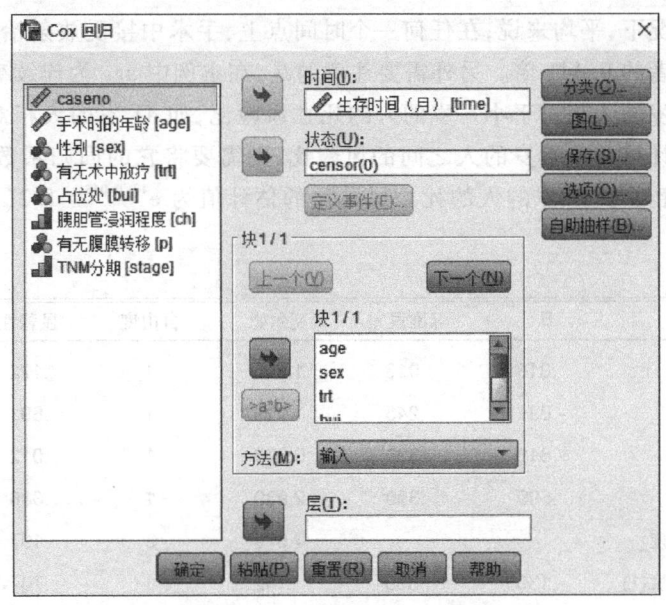

图 24.13 Cox 回归主对话框

随后会给出标题"块 0:起始块",表示开始拟合无效模型,即无任何自变量的模型 $h(X,t)/h_0(t) = e^0 = 1$,图 24.14 输出的就是该模型的 -2 倍的对数似然值,如果后面加入自变量的模型的效果优于无效模型,则其 -2 倍的对数似然值应当小于现在的 570.430。

-2对数似然
570.430

图 24.14 模型系数的综合测试

随后给出标题"块 1:方法 = 输入",表示给出的是按照块 1 的设定所拟合模型的结果。图 24.15 的第一列为模型中引入变量后的 -2 倍的对数似然值,在 $\beta_1 = \beta_2 = \cdots = \beta_p = 0$ 的无效假设前提下,其与上述无效模型相应数值之差服从自由度为"引入变量数"的卡方分布,因此可以根据卡方分布对无效假设进行检验(即似然比检验)。对于本例,两者相差 18.116,所对应的 P 值为 0.034,因此可以认为当前模型的效果要优于无效模型。结果输出中"总体(得分)"部分对应比分检验,因此结果和似然比检验略有不同。

		总体(得分)			相对于上一步的更改			相对于上一个块的更改		
-2对数似然	卡方	自由度	显著性	卡方	自由度	显著性	卡方	自由度	显著性
552.313	18.280	9	.032	18.116	9	.034	18.116	9	.034

a. 起始块号为1。方法=输入

图 24.15 模型系数的全局检验

接下来给出的是各因子或哑变量的回归系数的估计值和检验结果,如图 24.16 所示。采用的是 Wald 检验,并同时给出各因子或哑变量的相对危险度估计值 $\exp(B)$。可见本研究主要关心的变量 trt(有无术中放疗)的回归系数估计为 -0.818,P 值为 0.012,按照 0.05 的检验水准,认为手术中接受放射治疗可以降低胰腺癌患者死亡的风险,其平均效果为 $e^{-0.818} = 0.441$,即在其他因子水平固定的情况下,平均来说,在任何一个时间点上,手术中接受放射治疗患者的死亡风险都是未接受治疗患者的0.441倍。另外需要注意的是,在本例中 age 为连续变量,它的效果的估计值衡量的是大一岁的人相对于小一岁的人的死亡风险比,如41岁的人相对于40岁的人的死亡风险比。如果要计算相差十岁的人之间的风险比,则需要将它的回归系数乘以10。例如,对于本例,50岁的人相对于40岁的人的死亡风险比的估计值为 $e^{10\times 0.018}=1.2$(当然在本例中无统计学意义)。

	B	标准误差	瓦尔德	自由度	显著性	Exp(B)
手术时的年龄	.018	.013	1.863	1	.172	1.018
性别	-.034	.245	.019	1	.891	.967
有无术中放疗	-.818	.326	6.298	1	.012	.441
占位处	.599	.350	2.939	1	.086	1.821
胰胆管浸润程度			4.679	3	.197	
胰胆管浸润程度(1)	-.135	.359	.142	1	.707	.874
胰胆管浸润程度(2)	.697	.463	2.260	1	.133	2.007
胰胆管浸润程度(3)	.454	.388	1.372	1	.241	1.575
有无腹膜转移	.360	.278	1.666	1	.197	1.433
TNM分期	.453	.281	2.596	1	.107	1.573

图 24.16 方程中变量的检验

图 24.17 给出的是模型所拟合的风险函数对应的各变量的平均值,其本质就是样本中各变量的平均值,而对于分类哑变量,该值就是样本构成比。

	平均值
手术时的年龄	61.133
性别	.422
有无术中放疗	.735
占位处	.783
胰胆管浸润程度(1)	.386
胰胆管浸润程度(2)	.096
胰胆管浸润程度(3)	.205
有无腹膜转移	.277
TNM分期	3.470

图 24.17 协变量的平均值

在上面的分析中,可以看到有许多自变量并无统计学意义,为此可以考虑对模型进行简化,这部分的操作和选项设定与 Logistic 回归模型拟合时基本相同,唯一需要说明的是"选项"子对话框中的"显示基线函数"复选框,要求输出数据集中每一时间点的基线风险函数,以及基于各因子平均值的生存函数及其标准误差、累积风险函数,相应的表格会在结果窗口中加以输出。这些内容请读者自行操作,这里不再详述。

24.3.3 模型结果的图形观察

在如图 24.18(a)所示的"图"子对话框中可以要求绘制累积生存率曲线(survival)、累积风险率曲线(hazard)、生存函数的二重对数曲线(log minus log,即对数累积生存率乘以-1后再取对数)和1-累积生存率后的曲线(one minus survival)。图 24.18(b)所示的即为相应的累积生存率曲线,注意其标题为"按协变量平均值的生存分析函数",其实际反映的是研究样本所在研究人群总的生存率变化情况。可见研究人群只有大约10%的个体存活时间在一年以上。

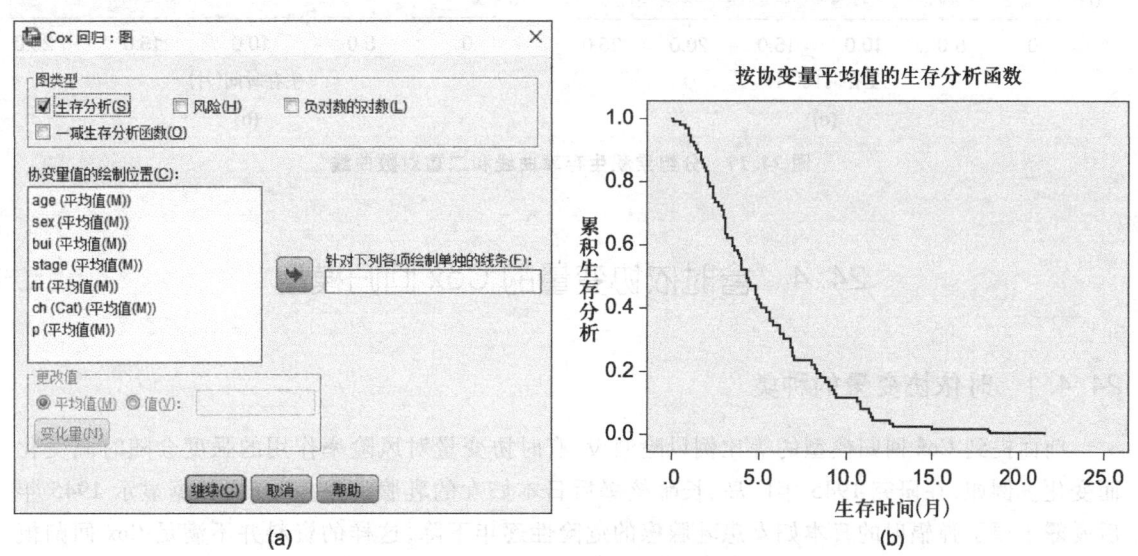

图 24.18 "图"子对话框和绘制的累积生存率曲线

由于前面的分析结果表明变量 trt 有统计学意义,因此按照手术中有无接受放射治疗来分别绘制生存率曲线更合理。将 trt 指定为分类变量(从而可以分组绘制曲线),然后在"图"子对话框中将变量 trt 选入右侧的"针对下列各项绘制单独的线条"框,即可绘制出如图 24.19(a)所示的分组累积生存率曲线,可见按照模型的设定,手术中接受放射治疗组的累积生存率曲线在整个生存期间都是高于手术中没有接受放射治疗组的累积生存率曲线的(注意图形中表现的是建模结果而不是样本数据的原始情况)。

Cox 回归模型在模型结构上要求数据满足等比例风险假设,在"图"子对话框中选中"负对数的对数"复选框,绘制出的二重对数曲线如图 24.19(b)所示,可见两条曲线在纵轴方向上的差距为一常数,此即模型等比例风险假设的表现。但是,变量 trt 在原始数据中的表现是否真的满足此要求呢?一个原始的做法是利用 Kaplan-Meier 过程计算出没有接受放射治疗组和接受放射治疗组的累积生存率,将数值进行二重对数变换之后和时间变量一起绘制分组散点图,并对其进行考察。当然,图形直接观察的结果比较粗糙,当怀疑等比例风险假设被违反时,还可以使用更准确的假设检验方法对此加以确认,详细内容见后。

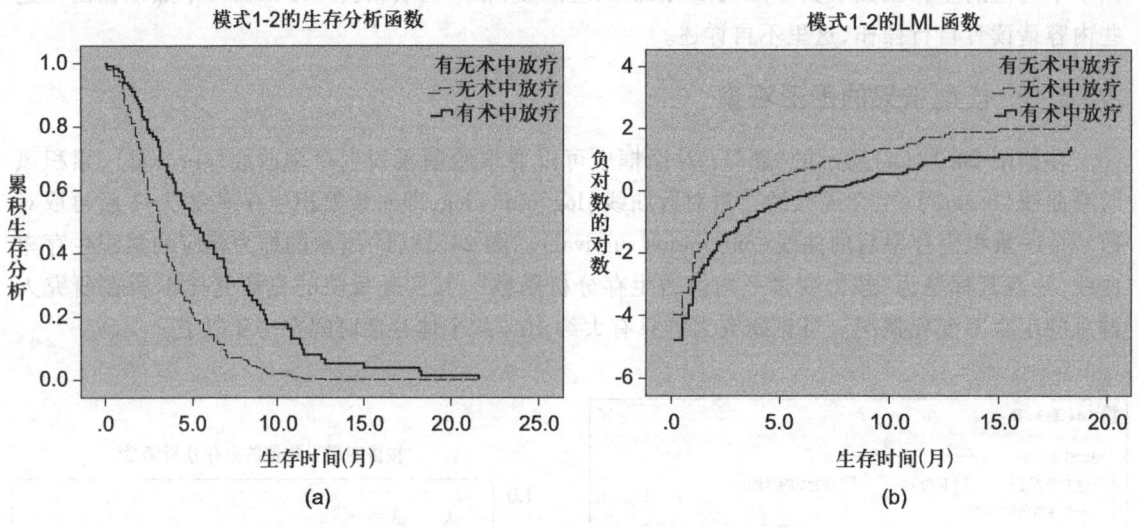

图 24.19　分组累积生存率曲线和二重对数曲线

24.4　含时依协变量的 Cox 回归模型

24.4.1　时依协变量的种类

前面提到 Cox 回归模型的等比例风险假设,有时协变量对风险率作用的强度会随时间变化而变化。例如,在研究 1945 年广岛、长崎核爆后日本妇女的乳腺癌发生率时,数据显示 1945 年后暴露于原子弹辐射的日本妇女患乳腺癌的危险性逐年下降,这样的资料并不满足 Cox 回归模型的等比例风险假设,此时就应考虑拟合时依协变量模型,它又称为非比例风险模型(non-proportional hazard model),把所怀疑的那个协变量定义成时依协变量。基本的思路是把该协变量和时间简单地相乘,然后通过对时依协变量系数的显著性检验来判断假设是否合理。此时相应的模型为

$$h(t,X) = h_0(t) e^{\beta X_E + \tau X_E t}$$

这种时依协变量的取值不随时间改变,但效应(即相对危险度)随时间改变,因此被称为外在时依协变量。

时依协变量模型的另一种情况是:有些变量虽然其效应在不同的时间点并无变化,但它的具体取值会随着时间改变。也就是说,在实际研究工作中,对因子的测量可能不止一次,不同时间点的因子测量值可能不同。这种时依协变量称为内在时依协变量。相应的模型为

$$h(t,X) = h_0(t) e^{\beta X_E(t)}$$

其中,$X_{E(t)}$ 表示变量取值在随时间变化。例如,对某化学毒物的职业接触累积量、吸烟累积量、不同时间的抗体水平、不同时期受教育程度或婚姻状态的改变等。在这种情况下,要用逻辑表达式定义一个分段时依协变量,逻辑表达式为真时取值"1",为假时取值"0"。通过一系列的逻辑表

达式,就可以建立起自己的时依协变量。例如,对病人血压每周观察一次,共观察 4 次(变量名为 BP1 至 BP4)。时依协变量可以这样定义:

$$Var=(T\_<1)*BP1+(T\_\geqslant1\&T\_<2)*BP2+(T\_\geqslant2\&T\_<3)*BP3+(T\_\geqslant3\&T\_<4)*BP4$$

其中,& 表示"逻辑与",即一般编程语言中的"AND"。这个函数意味着当时间小于一周时(此时第一个括号内取值为 1,而其他括号内取值为 0)使用 BP1 的值,大于一周而小于两周时使用 BP2 的值,以此类推。

Cox 回归模型的架构允许时依协变量参与拟合,并可以利用时依协变量实现以下三个目的:验证比例风险性;评价处理的改变对生存时间的影响;评价重复测量因子对生存时间的影响。

24.4.2 用时依协变量模型验证比例风险性

Cox 回归模型的应用前提是等比例风险。对于这一性质的验证,除前面提到的图形法以外,还可以利用构建时依协变量的方法实现,即人为构建一个随时间变化的变量,对该变量回归系数的估计值进行假设检验即可。例 24.3 的操作如下。

1. 选择"分析"→"生存分析"→"考克斯依时协变量"菜单项。
2. 在"T_COV_的表达式"框中输入"LN(T_) * trt"。
3. 单击"模型"按钮。

上述操作中用到的对话框如图 24.20 所示,可以看到在对话框左边的变量框内,除已知的变量外,还有一个变量 T_,SPSS 规定用变量 T_代替时间变量(本例为 time)来构建时依协变量,构建好的时依协变量名称为 T_COV_。这里采用的公式为"LN(T_) * trt",这是因为时间一般呈严重偏态分布,取自然对数有利于减弱极端值的影响。采用上述构建方式,由于没有接受放射治疗

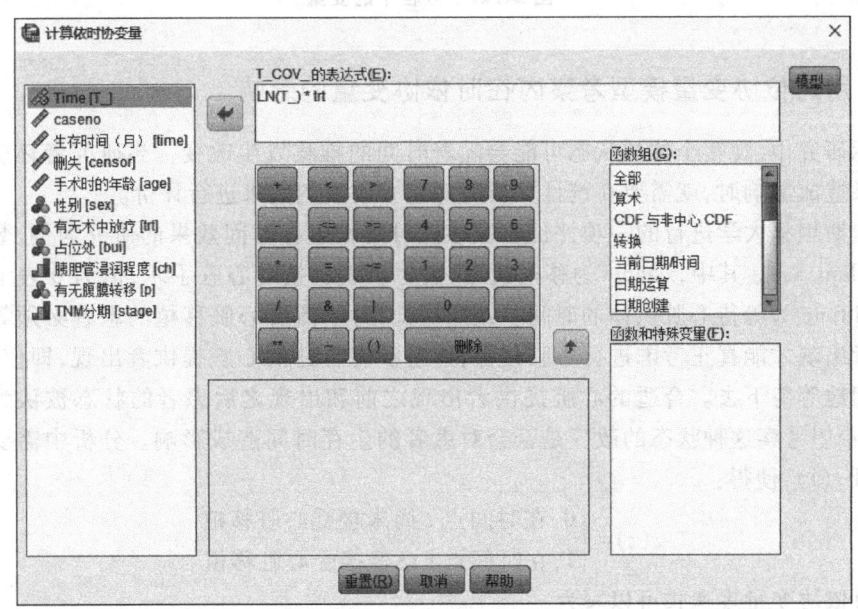

图 24.20 时依协变量定义对话框

组的变量 trt=0,因此只有在接受放射治疗组中,上述时依协变量才不等于0,这样通过检验其参数是否为0,就可以得知两组之间的等比例风险假设是否成立。

时依协变量构建完毕之后的操作与 Cox 回归模型部分的操作完全一样,只是注意要将变量 T_COV_一同纳入协变量框进行分析,这里不再赘述。

上述时依协变量模型的输出实际上和标准的 Cox 回归模型相同,只是模型中加入了时依协变量而已,本例的关键结果如图 24.21 所示,可见时依协变量回归系数的估计值约为 0.217,P 值为 0.524,因此尚未发现 trt 的作用不符合等比例风险的假设。

	B	标准误差	瓦尔德	自由度	显著性	Exp(B)
T_COV_	.217	.341	.406	1	.524	1.242
手术时的年龄	.018	.013	1.755	1	.185	1.018
性别	-.011	.247	.002	1	.964	.989
有无术中放疗	-1.062	.501	4.499	1	.034	.346
占位处	.613	.350	3.062	1	.080	1.845
胰胆管浸润程度			4.731	3	.193	
胰胆管浸润程度(1)	-.125	.356	.123	1	.725	.882
胰胆管浸润程度(2)	.709	.464	2.339	1	.126	2.032
胰胆管浸润程度(3)	.464	.387	1.436	1	.231	1.590
有无腹膜转移	.354	.278	1.617	1	.204	1.424
TNM分期	.432	.283	2.340	1	.126	1.541

图 24.21 方程中的变量

24.4.3 用时依协变量模型考察内在时依协变量的影响

在实际研究中,观察个体的状态可能会随着时间的推移发生改变。当研究者怀疑这种改变对研究结果造成影响时,就需要在统计分析时对这一改变的效果进行评价。

以美国斯坦福大学进行的一项评价心脏移植对延长生存时间效果的研究为例,数据文件见 heart transplant.sav。其中,xstatus 为移植状态,值为 1 表示接受心脏手术,值为 0 表示未接受心脏手术;waittime 为等待心脏供体的时间。众所周知,对于需要心脏移植的患者必须等到合适的心脏提供者出现才能真正考虑进行心脏移植,如果没有合适的心脏提供者出现,即使登记了,也只能无限期地等待下去。合适的心脏提供者出现之前和出现之后患者的状态被认为是不一样的,研究者希望考察这种状态的改变是否会对患者的生存时间造成影响。分析中需要构建一个时依协变量 $z(t)$,使得:

$$z(t)=\begin{cases}0, \text{在时间点 } t \text{ 尚未接受心脏移植}\\1, \text{在时间点 } t \text{ 已经接受心脏移植}\end{cases}$$

而相应的时依协变量表达式可以写为

T_COV_=(T_>=waittime)*xstatus.

随后将该协变量加入模型进行拟合即可,相应的操作请读者自行进行,这里不再详述。

24.5 Cox 回归模型进阶

Cox 回归模型近年来发展得非常迅速,这里补充一些在应用中比较重要的内容,以使读者能对该模型有比较深入的了解。

> SPSS 目前还在"生存分析"菜单中提供了 Cox 回归扩展这一菜单项,用以调用 R 插件中的 survival 包来完成更加复杂的 Cox 回归模型,针对左删失、区间删失、时依协变量、分层变量、非独立性生存数据等的分析都可以在此处实现。

24.5.1 生存分析中的分层变量

在 Kaplan-Meier 和 Cox 回归主对话框下方可以看到有一个"层"框,用于在分析中选入分层因素。具体来说,生存分析中可以采用以下两种方式来控制分类变量混杂因素的影响。

(1) 哑变量分层控制。例如,在前面胰脏癌手术的例子中,如果直接将性别变量看成需要控制的混杂因素,将其以分类变量(哑变量)的形式纳入方程,则拟合的是如下模型:

$$h(t,x) = h_0(t) e^{(\alpha_1 x_{\text{sex}=0} + \alpha_2 x_{\text{sex}=1} + \beta X_E)}$$

按照模型中哑变量的设置,各性别的基线风险函数为

$$\text{女性组}: h_0(t) e^{\alpha_1 x_{\text{sex}=0}} \qquad \text{男性组}: h_0(t) e^{\alpha_2 x_{\text{sex}=1}}$$

即基线风险函数在不同性别间成比例地变化,但函数的曲线形状相似,并且其他危险因素的相对危险度在各层中保持一致。

(2) 分层变量控制。即将变量引入"层"框,亦称为真分层(true stratification)。这种分层方法允许基线风险函数在各个混杂因素层中完全不同,即函数曲线在不同层中可以有不同的形状。但是其他危险因素的相对危险度在各个时间点及层内保持不变。

仍以对性别影响的控制为例,如果采用分层变量控制的方法来分析,则拟合的模型为

$$h(t,x) = h_{0i}(t) e^{\beta X_E}$$

不同层间的基线风险函数可以完全无关,如果用图形表示,则如图 24.22 所示,在这 4 幅图中,下方为各自的基线风险函数,它们的形状(分布)完全不同;上方为某危险因素作用下的风险函数,它和基线风险函数的倍数即为相对危险度,且该相对危险度值在各层中均相同。可见,分层变量控制的适用范围比哑变量分层控制广泛得多,它的原理也经常被加以利用。例如,后面即将讲到的如何利用 Cox 回归模型来拟合配伍 Logistic 回归模型。但是,由于无法估计基线风险函数,采用真分层后就无法分析分层变量对生存的影响强度(但仍可以分析交互作用)。

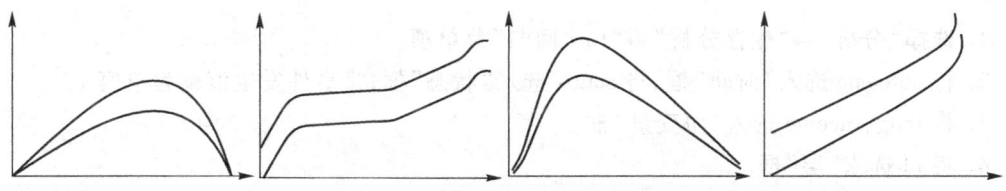

图 24.22 真分层时不同层间的基线风险函数示意

24.5.2 用 Cox 回归模型拟合 1∶n 配伍 Logistic 回归模型

在有关 Logistic 回归模型的相关章节中,曾经提到过可以使用 Cox 回归模型来拟合配伍的 Logistic 回归模型。首先来看一下含有分层变量的 Cox 回归模型公式:

$$\ln(h(t,X)) = \ln(h_{0i}(t)) + x_1\beta_1 + x_2\beta_2 + \cdots + x_p\beta_p$$

通过上面的学习得知:各层的基线风险函数 $h_{0i}(t)$ 可以完全无关,协变量的系数值 β 则在所有层中保持不变。而作为半参数方法,Cox 回归模型在拟合时并不估计基线风险函数 $h_{0i}(t)$,只估计各协变量的系数值 β。这和配伍 Logistic 回归模型中不关心 α_i 的大小,只求出系数值 β 的思路恰巧一致,同时两者都是采用最大似然法进行拟合。因此,可以利用它来拟合配伍 Logistic 回归模型:给每一个案例一个虚拟生存时间,一般默认病例比对照的生存时间短(两时间差距大小随意)。拟合时病例算失效事件发生,对照则算删失。把配对因素作为分层因素,这样就可以消除配对因素的作用,从而实现配伍 Logistic 回归。

下面给出一个实例,数据引自 Maura E. Stokes,1996,见数据文件 m_nlogit.sav,研究数据的变量说明如表 24.4 所示。研究者调查了某地在冬季两个月间 65 岁居民患严重感冒的情况(指需要住院治疗)。根据性别、年龄每个病例配两个对照。研究的目的是了解接受一种疫苗注射及患有肺部疾病与患严重感冒之间的关系。

表 24.4 研究数据的变量说明

变量名	变量说明	变量类型	分类变量的编码
ID	配对的对子号		
outcome	虚拟生存时间	连续	病例取值全为 1;对照取值全为 2
status	虚拟生存状态变量	二分类	0:对照组;1:病例组(虚拟删失组)
lung	是否患有肺部疾病	二分类	0:无;1:患有肺部疾病
vaccine	是否接受疫苗注射	二分类	0:无;1:接受疫苗注射

注意,在数据库中,虚拟生存时间在取值时不能用 1、0 来分别代表病例、对照,而是病例取值全为 1,对照取值全为 2。实际上分别取 1 和 100 之类的数值也不会影响结果,只要对照的生存时间长于病例即可,因为 SPSS 会把生存时间最短的失效事件之前的所有删失全部去掉,这些数据将不参加分析。此外,虚拟生存状态变量 status 实际上就是病例、对照的指示变量。本例的操作和普通的 Cox 回归模型没有什么区别,只是要将 ID 指定为分层变量,具体操作如下。

1. 选择"分析"→"生存分析"→"Cox 回归"菜单项。
2. 将 outcome 选入"时间"框,将 status 选入"状态"框,将事件发生值设为单值 1。
3. 将 lung、vaccine 选入"协变量"框。
4. 将 id 选入"层"框。
5. 单击"确定"按钮。

图 24.23 所示的就是对回归方程各参数的估计结果,可见患有肺部疾病的人患感冒的风险是无肺部疾病者的 3.69 倍,而接受疫苗注射的人的发病风险则为未接受疫苗注射的人的 0.67 倍(P 值略大于 0.05)。这里给出的是一个 1:2 的例子,在实际工作中所遇到的多是 1:1 或 1:n 的病例对照研究的 Logistic 回归,完全可以参照本例予以解决。

	B	标准误差	瓦尔德	自由度	显著性	Exp(B)
lung	1.305	.235	30.897	1	.000	3.689
vaccine	-.401	.233	3.222	1	.073	.670

图 24.23 方程中的变量

需要指出的是,虽然理论上 $m:n$ 的 Logistic 回归也可以使用此方法解决,但是由于此时是在同一时间点上发生多起结局事件,这被称为结(tie),需要采用一定的校正算法才能正确处理,而 SPSS 并未提供相应的算法,因此计算结果会有误差,此时建议使用 Stata 等能够直接拟合配伍模型的统计软件加以解决。

24.5.3 竞争风险的 Cox 回归模型

在实际情况中,失效事件的发生通常有多种原因,如果只对其中某一种原因的事件发生感兴趣,则可以使用竞争风险(competing risks)的 Cox 回归模型来实现。

竞争风险的 Cox 回归模型似然函数的估计基本同前所述,唯一的区别是失效事件 δ。例如,在研究矿山粉尘对矿工肺癌发生的作用时,一般关心的是粉尘浓度对发生各型肺癌有无影响。如果现在只希望研究粉尘浓度对鳞癌型肺癌的发生有无影响,则 δ 原先和现在的定义分别为

$$\delta = \begin{cases} 1, \text{患肺癌} \\ 0, \text{未患肺癌或失访} \end{cases}, \quad \delta = \begin{cases} 1, \text{患鳞癌型肺癌} \\ 0, \text{未患肺癌、患非鳞癌型肺癌或失访} \end{cases}$$

此时模型中的 e^β 为暴露与不暴露相比,患鳞癌型肺癌和未患鳞癌型肺癌(即未患肺癌、患非鳞癌型肺癌或失访)相比的相对危险度。但由于失访者与同一时间点存活者具有相等的死亡或存活概率的假设不再成立,因此无法估计各种死亡原因的生存函数。

24.6 加速失效时间模型

前面介绍的无论是对生存函数加以估计的 Kaplan-Meier 法,还是更复杂的 Cox 回归都没有对生存函数的具体表达形式做任何限定,因此都不是参数生存分析方法。事实上,当可以找到明确的生存函数表达形式时,也可以直接拟合参数生存分析模型,加速失效时间模型(accelerated failure time model, AFT model)就是一种重要的参数生存分析方法,其本质是将线性回归的基本思想应用于生存分析领域。在工业设备研究等领域,加速失效时间模型这类参数生存分析方法仍然有其重要的应用价值,并且在近年来有向医学研究领域扩展的趋势。

24.6.1 模型简介

一般地,假定有 n 个研究对象,其生存时间向量为 T,协变量为 $x_1, x_2, \cdots, x_k$。考虑到线性回归模型值域为 $(-\infty, +\infty)$,而生存时间为非负的随机变量,且呈明显偏态分布,因此对生存时间取自然对数,得如下模型:

$$\ln T_i = \beta_0 + \beta_1 x_{i1} + \cdots + \beta_k x_{ik} + \sigma \varepsilon_i$$
$$T_i = \exp(\beta_0 + \beta_1 x_{i1} + \cdots + \beta_k x_{ik} + \sigma \varepsilon_i)$$

其中,β_0 为常数项,$\beta_1, \cdots, \beta_k$ 为自变量的偏回归系数,σ 为形状参数,ε_i 为随机变量,服从假定的某种特定分布。与线性回归模型相似,ε_i 除了服从特定的分布之外,还应满足平均值为常数、方差齐性、相互独立的要求。

显然,拟合加速失效时间模型的关键就是找到符合数据特征的 ε_i 的特定分布,或者说找到生存时间(生存函数)所对应的分布类型。实际上,当 ε_i 服从正态分布时,生存函数服从对数正态分布。此时若无删失,则完全可以用最小二乘法,对各个偏回归系数进行估计。但生存分析的数据常常存在删失,故改用最大似然方法进行估计。

表 24.5 中给出了几种常见的生存时间分布函数,其中正态分布、gamma 分布的公式过于复杂,因此略去。在这些分布中,Weibull 分布是比较重要的一个,该分布是由瑞典数学家 Waloddi Weibull 于 1939 年首先提出,其模型中有两个参数:危险率 λ 和形状参数 σ,后者决定了生存时间分布的形状,或者说风险函数随时间的变化速度。当 $\sigma < 1$ 时,风险函数随生存时间递增,如高血压发病风险随着年龄的增长而加大;当 $\sigma > 1$ 时,风险函数随生存时间递减,如肿瘤病人复发风险随着术后时间的增长而降低;当 $\sigma = 1$ 时,Weibull 分布退化为指数分布,风险函数与生存时间无关,结局事件随机发生,如买彩票中奖的概率与购买者的"彩龄"无关。Weibull 分布风险函数示意图如图 24.24 所示。特别需要指出的是,对于 Weibull 分布和指数分布来说,由于其风险函数随时间的变化很有规律,因此也可以将它们归入比例风险模型的范畴。

表 24.5 几种常见的生存时间分布函数

ε_i 分布	生存时间分布	生存函数	风险函数
极值分布(2 参数)	Weibull 分布	$S_{(t)} = \exp\left(-(t\lambda)^{\frac{1}{\sigma}}\right)$	$h_{(t)} = \left(\frac{1}{\sigma}\right)\lambda(t\lambda)^{\left(\frac{1}{\sigma}\right)-1}$
极值分布(1 参数)	指数分布	$S_{(t)} = \exp(-t\lambda)$	$h_{(t)} = \lambda$
Log-gamma 分布	gamma 分布	略	略
Logistic 分布	Log-Logistic 分布	$S_{(t)} = \left(1+(t\lambda)^{\frac{1}{\sigma}}\right)^{-1}$	$h_{(t)} = t^{\frac{1}{\sigma}-1} \times \frac{1}{\sigma} \times \lambda^{\frac{1}{\sigma}} \Big/ \left(1+(t\lambda)^{\frac{1}{\sigma}}\right)$
正态分布	对数正态分布	略	略

备注:$\lambda = \exp(\beta_0 + \beta_1 x_1 + \cdots + \beta_k x_k)$。

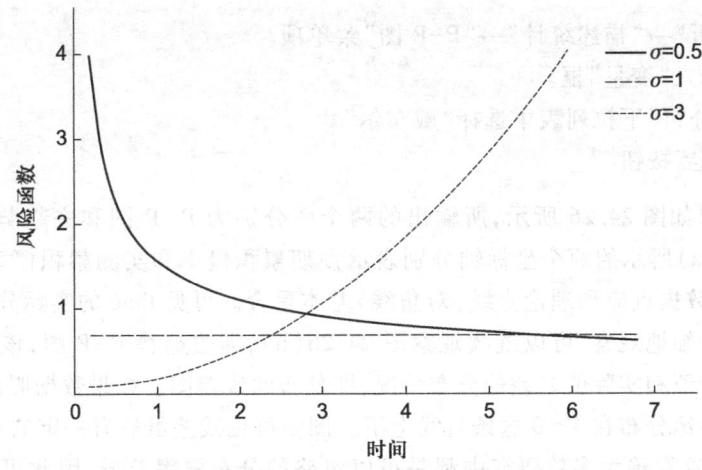

图 24.24 Weibull 分布风险函数示意图

对于 Log-Logistic 分布或对数正态分布来说,其风险的变化趋势呈现"盆式"形状,即当 $t=0$ 时,风险函数为 0,随着生存时间的增长,风险函数增大,到达峰值后又逐渐下降,如图 24.25 所示。与人的生命周期有关的很多行为,如保险业中的交通意外风险,或者某些高危行为的风险往往呈此类"盆式"分布。

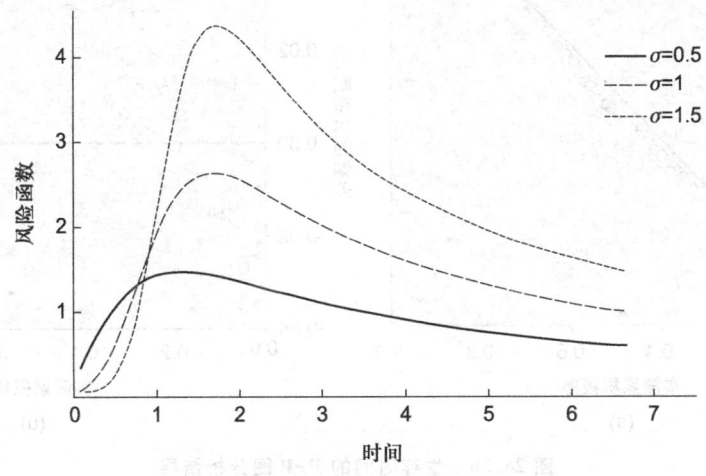

图 24.25 对数正态分布风险函数示意图

24.6.2 案例:对术中放疗案例拟合参数模型

1. 确认分布类型

前面使用 Cox 回归模型对例 24.3 进行了分析。如果可以找到生存时间的分布规律,那么也可以考虑拟合参数模型。这里首先考虑考察生存时间的分布规律,可以使用 P-P 图来实现,相应的操作如下。

1. 选择"分析"→"描述统计"→"P-P图"菜单项。
2. 将 time 选入"变量"框。
3. 在"检验分布"下拉列表中选择"威布尔"。
4. 单击"确定"按钮。

P-P 图的输出如图 24.26 所示,所输出的两个图分别为 P-P 图和去趋势(de-trend)P-P 图,其中图 24.26(a)所示的两个坐标轴分别表示预期累积概率和实测累积概率,如果数据服从正态分布,则图中数据点应和理论直线(对角线)基本重合。可见 time 的实际分布和理论分布基本接近。为了更仔细地观察,可以继续观察图 24.26(b),即去趋势 P-P 图,该图反映的是按正态分布计算的理论值和实际值之差的分布情况,即分布的残差图。如果数据服从正态分布,则数据点应该比较均匀地分布在 $Y=0$ 这条直线上下。图中可见残差虽然有一定的上下波动,但绝对差异均小于 0.05,这在绝大多数研究中都是可以忽略的分布概率差异,因此可以认为本例的生存时间基本服从 Weibull 分布。

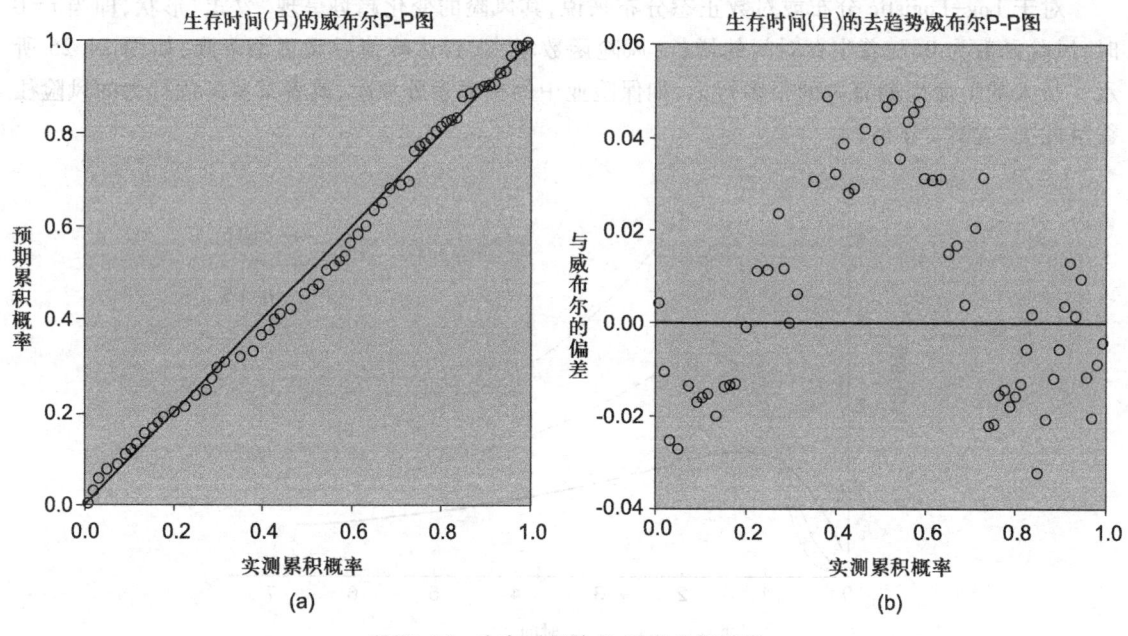

图 24.26 生存时间的 P-P 图分析结果

本例中只对时间的分布特征做了大致的考察,更严格的方式是进行相应分布的拟合优度检验,而如果同时符合多种分布,如拟合指数分布、Weibull 分布,则根据伪决定系数(pseudo R^2)的取值大小做评价。取值越大,相应的模型拟合得越好。

2. 操作说明

下面继续调用 SPSS 中的参数生存分析 R 插件的完成服从 Weibull 分布的加速失效时间模型的拟合工作,但是由于相应的对话框要求失效事件变量必须用 1 来表示事件发生,因此首先要计算出相应的变量。

24.6 加速失效时间模型

```
COMPUTE result = 1 - censor.
EXECUTE.
```

然后进入变量视图,将新生成的变量 result 的测量尺度修改为"标度",这样才能确保后续分析的正常进行。

1. 选择"分析"→"生存分析"→"参数回归"菜单项。
2. 将 result 选入"事件"框。
3. 将 time 选入"时间 1"框。
4. 将 trt、bui 选入"自变量"框。
5. 单击"确定"按钮。

参数生存分析回归主对话框如图 24.27 所示,其中"检剔类型"下拉列表用于选择是左删失、右删失还是区间删失。其下方的"事件"框用于选入失效事件变量。但事件发生在该变量中必须用 1 来表示。对于右删失的数据而言,直接将时间变量选入"时间 1"框中即可。下方的"分布"下拉列表则用于选择生存时间分布函数,本例中为默认的 Weibull 分布。

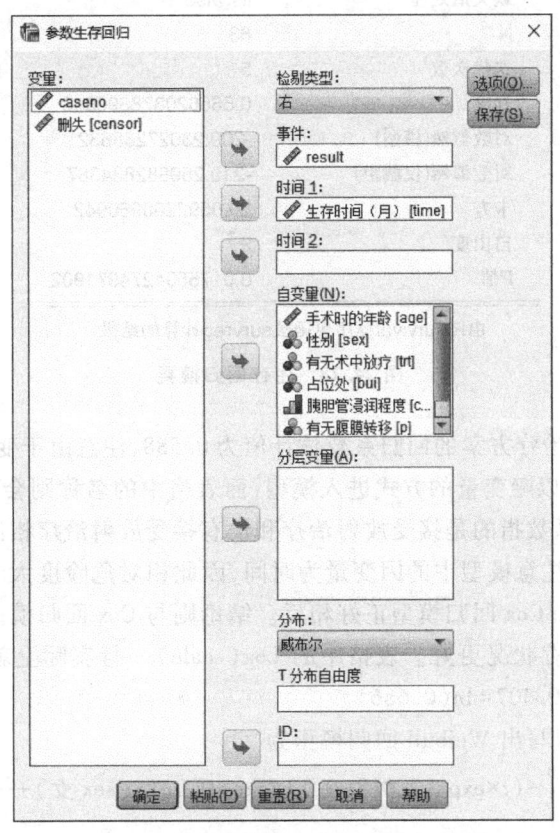

图 24.27 参数生存分析回归主对话框

3. 结果解释

图 24.28 所示的是模型基本情况的汇总表,可见 83 个案例均进入了分析,结果显示模型的

尺度参数估计值为 0.666,这实际上是 Weibull 分布中形状参数(shape parameter)的倒数,即表 24.5 中的 $1/\sigma$ 值,因此得 $\sigma=1.5$。$\sigma>1$ 意味着患者出现结局事件的风险函数随生存时间递减,也就是说,随着患者随访时间的延长,其死亡风险是逐渐下降的。

表格中的似然比卡方检验用于考察模型整体是否有统计学意义,即模型引入的自变量中是否至少有一个自变量的总体偏回归系数不为 0。本例中卡方值为 20.06,即 $2\times(-209.23-(-219.26))$,对应的 P 值为 0.017,因此模型是有意义的。

	值
事件变量	result
检剔类型	right
时间	time
时间2	--无--
分布	weibull
健壮估算	否
输出数据集	--无--
缺失值处理	listwise
N	83
迭代次数	5
标度	0.665620878690348
对数似然(模型)	-209.23027238632
对数似然(仅截距)	-219.259882834367
卡方	20.0592208960942
自由度	9
P值	0.0175504274971902

由 R survival 程序包函数 survreg 计算的结果

图 24.28 生存回归摘要

图 24.29 中给出了治疗方案的回归系数估计值为 0.588,注意由于变量 trt 的测量尺度为"名义",因此建模时自动会以哑变量的方式进入模型,而表格中的名称则会自动增加对应的取值或者值标签,可以看出该系数指的是接受放射治疗和没有接受放射治疗相比的情况,其相对危险度为 $\exp(0.588)=1.8$。注意模型中的因变量为时间,因此相对危险度大于 1,意味着平均生存时间更长,这一解释方向和 Cox 回归模型正好相反。结论则与 Cox 回归模型一致,即手术中接受放射治疗的患者术后的生存状况更好。表格中的 Log(scale) 一行实际上就是前一表格中 Weibull 尺度参数的对数值,即 $-0.407=\ln(0.666)$。

对于本例,最后可以写出 Weibull 回归模型为

$$S_{(t)} = \exp\left(-(t\times\exp(2.818-0.13\times age+0.021\times(sex\ 女)+\cdots))^{\frac{1}{0.666}}\right)$$

🖌 本例同时使用了两种方法进行分析,可见相对危险度的含义并不相同,检验结果也略有差异,那么在实际工作中如何进行方法的选择呢?一般而言,当生存函数分布明确可知时,采用参数模型可以获得更高的统计效率。但如果对此并无把握,则最好还是使用更稳妥的半参数模型。

	值	标准误差	Z	P
(Intercept)	2.818	.656	4.296	.000
age	-.013	.009	-1.397	.162
sex女	.021	.163	.131	.895
trt有术中放疗	.588	.208	2.828	.005
bui头部以外	-.424	.230	-1.844	.065
chCH1	-.569	.295	-1.927	.054
chCH2	-.430	.275	-1.563	.118
chCH3	-.103	.239	-.430	.668
p有	-.253	.183	-1.382	.167
stageIV期	-.291	.183	-1.585	.113
Log(scale)	-.407	.084	-4.867	.000

事件变量：result

图 24.29　生存回归的参数估计和检验

思考与练习

1. 从一项临床研究得到以下 6 名男性患者和 6 名女性患者的生存时间数据：

男性患者：1,3,4$^+$,10,12,18

女性患者：1,3$^+$,6,10,11,12$^+$

试分性别计算生存函数的 Kaplan-Meier 估计值，绘制生存曲线，并检验男性患者和女性患者之间生存函数的一致性。

2. 一项随机对照试验欲观察某药对小白鼠皮肤癌的致癌作用，数据文件见 lx24.xls，数据右肩上的"+"号表示删失时间。试用 Cox 回归模型对不同药物剂量的致癌效应进行分析。

参考文献

[1] Lee E T. Statistical Methods for Survival Data Analysis[M]. New York：Wiley. 1992.

[2] Cox D R. Regression Models and Life-Tables[J]. Journal of the Royal Statistical Society：B, 1972,34：187-220.

[3] Altman D G, Bland J M. Time to Event (Survival) Data[J]. British Medical Journal,1998,317 (7156)：468-469.

[4] Crowly J, Hu M. Covariance Analysis of Heart Transplant Survival Data[J]. Journal of the American Statistical Association,1977,72：27-36.

[5] Lee E T. 生存数据分析的统计方法[M]. 陈家鼎,等,译. 北京：中国统计出版社,1998.

[6] 张文彤. SPSS11 统计分析教程：高级篇[M]. 北京：北京希望电子出版社,2002.

第 25 章 缺失值分析

缺失值是在数据采集时经常会出现的现象,也是统计分析人员和数据采集人员最不愿意遇到,却又无法完全避免的问题之一。例如,在大型随访队列中,即使有着非常严格的质量控制,含有缺项、漏项的记录也经常会超过 10%;而在进行敏感问题调查时,缺失值问题就更突出了。例如,问卷中涉及家庭收入等问题时,许多受访者都会漏填或拒答。绝大部分统计模型都不能直接分析含有缺失值的数据,如果数据中存在缺失值,一般都是直接删除相应的变量或案例以保证统计模型正常拟合。当缺失值较少时,这样做没有太大问题;但当缺失值数量较多时,这样会丢弃大量数据信息,可能会严重影响分析结果的准确性。此外,这种直接删除的做法还忽略了完整案例和不完整案例间可能存在的系统差异,只使用完整案例得到的分析结果不能代表原来的整体人群,有可能会导致错误的结论。本章的目的就是系统地介绍缺失值分析的基础理论,以及常用的缺失值填补算法,以对实际的工作有所帮助。

 缺失值理论非常复杂,本章只是一个概略介绍,请读者在分析时切记要慎之又慎,细心分析,并且紧密结合专业知识,不能脱离专业背景妄下结论。

25.1 缺失值理论简介

25.1.1 数据的缺失机制

数据的缺失往往都有一定的规律,这种规律又称为缺失机制。总的来说,常见的缺失机制有以下三种:完全随机缺失(missing completely at random,MCAR)、随机缺失(missing at random,MAR)、非随机缺失(missing at non-random,MANR)。

1. 完全随机缺失

完全随机缺失指缺失现象完全随机发生,与自身或其他变量的取值无关。这是缺失值问题中处理起来最简单的一种,如果完全随机缺失假设成立,则可以直接将缺失值删除,无须担心估计偏差,这样做唯一的缺点是会损失一些信息,此时也可以考虑采用平均值替换等方法对缺失值进行填补,以充分利用样本信息。要评估完全随机缺失假设是否成立,可以用比较回答者和未回答者分布的方法来评估观察数据,也可以使用单变量 t 检验或 Little's MCAR 检验来进行更精确的评价,详细内容见后。但是,数据缺失完全符合完全随机缺失的情况很少,而且上述检验方法都只能证明完全随机缺失假设不成立,而不是证明其成立,因此在对缺失情况做评价时一定要谨慎,不可妄下结论。

2. 随机缺失

这种情况比完全随机缺失严重,但也更加常见。它的含义是有缺失值的变量的缺失情况的发生,与数据集中其他无缺失值变量的取值有关。这种情况下缺失值就不仅会导致损失信息,更可能导致分析结论发生偏差。例如,调查人群血压时出现数据缺失,但发现缺失情况是以高龄组为主,即缺失的出现是因为在调查时高龄组受访者由于行动不便,未能到场接受深度访谈和检查所致。当缺失机制为随机缺失时,直接将缺失值删除或者简单地用平均值填补均不合适,而应当采用更复杂的算法对缺失值进行估计,或者就缺失值对分析结果的影响程度进行评价,以期得到更客观、准确的分析结果。

3. 非随机缺失

这是最糟糕的一种情况,指数据的缺失不仅和其他变量的取值有关,也和自身取值有关。例如,在调查收入时,收入高的人出于各种原因更倾向于不愿意提供家庭年收入值。对于这种情况缺失值分析模型基本上是无能为力的,只能做非常概略的估计。因此,在有的文献中,非随机缺失也被称为不可忽略的缺失(nonignorable,NI)。

在这三种缺失机制中,非随机缺失基本上没有什么统计方法可以处理,统计软件只能对完全随机缺失和随机缺失的情况进行分析,尤其是后者。而将这两者区分开的意义在于:由于完全随机缺失很难遇到,应该在进行调查之前就考虑哪些重要变量可能会有缺失值出现,以及该问题的严重程度,从而在设计时就尽量在调查中包括备用变量,以便用这些变量来估算缺失值。

25.1.2 缺失值的处理方法

针对不同的数据缺失情况,SPSS 提供了多种处理方法供用户选择,大致有以下三类。

1. 删除/报告缺失值

当缺失值非常少时一般可以采用这类方法,这类方法不需要专门的过程,大多被放在相应方法的"选项"子对话框中,具体又可分为以下几种。

(1) 按分析排除(excludes cases analysis by analysis)。当某次分析中具体用到的变量有缺失值时,将相应的案例去除。这是多数情况下的默认处理方式。

(2) 按列表排除(excludes cases listwise)。当一次选择多个变量进行同类分析时,只要案例中将会被分析的变量有缺失值,就在所有分析中将该案例去除。

(3) 报告数值(report values)。其只在描述过程中出现,将缺失值作为一个特殊的分类进行描述。

2. 对缺失值进行简单替换

例如,因子分析等对话框中就可以使用平均值替换缺失值,"转换"菜单中的"替换缺失值"菜单项则将所有的案例看成一个序列,然后采用某种指标对缺失值进行填补,它专门用于解决时间序列模型中的缺失值问题。虽然其中的一些填补方法也可以用于普通数据,但相比之下,如果在非序列数据中使用该方法可能得不偿失,应当谨慎使用。

3. 对缺失值进行分析和复杂填补

SPSS 提供的缺失值分析(missing value analysis)模块和多重填补(multiple imputation)模块都是专门的缺失值分析模块,提供了对缺失值问题的全面分析能力,其主要功能如下。

(1) 缺失值的描述和快速诊断。其用 6 种诊断报告来评估缺失值问题的严重性,用户可以观察到它们在哪些变量中出现,比例为多少,是否与其他变量取值有关,从而得知这些缺失值的出现是否会影响分析结论。

（2）更精确的摘要统计量。其提供了4种方法用于估计含缺失值数据的平均值、相关矩阵或协方差矩阵：列表状态删除（listwise deletion）、配对状态删除（pairwise deletion）、期望最大化（expectation-maximization, EM）和回归。通过这些方法计算出的统计量更加可靠。

（3）用估计值替换缺失值。使用回归、期望最大化或多重填补方法，用户可以从未缺失数据的分布情况中推算出缺失数据的估计值，以有效地使用所有数据进行分析，从而提高了统计结果的可信度。不仅如此，用估计值替换缺失值可以移除数据中隐藏的偏差，所有的组类，甚至是回答情况极差的组类都可以在分析结果中表现出来，从而得出更精确的结论。

> 目前，一些比较新的模型，如线性混合模型等可以通过将缺失值作为一个特殊类别的方式将其纳入模型直接分析，但其他统计模型仍然无法直接处理缺失值。

25.2 对缺失情况的基本分析

当进行缺失值分析时，首先要完成的任务就是详细考察数据的缺失情况，并据此评估可能的缺失机制，以及缺失值可能对分析结果带来的影响。本节将基于比较简单的缺失值分析模块来介绍基本的缺失值分析方法。

25.2.1 生成缺失数据

由于缺失值分析的实质是对因缺失而导致偏差的分析结果进行修正，使得它尽量接近"真实"的结果。为使分析效果有一个对照标准，这里人为生成一个含缺失值的数据，然后再进行相应的分析，以将结果和原数据的分析结果加以对照，评估填补效果。数据文件 missing0.sav 记录了一批受访者的体重组别（正常/超重组）、年龄和胆固醇值，现希望考察体重组别和年龄对后者是否有影响。这个例子如果对全部数据进行回归分析，则结果如图 25.1 所示。这就是用于对照的最佳分析结果。

模型		未标准化系数		标准化系数	t	显著性
		B	标准误差	Beta		
1	（常量）	-.135	.906		-.149	.883
	体重组	.895	.406	.285	2.207	.038
	年龄	.094	.018	.667	5.162	.000

a. 因变量：胆固醇

图 25.1 全部数据的回归系数表

> 注意对于算法优劣性的比较，严格地讲是需要进行统计模型才能得出结论的，这里只是为了便于读者理解举例说明而已。

现在来人为生成缺失值。在数据中，年龄大于50岁的共有11个案例，使用随机函数任意删除了其中 7 个案例的胆固醇值,具体见数据文件 missing.sav。此时再进行回归分析,则结果如图 25.2 所示,可见统计结果发生了相当大的变化。这是因为缺失值并非完全随机生成,而是以 50 岁以上的案例为主。从上面的分析中可知年龄和胆固醇值有关,这样高龄组胆固醇数据缺失,会严重影响到结果。考虑到一共只有 26 个案例,却有 7 个案例缺失,占了 26.9%,结果发生如此之大的偏差也就不奇怪了。

模型		未标准化系数		标准化系数	t	显著性
		B	标准误差	Beta		
1	(常量)	-.486	1.268		-.384	.706
	体重组	1.211	.447	.438	2.707	.016
	年龄	.093	.028	.538	3.325	.004

a. 因变量:胆固醇

图 25.2 缺失值数据的回归系数表

从现在开始,假设只有数据文件 missing.sav,对其缺失的情况一无所知,而本章的任务就是对缺失值的影响进行评估,并尽量得到更准确的分析结果。

25.2.2 缺失模式分析

在缺失值分析中,对缺失值的描述分为两个部分,首先是比较简单的缺失模式列表,它针对每个案例给出缺失信息;随后是比较详细的缺失值描述统计,它对整个样本进行缺失情况的分析。首先来看前者,如果要对 missing.sav 给出全部变量的缺失值模式列表,则操作如下。

1. 选择"分析"→"缺失值分析"菜单项。
2. 将 age1、cho 选入"定量变量"框,将 group 选入"分类变量"框。
3. 在"模式"子对话框中选中所有的复选框。
4. 单击"确定"按钮。

上述操作中用到的主对话框如图 25.3(a)所示。可见界面非常简单,用户只需要将定量变量和分类变量分别选入相应框中即可。对话框的右上角提供了两个按钮,分别对应两种缺失值描述功能,其下方的"估算"框组则提供了几种缺失值填补方法,详细内容见后。

现在结合分析结果对如图 25.3(b)所示的"模式"子对话框的功能进行介绍。首先输出的是"描述"子对话框中要求的单变量统计表格,如图 25.4 所示,该表格为每个变量显示非缺失值的样本量、平均值、标准差,同时会显示缺失值的计数和百分比。从中可见在三个变量中只有 chol 有 7 个缺失值。变量 group 由于被指定为分类变量,因此不会输出平均值和标准差。表格中还会列出各变量的极值数量,这里极值的判定方式和箱图一样,超出(Q1-1.5×四分位间距,Q3+1.5×四分位间距)这一区间的数据均被认为是极大值和极小值。

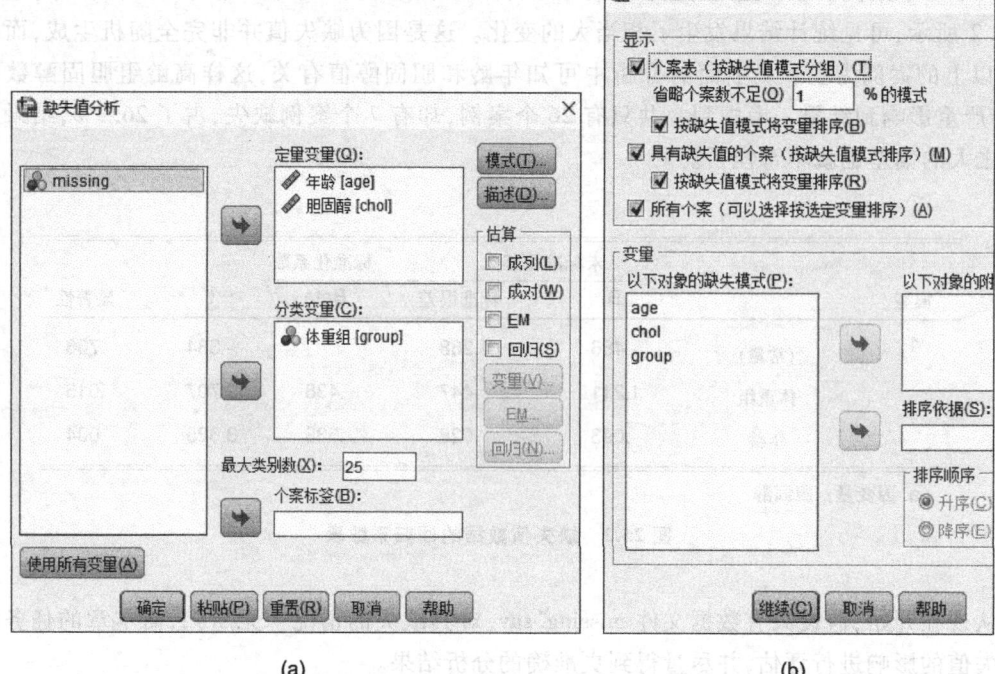

图 25.3 缺失值分析主对话框和"模式"子对话框

	个案数	平均值	标准差	缺失		极值数[a]	
				计数	百分比	低	高
age	26	50.2308	11.33952	0	.0	0	0
chol	19	5.4474	1.40134	7	26.9	0	1
group	26			0	.0		

a. 超出范围(Q1-1.5*IQR,Q3+1.5*IQR)的个案数。

图 25.4 单变量统计

随后输出的"数据模式(所有案例)"表格给出所有案例的缺失值样式表,该表格的信息和第三个"缺失模式(具有缺失值的案例)"完全相同,但只截取了含有缺失值的案例。为了节省篇幅,这里只给出后者的输出,如图 25.5(a)所示。在该表格中,如果指定了案例标签,则第一列会按照标签值输出。从第二列开始输出的分别是该案例中的缺失变量数、缺失比例和各变量的具体缺失情况。注意在具体缺失情况中,系统缺失值、自定义缺失值类型 1、自定义缺失值类型 2、自定义缺失值类型 3 将分别在表中用"S""A""B""C"表示。在下方可以选择排序方式。数据中的极值在列表中则分别用+号、-号表示。例如,在图 25.4 所示的表格中第 26 个案例的 chol 就被系统认为是较大一侧的离群值。

图 25.5(b)所示的制表模式表格是为全部进入缺失值分析的变量给出缺失值样式表,可见在总共 26 个案例中,共有 7 个案例的 chol 存在缺失,另两个变量则均无缺失情况出现。

个案	缺失数	缺失百分比	缺失模式和极值模式[a]		
			age	group	chol
1	1	33.3			S
2	1	33.3			S
…					
7	1	33.3			S

-指示极小值，而+指示极大值。使用的范围是(Q1-1.5*IQR, Q3+1.5*IQR)。
a.个案和变量按缺失模式进行排序。

(a)

	缺失模式[a]			完成条件[b]
个案数	age	group	chol	
19				19
7			X	26

a. 变量按缺失模式进行排序。
b. 不使用模式(以X标记)中的缺失变量时的完整个案数。

(b)

图 25.5　缺失模式(具有缺失值的案例)和制表模式表格

25.2.3　缺失情况的描述统计

下面来看对缺失情况进行描述统计的功能,相应的选项均放置在缺失值分析主对话框的"描述"子对话框中,除前面已经介绍过的"单变量统计"表格外,其他几个复选框对应的输出如下。

图 25.6 对应于"使用由指示符变量构成的组执行 t 检验"复选框要求的输出。SPSS 首先查找存在缺失值的变量,然后为每一个含有缺失值的变量都生成一个指示变量,它按照相应变量是否缺失将全部案例分为两组。随后按照这种分组情况,对所有连续变量进行 t 检验。例如,本例中是按照 chol 是否缺失将变量分成两组,然后对 age、chol 进行两组平均值的 t 检验。从中可见年龄在缺失组和未缺失组间存在差异,缺失组的年龄要大一些。显然该检验可以提供缺失模式的明确信息。

		age	chol
chol	t	-5.0	.
	自由度	10.8	.
	P(双尾)	.000	.
	存在数	19	19
	缺失数	7	0
	平均值(存在)	45.4211	5.4474
	平均值(缺失)	63.2857	

对于每个定量变量，由指示符变量构成组对(存在与缺失)。
a.不会显示缺失百分比低于5%的指示符变量。

图 25.6　独立方差 t 检验

图 25.7(a)所示的为"group"表,对应了"生成分类变量和指示符变量的交叉表"复选框的输出。它对每一个分类变量都和缺失指示变量生成交叉表。由此可以看出分类变量和缺失情况间的关联趋势。图 25.7(b)所示的"指示变量的百分比不匹配"表格则对应了"不匹配百分比"复选框,对所有存在缺失值的变量显示其中一个变量缺失,而另一个变量未缺失的案例所占的比例。本例因只有一个变量有缺失值,故结果无实际意义。

			总计	正常组	超重组
chol	存在	计数	19	11	8
		百分比	73.1	84.6	61.5
	缺失	系统缺失值百分比	26.9	15.4	38.5

不会显示缺失百分比低于5%的指示符变量。

(a)

	chol
chol	26.92

对角元素是缺失百分比,非对角元素是指示符变量的不匹配百分比。
a. 变量按缺失模式进行排序。
b. 不显示缺失值百分比不足5%的指示符变量。

(b)

图 25.7 分类变量与指示变量交叉表和指示变量的百分比不匹配表格

根据以上分析,可以发现变量 chol 的缺失情况似乎和变量 age 的取值有关,年龄越大,chol 缺失得就越多。如果这一关联结合专业知识也可以成立,则可以认为该缺失属于随机缺失(MAR)。

25.3 缺失值填补技术

上一节的描述统计表明 chol 的缺失属于随机缺失,由于本研究的目的是分析年龄、体重组对胆固醇的影响情况,因此这里的数据缺失可能对分析结果有较大影响,下面就使用相应的方法对完整数据进行估计。

25.3.1 列表输出

前面提到缺失值分析主对话框的"估算"复选框组中提供了几种缺失值填补算法,其中回归和期望最大化是真正的填补算法,而前两个复选框"成列"和"成对"仍然是基本的描述统计功能,如果选中这两个复选框,则相应的输出如图 25.8 所示。

个案数	age	chol
19	45.4211	5.4474

(a)

	age	chol
age	66.14620	
chol	7.52339	1.96374

(b)

	age	chol
age	1	
chol	.660	1

(c)

图 25.8 列表平均值表格、列表协方差表格和列表相关性表格

图 25.8 中的三个表格就是"成列"复选框所对应的输出,分别是全体无缺失数据的平均值、协方差和标准差。"成对"复选框则会要求输出 5 个表格,分别为成对频率、平均值、标准差、协方差和相关性表格,前三个如图 25.9 所示,协方差和相关性表格内容与上面的协方差表格和列表相关性表格有重复,此处略。从结果可以看到,数据中主要是变量 chol 存在缺失,而这种缺失对 age 的影响较大。例如,age 的平均值、标准差都发生了较大的变化。

	age	chol	group
age	26		
chol	19	19	
group	26	19	26

(a)

	age	chol
age	50.2308	5.4474
chol	45.4211	5.4474
group	50.2308	5.4474

存在其他变量时定量变量的平均值。
(b)

	age	chol
age	11.33952	1.40134
chol	8.13303	1.40134
group	11.33952	1.40134

存在其他变量时定量变量的标准差。
(c)

图 25.9 成对频率表格、平均值表格、标准差表格、协方差和相关性表格

25.3.2 使用回归算法进行填补

通过前面的分析,可知 chol 的缺失应当和 age 的取值有关,下面考虑使用适当的算法对 chol 进行填补。SPSS 中一共提供了回归和期望最大化(EM)两种算法,首先来看比较简单的回归算法。该算法就是以所有被选入的连续变量为自变量,以存在缺失值的变量为因变量建立回归方程,在得到回归方程后,利用该方程对因变量相应的缺失值进行填补,具体的填补数值为回归预测值加上任意一个回归残差,使得它更接近实际情况。而如果存在多个缺失变量,则为它们分别建立回归方程,并依次进行预测和填补。

图 25.10(a)所示的"变量"子对话框用于选择进入缺失值填补算法的变量。默认情况下为使用所有连续变量进行估计,如果不希望这样做,可以更改为选择某些变量进行估计,然后在下方进行变量选择。其中,上方的"预测变量"(predicted variables)框用于选入需要估计缺失值的变量(因变量),而下方的"预测变量"(predictor variables,显然此处中文翻译有误)框则选入用于在 EM 算法或回归算法中估计缺失值的变量(自变量)。特别地,一个变量可以同时成为这两种变量,此时可以使用中间的"两者"按钮将其同时选入两个框。

图 25.10(b)所示的"回归"子对话框用于对回归算法做进一步的设置。"估算调整"框组用于设定如何为原始估计值添加随机扰动,可选的有回归方程残差、正态分布(此处对话框误译成了"普通变量")、t 分布残差三种。如果不希望添加随机误差项,直接用方程估计值替换缺失值,则选择最后的"无"。下方的"最大预测变量数"复选框用于限制方程中自变量的数量,如果设为0,即相当于用变量平均值(加上残差)替换缺失值。"保存完成的数据"复选框则要求将数据中的缺失值用回归算法估计出的数值替换,并存入指定的 SPSS 数据文件。

本例如果使用全部变量对缺失值进行估计,则相应的结果输出如图 25.11 所示,三个表格下方均提示:所有估计中均随机加入了某一个案例的残差。也就是说,表中给出的平均值、协方差、相关系数都是这样随机添加了一个残差后重新进行分析的结果。由于具体添加哪一个残差是完

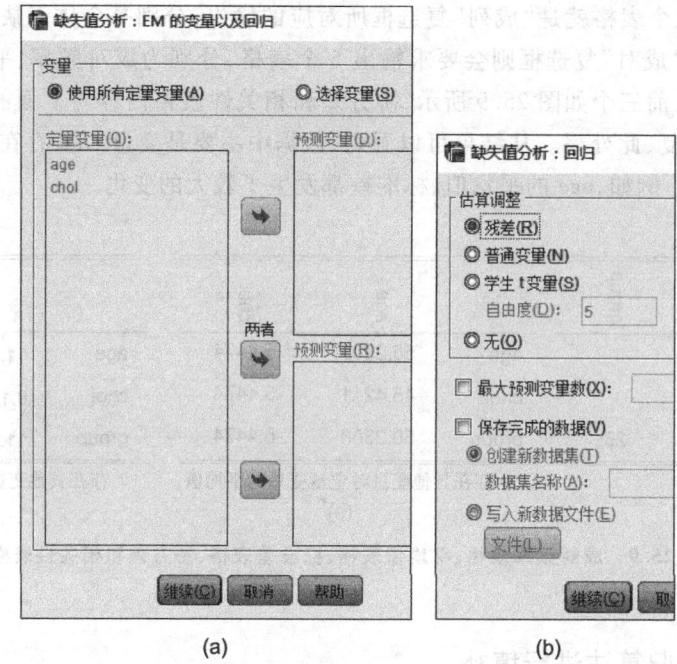

图 25.10 "变量"子对话框和"回归"子对话框

	age	chol
	50.2308	5.5766

a.随机选择的个案的残差将添加到每项估算中。
(a)

	age	chol
age	128.58462	
chol	8.17485	1.679

a.随机选择的个案的残差将添加到每项估算中。
(b)

	age	chol
age	1	
chol	.556	1

a.随机选择的个案的残差将添加到每项估算中。
(c)

图 25.11 回归平均值表格、协方差表格和相关性表格

全随机确定的,因此读者自行操作的结果不会和上面完全相同,但应当相差不大。同时,相应的填补后数据也已被保存为所指定的数据集。如果对此数据进行分析,则结果如图 25.12 所示,可见与未填补数据的分析结果相比,体重的系数估计值更接近真实情况,但年龄的系数估计值反而偏离更远,在本例中,这可以归结为填补时所加的残差项的影响。

模型		未标准化系数		标准化系数	t	显著性
		B	标准误差	Beta		
1	(常量)	1.776	.968		1.836	.079
	体重组	.947	.433	.373	2.186	.039
	年龄	.047	.019	.414	2.431	.023

a.因变量: 胆固醇回归预测值

图 25.12 回归算法填补缺失值之后的回归系数

为了能够对填补的情况有更清晰的了解,特绘制出预测值与实测值的散点图,如图25.13所示。图25.13(a)所示的为回归算法估计出的缺失值和原真实值间的散点图,可见回归算法的估计值明显偏低。图25.13(b)所示的为估计值、其余实测值和年龄间的散点图,可见本例由于样本量很小,填补后的线性趋势明显受到了左下方少数几个偏离较远的散点的影响,导致效果不是太好。

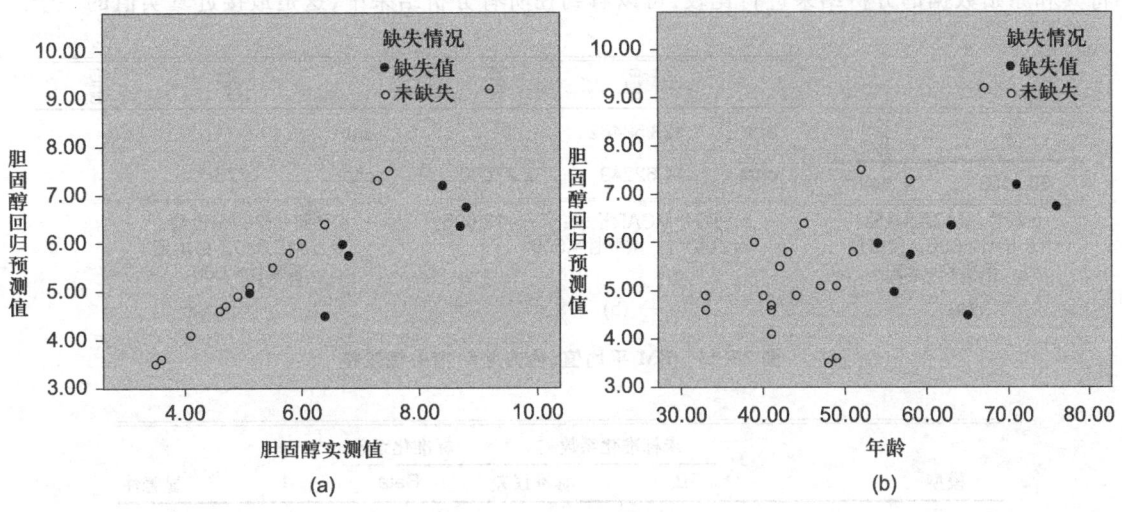

图 25.13 回归算法的散点图

25.3.3 使用 EM 算法进行填补

由上面的讨论可知,当数据缺失比较少,缺失机制也比较明确时回归算法的效果尚可,但如果变量间的联系比较复杂,可能呈现曲线联系时,使用线性关联的回归算法并不合适。此外,当数据缺失较多时,回归算法的效果一般也不佳。在这些情况下,EM 算法是更好的选择。

EM 算法是一种迭代算法,最初由 Dempster 等提出,主要用来求后验分布的最大似然估计值,该算法在缺失值的估计上非常有效。它的每次迭代由两步组成:E 步求期望(expectation),M 步则将随机参数进行极大化(maximization)。简单地说,未知某个随机变量的值,需要在 Y 和当前模型参数条件下求出其期望值。在运算时首先给该变量一个初始值,然后求出模型中的各个参数估计值(M 步)。随后利用新估计出的模型对该随机变量值进行估计(E 步),如此反复迭代,直至收敛为止。根据大量实践,人们发现 EM 算法可以很好地处理大多数缺失值问题,是一个非常稳健的缺失值填补算法。

"EM"子对话框如图 25.14 所示,其中的"分布"框组用于设置变量的分布形式,默认为正态分布,可以更改为混合正态分布,或者 t 分布,后两种情况需要进一步设定相应的参数,如混合正态分布中的混合比例、标准差比,以及 t 分布中的自由度。

图 25.15 给出了使用 EM 算法填补后得到的平均值,显然 EM 算

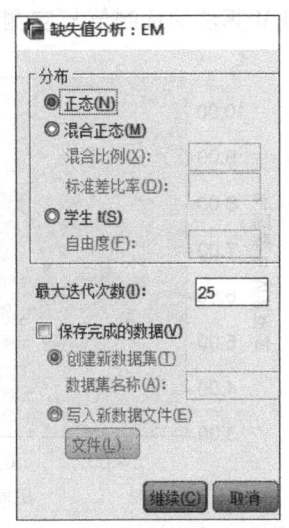

图 25.14 "EM"子对话框

法得到的平均值估计值要比缺失数据集的计算结果更加接近原始结果。而下方的注解说明进行了 Little's MCAR 检验,结果为拒绝无效假设,认为数据缺失不是完全随机缺失,这正是本例的实际情况。随后给出的是 EM 算法估计后三个变量间的协方差矩阵和相关矩阵。如果使用 EM 算法填补好的数据(已经被保存为数据文件 miss_em.sav)进行回归分析,则结果如图 25.16 所示。将其和原始数据的分析结果进行比较,可以看到在所有分析结果中,这是最接近真实值的一个。

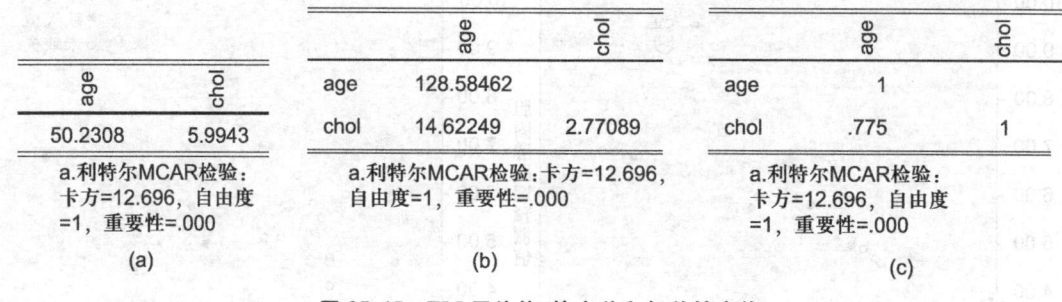

图 25.15　EM 平均值、协方差和相关性表格

模型		未标准化系数		标准化系数	t	显著性
		B	标准误差	Beta		
1	(常量)	-.313	.768		-.408	.687
	体重组	.930	.344	.302	2.704	.013
	年龄	.098	.015	.707	6.321	.000

a.因变量:胆固醇EM预测值

图 25.16　EM 算法填补缺失值之后的回归系数

这里仍然绘制出预测值和实测值间关系的散点图,如图 25.17 所示,从图 25.17(a)中可见 EM 算法的预测值与实测值间的差值呈现出随机波动的趋势,总的预测趋势是正确的。从图

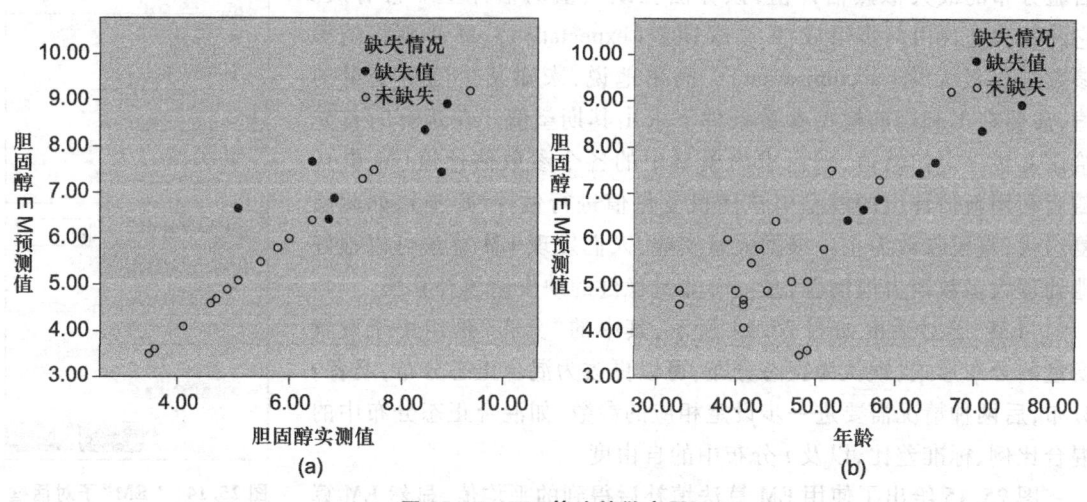

图 25.17　EM 算法的散点图

25.4 多重填补

25.4.1 模型简介

近几十年来，针对缺失数据的统计分析方法一直是统计学研究中的活跃领域，前面介绍的回归算法、EM 算法等就是相应的研究成果。但是，这些填补算法对于每一个缺失值都只给出一个填补值的估计，难免让人对其准确性产生怀疑。Rubin 提出的多重填补(multiple imputation, MI)则避免了这个问题，该方法大致被分为三个步骤。

(1) 为每个缺失值产生一系列可能的填补值，具体使用的填补算法可以是回归算法或者 PMM(predictive mean matching)算法等，这些数值反映了缺失数据未知真实值的不确定性，而每一个值都会被用于填补，从而产生若干个完整的填补后数据集。

(2) 对于每个填补好的数据集都使用原先希望应用的统计分析方法进行分析，从而产生一系列结果。

(3) 对上述一系列分析结果进行综合，产生最终的统计推断。显然，相应的推断结果考虑了缺失数据的不确定性，从而结果更为可靠。

多重填补方法在理论上比较完善，但是在应用中也存在诸多问题。首先，多重填补方法仍然假设数据的缺失机制为随机缺失，对于非随机缺失的情况则无法处理；其次，在大多数多重填补方法中，都必须先根据某种概率分布假设产生相应的填补数据，这显然使该方法的应用受到限制，且使运算过程趋于复杂，甚至对复杂的缺失问题需要使用 MCMC(Markov chain Monte Carlo)方法进行拟合。最后，在多数实际问题中，研究者发现多重填补方法与 EM 算法相比，填补效果并无区别，而运算过程和资源消耗又远大于 EM 算法，原因在于 EM 算法可以直接从不完全数据中得到参数的最大似然估计，而不需要像多重填补算法那样进行反复模拟，来寻找最佳的参数分布假设。基于以上这些原因，目前效果最多、最为常用的仍为 EM 算法。

> 相比之下，EM 算法的最大优点是简单和稳健，但是当数据比较复杂时容易陷入局部最优解。解决这一问题的通用方法是多次随机生成初始值，而这恰恰就是多重填补的基本思想，因此很难简单地说这两种方法究竟哪种为最优。

25.4.2 缺失模式分析

多重填补的操作界面和前面介绍的缺失值分析主对话框并不相同，而是被单独放置在"多重插补"子菜单内，该子菜单又被细分为描述数据缺失状况的"分析模式"菜单项和用于填补缺失值的"插补缺失数据值"菜单项。这里首先来介绍前者。为了便于对照分析结果，这里仍然以 missing.sav 为例来加以介绍，操作如下：

1. 选择"分析"→"多重插补"→"分析模式"菜单项。
2. 将 group、chol、age 选入"分析各个变量"框。
3. 单击"确定"按钮。

分析模式主对话框很简单，无须详细解释。系统会首先扫描纳入分析的全部变量，并针对出现缺失值的案例及其变量特征进行缺失值特征描述。图 25.18 给出的是数据集中相应变量/案例的缺失值出现状况，可见有 33.33% 的变量、26.92% 的案例和 8.974% 的数值存在缺失。

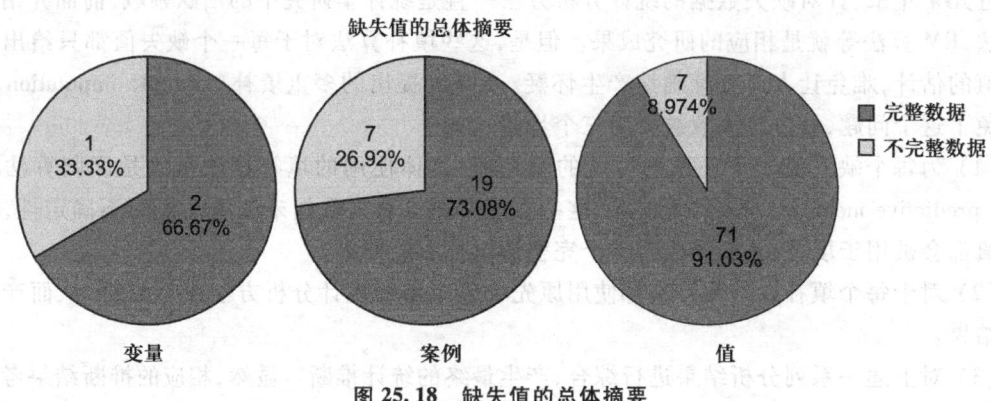

图 25.18　缺失值的总体摘要

图 25.19(a)进一步用马赛克图的形式给出了变量间的缺失模式，可见只有 chol 存在缺失。如果数据集中有多个变量出现缺失，则该图形可以很形象地呈现各变量缺失值的出现是否存在关联。图 25.19(b)所示的则是以条图的形式显示案例缺失的比例，并无进一步的信息提供。

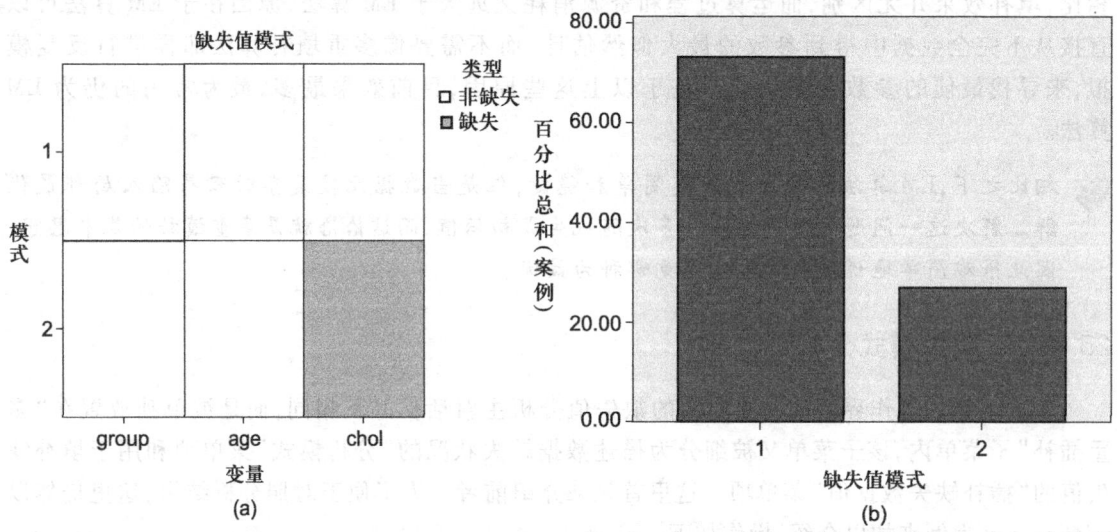

图 25.19　缺失值模式图

25.4.3 缺失值的多重填补

在了解了缺失值的概况之后,下面继续进行缺失值的多重填补,操作如下。

1. 选择"分析"→"多重插补"→"插补缺失数据值"菜单项。
2. 将 group、chol、age 选入"模型中的变量"框。
3. 将所创建的新数据集名称设定为"MIOutput"。
4. 单击"确定"按钮。

在本例的操作中没有修改任何默认设置,但实际上该过程中的选项设定内容比较丰富,简单介绍如下。

(1)"变量"选项卡,如图 25.20(a)所示。除选入用于缺失值填补的变量外,"插补"框用于设定希望生成多少个填补后数据集,默认为 5 个。而下方的框组则用于指定填补后数据集的存储位置,可以指定工作名称(如本例),也可以直接保存为外部数据文件。

(2)"方法"选项卡,如图 25.20(b)所示。默认为根据数据特征选择方法的"自动"方法,也可以自定义,但一般而言最好不要进行更改,系统自动选择的效果就很好。

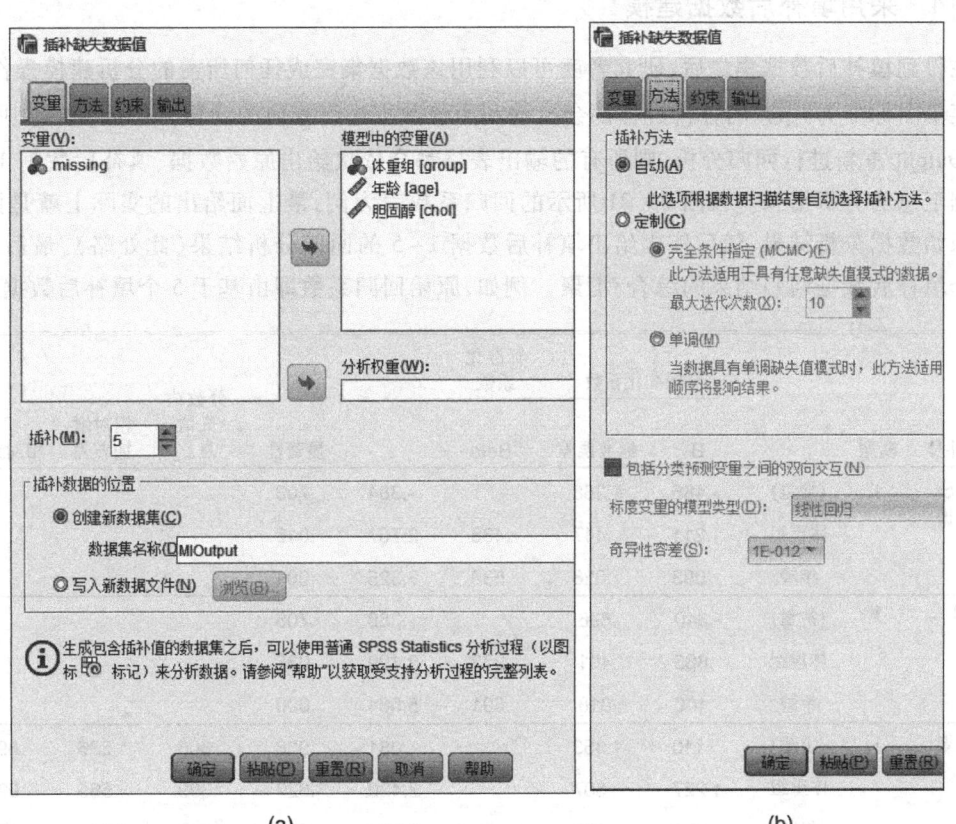

图 25.20　插补缺失数据值过程对话框的"变量"和"方法"选项卡

(3)"约束"选项卡。这里可以对填补模型加以微调。例如,单击"扫描数据"按钮,以在"变量摘要"框组中重新检查数据缺失状况;在下方的"定义约束"框组中根据专业知识将某些变量设定为只用于填补或者只用于预测;甚至可以要求将缺失比例过高的变量剔除出模型。

(4)"输出"选项卡。要求给出填补后的描述统计指标。

在单击"确定"按钮之后,系统会生成所指定的工作文件 MIOutput,初看之下似乎该数据文件没有什么特别之处,但仔细观察可以发现:

(1)数据集中新增变量"Imputation_",其名称标签为"插补号",取值为 0 时代表原始数据,基于多重填补新增的数据则依次取值为 1~5,代表所生成的 5 个新数据集,而这些新数据集的 chol 数值均已使用计算出的数值加以填补。

(2)数据视图右上角新增图标"▦",单击该图标后,其左侧会出现下拉列表,从中可依次选择原始数据或者标记为 1~5 的新增数据,选中后数据视图会直接跳转至相应案例行。

(3)菜单中很多统计分析过程的图标会变为"🔄",如交叉表、线性回归等都是如此,表示该过程可以直接使用多重填补后的数据进行分析。

缺失值填补过程至此结束,下面就可以使用填补后的数据集做进一步的分析了。

25.4.4 采用填补后数据建模

在得到填补后数据集之后,研究者就可以利用该数据集完成任何所需的分析建模操作,而只要是菜单图标变为"🔄"的分析过程都会自动利用该数据进行相应的计算。例如,本例中如果使用 MIOutput 重新进行回归分析,则所有的输出表格都会依次给出原始数据、填补后数据 1~5、所有数据汇总的分析结果。以图 25.21 所示的回归系数表为例,最上面给出的实际上就是图 25.2 中的原始数据分析结果,随后依次给出填补后数据 1~5 的回归分析结果(此处略),最后则是基于 5 个填补后数据回归结果的综合/汇聚。例如,原始回归系数即由基于 5 个填补后数据的系数

插补号	模型		未标准化系数		标准化系数	t	显著性	分数缺失信息。	相对增加方差	相对效率
			B	标准误差	Beta					
原始数据	1	(常量)	-.486	1.268		-.384	.706			
		体重组	1.211	.447	.438	2.707	.016			
		年龄	.093	.028	.538	3.325	.004			
1	1	(常量)	-.340	.896		-.380	.708			
		体重组	.883	.401	.273	2.199	.038			
		年龄	.100	.018	.691	5.564	.000			
汇聚	1	(常量)	.110	1.353		.081	.936	.608	1.236	.892
		体重组	1.227	.507		2.420	.022	.399	.565	.926
		年龄	.079	.035		2.222	.060	.787	2.784	.864

a. 因变量:胆固醇

图 25.21 多重填补后数据集的回归系数表

平均而来,该结果将被作为多重填补数据的回归结果。在表格最右侧有三个附加列,提供有关汇聚输出的更多信息。其中,比较重要的是相对效率,它代表目前的填补效果和理论最大值(即进行无限多次填补后的效果)的比例,越接近 1 代表填补效果越理想。如果该数值明显低于 1,则建议增加填补次数。

> 由于多重填补算法的结果具有随机性,读者自行操作得到的分析结果不会和这里列出的完全相同,这是正常情况。

最后,如果将上述模型的结果和 EM 算法的模型结果进行比较,会发现 EM 算法的结果会更加接近原始数据的分析结果。这也是在本节开始所提及的,多重填补算法虽然在理论上很完善,但应用上仍有很多问题,许多时候效果最佳的仍然是 EM 算法,切忌在应用中一刀切。

思考与练习

尝试自行完成本章中各案例的分析操作,比较几种缺失值算法的特点,并思考它们各自适用于什么样的情形。

参考文献

[1] IBM Corp. IBM SPSS Missing Values 24[CP/OL]. Armonk,NY:IBM Corp,2016.
[2] 张文彤. SPSS 统计分析高级教程[M]. 北京:高等教育出版社,2004.
[3] 贺佳,陆健. 医学统计学中的 SAS 统计分析[M]. 上海:第二军医大学出版社,2002.

附录1 常见多变量/多元统计分析方法分类图

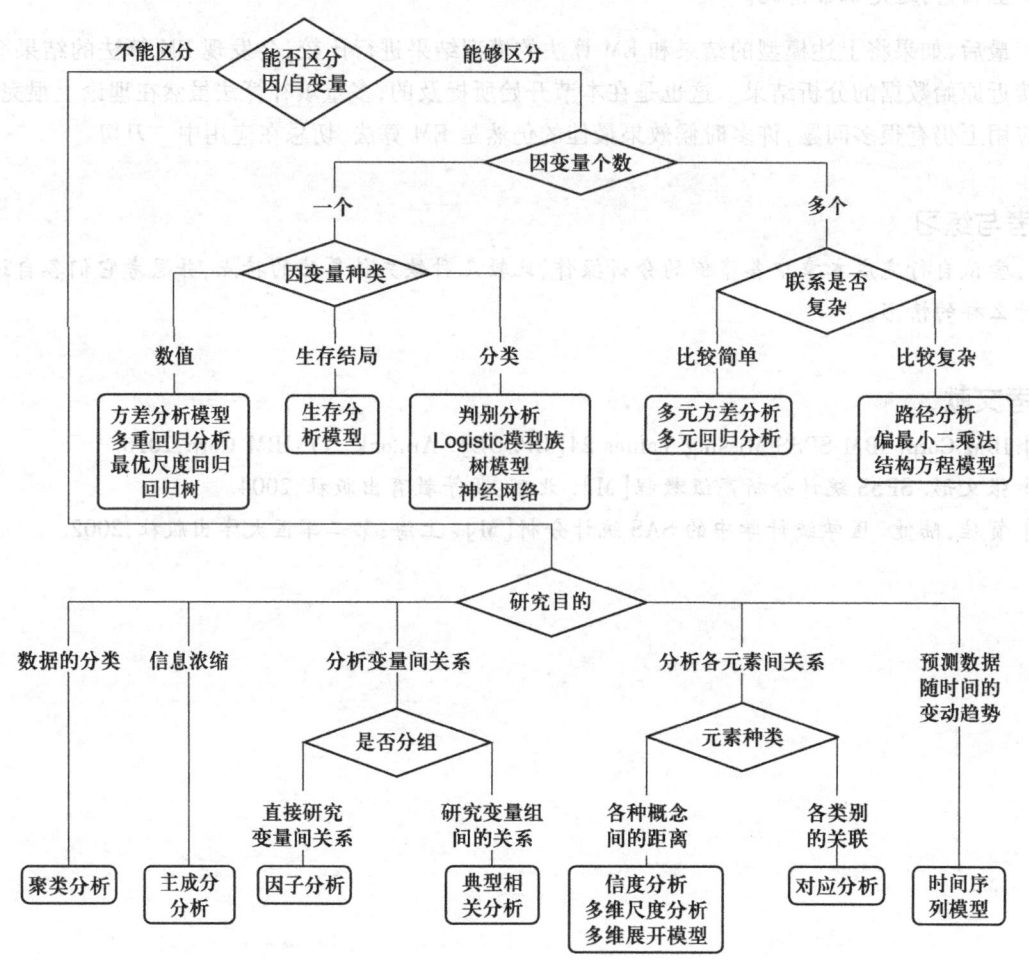

* 该分类图仅为方便初学者学习而提供,并未完整地包括全部多元统计方法,也并不代表严格的方法学分类体系。事实上,许多方法可以被归入多个分支,很难被严格归类。

附录2　Python 插件和 R 插件的安装方法

SPSS 目前有许多新增功能均通过 Python 插件提供,且通过 R 插件对许多 R 中的复杂统计模型进行调用,这里就简述如何在 SPSS 中安装这些插件。

Python 环境的安装

在安装 SPSS 时,安装程序会直接询问是否同时安装 Python 环境,直接确认即可。如果本机已经安装了 Python 2.7 和 Python 3.4,则可以拒绝安装软件所附带的 Python 环境,在 SPSS 安装完毕后进入 SPSS 的系统选项(位于"编辑"→"选项"菜单项),在"文件位置"选项卡中将 Python 2.7 和 Python 3.4 主目录更改为已安装好的 Python 路径即可。

但是,对于需要使用 PLS 插件的用户,还需要在 Python 中安装 numpy 和 scipy 包,这对 Python 的初学者而言确实非常困难,特别是其 64 位版本会遇到很多兼容问题。因此,笔者建议对 Python 配置不熟悉的用户可以考虑直接安装 Python 的集成科学计算环境 Anaconda,其中已经内置了所需的 numpy 和 scipy 包,然后在系统选项的"文件位置"选项卡中将 Python 主目录指定为 Anaconda 所在路径即可。

R 环境的安装

IBM SPSS Statistics 24 能够直接调用的 R 版本为 3.2 系列,因此首先需要在系统中安装好 R 3.2 版,软件可以在 R 的官方网站上获取。注意,SPSS 对 R 的版本号是有严格要求的,不要安装 R 的最新版,否则系统将无法识别,IBM 官方建议安装的准确版本号为 3.2.2。

随后运行 SPSS 附带的 Essentials for R 安装包,该安装包随安装光盘提供,也可以在软件支持官网上免费下载。安装时软件会自行搜索 SPSS 24 和 R 3.2 的安装路径,如果未能正确识别,请修改为正确的路径继续安装。在路径确认正确后就会进入软件安装过程,注意中间会启动 R cmd 窗口进行相应 R 插件的安装,请在此过程中耐心等待,不要随意关闭相应的窗口。

新插件的安装

在上述 Python 环境和 R 环境安装完毕后,系统中已经有大批插件可供用户使用,但 SPSS 社区中提供的更多插件需要用户根据分析需求自行在扩展中心中安装。单击"扩展"→"扩展中心"菜单项,系统就会自动连接到 SPSS 社区,并在检索之后提供详细的 Python 扩展或者 R 扩展的列表,供用户选择下载并使用,如图 F1 所示。这里以数据处理中的变量匿名化模块为例演示扩展中心的用法。在其左上角的"搜索"框中键入"匿名化",然后单击左下角的"应用"按钮,系统就会按照该关键词进行检索,并找到 SPSSINC_ANON 扩展,在右侧可以看到该扩展为 IBM 官方提供,且当前系统满足安装的先决条件,因此可以选中右侧的"获取扩展"复选框,然后单击"确定"按钮,此时系统会自动下载并安装该扩展,安装成功后用户就可以在"转换"菜单中看到新增的"变量匿名化"菜单项了。

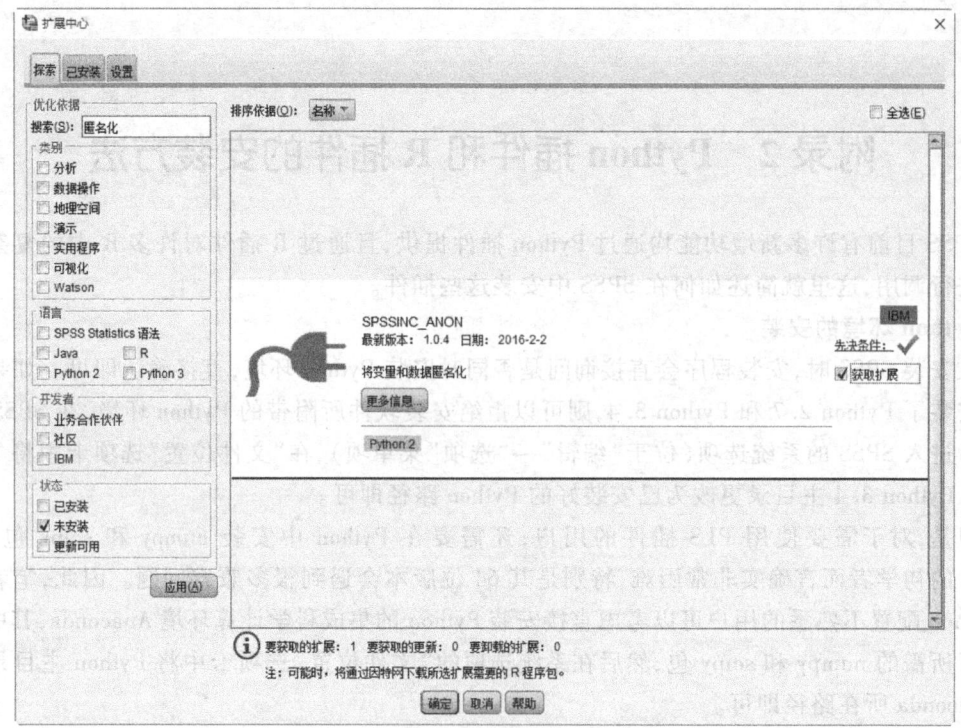

图 F1　扩展中心

由于扩展中心需要链接 Github 进行插件下载,这常常因连接速度太慢而导致安装失败,因此另一种安装扩展的方式为在官方网站直接下载。单击"帮助"→"IBM SPSS Predictive Analytics Community"菜单项,单击相应网页右下方的"DOWNLOAD STUFF",然后在新页面下方单击"SEE MORE EXTENSIONS"链接,在弹出的"IBM SPSS Predictive Analytics Gallery"页面顶部的搜索框中键入相应扩展的关键字(注意这里必须使用英文),即可在下方找到相应扩展的卡片,单击该卡片下方的"GO TO REPOSITORY"链接,即可进入相应的 Github 页面,在"release"卡片中将该扩展包下载至本机,然后在 SPSS 中选择"扩展"→"安装本地扩展束"菜单项,加载相应的扩展包即可完成安装。

R 中所需扩展包的安装

很多时候,虽然 R 环境已经配置完毕,但相应的 R 环境中并未安装分析所需的扩展包,此时如果在 SPSS 中调用相应的方法,SPSS 会给出警告,报告说未能加载相应的 R 包。例如,"需要 R rugarch 程序包,但未能将其装入",此时就需要用户在 R 环境中手动安装相应的包。在 Windows 中启动 R 3.2 环境,进入该环境后选择"程序包"→"安装程序包",在弹出的 CRAN 镜像列表中选择 Cloud 或者 China 站点,如图 F2(a)所示,然后在程序包列表中选中所需程序包的名称,确认下载即可,如图 F2(b)所示。在 R 中成功安装相应的扩展包之后,就可以在 SPSS 中正常调用相应方法加以使用了。

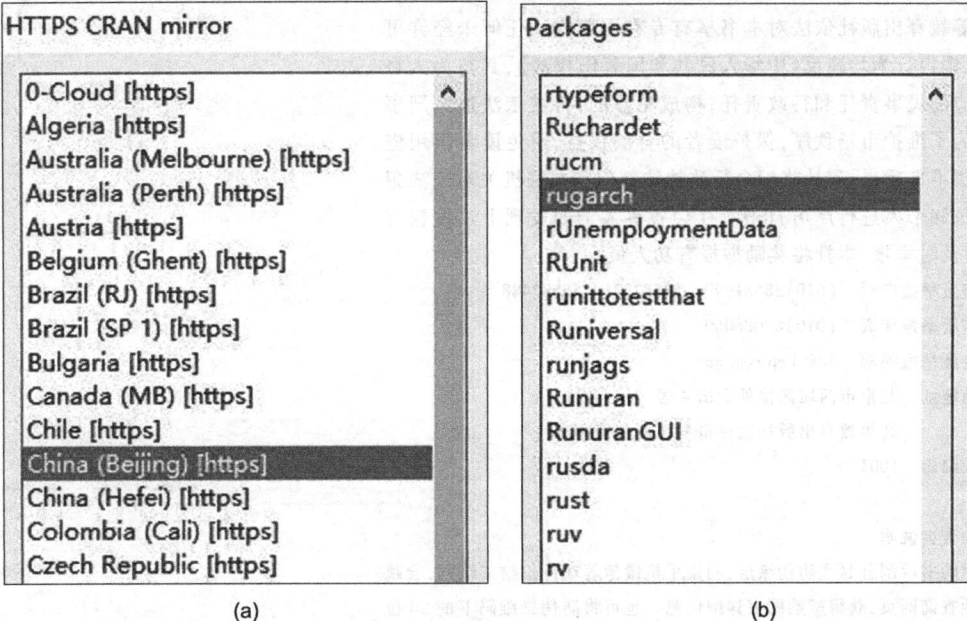

图 F2　R 扩展包的安装界面

郑重声明

高等教育出版社依法对本书享有专有出版权。任何未经许可的复制、销售行为均违反《中华人民共和国著作权法》，其行为人将承担相应的民事责任和行政责任；构成犯罪的，将被依法追究刑事责任。为了维护市场秩序，保护读者的合法权益，避免读者误用盗版书造成不良后果，我社将配合行政执法部门和司法机关对违法犯罪的单位和个人进行严厉打击。社会各界人士如发现上述侵权行为，希望及时举报，本社将奖励举报有功人员。

反盗版举报电话　（010）58581999　58582371　58582488
反盗版举报传真　（010）82086060
反盗版举报邮箱　dd@hep.com.cn
通信地址　　　　北京市西城区德外大街4号
　　　　　　　　高等教育出版社法律事务与版权管理部
邮政编码　　　　100120

防伪查询说明

用户购书后刮开封底防伪涂层，利用手机微信等软件扫描二维码，会跳转至防伪查询网页，获得所购图书详细信息。也可将防伪二维码下的20位密码按从左到右、从上到下的顺序发送短信至106695881280，免费查询所购图书真伪。

反盗版短信举报
编辑短信"JB,图书名称,出版社,购买地点"发送至10669588128
防伪客服电话
（010）58582300

数字课程资源使用说明

一、注册/登录

访问http://abook.hep.com.cn/1858261，单击"注册"，在注册页面输入用户名、密码及常用的邮箱进行注册。已注册的用户直接输入用户名和密码登录即可进入"我的课程"页面。

二、课程绑定

单击"我的课程"页面右上方的"绑定课程"，按照网站提示输入教材封底防伪标签上的20位密码，单击"确定"完成课程绑定。

三、访问课程

在"正在学习"列表中选择已绑定的课程，单击"进入课程"即可浏览或下载与本书配套的课程资源。刚绑定的课程请在"申请学习"列表中选择相应课程并单击"进入课程"。

账号自登录之日起一年内有效，过期作废。

如有账号问题，请发邮件至：abook@hep.com.cn。